KB023709

연대로 보는
비교 세계사

연대로 보는
비교 세계사

초판 1쇄 발행   2017년 01월 25일
초판 2쇄 발행   2017년 06월 10일

지은이   허성남

펴낸이   김왕기
편집부   원선화, 이민형, 김한솔
마케팅   임동건
디자인   푸른영토 디자인실

펴낸곳   **(주)푸른영토**

주소   경기도 고양시 일산동구 장항동 865 코오롱레이크폴리스1차 A동 908호
전화   (대표)031-925-2327, 070-7477-0386~9·팩스 | 031-925-2328
등록번호   제2005-24호.(2005년 4월 15일)
전자우편   blueterritory@naver.com

ISBN 978-89-97348-63-3   03900
ⓒ 허성남, 2017

연대로 보는
비교
세계사

허성남 지음

푸른영토

역사를 이해하는 것은 미래를 이해하는 길이다

*반드시 머리말을 읽으신 후에
본문을 읽으시기 바랍니다.

오늘날 세계는 일일 생활권이다. 지구 어느 곳에서 일어난 일이라도 그날 우리 집 안방에까지 전달되는 세계화(Globalization)의 세상이 된 것이다. 굳이 정치가, 외교가, 대기업가가 아니라도, 시골에서 농사를 짓거나 목축업을 하더라도 다른 나라의 작황이나 기상, 재해 따위를 알아야만 이에 대처해 나갈 수 있는 시대가 되고 말았다. 조그만 장사를 하더라도 베트남, 중국, 태국, 인도 등을 나가는 일이 허다하고 큰 대기업이라면 미국, 영국, 프랑스, 독일 등 선진국을 찾아가는 것은 필수적이라고 하겠다. 그런데 이렇게 외국과 상대를 하려면 그 나라의 역사쯤은 어느 정도 알아야 하지 않을까? 당연한 일일 것이다. 특히 그 나라가 주거래국이라면 더욱 그렇다. 이제 역사를 아는 것이 사활이 달린 문제가 된 것이다. 또한 오늘날 세계에 영향을 크게 미치는 강대국의 역사라면 반드시 알 필요가 있다.

요즘 우리는 너무나 방대한 정보의 홍수 속에 살고 있다. 또 항상 시간에 쫓기고 있다. 필자는 이 책을 쓰기 위해 100여 권 이상의 역사책을 읽었다. 그리고 그것을 한 권으로 압축하는 데 약 5년이 걸렸다. 따라서 독자 여러분들은 이 책을 읽음으로써 엄청난 시간을 절약할 수 있을 것이다. 책의 분량을 압축하기 위해 영향력이 큰 국가들(중국, 미국, 영국, 프랑스, 독일, 로마, 그리스, 러시아, 이집트, 이라크, 이란, 인도, 일본 등)에 관한 역사와 꼭 알아두어야 할 중요한 사건만을 선택 · 수록해 우리나라와 비교했다.

내가 역사책을 읽으면서 느낀 것은 거의 모든 역사책이 영국사, 프랑스사처럼 각 나라별로 쓰여 있어 읽고 나면 한 나라의 역사만 알게 될 뿐 각 나라가 횡으로 연결되지 않는다는 것이었다. 영국의 존왕이 마그나카르타에 서명할 때 프랑스에서는 무슨 일이 일어나고 있었는지 기억을 할 수가 없었다. 그때 우리나라에 무슨 일이 있었는지 역시 모르기는 마찬가지였다. 가장 최근인 조선의 역사도 책을 다 읽고 나면 부분적으로 생각나기는 하는데 성종이 먼저 사람인지 선조가 먼저인지조차 헷갈린다. 때문에 이순신 장군이 한산도에서 왜군의 함대를 격침시키고 있을 때가 바로 영국 엘리자베스 여왕이 에스파냐의 무적함대를 격침시키고 있던 때라는 것을 아는 사람이 별로 없다. 성경책에 나오는 모세가 이스라엘 민족을 이끌고 이집트를 탈출시킨 출 애굽이 정말 있었던 역사적 사실인지, 그렇다면 그 연대는 언제인지를 아는 사람도 별로 없다. 그때 중국은 은나라 시기로서 문왕이 강태공을 만나 주나라를 세우기 직전이었다는 것까지 입체적으로 아는 사람 역시 거의 없다. 그러나 역사를 입체적으로 알고 있으면 훨씬 재미있고 연대도 기억하기 쉽다. 역사는 물이 흐르듯 시간의 추이대로 흐르고 있다. 때문에 그 내용도 중요하지만 언제 일어났는지 그 시기를 아는 것도 중요하다. 어느 사건이 먼저이고 나중인지 정확하게 알아야 하는 것이다. 만약 반대로 기억한다면 역사적 사건의 순서가 엉망이 되고 말 것이다. 잘못하면 내 머릿속에서 엘리자베스 1세 여왕과 나폴레옹이 전쟁을 벌이는 희극이 일어날지도 모른다.

나는 이 책을 앞서 언급한 바와 같이 우리나라 역사를 기준으로 동시대에 다른 나라는 무엇을 했는지에 초점을 맞춰 썼다. 우리나라 사람이라면 누구나 우리나라의 역사에 대해 관심을 가져야 하고 잘 알고 있어야 한다고 생각한다. 물론 다른 나라의 역사보다는 조금 더 많이 알고 있기는 할 것이다. 특히 가장 최근인 조선의 역사에 대해서는 더더욱 잘 기억하고 있을 것이다. 조선의 왕에 대해 "태, 정, 태, 세, 문, 단, 세" 해가며 외우던 기억이 누구에게나 있다. 그래서 혹시 누가 어느 왕이 더 먼저 사람이냐고 물으면 손을 꼽아가며 "태, 정, 태, 세……"를 중얼거리던 기억이 누구에게나 있을 것이다.

성종 이후, 즉 중기의 조선에서는 어떤 일들이 어떤 순서로 일어났을까? 먼저 새침하고 날카로웠던 성종의 비 윤씨는 어느 날 성종과의 말다툼 끝에 뿌리친다는 것이 그만 왕의 얼굴에 손톱자국을 냈고, 그것이 빌미가 되어 사가로 내쫓기고 말았다. 물론 성종도 진심으로 내쫓은 것은 아니었다. 어른인 인수대비가 펄펄 뛰니 어느 정도 시간이 흐른 뒤 다시 부르려고 했을 뿐이었다. 그러나 윤씨는 우여곡절 끝에 사약을 받고 비통하게 죽었고, 뒤늦게 이 사실을 알게 된 아들 연산군은 어머니의 폐비사건에 연루된 모든 대신들을 다 죽였다. 아버지의 후궁까지 직접 살해했다(갑자사화). 그러다 폭정을 견디다 못한 대신들이 쿠데타를 일으켜 연산군을 폐하고 새로운 왕을 세우니 그가 바로 중종이다. 중종은 반정공신들의 등쌀에 무고한 조광조 일파를 죽여야 했고(기묘사화), 후궁 풍년 속에서 정신을 못 차린 채 살면서도 무려 38년이나 왕위를 지켰다. 중종의 뒤를 이은 왕은 중종의 원비였던 장경왕후 윤씨에게서 태어난 인종으로 그는 무척이나 어질고 착했다. 그러나 중종의 마지막 왕비인 간교한 문정왕후(인종의 계모)와 그녀의 친정동생 윤원형 등의 등쌀에 재위 8개월 만에 세상을 떠나고 만다. 그 결과 문정왕후가 낳은 늦둥이가 명종으로 즉위한다. 이로써 문정왕후와 그의 친정 피붙이들이 득세를 하면서 기어코 을사사화를 일으키고 만다. 이후 비교적 짧은 재위 기간의 명종에 이어서 선조가 즉위한다. 바로 이 선조의 아들이 광해군이다. 또한 선조의 재위 시절인 1592년에 임진왜란이 일어난다.

　지금까지의 설명이 1500년에서 1600년까지 약 100년간의 이야기다. 위 내용만 알고 있어도 성종, 연산군, 중종, 인종, 명종, 선조, 광해군 등 무려 일곱 명의 왕을 순서대로 기억할 수 있을 것이다. 군이 외우려 하지 않아도 말이다. 또한 이 기간 중에 조선의 4대 사화가 일어났고, 인수대비, 문정왕후, 윤원형, 윤임, 윤원로, 김안로, 조광조 등 수없이 많은, 그리고 중요한 사람들을 알게 될 것이다. 그뿐이 아니다. 이 책을 읽게 되면 홍명희의 소설 《임꺽정》이 어지러웠던 명종 시대(1550년경)를 배경으로 썼다는 것도, 이 시기 서양의 콜럼버스가 신대륙을 발견(1492년경)했다는 것도, 바스코 다 가마가 아프리카의 희망봉을 돌아 인도 항로를 발견했다는 것도, 영국의 엘리자베스 여왕이 에스파냐의 무적함대를 격파(1588년경)함으로써 제해권을 장악하고 전 세계를 영국의 손아귀에 쥐려는 준비를 하던 시대라는 것도, 제해권을 장악한 나라만이 세계를 장악할 수 있다는 점을 일찌감치 깨달은 에스파냐와 포르투갈이 함포를 앞세워 잉카제국과 아스텍제국을 멸망시키고 지구를 반으로 갈라 둘이서 나누어 갖기로 했던 것도, 100년에 걸친 전국시대를 마감한 이웃나라 일본의 오다 노부나가가 비명에 횡사를 하는 통에 부하였던 도요토미 히데요시가 가만히 앉아서 주군이었던 노부나가가 다 지어놓은 밥그릇을 가로채어 천하를 통일하고 남아도는 힘을 조선 침략으로 돌리려고 하던 시절이었다는 것도, 왜적을 걱정한 이율곡이 10만 명의 군사를 양병해야 한다는 주장을 펴자 조선의 대신이라는 자들이 "평화 시기에 군사를 기르는 것은 적당치 않고 명나라가 이를 알면 괜히 의심할 것"이라는 소리나 하고 있었던 시절이라는 것도 알 수 있다.

이를 통해 알 수 있듯 이 책은 필요할 때 참고로 찾아보기 위한 책이 아니다. 그저 일반 소설책처럼 처음부터 끝까지 읽어 내려가기를 바란다. 그렇게 읽다 보면 어느새 세계의 역사를 알게 될 것이다. 그리고 몇 번을 되풀이해서 읽으면 우리나라 역사와 세계의 역사에 대해 상당한 지식을 가진 자신을 발견하게 될 것이라고 확신한다. 때문에 처음에 전체적으로 개략적인 설명을 한 다음 해당 연도에서 또 다시 사건을 재설명함으로써 굳이 앞의 설명을 찾아보지 않아도 저절로 기억이 될 수 있도록 몇 번씩 반복해 설명했다.

우리가 역사를 배우는 것은 단순히 '어떤 일이 있었을까?'라는 질문에 답을 구하기 위한 것이 아니다. 역사를 알게 되면 과거에 우리 선조들이 해온 과정을 알게 되고, 그렇게 되면 현재도 미래도 미루어 짐작을 할 수 있다. 또 이 책을 쓰다 보니 저절로 알게 된 것이 있는데, 그것은 각 나라마다 특징이 있다는 것이다. 만약 어떤 나라와 상대할 때 미리 그 나라의 성격을 얼마간 알고 상대한다면 매우 유리할 것이다. 그런데 그 나라의 성격은 그 나라의 역사를 통해 드러난다. 즉, 과거의 역사를 통해 미래를 대비하는 것, 바로 그것이 우리가 역사를 배우는 목적이라 하겠다.

필자는 이 책을 쓸 때 현재 우리나라와 친분관계가 깊은 나라, 또는 적대국가 같은 조건을 전혀 고려하지 않았으며 역사적인 사실에만 입각해 진실 그대로를 썼음을 밝힌다. 그리고 역사적인 사실은 필자의 주장이라기보다는 교과서나 관련 역사책이나 백과사전 등의 내용을 발췌해 시대순으로 나열한 것임을 알려둔다.

비록 선사시대부터 기원전 1100년대까지는 지루하고 재미가 없을 수 있겠으나, 그것도 우리가 알아두어야 할 역사라는 점을 기억해 잘 참고 읽어주기 바란다.

허성남

차례 Contents

| 머리말 | 4

제1장 고대 문명의 발생

1-1 전체적인 설명(200만 년 전~BC 300) 16

1-2 선사시대에서 고대 문명의 발생까지 20

1-3 바빌로니아제국에서 트로이 전쟁까지 28

1-4 이스라엘 건국에서 춘추시대까지 39

1-5 페르시아제국에서 로마제국의 탄생까지 47

1-6 중국의 전국시대에서 알렉산드로스 3세까지 61

제2장 주사위는 던져졌다

2-1 전체적인 설명(BC 300~AD 180) 74

2-2 중국 전국시대의 종료와 천하통일 77

2-3 한(漢)제국의 성립과 포에니 전쟁 84

2-4 로마제국의 팽창과 한(韓)민족 국가 탄생 92

2-5 후한(後漢)의 설립과 로마 5현제 시대 108

제3장 군웅들의 전성시대

3-1 전체적인 설명(180~600)　　　　　　　　124

3-2 한(漢)나라의 멸망　　　　　　　　　　128

3-3 중국 진(晉)나라의 성립과 멸망　　　　　136

3-4 게르만족의 대이동과 훈족의 침입　　　145

3-5 서로마제국의 멸망　　　　　　　　　154

3-6 무하마드(마호메트)와 이슬람교　　　164

제4장 통한의 한반도 삼국통일

4-1 전체적인 설명(600~1000)　　　　　　176

4-2 수(隋)나라와 당(唐)나라의 고구려 침공　　180

4-3 이슬람제국의 끝없는 팽창　　　　　191

4-4 프랑크 왕국의 분할과 신라 말기 패권 다툼　　205

4-5 고려의 건국, 당나라의 멸망, 송나라의 건국　　213

제5장 추락하는 왕권

5-1 전체적인 설명(1000~1200)　　　　　224

5-2 거란족의 흥기(興起)와 송(宋)나라의 쇠퇴　　230

5-3 일본 가마쿠라 막부의 설립　　　　　237

5-4 십자군의 원정　　　　　　　　　　245

5-5 플랜태저넷 왕조의 성립　　　　　　255

제6장 유럽의 시련

6-1 전체적인 설명(1200~1400)   270

6-2 몽골의 세계 정복과 원나라 설립, 금의 멸망   275

6-3 오스만제국의 설립   286

6-4 무로마치 막부 설립과 백년전쟁의 발발   292

6-5 명나라의 건국, 티무르의 제국, 조선의 건국   301

제7장 문화의 새바람

7-1 전체적인 설명(1400~1600)   316

7-2 조선의 건국과 르네상스 시대의 만개   325

7-3 비잔틴제국의 멸망과 백년전쟁의 종료   332

7-4 일본 전국시대와 영국 튜더 왕조의 개막   342

7-5 종교개혁과 합스부르크가의 팽창   356

7-6 조선의 시련, 임진왜란   372

제8장 세상을 바꾼 혁명

8-1 전체적인 설명(1600~1800)   386

8-2 청(淸)나라의 신흥과 신대륙의 개척   391

8-3 30년전쟁의 종료와 네덜란드의 몰락   403

8-4 러시아와 프로이센의 유럽 무대 등장   412

8-5 유럽의 패권 다툼과 해외로 전쟁 확대   425

8-6 미국의 독립과 나폴레옹의 등장   435

제9장 비극의 시작

9–1 전체적인 설명(1800~1900)   446

9–2 미국의 끝없는 팽창과 나폴레옹의 몰락   450

9–3 영국의 끝없는 팽창과 중국의 몰락   460

9–4 독일의 통일(제2제국)과 군사 대국화   471

9–5 일본의 승승장구와 조선의 몰락   480

제10장 가공할 위력의 세계대전

10–1 전체적인 설명(1900~1994)   492

10–2 청나라의 멸망과 중화민국 수립   496

10–3 제1차 세계대전 발생   507

10–4 제2차 세계대전 발생   516

10–5 지구상의 유일한 분단국 대한민국   530

부록1 지도   543

부록2 가계도   561

200만 년 전

연 대 로 보 는 비 교 세 계 사

제1장
고대 문명의 발생

1-1 전체적인 설명(200만 년 전~BC 300)

1-2 선사시대에서 고대 문명의 발생까지

1-3 바빌로니아제국에서 트로이 전쟁까지

1-4 이스라엘 건국에서 춘추시대까지

1-5 페르시아제국에서 로마제국의 탄생까지

1-6 중국의 전국시대에서 알렉산드로스 3세까지

BC 300

1-1 전체적인 설명(200만 년 전~BC 300)

■ ■

BC 3000여 년 부터 지구상에는 문명이 발생하기 시작했다. 인류 문명의 4대 발생지는 황하 유역의 중국 문명, 인더스 강 유역의 인도 문명, 유프라테스 강 유역의 메소포타미아 문명(지금의 이라크에 해당), 나일 강 유역의 이집트 문명이었는데, 지구의 북반구에 위치하고 하천을 끼고 온대 지방이며 동양권이라는 공통점이 있다.

BC 3000년경 부터 살펴보면 메소포타미아 문명과 이집트 문명이 시작된다. 메소포타미아 지역으로 흘러든 수메르인과 아카드인이 정착, 도시 국가들을 세우고 그 후 세습 왕조가 나타난다. 수메르는 북방의 아카드인에 의해 무너지고 아카드가 메소포타미아 지역을 장악한다. 그 후 구티족의 침입으로 아카드제국도 지배를 받게 되나 아카드인은 얼마 후 구티족을 내쫓고 우르 왕조를 세운다. BC 2000년경 엘람인과 아모리인의 침입으로 우르 왕조도 끝이 나고 이들은 이곳에 정착 후 수메르와 아카드의 문명을 이어받아 바빌로니아 왕국을 세우고 BC 1790년대 함무라비왕 때 전성기를 이루었으나 얼마 후 1600년경 히타이트족과 캇시트족은 바빌로니아를 정복한다.

BC 2000년대 이집트는 고 왕국을 지나 중 왕국으로 접어드는 시기였고 BC 2000~1600년경까지 중 왕국 시대가 유지된다. BC 1800년경 힉소스인의 침입을 받아 쇠퇴하기 시작해서 BC 1600년경 중 왕국도 운명을 다한다. 이때가 히타이트족의 전성기였다(BC 1500~1400).
투트메스 3세 때에는 이집트에서 힉소스인을 완전히 내쫓고 히타이트,

아시리아, 미탄니 국의 조공을 받았다. BC 1300년대~1200년대까지 약 200년간 람세스 왕조가 나타나 마지막 전성기를 되찾으려 애썼다. 람세스 2세는 카데시 전투에서 히타이트족과 운명을 건 한 판의 승부를 하나 성공하지를 못 한다. 이때 모세가 이스라엘 민족을 이끌고 이집트를 탈출해 팔레스타인 지역으로 가게 된다(BC 1290년경으로 추정).

중국에는 BC 2200년경 전설의 명군(名君) 우(禹)임금에 의해 하(夏)나라가 세워지나 역사의 기록은 거의 없어서 전설상의 국가로 추정된다. 하나라의 말년인 BC 1700년경 폭군 걸(桀) 임금의 시대에 멸망하고 탕(湯)이 은(殷)나라를 세운다. BC 1100년경 주(周)의 문왕은 은나라의 마지막 왕인 폭군 주(紂)를 토벌해 은나라를 멸망시키고 주나라를 세운다. 이때부터가 확실한 기록이 남아있는 역사가 시작된다.

인도에서는 BC 2000~1500년경 중앙아시아에서 남하한 아리아인이 인더스 문명을 멸망시키고 이들이 인도 북부에 자리를 잡는다.

이집트는 BC 1000년경 신 왕국이 멸망한 후 상, 하 두 개의 왕국으로 분리되고 명맥을 유지하다가 BC 550년경 오리엔트 일대를 지배하게 되는 강력한 페르시아(지금의 이란)에게 정복된다. 그 후 BC 330년경 이번에는 그리스의 알렉산드로스 3세에게 정복된다. 이 후 프톨레마이오스 왕조로 유지되다가 BC 30년경 신흥세력인 로마의 옥타비아누스에게 패배한 클레오파트라 여왕이 자살함으로 로마의 속주가 되는 수모를 겪는다.

BC 1500년경 에게 문명을 탄생시킨 그리스는 무난하게 BC 600년대까지 잘 지냈으나 BC 550년경 오리엔트 지역을 휩쓴 아케메네스 왕조의 페르시아와의 마라톤 전쟁, 살라미스 해전 등으로 몇 번씩이나 죽을 고비를 반복하면서도 굳센 의지와 자존심으로 이를 물리치고 BC 330년경에는 거꾸로 알렉산드로스 3세라는 영웅이 나타나 조상이 당한 수모를 갚아주었을 뿐 아니라 내친김에 아예 페르시아를 멸망시키기까지 했다. 그러나 이후 그다지 두각을 나타내지 못하다가 급기야는 새로이 솟아오르는 태양인 로마제국에 의해 합병당하고 말았다.

BC 1000년경 나라를 세운 이스라엘 민족은 다윗이라는 걸출한 인물의 출현에 이어 솔로몬왕 때에 전성기를 구가하나 솔로몬왕의 실정으로 북쪽은 이스라엘, 남쪽은 유다 왕국으로 분열되고 BC 720년경 때마침 전성기였던 아시리아에 의해 북 이스라엘은 멸망하고 남쪽 유다 왕국은 BC 580년경 신(新)바빌로니아 왕국에 의해 전 민족이 바빌로니아에 노예로 끌려가는(바빌론 유수) 비운을 맞이하나 약 50년 후에 페르시아의 키루스 대왕에 의해 전부 해방되어 조국으로 돌아가게 되었다. 그러나 70년경 로마에 의해 완전히 멸망되고 나라마저 잃게 되니 그때부터 1900년경이 될 때까지 약 2000년간을 나라도 없이 떠돌며 남의 나라에 얹혀사는 서러움을 겪어야 했다.

BC 1000년 이전부터 뛰어난 상술로 무역을 석권했던 페니키아인들은 한때 이스라엘의 솔로몬왕과 친교를 맺는 등 지중해 연안의 여러 곳에 도시를 개발하고 아프리카에 카르타고라는 도시를 세우는 등 전성기를 구가했다. BC 146년 로마와의 포에니 전쟁에 패하고 멸망되어 지구상에서 사라졌다.

BC 500년경 부터 모습을 드러낸 로마는 BC 200년경에는 이탈리아 반도를 통일하고 카르타고와 운명을 건 일전에서 승리해 BC 150년 이후 지중해는 로마의 앞바다로 변해가고 있었다.

인도에서는 BC 320년경 알렉산드로스 3세가 갑자기 사망한 후 혼란스러워진 그리스를 내쫓고 마우리아 왕조(BC 320~185)를 세운다. 이때 불교가 융성했으나 비교적 단명하고 이어 승가 왕조가 뒤를 잇는다.

한때 알렉산드로스 3세에게 멸망당하는 수모를 겪은 페르시아(지금의 이란)는 알렉산드로스 3세가 급사하고 혼란한 틈을 타서 BC 250년경부터 파르티아라는 나라를 세워 AD 220년까지 이란 지역을 장악했다. 결과적으로 페르시아는 알렉산드로스 3세에게 멸망당한 후 약 100년도 안 되어 파르티아로 재기했는데, 이 파르티아가 후에 두고두고 로마제국을 괴롭히게 된다.

중국에서는 BC 1100년에 세운 주(周)나라가 BC 770년경 힘을 잃은 후 제후들이 세력을 다투는 춘추시대(BC 770~403)와 전국시대(BC 403~221)를 거쳐 BC 221년 진시황이 천하를 통일한다. 그러나 포악한 정치로 인해 불과 20년 후에 멸망하고 한나라에게 나라를 넘겨준다. 이 후 한나라는 약 400년간을 유지했다.

1-2 선사시대에서 고대 문명의 발생까지

■ ■

200만 년 전 가장 오래된 인류 **오스트랄로피테쿠스**(Australopithecus)
가 지구에 나타난다. 150~50만 년 전에는 현재의 인간과 거의 비슷한 직
립인간이 나타났다(북경에서 발견). 이 **북경원인**의 후계자는 네안테르
탈인으로 독일에서 발견되었고 아직 원숭이 같은 형태에서 벗어나지를
못했으나 죽은 자를 매장하는 습관을 갖고 있는 등 정신적으로 인간에
가까워졌다.

2만5천 년 전에 살았던 것으로 추정되는 프랑스 **크로마뇽**(Croma
gnon)에서 발견된 크로마뇽인은 오늘날의 인간과 거의 비슷한 진정한
의미의 **호모 사피엔스**(Homo Sapiens)였다. 인간이 유인원에서 인간까
지 진화하는 데 200만 년이 걸렸으나 인간이 오늘날과 같이 첨단문명으
로 발전하는 데에는 겨우 2만 년밖에 안 걸렸다.

1만 년 전 인간의 정착이 시작되었다.

BC 3400 메소포타미아 문명 성립(Mesopotamian Civilization)

남부 메소포타미아 지역에 수메르인에 의해 우르, 우르크 등 도시국가가
나타나기 시작했다.(지금의 이라크 바스라, 나시리아 지역임) 지도-1 참조

메소포타미아에 가장 먼저 들어온 민족은 **수메르**(Sumerian)인이었고,
아카드(Akkadian)인도 뒤따라 들어왔다. 메소포타미아는 지금의 터키
남부 티그리스 강과 유프라테스 강 그리고 지금의 이라크 지역이라고 보
면 될 것이다.

최남단에 도착한 수메르인들은 설형문자를 만들어 사용했는데 후에
페니키아인들이 이 문자를 발전시켜 알파벳을 만들었다. BC 2700년경에

는 세습적인 왕권이 나타나기 시작했는데 북부 지역에 정착해 세력을 강화한 **아카드의 사르곤**(재위 BC 2334~2279)은 수메르의 루갈작게시왕을 무찌르고 최초의 **메소포타미아에 통일 왕국**을 설립했다. 아카드 왕국의 전성기는 사르곤왕의 손자 나람신왕 때이며 그 후 BC 2100년경 구티족의 침입으로 약 100년간 지배를 받았지만 곧 도시국가 우르의 우르남무가 구티족을 완전히 물리치고 수메르와 아카드를 통일했다. 수메르인들의 신화에는 성서에 나오는 내용과 비슷한 것들이 상당히 많다. 에덴동산이 메소포타미아의 어느 지역이라는 말도 있고, 대홍수에 나오는 노아의 방주를 연상시키는 전설과 이들이 쌓아 올린 높은 탑(지구라트)은 바벨탑으로 추정되며 대홍수가 끝난 후 노아의 방주가 도착한 곳도 이 지역의 어느 산이라는 설도 있다. 이들은 매우 발달한 문명을 가졌는데 60진법을 사용했으며 오늘날도 시간에서는 60진법을 사용하고 있다. BC 2000년경 동쪽에서 엘람인의 침략, 서쪽에서 아모리인의 침입으로 우르는 멸망했다. 바빌론에 정착한 아모리(Amory)인은 수메르와 아카드의 문화를 흡수해 **바빌로니아** 왕국을 설립했다. BC 1790년경 함무라비왕 때 전성기를 이루고 전 메소포타미아 지역을 세력권에 흡수했으나 BC 1600년경 **히타이트족과 캇시트족**의 침입으로 바빌로니아도 이들로부터 오랜 기간 지배를 당했다. 캇시트족은 BC 1100년경 엘람인에 의해 또다시 정복된다.

BC 3000 이집트 메네스 왕, 상·하 이집트 통일

고 왕국	BC 2575~2134(440년)
중 왕국	BC 2040~1640(400년) 또는 BC 1938~1600년경
신 왕국	BC 1530~1070(460년)

＊ 이집트 문명

이집트는 최초 상, 하 왕국으로 나누어져 있었으나 상 왕국의 메네스왕이 하 왕국을 통합, 테베에서 멤피스까지 약 1천 킬로미터에 이르는 큰 왕국을 건설했다. 고 왕국 제6왕조의 페피 2세를 끝으로 혼란을 거듭하던 이집트는 테베를 근거로 한 지방의 귀족에 의해 중 왕국으로 다시 통일되었다. BC 1800년경부터는 힉소스의 침입으로 쇠퇴를 거듭하다 BC 1680~1580년 약 100년간 힉소스의 지배를 받았다. BC 1640년경 중 왕국도 몰락하고 17왕조의 아흐메스 1세가 BC 1580년 힉소스를 팔레스타인 지역으로 내쫓았다. 이후 신 왕국이 세워지고 BC 1507~1480년 **하트셉수트 여왕**은 내치에 힘을 썼다. BC 1472~1458년 **투트모세 3세**가 이집트와 메소포타미아 중간에 위치하고 있던 힉소스를 완전히 무찌르자 히타이트, 아시리아, 크레타 등이 조공을 바치고 서쪽의 미탄니(Mitanni)국도 조공을 바쳐 명실공히 당시의 패자가 되었다. BC 1390~1353년 **아멘호테프 3세** 때는 최대의 영토를 차지했으나 서서히 기울기 시작했다. 신 왕국에서는 사제의 세력이 파라오를 능가할 지경에 이르렀다. 아멘호테프 4세가 왕위에 오르자 사제의 세력을 누르는 데 착수하고 새로운 태양신인 아톤을 믿고 자신의 이름도 **아크나톤**으로 개명하고 수도를 아케타톤으로 천도했다. 아크나톤 시절에는 그래도 이집트가 팔레스타인 일대를 지배하고 있었으나 아크나톤왕과 제후들의 알력으로 제국은 축소되고 때마침 세력을 떨치는 히타이트족에 의해 서서히 몰락하기 시작했다. BC 1336년 아크나톤왕이 죽고 BC 1333년 여덟 살의 어린 투탕카멘이 파라오로 즉위해 아톤 신을 버리고 아몬 신을 받아들인다는 뜻에서 **투탕카몬**으로 개명하고 옛 수도인 테베로 옮겼으나 어리고 힘없는 임금은 신하들에 휘둘려 지내다 18세의 어린 나이로 죽는다. 1922년 그의 왕묘가 완전한 형태로 발굴되어 학계에 비상한 관심이 쏠렸는데, 그의 무덤 발굴에 참여했던 사람들이 차례로 죽음을 당해 '**파라오의 저주**'라는 말이 생겨나기도 했다.

✻ 이집트 왕조

● BC 1300~1100경 출 애굽/ 람세스왕조

람세스 1세 뒤를 이은 아들 세티 1세(재위 BC 1318~1304)는 아버지 람세스 1세를 이어 왕조를 연 위대한 왕으로 불리기도 하며, 잔인한 임금으로 묘사되기도 한다. 람세스 2세(재위 BC 1304~1237) 때는 이집트의 옛 권위를 찾고 BC 1280년경 그동안 번번이 이집트를 괴롭혀온 히타이트를 정벌하기로 작심을 하고 **카데시 전투**에서 히타이트의 무와탈리스와 크게 전투를 벌였으나 승리를 하지 못하고 회군하자 주변 국가들이 독립을 시도하기도 했다.

람세스 2세 재위시절 모세는 이스라엘 민족을 이끌고 이집트를 탈출한다. 이를 '출 애굽'(BC 1290년경으로 추정)이라고 한다. <u>지도-1, 지도-2 참조</u>

BC 1200년경 철기를 사용하는 **해상민족(Sea People)**은 히타이트족을 멸망시키고 이집트의 삼각주 지대까지 쳐들어 와서 지중해 일대를 혼란의 도가니로 몰았는데 어느 사이엔가 사라져버려 아직까지 해상민족에 대해서는 밝혀지지 않는 숙제로 남아 있다. BC 1070년 이집트의 쇠퇴로 또다시 상·하, 두 왕국으로 분리된다.

● BC 664~525 사이스 왕조

BC 670년경 아시리아의 왕 에사르하돈에 의해 이집트가 정복되고, 그 후 프삼티크 1세가 이집트를 재건하고 이어 네코 2세, 프삼티크 2세 이후 몇 명의 왕으로 이어지는 왕조를 말한다. BC 526년 솟아오르는 태양인 페르시아의 캄비세스 2세에 의해 이집트는 페르시아의 속국이 되고 만다. 이집트는 BC 525년 페르시아의 아케메네스 왕조에게 합병 당할 때까지 2천500여 년 동안 26개 왕조를 누려온 고대 문명의 발상지다. 기제에 있는 4왕조 쿠푸(Kufu)왕의 피라미드는 BC 2600년대에 지어진 것으로 밑변의 가로 250m, 세로 250m, 높이 170m에 달하는 인류 불가사의 중 하나다.

● BC 305~30 프톨레마이오스 왕조

BC 526년 페르시아에게 정복당한 이집트는 200년 가까이 페르시아의 지배를 받다가 BC 330년경 이번에는 그리스의 알렉산드로스 3세에 의해 정복 당하고 만다.

그 후 알렉산드로스 3세의 부하 장군인 프톨레마이오스는 알렉산드로스 3세가 원정 중 급서하자 알렉산드로스 3세가 차지한 넓은 영토 중 이집트 지역을 장악한 이후 약 250년간 이집트를 통치한다. 이것이 프톨레마이오스 왕조이다. 이 왕조는 **클레오파트라 7세와 안토니오의 연합함대가 로마의 옥타비아누스에게 패해 목숨을 끊으면서** 사실상 고대의 이집트는 막을 내리고 그 후는 로마의 속주로서 유지되는 수모를 겪고 600년대 중반기에는 이슬람제국에 의해 정복된다. 이로써 인류의 역사는 정복으로 시작되어 정복으로 이어지게 된다. **한때 인류 문명의 발상지로서 막강한 세력을 자랑하던 이집트가 BC 600년경부터는 아시리아, 페르시아, 그리스, 로마로 이어가며 남의 나라에 지배를 받다가 650년경부터는 이슬람제국의 지배 속으로 들어감으로써 찬란한 문명을 자랑하던 이집트인은 자존심에 상처를 입는다.**

BC 3000 (인) 인더스 문명 발생

세계 4대 문명 중의 하나인 인더스 문명은 인도의 인더스 강 유역에서 시작된 농경문화다. **드라비다인에 의해서 발생한** 이 문명은 건물과 건물  사이가 바둑판 모양의 깔끔한 모습을 하고 있고, 수로를 판 흔적이 있는 것으로 보아 상·하수도 시설도 갖추고 있었던 것으로 보인다. 가장 널리 알려진 곳은 **모헨조다로와 하라파**이다. 모헨조다로에서는 대중목욕탕이 발견되어 문명의 질적 수준과 당시 사람들의 모습을 상상하게 한다. 이 문명은 BC 2000년에서 BC 1500년경 인도로 이주해온 아리아인들의 정착에 의해 소멸된 것으로 보인다. 이후 **베다** 문명이 시작된다.

* 유럽인의 시조/아리아인(인도-유럽어족)

중앙아시아에서 러시아 남부에 이르는 광대한 지역에 분포한 유목민족으로 흔히 인도 유럽어족이라고도 부른다. 이들은 BC 18~17세기경 중앙아시아를 가로지르면서 세 가지 방향으로 이동을 시작했다. 유럽으로 간 아리아인은 그리스, 라틴, 켈트, 튜튼, 게르만의 조상이 됐고, 다른 무리는 터키 방면으로 가서 히타이트 왕국을 세우고 바빌론을 정복한 캇시트족과 시리아 지역에 정착한 미탄니다. 그리고 나머지 무리가 이란을 거쳐 인도로 이동해 인도에 이른 것은 대략 BC 1500년경(확실하지 않음, 자료에 따라 상이한 경우도 있음)으로 추정된다. 결과적으로 이들 민족들 모두가 한 민족인 셈이다.

　침략자인 아리안족은 손쉽게 원주민 드라비다인들을 정복했다. 아리아인들은 원주민이었던 드라비다인들을 노예화하고 자기들과 구별하기 위해 계급제도인 **카스트** 제도를 만들었다.

BC 2600　최초의 피라미드(Pyramid) 건설

　　　　중국 황하 문명 발생

BC 2330경　아카드의 사르곤왕, 최초로 메소포타미아 지방

　　　　통일왕국 설립

BC 2205　중국 하(夏: Xia)나라 건국(BC 2200~1760경)

세계 4대 문명 발상지의 하나인 황하에서 태어난 나라가 중국이다. 아득

히 먼 삼황오제의 시대, 황제가 죽자 요(堯)가 뒤를 이어 천자(天子)가 되어 나라를 다스렸다. 그는 하늘과 백성을 섬기며 정치를 해 천하가 태평했다. 요 임금이 나이가 들어 다음에 나라를 맡아서 다스릴 사람을 구했으나 적당한 사람이 없어 무척이나 속을 태웠다. 좀 쓸 만하고 똑똑하다 싶으면 여러 가지 흠이 있어 청문회 통과가 어려웠다. 그러다 순(舜)이라는 훌륭한 사람을 찾아냈다. 그는 아주 가난하게 살던 사람이지만 훌륭하게 나라를 다스렸다. 어느덧 순 임금도 나이가 들어 다음 사람을 구해야 할 시간이 왔다. 이때 우(禹)라는 사람이 어질고 책임감이 강하다고 해 그에게 나라를 맡기니 그가 바로 **하나라를 세운 우 임금**이다. 그러나 하나라는 정확한 연대나 왕의 이름이 기록되지 않은 전설상의 나라라고 보는 편이 맞을 것이다. 약 500년간 존속되었다. 11대 걸(桀) 임금 때 탕(湯)이 하나라를 멸망시키고 은나라를 세웠다.

중국의 전설적인 성군(聖君)은 요, 순, 우, 탕이다. 그래서 지금도 태평성대를 가리켜 요순시대라고 한다.

✽ 폭군의 대명사 걸(桀)과 주(紂)

중국 역사상 가장 포악한 것으로 알려진 폭군이라면 하나라를 망하게 한 걸 임금과 은나라를 망하게 한 주 임금을 들 수가 있다. 그래서 흔히 포악한 임금을 가리켜 "걸, 주와 같다"고 한다. 서양에서의 폭군은 로마제국의 네로 황제를 손꼽는다(50년대). 조선의 폭군으로 알려진 연산군은 1500년 때의 사람이다.

BC 2100 수메르, 아카드 왕국(우르 왕조), 구티족의 지배를 받다

우르 왕조는 약 100년간 구티족의 지배를 받았으나 곧 물리치고 독립을 찾는다. BC 2000년경 우르남무는 구티족을 완전히 몰아내고 수메르와 아카드의 왕이 되어 우르 왕조를 세우고 통치했다. 그러나 그것도 잠시, 곧 엘람인과 아모리인의 침입으로 우르 왕조는 멸망하고 만다. 아모리인들은 수메르와 아카드의 높은 문화를 흡수하고 그곳에 **바빌로니아 왕국**을 세운다.

BC 2000 에게 문명(Aegean Civilization),
미케네 문명(Mycenaean Civilization) 발생

BC 3000년에 발생되었다는 설도 있는 **에게 문명**은 지중해 상에 있는 그리스의 크레타 섬을 중심으로 번영했으며 크레타 문명 또는 미노아 문명이라고도 한다. 이는 BC 1500년경 절정을 이룬 뒤 그리스의 침략으로 그리스 본토로 옮겨가게 되는데 본토에서 이루어진 문명을 **미케네 문명**이라고 부르며 **BC 1200년경 전성기를 이룬다.** BC 1400년경 미노아 문명은 완전히 파괴되었는데 아직도 이유를 확실하게 모른다. 그리고 미케네 문명도 BC 1200년을 지나 그리스를 비롯한 지중해 일대의 거의 모든 도시들이 철저하게 파괴되었는데 그 이유가 명확치 않다. 단지 **바다인**(Sea People)들의 침입으로 추정하고 있다.

1-3 바빌로니아제국에서 트로이 전쟁까지

BC 2000 바빌로니아 왕국 건설

동에서 엘람인, 서에서는 아모리인의 침입으로 우르 왕조는 무너졌으나 북쪽에 있던 마리, 아쉬르 등은 명맥만은 유지되었다. 남쪽을 점령한 아모리인들은 바빌론에 정착해 수메르와 아카드 문명을 흡수해 **바빌로니아 왕국**을 건설한다.

BC 1792 함무라비(Hammurabi)왕 즉위(재위 BC 1792~1750)

함무라비는 바빌로니아의 제1왕조 6대 왕이었다. 그는 유명한 **함무라비 법전**을 만든다. 경제, 가족, 민사, 형사 등에 대한 법이 돌비석에 아카드어로 새겨져 있다. 형벌은 가해자의 신분에 따라 달라졌기 때문에 공평한 것은 아니나 이들이 수세기 동안 살아오며 경험한 것을 적은 것으로 당시 문명을 알 수 있다. 1901년 프랑스의 역사학자가 이라크의 수사지역에서 발견한 비석을 약탈해 지금은 프랑스 루브르 박물관에 보관하고 있다.

BC 1766 (중) 은(殷)나라 설립(BC 1766~1122)

중국의 두 번째 왕조로 약 600년을 유지했다. **상(商)나라**라고도 하며(서양에서는 Shang으로 알려져 있다) 성군으로 알려진 **탕(湯)에 의해 세워진 나라다.** 책에 따라 다소 연대가 틀리기는 하나 대체로 약 600여 년간 존재했던 국가이며 실제로 있었던 것은 확실한 것으로 알려져 있다. 말기에 주 임금이 나라를 망하게 하는 대목에서는 기록이 남아 있다. 은나라의 수도는 은허(殷墟)였으며(하남성 안양현 소둔촌) 나중에 조가(朝歌)로 옮겼다.

BC 1700년경 당시 팔레스타인 지역에는 후리(Hurri)인들이 살고 있었고 이들이 세운 나라에는 미탄니(Mittani) 왕국이 있었다.

BC 1650 미케네 문명(BC 1650~1200, BC 2000년 참조)

BC 1650 히타이트족(Hittite)

지금의 터키 남쪽, 팔레스타인의 북쪽에 위치한 곳에 자리하고 BC 1600년 이전부터 존재했고 BC 1590년경 루르실리스 1세는 바빌론을 공격해 바빌론을 정복하고 14세기 슈필룰리우마슈 1세(BC 1380~1346) 때에는 후리족이 세운 미탄니 왕국을 정복하는 등 시리아까지 세력을 확장해 전성기를 이룬다.

당시 이집트는 아크나톤왕 시절로 국력이 약해져 있어 동맹국인 미탄니 왕국을 구해줄 수 없었다. 1285년경 무와탈리슈왕 시절에는 이집트의 람세스 2세와 시리아의 패권을 둘러싸고 오론테스 강변의 카데시에서 대규모 전투를 벌이나 승패를 가늠하기 어려웠던 것 같다(연대는 BC 1299년, BC 1275년 등 여러 가지 설이 있어 여기서는 BC 1285년경으로 표기). 사실상 이집트의 패배였다. 그러나 BC 1200년경 해상민족에 의해 완전히 자취를 감추었고 그 후 프리기아와 리디아로 계승을 하게 된다. BC 700년경 프리기아는 기마 민족인 킴메르족에 의해 멸망하고 말지만 리디아는 킴메르족을 물리치고 BC 600년대까지 잘 버텼으나 BC 547년 크로이소스왕 시대에 페르시아의 키루스에게 패해 리디아(히타이트족)는 역사에서 사라지고 만다. 지도-3 참조

BC 1500 아리아(Aryan)족의 인도 정착

BC 1500년대까지 펀자브 지역에 거주하다 인도로 들어갔다. 이 아리아 족은 세 군데로 나누어져 자리를 잡았는데, 하나가 인도로 들어갔고 다른 하나는 이란 부근의 중동지역으로, 나머지는 유럽으로 흘러 들어갔다. 오 늘날 중동 사람들과 구미 사람들이 서로 적대시하고 있는데, 따지고 보면 먼 옛날 같은 종족이었으나 서로가 살고 있던 지역이 달라 몇 천 년이 지 난 지금 이렇게 남남이 되고 만 것이다.

BC 1333 이집트 투탕카멘왕 즉위

BC 1290 출 애굽

이집트의 람세스 2세 때 모세는 유대인을 이끌고 이집트를 탈출해 약속 의 땅인 가나안으로 향한다. 정확한 연대를 알 수 없으나 세티 1세(BC 1318~1304)나 람세스 2세(BC 1304~1237) 시대가 거의 확실하다.

* 람세스 2세

이집트 19왕조의 세 번째 왕으로 세티 1세의 아들이다. 아버지 세티 1세는 전임 왕인 아크나톤과 그의 뒤를 이어 왕이 된 어린 왕 투탕카멘 때 약해진 이집트의 영광을 되찾기 위해 팔레스타인과 남부 시리아의 지역을 평정했고 히타이트에 게 빼앗긴 북부지역을 되찾기 위해 전쟁을 벌여 약간의 승리를 거두기는 했으나, 얼마 후 히타이트족은 오론테스 강 유역에 튼튼한 카데시를 세우고 기세를 올렸 다. 뒤이어 왕위에 오른 람세스 2세는 아버지가 못 이룬 꿈인 히타이트를 정벌하 기 위해 오론테스 강 유역의 카데시를 향해 대대적인 공격을 하나 결국 쌍방 다 큰 타격을 입은 채 끝이 나 애초에 세운 정복의 목표는 실패하고 만다. 그 후 히 타이트와 화해하고 히타이트 공주를 왕비로 맞이한다. 람세스 2세는 점점 세력을 잃어가는 이집트에게 다시 옛 영화를 찾으리라는 희망을 준, 그리고 군사적으로나 정치적으로나 문화적으로 이집트인들에게 자존심을 심어준 훌륭한 왕으로 인정된다.

BC 1285 람세스 2세 히타이트와 전쟁(카데시 전투)

BC 1200경 해상민족, 그리스 침입 모든 문명을 파괴하고 암흑시대를 개막

해상민족은 유래를 알 수 없는 철기문화 민족으로 당시 지중해 일대를 휩쓸며 대부분의 나라들을 멸망시켜 지도를 바꾼다. 히타이트족을 멸망시키고 페니키아인의 도시국가들을 파괴해 우가리트를 완전히 폐허로 만들고 청동기 시대를 마감시킨다. 그러나 해상민족(Sea People)에 대해서는 아직까지도 미확인 상태다.

BC 1200~1100? 이스라엘 민족, 요단강 서편 가나안(Canaan) 땅에 정착

BC 1122 (중) 주(周) 왕조 시작(BC 1122~221), 900년간 지속

* 주(周)나라/ 백이숙제 / 강태공 / 달기

주나라를 세운 주 문왕의 본명은 희(姬)씨 성에 이름은 창(昌)이다. 은나라 말기 포악한 주(紂) 임금을 토벌해 은나라를 멸망시키고 주나라를 세운다. 완전히 통일을 한 때는 아들인 무왕 시절이다. 은나라의 마지막 임금인 주(紂) 임금은 자질과 말솜씨가 뛰어났으며 맨손으로 호랑이를 때려잡는 천하장사였다. 그러나 자기의 재주를 너무 과신한 나머지 남의 이야기에는 귀를 기울이지 않았고 잔인한 성격을 가졌다. 아주 젊은 나이에 임금이 되었는데 유소씨라는 소국을 정벌할 때 달기라는 여인을 진상 받았다. 이후 천하절색인 달기와 즐기느라고 정사를 돌보지 않았다. 녹대라는 호화찬란한 누각을 지어 백성들을 도탄에 빠지게 하고, 포

락의 형(구리 기둥에 기름을 발라 다리를 만든 후 그 밑에는 불을 지펴놓고 구리 기둥 위를 걷게 하는 형벌)을 실시해 불길 속으로 떨어져 죽는 것을 보며 즐거워했다고 한다. 그리고 왕자(王者) 비간이 3일간 간하자 "성인(聖人)에게는 심장에 구멍이 일곱 개가 있다고 하는데 너도 성인인지 아닌지 알아야겠다"고 하면서 비간을 죽이고 심장을 갈기갈기 찢었다. 그리고 구후의 딸인 왕비가 음탕한 자기의 말에 잘 따르지 않는다고 왕비를 죽이고 장인인 구후도 죽여 젓을 담가 제후들에게 먹으라고 나누어 주었다. 이에 악후가 이를 간하자 악후 역시 죽여 젓을 담갔다. 어진 삼공(三公) 중 두 명이 이렇게 살해되고 유일하게 살아남은 서백 창(昌, 후에 주 문왕)마저 비난하는 표정을 지은 것을 본 간신에 의해 참소되어 유리라는 감옥에 갇히는 몸이 되었다. 서백은 엄청난 금은보화를 주 임금에게 바치고 풀려나 천신만고 끝에 자기의 땅인 주나라로 무사히 귀환할 수 있었다. 이후 서백 창은 훌륭한 정치를 하고 우리에게는 **강태공으로 잘 알려진 여상**을 국무총리에 발탁해 차츰 세력을 길러 천하통일의 기틀을 마련하고 아들인 발(發) 때 드디어 은나라와 최후의 일전을 벌인다. 은나라의 주왕은 70만 대군을 이끌고 천하장사인 악래를 사령관으로 해 목야 땅에서 건곤일척의 대결을 하나 이미 오랜 악정(惡政)으로 천심(天心)을 잃은 주왕의 군대는 참패를 당하고 주왕은 달기와 즐기려고 애써 지은 녹대에 불을 지르고 몸을 던짐으로 BC 1122년 은나라는 멸망하고 만다. 이때 아무리 폭군이라도 임금인 이상 나라를 바꾸는 것은 역적이라고 하며 새로 세운 주나라 음식은 먹지 않겠다고 해 수양산으로 들어가 고사리만 캐 먹으며 살다 죽은 고죽국 사람 **백이숙제도** 이 시절 사람이었다.

＊ 중국의 경국지색(傾國之色)

● BC 1750년경 매(妹)희

말(妹)희라고 쓰인 책도 있다. **하(夏)나라 말기 걸(桀) 임금의 총비로 유시씨를 정벌했을 때 얻게 된 여인이다.** 임금이 연못을 파서 술로 채우고 고기로 숲을 만들어 놓고 먹었다해 주지육림(酒池肉林)이란 고사성어가 태어났다.

● BC 1120년경 달기

은나라 말기 폭군 주 임금의 총비로 유소씨를 정벌했을 때 얻게 된 여인이다. 포락의 형을 보면 매우 즐거워했다고 하며 임금은 달기의 환심을 사기 위해 녹대라는 찬란한 궁전을 지었으나 완성된 지 얼마 되지도 않아 은나라가 멸망하고 주 임금이 녹대에 불을 지르고 자결함으로써 짧은 생애를 마감했다.

● BC 770년 포사

주나라 유왕의 아내로 생전 웃지를 않아 유왕은 포사의 웃는 모습을 보기 위해 무슨 짓이든지 다 하다가 결국 견융의 습격에 목숨을 잃고 아들이 뒤를 이어 즉위하나 외적의 침입에 불안한 주나라는 수도를 동쪽으로 옮긴다. 역사에서는 이를 동주(東周)라 하고 먼저를 서주라고 한다. 포사는 거짓으로 봉화를 올리면 전쟁이 난 것으로 알고 제후들이 급하게 달려왔으나 적군이 없는 것을 보고 허탈해 하는 장면을 보면 미소를 지었다고 한다. 왕은 포사의 미소를 보기 위해 자주 봉화작전을 쓰다가 결국 실제로 견융이 쳐들어 왔을 때는 아무 제후도 구원병을 보내지 않아 사나운 견융에게 물려 죽는 외로운 양치기 소년이 되고 말았다.

● BC 500년경 서시

오나라의 부차 시절 월나라에서 오나라를 멸망시키기 위해 계획적으로 훈련을 시켜 보낸 미인이다. 너무나 청초하고 가련한 아름다움에 사람들에게 바라만 보는 데 얼마씩 받았더니 금방 부자가 되었다고 하는 우스갯소리도 있다. 태어날 때부터 가슴앓이 병이 있어 통증이 있을 때마다 얼굴을 찡그렸는데 그 모습이 너무나 아름다워 얼굴 찡그리는 것이 오나라에서 대유행이었다고 한다. 근본이 아름다워야 슬퍼하는 모습도 아름답게 보이는 법인데 이를 모르는 동네의 추녀(醜女)가 이를 흉내내자 동네 사람들이 도저히 참을 수가 없어서 중요한 가재도구만을 정리해 정든 고향을 버리고 떠나갔다고 한다. 결국 오나라의 부차는 서시에게 빠져 정사를 돌보지 않다가 월나라에 멸망 당하고 부차도 목숨을 잃는다.

● 750년경 양귀비

당나라 현종의 아내다. 원래 현종의 며느리였으나 미인이라는 소문을 듣고 아들에게 이혼할 것을 강요, 자신의 아내로 삼아 촌수를 엉망으로 만들고 말았다. 서시가 하늘하늘한 가련, 청순형 미인이라고 한다면 양귀비는 풍만한 육체파 미인이었다고 한다. 현종은 양귀비에게 빠져 정사를 돌보지 않았다. 종당에는 안록산의 난이 발생하자 도주하던 중 분노에 찬 호위무사들의 강요에 양귀비는 피살된다. 이때 오빠인 양국충도 함께 살해된다. 아내를 잃고 살 의욕이 없어진 현종도 아들에게 황제 위를 내주고 정계에서 은퇴한다. 당시는 명시인 이태백과 두보가 활약하던 시대이기도 하다.

BC 1100 도리아인의 그리스 침입, 그리스 문화 파괴

* 아가멤논(Agamemnon)의 전설

아르고스의 사람으로 어려서 동생 메넬라오스와 함께 스파르타로 망명해 스파르타의 왕에게 의탁한다. 아가멤논과 메넬라오스는 각각 스파르타 왕의 딸인 **클리템네스트라, 헬레네와 결혼**을 하는데 후에 트로이의 왕자 파리스가 헬레네를 유혹해 헬레네와 함께 트로이로 사랑의 도피행각을 벌이자 메넬라오스는 형 아가멤논을 찾아가 사정을 이야기한다. 이에 아가멤논은 이것은 우리 개인의 사사로운 이야기가 아니고 조국 그리스의 명예에 관한 이야기이니 반드시 에게해 건너의 야만인 트로이를 응징해야한다고 하며 아르고스 원정대를 조직해 트로

이를 공격함으로써 **트로이 전쟁**이 벌어진다. 수많은 우여곡절 끝에 거대한 목마를 이용해 조금 창피한 방법으로 트로이를 함락시키고 귀향길에 오른 아가멤논과 그의 참모들은 아이키스토스의 간계에 의해 전부 비참하게 살해된다. 아가멤논이 전투에 참여한 동안에 아이키스토스는 아가멤논의 아내 클리템네스트라와 불륜의 관계를 맺고 있다가 아가멤논이 전쟁에 승리하고 돌아왔을 때 보복을 받을 것이 두려워 교묘한 간계로 아가멤논을 살해한 것이다. 아가멤논의 아들 오레스테스는 아버지를 살해한 어머니와 어머니의 정부(情夫) 아이기스토스를 살해해 아버지의 원수를 갚는데, 이때 여동생 엘렉트라가 많은 도움을 준다. 엘렉트라는 평소 준수하고 남자다운 아버지를 사랑하고 어머니에게 질투를 느낀다.

＊ 오이디푸스 콤플렉스/ 엘렉트라 콤플렉스

프로이트는 《정신분석학》에서 여자아이가 아버지를 사랑하고 어머니를 질투하는 경우를 **엘렉트라 콤플렉스**(Electra Complex)라고 하고 이와 반대로 아들이 어머니를 사랑하고 아버지에게 적대감을 갖게 되는 심리를 **오이디푸스 콤플렉스**(Oedipus Complex)라고 했다.

＊ 트로이 전쟁(Trojan War)

BC 1100년경으로 추정된다. 트로이는 지중해 연안의 아나톨리아(지금의 터키)에 있는 도시국가였다. 그리스와는 에게해(海)를 건너면 닿을 정도로 가까운 나라로 그리스인들이 그 지역을 정복하는 것을 이야기로 꾸민 것으로 추측된다.

테티스 여신과 인간인 펠레우스 사이에 결혼식이 있었다. 테티스 여신은 인간과 결혼하는 것이 싫었으나 제우스 신의 명령이라 감히 거역을 할 수가 없었다. 이 결혼식에 모든 신들이 초대되었으나 전쟁의 신 아레스의 여동생 에리스는 초대되지 못했다. 분쟁의 화신이므로 결혼식에는 불길하다고 해 초청자 명단에서 빠진 것이 이유였다. 그러나 당사자인 에리스는 무척 자존심이 상했다. 그녀는 결혼식장에 나타나 황금 사과 한 개를 내놓으면서 **"가장 아름다운 여인에게 이 황금 사과를 드린다"** 하고는 방명록에 사인도 안 한 채 묘한 웃음을 헤프게 흘리고는 사라졌다. 당시 그곳에는 헤라 여신, 아테나 여신, 아프로디테(비너스) 여신이 있었는데 그들이 누구인가? 헤라 여신이라면 신(神) 중의 왕인 제우스 신의 아내(First Lady)로 현직 실세가 아닌가? 그리고 아테나 여신으로 말할 것 같으면 전쟁, 지혜, 정의를 관장하며 둘째가라면 서운해하는 처지였다. 아프로디테는 누구인가? 미의 여신이라는 명칭답게 잘생기고 멋쟁이 남자라면 신이고 인간이고를 불문하고 닥치는 대로 추파를 던지는, 사교계에서는 한 가닥 하는 여신이다. 이들 다 한 인물 하는 여신들인데 누가 양보를 할 것인가. 제우스 신은 심사위원으로 양치기 소년 **파리스**를 위촉했다. **파리스라는 소년은 트로이 왕인 프리아모스와 아내 헤카베 사이에서 태어났으나 태몽이 불길하다고 해 내버려져**서 자라난 아이였다. 후에 훌륭한 용사가 되어 아버지에게 다시 받아들여진다. 세 여신들은 파리스에게 서로 자기에게 황금 사과를 주면 대신 최고의 선물을 주겠다고 유혹했다. 파리스는 가장 아름다운 여인을 아내로 만들어주겠다는 아프로디테 여신에게 황금 사과의 영예를 안겨준다. 그런데 아프로디테 여신이 말한 가장 아름다운 여인이라는 것은 처녀도 아니고 망측하게도 아가멤논의 동생 메넬라오스의 아내인 헬레네였다. 그렇다면 남의 가정을 파탄내고 불륜을 저지르라는 말과 같지 않은가? 파리스는 아프로디테 여신의 도움을 받아 헬레네를 유혹해 트로이로 사랑의 도피행각을 벌이고 나중에 이를 안 헬레네 남편인 메넬라오스가 형인 아가멤논을 찾아가 사정을 설명하자 아가멤논은 "이것은 너와 나의 개인적인 문제가 아니고 전 그리스의 명예에 관한 문제"라고 피를 토하듯이 절규, 결국 그리스와 트로이 사이에 전쟁이 벌어진다.

10년이라는 기나긴 세월의 전쟁 끝에 거대한 목마를 이용해 승리한 그리스 연합군은 귀국길에 오른다. 아가멤논의 아내 클리템네스트라는 남편이 전쟁터에서 목숨을 걸고 싸우는 중에 불륜을 저지르고는 승리해 돌아오는 남편을 간계로 살해한다. 한편 전쟁에 같이 참여했던 **오디세우스의 아내 페넬로페**는 남편이 전쟁에 참가한 후에 귀족들의 구애를 수없이 받고 위협을 받자 남자들에게 자기가 뜨개질 하던 옷이 다 만들어지면 구애를 받겠다고 하고 낮에는 뜨개질을 하고 밤에는 다 풀어버리는 방법으로 10년간 정절을 지키고 결국 전쟁에서 승리하고 돌아온 남편과 만나게 된다. 그래서 **서양에서는 페넬로페를 정숙한 아내의 대명사로 부르고, 클리템네스트라를 부정한 아내의 대명사로 부르며, 소크라테스의 아내 크산티페를 악처의 대명사로 부른다.**

10여년에 걸친 오랜 전쟁, 그리스의 용사 아킬레우스의 죽음, 거대한 목마를 이용해서 이루는 승리, 돌아오는 항해의 긴 고난, 돌아온 뒤에 펼쳐지는 복수극 등을 장편의 서사시로 쓴 것이 **호메로스의 《일리아스》(Illiad), 《오디세이아》(Odyssey)**다. 이 책도 반드시 읽어보시기 바란다. 필자는 20대 초반에 읽었는데 제법 기억력이 있었던 시절이었는데도 나오는 사람 이름이 많아서 별도로 메모지에 이름과 간단한 설명을 써가면서 밤을 새워가며 읽던 기억이 난다.

* 아킬레우스(트로이 전쟁의 영웅)

기록에 나타난 바로는 아킬레우스가 그리스 최고의 용사다. 아마도 중국의 항우에 비견하면 어떨까?

인간인 펠레우스와 여신인 테티스 사이에서 태어났다. 어머니 테티스는 인간의 피가 섞여있는 아킬레우스를 신처럼 죽지 않게 하기 위해 아킬레우스가 태어나자 곧 스틱스 강에 나가 강물에 몸을 담가 영원히 죽지 않게 했다. 말하자면 담금질(Quenching)을 한 셈인데 이때 테티스가 손으로 잡고 있던 아킬레스의 발목만큼은 물에 담그지를 못 해 치명적인 약점으로 남았다. 그곳이 바로 **아킬레스건(腱)으로서 오늘날 치명적인 약점을** 일컫는 말로 사용된다. 그도 트로이 전쟁에 참가해 조국인 그리스를 위해 많은 승리를 거두었으나 마지막에 파리스가 쏜 화살이 아킬레스건에 명중해 목숨을 잃는다.

BC 1100 아람인, 시리아 지역 지배

BC 1100년대에 시리아 지역을 지배한 민족은 아람인으로 이들은 BC 700 년대에 아시리아에게 정복될 때까지 번영했다. 페니키아인들이 해상무 역을 주로 한 데 반해 아람인들은 동쪽으로는 사마르칸트(지금의 우즈베 크스탄 내의 지역)로부터 서쪽으로는 사막을 가로지르는 대상로의 끝인 다마스쿠스까지 육상무역을 주로 했다. 그로 인해 다마스쿠스가 가장 중 요한 도시가 됐다.

1-4 이스라엘 건국에서 춘추시대까지

BC 1020 사울, 이스라엘 최초의 왕이 되다

사사 사무엘에 의해 최초의 이스라엘 민족의 왕으로 사울이 뽑혔다. 당시 팔레스타인 지역에는 필리스티아인(불레셋이라고도 함)들이 세력을 갖고 있어 이들에게 대항하기 위해서는 지도자와 통합된 국가가 절실히 필요한 시점이었다. 성격이 편협한 **사울은 다윗을 시기해 여러 차례 다윗을 죽이려고 했고 이에 다윗은 피신을 하게 된다.** 한편 **사울은 필리스티아인과의 길보아 전투에서 대패한 후 스스로 목숨을 끊고 아들 요나탄도 전사한다.** 사울의 박해로 망명길에 있던 다윗이 세력을 모아 잃었던 땅을 되찾고 사울에 이어 이스라엘의 왕위에 오른다. 지도-2 참조

BC 1006 다윗, 이스라엘 왕으로 즉위(재위 BC 1006~965)

이스라엘에는 다윗이라는 걸출한 임금이 출현, 주변에 있는 부족들을 물리치고 이스라엘의 전성기를 이끌고 수도를 예루살렘으로 정한다. 이스라엘의 시조 아브라함이 등장한 때를 아모리인이 메소포타미아로 진출한 BC 2000년대라고 보는 견해도 있다.

이스라엘인들은 한때 이집트에서 노예로 억류되었다가 BC 1290년경에 지도자 모세에 의해 이집트에서 탈출하고 약속의 땅 가나안으로 향한다. 그때 이미 그곳에는 가나안족이 살고 있었고 이스라엘 민족은 그들을 공격해 가나안을 점령한다. 모세의 후계자 여호수아 때 팔레스타인 지역을 거의 장악하고 12개 부족이 정착한다. 그들은 유일신인 야훼(Yahweh)만을 믿고 다른 민족의 신은 전부 배척했다. BC 1020 사사 사무엘에 의해 최초로 사울이 왕으로 선출된다. 당시 팔레스타인 해안 지역은 아직

까지는 셈족 계통의 필리스티아인이 차지하고 있었다. 사울은 필리스티아인과의 **길보아 전투**에서 패배해 자살하고 다윗이 영토를 회복해 수도를 예루살렘에 정하고 세력을 확대한다. **아들 솔로몬**(BC 965~928) 시대에는 더욱 번성해 페니키아인의 도시 티르(Tyre)의 히람왕과 동맹을 하는 등 최전성기가 되었다. BC 950년 예루살렘에 성전을 건설한다. **솔로몬왕의 아들 르호보암** 때 북부 열 개 부족이 이탈해 이스라엘을 세우고 수도를 사마리아에 정했다. 한편 르호보암을 따르는 두 개 부족은 유다 왕국을 세워 **북쪽은 이스라엘, 남쪽은 유다 왕국으로 갈라지게 된다.** 이후 북 이스라엘은 BC 722년에 아시리아에 의해 멸망하고 남부 유다왕국은 BC 587년 신 바빌로니아의 네부카드네자르 2세에게 정복당해 민족이 바빌론의 노예로 끌려가는 불행을 겪는다. 이를 **바빌론유수**(BC 587~538)라 한다. 성서에서는 BC 608~538년으로 70년 동안이라고 하지만 여기서는 역사책을 따랐다. 얼마 후 신흥국가로 떠오른 페르시아의 키루스왕에 의해 신바빌론은 멸망해 완전히 역사 속에서 사라지고 이스라엘 민족에 대해 우호적인 사고를 갖고 있는 키루스왕은 이스라엘 민족을 노예에서 해방시켜 고국으로 돌아가게 한다. 이탈리아 반도에는 중동 지방에서 온 것으로 추정되는 에트루리아족이 들어와 자리를 잡는다.

지도-2 참조

BC 1000 페니키아인(Phoenician) 지중해에 도시국가 건설

* 페니키아 / 시리아 지도-1, 지도-2 참조

당시 시리아 팔레스타인 지역에는 페니키아인과 아람인 등이 살고 있었으며 페니키아의 해안 도시들은 전성기를 맞이해 우가리트(Ugarit), 비블로스(Bybros)도 중요 도시였고 내륙에는 다마스쿠스, 카데시(Qadesh) 등이 중요 도시였다. 그러나 당시 철기문화를 갖춘 해상민족의 침입으로 지중해 연안의 도시들이 완전히

파괴되었다. 페니키아는 비교적 빨리 회복해 비블로스 대신 티르(Tyre)를 건설
해 무역을 재개했다. 페니키아인들은 지중해 도처를 다니며 해상 무역을 하던 민
족으로 이들이 오리엔트 문화를 지중해에 전파했다. 히람 1세(BC 969~936) 때에
는 티르가 최고의 번영을 누리며 이스라엘의 솔로몬왕과 동맹을 맺었고, 그 후에
아프리카 지역에 카르타고를 건설하는 등 페니키아는 맹활약을 했다. 반면에
시리아 지역을 지배한 아람인들은 페니키아인들과는 반대로 내륙지방의 무역
을 주로 했다. 사마르칸트와 사막을 가로질러 대상로 끝에 있는 다마스쿠스가
가장 중요한 도시였다.

* 아시리아(Assyria)

메소포타미아의 북부에서 일어난 고대 오리엔트 최초의 세계제국을 이룬 인
도-유럽 민족이 세운 국가(셈족 계열)다. 지금의 이라크 북부 티그리스 강을 중
심으로 한 지역에서 세워졌다. BC 3000년 이전부터 이 지역에 존재했으며 처음
으로 정치적으로 통일하고 북방의 강국을 건설한 이는 BC 1800년대에 나타난 샤
마시 아다드 1세(재위 BC1813~1781)다. 그러나 그의 아들 시대에는 한참 잘 나
가던 바빌론의 함무라비왕에 의해 정복당했다. 그 후 별 볼일 없이 지내다가 BC
1400년 초에는 후리인의 미탄니 왕국에 의해 정복을 당하기도 했다. 이후 BC
1350년경 이슈르 우발리트 1세(BC 1365~1330)는 히타이트와 손잡고 미탄니를
공격해 메소포타미아 지역을 회복하고 이집트와 대등한 교섭을 하고 바빌로니
아에게도 개입을 하는 등 아시리아를 재건한 왕으로 평가된다. 이후 약 150년 간
여섯 명의 왕을 거치면서 이집트, 바빌로니아, 히타이트와 함께 어깨를 나란히
하며 강국의 대열에 끼어 있었다. BC 1200년 이후 침체기를 맞아 쇠퇴했으나 그
후 오랜만에 아시리아의 전성기를 되찾은 왕이 아슈르나시르팔 2세(재위 BC
883~859)다. 그는 시리아, 페니키아 등 여러 도시들을 정복했고 잔인하게 살육
을 자행해 주위를 두렵게 했다. BC 800년대 중반기까지는 잘나가다가 또다시 침

체기를 맞았으나 티글라트 필레세르 3세(재위 BC 774~727) 때에 북쪽으로는 우라르투를 격퇴하고 서쪽으로는 다마스쿠스, 시리아, 페니키아, 유다를 공략 이집트 국경까지 세력을 확대하고, 동으로는 아제르바이잔 지방까지 원정 메디아의 일부를 장악, 남으로는 바빌로니아 왕을 겸하는 등 세계적인 대제국을 건설했다. 다음 왕인 샬마네세르 5세(재위 BC 726~722)는 북 이스라엘의 사마리아를 공격해 멸망시켰고, 다음 왕들인 사르곤 2세(재위 BC 721~705), 센나케리브(재위 BC 704~681), 에사르하돈(재위 BC 680~669), 아슈르바니팔(재위 BC 668~627)까지 4대 동안 사르곤 왕조라 불리며 약 90년간 세계제국을 유지했다. BC 620년대 이후 아시리아는 점점 쇠퇴해가다 리디아로부터 위협을 받고 결국에는 메디아와 칼데아인 나보폴라사르, 북방으로부터 온 스키타이 인들의 공격으로 BC 609년 역사 속에서 아시리아는 영원히 사라지게 된다.

BC 928 이스라엘 솔로몬왕 사망(재위 BC 965~928)

이 시대의 연대는 정확하지가 않아서 문헌에 따라 차이가 있다. BC 922년이라고 하는 자료도 있고 남북 분열도 솔로몬왕이 살아 있을 때와 죽은 후 라는 두 가지 설이 있다.

BC 900 그리스 최초 도시국가 등장

스파르타는 펠로폰네소스 반도에 정착한 도리아인이 세운 도시국가이며 아테네는 아티카 반도에 정착한 이오니아인이 세운 도시국가이다.

* 스파르타(Sparta)

BC 900년경 도리아인이 들어와서 세운 도시로 이웃한 메세니아 지역을 정복해 노예로 삼았다. 남자아이가 태어나면 신체검사를 해 약한 아이는 죽이고 정상적인 아이만 키워 7세부터 집단훈련을 거쳐 전사로 만들었는데, 용기를 키우기 위해 노예를 습격해 죽이는 훈련과정도 행했다고 한다.

여자아이의 경우도 마찬가지여서 강건한 자식을 낳아 강한 국가를 만든다는 개념으로 강한 훈련을 받았다.

* 아테네(Athens)

이오니아인들이 세운 도시국가로 아티카 지역에 자리 잡았다. 그리스를 대표하는 도시로 스파르타와는 영원한 맞수다. BC 700년대 후반기부터 왕은 임기 1년의 행정 책임자로 변해 행정은 아르콘이, 군사는 플레마르크가 각각 나누어 맡고 이들이 왕을 감독하는 제도를 시행해 일찍이 민주화의 길로 나가고 있었다.

BC 814 **페니키아인 카르타고 도시국가 건설**
BC 800 **아리아인 남부 인도로 진출**

BC 776 **그리스 올림픽 시작(BC 776~AD 394, 약 1천170년간)**

펠로폰네소스 반도 올림피아에서 4년마다 한 번씩 열렸다. 이 제전에는 그리스인만 참가할 수 있는 자격이 주어졌고, 또 그리스인이면 누구나 참가할 수 있었다. 이 제전이야 말로 그리스인의 자랑과 긍지였다. 394년 동로마 제국 테오도시우스가 종교적인 이유로 금지시킬 때까지 약 1천170년간 유지되었다.

같은 시절 동양의 중국에서는 주나라 유왕이 미녀 포사에게 빠져서 결국 외침으로 생명을 잃고 아들인 평왕이 왕위에 올라 수도를 호경에서 낙양으로 천도해 춘추전국시대가 열렸다. 한편에서는 아시리아가 한참 세력을 확장해 북 이스라엘을 멸망시키던 때이기도 하다.

중국 역사를 기술할 때 빼놓을 수 없는 중요한 시기다. 주나라 초기에는 전국에 약 1천여 개의 제후국들이 있었다. 그 후 차츰 정리가 되었으나 그래도 100여 개 국가가 있었고 그중에서도 제법 큰 나라는 약 10여 국으로 다음과 같다.

제(齊), 노(魯), 정(鄭), 송(宋), 진(陳),

진(晋), 진(秦), 초(楚), 채(蔡), 연(燕), 위(衛), 조(曹)

BC 1122년 주 무왕이 천하를 통일한 지 350년이 흐른 후 유왕은 미인 포사에 빠져서 정사를 돌보지 않았다. 그러다가 북방 견융의 침입을 받아 생명을 잃으면서 나라 자체가 흔들린다. 제후들의 지원을 받아 견융족을 몰아내고 태자 의구를 즉위시키니 이가 평왕이다. 평왕은 북방 오랑캐의 계속된 공격에 두려움을 느껴 수도를 호경에서 낙양으로 옮기니, 이를 동주(東周)라고 부르고 이전의 주나라를 서주(西周)라고 부른다. 수도를 낙양으로 천도한 BC 770년부터 가장 강국이었던 진(晋)나라가 한(韓), 위(魏), 조(趙)의 세 개의 나라로 갈라진 BC 403년까지 약 370년간을 춘추시대(春秋時代, Spring Autumn)라고 부른다.

그래도 이때까지는 주나라의 왕을 웃어른으로 모시고 제후들은 자신들을 공으로 칭하며 신하의 예의는 지켰고, 주나라의 왕도 이때까지는 황제라는 호칭을 하지 않았다. 황제라는 호칭을 처음 쓴 것은 춘추전국시대를 통일한 진시황이 처음이었고 이후로는 전부 황제라고 칭했다. 당시 제후들 중에서 가장 세력이 강대해 실질적으로 중국 전체를 선도해 나간 다섯 명의 제후를 춘추 5패라고 부른다.

* 춘추 5패

시기	나라	제후
BC 650년경	제(齊)나라	환공
BC 630년경	진(晉)나라	문공
BC 600년경	초(楚)나라	장왕
BC 500년경	오(吳)나라	부차
BC 470년경	월(越)나라	구천

혹자는 오나라의 부차와 월나라의 구천 대신 BC 630년경의 진(秦) 목공과 송(宋) 양공을 춘추 5패에 넣기도 한다.

* 전국시대(戰國時代, BC 403~221)
이후 BC 400년경 제후국 중 가장 강했던 진(晉)나라가 한, 위, 조로 갈라지면서 천하는 오로지 힘센 나라가 약한 나라를 잡아먹는 약육강식(弱肉强食)의 시대로 변하게 된다. 전쟁으로 해가 뜨고 전쟁 속에서 해가 지는 전국시대가 열린 것이다. 주나라의 왕은 안중에도 없고 죽느냐 아니면 살아남느냐의 처절한 몸부림의 세월이 약 180년간 지속되었다. 맹자, 병법의 대가인 손빈, 한비자, 상앙, 소진, 장의, 굴원, 진시황, 여불위 등 이루 헤아릴 수 없는 많은 인물들이 등장해 파란만장(波瀾萬丈)한 생애를 보낸 후 BC 221년경 마침내 진(秦)나라가 천하를 통일한다. 우리가 잘 아는 진시황이다. 이리하여 역사적으로 하, 은, 주에 이어 네 번째 통일 국가인 진나라가 등장하면서 전국시대의 막은 내린다.

BC 750 로마 탄생(건국신화 단계)
BC 750 아시리아의 최고 전성기(BC 750~650)

BC 722 북 이스라엘, 아시리아의 샬마네세르 5세에 의해 멸망

남 이스라엘인 유다 왕국은 조공국으로 전락한다. 아시리아의 사르곤 2세 때라고 되어 있는 자료도 있다.

BC 700 프리기아(히타이트족)의 멸망

인도 유럽어족으로 히타이트 왕국이 BC 1200년경 해상민족에게 멸망당한 뒤 그 뒤를 계승해 터키 앙카라 지역의 고르디움이란 곳에서 생활하다 BC 700년경 킴메르족에 의해 사라졌다. 또 다른 히타이트의 후계자인 리디아는 킴메르족을 물리치고 소아시아 지역에서 사르디스에 수도를 정하고 존속했으나 크로이소스왕(재위 BC 560~547) 때 페르시아의 키루스에게 패해 히타이트족은 역사 속에서 사라진다.

BC 650경 (중) 제(齊) 환공(BC 685~643) 최초로 춘추시대 패자(霸者) 되다

BC 640경 (중) 송(宋) 양공(BC 650~637) 춘추 5패에 오르다

BC 630경 (중) 진(晉) 문공(BC 636~628) 춘추 5패에 오르다

BC 620경 (중) 진(秦) 목공(BC 659~621) 춘추 5패에 오르다

BC 600경 (중) 초(楚) 장왕(BC 613~591) 춘추 5패에 오르다

1-5 페르시아제국에서 로마제국의 탄생까지

■ ■

BC 621 (그) 아테네에서 최초의 성문법(드라콘 법) 제정

드라콘은 법전을 만들었는데 가벼운 범죄에도 사형을 하는 등 너무나 가혹해 오늘날 가혹한 법적 조치를 상징하는 용어로 드라코니안(draconian)을 사용한다. 당시 법이 성문화되지 않아서 귀족들에게만 유리하거나 뇌물이 거래되는 등 재판관 임의의 판결이 있었는데 드라콘 법이 제정되면서 독단과 횡포는 많이 없어졌다.

BC 612 신바빌로니아 왕국 성립(BC 612~539)

아시리아를 멸망시킨 나보폴라사르는 신(新)바빌로니아를 건설하고 BC 605년 이집트에 결정적인 승리를 하고 아시리아가 지배하던 시리아 팔레스타인을 정복한다. 그 후 네부카드네자르(Nebuchadnezzar) 2세(BC 605~562) 때 전성기를 이루고 유다를 정복해서 유다 국민을 바빌론으로 데려가 노예로 만든다. 이를 바빌론 유수라고 한다. 메디아에서 시집온 아내 아뮤티르가 머나먼 친정을 그리워하자 이를 위로하기 위해 세계 7대 불가사의의 하나인 공중정원을 만든다. 네부카드네자르가 죽은 후 신 바빌로니아는 침체기를 맞더니 BC 539년 페르시아의 키루스 2세에 의해 완전히 멸망한다. 이때 페르시아의 키루스는 BC 587년 유다 왕국에서 노예로 데리고 온 이스라엘 민족을 해방시켜 조국으로 돌아가게 한다.

BC 609 아시리아 멸망

메디아 및 칼데아인 나보폴라사르의 공격으로 니네베시가 함락되고 뒤

이어 리디아, 이집트의 침공으로 마침내 유서 깊은 고대 제국 아시리아
는 역사 속으로 사라진다. 이후 아시리아제국은 네 개의 나라로 갈라지
게 된다. 이집트, 소아시아 지역의 리디아, 메소포타미아의 신바빌로
니아(Neo Babylonian Empire), 메디아(Median Empire)로 분열된다.

지도-5 참조

BC 609 남이스라엘(유다 왕국) 이집트의 통치를 받음(BC 609~605)

BC 587 바빌론 유수(Babylonian Exile, BC 587~538)

신바빌로니아 네부카드네자르는 남유다 왕국을 정복하고 이스라엘 민족
을 노예로 만들어 바빌론으로 데려간다. 이를 바빌론 유수라고 한다. 성
서에서는 연대가 약간 다르게 되어 있는데 여기서는 역사책을 따르기로
한다.

BC 551 공자(Confucius) 탄생(551~479)

BC 544 석가(釋迦) 열반

세계 4대 성인(聖人)으로 알려진 공자와 석가가 지금으로부터 약 2천550
년 전에 우연히 거의 비슷한 시기에 태어났다. 한 사람은 중국 노나라, 한
사람은 인도와 네팔 국경선 근처의 작은 지방국에서 태어났다. 세계의 4
대 성인의 생일을 비교하면 다음과 같다.

BC 624?~544   석가
BC 551~479   공자
AD 0   예수
AD 579?~632   무하마드

* 석가(고타마 싯달타)

BC 620년경 네팔 지역 카필라바스투라는 조그만 나라의 왕자로 태어났다. 아버지는 깨끗한 쌀이라는 뜻의 정반왕 이름은 슈도다나이고 어머니는 코살라 왕국의 공주 마야다. 태어난 지 일주일 만에 어머니를 여의었다. 석가의 나라는 당시 약소국으로 매우 어려운 처지였다. 29세에 세상의 모든 고통에서 벗어날 수 있는 방법을 찾기 위해 수행자의 길로 들어섰다. **35세에 보리수 아래서 깨달음을 얻어 붓다(깨달은 자)가 된 고타마는 녹야원에서 설법을 한 이래 49년간 돌아다니며 가르침을 전하고 BC 544년 80세에 열반에 들었다. BC 250년경 석가의 가르침은 인도 마우리아 왕조의 아소카왕의 노력으로 스리랑카, 미얀마, 티베트, 중국 등지로 퍼져나갔는데**, 정작 발생지인 인도에서는 얼마 후 힌두교가 성행하고 불교는 거의 자취를 감추었다.

* 공자(Confucius)

주(周) 영왕 20년인 BC 551년 노(魯)나라 산동성 곡부 지방에서 태어났다. 자는 중니다. 그의 철학은 동아시아의 문화권에 깊은 영향을 끼쳤다. 공자는 배움의 목적을 자기발전과 자기실현이라고 했는데 노나라의 왕에게 충성을 바치자 당시 노나라의 세도가에서 견제를 해왔고 도덕적 엄격성 때문에 왕의 측근과도 잘 어울리지 못해 56세였던 BC 495년에 이상을 펼칠 수 있는 다른 나라를 찾아보기 위해 중국을 여행했다. 제자들은 12년 동안을 어려움 속에서도 스승인 공자를 수행했다. 67세의 나이로 고향에 돌아와서 제자들을 가르치며 저술과 편집에 몰두하며 고전의 전통을 보존하는 일에 힘쓰다 BC 479년 73세의 나이로 세상을 떠났다. 그의 제자들이 편집한 것으로 알려진 《논어》는 구전과 문서로 보존된 공자의 말씀을 바탕으로 만들어진 책이다. **공자는 자신은 성현이 아니고 남보다 나은 것이 있다면 배우기를 좋아하는 것뿐이라고 말했다. 효도가 인간이 되는 데 꼭 필요한 기본이며 가정윤리가 모든 것의 근원이라고 했다.**

BC 550 메디아, 페르시아에게 멸망

페르시아 키루스 2세(Cyrus the Great), 아케메네스 왕조 설립

* 페르시아(Persia)/ 마라톤 전쟁 /살라미스 해전 지도-5 참조

BC 700년경 아케메네스가 페르시아 왕국을 연 후 키루스 1세, 캄비세스 1세를 거쳐 약 150여 년은 별로 두각을 나타내지 못한 채 지금의 이란 지역에 자그마한 소국으로 명맥만 유지하고 있었으나 BC 550년경 키루스 2세가 왕위에 오르면서 페르시아는 동방의 최강자로 서서히 떠오르기 시작한다. 그래서 키루스 2세(재위 BC 559~529)를 아케메네스 왕조의 원조로 보기도 한다.

당시 중동 지역에는 아시리아가 멸망하고 그 자리를 신바빌로니아와 메디아가 차지하고 있었다. 메디아는 소아시아 일대를 차지하고 있는 강대국이었는데 BC 550년경 메디아의 아스티아게스왕은 자신의 외손자인 키루스에게 나라를 빼앗기고 만다. 키루스는 BC 539년 나보니두스왕을 폐위시키고 신바빌로니아를 멸망시켰다.

BC 525년 아들 캄비세스 2세가 이집트를 정복하여 이집트의 왕이 되지만 그후 에티오피아와의 전투에서 패배하자 자살을 한다. 이때 같이 종군하던 다리우스는 본국으로 돌아가 키루스의 다른 아들이 왕이 된 것을 살해하고 자기가 왕으로 오른다(다르게 기술한 책도 있음).

그러나 다리우스 1세는 나라를 크게 확장시키고 전투뿐만 아니라 유능한 행정가로 국토를 안정시키고 많은 건축물을 건설하고 리디아의 수도 사르디스에서 페르시아의 수도 페르세폴리스까지 2천 킬로미터가 넘는 대도로를 건설하는 등 치적을 남겼다. BC 490년 유일하게 페르시아에게 불손한 그리스를 손봐주려고 그리스를 침공해 마라톤에서 한판 붙었으나 패배했다. 그는 반드시 그리스를 정복하려고 재침공을 준비하던 중 BC 486년에 죽는다. 다리우스 1세가 원정 준비 중 죽자 아들인 크세르크세스 1세가 뒤를 이어 즉위한다. 그는 아버지가 그리스와의 마라톤 전쟁에서 패한 것을 설욕하기 위해 수차례나 전쟁을 벌인

다. BC 480년 8월 무려 36만이라는 대군을 이끌고(약 2천500년 전인 당시에 36만이라는 숫자는 상상할 수 없는 대군이었음) 원정을 해 테르모필레 전투에서 스파르타 저항군을 전멸시키고 아테네를 초토화시키나 살라미스 해전에서 대패한 뒤 본국으로 철수했다. 이후 작은 전투가 몇 차례 더 있었으나 대체로 더 이상 그리스를 침범하지 못했다. 몇 차례의 패전으로 페르시아 자체도 국력이 약해졌고 토목공사를 많이 일으켜 궁전을 많이 지었다. BC 465년 대신들에 의해 암살당하고 아들 아르타 크세르크세스 1세가 즉위한다.

BC 509 로마제국(Roman Empire)의 시작

로마가 탄생한 것은 BC 700년경이라고 하나 그것은 신화적인 성격이 강하다. 이때까지 이탈리아 반도는 여기저기 조그만 도시국가로 이루어져 있었으며 로마 역시 조그만 도시국가 중에 하나일 뿐이었다. 당시 중부지방의 **에투루리아인**이 중부 지역을 장악하고 있었고 로마도 에투루리아인의 지배를 받고 있었다. BC 500년경부터 로마가 서서히 힘을 길러 주위의 소도시들을 통합했다. 처음에는 귀족과 평민의 구분이 없었으나 차츰 구별이 생기고 중요 자리는 귀족들의 차지가 되어 갔다. 군사 지휘권은 집정관(두 명)이 갖는데 이들 역시 전부 귀족의 차지였다.

* 성산사건

BC 490년경 전쟁에 참여해 목숨을 걸고 싸우는 군인의 대부분은 평민인데 모든 것의 결정권은 귀족에만 있고 평민들은 불공평한 대우를 받고 있다 해 평민들의 권리를 보호해줄 관직을 창설해줄 것을 요구하고 무장한 채로 산으로 올라가 시위를 했다. 그래서 만든 것이 호민관제도로 평민의 권익을 보호하고 집정관이나 행정관이 내린 결정에 대해 거부권을 행사할 수 있는 권한을 주었다. 이때 이들이 모여 시위를 벌인 산이 성산(聖山)이다.

* 12표법

BC 450년경 그때까지 법원의 판결이 법이 없이 몇몇 학식 있는 귀족들의 결정에 의해 내려지는 것은 얼마든지 왜곡될 소지가 있다고 평민들이 요구해 10인 위원회에 의해 12표법이란 것을 만든다. 이것의 내용은 별 것이 아니나 성문화된 법이 갖추어졌다는 사실에 의미가 있다. 그리스에서는 일찍이 BC 621년 똑같은 이유에서 드라콘 법전이란 것이 만들어졌다.

아직 힘이 약한 로마는 라틴동맹에 가입해 동맹의 결정에 따라야 했다. BC 386년경에는 북쪽의 겔트족의 침입을 받아 로마시가 함락되는 수모를 겪기도 했다. 로마는 서서히 힘을 길러 라틴동맹의 도시들을 하나하나 점령해 나갔다. BC 290~260년경 삼니움족의 강력한 도전을 받았으나 세 차례의 전투에서 승리해 이들을 제압하고 BC 263년 에투루리아의 전역을 손아귀에 넣게 되었다. 이후 계속 남진한 로마에게는 이제 최남단 시칠리아 섬이 전략적인 거점이 되고 말았다. 로마는 BC 260년대에 들어와서야 어느 정도 주변 청소를 끝내고 여력이 생겨 슬슬 바깥쪽으로 눈을 돌리는 수준에 와 있었으나 당시 그리스는 이미 BC 500년경 지중해 일대를 석권하고 페르시아와 지중해를 놓고 쟁탈전을 벌이던 강국으로 이탈리아의 최남단에 위치한 시칠리아 섬에 시라쿠사라는 도시를 식민지로 갖고 있었다. 그 외에도 에게해의 각 섬이나 소아시아에도 식민도시를 많이 갖고 있던 상태였다. 한편 페니키아인들은 BC 1000년 때부터 아나톨리아(터키)에 항구를 만들고 지중해 일대에서 뱃길로 무역을 해서 도시국가들을 세웠다. 이들은 지중해 도처에 도시들을 만들었고 BC 800년경 아프리카에 **카르타고라는 도시국가를 만들어** 거점으로 삼고 있었다(지금의 튀니지의 튀니스 부근). 카르타고와 시칠리아 섬은 지척 간의 거리였다. 시칠리아 섬과 그 옆의 사르데나와 코르시카도 이미 카르타고의 세력권내에 있었다. 로마는 그때까지 제 앞가림도 못 하고 걸음마를 하던 수준이라 카르타고로서는 로마를 경쟁대상으로 생각하지도 않았던 것이다. 그런데 로마가 이탈리아 중부를 평정하고 밖으로 눈을 돌리니 가장 먼저 눈에 띄는 것이 시칠리아 섬이었고 그 섬을 장악하지 못하면 지중해로 진출할 길이 막히는 셈이라 로마로서는 시칠리아 섬의 확보가 필수적이 되고 말았다. 이제 로마와 카르타고와의 한판의 싸움은 시간문제가 되고 말았다. 이를 포에니 전쟁이라고 하는데 세 차례의 전쟁에서 승리한 로마는 제국의 길로 나가고 패배한 카르타고는 멸망하고 만다.(BC 264〜146)

BC 500 (중) 오나라와 월나라와의 싸움(BC 520~470)

＊ 오(吳) 나라 　가계도-1A 참조

오나라는 희(姬)씨 성을 가진 주나라의 시조와 같은 종씨였다. 주나라 황제의 자손이었는데 영토를 하사받아 나라를 세운 지 어느새 600년이란 세월이 흐른 것이다.

BC 587년경 오나라에는 수몽이 즉위한다. 수몽에게는 제번, 여제, 여매, 계찰의 네 아들이 있었는데 수몽이 죽자 장남인 제번은 가장 똑똑하고 지도자의 능력이 있는 막내 동생 계찰에게 왕위를 주기 위해 다음번 왕위를 아들에게 주지 않고 동생 여제에게 주었다. 여제도 형의 뜻을 알고 다음에 동생 여매에게 주었고 여매도 적당히 한 뒤 동생 계찰에게 왕위를 주려고 했으나 계찰은 끝까지 사양하다가 아예 어디론가 사라지고 말았다. 그렇다면 다음 왕위는 장남의 아들에게로 가야 하는데 여매가 자기의 아들인 요에게 물려주니 이번에는 왕위를 양보하는 미덕에서 하루아침에 거꾸로 왕위를 노리는 피 터지는 불상사가 나고야 말았다. 장남 제번의 아들 광은 때마침 초나라의 평왕에게 가족을 몽땅 잃고 구사일생으로 목숨만을 건져 도망쳐 나온 오자서를 참모로 기용해 요를 죽이고 왕위를 찬탈하는 데 성공하니 그가 합려다.

＊ 오자서

초나라 초평왕 시절 아버지인 오사는 태자 건의 스승으로 봉직하고 있었다. 초평왕은 며느리 감을 구하러 비무기를 진(秦)나라로 보냈는데 비무기라는 자는 자신의 부귀와 영달을 위해서라면 무슨 짓이든지 할 수 있는 간신이었다. 진나라는 옛날부터 미인이 많기로 유명한 지방이었다. 아마도 우리나라의 강계쯤 되는 모양이었다. 신부감을 보니 천하의 절색이라 슬며시 평왕에게 아부를 했다.

"전하, 신부가 천하의 절색이오니 전하께서 취하시고 태자마마에게는 다른 아름다운 여인을 드리는 것은 어떠하온지요?"

이리하여 태자빈이 될 진나라 공주는 시아버지가 될 분에게 시집을 가게 되는 사태가 벌어졌다. 비무기가 자기 일신상의 영달을 위해 한 작은 행위는 그후 수많은 사람들이 죽어야만 하는 참화를 불러오고 전쟁이 일어나고 나라까지 망할 뻔한 결과를 초래했다. 세월이 흐르자 비무기는 불안해졌다. 태자가 임금이 되는 취임식 날이 자기의 초상 날이 될 것은 확실하고 점점 다가오는 듯한 느낌이었다. 아침, 저녁으로 하루 두 번씩 목을 만져보지만 때밖에 나오는 것은 없었다. 아무리 생각해도 얼마 안 갈 것 같았다. 자기가 살아남기 위해서는 태자를 죽일 수밖에 없었다. 처음에는 왕에게 태자가 사실을 알고 아버지에 대해 반감을 갖고 있으니 머나먼 변방으로 보내자고 참소해 태자를 멀리 국경 수비대로 내쫓았으나 이제는 태자가 언제 쿠데타를 일으킬 줄 모른다고 참소했다. 평왕이 태자의 스승인 오사를 불러 고문을 하자 오사는 "간신의 말은 믿으시면서 어찌 자식의 말은 믿지를 않으십니까?" 하고 바른 말을 했다. 평왕은 태자를 죽이라고 명했고 태자는 타국으로 탈출했다. 오사에게는 오상과 오자서라는 두 아들이 있었는데 특히 오자서가 출중해 군계일학(群鷄一鶴)이었다. 비무기는 오사의 아들들이 있는 한 언제고 위험이 닥칠지 모른다고 생각해 마침내 오사와 오상을 죽이는 데 성공했으나 오자서는 구사일생으로 살아 오나라에 가서 합려의 참모가 된다. 오자서는 출중하고 강직한 성품으로 병법에 통달하고 용병술이 뛰어난 훌륭한 참모였다. 오자서의 소원은 오로지 평왕을 죽여 아버지와 형의 원한을 갚는 것이었다. 합려 9년(BC 520년경) 오자서는 초나라의 군대를 대파하고 초나라 수도인 영에 입성했다.

꿈에도 그리던 소원을 성취했으나 이미 평왕은 늙어 죽었고 아들 소왕은 눈썹을 휘날리며 도망을 간 뒤였다. 천신만고(千辛萬苦) 끝에 초평왕의 무덤을 찾아내 시체를 꺼낸 뒤 300대의 매질을 가했다. 한편 옛날 오자서의 가까웠던 친구 신포서는 조국 초나라의 위기를 맞이해 진(秦)나라를 찾아가서 도움을 청했으나 냉담한 반응을 보이자 진나라 궁전 안을 돌면서 7일 밤낮을 통곡하니 진 애공이 감동해 "저렇게 훌륭한 충신이 있는 나라를 어찌 모르는 체 하겠는가" 하고 구원병을 보내줌으로써 신포서는 결국 조국을 살려내고 말았다. 당시 합려는 오자서와 《손자병법》으로 유명한 손무의 도움으로 초나라, 진(晉)나라를 누르고 남으로는 월나라를 누르니 오나라는 합려의 시기부터 부강해져 아들인 부차 때 춘추 5패에 오른 것도 무리는 아니었다. 오나라의 왕 합려는 월의 구천을 우습게 생각하고 쳐들어갔다가 도리어 패전해 부상을 입고 얼마 후 죽게 된다. 임종 시 아들 부차에게 아버지의 원수를 절대로 잊지 말라는 유언을 하게 되고 부차는 이를 지키기 위해 섶위에 누워 잠을 자며 괴로울 때마다 이를 되새겨 와신상담(臥薪嘗膽)이라는 고사가 나오게 되었다.

＊ 월(越)나라 구천

합려가 죽고 부차는 아버지의 원수를 갚기 위해 피나는 노력을 하던 중 얼마 후 월 왕 구천이 오나라를 공격하다 대패하자 오나라는 승세를 몰아 월나라의 수도를 향해 물밀듯이 쳐들어갔다. 이제 월나라의 수도가 무너지는 것은 시간문제였다. 월 왕 구천은 항복을 하고 오나라의 신하가 되어 섬기겠다는 굴욕적인 타협을 해왔다. 오자서는 이런 좋은 기회를 놓치면 다음에는 월나라에 의해서 반드시 해를 입을 것이니 절대로 항복을 받지 말고 아예 멸망을 시킬 것을 강력히 요구했다. 월 왕 구천은 거의 절망적인 상태에 빠져 모든 것을 포기할 지경에 이르렀다. 이때 월나라의 충신인 범려와 문종이 구천에게 "전하, 초나라에서 망명해 오나라에 종사하고 있는 백비는 재물을 무척이나 밝히는 자이오니 마지막으로 백비와 측근에게 금은보화 공세를 퍼부어 항복을 받아들이도록 로비를 하는 것이 어떠신지요?" 하고 간했다.

초나라에서 망명 와서 오자서의 도움으로 참모가 된 백비는 구천에게서 뇌물을 흠뻑 받아먹고 오 왕 부차에게 월나라의 항복을 받아들이라고 충동을 했다. 결국 부차는 항복을 받아들이고 말았다. 간신히 멸망만은 모면한 구천은 회계산의 치욕을 잊지 않겠다는 구호와 함께 곰의 쓸개를 매달아 놓고 고통스러울 때마다 쓸개를 핥으며 복수의 칼을 갈고 있었다. 구천은 부차의 신임을 얻기 위해 부차가 몸이 아프다고 하자 일부러 부차의 똥을 핥으면서 "전하, 똥 맛을 보니 곧 쾌차하실 것이옵니다" 하고 말을 하자 부차는 감동을 먹었다. 자기가 똥 맛을 알기는 어떻게 알까? 부차는 "구천은 정말로 충실한 신하다"라고 하면서 입에서 침을 튀겨가며 칭찬을 해댔다. 구천은 부차를 몰락시키기 위해 **월나라 최고의 미녀인 서시**를 발탁해 미녀 양성 스쿨(School)에 보내 피나는 훈련을 시켰다. 그리고 서시와 함께 미스 월(越) 콘테스트 본선에 출전했다가 내신성적이 약간 나빠서 아슬아슬하게 낙방한 준(準) 미스 월(越)들로 구성된 미녀군단을 부차에게 함께 선사하니 부차는 만사 다 제쳐놓고 서시의 품 안에서 헤어나지를 못 했다. 또 지난번 똥 사건까지 언급해가면서 "구천은 정말로 믿을 수 있는 충직한 신하"라고 칭찬했다. 책에는 미녀들을 훈련시키는 데 수년이 걸렸다고 기록되어 있다.

한편 아무리 간해도 부차가 자기의 말을 듣지도 않고 구천에게 속아서 이제는 구천을 신임하는 데다 구천이 보낸 여인들에게 빠져 정사(政事)마저 돌보지를 않자 오자서는 이제 더 이상 오나라에 정을 느끼지 못했다 결국 제나라의 사신으로 갔을 때 아들을 제나라의 정승에게 맡기고 혼자 돌아왔다. 이번에도 백비가 부차에게 오자서가 오나라를 떠날 마음을 품고 아들마저 제나라에 맡기고 왔다고 참소를 한다. 백비라는 사람은 누구인가? 백비 역시 초나라 사람으로 초나라에서 망명을 해 떠돌 때 오자서가 추천해 함께 종사하게 된 사람이다. 말하자면 은인인 셈이다. 한때 어떤 사람이 오자서에게 백비의 상을 보니 욕심이 많고 배반형이라서 나중에 화근이 될 사람이니 그를 멀리하라고 한 적이 있었다. 그러나 오자서는 그런 말을 듣지도 않았다. 어느 날 오자서는 부차가 보냈다는 물건을 받았다. 온 물건을 뜯어보니 촉루검이라는 명검이었다. 오자서는 하늘을 우러러 보며 탄식을 했다. "이제 얼마 안 있으면 월나라에 의해 오나라는 망하겠구나"하며 자결을 해 풍운의 생을 마감했다. 얼마 후 월나라의 구천은 오나라를 침공해 마침내 오나라는 멸망하고 말았다. BC 473년경이다. 이번에는 부차가 한번만 살려달라고 했는데 월나라의 명참모인 범려는 절대로 항복을 받아들여서는 안 된다고 딱 잡아떼었고 구천은 범려의 말을 받아들여 오나라를 완전히 멸망시켰다. 부차는 "아!내가 지하에 있는 오자서를 볼 낯이 없구나"하면서 스스로 목숨을 끊었다. 전쟁이 끝난 후 범려는 곧 아무도 모르게 사라지고 말았다. 그 후 아무도 월나라에서는 범려를 보았다는 사람은 없었다. 범려는 사라지기 전에 친한 친구 문종에게 구천의 상은 은혜를 원수로 갚을 상이니 이제 공직을 사퇴하고 조용히 살라는 말을 하고 사라졌다. 범려의 말을 듣고도 미련을 못 버린 문종은 박수칠 때 떠나지 못하고 뭉그적거리다가 결국 구천에게 죽음을 당할 때가 돼서야 범려의 말을 듣지 않은 것을 후회를 했다. 이래서 오나라와 월나라의 명승부는 월나라의 승리로 끝이 나고 얼마 후 월나라도 초나라에게 멸망을 당한다.

BC 494 로마 성산사건(BC 509년 참조)

BC 492 제1차 페르시아 전쟁 발생 지도-6 참조

페르시아의 다리우스왕은 소아시아의 전 지역과 이집트, 멀리는 인도 가까이까지 정복을 했으나 유독 그리스만이 페르시아에게 굴복을 하지 않는 데다가 에게해 건너 소아시아 반도(지금의 터키)에 있는 그리스 식민지가 페르시아에게 반기를 들도록 뒤에서 선동이나 하고 전쟁물자나 대량살상 무기 등을 공급해 페르시아의 심기를 건드리니 페르시아의 다리

우스 1세는 더 이상 참지를 못하고 그리스를 침공하게 된다. 그러나 제1
차 전쟁은 폭풍우를 만나 해군의 난파로 실패하고 만다.(BC 550년 참조)

BC 490 마라톤 전투(Battle of Marathon)

BC 550년 이후 전성기에 들어선 페르시아는 메소포타미아 지역의 바빌로
니아를 비롯해 소아시아 지역의 그리스 식민도시들도 하나둘씩 페르시아
의 수중으로 넣고 있었다. BC 499년 이오니아 지역의 그리스 식민지였
던 밀레토스가 페르시아에 반기를 들고 반란을 일으키자 에레트리아,
아테네는 함대를 보내 지원했으나 결국 페르시아에 의해 함락되고 만
다. 다리우스 1세는 반란을 도운 아테네를 괘씸하게 생각해 기회만 생기
면 그리스 본토로 쳐들어가 본때를 보이려고 단단히 벼르고 있었다. BC
490년 꿈속에서도 그리던 그리스 원정은 시작되었다. 지중해 연안의 그리
스 섬들을 차례로 수중에 넣고 에레트리아를 격파해 지난번 반란을 사주
한 것에 대해서 분풀이를 한 뒤 아티카 지역의 마라톤에 상륙해 교두보를
확보했다. 밀티아데스가 지휘하는 아테네군은 수적으로 불리한 가운데
극적인 승리를 함으로 아테네를 구할 수 있었다. 도저히 이루어질 수 없
는 기적 같은 승리의 소식을 전하기 위해 마라톤 평야에서 아테네까지 약
42킬로미터를 쉬지 않고 달려온 병사가 승리의 소식을 전하고 숨을 거두
어 이를 기리기 위해 올림픽 경기에 마라톤을 넣게 되었다고 한다.

* 도편추방제도

클레이스테네스가 처음으로 도입한 것으로 알려진 이 제도는 아테네 시민들의
투표로 각자가 생각한 혐오 인물의 이름을 도자기 조각에 써서 가장 많이 적힌 사
람은 10년 동안 아테네에서 추방되는 것인데, 유능하고 능력 있는 지도자까지도
이 제도에 악용되어 추방 당하는 등 폐해도 상당했다. 페르시아 전쟁의 영웅 크산

티포스, 알키비아데스, 살라미스 해전의 영웅 데미스토클레스도 도편추방을 당해야 했다. 도편추방 한 번쯤은 당하고 와야 유명인사로 행세를 할 분위기였다.

BC 480 살라미스 해전(Battle of Salamis) `지도-6 참조`

인류 역사상 최초의 대규모 해전(페르시아와 그리스의 전쟁)이다. 마라톤 전투에서 분패를 당한 페르시아의 다리우스 1세는 망신을 당하고 절치부심(切齒腐心)하며 다음 전투를 준비하던 중 세상을 떠나고 아들인 크세르크세스가 그 뒤를 이어 즉위했다. 크세르크세스 1세는 이번에는 육로를 통해 테살리아로 남하했다. 아테네와 스파르타의 연합군은 테르모필레 협곡에서 페르시아의 대군을 맞이했는데 아테네군은 저지선을 형성하기 위해 남하하고 스파르타의 레오니다스왕 만이 소수의 정예부대와 함께 필사적으로 전투를 했다. 결국 이들은 최후의 한 사람까지 싸우다 장렬한 전사를 맞았다. 이후 거칠 것 없이 아테네까지 밀어닥치자 데미스토클레스는 아테네를 비우고 주민을 살라미스로 보내 배를 태워 대피시키고 군인들도 배를 타고 바다로 나갔다. 페르시아 군을 살라미스의 좁은 해협으로 유인해 차례차례 격파시키자 이번에도 페르시아는 패배를 하고 철군했다.

BC 484 헤로도토스(Herodotos) 출생

BC 478 그리스 델로스 동맹(Delian League) 결성

BC 490년과 BC 480년 페르시아와 두 차례의 커다란 전쟁을 치른 그리스는 페르시아라는 말만 들리면 자다가도 경기를 일으킬 지경에 도달했다. 이번에는 사전에 단단히 준비를 갖추어 다시는 소 잃고 외양간 고치는 일이 없도록 그리스 전 지역의 도시들과 델로스에서 동맹을 결성한다. 동맹군 사령관은 아테네가 맡기로 했고 두 차례나 전쟁에 승리하는 데 가장 큰 역할을 해낸 아테네가 주도권을 잡은 것은 말할 것도 없었다. 동맹을 맺은 후 BC 467년경 아테네의 사령관 키몬(마라톤 전쟁의 영웅 밀티아데스의 아들)은 동맹군을 이끌고 그리스 영향권 내에 남아 있는 페르시아의 잔류 병력을 몰아내고 해안 도시들과 동맹을 맺었다.

BC 478 중국의 상황

남쪽의 오나라와 월나라의 치열한 싸움이 끝나가고 있던 시절 중원에서는 제나라, 진(晉)나라, 노나라에서 내분이 일어나고 있었다. 제나라에서는 BC 500년대의 훌륭한 재상 안영이 있어서 다른 나라에서 제나라를 넘볼 수가 없었으나 세월이 지나 BC 400년대로 들어서면서 강국이었던 제나라도 부패할 대로 부패해 이제는 가망이 없을 정도였다. 대부 전(田)씨가 올바른 정치를 하자 국민들이 전씨를 따르니 결국 BC 475년에 제나라는 전씨의 나라가 되었다. 나라 이름은 그대로 있고 임금만 강(姜)태공이 세운 강씨에서 전씨의 나라가 되었다. 회사는 그대로 있는데 주인만 바뀐 셈이다. 이때가 주나라의 원왕 원년이었다.

춘추시대에 최대의 강국이었던 진(晉)나라도 이미 세력 있는 신하들의 수중에 들어가 중앙정부는 허수아비에 불과하고 힘 있는 한(韓), 위(魏), 조(趙)씨의 나라로 갈라지게 된다. 이때가 BC 453년경이고 주나라로부터 정식으로 나라로 승인을 받은 때가 BC 403년이다. 이때부터를 전국시대 원년으로 보는 견해가 많다.

BC 473 (중) 오나라, 월나라에게 멸망당함

1-6 중국의 전국시대에서 알렉산드로스 3세까지

BC 460 투키디데스(Thucydides) 출생

그리스의 역사가로 아테네와 스파르타의 전쟁을 기술한 《펠로폰네소스
전쟁사》(History of the Peloponnesian War)의 저자다.

BC 460경 1차 펠로폰네소스 전쟁 발발

BC 460경 그리스 문화

이오니아란 도리아인에게 쫓기어 에게해 및 지중해 연안의 섬이나 소아
시아에 정착한 도시를 말한다. 그중 밀레토스라는 도시가 소아시아(터
키)에 있었는데 특히 학문과 예술이 번성해 **밀레토스 학파**라고 불리우는
철학자들을 배출했다. 대표적인 사람이 **탈레스**다. 그는 만물의 기원이 물
이라고 설명했고 일식 현상을 알고 있었다. 기하학을 연구해 그리스에 보
급했다. 탈레스는 밤하늘에 무수한 별들만 쳐다보며 걷다가 웅덩이에 빠
졌다는 일화가 있다. 그때 그를 본 노파가 **"탈레스 선생님 하늘도 중요하
지만 먼저 발밑을 주의해 보셔야지요!"**라고 했다고 한다. 탈레스, 아낙
시만드로스, 아낙시메네스 등의 자연 철학자들은 그때까지 인간의 근원
을 신화적인 세계에서 벗어나 물이나 공기 등 자연현상에서 찾았다. 데모
크리토스 같은 학자는 우주는 원자로 되어 있고 일정한 배열을 이룬다는
가설을 세웠는데, 이는 오늘날 원자론에 접근한 것이었다. 그리고 철학
방면에는 **소크라테스, 플라톤, 아리스토텔레스,프로타고라스** 등의 철학
자들이 배출되었다.

* 고대 그리스의 주요 인물들의 출생 시기

BC 8세기 호메로스, 작가,《일리아스》,《오디세이아》

BC 7세기 사포, 시인

BC 6세기 이솝, 우화작가

BC 5세기 헤로도토스, 역사가,《페르시아 전쟁사》

　　　　　피타고라스, 수학자

　　　　　탈레스, 철학자

　　　　　소크라테스, 철학자(BC 469~399)

　　　　　히포크라테스, 의학자(BC 460~377)

　　　　　투키디데스, 역사가,《펠로폰네소스 전쟁사》(BC 460~403)

BC 4세기 플라톤, 철학자(소크라테스의 제자)

　　　　　아리스토텔레스, 철학자(플라톤의 제자)

　　　　　유클리드, 철학자 · 수학자(기하학)

BC 3세기 아르키메데스, 수학자(BC 290~211)

AD 초기 플루타르코스, 역사가,《프루타르코스 영웅전》(46~120)

BC 450 (로) 12표법(Law of the twelve tables) 제정

로마 귀족들의 계속된 평민 천대에 평민들이 봉기해 평민들의 권리를 어느 정도 얻게 되어 평민의 권리를 인정하는 글을 동판에 새겨 로마 시내에 세운다. 이때부터 귀족과 평민은 법적으로 대등한 대우를 받았다.

BC 431 (그) 펠로폰네소스 전쟁(BC 431~404)

전술한 바와 같이 페르시아로부터 여러 차례 공격을 받고 난 후 아테네가 주가 되어 그리스 각 도시국가들이 델로스 동맹을 맺어 전쟁에 대비했다. 그러나 아테네는 470년경부터 제국주의 야심을 드러내 강제로 동맹을 맺는가 하면 다 같이 사용해야 하는 공금을 델로스로부터 아테네로 옮겨 아테네를 위해 사용하기도 했다. 심지어는 동맹을 탈퇴하려는 도시를 멸망시키기도 하고 군대를 주둔시키거나 사법권까지 간섭하는 등 행패를 부렸다. 이에 여기저기서 반란이 일어나 결국 **스파르타를 중심으로 한 펠로폰네소스 동맹군과 1차 전쟁이 460년경 발발하는데** 역사에서는 정식 펠로폰네소스 전쟁의 기간을 BC 431~404년으로 보고 있다. 제1차 전쟁은 일진일퇴를 거듭하다가 BC 451년에 스파르타와 휴전을 맺고 페르시아와는 BC 449년에 휴전을 맺었으나 BC 433년 아테네가 스파르타와 연맹관계에 있는 코린토의 식민지와 동맹을 맺자 BC 431년 제2차 펠로폰네소스 전쟁의 막이 오른다.

BC 405년 페르시아의 지원을 받는 리산드로스가 지휘하는 스파르타 해군은 아테네 해군과 국운을 걸고 승부수를 던지는데 여기서 아테네는 패배해 해군은 무너지고 육지의 아테네도 BC 404년 함락, 길고 지루했던 전쟁의 막은 내린다. 그러나 그 후에도 늘 티격태격하며 싸움질이었다. 그러다가 결국은 그리스인들이 오랑캐라고 우습게 보던 마케도니아의 알렉산드로스 3세에게 합병 당하고 만다.

<mark>BC 403</mark> 중국 전국시대(戰國時代) 돌입(BC 403~221)

진(晉)나라가 한, 위, 조 세 나라로 분리된 후 주나라 왕실로부터 정식으로 공인을 받은 BC 403년부터 진(秦)시황이 천하를 통일한 BC 221년까지의 약 180년간을 말한다. 전국시대에는 전국 7웅이라고 하는 일곱 개의 강대국과 약체인 노와 송, 중산국 등을 합해 열 개의 나라가 있었으나 그 밖의 작은 나라를 합하면 약 100여 개의 국가가 난립하고 있었다. 전국 7웅은 제(齊), 초(楚), 한(韓), 진(秦), 위(魏), 조(趙), 연(燕)의 일곱 나라인데 이 중 여러 나라가 한때는 세력을 잡았다가 한때는 몰락을 하는 과정을 거듭하고 있었다. 그야말로 해가 떠서 해가 질 때까지 전쟁으로 날이 새고 날이 어두워지는 시대였다. 당시 유럽에는 그리스만이 나라라고 불릴 만한 나라였고 로마는 이제 막 울음을 터트리고 있었다. 그 이외에는 나라라는 것이 아직 생성되지도 않았을 무렵이었다. 70여 년쯤 후 알렉산드로스 3세라는 걸출한 인물이 나타나 페르시아와 싸우려는 시절 중국에서는 100여 개의 나라가 사생결단을 내고 있었다. 이를 보면 동, 서양의 문명의 발전이 얼마나 차이가 있었는지 짐작이 간다. (BC 770년, BC 478년 참조) 지도-7 참조

＊ 위(魏) 나라

앞서 몇 차례 언급했듯이 춘추시대 말기 가장 강력했던 진(晉)나라가 멸망하면서 대부 세 사람이 각각 세운 나라가 한, 위, 조다. 그중 제일 먼저 위나라가 부강해져 전국시대 초기에 강대국의 반열에 올랐다. 위나라의 문후는 오기(吳起)라는 전략가를 등용해 나라를 강국으로 만들었다.

＊ 오기

위(衛)나라 사람이나 위나라에서 받아들여지지 않아 결국은 위(魏)나라에서 종사한다. 병법가이며 엄격한 관리자로 법을 공정하게 집행해 위(魏)나라를 안정시키고 강대국의 반열에 오르게 했다. 초기에는 노나라에서 관직생활을 했는데 제나라가 노나라를 공격하자 오기를 장군으로 기용하려 했으나 오기의 아내가 제나라 사람이므로 기용을 꺼리자 아내를 죽이고 장군이 되어 제나라를 격파했다. 노나라 사람들은 출세를 위해서는 아내도 죽이는 잔인한 사람이라고 수군거렸다. 오기는 결국 노나라를 버리고 위(魏)나라로 갔다. 당시 위나라의 왕은 문후였는데 오기를 크게 기용했다. 오기가 냉정한 사람인 것은 맞다. 그러나 모든 것에 공정하고 인정이나 감정을 전혀 개입시키지 않고 법의 원칙에 따라 집행

했다. 오기라고 인정이 없을 리는 없었다. 법에 공정성이 없으면 법이 올바르게 집행되지 않고 따라서 나라가 어지러울 수밖에 없기에 그랬던 것이다. 하지만 그러면 필연적으로 그동안 법을 만들고 집행해왔던 기득권자들의 반발에 직면하게 된다. 그들은 자기가 법을 만들었지만 백성들에게만 엄격하게 적용했지 자기네끼리는 법을 어기고 마음대로 해왔는데 이제 와서 자기들에게도 법이 적용되니 지키기도 힘들고 억울할 뿐만 아니라 언제 어떻게 될지도 모르는 위기를 느꼈다. 그러니 자연 죽기 살기로 자기 방어에 나설 수밖에 없었다. 문후가 죽고 무후가 즉위하자 전문을 국무총리로 기용했다. 오기는 전문과 서로 보완해가면서 위나라를 강국으로 만들었다. 전문이 죽고 공숙이 국무총리가 되자 공숙은 오기를 탄핵하기 시작했다. 오기는 생명에 위협을 느껴 위나라를 떠나 초나라로 몸을 피했다. 초나라의 도왕은 오기의 명성을 들은 지 오래라 오기를 바로 재상으로 기용했다. 초나라 역시 오기의 엄정한 법 집행이 실효를 거두었고 동, 서, 남, 북의 모든 나라들은 감히 초나라를 넘볼 수 없었다. 그러나 오기의 이러한 정책은 초나라에서도 마찬가지로 기득권자들에게는 용납이 될 수가 없었다. 도왕이 죽자 바로 세력가들의 반격이 시작되었고 오기는 그들에게 살해됨으로 생을 마감했다. 이와 너무나도 흡사한 경우가 50년쯤 후에 진(秦)나라의 진 효공 시절 상앙에게서 일어난다. 상앙 역시 오기처럼 비참하게 죽었으나 상앙의 법치주의에 힘입어 진나라는 마침내 얼마 후 천하를 통일하게 되면서 상앙은 통일의 밑거름이 되었다.

BC 399 소크라테스 사망(BC 470?~399)

아테네의 민주정은 정부에 대한 불경죄와 젊은이들을 타락시켰다는 이유로 소크라테스에게 사형을 선고한다. 탈출할 기회가 있었으나 탈출하면 자신이 법을 어기는 꼴이 된다고 하며 죽음을 택했다.

BC 359 (그) 마케도니아, 서서히 두각을 나타내다

마케도니아의 **필리포스 2세**는 그때까지 그리스 북방의 미개인으로 취급받던 마케도니아를 강력하게 재건하고 서서히 강국으로 발돋움하게 된다.

BC 350 (중) 진(秦)나라의 세력이 서서히 확장되다

* 상앙(商鞅, BC ?~338)

전국시대의 법치주의자로 법가(法家)로 불린다. 본명은 공손앙이며 **위(衛)나라 사람으로 진(秦)나라가 천하를 통일하는 밑거름이 되었다.** 진나라에서 많은 공을 세워 상(商)이라는 땅에 봉해졌기에 상앙이라고도 부른다. 한때 위(魏)나라에도 있었으나 위나라에서는 상앙의 진가를 모르고 내버려두었기에 상앙은 취직자리를 구하러 진나라에 가서 실력을 발휘하게 된다. 위나라는 자기 나라 안에 보물단지가 있었는데도 그것이 보물인지를 모르고 내던져서 결국 진나라는 횡재를 하고 말았다. 상앙은 무시무시할 정도로 법치주의를 적용해 법을 어기는 자는 반드시 처벌을 받도록 했다. 심지어는 태자가 법을 어기자 태자의 보좌관인 공자의 코를 베어버렸다. 그러니 누가 법을 어길 생각을 하겠는가? 심하다 싶을 만큼 엄격한 법을 만들어 집행하는 과정에서 백성들의 원망은 물론 기존세력의 극심한 반발을 일으켰으나 **진 효공**의 강력한 지원을 받아 밀고 나갔다. 엄벌주의와 무시무시한 통제주의 속에서 숨죽이며 살아야 했다 . 30년 가까운 상앙의 통치 속에서 신음하던 귀족은 손꼽아 기다렸던 효공이 죽고 태자가 **혜공**으로 즉위하자 그동안 짓밟혔던 서러움이 폭발해 벌떼처럼 들고 일어났다. 특히 코를 베인 공자(왕과 인척지간을 공자라 한다) 건의 원한은 사무쳤을 것이다. 상앙은 급히 수도 함양을 탈출했으나 객관을 가니 "여행허가증이 없는 사람을 투숙시키면 처형됩니다"라는 말을 듣고 민가에 하룻밤 투숙을 요청하니 모르는 사람을 재우면 처벌을 받는다는 말을 하며 재워주지를 않았다. 상앙은 자기가 만든 법에 의해 꼼짝없이 붙잡혀 사지가 찢겨 죽는 차열형을 받아 죽었다. 그러나 그가 만든 철저한 법질서로 진나라는 점점 강대국으로 변모하고 약 100년 후에는 중국 천하를 통일하게 된다.

BC 348 플라톤 사망(BC 428~348)

아테네 출신으로 소크라테스의 제자이며 그리스의 위대한 철학자다. BC 428년경 아테네의 귀족 가문에서 태어났다. 어린 시절 소크라테스를 알게 되었고 그의 영향을 많이 받았다. 청년 시절에 정치권에 들어오라는 권유를 많이 받았으나 정치라는 것은 양식이 있는 사람이 할 일이 못 된다고 하며 철학의 길을 택했다.

399년 스승 소크라테스가 죽음을 당하자 소크라테스의 제자들과 함께 피신해 여러 나라를 여행했는데 이때 시칠리아 시라쿠사 왕의 처남인 디온과 교류하게 된다. 387년 철학과 과학의 연구를 위해 아카데메이아를 설립하고 연설을 하면서 여생을 보냈다. 그는 대화록을 통해 수많은 저서를 남겼다.

《티마이오스》(Timaios), 《크리티아스》(Critias), 《법률》, 《향연》(Symposion), 《파이돈》(Phaedon), 《국가》(Politeia) 등 수많은 저서를 남겼는데, 그가 쓴 대화록 중 《티마이오스》에는 지중해 밖 대서양에 아틀란티스라는 대륙이 있어 당시 세계를 지배했는데 BC 9600년경 어느 날 자연의 대재앙으로 순식간에 물속으로 사라졌다는 잃어버린 대륙에 관한 이야기가 나온다. 그의 제자로는 아리스토텔레스가 있다. 아리스토텔레스는 "천한 사람들의 입으로 플라톤에게 찬사를 보내는 것조차도 그를 모욕하는 것이다"라고 말했다.

BC 338 마케도니아의 발칸 반도 통일

BC 336 (그) 알렉산드로스 3세 즉위(재위 BC 336~323) 지도-8 참조

서양의 인물 중에서 가장 큰 제국을 건설했다. 동양의 칭기즈칸보다는 못하지만 페르시아제국, 이슬람제국, 티무르제국, 오스만제국, 비잔틴 제국과 비견할 만하다. 마케도니아의 왕인 아버지 필리포스 2세와 올림 피아스 사이에서 태어났고 필리포스 2세의 배려로 13~16세에 아리스토 텔레스를 직접 왕궁으로 초빙해 족집게 과외를 받고 자라난 덕분에 정치, 경제, 역사, 철학, 문학 등 다방면에 깊은 교양을 쌓았다. 당시 그리스에 서는 스파르타, 코린트, 테베 등 도시국가들이 구심점 없이 서로 치고받 고 싸우던 시대였다.(BC 431 펠로폰네소스 전쟁 참조) 때마침 **포키스족 의 침입으로 델피가 위기에 처하자 테베는 마케도니아의 필리포스 2세 에게 군사지원을 요청한다.** 천재일우(千載一遇)의 기회를 만난 필리포스 2세는 군사를 몰아 포키스인을 격퇴하고 그 공로를 인정받아 그리스 동 맹의 회원이 된 것은 물론이고 발언권마저 막강해졌다. 데모스테네스가 필리포스 2세의 검은 속을 간파하고 그리스의 전 도시국가에게 위험성을 호소하자 그리스에서도 사태의 심각성을 깨닫고 반마케도니아 동맹을 결 성한다. 필리포스 2세는 지체 없이 그리스로 진격해 그리스 전국을 무력 으로 점령했다. 그리고 코린트에서 **코린트 연맹을 결성하고** 자신이 회장 이 되어 그리스를 주무르기 시작했다. 그 직후 필리포스 2세는 부하에 의 해 암살을 당하고 마케도니아의 군부에 의해 아들인 알렉산드로스 3세가 뒤를 이어 왕위에 올랐다.

알렉산드로스 3세가 왕위를 계승할 수 있었던 가장 큰 이유는 그가 어 려서부터 용맹해 아버지를 따라 전투에서 혁혁한 전과를 세웠고 훌륭한 교육을 받은 젊은이였기 때문일 것이다. 필리포스 2세가 죽고 어린 아들이 왕위에 올랐다는 희소식을 접한 그리스에서는 또다시 마케도니아에게 반기를 드나 20세의 나이어린 알렉산드로스 3세는 즉시 병력을 동원해 눈 깜짝할 새에 코린트를 점령해 버리자 그리스는 미처 손도 못 쓰고 두 번째 망신을 당하고 말았다.

BC 334년 알렉산드로스 3세는 그리스 원정군을 이끌고 에게해의 지금의 다르다넬스 해협을 건너 소아시아로 상륙했다. 군사의 수(數)도 4~5만 명의 규모이고 식량도 얼마 안 되는 열악한 상태로 출발했다. BC 333년 페르시아의 다리우스 3세는 무려 60만 대군을 이끌고 알렉산드로스 3세의 군대와 잇수스에서 마주쳤는데 다리우스는 너무나 급한 나머지 가족까지 내팽개치고 도망가는 추태를 보이며 참패를 당했다. 전쟁터까지 가족은 왜 데리고 다녀야 했을까?

이후 알렉산드로스 3세는 페니키아, 시리아를 거쳐 이집트까지 정벌한 뒤에 알렉산드리아라는 도시를 세우고 되돌아 페르시아의 심장부인 메소포타미아의 수사 쪽을 향했다. BC 331년 니네베와 아르벨라 사이의 가우가멜라에서 페르시아의 다리우스 3세와 그리스의 알렉산드로스 3세 사이에 운명을 건 전투가 벌어졌다. 다리우스는 이 전투에서 또다시 참패를 당해 메디아로 도망쳐야 했다. 가우가멜라 전투에서 승리한 알렉산드로스 3세는 거침없이 메소포타미아 전 지역을 점령했고 수도인 수사를 점령하고 페르시아의 옛 수도 페르세폴리스를 함락시키고 메디아의 수도인 엑바타나를 점령했다. 이때 박트리아의 샤트라프(페르시아의 지방 장관) 베수스가 반역을 해 도망온 왕 다리우스를 시해했다. 알렉산드로스 3세는 베수스를 추격해 처형한 후 끊임없는 정복을 계속 했다. 지금의 타지키스탄 지역, 우즈베키스탄, 아프가니스탄을 지나 인더스 강 연안까지 진출했다. BC 326년 알렉산드로스 3세는 끊임없는 정복욕으로 인더스 강을 넘어 동진할 것을 명했으나 수년간 전쟁터에서 지샌 부하들이 항명할 기운이 있자 알렉산드로스 3세도 더 이상은 무리라고 판단하고 인더스 강을 따라 인도양쪽으로 회군을 시작한다. BC 324년 수사로 돌아온 알렉산드로스 3세는 다음 해 BC 323년 6월13일 33세의 젊은 나이로 갑자기 세상을 떠난다. 그의 갑작스런 죽음은 당연히 후계자 문제를 야기시키고 말았다. 고위급 참모회의에서 알렉산드로스 3세의 동생과 어린 아들을 공동 왕으로 추대했으나 사실은 실력가들의 각축장이 되고 말았다. 드넓은 제국의 영토는 부하 실력가들이 나누어갖고 각각 왕을 자칭하고 나섰다. 수없이 많은 무고한 생명을 죽이고 끝이 안 보일 정도의 땅을 차지한 알렉산드로스 3세도 겨우 10여 년 만에, 그것도 33세의 젊은 나이에 후계 준비도 없이 죽어 결국 전 가족이 남김없이 멸문지화(滅門之禍)를 입는 인생무상(人生無常)을 맛보아야 했다. 이후 40여 년에 걸친 세력다툼이 끝나고 **그리스와 마케도니아 본국은 안티고노스 왕조, 소아시아, 메소포타미아, 페르시아 지역의 셀레우코스 왕조,이집트의 프톨레마이오스 왕조**로 나뉘어 로마제국이 지중해를 제패하는 BC 100년경까지 그럭저럭 약 200년간을 유지해왔다. 그러나 그는 헬레니즘 문화를 동양에 전달했으며 인도 문화와 융화된 **간다라 문화**를 만들고 곳곳에 알렉산드리아라는 도시를 만드는 등 **동서양 문화 교류의 몫을 담당했다.**

BC 323 헬레니즘 시대(Hellenism) 개막(BC 323~30, 300년간)

알렉산드로스 3세가 죽은 BC 323년부터 로마가 지중해 연안을 제패한 BC 30년경까지를 말하며 알렉산드로스 3세 사후에 세 개로 분할한 셀레우코스, 프톨레마이오스, 안티고노스 왕조가 다스리던 지역을 말한다. 지중해 연안으로부터 인도의 간다라 지방까지의 영토는 당시 세상으로는 동양을 제외한 전 세계를 의미하는 것이다.

BC 332 알렉산드로스 3세, 이집트 정복하고 알렉산드리아 도시 건설

BC 327 알렉산드로스 3세, 북 인도 정복하고 인더스 강가에 도달

BC 323 알렉산드로스 3세 사망(33세)

BC 322 아리스토텔레스 사망(BC 384~322)

BC 321 (인) 마우리아 왕조 설립(BC 321~185)

찬드라굽타(BC 321~297)는 광대한 인도를 최초로 통일해 마우리아 왕조를 세운 황제로 그리스 알렉산드로스 3세의 공격에서 나라를 구하고 기근으로 고생하는 백성들을 위해 단식을 하다 죽었다고 하는 어진 왕으로 알려져 있다. BC 320년대에는 알렉산드로스 3세가 그리스로부터 시작해서 소아시아 지역, 시리아, 이집트, 페르시아를 멸망시키고 멀리 인도의 서부 지역까지 정복하던 전성 시절이었다. BC 323년 알렉산드로스 3세가 갑자기 죽고 후계자 문제로 나라꼴이 어수선하던 틈을 타서 그리스 관리들을 내쫓고 나라를 세운다. 그 후 인도 남쪽까지 통일해 인도의 역사상 처음으로 대제국을 세웠다. 3대 아소카 왕(BC 273~232)은 전쟁의 참혹함과 잔인함을 깨닫고 불교에 귀의해 외국으로 불교를 전파한다. 이때 중국에서는 진시황이 중국을 통일하기 직전이었다. 마우리아 왕조는 불과 140년 정도의 단명한 왕조이다.

BC 300 (중) 굴원과 '이소'(離騷)

전국시대가 거의 끝나가는 BC 300년 무렵 진(秦)나라가 차츰 강대국이 되어 남은 나라들을 위협하니 남은 나라들은 한데 뭉쳐 공동으로 진나라와 대적했다(합종책이라고 함). 이에 진나라는 장의를 시켜 합종책을 깨트리려고 6국을 돌아다니며 이간질을 시킨다(연횡책이라고 함). 결과적으로 6국의 연맹은 해산되고 차례로 진나라에게 먹혀 천하는 진시

황의 손으로 통일된다. BC 221년의 일이다. 이즈음 초나라 왕족 출신인 굴원은 회왕에게 진나라와는 멀리하고 제나라와 동맹을 굳게 할 것을 간하나 진나라에서 온 세객(說客) 장의와 그와 내통한 정적들의 감언이설과 왕의 막내아들 자란의 오판으로 회왕은 진나라에 붙잡혀 그곳에서 생을 마친다. 회왕은 함량이 부족한 사람이었다. 장의의 거짓말에 속아 넘어가고 화가 나서 냉정을 잃고 진나라를 공격해 미리 전쟁을 예상하고 준비된 진나라에게 8만의 군사를 잃고도 다시 찾아온 장의의 감언이설(甘言利說)에 또다시 속아 넘어가는 우둔함을 보였다. BC 300년 진나라 소왕이 회담을 요구하자 가서는 안 된다는 굴원의 말을 무시하고 회담장으로 가서 소왕에게 포로가 됨으로써 끝내 진나라에서 귀신이 되고 만다. 회왕이 잡혀가자 초나라에서는 즉각 맏아들을 경양왕으로 즉위시킨다. 포로가 된 회왕은 인질로서의 가치도 잃은 데다가 음식만 축내는 천덕꾸러기가 되고 말았다. 화가 잔뜩 난 진나라는 초나라를 공격해 15개의 성을 빼앗았다. 초의 경양왕은 아버지 회왕에게 회담에 참석하라고 권유했던 막내 동생 자란을 영윤(국무총리)으로 삼고 참석을 결사반대했던 굴원은 거꾸로 귀양을 보내니 굴원은 비통해하면서 〈이소〉라는 유명한 글을 쓴다. 그는 머리를 풀어헤치고 맨발로 상수(湘水)가를 거닐며 비통해했다. BC 280년부터 초나라는 본격적으로 진나라의 공격을 받았다. BC 278년 진나라의 명장 백기가 초나라로 쳐들어와 수도인 영을 점령하고 왕의 무덤을 파헤쳤다. 경양왕은 도망쳤고, 다음 해에는 진나라가 초나라의 전략적인 요충지인 무와 금중 두 곳을 빼앗았다. 굴원은 이 소식을 듣고 아무런 힘이 없음을 한탄하면서 멱라수에 몸을 던져 한 많은 생을 마감했다(62세). 동네 사람들은 몹시 슬퍼했고, 그 후 그가 죽은 5월 5일이 되면 매년 나뭇잎에 밥을 싸서 강물에 넣어주기 시작했다. 이는 고기가 굴원의 시신을 먹지 못하게 하는 뜻이다.

BC 300

연 대 로 보 는 비 교 세 계 사

제2장
주사위는 던져졌다

2-1 전체적인 설명(BC 300~AD 180)
2-2 중국 전국시대의 종료와 천하통일
2-3 한(漢)제국의 성립과 포에니 전쟁
2-4 로마제국의 팽창과 한(韓)민족 국가 탄생
2-5 후한(後漢)의 설립과 로마 5현제 시대

AD 180

2-1 전체적인 설명(BC 300~AD 180)

■ ■

BC 300년경은 중국에서 춘추시대와 전국시대를 거쳐 900년 역사를 간직한 주(周)나라가 마지막 숨을 거두고 천하가 진(秦)나라로 통일되는 BC 221년의 시점으로 치닫던 시기다. 언제나 시대가 영웅을 만드는 법이다. 이 시대에도 어김없이 맹자, 순자, 오기, 상앙, 소진, 장의 등 제자백가들이 나타나 자기의 경륜을 주장했다. 가장 강력한 세력을 갖고 있던 진나라가 주위의 나라들을 차례로 멸망시키고 중국 대륙을 통일하게 되니 이가 우리가 너무나도 잘 아는 시황제(진시황)이다. 그러나 불과 15년 만인 BC 206년 아들대에서 멸망하고 만다. 이어 진나라를 차지하기 위해 초나라와 한나라의 필사적인 싸움이 벌어졌고 초나라의 항우와 한나라의 유방의 싸움은 범증, 장자방, 한신 등 영웅들을 탄생시켰다. 마지막 전투인 해하의 전투에서 승리한 유방은 한(漢)나라를 세운다. 천하를 통일한 유방은 전쟁이 끝나자 자기를 도와 나라를 세운 공신들을 제거, 대부분의 공신들은 죽음을 당함으로써 '토사구팽'(토끼 사냥이 끝나면 사냥개는 삶아 먹힌다)이라는 고사를 낳게도 했다.

한나라는 BC 206~AD 220년까지 약 400년간 지속됐다. 무제라는 걸출한 인물도 있었으나 대체적으로 외척과 환관의 발호가 심해 황제들의 힘이 없었고 외척과 환관들이 나라를 흔들다 결국 9년에 외척 왕망이 제위를 찬탈, 신나라를 세우는 지경에 이른다. 그러나 곧 유수가 이를 토벌하고 나라를 찾으니 역사에서는 이를 후한(後漢)이라고 부른다. 당시 우리나라는 고구려 2대 유리왕 시대로 왕망이 군사를 요청했으나 이를 거절했다. 후한도 역시 환관과 외척의 발호로 황제의 권위가 약했다. 180년경 후한은 황건적과 십상시라는 내시들의 발호로 그 운명을 다해가고 있었다. 이때부터 전국 각지에서 수많은 인물들이 일어나 천하를 차지하려고 다투는데, 이 이야기를 소설화한 것이 우리가 잘 알고 있는 소설《삼국지》다.

우리나라는 기원전에서 기원으로 넘어가던 시절인 BC 57년에야 신라가 창건되었고 이어 고구려, 백제가 태어났다. 그 이전의 역사는 별로 없는 실정이다.

인도에서는 BC 330년경 알렉산드로스에게 빼앗겼던 땅을 BC 320년경 되찾은 찬드라굽타가 마우리아 왕조를 창건했다. 3대인 아소카왕 시절 전성기를 이루며 동남아시아에 불교를 전래했다. 하지만 오늘날에도 동남아시아에서는 불교가 왕성한 것과는 달리 정작 인도는 얼마 후 힌두교로 개종한다.

BC 270년경에야 이탈리아 반도를 통일한 로마는 집안 정리를 끝내고 집 밖으로 눈을 돌리니 처음 눈에 띄는 것이 카르타고였다. 이제부터 지중해로 진출하려면 카르타고를 처치하지 않고는 길이 없었다. 결국 BC 264년부터 시작된 카르타고와의 싸움은 BC 149년에 가서야 완전히 로마의 승리로 막을 내렸다. 이제부터 지중해 일대는 로마의 앞바다가 되기 시작한다. 이때가 중국에는 진시황과 항우, 유방이 있던 시절이었고 한무제가 한나라의 명성을 휘날리던 시기였다.

BC 100년경 태어난 카이사르는 갈리아 사령관을 거쳐 BC 49년 "주사위는 던져졌다"는 유명한 말과 함께 루비콘 강을 넘어 로마로 진격, 로마를 장악했다. 그러나 그의 비대해진 세력에 불안했던 공화정파들의 암살로 불멸의 영웅 카이사르는 56세의 나이로 파란만장한 생애를 마친다. 이후 권력은 옥타비아누스에게로 넘어갔고, 결국 로마는 공화정에서 황제

체제로 바뀌게 된다. 이때가 BC 30년경으로 클레오파트라 7세, 안토니우스, 아그리파, 키케로 등 우리에게 잘 알려진 인물들이 활약하던 시기였다. 우리나라에서는 이제 막 고구려, 백제, 신라가 태동하고 있었다.

이스라엘은 BC 60년경 로마의 속주로 편성되었고 헤롯왕과 살로메의 이야기를 거쳐 70년경에는 로마에 대항해 독립을 시도하다 도리어 나라를 잃고 전 세계를 떠돌아야 하는 불운을 맞았다. 이때 예수가 나타나 그리스도교를 전파하기 시작했는데, 이스라엘의 기득권자의 반발로 처형되었다. 이후 67년경에는 사도바울과 베드로가 활동하다 네로 황제에 의해 순교하게 된다. 네로 황제가 죽고 나서 잠시 혼란기였던 로마는 90년경부터 '5현제 시대'라는 평화 시기를 약 90년간 누렸다. 그러나 이후 폭군과 군인들의 쿠데타로 180년 후부터 혼란을 겪게 된다. 이때 중국은 황건적이 나라를 뒤흔들고 있었다.

2-2 중국 전국시대의 종료와 천하통일

BC 289 맹자 사망(BC 372~289)

우리가 잘 알고 있는 맹자는 BC 370년경 지금의 산동성 부근 추(鄒)라고 하는 아주 작은 나라에서 태어났다. 공자가 태어난 노나라와는 이웃이고 그 옆에는 대국인 제나라가 있었다. 어머니는 맹자의 공부를 위해 엄하게 교육을 시켜 중국에서는 전형적인 어머니상으로 숭배되어 왔다.

맹자는 공자의 손자인 자사의 문하생으로서 공자의 사상을 온전하게 후세에 전달하는 데 공헌을 해 성인으로 추앙 받았다. 그는 인(仁)의 정치를 베풀라고 했지만 당시 각 나라의 왕들은 패권이 더 중요했기에 아무도 그의 주장을 받아주지 않았다. 또한 그는 성선설(性善說)을 주장했다. 전국을 돌아다니며 군주들을 만나 자기의 주장을 설명하고 인으로 나라를 다스리기를 권했으나 아무도 관심이 없자 고국으로 돌아와 후학을 양성하다 세상을 떠났다. 성악설을 주장하던 순자(荀子, BC 300~230)도 비슷한 시대의 사람이다.

✳ 중국 전국시대 말기의 간략한 설명(BC 300~222)

전국시대 말기에는 진(秦)나라가 가장 강대국이었고 다음은 덩치가 큰 초나라였다. 나머지 한, 위, 조, 제, 연나라는 그만그만해 진나라의 공격을 항상 두려워하고 있었다. 그래서 자연스레 나온 것이 진나라를 제외한 나머지 여섯 나라가 힘을 합쳐 진나라에 대항하는 방법이었다. 이를 **합종책**이라 한다. 소진은 연나라의 문후에게 가서 약한 나라끼리 힘을 합쳐 강대국인 진나라에 대항하는 것만이 살아남을 수 있는 길이라는 것을 설득하고 전폭적인 지지를 받는다. 이후 재상이 되어 특사 자격으로 조, 한, 제, 초나라를 돌며 각 나라의 왕들을 설득해 합종이 완성되니 그 이후로는 진나라가 다른 나라들을 함부로 침범할 수가 없었다. 진나라로서는 여섯 개국이 힘을 합쳐 집단방어 체제로 나오니 어떻게 해서라도 각개격파 작전으로 이를 분쇄하여야 할 입장이었다. 그래서 여섯 개국을 이간질시켜서 서로 싸우게 하고 개별적으로 각 나라를 격파해 천하를 통일하는 방법인 **연형책(連衡策)(또는 연횡책)**을 마련했다. 이 연형책을 신봉하는 자가 장의였다. 장의는 각 나라를 돌아다니면서 합종을 깨뜨리고 각각 진나라와 외교관계를 맺게 했다. 그리고 결국에는 전부 멸망시키고 말았다.

✻ 여불위

전국시대에는 나라마다 서로 상대방의 나라에 왕족을 인질로 교환하는 제도가 있었다. 서로가 평화를 보장하자는 뜻에서 보냈지만, 만약 전쟁이 나거나 하면 인질은 언제 죽을지 모르는 처량한 신세였다. 살아 있어도 산목숨이 아니었다. 그중에서도 진나라와 조나라는 항상 전쟁이 벌어졌으니 진나라 인질은 언제 죽음을 당할지 모르는 파리 목숨이었다.

조나라의 수도 한단에는 진(秦)나라의 인질로 자초라는 공자가 와 있었다. 자초는 진나라 소왕의 둘째 아들이며 태자인 안국군의 아들이었다. 소왕의 장남이 죽었으니 둘째 안국군이 다음 보위에 오르는 것은 기정사실이었다. 그러나 안국군에게는 아들만도 얼추 두 다스(Dozen)는 되었다. 자초는 열 몇 번째쯤 되는 아들이었다. 아마도 아버지 안국군은 그런 아들이 있었는지, 그 아이를 조나라에 보냈는지 기억도 못 하고 있을지도 모르겠다. 애당초 왕위하고는 거리가 먼 불쌍한 아이였다. 어머니 하희는 남편인 안국군의 사랑도 별로 받지 못한 채 별당마님이 된 지 오래였다. 따라서 자초가 진나라로 돌아갈 수 있는 확률은 낙타를 타고 바늘귀로 들어가는 것만큼이나 희박했다.

여불위는 하남성 출신의 거상(巨商)이었으며 타고난 장사꾼이었다. 그는 사업상 조나라를 자주 들렀는데 어느 날 우연히 자초를 만나게 되었고 그가 최대

강국인 진나라의 태자의 아들이라는 사실을 알게 되자 완전히 횡재를 한 기분이었다. 장사꾼은 돈 버는 데에는 머리가 비상하게 돌아가는 법이다. "명품이 따로 있나 명품으로 만들면 되지"라는 생각을 한 듯하다. 자초를 다음에 진나라의 왕위에 올려놓으면 자기는 대박이 터지는 것이었으니 말이다. 이건 두세 배 장사가 아니고 부가가치를 측정할 수가 없을 정도로 큰 것이었다. 그에게는 자초가 차기 진나라 왕의 아들이라는 사실만이 중요했다. 안국군의 정실부인인 화양부인에게는 아들이 없었다. 그렇다면 누군가 다른 후궁에게서 낳은 아들이 차기 대권을 쥐게 되고 최종적인 지명권은 안국군에게 있지만 가장 큰 영향력을 행사할 사람은 화양부인일 것이었다. 결국 화양부인만 구워삶아 자초를 양자로 만들면 해결될 문제였다. 이해타산의 귀재 여불위는 화양부인을 설득시키는 데 성공하고 안국군의 동의도 받아냈다. 이제 자초를 조나라에서 탈출시키는 것만 남았다. BC 257년 진나라가 조나라를 공격해 수도인 한단으로 진격해 오자 대노한 조나라는 홧김에 자초를 죽이려고 했으나, 오히려 자초는 여불위의 공작으로 꿈에도 그리던 고국 땅을 밟게 된다.

한편 자초가 조나라에 있을 때 여불위는 자초와 자주 술자리를 가졌다. 하루는 여불위가 술대접을 하는데 여불위의 후실이 직접 접대를 했다. 자초는 그 여인을 보자 한눈에 반하고 말았다. 원래 진나라는 미인이 많기로 유명했고 특히 수도인 함양에 미인이 많았다. 왕자인 처지에 체면불구하고 여불위에게 그 여인을 달라고 애원했다. 여불위는 이제 와서 다 된 스프에 콧물을 빠뜨릴 수는 없는 일이라 "공자께서 원하신다면 제가 무엇이든 못 드리겠습니까?" 하고 시원스럽게 대답을 했다. 그런데 그녀는 이미 여불위의 자식을 잉태하고 있었다. 그 사실을 알고 있는 사람은 여불위와 그 여인뿐이었다. 자초는 이 여자를 정부인으로 삼고 그녀가 낳은 아들(BC 259)의 이름을 정(政)이라고 지었으니, 그가 바로 장차 **진의 시황제**였다.

BC 273 (인) 마우리아 왕조 아소카왕 즉위 불교 전파(BC 273~232)

BC 264 제1차 포에니 전쟁 발발(BC 264~241, 23년간) [지도-9 참조]

뻗어 오르는 신흥세력인 로마와 기존에 지중해에 기득권을 보유한 카르타고는 언젠가는 서로를 딛고 넘어가야 할 라이벌이었다. 마침내 시칠리아에서 두 나라는 충돌을 한다. 이 싸움에서 승리한 로마는 카르타고를 시칠리아에서 몰아냈다. 또 그 옆의 섬 사르데냐와 코르시카마저 빼앗았다. 그래도 부족했는지 로마의 장군 레구루스는 카르타고 본토에 상륙해 행패를 부리며 카르타고에 도저히 지킬 수 없는 막대한 요구를 했다. 결국 카르타고는 로마와 대결을 벌인다. 이 전쟁에서 로마군대는 대패하고 레구루스는 포로가 되어 죽었다. 나머지는 배를 타고 탈출하려다 폭풍을 만나 10만의 로마 군대가 거의 전멸하는 큰 타격을 받는다. 그러나 로마는 다시 해군력을 강화해 카르타고 해군을 격파함으로 20여 년간을 끌어온 **제1차 포에니 전쟁은 결국 로마의 승리로 막을 내린다.** 이후 로마는 눈을 북부로 돌려 갈리아(지금의 프랑스)와 에스파냐 지역을 노려보게 된다.

BC 232 항우 출생(BC 232~202)

항우(項羽)는 초나라 사람으로 중국 역사에 나오는 장사(壯士) 중 가장 힘이 센 것으로 알려져 있다. 그가 산에 서 있는 커다란 나무를 힘으로 뽑았더니 산까지 딸려 나왔다 해서 생긴 '**역발산기개세**'(力拔山氣蓋世)라는 말은 지금까지도 회자(膾炙)되고 있을 정도다. 진의 시황제가 천하를 통일할 무렵에 태어나서 진시황의 학정에 대항해 일어난 반군세력 중 가장 강력한 세력으로 부상하고, 라이벌인 한나라의 유방과 천하를 놓고 승부를 겨뤘다. 그러나 항우는 유방에 비해 지략이 모자라고 충성스런 참모의 간언을 잘 듣지 않고 자기만이 옳다고 생각하는 단점이 있어 결국 패하고 말았다. 하지만 그에게는 즉시 결단하고 실행하는 장점도 있었다. 젊은이답게 우직하고 순수한 성격은 그의 매력이었다. 마지막 싸움에서 패해 죽음 앞에 놓이게 되었을 때 사랑하는 우미인을 목 졸라 죽인 후 스스로 목을 쳐 자결하며 읊은 시는 가슴을 뭉클하게 한다. 이때 그의 나이 30세였다. 후세의 사람들도 항우의 죽음을 애석해하며 이를 주제로 한 '패왕별희'라는 극을 만들었고, 이 작품은 지금까지도 공연이 되고 있다.

BC 221 진시황 중국 통일 진(秦)제국 수립(BC 221~206)

중국 역사상 네 번째 통일제국인 진나라는 우리가 잘 알고 있는 시황제가 세운 나라다. 그는 대제국을 건설할 만한 지도력을 갖춘 사람이었지만 잔인하고 포악해 많은 사람들을 죽였다. 하지만 정작 자신은 영원히 살고 싶다며 불로초를 구하기 위해 처녀 총각 3천 명씩을 동해로 보냈다. 또 진나라를 지키기 위해 만리장성을 완성시켰다. 그러나 학정으로 겨우 20년도 되지 않아 아들 호해 시대에 멸망하고 마니 인과응보라 하지 않을 수 없다. 이후 천하를 놓고 초나라의 항우와 한나라의 유방이 다투게 된다(이것을 본 따 만든 게임이 장기다). 결국 싸움에서 승리한 한나라의 유방이 한(漢)제국 400년의 시대를 연다. 한나라와 초나라의 싸움을 주제로 한 책이 《초한지》 또는 《통일천하》다.

시황제는 진나라가 천하를 통일하게 된 원동력인 법가(法家)를 철저하게 시행했다. 이에 대해 학자들과 유생들의 반발이 거세지자 역사, 의약, 복서, 농업 서적을 제외하고는 모든 책을 불살랐다. 그리고 유교경전을 읽고 옛 시서(詩書)에 대해 논하는 자, 진나라 정권을 비판하는 자를 사형에 처했다. 또 사람을 죽이는 것을 아무렇지도 않게 생각하던 시황제도 자신의 생명에는 애착이 있어서 방사(方士)들을 동원해 불로초를 구하려 했다. 그러나 나중에 속은 것을 알게 되었고, 이에 방사들뿐만 아니고 평소에 마음에 들지 않았던 죄 없는 유생, 학자들도 잡아들여 460명을 산 채로 땅에 묻어 죽였다. 이 일련을 사건을 '분서갱유'(焚書坑儒)라고 한다.

BC 218 제2차 포에니 전쟁 발발(BC 218~201)과 명장 한니발 지도-9 참조

시간이 흐르자 로마는 코르시카와 사르데냐를 빼앗고 더 많은 배상금을 요구하는 등 카르타고를 괴롭혔다. 카르타고의 장군 하밀카르 바르카는 어린 아들 한니발을 신전으로 데리고 가서 반드시 로마를 무찔러 조국의 원수를 갚을 것을 맹세하게 했다. 카르타고는 로마의 등살에 밀려 지중해 연안에 발붙일 틈이 없자 에스파냐를 확보했으나 세력을 확장시키려면 사군툼이라는 지역을 점령해야만 했다. 그러나 사군툼은 로마의 세력권이므로 사군툼을 공격한다는 것은 로마와의 전쟁을 의미하는 것이었다. 20여 년간의 기나긴 인고의 세월을 보내며 전쟁준비를 마친 한니발이 마침내 사군툼을 공격함으로써 17년간의 제2차 포에니 전쟁의 막이 열린다. BC 216년 한니발의 4만 군대는 로마 사람들이 상상도 할 수 없는 눈 덮인 알프스 산맥을 넘어와 로마인들을 경악케 했다. 이탈리아의 트레비아 강에서 로마 군대를 크게 무찌르고 파비우스 막시무스 장군이 이끄는 8만 대군을 칸나에서 격파했다. 이 싸움에서 로마는 살아 돌아간 군사가 1만4천 명 정도밖에 되지 않는 참혹한 패배를 당했다. 하지만 시간이 흐르면서 로마는 병력을 보충하고 회복을 할 수 있었다. 반면 땅바닥에서 노숙자 생활을 해야 하는 카르타고의 군대로서는 병력과 식량의 부족, 피로의 누적 등으로 점점 불리해져만 가고 있었다. 한니발도 본국에 증원군의 요청을 했다. 하지만 본국에서는 계속된 승전으로 한니발의 인기가 상승하자 이를 시기하는 무리들이 생겨나면서 적진에 있는 자국 군대를 도울 수 없는 형편이었다. 한니발은 온갖 고통과 정신적인 책임감 등으로 한쪽 눈을 실명하고 만다. 그런데 로마의 에스파냐 사령관 **코르넬리우스 스키피오**가 에스파냐에 있던 카르타고군을 몰아내고 해상을 통해 카르타고 본성을 공격하자 지금까

지 원군을 보내줄 생각도 하지 않고 17년간을 적지에 버려두다시피 했던 본국에서 "어서 돌아와서 위기를 해결하라"고 독촉했다. 할 수 없이 본국으로 돌아가 한니발은 **자마레기아**(Zama Regia)에서 로마의 명장 스키피오와 운명을 건 한판을 벌인다. 전쟁이라는 것은 명분이 뚜렷하고 군인 각자의 사기가 드높아야 이기는 것이다. 그러니 17년간 적지에 버려져 누구를 위해 싸워야 하는지조차 모르게 된 카르타고군은 스키피오에게 패할 수밖에 없었다. 그 후 정적(政敵)들에게 몰린 한니발은 자결을 함으로(BC 183) 한 많은 생을 마감했다. 이로써 17년을 끌어온 제2차 포에니 전쟁도 로마의 승리로 마감되었다. 이제 카르타고의 시대는 서서히 가고 로마의 전성시대가 막을 올리고 있었다.

BC 206 진(秦)제국 멸망(BC 221 참조)

2-3 한(漢)제국의 성립과 포에니 전쟁

■ ■

BC 206 (중) 한(漢)제국 설립(BC 206~AD 220)

한나라는 중국 역사상 다섯 번째 통일 제국이다. 진나라가 창립한 지 10여 년 만에 통치능력을 잃고 어지러워지자 여기저기서 반란이 일어나기 시작했다. 반란의 무리들 중에 가장 큰 세력은 초나라 출신 항량이 이끄는 무리로 왕족인 심을 회왕으로 옹립하고 본격적인 진나라 정벌에 들어갔다. 한편 진나라의 명장인 장한이 반란군 토벌에 나서 항량군을 크게 무찌르니 이 싸움에서 항량도 전사하고 만다. 장한이 승리의 여세를 몰아 조나라의 수도 한단을 함락시키고 하북의 거록까지 진출하자 회왕은 죽은 항량의 조카 항우에게 명해 조나라를 구하라고 했다. 항우가 거록을 포위한 진나라를 단번에 격파하자 항우의 무용에 놀란 제후들이 항우의 휘하에 가담함으로써 항우는 욱일승천(旭日昇天)의 기세를 갖게 되었다. 그런데 회왕이 맨 먼저 진나라의 수도 함양에 입성하는 자를 관중의 왕으로 삼겠다고 발표를 했고, 이에 제후들은 다투어 함양으로 진격을 했다. 이때 항우와 대치하던 진나라의 명장 장한은 환관 조고의 행동을 보아 패배하면 처형, 승리해도 해를 당할 것 같자 군사 20만과 함께 항우에게 투항했다. 이에 항우는 졸지에 70만 대군을 이끄는 제1의 세력이 되었다. 항우는 전력을 다해 함양으로 진격했다. 그러나 함양에 도착했을 때는 이미 유방이 함양을 접수하고 난 뒤였다. 이에 격분한 항우는 유방을 공격하고자 했다. 유방은 항우와 싸워 승산이 없음을 알고 항우의 주둔지였던 홍문으로 찾아가서 스스로 항우의 신하를 자청하고 모든 공을 항우의 공로로 돌리자 항우는 비로소 잔치를 베풀고 유방을 풀어준다. 이를 '홍문의 잔치'라고 부른다.

범증은 이때 유방을 죽일 것을 몇 차례나 항우에게 간청하고 잔치 도중에 항우에게 유방을 죽이라는 신호를 수차례나 보냈으나 항우는 모르는 체하고 유방을 살려 보내주었다. 범증은 언젠가는 유방에게 당할 것이라고 하며 분해서 펄펄 뛰었으나 항우는 유방을 자신의 무서운 경쟁 대상으로 생각하지 않았다. 항우는 유방을 오지 산골인 한중 땅으로 보냈다. 당시 한중은 중국에서 가장 서쪽 내륙으로 너무나 먼 오지라서 한번 들어가면 중원으로 진출할 수 있는 기회를 갖기도 어려울 정도의 지역이었다. 이때 유방은 한신이라는 명장을 얻게 되는 행운까지 따랐다.

이후 기고만장해진 항우는 그동안 형식적으로 왕으로 모시고 있던 의제가 거추장스러워지자 장사로 내쫓은 다음 장군 경포를 시켜 장강 중류에서 의제를 살해했다. 그로부터 약 1천700년 후인 1500년경 조선의 연산군 시대에 김종직의 '조의제문(弔義帝文)'이란 글이 발단이 되어 무오사화의 참변이 일어나는데 이 '조의제문'이 바로 항우가 의제를 시해한 것을 빗대어 쓴 글이었다.

한편 산간 오지인 한중으로 가서 항우를 안심시킨 유방은 세력을 길러 불시에 항우를 공격함으로써 천하통일을 놓고 항우와 본격적인 승부에 들어갔다. 마지막으로 유방과 항우가 대치하고 있던 전투에서 유방이 어려운 처지에 이르자 유방은 항우에게 강화를 요청했으나 항우의 참모 범증에 의해 거부되었다. 이에 유방은 항우와 범증을 이간질하는 작전을 썼다. 항우가 범증을 차츰 의심하게 되자 범증은 '이제까지 모든 것을 다 바쳐서 항우를 위해 일해왔는데 어떻게 이럴 수가 있는가! 홍문의 잔치에서 그 간사한 유방을 죽여 없앴으면 오늘날 이런 일은 없었을 텐데…' 하고 생각하고는 항우를 찾아가서 작별인사를 했다. "이제 대세는 결정이 났습니다. 신은 고향에 가서 죽음을 기다리겠습니다" 하자 항우는 만류도 하지 않았다. 그래도 한두 번쯤은 사표를 반려해주는 것이 예의가 아닌가? 범증은 돌아가는 길에 분을 이기지 못하고 분사하고 말았다. 한신, 장자방, 범려, 제갈공명과 어깨를 나란히 해도 손색이 없을 명참모 범증을 항우는 이렇게 스스로 내쫓고 말았다. 이후에도 항우는 유방의 형양성을 더욱더 몰아쳤다. 다급해진 유방은 부하 한사람에게 자신의 복장을 하게 하고 항우와 상대하고 있는 사이에 군졸로 변장하고 성을 빠져나가 간신히 목숨을 건졌다.

하지만 항우로서도 자신의 용맹함만 믿고 싸움마다 직접 먼 거리를 달려가 전투를 하니 교통수단이 걷는 것뿐인 당시로는 군사들의 장거리 보행과 병참 지원의 어려움으로 피곤이 쌓일 수밖에 없었다. 이런 때에 제나라와의 전투를 승리한 한신이 30만 대군을 이끌고 유방과 합류하니 탁월한 참모 범증마저 잃은 항우는 위기에 처하고 만다. 한신이 초나라 출신의 군사를 동원해 초나라 노래를 부르게 하니 사면이 초나라 노래였다. 객지에서 고향의 노래를 들은 초나라 군사들은 하나둘씩 병영을 이탈해 어디론가 사라졌다. 이를 '사면초가'(四面楚歌)라 한다.

마지막 싸움에서 항우가 스스로 목숨을 끊으니 사랑하던 오추마는 강물에 뛰어들어 주인의 뒤를 따랐고 항우가 사랑하던 우미인도 스스로 숨을 거둠으로써 연인의 뒤를 따랐다.

✽ 유방

한나라의 유방이 훌륭한 참모진을 잘 기용했고 참모진의 건의를 경청했던 데 반해 항우는 성질이 급해 부하들의 건의를 묵살하고 기용을 잘 못함으로써 결국 전쟁에서 패하고 만다. 항우와 범증이 같이 있는 한 항우를 이길 수가 없다고 생각한 유방은 둘 사이를 이간질했고, 단순한 항우는 범증을 의심하기 시작했다. 범증은 지금까지 수년간 자기와 같이 해온 항우가 그런 말 따위로 자신을 의심한다는 자체를 받아드릴 수가 없었다. 역사적으로도 적에게 명참모가 있으면 상대편 최고 지휘관과 참모 사이를 이간질시켜 참모를 제거한 뒤 적국을 격파한 예가 많이 있다. 전국시대 말기 진(秦)나라가 조(趙)나라를 공략할 때 조나라의 명장 염파 장군을 모략해 직위 해제시키고 대신 조괄로 바꾸게 한 다음 진나라의 백기는 하룻밤에 40만 명의 군사를 생매장시키고 조나라를 멸망시켰다. BC 470년경 월나라도 오나라의 오자서를 모함함으로써 부차로 하여금 오자서에게 자살을 강요시켜 죽게 만든 다음 얼마 후 오나라를 멸망시켰다. 1600년경에 일어난 임진왜란에서도 상상을 초월한 작전을 구사하는 이순신 장군이 있는 한 승리할 수 없다고 생각한 왜적은 선조를 공략, 이순신 장군을 투옥시키는 데 성공한 다음 조선의 바다를 마음껏 유린했다. 한 국가의 원수(元首)와 측근인 고위 공직자들의 판단이 얼마나 중요한지를 일깨워준다.

유방은 훌륭한 인격자인 **장량**과 뛰어난 전략가인 **한신**을 얻어 마침내 천하를 통일한다. 그러나 유방은 아주 교만하고 남을 믿지 못해 자기와 생사를 같이하고 통일의 대업을 이룬 고굉지신(股肱之臣)을 거의 다 죽이고 만다. 그래서 **어려움은 함께 나누어도 부귀영화는 함께 나누지 말라**는 말이 있다. 특히 한신은 너무나 빼어난 실력가였기 때문에 후환이 될 것이라는 유방의 판단하에 결국 죽임을 당하고 만다. 이로 인해 **토사구팽(토끼 사냥이 끝나면 사냥개는 잡아먹힌다)** 이라는 고사가 나왔다. 한편 장량은 천하통일이 끝나자 어디론가 사라져 다시는 나타나지 않았다.

＊ 장량(장자방)

원래 장량은 선조가 5대에 걸쳐 승상(국무총리)을 지낸 명문가에서 태어났다. 천하를 경륜할 수 있는 지혜, 학식, 그리고 인품을 갖고 있었다. 그는 공명정대했고 정공법을 구사했다. 특히 그의 외교술은 타인의 추종을 불허하는 경지에 있어 400년 후의 제갈공명과 비교해 난형난제(難兄難弟)라 할 만했다. 진시황의 폭정과 무도함에 의분을 느껴 시황제가 지나가는 길목을 지키다가 황제의 어가(御駕)를 공격하는 의인(義人)의 기질을 갖고 있었다. 그러나 실패하고 쫓기는 몸이 되었다. 그는 유방의 성품을 꿰뚫어 보고 있었다. 유방의 교만한 성품과 의심 많은 성격, 그리고 겉으로는 반대의 표정을 짓는 표리부동(表裏不同)한 얼굴을 하고 있는 것까지 알고 있었다. 장량은 전쟁이 승리로 끝나고 한나라가 설립되자 이제는 그동안 유방을 위해 혼신의 힘을 바친 참모들이 유방에 의해 죽을 차례라는 것을 알았다. 사람이라면 누구나 그동안 목숨을 내걸고 모신 주군이 대권을 잡으면 자기도 한 자리를 차지하고 부귀영화를 누리고 싶어 할 것이다. 그러나 역사를 뒤돌아보면 수없이 많은 공신들이 제거되었다. 그리고 보면 자기의 고굉지신을 끝까지 보살펴주고 아껴주던 유비는 인간적으로 따스한 사람이라고 할 수 있겠다. 아무튼 재물이나 권력에는 티끌만치도 관심이 없었던 장량은 전쟁이 끝나자 어느 날 소리도 없이 사라져 다시는 나타나지 않았다. 이후 어느 책에도 장량에 대한 기록은 두 번 다시 나오지 않는다. 오늘날 "당신은 나의 장자방이다"라고 하는 말은 '당신은 나에게 없어서는 안 될 유능한 1급 참모'라는 뜻으로 사용된다.

* 여태후

유방의 아내 여씨(이하 여태후)는 잔인하고 권력에 애착이 강한 여인으로 유방의 공신들을 죽이는 데 있어서는 유방보다 한 수 위였다. 그리고 잔인하기로는 중국 역사상 최고라고 할 만하다. 700년경의 측천무후도 잔인했지만 여태후보다는 덜한 것으로 묘사되어 있다. 뒤늦게 유방의 총애를 받아 아들을 낳은 척 부인이 자기의 아들을 태자로 세우려 해서 여태후는 무척이나 속을 썩였는데 때마침 유방이 죽자 척 부인의 팔과 다리를 자르고 눈을 파냈을 뿐만 아니라 머리를 깎고 귀를 자른 후 귀머거리로 만들었으며, 약을 먹여 벙어리로 만들었다. 그러고는 변소에 넣어 돼지들과 함께 인분을 먹게 하면서 이를 '인간 돼지'라고 부르게 했다. 여태후는 섭정을 하며 다른 배에서 태어난 왕자들이 마음에 안 들면 죽이고, 여(呂)씨 집안의 여자들을 강제로 왕자들에게 출가시켜 일일이 사생활을 감시했으며, 자기 친척을 요직에 앉혔다. 이렇듯 권세를 부리던 여태후는 결국 일가친척과 함께 죽임을 당하고 만다.

BC 179 (중) 한나라 4대 문제 즉위(재위 BC 179~157)

4대 문제와 뒤를 이은 5대 경제의 재위 38년간을 한나라 최고의 태평시대라고 해 이를 문경의 치(BC 179~141)라고 부른다. 한편 중국에서는 훌륭한 치세를 한 황제의 이름을 따서 "~의 치(治)"라고 부르는데, 대표적인 것으로 당나라 당 태종의 정관의 치(629~649), 청나라 강희제의 강희의 치(1660~1720)가 있다.

BC 157 (중) 한나라 5대 경제 즉위(BC 157~141)

문제의 아들로 문제를 이어 훌륭한 치세를 해 초기 한나라의 기초를 다졌다. 지방 제후들의 세력을 약화시키려고 제후들의 돈줄을 죄어들어 가다 결국 지방 반란을 야기했다. 오(吳)나라는 구리와 소금의 주 생산지로 경제력이 막강한 지역이었는데 중앙정부에서 지방자치제를 무시하고 이를 회수하려 하자 오나라 왕은 제 왕, 교서 왕, 교동 왕, 지천 왕, 제남 왕과 함께 중앙에 대해 반란을 일으킨다. 결국은 진압되었지만 이로 인해 유씨 집안은 치명적인 타격을 받았다. 이를 오초칠국의 난이라고 한다.

BC 149 3차 포에니 전쟁(BC 149~146) 지도-9 참조

두 차례의 전쟁으로 카르타고가 얼마나 강인한 민족인지를 잘 알게 된 로마는 카르타고가 살아서 숨 쉬고 있는 한 언젠가는 로마를 향해 칼끝을

들이댈 것이라는 불안감에서 헤어날 수가 없었다. 어떠한 구실을 붙여서라도 카르타고를 멸망시켜 다시는 후환이 없도록 하고 싶었다. 그래서 로마는 카르타고 옆 지역인 누미디아를 부추겨 카르타고의 영토를 약탈하도록 만들었다. 당시 카르타고는 로마에게 군 전시작전 통제권을 빼앗겨 로마의 허락 없이는 군사를 동원시킬 수 없었다. 적군을 공격하려면 일일이 로마의 허락을 받아야만 했기 때문에 쳐들어오는 다른 나라의 군사를 마음대로 공격할 수도 없었다. 속수무책으로 당하기만 할 수밖에 다른 도리가 없었다. 로마에게 사주를 받은 누미디아에게 밤낮으로 두들겨 맞기만 하던 카르타고는 결국 참다못해 누미디아를 흠씬 패주게 된다. 나중에 삼수갑산을 가든 말든 속은 후련해졌다.

하지만 이것은 기회를 노리던 로마에게 카르타고를 공격할 빌미를 제공했다. 로마는 이번 기회에 카르타고를 멸망시키기로 작심했다. 카르타고는 모든 무기를 로마에게 반납을 하면서까지 싸울 의사가 없음을 호소했으나 로마의 공격은 거셌다. 뒤늦게 로마의 간계를 간파한 카르타고는 맨손으로 로마와 싸우며 무려 3년간을 버텼다. 그만큼 카르타고는 무서운 민족이었다. 하지만 결국 함락되고 말았다. 이후 카르타고는 역사에서 영원히 사라지고 말았다.

BC 141 (중) 한(漢) 6대 무제 즉위(BC 141~87)

무제는 중국 한제국의 권위를 크게 높이고 영향력을 해외로 확대한 군주다. 우리나라 고조선 시대에 한사군을 설치하고 다스리기 시작한 것도 한 무제 시대였다. 5대 경제의 11번째 아들이라고 전한다. 나이 16세에 즉위해 재위 기간 중 남의 나라를 정벌하는 것을 가장 중요한 정책으로 삼았다. 한(漢)나라를 통틀어 가장 강력한 황금시대를 이루게 한 한나라 최고의 스타 임금이다.

한편 흉노족은 중앙아시아에 근거를 둔 엄청나게 강한 세력으로 은나라 때부터 주나라, 진나라를 이어오며 대대로 중국을 침략해왔으니 중국으로서는 공포의 대상일 수밖에 없었다. 따라서 중국은 그들에게 경제적으로 대가를 지불해 달래오고 있었다. 소위 안보 비용을 지불한 셈이었다. 그런데 무제는 그러한 방법을 무시하고 힘으로 눌러 본때를 보이겠다는 것을 기본 정책으로 삼았다. 흉노의 세력이 가장 강했던 시대가 묵특 선우(선우는 흉노족의 임금을 칭하는 말) 시절이었는데, 무제 때는 그의 손자 군신 선우 시절이었다. BC 130년경 한나라의 위청이 흉노를 공격해 여러 차례 승리를 거두자 흉노에게 이길 수도 있다는 자신감을 갖게 되었다. 이후 BC 120년경까지 곽거병이 흉노를 무찔러 대승을 거두는 등 한(漢)민족에게 자존심을 되찾아주었다.

* 장건

BC 140년경 흉노에게 쫓겨 인도 북부까지 내몰렸던 월지국과 동맹을 맺어 흉노의 세력을 약화시킨다는 목적 아래 무제는 장건을 사신으로 해서 서역으로 보냈다. 그러나 장건 일행은 중도에서 흉노에게 체포되어 10여 년을 흉노에게 억류되고 만다. 결국 탈출에 성공해 월지로 향했을 때는 이미 월지는 또다시 쫓기어 지금의 우즈베키스탄 부근인 사마르칸트에 자리를 잡고 있었다. 장건은 월지와 동맹을 맺는 데 실패한 채 돌아오다 또다시 흉노에게 체포되었다. 이후 탈출해서 갖은 고생 끝에 조국인 한나라에 귀환할 수 있었다. 출발한 지 13년만인 BC 126년경이었다. 하지만 13년간 중앙아시아를 헤맨 덕분에 일대의 지리 정보를 습득하게 되었고, 이로써 한나라가 흉노를 정벌하는 데 많은 도움을 주었다.

2-4 로마제국의 팽창과 한(韓)민족 국가 탄생

BC 133 (로) 그라쿠스 형제의 개혁(1차-BC 133, 2차-BC 123)

 커다란 전쟁들이 대체로 마무리 되고 전쟁에 참전했던 병사(주로 농민 출신)들이 고향으로 귀향하자 그들을 기다리는 것은 수년간 내버려두었던 황무지와 잡초뿐이었다. 그런 데다가 각고 끝에 다시 농산물을 지어도 정복된 땅에서 수확되는 농산품이 헐값에 수입이 되다 보니 이탈리아 원산지 농산물은 가격경쟁이 되지를 않았다. 부자들은 대농장을 소유하고 점령지에서 들어온 노예들을 고용해 생산했기 때문에 인건비 경쟁이 되지도 않았다. 결국 군대의 기둥인 평민들이 하나둘 자기 땅을 부자들에게 헐값에 매각하고 로마로 올라와서는 무료급식소에서 끼니를 때우고 지하철 역사에서 지내는 노숙자 신세로 전락하고 말았다. 로마의 위정자들은 이들을 달래기 위해 많은 경기장을 지어 검투사 대결, 맹수와의 싸움, 운동경기 등을 무료로 관람하게 해주었다.

티베리우스 그라쿠스는 호민관이 된 후 이러한 문제를 해결하기 위해 개인이 점유할 수 있는 토지의 면적을 규제하고 나머지 국유지는 땅 없는 시민에게 나누어 주는 제도를 추진하려 했지만 티베르 강남 지역에 대토지를 소유하고 있는 기득권 세력인 원로원 의원들이 즉각 반발하고 나섰다. 그러나 그라쿠스가 물러나지 않자 원로원들은 그라쿠스파를 공격, 수백 명을 살해하는 등 참혹한 보복 행위를 했다. 10년 후 동생 가이우스 그라쿠스가 호민관에 당선되자 형님이 못 이룬 꿈을 이루어 드리려는 갸륵한 마음으로 토지개혁을 재추진한다. 이에 또다시 원로원파는 결사반대

를 외쳤다. 하지만 이번에는 함부로 폭력을 쓰는 대신 다음 임기 호민관 선거에서 낙선시키기로 합의했고, 결국 낙선시켰다. 지난번 1차 때 함부로 사람들을 죽여서 혼난 경험이 있었기 때문이었다.

원로원파는 호민관에 낙선되어 힘이 없어진 가이우스파를 공격, 무차별 학살을 자행했다. 무려 3천여 명이 살해되어 티베리우스 강가에 던져졌다. 어느 나라를 막론하고 개혁이란 쉽지가 않은가 보다.

BC 120? 중앙아시아 월지국 설립(BC 130?~AD 450?)

중국의 감숙성 서부에 살던 유목민이었으나 흉노족에 쫓겨 서쪽으로 이동했다. 알렉산드로스 이후 박트라(지금의 아프가니스탄, 우즈베키스탄, 타지키스탄의 일부로 박트리아의 수도였다)에 남아 있던 그리스인들을 몰아내고 월지국을 세웠다. 후에 월지국은 여러 개의 작은 세력으로 나누어지는데 그중 한 부족이 북부 인도에 쿠샨 왕조(45?~300?)를 세운다. 한 무제 시절 장건이 월지국을 찾아갔으나 동맹을 맺지 못한 채 되돌아와야 했다.

BC 100? 마리우스(BC 157~86)와 술라(BC 138~78)

BC 100년경 로마가 대제국으로 탄생되기 직전 파란만장하게 살다 간 인물로 숙적인 마리우스와 술라가 있다. 인간의 욕심의 끝이 어디인지 알 수 없다는 말을 이 두 사람에게서 찾을 수 있을 것 같다. BC 157년 미천한 가정에서 태어난 마리우스는 BC 107년 집정관에 임명되어 누미디아 정벌군의 사령관이 되었다. 그는 전투에 승리해 누미디아의 왕 유그르타를 포로로 잡아 개선함으로써 열광적인 인기를 얻었다. 때마침 북방의 킴브리족과 테우토네스족이 반란을 일으켜 로마군을 격파하고 연전연승을 거두자 마리우스는 또다시 정벌군 사령관으로 임명되어 전투를 승리로 이끈다. 인기가 절정에 이른 마리우스는 BC 104년부터 무려 5회 연속 집정관에 연임이 되는 가문의 영광을 누렸다.

BC 88년 폰투스의 왕 미트라다테스가 로마에 불만을 품고 있던 속주들과 연합해 이탈리아인 8만여 명을 살육하는 사건이 벌어졌다. 이때 마리우스는 이미 70세의 노구였던 반면 술라의 전성기였다. 술라는 집정관에 당선되고 미트라다테스 토벌군의 사령관이 되어 임지를 향해 떠났다. 그런데 이때 마리우스가 간계를 부려 술라의 사령관직을 자신으로 바꾸어놓았다. 이에 술라는 즉각 로마로 회군, 마리우스 일당을 처참하게 도륙했고, 결국 마리우스는 노구를 흔들며 아프리카로 도망쳐야만 했다. 하지만 술라가 다시 해외에서 한창 전투를 수행하고 있는 사이 마리우스는 또다시 군사를 모아 로마를 점령, BC 86년 집정관에 오른 마리우스는 이번에는 술라파에게 대대적인 복수를 자행한다. 둘 사이에 무슨 악연인지…. BC 86년 마리우스는 수명대로 죽었는데 적군이나 아군이나 할 것 없이 그가 죽은 것에 대해 안도의 한숨을 쉬었다.

한편 술라는 BC 84년 폰투스와의 전쟁에서 승리하고 BC 83년 로마로 개선을 하는데 그때는 이미 마리우스파들이 세력을 잡고 술라를 공공의 적으로 몰고 있을 때였다. BC 82년 술라는 자기의 세력을 규합, **콜리네 성문 전투**에서 승리를 거두고 당당히 로마로 입성한다. 그 후 또 한 차례의 복수가 자행되었음은 두 말할 필요도 없겠다. 이 시기 로마의 군인은 나라의 군인이 아니고 장군의 사병(私兵)이 되어가고 있었다.

BC 100 카이사르 출생(BC 100~44)

영어로는 줄리어스 시저라고도 한다. 카이사르(Gaius Julius Caesar)는 BC 100년에 태어나서 BC 44년 브루투스 일당에게 암살당함으로써 생을 마감한 로마의 위대한 장군이자 뛰어난 정치가다. 훌륭한 웅변술과 뛰어난 문장력으로도 유명하다. 비록 암살을 당
했지만 사실상 로마의 초대 황제라고 해도 손색
이 없다. 사람들이 그에게 얼마나 경의를 표했는
지 그가 태어난 7월을 기념하기 위해 7월을 그의
이름을 따서 'July'라고 했다. 귀족의 가문에서 태
어나 BC 84년 마리우스파였던 귀족 킨나의 딸 코
르넬리아와 결혼했다. 그의 고모는 마리우스의 아내였다. BC 80년 당시
는 마리우스 사후로서 술라가 하늘의 새도 떨어뜨릴 정도의 권세를 누리
던 시절이었다. 술라가 카이사르에게 킨나의 딸과 이혼할 것을 강요할 때
이를 거절함으로써 목숨의 위협을 느꼈고, 결국 타국으로 나가 군인생활
을 하다 BC 79년 술라가 죽은 후에야 귀국했다.

　　BC 61~60년 에스파냐 총독으로 부임, BC 60년에 돌아와 집정관이 됐
다. 카이사르는 폼페이우스와 크라수스를 설득해 삼두정치를 성사시킨
다. 이를 1차 삼두정치라 한다. 원래 폼페이우스와 크라수스 사이는 서로
상대편이 있는 방향으로는 오줌도 안 쌀 정도로 사이가 나빴으나 서로의
이해관계를 위해 등 뒤로 손을 내밀어 겨우 악수를 한 것이었다. 카이사
르도 폼페이우스와 결코 좋은 사이는 아니었다. 하지만 카이사르는 무남
독녀 외동딸인 유리아를 30세 연상인 폼페이우스에게 시집보냄으로써 장
인인 자신보다 여섯 살이나 많은 사위를 보았다. 이제 세 사람의 천하였
다. 이후 카이사르는 5년 임기의 갈리아 총독 임명 동의안을 민회에서 일
사천리로 통과시킨다. 그리고 카이사르는 많은 역경을 헤치며 갈리아(지
금의 프랑스 지역)를 차례로 정복해나갔다. 라인 강을 건너 게르마니아
(독일)까지도 공격했으나 정벌하지는 못 했다. 그는 갈리아 정복으로 힘
과 부를 함께 얻을 수 있었다. 하지만 원래 카이사르보다는 한 수 아래였
던 폼페이우스는 욱일승천(旭日昇天)하는 카이사르에게 계속 태클을 걸

었고, 크라수스는 사사건건 폼페이우스를 물고 늘어졌다. BC 56년 카이사르는 루카에서 세 사람이 함께 모이게 해 동맹을 재추진했다. 이때 카이사르는 갈리아 총독(5년 연장)을, 폼페이우스는 에스파냐 총독(5년 임기)을, 크라수스는 시리아 총독(5년 임기)을 맡기로 합의했다. BC 54년 카이사르는 브리타니아(영국)를 침공했다. BC 52년 아르베르니 족장 베르킨게토릭스가 갈리아 중부지역에서 독립운동을 일으켜 로마 군대를 격파하는 등 한때 위기에 몰리기도 했으나 결국은 베르킨게토릭스의 항복을 받아내고 BC 50년까지 갈리아 지역을 평정했다.

그런데 BC 53년 이들 삼두정에 위기가 찾아왔다. 크라수스가 파르티아 원정 중 메소포타미아 지역에서 로마 군대와 함께 전사한 것이다. 게다가 뒤늦게 어린 신부를 맞아 깨가 쏟아지던 폼페이우스는 어린 신부가 산고(産苦) 끝에 죽음으로써 깨 쏟은 데다 단지까지 깨지는 형국을 맞이하고 말았다. 또 이것은 카이사르와 연결고리가 끊어진 것을 의미했다. 폼페이우스는 수단을 부려 카이사르의 갈리아 지휘권을 박탈하고 본국으로 귀국 명령을 내리는 데 성공했다. 그래도 한때는 장인어른이었는데… 이제 카이사르는 지휘권을 잃고 빈손으로 귀국했을 시 어떠한 위기가 닥칠지 모르는 운명에 처하고 말았다. BC 49년 1월 10일 카이사르는 갈리아 군단을 이끌고 로마의 국경 경계선인 루비콘 강에 도착했다. 루비콘 강을 건너려면 무장을 해제해야만 했다. 아니면 반란이 되기 때문이었다. 카이사르는 고뇌에 찬 끝에 결단을 내렸다. 그로부터 약 1천400년 후인 1388년 고려 말 위화도에서 회군하는 이성계도 같은 심정이었을 것이다. 아무튼 카이사르는 군대를 이끌고 루비콘 강을 건넌다. **"루비콘 강을 건넜다"**라는 말은 '이제는 돌이킬 수 없는 상황'이라는 의미로 **"주사위는 던져졌다"**와 같은 말로 쓰인다.

카이사르는 군단을 이끌고 바로 로마로 진격했다. 너무나 재빠른 조치에 다급해진 폼페이우스는 황급히 자기의 아지트인 에스파냐로 달아났는데, 뒤쫓아온 카이사르와의 전투에서 패하고 말았다. 그리고 BC 48년 8월 9일 그리스의 파르살루스에서 카이사르군과 다시 한 번 맞장을 떴으나 또다시 패했다. 그는 이집트로 건너가서 이집트 주둔군을 동원해 재기를 꿈꾸었는데 이집트의 프톨레마이오스왕은 카이사르를 의식, 폼페이우스를 유인해 암살했다. 이래서 당대의 영웅이라고 말할 수 있는 폼페이우스도 사라졌다.

한편 카이사르는 이집트에서 야심에 찬 클레오파트라와 연인관계가 되어 여왕으로서의 클레오파트라의 입지를 확고하게 해준다. 내친 김에 쉬어간다고 카이사르는 BC 47년까지 이집트에 눌러앉아 클레오파트라와 동거에 들어갔다. 그런 중에도 카이사르는 폰투스의 미트라다테스의 아들 파르나케스가 아버지의 잃어버린 영토를 찾으려고 군사를 일으키자 단숨에 달려가 파르나케스의 군사를 무찔렀다. 이때 그는 세 마디로 승전보를 타전했다. "왔노라! 보았노라! 이겼노라!"(Veni, Vidi, Vici)가 그것이다. 2천 년이 지난 지금도 인류에 회자되는 말 중 하나다. BC 45년 폼페이우스의 아들 섹스투스의 반란을 에스파냐 문다 전투에서 격파함으로써 모든 내란은 종지부를 찍는다. 이제 카이사르에게 도전할 사람은 아무도 없었다. 사실상의 황제나 다름없었다. 그러나 로마인들은 왕정을 싫어했다. 공화정을 사수하겠다는 신념에 찬 카시우스는 뜻을 같이하는 사람을 모아 카이사르를 살해하는 음모를 짜는데 거기에는 카이사르가 친자식처럼 사랑하고 많은 배려를 해주었던 브루투스도 끼어 있었다. BC 44년 3월15일 카이사르는 파르티아 원정을 발표하러 원로원회의에 참석하러 들어가다 수많은 암살자들에 의해 칼을 맞고 폼페이우스의 흉상 아래에 쓰러져 죽는다. 그는 마지막으로 브루투스를 향해 "브루투스, 너마저!"라는 말을 남겼다. 진정 위대한 영웅이었다.

* 폼페이우스(BC 106~48)

그는 술라의 지지자였으며 술라의 의붓딸과 결혼을 했다. 처음으로 26세의 젊은 나이에 집정관 대리라는 직책으로 에스파냐에서 반란을 일으킨 세르토리우스를 정벌하러 출전했는데, 세르토리우스가 부하에게 살해당하는 바람에 싸움도 안 하고 공을 세우는 행운을 얻었다. 또 돌아오는 길에는 크라수스에게 패해 도망치던 스파르타쿠스의 패잔병을 전멸시키는 행운까지 얻었다. BC 66년 폰투스의 미트라다테스 토벌군의 사령관으로 참전했다. 그동안 로마군과 여러 차례를 싸우고 지칠 대로 지쳐 있었던 미트라다테스는 로마군에게 밀리던 중 부하들의 배반으로 스스로 목숨을 끊었다. 폼페이우스의 지휘도 유능했겠지만 이번에도 행운이 따라주었던 것이다. 난적을 비교적 쉽게 제압하고 흑해 연안 시리아 지역까지 로마의 영향권에 넣는 기염을 토했다. 하는 일마다 빈집에 황소가 들어오는 격이었다. 그 후 카이사르, 크라수스와의 삼두정치 이후는 전술한 바와 같다.

BC 91 사마천 《사기》(史記) 저술

《사기》는 중국의 역사서 중 가장 훌륭한 것으로 평가되는 책이다. 기록을 중요시 여기는 중국 민족의 문화도 엿볼 수 있다. 한나라 무제 시대에 태어났고 당시 태사령(기상청장) 사마담의 아들로 BC 108년 죽은 아버지의 뒤를 이어 태사령이 되었는데 아버지 사마담은 임종 시 중국의 역사책을 반드시 완성시키라고 유언했다. 당시 흉노족과의 전쟁 중에 패배하고 포로가 된 이릉 장군을 변호하다가 무제의 노여움을 사 궁형(거세 형)에 처해진 사마천은 사기를 완성하기 위해 자살을 단념하고 집필에 몰두했다. 사기는 본기 12권, 표 10권, 서 8권, 세가 30권, 열전 70권으로 총 130권에 달하며 황제(皇帝) 시대부터 전한의 무제 시대까지 약 3천 년간의 역사를 서술해놓았다. 본기에서는 왕실에서 일어난 사건들을 연대순으로 기록했고, 연표인 표에서는 여러 나라 제후국들의 복잡한 역사를 자세하게 설명해 어떤 시기에 어떠한 일이 있었는지 알 수 있게 했다. 세가에는 제후국의 역사가, 서에는 행정 및 그 외의 전반적인 것이, 열전에는 인물들의 전기가 기록되어 있다. 완성은 BC 91년경으로 본다.

BC 73 (로) 스파르타쿠스 노예 반란

스파르타쿠스는 트라키아(불가리아) 사람으로 로마에 나라를 잃고 노예로 끌려온 사람이다. 강인한 체력과 훌륭한 검술로 로마인에 의해 강제로 검투사가 되었다. 그는 검투사들을 이끌고 로마에 대항, 베수비오산에 은신처를 마련하고 노예들을 규합해 대규모 집단을 형성했다. 이들은 로마 정규군을 무찌르고 남부 이탈리아 대부분을 장악했다. 이들의 숫자는 약 9만 명에 이르렀다고 한다. 여러 차례 로마 군대를 무찔렀고, 나중에는 시칠리아로 건너가려고 했으나 배를 대주기로 약속한 해적들의 배신으로 등을 돌려 북쪽으로 가야만 했다. 그러나 북쪽으로 가는 도중 크라수스의 대군에 막혀 교전 중 대부분 사망하고 겨우 살아남은 자들만이 북으로 갔다. 그러나 때마침 북쪽에서 세르토리우스를 평정하고 개선하던 폼페이우스의 군대와 마주침으로써 전멸당하고 만다. 포로들은 전원 십자가에 못 박혀 죽음을 당했다. 망국의 한을 품고 자유를 찾아 나섰지만 그들에게 돌아온 것은 죽음뿐이었다. 지금도 스파르타쿠스는 영화나 책의 소재로 많이 쓰인다.

BC 63 이스라엘, 로마의 속주가 되다

로마는 처음 이스라엘의 통치를 유다 출신의 헤롯 왕가에게 넘겨준다. 헤롯은 정치적인 수완이 있어 팔레스타인 전체를 통치했다. 그러나 그가 죽은 뒤 아들 삼형제에 의해 다음과 같이 분할된다.

아르겔라우스	유다, 사마리아 지역
헤롯	갈릴리 지역
필립	나머지 영토

아르겔라우스에 대한 백성들의 원망이 높아지자 아우구스투스는 아르겔라우스를 내쫓고 로마에서 총독을 파견, 직접 통치했다. 5대 총독이 예수를 처형하게 되는 빌라투스(빌라도)다.

＊ 세례 요한

당시 요한이라고 불리던 사람이 있었다. 예수가 올 것을 미리 예언한 그는 자신의 설교를 듣고 회개하는 사람들에게 세례를 해주었기 때문에 사람들은 그를 '세례 요한'이라고 불렀다. 요한의 설교를 듣는 층은 주로 빈민들과 사마리아인들이었는데, 유대인 사회의 상류층들은 세례 요한에 대해 무언가 못마땅한 기분이 들었다. 요한은 율법학자, 세리, 군인 등을 강하게 비난했고, 왕인 헤롯 안티파스가 본처를 내보내고 이복동생의 아내였던 헤로디아와 결혼한 것을 부도덕하다고 비난했다. 망신을 당하자 세례 요한에게 앙심을 품은 헤롯 안티파스왕은 세례 요한을 국가원수모독죄로 감옥에 수감하기는 했으나 민심이 두려워 어쩌지를 못했다.

그런데 헤로디아와 전 남편 사이에는 살로메라는 요염하게 생긴 딸이 있었다. 하루는 연회석상에서 거나하게 취한 왕이 기분이 좋아지자 의붓딸인 살로메에게 춤을 추게 하면서 원하는 것은 다 들어주겠다고 했다. 이에 헤로디아는 살로메에게 세례 요한의 목을 요구하라고 부추겼다. 춤이 끝나고 살로메가 의붓아버지인 헤롯왕에게 세례 요한의 목을 요구했다. 춤추는 것 한번 보자고 원하는 것을 다 들어주겠다고 흰소리 한 것도 한심한 짓이었는데 고위 인사들 앞에서 한 말을 번복할 수도 없었다. 꼼짝없이 세례 요한은 목이 잘려 쟁반 위에 놓인 채로 살로메 앞으로 배달되고 말았다.

* 예수(Jesus Christ)

기원전에서 기원으로 넘어가는 시기에 이스라엘의 베들레헴에 한 아기가 태어났다. 바로 예수다. 당시 왕인 헤롯 안티파스는 마구간에서 태어난 아이가 장차 이 나라를 이끄는 지도자가 된다는 예언을 듣고 두 살 이하의 아기는 모조리 죽이라는 불특정 다수인에 대한 끔찍스러운 테러 명령을 내리는데, 예수는 운 좋게 이를 피해서 살아날 수가 있었다. 예수는 세례 요한으로부터 세례를 받고 때가 이르렀음을 알리고 설교를 시작했다. 그러나 평민의 자손인 예수가 많은 사람의 지도자로서 존경을 받고 장사꾼, 제사장, 장로 등의 잘못을 심하게 꾸짖자 그들만의 이권과 권위에 도전하는 것으로 판단한 유대 고위층들은 예수의 제자 중 유다를 매수해 예수를 모함하고 체포해서 총독인 빌라도에게 신병을 넘기고 유대인을 대신해 그를 사형죄로 다스리라고 청한다. 빌라도는 예수가 아무런 죄가 없음을 알고 사형을 원하지 않았으나 바리새인과 유대인들이 계속 로비를 하며 처형을 재촉하자 결국은 예수를 처형하고 만다. 그러나 그가 만든 그리스도교는 그 후 크게 일어나 유럽은 물론이고 세계의 종교가 되었다.

BC 60 (로) 1차 삼두정치(Troica)

카이사르, 크라수스, 폼페이우스 세 사람이 세력을 잡고 로마를 지배하던 정치를 말한다.(BC 100년 참조)

BC 57 신라 창건 박혁거세 즉위(재위 BC 57~AD 4)

BC 55 카이사르 영국 침공

로마의 카이사르는 갈리아 사령관 시절 실적을 올리기 위해 영국을 몇 차례 침공했으나 그다지 큰 성과를 거둘 수 없었다. 그 후에도 영국은 약 100년간은 거의 독립된 상태였다. 그런데 40년경 클라우디우스가 직접 군대를 이끌고 영국을 침공해 승리하고 돌아간다. 이때 로마군은 4만의 대군이었는데, 이들의 주둔지는 오늘날의 런던이었다. 54년 네로가 황제가 된 이후 영국에서는 반란이 일어났으나 로마가 이를 진압함으로써 영국은 완전히 로마의 속국이 된다.

BC 52 갈리아의 마지막 저항

켈트족의 베르킨게토릭스는 귀족과 드루이드, 켈트족의 지원을 받아 로마군을 공격했다. 카이사르는 한때 이들에게 패배해 프로방스까지 후퇴했다. 하지만 이들은 결국 로마군에 패해 정복되고 만다. 그러나 그 후에도 계속적인 저항이 있었고 완전히 정복되는 것은 BC 10년경 아우구스투스 시대에 이르러서다. 그러나 게르만족의 완강한 반격으로 게르만족과는 라인 강을 경계로 대치해야만 했다. 21년 티베리우스 시대와 68년 네로 황제 시대에도 갈리아 지방(지금의 프랑스)에 반란이 있었지만 곧 진압이 되었다. 이후 갈리아 지방에는 찬란한 로마의 문화가 들어와서 켈트족은 로마의 문화를 접하고 동화되어 라틴어를 배우고 상류층 귀족들은 로마식 이름으로 개명까지 하게 된다. 라인 강 북쪽에 살고 있던 게르만족도 로마 문화를 받아들였고 심지어는 국경을 넘어와 같이 살기도 했다. 이들 게르만족들은 주로 군인이 되어 경비를 담당하게 되었다.

초대 황제 아우구스투스로부터 5현제의 마지막 황제 아우렐리우스 시대(BC 27~AD 180)까지의 약 200년간 비교적 평화로웠으니 이 시기를 팩스 로마나(PAX ROMANA)라고 부른다.

BC 49 한(漢) 9대 원제 즉위(재위 BC 49~33)

* 흉노와 왕소군

중국 역사상 흉노족은 가장 무서운 적이었다. 중국은 역사 이래 침입한 흉노에게 당한 일이 비일비재했다. 흉노는 은나라 말기인 BC 1100년부터 기록에 나타나기 시작한다. 때문에 포악한 진시황도 흉노가 무서워 만리장성을 쌓게 했고, 한나라 조정도 흉노에게 침범하지 않는다는 조건으로 많은 재물을 주어 달랬다. **흉노는 중국에 있어서는 아킬레스건과 같은 존재였다.** 그러던 중 원제 시대에 흉노족의 선우(임금에 해당됨)가 한나라의 수도 낙양을 방문했다. 골칫거리이던 흉노족의 왕이 스스로 한나라 황제를 알현하겠다고 한 것에 기분이 좋아진 원제는 흉노의 선우가 아내로 삼을 여인을 요청하자 후궁 중에 한 사람을 선우의 처로 보내기로 약속했다. 그러고는 초상화로 심사해 보낼 사람을 골랐는데 아주 못생긴 여자 하나를 뽑았다. 후궁이 많은데도 남을 주려니 미인은 주기 싫었던가 보다. 그런데 막상 흉노 사신과 함께 보내려고 불러와 보니 '이렇게 아름다운 여인이 나의 궁녀에 있었던가' 싶은 미인이었다. 그 여인의 이름은 왕장이었다(우리에게는 왕장보다 왕소군으로 더 잘 알려져 있다). 나중에 알고 보니 그림 그리는 화공이 그동안 돈을 준 여인은 더 예쁘게 그려주고 돈을 안 준 여인은 못생기게 그렸던 것이었다. 물론 화공의 머리는 땅바닥에 나뒹굴고 말았다. 고국을 멀리하고 수만 리 떨어진 오랑캐의 나라인 흉노로 가는 왕소군은 다시는 돌아오지 못할 길을 가면서 시를 읊었는데 오늘날까지 전해지고 있다.

BC 44 카이사르 암살과 카이사르 사후(死後)의 로마

안토니우스는 카이사르의 장교로 갈리아 원정에 참전했었다. 카이사르가 암살당하자 시민들을 선동, 브루투스와 카시우스를 공격하게 만들었다. 성난 시민들이 몰려들자 브루투스와 카시우스는 로마를 탈출해 마케도니아에서 재기를 노렸다. 그러나 안토니우스와 옥타비아누스의 연합군에게 패배해 자살로 생을 마감했다.

* BC 42 필리피 전투(10.23)

카이사르의 유언장에 의해 양자가 된 옥타비아누스(옥타비아누스의 어머니는 카이사르의 조카였다)는 그의 재산과 부와 명예를 원샷으로 이어받았다. 옥타비아누스가 하루아침에 로마의 실력자로 부상하게 된 것이다. 옥타비아누스는 안토니우스와 레피두스를 불러 2차 삼두정치를 제안하고 결성한다. 이제 세 사람의 천하가 되었다. 그들은 그동안 마음에 안 들었던 정적들의 살생부를 만들어 대량살상을 자행했다. 청약 영순위는 안토니우스의 눈엣가시였던 키케로였다. 키케로를 암살한 지 얼마 후 옥타비아누스는 레피두스를 제거했다. 이후 안토니우스는 동방 지역을, 옥타비아누스는 서쪽을 나누어 지배하기로 했다. BC 40년 한때 사이가 서먹서먹해지기도 했으나 때마침 안토니우스의 아내 풀비아가 죽었고, 옥타비아누스의 여동생 옥타비아와 안토니우스가 결혼을 함으로써 두 사람은 처남 매부지간이 되었다. 그러나 근본적으로 한 하늘에 두 개의 태양이 있을 수 없는 법, 언젠가는 넘어야 할 장애물이기는 서로가 마찬가지였다. BC 38년 삼두정을 5년간 더 연장하기로 함으로써 둘 사이가 개선된 것 같았으나 여전히 서로가 기회만 엿보고 있었다. 이런 때에 안토니우스는 동방으로 가면서 새로 결혼한 아내 옥타비아를 로마로 돌려보냈다. 그리고 시리아에 머물면서 이집트의 미녀 클레오파트라와 동거생활에 들어갔다. 이에 옥티비아누스와는 점점 더 멀어져만 갔다. 클레오파트라는 안토니우스에게 아버지와 같던 카이사르의 여자였다. 로마인들은 클레오파트라를 보고 이집트의 마녀라고 부르는 등 안 좋은 감정을 드러냈다. 이것은 안토니우스에게는 치명상이었고, 반면 옥타비아누스에게는 호재였다. BC 32년 공식적으로 삼두체제가 끝나고 안토니우스가 옥타비아와 정식 이혼을 하자 옥타비아누스도 안토니우스와 관계를 끊고 클레오파트라에게 정식으로 선전포고를 했다. 이는 사실상 안토니우스에게 선전포고를 한 셈이었다.

* BC 31 악티움 해전

안토니우스와 클레오파트라가 이끄는 이집트 연합함대는 옥타비아누스의 친구인 아그리파 장군이 이끄는 함대와 악티움에서 쌍방의 운명을 건 한판을 벌인다. 결국 로마의 명장 아그리파에 의해 이집트 연합함대는 패배했고, 안토니우스와 클레오파트라는 자살로 생을 마감한다. 한편 옥타비아누스는 클레오파트라와 카이사르 사이에서 태어난 아들 카이사리온을 처형해 후환을 없앤다. 카이사르가 얼마나 두려웠으면 아예 싹을 자르려 했을까? 이로써 알렉산드로스 사후에 수립된 이집트의 프톨레마이오스 왕조는 멸망하고 이집트는 로마의 속주로 편입된다. BC 29년 옥타비아누스가 로마로 개선하자 로마 시민은 열광하며 그에게 제1인자라는 뜻의 칭호, '프린캡스'(Princeps)를 바쳤다. 옥타비아누스는 젊은이답지 않게 생각이 깊고 용의주도했다. 자기의 권한을 일부러 반납하고 임기가 끝나면 아낌없이 직책을 반려하는 등 예쁜 행동만 골라하니 로마 시민들이나 능구렁이 원로원 영감들까지 깜빡 넘어가서 "옥타비안은 진정한 공화정을 이끌 수 있는 사심 없고 진실한 사람이다"라며 칭송했다. 시쳇말로 열광적인 옥사모(옥타비안을 사랑하는 모임)가 등장한 것이다. 덕분에 원로원과 민회에서는 옥타비아누스에게 에스파냐, 시리아, 갈리아, 이집트에 대한 지휘권을 19년간 주기로 결정을 했고, 아우구스투스(Augustus)라는 최고의 존칭까지 내주었다. 게다가 개선장군에게만 일시적으로 주어지는 임페라토(Imperator)라는 칭호를 영구적으로 누리게 했다. 이제 그는 사실상 황제나 다름없었다. 이렇듯 옥타비아누스는 급하게 서두르지 않고 한걸음 한걸음씩 황제로 다가갔기 때문에 원로원들이나 군주제를 싫어하는 로마인들이 눈치챘을 때에는 옥타비아누스가 이미 황제자리에 오른 뒤였다.

BC 43 2차 삼두정치 실시

BC 37 고구려 건국(BC 37~AD 668),
동명성왕 주몽 즉위(재위 BC 37~19)

부여의 왕 금와가 태백산에 사냥을 나가 우연히 미모의 여인을 만났는데 내력을 묻자 자신은 유화이며 천제의 아들이라는 해모수에게 몸을 허락한 탓에 부모에게 쫓겨나 이곳에 살고 있다고 했다. 이에 금와는 유화를 부여로 데려가 살게 했고, 날이 차 아이를 낳으니 그가 주몽이다. 주몽은 활을 잘 쏘고 모든 점에서 금와의 왕자들보다 월등해 시기를 받았다. 결국 왕자들이 주몽을 죽이려 했고, 주몽은 급하게 부여를 탈출해야만 했다. 그때 주몽에게는 예씨라는 부인과 잉태 중인 아이가 있었다. 주몽이 황급히 떠나면서 아내에게 장차 아이가 크면 자기를 찾아오게 하라고 한 후 칼을 부러트려 한쪽을 주고 갔다. 부여를 탈출한 주몽은 후에 남쪽에 나라를 갖고 있던 소서노라는 과부와 결혼, 그녀로부터 도움을 받아 고구려라는 나라를 세운 후 비류와 온조라는 두 아들을 낳고 꿈과 같이 행복한 나날을 보냈다. 한편 부여에 남은 주몽의 아내 예씨는 금와에 이어 왕이 된 대소를 피해 숨어 살다 아들 유리를 데리고 구사일생으로 부여를 탈출, 고구려의 주몽왕을 만난다.

한편 소서노는 원래 남편이 죽자 남편의 나라를 이어받아 다스리고 있던 과부였다. 아름다운 용모와 유능한 국가 관리에 주변의 왕들이 소서노의 남편이 되려고 수없이 작전을 걸었으나 그때마다 삼진이나 병살타로 처리되었다. 그때 마침 부여를 탈출한 주몽의 용모와 인품에 한눈에 반한 소서노는 주몽과 결혼을 하고 주몽이 고구려를 건국하는 데 지대한 역할을 한다. 그러나 뒤늦게 찾아온 아들 유리에게 태자의 자리를 넘겨주자 이에 배신감을 느낀 소서노는 두 아들 비류와 온조를 데리고 남쪽으로 가서 백제를 세웠다. 유리는 주몽의 뒤를 이어 고구려의 2대 왕이 된다.

BC 31 (로) 악티움 해전(BC 44년 참조)

BC 18 백제 창건 1대 온조왕(BC 18~AD 28)

주몽의 둘째 아내 소서노는 주몽과의 사이에서 비류와 온조를 낳고 행복하게 살고 있었으나, 어느 날 주몽의 본부인 예씨와 장남 유리가 찾아옴으로써 둘 사이에는 금이 가기 시작한다. 더구나 유리를 태자로 임명하자 배신감을 느낀 소서노는 두 아들 비류와 온조를 데리고 남하해 새로운 나라를 세운다. 형인 비류는 미추홀(지금의 인천)에 나라를 세우나 환경이 좋지 않아 백성들이 하나둘 떠나니 스스로 생명을 끊음으로 생을 마감한다. 한편 동생인 온조는 위례성(지금의 하남 지역)에 십제라는 나라를 세운다. 후에 비류의 백성들과 합쳐서 백제라고 이름을 바꾼다.

2-5 후한(後漢)의 설립과 로마 5현제 시대

■ ■

기원후

기원전에서 기원으로 바뀌는 시기에 서양에서는 예수가 태어났고, 로마 제국은 끝없이 뻗어나갔다. 이탈리아 반도는 물론이고 그리스, 팔레스타인, 이집트 등의 지중해는 실질적으로 로마의 세력권 아래로 들어갔다.

한편 동양에서는 전한이 끝나고 후한이 시작되고 있었고, 요동 방면과 압록강 변에 한(漢)나라가 낙랑, 진번, 현토, 임둔, 이른 바 한사군(漢四郡)을 설치해 한반도의 일부를 지배했고, 이에 대항해 토종 한(韓)민족인 고구려, 백제 신라 등이 막 창건되었다.

9 (중) 왕망의 한나라 제위 찬탈(재위 9~24)

한나라 9대 원제가 죽고 아들이 성제로 즉위한다. 원후 왕(王)씨의 조카 왕망은 매우 불우했는데 성제 말년이 되어서야 뒤늦게 출세를 시작한다. 성제에게 제위를 이어받은 애제, 평제는 모두 단명(短命)했다. 애제는 재위 6년 만에 죽고 평제는 9세에 즉위해 14세에 죽었다. 원후와 왕망은 어린 평제를 즉위시키고 실권을 잡았다. 평제의 생모는 위씨였는데 평제가 14세가 되었을 때 자기 어머니를 왕망이 죽인 것을 알게 되었다. 이에 왕망은 평제를 독살하고 스스로 황제가 되어 나라 이름을 신(新)이라 불렀다. 그러나 역사에서는 한나라 역사 중 일부로 간주한다. 대신 **왕망 이전을 전한(前漢)**이라고 부르고 **이후를 후한(後漢)**이라고 부른다.

14 로마 2대 황제 티베리우스 즉위(재위 14~37) 가계도-1B 참조

로마의 초대 황제 아우구스투스가 76세까지 오랫동안 황제를 하는 바람에 다음 타자들이 순서를 기다리다가 지쳐 그동안 대부분 죽고 말았다. 그래서 차기 황제 선출에 혼선이 발생한다. 더구나 혈육이라고는 두 번째 아내와의 사이에서 태어난 무남독녀 외딸 율리아뿐이었는데, 누구를 닮았는지 지중해 일대에서는 따라올 사람이 없는 바람둥이였다. 두 번째 아내와 이혼한 후 남의 아내를 강제로 이혼시키고 재혼한 세 번째 아내 리비아와는 50년을 같이 살았으나 자식이 없었고, 리비아가 전남편 사이에서 낳아 데리고 들어온 의붓자식 티베리우스와 동생 드루시스가 있을 뿐이었다. 여동생 옥타비아의 아들인 조카 마르켈루스와 자신의 딸 율리아를 결혼시키는 등 사전 포석을 해놓았는데, 이마저도 조카 겸 사위가 젊은 나이에 요절을 하는 바람에 실패하고 만다. **다음에는 친구이자 악티움 해전의 영웅인 아그리파에게 딸 율리아를 재가(再嫁)시켜 아들 셋에 딸 하나**(대大 아그리피나라고 한다, 나중에 여러 번 거론되니 잘 기억해두시기 바람)**를 얻었는데, 그 엄마에 그 딸이라 바람기로 엄마와 쌍벽을 이뤘다. 결국 아버지 아우구스투스가 딸 율리아의 부정한 행동을 알게 되어 딸과 손녀, 그리고 손자 중 하나를 멀리 귀양을 보냈다**(물론 이것은 훨씬 후에 일이다). **아무튼 친계에서는 손자 둘이 있었다. 게다가 아버지 아그리파를 닮아 제법 똑똑해서 많은 기대를 하고 후계자로 내심 지목하고 있었다. 그런데 둘 다 원정 도중 사망을 하고 말았다. 결국 아우구스투스는 세 번째 아내 리비아가 데리고 들어온 티베리우스를 강제로 이혼시키고 또다시 자기의 딸 율리아와 결혼을 시켜 후계자로 삼았다.** 남들은 한 번 결혼하는 것도 사정이 빠듯한데 율리아는 좋은 아버지 만난 복으로 세 번씩이나 결혼을 하는 횡재를 했다. 그것도 행실이 좋지 않다는 소문이 파다했는데도 말이다.

 티베리우스(Tiberius)는 원래 아그리파 장군의 딸인 빕사니아와 연애결혼을 하고 무척이나 화목하게 살림을 살고 있었다. 그런데 어느 날 갑자기 강제로 이혼을 당한 것도 모자라 소문도 안 좋은 율리아하고 결혼을 해야 되니 거의 미쳐 돌아버릴 지경이었다. 율리아는 이 결혼이 세 번째였고, 게다가 더 기가 막힌 것은 자기 장인이었던 아그리파 장군과 함께 살았던 경력까지 있었다. 이건 장모라고 해야 맞는지 여보라고 해야 할지 촌수가 계산이 안 되는 상황이었다. 그런 탓에 티베리우스는 전처인 빕사니아와 이혼을 한 뒤에도 그리워하다가 장인이자 황제인 아우구스투스에게 경고를 받기도 했다. 14년 아우구스투스가 서거를 하자 이런 우여곡절 끝에 티베리우스가 2대 황제로 즉위한다.

18 고구려 3대 대무신왕 즉위(재위 18~44)

고구려 초기 나라를 안정시키는 데 공헌한 왕이다. 유리왕의 셋째 아들로 우리가 잘 아는 호동 왕자의 아버지이기도 하다. 28년에는 한나라의 요동태수의 침략을 잘 막아냈고, 32년에는 호동 왕자를 시켜 낙랑을 공격했다. 또 같은 해 광무제에게 사신을 보내 국교를 열었다.

24 신라 3대 유리왕 즉위(재위 24~57)

백성들이 편안하고 풍년이 들어 도솔가를 지어 불렀다. 유리왕은 2대 남해왕의 아들로 박혁거세의 후손인 박씨였다. 남해왕은 석씨인 석탈해를 왕으로 추천하고 싶었으나 서로 사양하다가 결국은 남해왕의 아들인 유리가 왕이 되었다. 탈해는 이후 4대 왕이 된다. 이때까지만 해도 부자 세습의 관습은 없었던 듯하다. **신라는 왕을 부르는 호칭으로 거서간, 차차웅, 이사금, 마립간을 사용했다.** 2대 남해는 차차웅으로 불렸고, 3대 유리는 이사금으로 불렸다. 40년 낙랑의 속현인 불내현이 신라를 침입했을 때 맥국(지금의 춘천 지역)의 거수가 이를 격퇴해줌으로써 신하는 맥국과 우호를 맺는다.

25 (중) 후한 창건(25~220, 약 200년간)

한(漢)나라는 BC 206년에서 AD 220년까지 약 420년간 지속된 국가다. 9년부터 25년까지 왕망이 한때 황위를 찬탈하고 신(新)이라는 나라를 세웠으나 역사에서는 이를 한나라의 역사 중 일부로 보고 있다. 대신 왕망을 기준으로 전한과 후한으로 나누어 부른다. 후한을 창건한 이가 광무제 유수이다.

* 유수(후한 광무제)

9년 왕망이 신을 세운 후 사방에서 왕망 타도를 외치며 일어나는데, 그중에서 최종 승리를 한 사람이 한나라 황족 유수다. 유수는 처음에 황족인 유현을 경시제로 내세우고 완성에 도읍을 정했다. 왕망은 왕읍을 시켜 유현을 타도케 하고 40만의 군사를 동원, 유현의 곤양성을 수십 겹으로 에워쌌다. 이때 유수가 불과 3천 명의 결사대를 이끌고 불시에 왕읍의 본진으로 쳐들어가 공격을 했고, 이에 당황한 왕읍이 달아나버린다. 이를 **곤양의 싸움**이라 한다. 적은 군인으로 많은 수의 적을 물리친 싸움으로 기록되어 있다.

37 (로) 3대 황제 칼리굴라 즉위(재위 37~41) 가계도-1B 참조

초대 황제 아우구스투스의 딸 율리아와 아그리파 장군 사이에서 태어난 딸이 대(大) 아그리피나라는 것은 전술했다. 대 아그리피나에게는 아들과 딸이 하나씩 있었는데, 아들이 칼리굴라이고 딸이 소(小) 아그리피나다. 칼리굴라는 원래 정상적인 사람이었는데 심한 병을 앓고 난 뒤로 정신이상이 생겼다. 이후 근위대장을 살해하고 2대 황제 티베리우스의 손자 게멜루스를 정적으로 생각해 역시 살해했다. 막대한 국고를 탕진하고도 모자라 귀족들의 재산을 마구 빼앗은 탓에 결국 즉위 4년 만에 부하들의 손에 가족과 함께 참변을 당하고 만다.

41 (로) 4대 황제 클라우디우스 즉위(재위 41~54) 가계도-1B 참조

칼리굴라가 살해되고 궁전이 아수라장이 되었을 때 궁전 한 구석에서 떨고 있다가 군인들에 의해 황제로 추대되었다. 클라우디우스는 칼리굴라, 소 아그리피나 남매의 작은아버지다. 이후 클라우디우스의 두 번째 아내인 메살리나가 클라우디우스 살해 음모에 연루되어 정부(情夫)인 실리우스와 함께 처형되고 세 번째로 형의 딸이자 조카인 소 아그리피나와 결혼을 한다.

1500년경 우리나라 조선조에도 중종이란 임금이 연산군이 쫓겨날 때 비슷하게 졸지에 왕위에 올랐다.

* 악녀(惡女)의 대명사 소(小) 아그리피나

앞서 소 아그리피나의 족보에 대해서는 이미 설명했다. 소 아그리피나 역시 세 번 결혼했는데, 첫 번째 남편 도미티우스 사이에서 낳은 아들이 훗날 폭군으로 유명해진 네로다.

두 번째 남편 크리스푸를 독살한 후 황제가 된 삼촌과 세 번째로 결혼했다. 그런데 삼촌 겸 남편이 된 클라우디우스에게는 이미 아들 브리탄니쿠스가 있었다. 아그리피나는 갖은 모략을 다해 브리탄니쿠스를 제치고 자기가 낳은 아들인 네로를 차기 황제가 되기로 약속을 받아놓았지만, 우유부단한 황제 아저씨의 마음이 변할지 몰라 조바심을 냈다. 아그리피나는 집착력이 강하고 권세에 대한 욕망이 너무나 강해서 어린 아들을 황제에 올려놓고 자기가 뒤에서 실질적인 세력을 휘두르고 싶었다. 그런데 만사에 맺고 끊음이 불분명한 남편이 문제였다. 결국 남편인 클라우디우스를 독살하고 자기와 코드가 맞는 세네카와 부르스를 동원, 네로를 황제로 추대한다. 얼마 후 클라우디우스의 아들인 브리탄니쿠스도 독살했다는 소문이 돌기도 했다.

45 인도에 쿠샨 왕조 설립(45년경~300년경)

정확한 연대는 미상이고 기원 초기로 알려져 있다. **쿠샨 왕조는** 전술한 바와 같이 **월지국에서 갈려 나왔는데** 지금의 **아프가니스탄, 중앙아시아**의 일부와 인도의 북부지역을 **지배했다.** 카드피세스 1세(재위 50~75)와 뒤를 이은 카니슈카 1세(75~140?) 때 전성기였으나 **90년경 파미르 고원을 넘어 중국 한나라의 반초가 이끄는 군과의 대전에서 패배한 적이 있**다. 쿠샨 왕조는 싸움에서 패하기는 했지만 여전히 비단 길(Silk Road)을 장악하고 있었다. **카니슈카 1세는 쿠샨 왕조의 가장 위대한 왕으로 불교를 지원해 국외로 전파하고 동서간의 교류와 간다라 문화를 육성시킨 공이 크다.** 로마와도 교역을 했다. 220년경 바로 옆 지역인 페르시아 (이란)에 사산 왕조가 등장하고 북부 인도의 세력이 성장하자 쿠샨 왕조는 300년경을 전후로 멸망했다.

54 로마 5대 네로 즉위(재위 54~68)

동양의 폭군이라면 중국 하나라 말기의 걸 임금과, 은나라 말기의 주 임금을 일컫고 서양의 폭군이라면 네로를 일컫는다. 죽은 지 2천 년 이상이 되었어도 아직도 전 인류에게 폭군으로 회자되고 있으니 백 년도 안되게 살아 있는 동안 욕먹을 짓은 하지 말아야겠다. 17세 어린나이에 어머니 소 아그리피나의 계략에 의해 황제가 되었다. 아그리피나는 자기가 추천한 유명한 스토아 철학자 세네카를 비서실장에, 브루스를 근위대장에 임명하고 황제의 뒷자리에 앉아서 사사건건 참견을 했다. 네로는 예술성이 뛰어나고 매우 감성적인 성격으로 어머니의 이런 참견이 싫었다. 또 세네카나 브루스도 일단 높은 자리에 앉고 보니 화장실 갈 때 다르고 올 때 다른 심정이 되었다. 이렇게 세 사람이 합심해 견제를 하니 아그리피나도 2년 후 물러나 앉고 말았다. 이로부터 모자관계는 냉랭해졌다. 네로는 친구 오토의 아내인 폼파이아에게 빠져서 오토를 머나먼 외지로 발령을 내리고 편안 마음으로 폼파이아와 혼인을 하려고 했다. 그런데 어머니인 아그리피나가 결사반대를 하고 나섰다. 정말 미운 행동만 골라가며 하는 어머니였다. 마누라가 그러면 이해라도 되지만 엄마가 질투를 하다니. 59년 어머니를 위해 수상파티를 연다고 속인 후 배에 구멍을 뚫어 침몰시켰으나 무사히 헤엄을 쳐 살아나오자 이번에는 자객을 보내 살해한다. 만나는 남편마다 독살을 하고 의붓자식도 독살한 희대의 악녀는 결국 자신의 아들에 의해 살해되고 말았다. 인과응보였다. 62년 재혼에 걸림돌이 되는 아내 옥타비아를 죽이고 그토록 애타던 결혼을 했지만 겨우 3년 만에 폼파이아가 죽어버렸다. 그렇게 허무하게 죽을 것을 왜 친구 오토에게 못할 짓을 하고 어머니에, 아내까지 죽였을까? 그 후 세네카도 반란 음모에 관련되었다고 해 자결을 명했다. 64년 로마에 대 화재가 발생하는데, 네로가 일부러 로마를 불태우고 재개발을 하기 위해 그랬다는 설이 있으나 확인된 바 없다. 네로는 화재의 원인을 그리스도 교도에게 돌리고 많은 교인들을 희생시켰다. 이때 사도바울과 베드로도 같이 순교했다고 한다. 이런저런 이유로 국민들의 마음은 네로로부터 멀어졌고, 결국 반란이 일어나 황궁까지 몰려 들어오자 네로는 스스로 목숨을 끊는다.

60 영국, 로마에 대한 반란

영국 이스트 앵그리아의 **부디카(Boudicca)**는 로마의 네로 황제 시절 로마의 통치에 반대해 반란을 일으켰으나 결국 패해 독약을 먹고 자살한다. 이후 스코틀랜드를 제외한 전역은 약 300년간 저항을 포기하고 로마의 지배를 받아들였고, 대신 찬란한 로마 문명에 접한다. 한편 영국에서는 부디카를 전설의 여왕으로 생각한다. 아름다운 여성이 이륜마차를 타고 채찍질하는 그림을 본 기억이 있을 것이다. 그가 바로 부디카다.

66 이스라엘의 멸망

유다(유대인)에는 여러 당파가 있었다.

친로마파 헤롯당	헤롯왕의 지지자
사두개인	유다의 귀족 계급
반로마파 바리새인	중류 지식층으로 무력 사용 반대
열심당	무력사용도 마다하지 않는 과격파
엣세네파	속세를 버리고 사해 부근에서 금욕생활을 하던 파

열심당이 주도해 로마에 대해 독립을 시도했다. 처음에는 로마의 군대가 얼마 안 되어서 유리했으나 차츰 군대가 증파되자 70년 예루살렘이 함락되고 만다. 로마의 **티투스 장군(후에 황제가 됨)**은 100만이 넘는 이스라엘 백성들을 학살하고 신전을 철저하게 파괴하고 백성들을 노예로 만들어 이스라엘 나라 자체를 없애버렸다. 로마의 개선문에는 티투스 황제가 예루살렘을 함락시키고 개선하는 로마 군대의 모습이 조각되어 있다.

✳ 통곡의 벽

이후 로마는 유대인들을 이스라엘 땅에서 쫓아내고 1년에 단 한 번 예루살렘이 함락된 날에 방문하는 것만 허용했을 뿐이다. 유럽의 여행자들이 길이 50미터, 높이 18미터쯤 되는 벽에 기대 밤을 새워 통곡하는 유대인들을 보고 이를 통곡의 벽이라고 이름을 지었다. 이 벽은 이슬람의 바위사원(Dome of the Rock)과 알 아크사 모스크를 둘러싸고 있는 벽의 일부분이다. 따라서 오늘날에도 이슬람과 유대인은 관할권을 사이에 놓고 분쟁을 일으키고 있다. 어쨌거나 유대인들은 이후 2천 년이란 기나긴 세월을 나라 없는 서러움을 갖고 남의 나라에 흩어져 살아야 하는 비운을 맞게 된다. 그러나 그들은 수천 년 남의 나라에서 살면서도 그 나라에 동화되어 흡수되기는커녕 여호와의 구원을 받는 유일한 민족이란 자부심을 갖고 자기끼리만 똘똘 뭉쳐 살았다. 때문에 자연 그 나라 사람들에게 미움을 받았다. 1350년경 유럽에 흑사병이 휩쓸고 지나갈 때에도 학살을 당했고, 제2차 세계대전 중 독일에 의해 약 600만 명 가까운 유대인이 학살을 당하기도 했다. 러시아와 영국도 그랬다. 셰익스피어의 소설 베니스의 상인에 나오는 샤일록도 유대인으로서 좋은 이미지(image)는 아니다.

67 사도 바울 순교(네로 황제 시절)

73 (중) 후한 2대 효명제 즉위(재위 57~75), 반초의 서역 정벌(73~102)

후한 2대 효명제 말년에 반초는 서역으로 출병했다. 반초는 우리가 잘 알고 있는 역사서《한서》(漢書)의 저자로 유명한 반고의 동생이다. 반초 역시 많은 책을 읽은 지성인이었다. 그리고 타고난 군인이며 훌륭한 장군이었다. 반초는 서역 지방의 여러 작은 나라들을 정복하고 흉노족으로부터 보호하는 등 선정을 베풀어서 많은 호응을 얻었다. 3년 뒤 75년에 효장제로부터 본국으로 귀환하라는 명령을 받자 서역으로의 진출 기회를 역설, 연장 허가를 받아 계속 서역을 개척했다. 한나라에서는 반초를 서역 도호로 임명하고 구자에 도호부를 설치하도록 했다. 이때는 반초가 서역으로 출발한 지 18년이 지난 후였다. 91년 반초의 한나라군이 북 흉노를 공격해 알타이까지 추격하자 흉노의 일부는 쫓겨 유럽의 동부지역 쪽으로 밀려가게 됐다. 반초는 안식국(아프가니스탄에서 이란으로 가는 지역)에서 로마로 사신을 파견하려고 추진했으나 주위의 견제로 실패하고 말았다. 102년 반초는 한나라를 떠난 지 30년이 흐르고 나이 70이 되어서 고국인 한나라로 귀국했다. 그리고 1년 후 죽었다. 반초와 장건이 이룩한 업적은 매우 크다. 지금의 신장 위구르 지역까지 장악했었으며 파미르 고원을 가로질러 카스피해 연안까지 중국의 영역을 확대시켰기 때문이다. 중국은 기원 1세기에 이미 중앙아시아를 한 번 가로질러 유럽 가까이까지 다녀온 셈이다.

＊ 반고의 《한서》

반고는 후한 2대 효명제와 3대 효장제, 4대 화제 시대까지 살다가 옥사(獄死)했다. 그가 쓴 **중국의 역사서인 《한서》는 기전체(紀傳體) 역사서의 모범**이다. 한나라가 일어난 후부터 왕망이 신나라를 세울 때까지 약 200여 년간의 역사를 기록했다. 철저한 고증과 완벽한 객관성이 돋보이며 기존의 사료들을 정리·요약함으로써 한나라 황실과 제국 전체를 사실적으로 보여주었다. 후대 학자들이 문헌의 진위를 밝힐 때 참조하는 매우 귀중한 자료다. 3천 년간의 역사를 다룬《사기》보다도 200년의 역사를 기록한 《한서》가 더 분량이 많음이 이를 증명하고 있다. 한편 반고는 두헌 장군을 따라 흉노 정벌에 나서기도 했다. 적지에 두헌의 승리를 찬양하는 비석의 문을 지은 적이 있고, 이로 인해 승진도 했다. 후에 두씨들이 막강한 권력을 휘두르자 두려움을 느낀 화제가 두씨들을 제거했을 때 반고도 두씨 일파로 분류되어 61세의 나이로 옥사하게 된다.

79 (로) 티투스 즉위(재위 79~81)

아버지인 베스파시아누스 황제는 즉위하자 곧 아들 티투스에게 유대 전쟁의 지휘를 맡겼다. 100만 여명의 유대인들이 죽은 것으로 알려진 그의 진압은 무자비한 것이었다.(66년 참조)

88 (중) 후한 4대 화제 즉위(재위 88~105)

3대 효장제의 아내는 두씨였다. 효장제 생존 시에는 외척에 대한 감시가 엄해 아무 일이 없었는데 효장제가 죽고 어린 나이의 화제가 즉위하니 두 황후가 섭정을 맡게 되었다. 전한이 외척의 발호로 멸망 당한 교훈을 알면서도 두 황후는 곧 친정 오빠 두헌을 등용하니 이때부터 두씨들이 요직을 차지하기 시작했다. 특히 두헌의 동생 두경은 남의 재산 강탈, 부녀자 납치 강간, 원조교제 등으로 온갖 원망을 다 들었다. 결국 화제는 자기의 힘이 없음을 한탄하고 환관 정중에게 두씨 일당을 제거하는 도움을 청해 마침내 두씨들을 제거하는 데 성공한다. 이때 두헌을 따라 흉노 정벌에 종군했던 반고도 두헌 일당으로 몰려 옥사하게 된다. 후한의 전반기는 그럭저럭 지냈는데 후기(88~189) 약 100년간은 외척, 환관, 호족 등의 권세가 황제를 능가하는 일이 나타났다. 결국 220년 한나라는 멸망하고 위(魏), 촉(燭), 오(吳)의 3국이 싸우는 시대로 접어든다. 이때 대표적인 외척으로 양기가 등장하게 된다. 후한의 황제들은 광무제만 제외하고 대체로 단명한 데다가 정궁에서 얻은 아들이 귀했다. 재위 20여 년이 넘은 황제도 몇 안 되고, 5대 상제, 7대 소제, 9대 중제, 10대 질제 등 1~2년 만에 죽은 황제도 많았다. 그리고 외척이나 환관들은 나이 어린 황제를 즉위시키고 대신 수렴청정을 하며 계속해서 자신들의 세력을 유지시키는 것이 이들의 기본 전략이었다. 그리고 12대 영제 때부터는 환관들이 마음대로 나라를 주무르니 황제는 있으나 마나였다. 우리가 잘 알고 있는 소설 《삼국지》의 시대가 시작된 것이다. 헌제 역시 재위 기간은 31년으로 길었으나 아무 힘도 갖지 못한 채 조조의 뜻대로 움직였다.

96 (로) 5현제 시대 개막(96~180, 약 90년간)

69년 한 해에 세 명의 황제가 즉위하는 등 혼란했던 로마는 네르바(96~98) 황제 때부터 평화를 되찾았고, 이후 네 명의 현명한 황제가 약 90

년 동안 나라를 잘 다스리게 된다. 그때를 5현제(五賢帝) 시대라 한다. 도미티아누스가 폭정으로 암살 당하고 플라비우스 왕조가 끊기자 원로원에서 네르바를 황제로 선출하는데, 네르바는 치세를 잘해 지금까지 혼란했던 로마에 안정을 되찾아주었다. 또한 세습제를 버리고 유능한 인재를 양아들로 삼아 차기 황제로 내정하는 제도를 만들었다. 이후 네 명의 훌륭한 황제가 로마를 군건한 반석 위에 올렸다.

네르바	재위 96~98
트라야누스	재위 98~117
하드리아누스	재위 117~138
안토니누스 피우스	재위 138~161
마르쿠스 아우렐리우스	재위 161~180

그러나 마지막 마르쿠스 아우렐리우스가 아들 콤모두스에게 황위를 넘기고 죽자 180년 콤모두스부터 235년까지 황제 시해가 계속되는 등 권력투쟁이 극에 달한다. 이로써 235~285년까지 약 50년 동안 26명의 군인이 황제에 오르고, 또 살해되기를 되풀이 하는 군인황제 시대를 맞이하게 된다.

98 (로) 트라야누스 즉위(재위 98~117)

로마의 5현제 중의 한 사람이다. 다키아 지역을 정벌하고 로마인들을 이주시켰기 때문에 지금도 루마니아 사람들은 자신들이 로마인의 후예라는 자부심을 갖고 있다. 그래서 나라 이름도 로마를 따서 루마니아가 되었다. "트라야누스보다 더 훌륭하다"는 말은 상대방에게 찬사를 보낼 때 사용한다.

122 하드리아누스 성벽 구축

로마의 하드리아누스 황제는 직접 영국으로 가서 10년에 걸쳐 하드리아
누스 성벽을 쌓아 방어진지를 구축한다. 이는 200년경 세베루스 황제 때
다시 보강된다.

128 백제 4대 개루왕 즉위(재위 128~166)

132년 북한산성을 쌓아 대방군의 옛 땅을 합치고 북진을 시도한다. 당시
한강 유역은 고구려, 백제, 신라가 서로의 주도권을 차지하는 데 없어
서는 안 될 중요한 전략적인 거점이었다. 이에 한강 유역을 차지하려는
삼국의 치열한 다툼이 있었다.

　350년경 근초고왕 시대에는 백제가, 450년경 장수왕 시대에는 고구
려가, 550년경 진흥왕 시대에는 신라가 한강유역을 차지하며 전성기를
맞았다.

161 (로) 마르쿠스 아우렐리우스 즉위(재위 161~180)

마르쿠스 아우렐리우스(Marcus Aurelius)는 5현
제 중의 마지막 황제로 우리에게는 《명상록》의 저
자로 유명하다. 지금까지 유능한 사람을 다음번 황
제로 임명해 태평성세를 구가했지만 아우렐리우스
는 그 좋은 전통을 깨고 아들인 콤모두스에게 황위
를 물려주었다. 그런데 하필이면 그 아들이 폭군이 될 줄 누가 알았으랴!
이로써 5현제 시대와 로마의 평화(PAX ROMANA)도 끝나고 이후로 로
마는 약 100년간 열 명의 황제 중 아홉 명이 살해당하는 극심한 혼란기로
접어든다. 300년대 초기에 수도를 콘스탄티노플로 옮겼고, 이후 게르
만족과 훈족의 침입을 받다가 400년대 후반 천년의 로마제국은 멸망

을 하고 말았다.

179 고구려 9대 고국천왕 즉위(재위 179~197)

한미(寒微)한 출신의 을파소를 국무총리에 기용해 국가를 발전시키고 귀족의 권한을 줄이고 강력한 중앙집권의 기초를 닦았다. 184년에는 후한 요동태수의 침공을 격퇴시켰다. 당시 중국은 황건적의 난으로 혼란한 시기였다.

180 (로) 콤모두스 즉위(재위 180~192)

180년 즉위한 콤모두스는 잔혹한 실정으로 90년간 누려온 평화시대를 종식시키고 제국을 내란의 늪으로 빠져들게 했다. 정신이 이상해진 황제는 자신이 헤라클레스라는 환상에 빠져 원형경기장에 들어가 검투사 복장으로 싸우기도 하고 검투사 복장을 한 채 집정관직을 받겠다고 했다. 결국은 레슬링 선수를 시켜 목 졸라 죽였다. 이러한 마르쿠스 아우렐리우스의 잘못된 판단으로 나라가 혼란의 길로 접어들게 되었다.

제3장
군웅들의 전성시대

3-1 전체적인 설명(180~600)

3-2 한(漢)나라의 멸망

3-3 중국 진(晉)나라의 성립과 멸망

3-4 게르만족의 대이동과 훈족의 침입

3-5 서로마제국의 멸망

3-6 무하마드(마호메트)와 이슬람교

3-1 전체적인 설명(180~600)

■ ■

200년경은 중국에서 한나라가 400년 역사를 끝으로 마지막 숨을 가쁘게 몰아쉬던 시기다. 황건적과 환관들의 발호, 관리들의 가렴주구 등으로 국민들의 민심은 이미 정부를 떠나 있었다. 때문에 천하를 차지하려는 군웅들이 할거했는데, 조조, 원소, 유비, 손권 외에도 수없이 많은 스타들이 명멸했다. 우리가 잘 알고 있던 소설 《삼국지》의 관우, 장비, 제갈공명도 이때 등장한다. 결국 220년경 한나라는 멸망하고 삼국시대로 돌입했다. 그러나 약 60년 후인 280년 사마씨에 의해 진(晉)나라로 통일(중국의 여섯 번째 통일국가)되고 만다.

로마는 90~180년까지 5현제의 평화시대를 구가했으나 마지막 황제인 아우렐리우스가 지금까지 유능한 인재에게 다음 왕위를 물려주던 전통을 깨고 아들 콤모두스에게 왕위를 넘겨주면서 문제가 생겼다. 폭군이었던 그가 시해를 당하면서 걷잡을 수 없는 혼란으로 빠져든 것이다. 당시 로마는 유럽과 소아시아 지역을 정복해 많은 부를 쌓았으며 사치와 방종, 향락, 음란 등 소돔성을 방불케 했다. 또 나라의 근간인 군인(평민)들은 거지가 되어 나라에서 제공하는 무료급식소와 경기장 부근에서 어슬렁거렸고, 때문에 국방은 가난한 정복지에서 유입된 게르만족들에게 서서히 잠식당하고 있었다. 국방을 남에게 의지한다는 것이 어떤 결과를 낳게 되는지는 곧 알게 된다. 한편 그리스도교는 처음부터 모진 박해를 받아 60년대 네로 황제 시대에는 사도바울과 베드로를 비롯한 많은 신도가 순교를 당했고, 이후로도 순교는 계속되었다. 300년이 넘어서야 콘스탄티누스가 밀라노 칙령으로 그리스도교를 공인하지만 이후에도 약 100년간은 박해와 보호가 되풀이되었다. 400년경이 되어서야 비로소 국교로 인정되면서 믿어도 되는 종교에서 믿어야 하는 종교로 바뀌게 된다.

오늘날 서양 사람들이 적대적인 감정을 보이고 있는 이란은 기원전 550년부터 페르시아제국을 설립해 그리스를 공포에 몰아넣었고, 기원전 330년경 마케도니아의 알렉산드로스에게 패해 잠깐 수모를 당했지만 그로부터 약 80년 후 기원전 250년경 파르티아라는 제국을 세워서 AD 220년경까지 근 500년 동안 또다시 유럽을 괴롭혔다. 파르티아제국의 멸망 이후 이란에는 사산조 페르시아가 수립되어 650년경 무하마드의 이슬람 세력에게 멸망될 때까지 400년을 유지한다. 어쨌거나 이란은 왕년에 페르시아제국으로 유럽 세력이 아시아 지역으로 확산되는 것을 막는 보루의 역할을 해왔다. 유럽의 대표선수가 로마제국이었다면 페르시아는 중동의 대표선수 격이었다. 그러기에 오늘날 비록 부유한 국가는 아니지만 이란이나 이라크인들은 인류 문명의 발상지로서, 과거 화려한 문화의 바빌로니아와 페르시아제국의 주인으로서 절대 꺾이지 않는 자존심을 간직하고 있다고 하겠다.

280년경 중국을 통일한 진(晉)나라가 불과 30여 년 만에 망하자 317년부터의 중국 대륙은 외부 민족들에 의해 점령당한다. 진나라는 동쪽으로 망명해 동진이란 이름으로 겨우 명맥만을 유지했다. 이 시기를 5호 16국 시대라 하는데 440년까지 계속된다. 이 시대에 유명한 서성(書聖) 왕희지와 도연명이 활약했다. 이후 양자강을 경계로 남쪽과 북쪽으로 나뉘어 대결을 펼치던 남북조 시대가 약 150년간 계속되다 결국 589년 양견에 의해 수나라로 통일이 된다. 이로써 중국은 또다시 통일 왕조를 이루게 된다. 그러나 당시 수나라에 고개를 숙이지 않는 유일한 세력인 고구려를 무리하게 정벌하려다 계속된 실패로 불과 30년 만인 618년에 수나라가 멸망하고, 그 후 중국 역사상 가장 화려했던 당나라가 등장한다.

300년 고구려의 미천왕은 한나라가 설치한 한사군을 무찔러 흡수하고 국력을 신장시켰다. 350년경 백제에는 근초고왕이라는 걸출한 임금이 나타나 백제의 전성기를 이끌었다. 평양 부근까지 쳐들어가 고구려의 고국원왕을 전사시키기도 했다. 고국원왕의 아들은 소수림왕으로 이때 고구려에 불교가 전래된다. 이 시기 중국에서는 왕희지와 도연명이 생존했다. 그러나 백제의 전성기는 오래가지 못했다. 대신 391년 광개토대왕이 즉위하고 이어 413년 장수왕이 즉위하면서 고구려의 전성시대가 활짝 열린다. 400년대는 중국이 남북조 시대로서 자기 코가 석자나 빠져나와 있었다. 때문에 남의 나라에 참견할 입장이 아니었다. 고구려는 이 틈을 타서 삼국을 통일하기 위해 신라와 백제에게 강한 압박을 가했다. 이에 원수같이 지내던 신라와 백제는 어느새 친한 친구 사이가 되어 손을 맞잡고 무려 100년간을 고구려에 대항해 힘겹게 버텨야만 했다. 한편 신라의 전성기는 550년 진흥왕 시대로 삼국 중 가장 늦게 전성기를 맞이했다. 그러나 전성기는 그다지 오래가지를 못 하고 또다시 고전한다. 당시 고구려는 평원왕 시절로 평강공주와 바보 온달의 이야기가 전해지고 있다.

375년경 아시아 지역으로부터 훈족이 볼가 강을 넘어 유럽 지역으로 몰려들었다. 훈족은 뛰어난 승마술과 마상 활솜씨, 가벼운 옷차림으로 인한 기동성, 용감성, 산인성으로 당시 유럽에 거주하던 파란 눈에 덩치 큰 게르만족도 치를 떨었다. 때문에 이들은 훈족을 피해 로마제국의 영토로 비자도 없이 마구 몰려들었다. 이때 타락할 대로 타락해 자체의 방어 능력도 미약했던 로마에게는 훈족에 쫓겨 밀려드는 게르만족을 막을 능력이 없었다. 게다가 군인들의 상당수가 게르만인으로 구성된 데다가 게르만인 장교까지 있었으니 게르만족을 결사적으로 막을 수도 없었다. 결국 100년 후 475년경 천년의 유서 깊은 서로마제국도 게르만인에 의해 멸망하고 만다. 동로마제국(비잔틴제국)은 동로마제국대로 훈족에게 그로기 상태가 되도록 두들겨 맞아 얼굴이 피투성이가 되어 있었다. 그러나 453년 훈족의 아틸라가 자기의 결혼식 날 급사(急死)해준 덕분에 한시름 놓을 수 있었다. 이제 유럽은 로마제국이 멸망하고 훈족이 물러가자 완전히 무주공산(無主空山)이 되었다. 그런 때에 지금의 프랑스인 골 지방에 클로비스가 프랑크 왕국을 세움으로써 본격적으로 유럽의 역사를 쓰기 시작했다.

이 시기 가장 큰 사건은 570년 아라비아 메카에서 무하마드(마호메트)가 탄생한 것이었다. 그 후 유럽은 이슬람에 의해 잠도 편안하게 잘 수 없을 정도로 혹독한 시련을 겪게 된다. 그것도 자그마치 1천 년 이상을…. 오늘날 기독교인들(주로 유럽인)이 이슬람인(아랍권)에 대해 곱지 않은 시선을 갖는 데에는 이러한 역사적인 배경이 있다.

3-2 한(漢)나라의 멸망

184 (중) 황건적의 난(후한 말기)

중국 하북 거록 땅에 장각이라는 사람이 태평도라는 사이비 종교 단체를 만들어 어느덧 신도가 수십만에 이르렀다. 장각의 손이 닿으면 어떠한 병도 낫는다는 것이다. 소문은 꼬리를 물고 퍼져나가 점점 조직이 커지니 장각은 슬슬 욕심이 생겼다. 세상은 난세였다. 조정은 십상시라는 내시들의 판이 되었고 관리들의 가렴주구는 백성들이 조정에 대해 등을 돌리게 했다. 장각은 동생들을 장수로 임명하고 군사를 일으켜 천하를 꿈꿨다. 하지만 부패한 조정에는 이들을 막을 힘이 없었다. 황보숭, 노식 등에게 황건적을 토벌토록 명했으나 전쟁은 소강상태에 빠져들었다. 게다가 조정에서 파견된 감독관들에게 뇌물을 주지 못한 노식이 전선에서 해임되어 죄인으로 압송되는 사태가 벌어지자 정부군은 대패하고 말았다. 이때 여기저기에서 큰 뜻을 품고 스스로 출전한 지역의 영웅들이 있었으니 **조조, 원소, 원술, 공손찬, 유비, 손견 등이 그들이다. 이들의 활약으로 황건적은 토벌이 되었다.** 대신 이때부터 토호들이 세력을 키움으로써 대륙은 약육강식의 전쟁터가 되고 말았다. 황실은 쇠퇴해져 돌이킬 수 없는 지경이 되고 말았다. **이때부터 천하가 통일될 때까지 웅장하게, 그리고 전쟁을 배경으로 인간의 내면을 섬세하게 묘사한 작품이 불후의 명작 《삼국지》다.** 한나라 정통 후손인 유비와, 조조, 손권이 주도하는 촉나라, 위나라, 오나라의 파란만장한 약 70여 년에 걸친 시기를 자세하게 묘사한 이 대하소설은 이 시대를 살아가는 젊은이라면 누구나 한번쯤은 꼭 읽어야 할 명작이자 인간이 살아가는 데 필요한 모든 면이 다 묘사되어 있는 장편소설이다.

208 (중) 적벽대전

중국 역사상 최대의 격전 중 하나다. 한나라 말기 조조는 하북의 최대 난적인 원소를 격파하고 형주의 유표도 항복하니 이제 장강 이남의 오나라만 제압하면 천하통일의 대업은 조조의 손아귀에 들어오는 듯했다. 그동안 다른 영웅들은 커다란 영토를 확보하고 세력을 갖고 있었으나, 유비만은 나이 50이 다 되가는데도 아직까지 변변한 성(城) 하나 없이 유표의 성인 신야라는 시골의 작은 성을 지키고 있었다. 그곳은 몇 년이 지나도 땅값이 오를 것 같지도 않은, 재개발도 안 될 것 같은 그야말로 투자 가치라고는 아예 없는 성이었다. 그런데 엎친 데 덮친 격으로 조조가 마지막 건곤일척(乾坤一擲)의 기세로 100만 대군을 몰고 오나라로 쳐들어가는 길목에 위치하고 있었다. 정말 유비는 되는 일도 없고 하는 일마다 죽어라, 죽어라 했다. 아무리 대기만성(大器晚成)이라고는 하지만 유비에게는 너무나 가혹한 시련이었다. 큰 그릇은 늦게 이루어진다고 하지만 기다리다가 그릇이 다 깨져버릴 판이었다. 그러나 유비는 이 보잘것없는 시골 신야에서 인생을 바꾸어놓는 일생일대의 전환점을 맞이하게 된다. 아직 승천을 하지 못하고 때를 기다리면서 꿈틀거리던 와룡(臥龍)을 만나고 와룡의 주인이 되는 것이다. 와룡이란 제갈공명의 호다. 물고기가 물을 만난 것이다. 제갈공명이 2천 년이 지난 후인 오늘날까지도 중국인뿐 아니라 전 세계의 많은 사람에게 존경 받는 이유는 그가 단순히 뛰어난 정치가, 전략가, 행정가였기 때문만은 아니다. 바로 불사이군(不事二君)의 충절(忠節)과 인정, 인간미 넘치는 멋 등이 있었기 때문이다.

물밀듯이 쳐 내려오는 조조의 100만 대군 앞에 속수무책이었던 유비는 강릉으로 퇴각하는데 이때 조자룡은 목숨을 걸고 유비의 아들을 구하고 장비는 장판교 다리에서 조조의 군사를 혼자의 몸으로 막은 등 숱한 일화를 남긴다. 적벽대전 당시 오나라는 조조의 100만의 대군을 겨우 10여 만의 군사로 대적하고 있었다. 믿는 것은 오로지 장강(양자강)뿐이었다. 오나라 수뇌부에서도 싸우자는 파와 그냥 조조에게 몽땅 바치고 처분만 바라자는 파로 나뉘어 설전이 오갔다. 이런 때 공명은 탁월한 외교술로 오나라가 조조와 일전을 벌이도록 유도한 후 화공을 이용해 오나라의 수군으로 하여금 조조의 수군(水軍)을 단숨에 잿더미로 만들어버리게 한다. 결국 도강(渡江)을 준비하던 조조의 100만 대군은 역풍을 맞아 훨훨 타오르는 수천 척의 배와 함께 화장(火葬)이 되고 말았다. 이후 조조도 본국으로 후퇴하는 동안 몇 차례나 죽을 고비를 맞이해야만 했다. 이로써 중국의 통일의 시기는 약 80년 뒤로 미뤄진다.

220 (중) 한나라 멸망(BC 206~AD 220, 약 400년간)

220 사산조 페르시아 성립(220?~650?)

사산조 페르시아는 이란의 왕조로서 아르다시르 1세(224~241)에 의해 설립되었다. 기존의 파르티아를 멸하고 세워진 후 650년경 이슬람교도인 아랍인들에 의해 멸망한 고대 이란의 제국이다. 서쪽으로는 비잔티움 제국이 있었고 동쪽으로는 인도의 쿠샨 왕조와 접해 있었다. 조로아스터교가 국교였다. BC 500년경 전성기를 맞이한 페르시아가 BC 330년경 그리스의 알렉산드로스에게 멸망당했으나 약 80년 후 그리스인을 내쫓고 나라를 되찾아 파르티아를 세웠고, 그 후 220년경 파르티아에서 사산조 페르시아로 왕조 이름만 바뀌었다고 생각하면 된다. 백제가 망하고 신라로 바뀐 것과 마찬가지라 할 수 있다. 사산조 페르시아는 650년경 신흥세력으로 뻗어 오르는 이슬람 세력에 의해 멸망하고 이후 이슬람 국가가 되었다.

220 (중) 한나라 멸망, 위 · 촉 · 오 삼국시대 도래(220~280)

227 고구려 11대 동천왕 즉위(재위 227~248)

10대 산상왕의 아들이다. 246년(중국의 조조가 죽고 그의 아들 시절로 추정) 위나라 유주자사 관구검의 침입으로 수도인 환도성이 파괴된 데 이어서 현도군 태수 왕기에게 추격 당해 북옥저까지 피신해야만 했으나 후에 국토를 회복했다. 247년 환도성을 떠나 서울을 동황성으로 천도했다.

234 (중) 제갈공명, 오장원 진중(陣中)에서 사망

공명은 촉나라를 일으켜 세워 천하를 통일하려고 무척이나 노력을 했으나 천하는 하늘이 정하는 것이지 인간이 정하는 것은 아니었다. 당시 공명과 대적해 이길 수 있는 사람은 아무도 없었다. 하지만 228~234년까지 7년 동안 6회나 출병하고도 뜻을 이루지 못한 채 공명은 끝내 오장원의 별이 되어 사라지고 만다. 한편 공명은 죽기 전 유비의 아들인 유선에게 위나라를 정벌을 하겠다는 출사표(出師表)를 올리는데 이것은 나라를 사랑하는 충신의 마음이 배어나는 문장이었다. 대장부라면 이 글을 읽고 감동의 눈물을 흘리지 않을 수 없을 것이다. 그런데 유선은 황제의 재목이 아니었다. 오죽하면 유비가 죽을 때 공명에게 "만약 유선이 황제의 재목이 아니면 승상(공명을 말함)이 이 나라를 맡아서 왕이 되어달라"고 했을까! 또 나라가 망하고 진나라의 사마염에게 항복한 후 사마염이 베풀어 준 잔치에서 유선의 신하들은 전부 눈물을 흘리는데 유선은 좋아서 즐거워했다고 한다. 이를 본 사마염은 제갈공명이 있었으니 저런 황제가 버틸 수 있었지 다른 사람이 보좌했다면 이만큼도 버티지 못했을 것이라고 했다.

235 로마 군인황제 시대 개막(235~285)

세베루스가 죽고 군인인 막시미누스가 황제로 오른 235년부터 디오크레
티아누스가 즉위한 285년까지의 약 50년간을 군인황제 시대라고 한다.
병영황제 시대라고도 한다. 군인들의 세상으로 황제를 죽이고 즉위하면
그 다음 군인이 그를 죽이고 황제가 되기를 되풀이했다. 이로 인해 불과
50년 사이에 26명의 황제가 올랐다. 평균 임기가 2년밖에 안 되니 황제 힘
들어서 못해먹겠다는 말이 나올 만도 했다. 심하면 1년에 두 명의 황제가
취임식을 하고 또 장례식을 치르기도 했다. 한편 로마제국의 영토 안에서
는 조국을 찾겠다는 반란이 끊어질 새가 없었지만 집안 사정이 말이 아니
니 반란을 정벌할 여력도 없었다.

239 (일) 최초의 국가 야마타이국(國) 성립

일본의 역사는 매우 늦어 확실한 기록이 남아 있는 것은 500년 이후다. 때
문에 일본은 지금도 이를 매우 부끄럽게 여겨 감추기 위해 '우리나라 삼
한시대(마한, 진한, 변한)에 이미 왜국(倭國)이 한국 땅을 지배했다'는 거
짓 역사를 만들기도 했다. 이를 **임라본부설이라고 하는데 2010년에 이
것이 거짓임을 정식으로 인정했다.** 야마타이국의 성립도 앞뒤의 자료들
이 합리적이지를 못 해 조작했을 가능성이 매우 높다. 역사의 기록이 늦
게 시작되었다고 해서 뭐가 그리 부끄러운지 모르겠지만, 거짓 역사를 조
작하는 것이 더 부끄러운 일이 아닐까 싶다.

265 (중) 진(晉)나라 창건(265~316)

조조는 뛰어난 용병술, 탁월한 관리 능력, 강력한 카리스마의 지휘 능력,
그리고 인재를 알아볼 줄 아는 혜안과 인간적인 매력을 갖춘 진정한 프로
급 CEO였다. 아마도 삼국지에 나오는 위, 촉, 오 3국의 지휘자 중 가장 멋

진 지도자라고 할 수 있을 것이다(필자의 개인적인 평가). 조조가 수없이 많은 죽을 고비를 넘어서 각고 끝에 세운 나라가 위(魏)나라다. 그런데 조조의 자손은 조조에 비해 너무나 부족해 불과 40여 년 만에 사마의의 자손 사마염에게 나라의 주인 자리를 빼앗겼다. 최고 통치자만 바뀐 것이다. 263년 촉나라를 멸망시키고 280년 마지막 남은 오나라마저 멸망하니 마침내 천하는 사마염의 것이 되고 말았다. 이로써 중국에는 여섯 번째 통일 왕국인 진나라가 설립된다. 1400년경 이성계는 고려와 싸워서 나라를 빼앗은 것이 아니고 왕명을 거역, 위화도에서 회군하여 고려의 왕을 폐하고 나라 이름만 조선으로 바꾼 후 스스로가 왕이 되었는데, 이는 위나라가 진나라가 된 경우와 흡사하다 할 수 있다.

285 로마 군인황제 시대 종료

285 (로) 디오클레티우스 즉위(재위 285~305)

혼란했던 군인황제 시대를 종료시키고 로마의 부활에 불씨를 당긴 황제로 그는 넓은 제국을 한 사람의 황제가 다스린다는 것은 불가능하다고 생각하여 또 한 사람의 공동 황제(Augustus)를 두었고, 또 각각 부 황제(Caesar)를 한 명씩 둠으로써 네 사람이 구역을 나누어 다스리게 했다. 한편 그리스도교를 박해해 많은 희생자를 내기도 했다.

300? (일) 일본 역사에 최초로 국가의 형태를 갖춘 나라 등장

300 고구려 15대 미천왕 즉위(재위 300~331)

당시 중국은 진(晉)나라가 붕괴되는 과정 중에 있었으므로 더 이상 요동반도에 신경을 쓸 틈이 없는 기회를 이용해 **고구려 내에 있던 한나라의**

한사군을 멸망시켰다.

302 현도군 정벌
311 요동의 서안평 점령
313 낙랑군 정벌
314 대방군을 정복해 고구려의 영토로 하는 등 국력을 확장

300? (중) 진(晉)나라, 8왕의 난

진(晉)나라를 망하게 한 것은 8왕의 난이었다. 진을 세운 무제는 건국 초
기의 왕들이 대개 명군이었던 것과는 달리 사치와 황음을 일삼았다. 결국
그가 290년에 죽은 뒤 아들 사마충이 혜(惠)제로 즉위하면서부터 동티가
나기 시작했다. 사마충은 제왕의 자질이 부족한 자였는데, 아내까지 잘못
얻는 바람에 최악이 되고 말았다. 물론 이것은 태자였던 사마충의 잘못은
아니었다. 가남풍은 친정아버지인 가충이 개국공신이기에 황태자비로
간택될 수 있었지만, 못생긴 외모는 둘째치고라도 일단 황후가 될 만한
자질이 있는 인물이 아니었다. 질투심도 강했다. 여기에 권모술수로 똘똘
뭉쳐져 있어서 갖은 악재(惡材)를 거의 다 갖춘 여인이라 할 수 있었다.
선왕 무제가 죽자 무제의 아내인 양 황후의 아버지 양준이 실권을 장악했
다. 이에 새로 즉위한 혜제의 아내는 양준을 제거할 계획을 구상, 조왕 사
마위를 부추겨 양준을 제거한 후 차례차례 정적들을 제거해나갔다. 그러
는 과정에서 왕족들이 서로 죽이고 죽이는 일이 되풀이되었고, 이는 결국
여덟 개국의 왕이 서로에게 죽임을 당하는 지경에 이르고 말았다. 한편
가남풍은 음란하기까지 해서 아름다운 미소년을 궁전으로 납치해와 하룻
밤을 지낸 뒤 다음 날 죽여버리는 등 아라비안나이트 중국 버전(version)
을 실시하기도 했다. 이 일은 어쩌다 마음에 들어 선물까지 주어서 살려

보낸 소년 때문에 들통이 나고 말았다. 반면 사마씨들은 황후 일가의 전횡에 숨도 제대로 못 쉬면서 죽어지내야 했다. 하지만 결국 가씨 일족도 멸문지화(滅門之禍)를 당했고, 또다시 왕 사이에 서로 죽이는 전쟁이 있었다. 그런 후에야 8왕의 난은 막을 내린다. 이 난은 무려 16년간 계속되었는데 단순히 서로의 싸움으로 끝난 것이 아니었다. 싸우는 과정에서 외세의 도움을 청함으로써 결국 흉노족과 선비족의 군대를 나라 안으로 끌어들이는 결과를 낳았다. 즉, 이 내란은 마침내 외세의 개입을 초래해 중국을 이민족들로 들끓게 만들었다. 이로써 중국에는 다섯 개의 이민족이 16개의 나라를 세우는 5호 16국 시대가 열린다.

304 (중) 5호 16국 시대 개막(304 혹은 317~440, 316년 참조)

312 (로) 콘스탄티누스 1세 즉위(재위 312~337)

로마의 황제 중 성군 중 한 사람으로 콘스탄티누스 대제라고도 한다. 콘스탄티우스 1세의 아들로 아버지가 죽자 휘하의 군대에 의해 황제로 추대되었다. 당시 네 명의 황제가 있었는데 각자가 서로 다음 황제를 내세워 일곱 명의 황제가 난립하고 있었으나 324년 마지막 라이벌인 리키니우스를 누르고 통일한다. 313년 밀라노 칙령을 발표해 그리스도교를 믿어도 좋다고 처음으로 인정했고 본인도 열렬한 신도가 되었다. 콘스탄티노플(비잔티움: 오늘날 터키의 이스탄불)을 재건, 수도를 그곳으로 옮겨 결과적으로 동로마제국을 세웠다. 475년 서로마제국의 멸망으로 동로마제국은 유일한 로마제국으로 남아 1천여 년을 더 지속했다. 동로마제국은 비잔티움 제국이라고도 부른다.

313 밀라노 칙령, 그리스도교 인정

3-3 중국 진(晉)나라의 성립과 멸망

316 (중) 진(晉)의 멸망과 동진 창건

진(晉): 총 154년간	
서진	동진
265~316, 51년간	317~420, 103년간

진나라는 조조가 힘들게 세운 위(魏)나라를 힘 안들이고 가로채어 이름만 바꾼 것이기 때문에 태생부터 문제가 있었다. 게다가 창업주인 사마염은 1만 명의 궁녀를 끌어들여 먹여 살렸을 정도로 사치와 방종을 일삼았다. 황제는 어떤 여자를 골라야 할지 몰라 양이 이끄는 수레가 멈추는 곳의 궁녀를 택했을 정도였다. 신하들도 다투어 사치와 환락을 일삼으니 진나라는 겨우 3대 51년 만에 망하고 만다. 이후 진나라의 왕족인 사마예가 남경으로 피신해 진나라를 다시 세웠다. 역사에서는 망한 진나라의 수도가 낙양이었으므로 서진이라고 부르고, 나중에 사마예가 남경에서 세운 진을 동진이라 부른다.

＊ 서진 멸망부터 동진 멸망까지의 중국

남 흉노족은 500여 년 전 진(秦)나라 시절 공이 있어 중국의 벼슬을 받았고 그 후 유(劉)씨의 성을 하사받았다. 이후 흉노족의 유연은 대 선우가 되자 자신의 성이 유씨인 것을 내세워 한(漢)이라고 칭하며 중국 안에 들어와 나라를 세웠다(308). 310년 유연이 죽자 장자인 유화가 뒤를 이었으나 곧 동생인 유총이 형을 죽이고 제위에 올랐다. 유총은 진(晉)나라의 수도인 낙양을 공격해 함락시킨 후 민제라는 로봇 황제를 세웠다가 316년 완전히 진을 멸망시켰다. 그러고는 나라 이름을 전조(前趙)로 바꾸고 중국에 아예 눌러앉았다. 진이 멸망하고 진의 유족인 사마예가 남쪽으로 망명해 동진을 세우니 북쪽의 드넓은 땅에는 주인이 없어 주변에 있던 이민족의 무대가 되고 말았다.

* 5호(胡) 16국 시대(317~440, 304~440, 약 130년간)

동진이 설립된 317년부터 북부 지역에는 **흉노족, 선비족, 갈족, 저족, 강족의 다섯 이민족이 세운 16개의 나라가 흥망을 거듭했다.** 이를 5호 16국이라 하는데, 여기서 호(胡)라는 것은 오랑캐라는 뜻으로 이는 다섯 민족의 오랑캐들이 세운 16개의 나라라는 의미다. 그러나 16개의 나라가 동시에 존재했던 것은 아니고 흥망성쇠를 되풀이하며 약 130년간 16개의 나라가 있었다. 대략 양자강을 중심으로 이들 16국은 북쪽에 위치했고 동진은 남쪽에 위치다. 일부에서는 흉노가 중국에 들어와 한을 세운 시기인 304년경부터를 5호 16국 시대의 시작으로 보기도 한다.

북쪽의 전진이 한때 세력을 잡았다가 동진에 패해 멸망했고, 385년경 척발씨가 세웠던 북위는 차츰 안정된 세력을 갖고 발전하다가 440년경 북부를 통일함으로써 세력을 잡았다. 한편 남부 지역에서는 송나라가 등장해 420년경 동진을 멸망시켰다. 이로써 중국은 남과 북의 나라가 대결하는 '남북조 시대'를 연다. 16개의 나라가 난립했던 북쪽에 비해 남쪽은 하나의 나라가 멸망하면 그 다음 나라로 이어지는 양상을 보였다. 남조에서는 동진, 송, 남제(齊), 양(梁), 진(陳)의 다섯 개의 나라가 순서대로 창건과 멸망을 했다. 남북조 시대는 440년에 시작되어 589년 양견이 진나라를 멸망시키고 수나라로써 여섯 번째로 중국을 통일할 때까지 약 150년간을 유지한 후 막을 내린다.

* 남북조 시대(440~589)

150년 동안 남조와 북조의 싸움이라고 하지만 북조는 북위에서 서위·동위·북제・북주로 바뀌었고, 남조는 420년에 유유가 동진을 멸망시키고 세운 송나라, 소도성이 세운 남제, 소연이 세운 양나라, 진패선이 세운 진나라로 차례로 바뀌어가며 150년간을 이어왔다. 마침내 589년 수나라의 양견에 의해 남조의 진나라가 망하면서 천하는 수나라로 통일이 된다. 317년 서진이 망한 뒤 실로 270년 만의 천하통일이었다.

320 (인) 인도 굽타 왕조 설립(320~540?)

찬드라 굽타 1세(재위 320~330)에 의해 **약 200년간의 굽타 왕조**가 열린다. 그의 아들 사무드라 굽타(재위 330~380)는 갠지스 강 유역의 거의 전 지역을 통치했고 벵골, 네팔, 펀자브의 동부 지역 등 여러 부족들을 지배한 것으로 알려져 있다. 그는 굽타 왕조의 황금시대를 연 임금으로 힌두교를 적극 장려했다고 한다.

380~413	찬드라 굽타 2세
415~455	쿠마라 굽타
455~467	스칸다 굽타

굽타 왕조는 찬드라 굽타 2세 때 최고의 전성기를 맞았다. 쿠마라 굽타는 당시 유럽을 전율케 했던 훈족이 박트라를 멸망시킨 후 인더스 계곡으로 몰려들었을 때 이를 잘 방어했다. 다음 스칸다 굽타는 460년경 훈족을 맞이해 대승을 거뒀다. 이로써 향후 50년 동안 훈족의 발길이 끊어졌다. 이후 540년경 굽타 왕조는 인도에서 사라졌다.

321 (중) 서성(書聖) 왕희지(307~365)

산동성 출신으로 동진 때 사람인데 천하의 명필이었다. 왕희지가 연못의 물로 벼루를 씻었는데 얼마 후 그 연못의 물이 검게 흐려져서 그 연못의 이름을 묵지라고 불렀다는 일화가 있다. 그의 필재는 노력으로 인한 것이었다. 그의 글씨의 진본은 그가 살아 있을 당시에도 값을 매길 수 없을 정도였다고 한다. 당나라의 당 태종은 그의 글씨를 사모해 그의 글을 얻은 후 몹시 기뻐했다고 한다.

325 (로) 니케아 공의회 개최

터키에 있는 니케아에서 실시한 그리스도교 정통성에 대한 토론으로 아리우스파를 이단으로 규정하고 아타나시우스파를 정통으로 인정했다.

330 (로) 콘스탄티노플, 동로마의 수도가 되다

콘스탄티누스 황제는 계속된 게르만 민족의 남침으로 더 이상 로마가 정치적인 수도로 유지되기 어렵다고 판단, 수도를 로마에서 비잔티움(Byzantium)으로 옮겼다. 이후 자기 이름을 따서 콘스탄티노플로 바꿨다. 바로 그곳이 오늘날 터키의 이스탄불(Istanbul)이다.

331 고구려 16대 고국원왕 즉위(재위 331~371)

고구려의 영토를 넓히고 강력하게 만든 미천왕의 아들이었으나 그는 아버지만큼 훌륭하지는 못했다. 중국에 패해 중국의 신하가 되었고, 전성기 시절의 백제 근초고왕에게 패해 전사했다. 당시 중국의 남쪽은 동진이 자리 잡고 있었지만 북쪽에서는 5호 16국, 즉 한(漢)민족이 아닌 타(他) 민족이 중국을 점령하고 있었다. 한편 고구려는 요동 지역 확보를 위해 선비족의 일파인 모용부가 세운 전연(前燕)과 대립하고 있었다. 이에 고구려는 동진과 후조(5호 16국 중 하나)와 외교적인 연결을 꾀하는 한편 전연에 대비해 국내성을 보강했다. 그러나 전연의 침입으로 342년에는 국내성이 함락되었고, 결국 343년 전연에 굴복했다. 또 369년 백제가 중부 지역으로 진출하려 했을 때 치양(현 황해도 배천 지역) 전투에서 근초고왕의 아들인 근구수에게 패했고, 371년에는 평양성까지 쳐들어온 근초고왕과의 전투에서 고국원왕이 전사하고 만다. 350년경은 바로 백제의 최 전성시기였다.

346 백제 13대 근초고왕 즉위(재위 346~375)

백제의 최고 전성기를 이룩한 스타 임금이다. 백제는 초기부터 작은 영토로 대국인 고구려에 비해 열세일 수밖에 없었다. 근초고왕은 11대 비류왕의 둘째 아들로 **700년 백제의 역사 중에 가장 위대한 왕일 것이다**. 369년 남으로 마한과 대방을 복속시켜 백제의 지배권 밖에 있던 전라도 지역을 완전히 병합했고, 북진을 통해 당시 남진 중이던 고구려와 정면으로 부딪쳤다. 369년 치양 전투에서 승리했고, 371년 고구려 16대 고국원왕이 침입했을 때에도 패하(예성강)에서 크게 승리를 거뒀다. 또 그해 겨울에는 태자와 함께 평양성을 공격, 고국원왕을 전사시켜 백제의 국위를 크게 떨쳤다. 이 시기 백제는 지금의 전라도, 충청도 전체와 강원도, 황해도 일부까지 점령해 백제 최대의 영토를 자랑했다.

356 신라 17대 내물왕 즉위(재위 356~402)

김알지의 후손인 김씨로서 왕위에 오른다. 13대 미추왕이 김씨였으나 그후 박씨가 계속 왕위를 이었는데, 내물왕 때부터 김씨로 이어진다. 이로써 박씨, 석씨 왕 없이 김씨에게 왕위가 계승된다. 이후 김씨도 내물왕 계열(系列)과 29대 무열왕 계열인 두 개 파로 나누어진다.

364년 왜(倭)와 싸워 크게 이겼다. 그 후에도 말갈과 왜의 침입을 받았다. 381년에는 중국의 전진에 조공을 했다. **399년은 당시 최고의 전성기인 고구려 광개토대왕 시절**로 신라는 고구려의 영향권 내에 있어 이찬의 아들인 실성을 고구려에 볼모로 보낼 수밖에 없었다. 400년경 왜가 신라에 쳐들어오자 광개토대왕이 직접 신라까지 원정 와서 물리친 것은 신라가 고구려의 영향권에 있었음을 시사한다.

361 (로) 율리아누스 로마 황제 즉위(재위 361~363)

콘스탄티누스 대제의 이복동생의 아들이다. 즉, 콘스탄티누스 대제의 아들인 콘스탄티우스 2세와는 사촌지간이다. 콘스탄티우스 2세는 경쟁자를 배제하기 위해 아버지의 직계 자식만을 빼놓고 삼촌, 사촌 할 것 없이 가까운 친척은 전부 죽이라는 명령을 내렸다. 하지만 당시 율리아누스는 너무나 나이가 어려 운 좋게 살아남을 수 있었고, 그 결과 콘스탄티우스 2세의 뒤를 이어 황제가 될 수 있었다. 율리아누스는 현명하고 건강하며 전투에서 혁혁한 승리를 세우는 등 훌륭한 자질을 갖추고 있었다. 단, 그리스도교를 아주 싫어해 노골적인 탄압과 박해를 했다. 종교의 자유를 선언하기도 하는데 이는 이교를 등장시키고 그리스도교의 분열을 조장하기 위한 것이었다는 설도 있다. 그래서 그의 별명은 배교자가 되었다. 주위의 여러 사람들의 만류에도 불구하고 페르시아와 전쟁을 벌이던 중 어디서 날아왔는지 모를 창에 찔려 죽었는데, 아군의 반란에 의해 죽은 것이라는 설이 유력하다. 훌륭한 정치를 펴나갈 수 있는 자질을 가졌으나 제명을 다 하지 못하고 요절하고 말았다.

365 (중) 도연명 출생(365~427)

동진 전원시의 대표적인 시인으로 400년대 초기, 즉 동진 말기부터 송나라 시대에 활약했다. 강서성 구강 사람이다. 대대로 고관을 지낸 명문가

태생으로 청년 시절 가세가 기울어 어렵게 살았다. 관직에 있는 동안 관직의 모순과 부패에 세 번이나 관직을 그만두었고 41세 때는 식량마저 떨어져 또다시 관직을 가졌으나 그도 80일 만에 그만두었다. 강직하고 청렴해 관직을 갖는 것보다 그만두는 것이 더 빨랐다는 말이 있을 정도였다. 405년경 41세 때 관직을 그만둔 후부터 죽을 때까지인 20여 년을 시골에 묻혀서 가난과 싸우며 지냈다. 술을 몹시 좋아했던 그는 생활에 쪼들려 말할 수 없이 고통을 받았다. 〈귀거래사〉(歸去來辭), 〈도화원기〉, 〈오류선생전〉 등의 주옥과 같은 작품을 남겼다. 〈귀거래사〉는 도연명이 시골의 현령으로 있을 때 중앙의 감독관이 감찰을 하러 온다고 하며 주위에서 감독관에게 잘 보이도록 할 것을 알려주자 "다섯 말의 쌀(월급) 때문에 소인배에게 아첨할 수는 없지 않는가?"하며 사직할 때 쓴 글이고, 도화원기는 가난에 찌든 그가 이상향(理想鄉)을 그리며 쓴 글이다. 〈도화원〉은 서양의 유토피아, 남미의 엘도라도, 우리나라의 이어도, 중국의 무릉도원(武陵桃源)에 해당된다. 약 330년 후인 750년경 당나라의 이태백과 시성 두보도 도연명과 너무나도 비슷한 삶을 살다 갔다. 이백도 여러 차례 공직에 올랐으나 부패한 공무원들의 수탈에 역겨움을 느껴 곧바로 관직을 포기하는 바람에 끼니 걱정이 끊일 날이 없었고, 두보 역시 너무나도 생활이 어려워 자식을 굶어 죽게 만드는 등 아픔 속에서 삶을 살다 마지막에는 호수의 빈 배 안에서 쓸쓸히 죽음을 맞았다. 이들 모두의 공통점은 술을 좋아했다는 것, 부정과 부패는 용납할 수 없었다는 점, 찢어지게 가난했다는 점이다. 공통점이 많은 분은 희망을 잃지 마시기를.

371 고구려 17대 소수림왕 즉위(재위 371~384)

아버지 고국원왕이 백제의 근초고왕과의 평양성 싸움에서 전사를 하자 뒤를 이어 즉위했다. 당시 고구려가 한사군을 멸망시키고 세력을 남쪽으로 돌려 남진정책을 펴자 백제와 첨예한 대립을 하게 되었는데, 마침 그 시절이 백제의 최고 전성기였으므로 둘의 싸움은 볼 만했다. 당시 신라는 두 나라의 싸움에 끼일 형편이 못 되는 수준이었다. 결과는 백제의 승리로 돌아감으로써 고구려의 남진은 일단 꺾기고 만다. 그러나 불과 몇 십년 후인 390년대에 광개토대왕이 나타나면서 상황은 역전된다. 한편 372년 중국의 최고 세력을 자랑하던 전진의 부견왕은 불교를 장려해 각국에 불교를 전파했는데, 먼저 순도를 보내고 374년 아도로 하여금 고구려에 불교를 전래하게 했다.

4세기 후반 의 영국

300년대 후반 로마제국의 내부 문제로 영국에 주둔하던 로마군이 철수하자 영국은 자체 방위 능력이 공백상태가 된다. 이에 스코틀랜드로 쫓겨가 있던 원주민 켈트족이 잉글랜드를 침공했고, 다급해진 잉글랜드 켈트족은 덴마크 남쪽인 북부 독일지역 작센(영어로는 색슨 Saxon) 지역에 살고 있던 색슨족에게 도움을 요청한다. 게르만족의 일파인 색슨족은 아주 사납고 거칠고 야만적인 민족이었는데 바이킹족의 사돈의 팔촌쯤 됐다. 영국에 도착한 색슨족은 작센 지역과 비교해서 너무나도 좋은 자연에 욕심이 났다. 때문에 구원을 요청한 영국인들을 공격, 잉글랜드 지역을 차지해버렸다. 겨우 살아남은 켈트족은 산악 지대인 북부 스코틀랜드나, 웨일즈, 아일랜드 지역으로 피신해야 했다. 이를 나중에 알게 된 앵글로족도 뒤늦게 영국을 침입, 잉글랜드 지역에 눌러앉았다. 세월이 흐르자 영국에는 이베리아인, 켈트족, 앵글로족, 색슨족들이 융화되어 섞이게 되었다.

우리는 영국(England)을 섬나라 전체로 알고 있으나 사실은 잉글랜드, 스코틀랜드, 웨일즈, 북 아일랜드 네 개의 완전히 다른 별개의 국가로 나뉘어져 있다. 지금은 네 개의 국가가 대외적으로는 한 나라로 통합되어 영국(United Kingdom of the Great Britain)이라는 명칭으로 불리고 있지만, 오늘날에도 잉글랜드 지방의 국민들만 잉글랜드라는 명칭을 사용하고 각 지방의 국민들은 절대로 자신을 잉글랜드인이라고 하지 않는다. 각각 스코틀랜드인, 웨일즈인, 북 아일랜드인이라고 말한다. 특히 스코틀랜드는 잉글랜드와 옛적부터 원수 사이였다. 잉글랜드는 안정되고 힘이 비축되면 제일 먼저 스코틀랜드로 쳐들어가곤 했다. 때문에 두 지역 사람들끼리는 사이가 좋지 않다. 또 잉글랜드에는 스코틀랜드 사람들을 조롱하는 단어들이 꽤 있다. 오늘날과 같은 형식으로 통합된 것은 겨우 300여 년 전인 1700년경 앤 여왕 시절이었다.

3-4 게르만족의 대이동과 훈족의 침입

375 게르만족의 대이동 시작(역사적으로 매우 중요) 지도-11 참조

아시아 지역으로부터 이동해 온 훈족은 볼
가 강을 건너 당시 그 지역에 거주하던 동고
트족을 정복하고 루마니아 지역의 서고트마
저 정복하고 로마제국의 경계까지 접근했
다. 훈족의 뛰어난 말 타는 솜씨, 마상에서
활 쏘는 기술, 기동력과 용감성, 잔인성으로
당시 유럽에 거주하던 덩치 크고 눈이 파란 전형적인 게르만인들도 공포
에 치를 떨었다. 훈족이 휩쓸고 간 자리에는 생명체라고는 남아 있는 것
이 없을 정도로 잔인했으니 게르만족이 훈족을 피해 갈 수 있는 곳이라고
는 로마제국의 영토밖에는 없었다. 로마는 제국의 영토로 물밀듯이 밀려
들어오는 게르만족을 일일이 다 저지할 능력도 없었다.

　게르만족이 계속 로마 영내로 밀려들자 로마에서는 마지못해 트라키
아 지역에 정착지를 내주고 이들이 거주할 수 있도록 허락했는데, 로마
관헌들의 행패에 분개한 서고트인들이 집단 시위를 일으켜 이를 진압하
러 갔던 로마 정규군과 사령관 발렌스 황제도 전사하고 말았다. 게르만
족이 여세를 몰아 남진을 계속하니 당황한 테오도시우스 황제는 도나우
강 남쪽 영토를 주며 자치를 허용했다. 그러자 여기저기서 "왜 서고트에
게만 정착촌을 허용하고 우리에게는 아무런 조치도 없느냐? 우리에게도
난민지위를 인정해 달라"며 난동을 부리니 유럽에는 **프랑크, 색슨, 튜튼,
반달, 동고트, 서고트** 등 게르만족의 나라가 난립하게 되었다.(훈족은
450년 참조)

375 백제 14대 근구수왕 즉위(재위 375~384)

아버지 근초고왕의 뒤를 이어 즉위했다. 377년 군사 3만을 이끌고 고구려의 평양성을 공격하기도 했다. 일본에 왕인을 파견해 문화를 전달했다.

379 (로) 테오도시우스 1세 즉위(재위 379~395)

당시는 동고트, 서고트 등 게르만족의 침입이 한창이던 시절로 테오도시우스는 탁월한 군 지휘관으로 수많은 전투에 참가해 승리를 거두었다. 그 공로로 당시 그라티아누스 황제로부터 379년 공동 황제로 임명되었다. 이교(異敎) 아리우스파를 금지하고 삼위일체를 믿는 사람들만 가톨릭교도로 인정하고 가톨릭이라는 호칭을 처음으로 기록했다. 교회에 대해 전적으로 우대정책을 폈다. 테오도시우스는 두 아들에게 제국을 나누어 다스리게 함으로써 동·서로마제국으로 갈라놓았다. 동로마제국은 1450년대까지 유지되지만 서로마제국은 476년에 멸망하고 말았다. 테오도시우스 1세는 열렬한 가톨릭 신자로서 BC 776년부터 시작해 1천년간 내려오던 올림픽제전을 종교적인 이유로 중지시킨 장본인이기도 하다.

382 (로) 그리스도교 로마의 국교로 정식 인정
385 백제 15대 침류왕 즉위(재위 384~385)
(인) 인도의 승려 마라난타가 동진을 통해 불교 전래

391 고구려 19대 광개토대왕 즉위(재위 391~412)

고구려의 최 전성기를 열어준 스타 임금이다. 고국양왕의 아들이다. 392~396년 백제의 침공을 크게 무찔러 할아버지가 당했던 수모를 완전히 갚고 백제의 아신왕에게 항복을 받고 왕의 동생과 대신 열 명을 인질로 데려온다. 또 392년 거란을 정벌하고 신라의 내물왕에 요구해 신라의 왕족 실성을 고구려에 인질로 보내도록 했다. 398년에는 숙신(여진족)을 정벌, 400년에는 신라에 침입한 왜구를 직접 정벌해 신라를 도움으로써 신라에 영향력을 행사하기 시작했다. 404년 중국 후연을 공격, 요동성을 비롯한 랴오허 동쪽 지역을 차지했다. 이는 전국시대 연나라에게 잃었던 옛 고조선의 땅을 700년 만에 되찾아온 것을 의미한다. 광개토대왕은 기간 중 64개의 성과 1천400개의 촌락을 정복했으며 고구려의 영토를 크게 확장시켜 이로써 고구려의 영토는 서로는 랴오허, 북으로는 개원~영안, 동으로는 훈춘, 남으로는 임진강에 이르게 되었다. 그러나 670년경 고구려의 멸망으로 그 드넓었던 영토는 결국 중국의 땅이 되고 말았다.

392 백제 17대 아신왕 즉위(재위 392~405)

15대 침류왕의 맏아들이다. 백제는 고구려의 광개토대왕에 의해 매우 시달렸을 때 왜국의 도움을 받기 위해 아들이자 태자 전지를 왜국에 볼모로 가 있게 했다. 그러나 별로 효과를 보지 못한 채 죽고 말았다. 이에 형제 간에 왕위 다툼이 벌어져 피를 보게 되었고, 왕위는 왜국에서 돌아온 전지에게 돌아갔다.

395 (로) 동로마, 서로마 분열

402 신라 18대 실성왕 즉위(재위 402~417)

내물왕 시절 고구려에 볼모로 갔다가 돌아와 즉위했다. 즉위 후 자기를 볼모로 보낸 전왕 내물왕에 대한 원한으로 내물왕의 아들 중 미사흔은 왜국(일본)으로, 복호는 고구려에 볼모로 보냈다. 그러나 왜국과의 관계가 악화되어 405년부터 왜국과의 전투가 이어졌다. 그 후 정치적인 입지를 노려 내물왕의 장남인 눌지마저 고구려에 볼모로 보냈으나, 눌지는 오히려 고구려의 후원을 받아 실성왕을 죽이고 왕위를 가로챘다.

408 (로) 테오도시우스 2세 즉위(재위 408~450)

동로마의 황제로 통치 기간 중 훈족 아틸라의 공격(441~443, 447, 450)을 받는 등 많은 고통을 받았다. 또 아프리카를 차지하고 있던 반달족을 공격했다가 실패하기도 했다. 그가 한 큰일로는 콘스탄티노플 주위에 강력한 성을 쌓은 것과 테오도시우스 법전을 편찬한 것이 있다.

410 로마의 영국 주둔군 본국으로 철수

410년경 게르만족의 침입으로 다급해진 로마의 호노리우스 황제는 영국 주둔군을 전부 철수시켜 본국으로 송환했다. 평소 로마는 영국에 "너희들은 무기를 가질 필요가 없다, 우리 로마가 다 막아 줄 테니까! 그리고 만약 무슨 일이 생기면 우리 우산으로 받쳐줄 테니까 안심하라"고 하면서 무장해제시켜 놓았는데, 자기 발등에 불이 떨어지니까 우산이고 활이고 다 챙겨서 본국으로 가버렸다. 결국 영국은 외적의 침략에 몸살을 앓기 시작했다. 당시 영국을 통치하고 있던 보티건은 할 수 없이 대륙에서 게르만 용병을 구해서 국방을 맡겼는데, 결국 영국에서는 이들 용병에 의해 토착 켈트족이 쫓겨나고 게르만의 켄트 왕국이 세워진다. 게르만족에게 살육을 당하고 쫓겨난 토착민 중 일부는 서쪽으로 피신하고 일부는 대륙으로 건너가 지금의 프랑스 지역에 브르타뉴 왕국을 세운다. 한편 대륙에서는 영국으로 건너간 게르만족이 켄트 왕국을 세우자 뒤를 이어 여러 게르만족들이 영국으로 삶의 터전을 찾아 들어왔다. 지도-14 참조

477년에는 색슨족(Saxon)이 영국 남부에 정착해 491년 서식스(Sussex) 왕국을, 495년에는 또 다른 색슨족이 서쪽에 웨섹스(Wessex)왕국과 동쪽

에 에식스를 세웠다. 한편 뒤늦게 이 소식에 접한 앵글로(Anglo)족도 500년경 영국으로 몰려들었다. 그들은 주로 영국의 동쪽으로 정착해 이스트 앵글리아(East Anglia), 중부 지방에 머시아, 북동부 지역에 노섬브리아 왕국을 세웠다. 600년경에는 어느 정도 국가들이 자리를 잡았는데 800년대에는 웨섹스가 가장 강력한 세력을 갖게 되었다. 이후 알프레드 대왕, 크누트, 윌리엄 1세가 등장하면서 영국의 진짜 역사가 막을 연다.

413 고구려 20대 장수왕 즉위(재위 413~491)

19대 광개토대왕의 아들로 오래 살았다고 해서 장수왕(長壽王)이다. 당시 중국은 남북조 시대였는데, 장수왕은 남조의 동진과 북조의 북위와 외교를 긴밀히 하는 등 아버지 광개토대왕이 이루어놓은 업적을 잘 계승시키고 내실을 기하는 등 많은 성과를 거뒀다. 한편 고구려는 신라로부터 볼모를 잡고 있었는데, 417년에는 신라의 왕위 계승에까지 참견해 눌지를 신라의 왕으로 즉위시키기도 한다. 475년에는 장수왕이 직접 백제를 공격해 백제의 수도인 위례성을 함락시켰다. 신라는 백제에게 구원병을 보냈으나 도착하기 전에 개로왕이 처형되고 말았다. 이로써 장수왕은 100년 전 할아버지 고국원왕이 백제의 근초고왕에게 전사한 빚을 갚고 말았다. 이때가 고구려의 전성기였다. 고구려도 남진 정책을 강화하기 위해 수도를 평양으로 천도했고, 이에 백제는 수도를 위례성(하남)에서 웅진(공주)으로 천도했고, 이로 인해 백제는 그 세력권이 남쪽으로 축소되는 수모를 겪게 된다.

417 신라 19대 눌지왕 즉위(재위 417~458)

눌지는 왕이 된 후 동생들이 고구려와 일본에 볼모로 가 있는 것이 너무나 마음이 아파 그들을 구출시킬 계획을 세웠다. 죽음을 각오하고 고구려에 간 복호를 구해온 박제상은 이어서 왜국에 볼모로 가 있던 미사흔을 귀국시키지만 자신은 붙잡혀 비참한 최후를 맞이했다. **치술령에 올라가 동해바다를 바라보며 매일 남편을 애타게 기다리던 박제상의 아내는 오늘날까지 열녀의 대명사로 불린다.** 한편 눌지왕 때 백제와 신라는 고구려의 힘에 눌려 그동안의 적대관계를 풀고 신라 백제 동맹 관계를 결성(433)했다. 455년 고구려가 백제를 공격했을 때 신라가 백제를 도왔고, 430~440년대까지 세 차례 있었던 왜구의 침략을 공동으로 막았다. 또 475년 백제가 위기에 처했을 때 신라가 이를 도우려 했으나 이미 개로왕은 살해 된 후였다. 그러나 얼마 후 신라는 동맹을 파기하고 백제를 공격해 백제의 땅을 빼앗는다(약 100년 후 진흥왕 시절).

420 (중) 동진(東晉) 멸망

440 (중) 남북조 시대 개막(440~589)

450 훈족의 유럽 지역 침입

훈족은 370년경 유럽 남동부를 침략해 이후 510년까지 약 150년 동안 유럽을 공포에 떨게 했던 민족으로 근원은 아직도 확실하게 밝혀진 것이 없으나 아시아에서 살던 흉노족으로 보는 견해가 많다. 350년경 볼가 강 동쪽에서 모습을 보이기 시작하더니 얼마 지나서 돈 강과 드네프르 강 사이에 거주하던 동고트족을 정복하고 376년경에는 루마니아 지역에 거주하던 서고트마저 정복한 다음 도나우 강 근처의 로마 국경으로 진출했다. 훈족의 잔인함과 무서운 전투력은 전투마다 승리를 이끌었고, 이에 유럽의 주민들은 공포에 떨어야 했다. 434년 훈족의 루아 왕이 죽고 두 조카 블레다와 아틸라에게 왕위가 이어졌다. 한편 사나운 훈족을 달래기 위해서 로마제국은 전부터 안보비용 조로 훈족에게 공물을 바쳐왔다. 대 로마제국의 체면은 말이 아니었다. 그런데 안보비용을 받았으면 약속대로 침략을 말아야 하는데 받은 돈으로 군사력을 강화시키고 다시 로마를 공격하곤 했다. 로마는 또다시 아틸라와 평화협정을 맺어 기존에 지불하던 안보비용을 두 배로 올려야만 했다. 말이 좋아 협정이지 사실은 조공문서였다. 결과적으로도 안보비용이 아니고 이적행위 비용이 되고 말았다. 로마는 훈족에게 매년 황금 300킬로그램을 주기로 했다. 그러나 **441년 아틸라**는 로마제국이 협정서에 기록된 액수를 지키지 않았다는 이유로 다시 공격해 **콘스탄티노플까지 진격을 했다. 수많은 도시가 파괴되자** 동로마제국은 442년 1년의 휴전을 맺고 간신히 서부에 있던 군대를 불러들였다. 443년 훈족은 다시 공격을 시작했다. 나이수스(니시)와 세르디타(소피아)를 파괴한 후 콘스탄티노플로 향하면서 로마의 주력부대를 전부 초토화시켰으나 콘스탄티노플은 난공불락의 성으로 함락시킬 수가 없었다. 그러자 아틸라는 갈리폴리반도로 피해있던 로마의 나머지 군대를 쫓아가서 괴멸시켰다. 결국 평화조약에서 동로마는 그동안 연체되어 있던 황금 2천570킬로그램을 지불했고 조공비용도 세 배로 늘려 매년 900킬로그램씩 주는 데 합의했다. 445년 아틸라는 형 블레다를 살해하고 단독으로 왕이 됨으로써 시끄러웠던 집안 문제를 정리하자 447년 동로마제국을 대대적으로 공격, 발칸반도를 휩쓸고 그리스의 테르모필라이까지 남진하면서 엄청난 약탈을 자행했다. 먼젓번 공격보다 더 큰 규모의 공격이었기 때문에 협정 역시 종전보다 더 가혹한 내용이 될 수밖에 없었다. 동로마제국은 도나우 강 남쪽의 광대한 지역을 아틸라에게 베어 주어야 했고 공물의 액수도 물론 높아졌겠지만 액수는 밝혀지지 않았다. 훈족은 451년 지금의 프랑스인 갈리아 지역에 대해서 대대적으로 공격을 시작했다. 당시 로마제국의 실질적인 지배자인 아이티우스 장군은 서고트족의 왕 테오도리크 1세와 연합해 카탈루나 평원에서 결정적인 한판의 승부를 벌이는데 이 싸움에서 서고트의 왕이 전사하고 만다. 하지만 이 전투로 쌍방은 다 치명적인 타격을 받았고 결국 아틸라도 퇴각을 해야 했다. 훈족이 싸움에서 승리하지 못한 전투는 이번이 처음이었을 듯하다(**카탈루나 평원의 전투, 또는 마우리카 전투**). 그러나 453년 아틸라는 하필이면 가장 행복해야 할 자신의 결혼식 날 급사하고 만다. 이후 아틸라의 아들들이 유산 배분 문제로 싸움질을 하자 유럽은 오래간만에 평온을 되찾았다. 그리고 455년 훈족은 판노니아의 네다오 강 전투에서 여러 민족의 연합군과 맞붙어 대패를 했고, 이후 유럽 지역에서 서서히 사라져 갔다.

✳ 중앙아시아와 인도 지역의 훈족

볼가 강으로 진출한 훈족은 로마제국을 뒤흔들어 놓았지만, 중앙아시아 옥수스 강 방면으로(우즈베크스탄, 아프가니스탄 지역) 진출한 훈족은 사산조 페르시아와 인도를 위협했다. 그들은 400년경 중앙아시아 전역을 휩쓸고 간다라 지역을 차지했다. 460년 인도 굽타 왕조의 스칸다 굽타가 훈족을 호되게 혼을 내자 다리를 절면서 달아난 훈족은 그 후 약 50년 정도는 얼굴을 안 비쳤다. 그러다가 500년경 굽타 왕조가 혼란에 빠지자 또다시 카슈미르 지역에 보고도 싶지 않은 상통을 들이밀기 시작했다. 하지만 인도는 그때마다 잘 방어해 무사할 수 있었다. 훈족에 피해를 보지 않은 나라가 거의 없었다는 것을 감안하면 인도는 매우 선방을 한 편에 속한다 하겠다. 이후 560~570년경 이 지역의 훈족도 페르시아와 터키 연합군에게 대패를 당한 뒤 자취를 감추었다. 인도에 있던 훈족은 힌두교를 믿으면서 거대한 인도에 흡수·소멸되었다. 그러나 훈족의 침입은 또 다른 이민족의 침입을 유도함으로써 결과적으로 굽타 왕조의 쇠락과 소멸을 가져왔다.

455 백제 21대 개로왕 즉위(재위 455~475)

20대 비류왕의 맏아들이며 22대 문주왕의 아버지다. 당시 고구려는 장수왕의 시대로 고구려에게 시달린 백제는 중국의 북위의 세력을 이용 남침을 막으려고 시도했지만 소득이 없었다. 또 **신라와 동맹을 맺어(나제동맹) 필사적으로 고구려의 남하를 저지하려고 애썼다. 하지만 개로왕은 475년 장수왕의 백제 공격에 맞서 대항하다가 붙잡혀 처형당하고 말았다.** 개로왕의 아들(후에 문주왕)의 청을 받고 신라의 구원군이 도착했을 때는 이미 전투가 끝난 뒤였고, 개로왕 역시 참수된 후였다. 이로써 백제는 심각한 위기를 맞이한다. 일설에는 장수왕이 백제를 공격하기 위해 간첩 도림(승려)을 개로왕에게 보내어 사치에 빠뜨리게 한 후 공격했다고도 한다.

458 신라 20대 자비왕 즉위(재위 458~479)

19대 눌지왕의 맏아들로 외침에 대비해 많은 성을 쌓았다. 눌지왕이 박제상을 시켜서 왜국에 볼모로 가 있던 동생 미사흔을 탈출시킴에 따라 이후 왜국과의 관계가 악화되었다. 자비왕 시절 신라는 왜구에게 끊임없는 침략을 받았다. 459년 월성을 침범한 왜적을 대파했고, 463년에는 양산에 침입한 왜적을 매복 공격으로 역시 대파했다. 476년과 477년에도 왜적이 침입했으나 그들은 인건비도 못 건지고 돌아갔다. 한편 자비왕 재위 기간 중 신라에는 백결선생이라는 가야금 명인이 있었다고 한다. 너무 가난해서 옷을 백번을 꿰매 입었다고 해서 백결선생이라고 불렀다. 하루는 명절이 왔으나 끼니를 때우기가 힘들었다. 아내가 이를 나무라자 "내가 거문고 소리로 떡을 찧는 소리를 낼 터이니 그 소리를 들어보시오" 하고 거문고를 탔는데 그 소리가 마치 떡을 찧는 소리 같았다고 한다.

3-5 서로마제국의 멸망

■ ■

476 (로) 서로마제국 멸망

게르만족으로서 로마의 용병이 된 **오도아케르**에 의해 천년 역사의 로마 제국이 문을 닫았다. **이로써 라틴족이 지배하던 시대는 가고 게르만족의 시대가 왔다. 또 이는 고대에서 중세로 옮겨가는 신호탄이 되었다.** 이때까지만 해도 유럽의 각 지역에는 나라다운 나라가 없는 상태였다. 그런데 로마가 패망한 뒤 이탈리아 지역은 여러 개의 조그만 국가로 조각나 버렸고, 이 외에의 로마제국의 영토에도 많은 게르만족의 나라들이 세워졌다. 지금의 **프랑스 지역인 골에는 프랑크 왕국이, 론 강 유역에는 부르군드가, 남 프랑스 에스파냐에는 서고트가, 북 아프리카에는 반달 왕국이 자리를 잡고 앉았다. 한편 동고트는 훈족이 돌아간 후 헝가리 지역을 차지한 후 계속 서진해 로마제국을 차지하고 있던 오도아케르를 무찔렀다.** 476년 당시 동로마제국의 황제인 제노는 동고트의 테오도리크왕에게 오도아케르의 처분을 위임했고, 497년 이를 실행하자 동로마의 황제 아나스타시우스는 동고트의 이탈리아 통치를 인정해주었다. 이에 동고트는 왕국을 세우고 수도를 라벤나로 하고 이탈리아에 눌러앉았다. 그러나 게르만족을 야만인으로 보고 있던 동로마제국은 겉으로만 인정하는 체했을 뿐이었다. 결국 550년경 유스티니아누스 때 동고트 정벌을 시도한다. `지도-10 참조`

동로마제국은 그 이후에도 화려한 비잔티움 문화를 꽃피웠으나 650년경 일어난 이슬람 세력에 밀려 쇠퇴하기 시작했다. 그러나 1453년 오스만 투르크에 의해 멸망당할 때까지 800년을 더 버텨냈다. 이후 이탈리아는 1880년경 에마누엘레 2세, 가리발디 장군에 의해 근대 이탈리아로 통일

될 때까지 약 1천400년간 유럽의 역사 속에서는 별로 큰 역할을 하지 못했다. 큰 영향을 끼친 것이 있다면 르네상스를 일으켜 전 유럽에 전파시킨 것이다.

486 (프) 클로비스왕, 프랑크 왕국 통일(중요한 사건)

멜로빙거가(家)의 클로비스왕은 프랑크족을 통일하고 갈리아 지역에 프랑크 왕국을 세워 오늘날의 이태리, 프랑스, 독일 영토의 바탕을 마련했다. 오늘날의 프랑스와 독일은 원래 하나의 나라인 프랑크에서 갈라져 나온 나라다.

* 멜로빙거 왕조(480~750)

로마제국이 멸망하자 유럽에는 게르만족의 일파들이 동고트, 서고트, 프랑크, 부르군트, 반달, 색슨, 튜튼 등 여러 개의 작은 나라를 구성하고 있었다. 그중 메로빙거(Merovingians) 가문에 클로비스(재위 480~511)란 왕이 나타나서 496년 톨비악에서 알라만족을 크게 이김으로써 기틀을 잡고 507년 서고트족을 에스파냐 지역으로 몰아낸 후 여러 지방을 통합해 프랑크 왕국을 세웠다. 수도는 파리로 정했다. 이것이 오늘날 프랑스와 독일의 바탕이 된다. 게르만족이 세운 나라들은 거의 다 그리스도교에서 이단으로 규정하는 아리우스파를 믿었는데, 클로비스는 정통 아타나시우스파로 개종해 원주민과 로마인들의 호응을 얻었다. 511년 클로비스가 죽자 왕국은 네 명의 아들에게 분할 상속되었다. 532~536년 아들들은 부르군트 왕국을 정벌하고 프로방스지방을 정복함으로써 프랑크 왕국을 골 지방 전체로 확대시켰다. 그러나 그 뒤에 극심한 왕위 쟁탈전과 왕실의 내분으로 750년경 나라를 카롤링거 왕조에게 넘겨

주고 말았다. 지도-11 참조

500년 전후

500년 전후는 로마제국의 혼란기였다. 훈족의 침입 이후 게르만 용병장군 오도아케르에 의해서 서로마제국이 멸망함으로써 강력한 세력이 없어지자 게르만족이 여기저기에 작은 나라들을 세우기 시작, 기초를 다졌다. 그러나 대부분 단명으로 그쳤다. 그런 와중에 프랑크족의 클로비스가 등장해 갈리아 지역에 통일된 프랑크 왕국을 세웠다. 이로써 라틴 민족 주도의 유럽에서 게르만 민족 주도의 유럽으로 변화하게 되었을 뿐만 아니라 고대에서 중세로 옮겨가게 되었다. 우리나라는 광개토대왕과 아들 장수왕으로 이어지는 고구려의 전성기로서 신라와 백제는 고구려의 등쌀에 서로 동맹을 맺어 근근이 버텨가고 있었다. 그러나 이후 500년대 중반부터는 신라가 전성기를 맞았다. 삼국의 각 전성기는 백제는 350년경, 고구려는 450경, 신라는 550년경이었다. 중국은 남북조 시대였다가 500년대 후반에 수나라로 통일되었다. 반면 일본은 그때까지도 역사다운 역사가 없었다.

500 신라 22대 지증왕 즉위(재위 500~514)

체격이 거인이라 아내를 맞이하기가 어려웠으나 다행히 신장이 7척5푼인 여인이 있어 결혼했다고 한다. 국호를 신라로 고쳤다. 또한 그전까지는 왕을 거서간, 차차웅, 마립간, 이사금으로 불렀으나 이후 왕(王)이라는 명칭을 사용하기도 했다. 12개의 성을 축조하고 이사부를 시켜 우산국(울릉도)을 정벌하고 중국 북위에 사신을 보냈다.

501 백제 25대 무령왕 즉위(재위 501~523)

쓰러져 가는 백제에 마지막 불을 지핀 왕이다. 아버지 동성왕을 살해한 좌평 백가를 토벌하고 고구려의 공격을 잘 막아냈다. 고구려와 말갈의 침입에 대비해 토성을 구축하는 한편 중국 남조의 양나라와 외교관계를 맺는 등 국위를 회복시키려고 많은 노력했다. 1971년 무령왕과 왕비가 합장된 능이 충남 공주에서 발견되었다.

* 500년대 고구려, 백제, 신라의 정세

300년대 말 즉위한 고구려의 광개토대왕과 491년까지 80년간 왕위를 지켰던 장수왕 두 사람이 북으로는 만주 지역과 남으로는 한강 이남까지 휘몰아치자 백제나 신라는 매우 힘든 시절을 보내 둘이 살기 위해서 똘똘 뭉쳐 고구려에 대항해 많은 효과를 보았다. 이후 고구려의 문자명왕(재위 491~519), 안장왕(재위 519~531), 안원왕(재위 531~545)까지는 남쪽으로 큰 충돌이 없었다. 한편 중국의 북위와 양나라가 서로 고구려의 왕에게 다투어 우호를 청했는데, 이는 남북조 시대의 경쟁 덕분에 고구려가 평화를 구가했다는 의미이기도 하고 또한 그것은 고구려가 이미 만주지역에서 무시할 수 없는 세력이라고 인정받았다는 뜻이기도 했다. 안원왕 말기에 정권다툼으로 수천 명의 희생자가 나오면서 결과적으로 고구려의 쇠퇴가 시작된다. 이후 신라의 전성기가 서서히 시작되면서 자연히 신라와 백제의 동맹관계는 끊어지는 대신 신라의 영토가 점차 확장되었다. 그러던 중 진흥왕이 사전 예고도 없이 동맹관계를 끊고 백제의 영토를 침범해 자기 땅이라며 순수비를 세워놓으니 이에 열이 받은 백제의 성왕은 흥분한 상태에서 신라로 쳐들어갔다가 도리어 관산성(충북, 옥천 부근) 전투에서 전사를 하고 말았다. 성왕을 잃은 후 백제는 시름시름 앓기 시작하더니 600년대 무왕 시절 약간 회복되는 듯하다가 아들인 의자왕 때 그만 숨이 넘어가고 말았다. 400년대부터 근 100년간 생사고락을 같이 해오면서 고구려에 대항하던 옛 동지 백제를 신라가 절단을 내버리고 만 것이었다.

511 (프) 프랑크의 왕 클로비스 사망

클로비스의 후손들 중에는 클로비스만한 인물이 없었다. 때문에 권력은 똑똑한 대신들의 수중으로 들어갔다. 이는 먼 훗날 대신의 가문 중 하나인 **카롤로스** 가문에게 나라를 빼앗기게 되는 원인이 된다. 동양권에서는 아들이 여럿이 있어도 그 중 한 아들에게 왕위와 영토 모두를 함께 넘겨주는데, 게르만족의 관습은 여러 아들들에게 영토를 골고루 나누어주는 것이 원칙이었다. 왕위는 한 아들에게 주었지만 그것은 명목상의 왕이었을 뿐 각자 자기 영토에서 왕권을 행사했다. 클로비스가 영토를 아들들에게 나누어주자 530년경 클로비스의 아들 중 막내아들 클로타르 1세가 형제들을 물리치고 또다시 통일을 했다. 그러나 클로비스의 멜로빙거 가문은 음탕한 피가 흘렀는지 왕들마다 음란하고 여색을 탐해 나라에는 여자 문제로 인한 피비린내 나는 살육이 그치지를 않았다. 클로비스의 막내아들 클로타르 1세도 위로 형이 셋이 죽자 세 명의 형수들을 아내로 삼았고 그 아버지에 그 아들이라고 아들 힐페리히 1세(재위 561~584) 역시 여자 문제로 형을 죽이고 결국은 자신도 죽고 말았다. 이런 내분이 자주 일어나자 불과 150년 후인 650년경부터 실권이 궁정재상(이하 궁재라 한다)의 손으로 넘어갔다. 이후 왕국은 궁재가 다스리게 되면서 왕은 로봇이나 다름없게 되었다.

650년 이후로도 멜로빙거 가문에는 유능한 왕이 없었다. 당시 왕국은 서부와 동부를 네우스트리아와 아우스트라시아로 나누어 각각 다른 궁재가 다스리고 있었다. 그러다 700년경 클로비스 3세(재위 691~695) 때에 동부 아우스트라시아의 궁재인 피핀 2세에게 모든 권력이 넘어가게 된다. 687년 서부를 통합한 피핀 2세가 714년 죽자 그의 서자(庶子)인 카롤 마르텔이 다른 형제들을 물리치고 주도권을 잡았다. 당시는 600년대 중기에 일어난 신흥 이슬람제국이 욱일승천(旭日昇天)하던 **우마이**

아 왕조 시절로 이슬람(사라센)인들은 소아시아 지역과 지금의 사우디아라비아, 메소포타미아, 이란, 중앙아시아의 일부 지역을 석권한 후 이집트를 거쳐 에스파냐 지역의 대부분 점령했고, 이어서 피레네 산맥을 넘어 프랑크 지역으로 쏟아져 들어왔다. 732년 사라센인(이슬람을 지칭함)들은 보르도로 진격 아키텐을 지나 푸아티에로 밀어닥친 것이다. 그러나 카를 마르텔에게 결정타를 맞고 완전 그로기 상태가 되어 피레네 산맥 서쪽으로 퇴각한다. 카를 마르텔은 풍전등화(風前燈火)와 같은 상황에서 프랑크를 구출해낸 것이었다. 이로써 프랑크 왕국의 역사는 보전될 수 있었다. 물론 카를 마르텔은 이 전투의 승리로 확고부동한 위치를 확보하게 된다. 한편 카를 마르텔은 739년에 교황 그레고리우스 3세로부터 '교황청을 괴롭히는 롬바르트족을 물리쳐달라'는 구조신호를 받았으나 이슬람 세력과의 싸움에서 도움을 준 롬바르트를 배신할 수는 없어 이를 무시했다. 741년 카를 마르텔이 죽자 왕국은 그의 두 아들, 피핀과 카를만에게 나누어 상속되었다. 이후 피핀은 751년 이름뿐인 힐데리히 3세를 아예 폐위시키고 피핀 3세로 직접 왕위에 올라 카롤링거 왕조를 세웠다.(751년 참조)

514 신라 23대 법흥왕 즉위(재위 514~540)

22대 지증왕의 아들이다. 이차돈이 순교한 후 불교를 공인하고 흥륜사를 건설했고(529~544) 532년에는 금관가야가 스스로 나라를 바침으로써 이를 병합했다. 만년에 불교에 귀의해 법호를 법운이라 했다.

523 백제 26대 성왕 즉위(재위 523~554)

무령왕의 아들로 신라와 동맹을 공고히 해 고구려의 남진을 차단하고 한강 유역의 영토를 회복했으며, 538년에는 왕권을 강화하기 위해 수도를 웅진(공주)에서 사비(부여)로 옮기는 등의 노력을 했다. 그러나 553년 동맹국인 신라 24대 진흥왕이 한강 하류 지역의 땅을 빼앗자 이에 분개한 성왕은 신라 정벌에 나서 554년 관산성(옥천 지역) 전투를 벌였으나 거꾸로 전사를 하고 말았다. 이때부터 신라와 백제 사이에 근 100년간 유지되어 오던 동맹이 깨지고 서로 불공대천지수(不共戴天之讐)의 관계가 된다.

527 (로) 유스티니아누스 1세 즉위(재위 527~565)

유스티누스(Justinianus) 1세의 뒤를 이어 즉위했는데, 이때 부인 테오도라의 많은 도움을 받았다. 과거 로마제국의 영화를 되찾기 위해 많은 노력을 했다. 페르시아에 공물을 바치기는 했지만 영토는 그런 대로 유지시켰다. 아프리카의 반달 왕국의 위기를 무력으로 구했고, 540년 이탈리아의 동고트족을(동고트족은 526년 당시 테오도리크가 죽고 후계자가 없어 정국이 혼란했다) 공격해 이탈리아를 되찾기도 했으나 541년 동고트의 왕으로 즉위한 토틸라라는 유능한 지도자에 의해 차례로 도시들이 함락되면서 이탈리아 반도를 거의 다 빼앗기고 만다(543). 그러나 552년 동로마의 나르세스 장군 지휘 아래 동고트를 격파, 555년 토틸라에게 치명상을 입혔고, 결국 562년에는 동로마제국이 이탈리아의 전역을 장악했다. 그러나 그것도 잠시, 이탈리아는 롬바르디아에게 유린되었다. 근본적으로 당시 동로마제국의 국력으로 제국의 영토를 전부 방어하기에는 불가능했다. 550년대에는 발칸반도 북방의 불가르족과 슬라브족이 비잔틴 영토에 들어와 겨울을 나기까지 했다. 이들은

559년 훈족과 연합해 콘스탄티노플을 지키는 장성에까지 이르렀다. 결국 불가르족은 제국 영내에 정착을 하고 말았다. 한편 유스티니아누스는 부정부패를 뿌리 뽑고 누구나 쉽게 이용할 수 있는 사법제도를 마련해 백성들의 복지를 증진시키는 데 진정한 관심을 쏟았다. **그의 가장 큰 업적은 법전의 편찬(유스티니아누스 법전)이라 할 수 있다.**

한때 전 황제 아나스타시우스의 조카 히파티우스가 몇몇 원로원들과 군중들과 힘을 합쳐 반란을 일으켜 거의 성공할 뻔했지만 아내 테오도라의 격려로 이를 이겨내고 지키는 데 성공한다. 또한 그는 수로와 교량의 건설, 도시의 재건 같은 토목공사를 많이 했는데, 그중 **성 소피아 사원(하기아 소피아 성당)은 오늘날도 세계의 명건축물로 불리고 있다. 지금의 터키 이스탄불에 있다.** 이렇듯 유스티니아누스는 국민을 위해 많은 노력을 했고 로마제국의 과거 명성을 조금이나마 되찾았으며 수로와 교량의 건설, 파괴된 도시의 재건, 국경지대의 필수적인 방어진지 등의 구축과 같은 많은 훌륭한 업적을 남겨 훌륭한 황제의 대명사로 후세에 일컬어지게 되었다. 그래서 지금도 훌륭한 지도자를 "**유스티니아누스 같다**"라고 한다.

538 백제, 일본에 불교 전달

일본의 역사는 비교적 늦어 600년 이전의 역사는 잘 알려지지 않고 있다. **BC 300~300 기간을 야요이 시대라고 한다.** 비교적 나라의 형태를 갖춘 나라가 야마토였는데, 300년경 세워져 600년까지 발전을 거듭했다. **700년경까지는 아스카 시대라고 한다.** 일본은 최고 통치자를 천황(天皇)이라고 부르는데 이는 황제와 같은 뜻으로 보면 된다. **중국의 천자, 러시아의 차르, 로마의 황제, 이슬람의 칼리프, 몽골족의 칸에 해당된다고 보면 무난할 것이다.**

일본은 섬나라의 자연조건에서 오는 유리함 때문이기도 하지만 지금까지 남의 나라의 침략을 받아보지 못한 행운의 나라다. 제2차 세계대전 때 단 한번 미국에게 본토 공격을 당했다. 물론 1280년경(우리나라 고려 후기) 몽골의 쿠빌라이에 의한 두 차례 공격이 있었지만, 태풍으로 인해 몽골군의 함선이 침몰함으로써 본토는 피해를 받지 않았다.

700년부터 800년까지 나라 시대를 거쳐 800~1200년까지 헤이안 시대를 보내고 1200년경부터 가마쿠라 막부시대, 1338년 무로마치 막부시대, 1600년경부터~1868년까지 에도 막부시대를 거쳐 오늘날 일본으로 이어진다.

540 신라 24대 진흥왕 즉위(재위 540~576)

삼국 중 가장 약한 신라에 강국으로의 발판을 마련한 왕이다. 23대 법흥왕 동생의 아들로 550년 고구려와 백제가 싸우는 틈을 타 영토 확장, 551년 거칠부와 장수들을 동원해 죽령 이북의 땅을 점령하는 등의 성과를 이뤘다. 554년에는 백제와 함께 힘을 합쳐 고구려로부터 탈환했던 한강 이남의 땅(원래 백제의 영토)을 탈취해 이에 분개한 백제의 성왕에게 공격을 받지만, 도리어 성왕만 전사하고 만다. 이로써 한반도 중부지역 대부분을 신라가 차지하게 되었다. 또한 진흥왕은 남쪽 가야 영토를 사실상 전부 병합했고, 북쪽으로는 달홀주(강원도 고성군)까지 점령해 신라 역사상 최대의 영토를 확보했다. 신라로 보면 가장 위대한 왕 중의 한 사람이라 할 수 있을 것이다. 점령한 지역에 순수비를 세워 신라의 영토임을 표시했고, 국사를 편찬하기도 했다. 한편 불교를 적극 장려해 거칠부를 시켜 흥륜사를 완공했고, 월성 동쪽에 황룡사를 지었다. 말년에는 스스로 머리를 깎았다.

540? (인) 굽타 왕조 멸망(정확한 시기 불명)

545 고구려 24대 양원왕 즉위(재위 545~559)

양원왕 시절이었던 550년 국력이 약화된 고구려가 백제와 싸우는 동안 신라의 진흥왕에게 두 개의 성을 빼앗겼다. 그러나 551년 돌궐이 백암성을 공격했을 때는 장군 고흘을 시켜 공격, 돌궐군 1천여 명을 살해했다. 이렇듯 북쪽의 침입에 대비하느라고 정신이 없자 신라의 진흥왕은 거칠부 등을 보내 죽령 이북의 열 개 군을 점령, 이로써 고구려는 한강 이하 죽령 부근의 영토를 잃게 되었다.

559 고구려 25대 평원왕 즉위(재위 559~590)

우리에게는 바보 온달과 평강공주로 잘 알려진 평강공주의 아버지다. 24대 양원왕의 큰아들로 중국의 남북조와 골고루 외교활동을 폈고, 589년 중국의 수나라가 진(陳)을 멸망시키고 중국을 통일하자 수나라의 침공을 예상하고 전쟁에 대비했다. 다음 대인 아들 영양왕이 수나라의 수차례에 걸친 침략을 잘 막아낼 수 있었던 것은 모두 그의 공이라 할 수 있다. 한편 평원왕의 딸 평강공주는 요즈음 흔히 찾는 스펙(Specification, 조건)을 무시하고 바보온달을 남편으로 맞아 훌륭한 장군으로 성장시키는 능력을 발휘했다.

3-6 무하마드(마호메트)와 이슬람교

■■■ ■■ ■■ ■■ ■■ ■■ ■■ ■■ ■■ ■■ ■■

570 무하마드 출생(570~632) 지도-12 참조

570년경 아라비아의 메카에서 태어났다. 태어나기 전에 아버지를 여의고 6세 때 어머니를 여의었다. 그 후 숙부 아부 탈리브에게 양육되었다. 부유한 미망인 하디자의 맡은 일을 성실하게 수행해 25세 때 40세의 하디자와 결혼, 그녀가 죽을 때까지 함께했다. 610년 신의 계시를 받고 613년부터 전도를 시작했다. 당시 메카에서는 부유한 상인들로 이루어진 평의회가 지배하고 있었는데 무하마드의 이러한 가르침은 기존 세력에게 정면으로 도전하는 것이었다. 619년 숙부와 아내를 잃고 622년 메카 세력의 박해를 피해 메디나로 피신에 성공한다. 이를 헤지라라고 부르며 이슬람교에서는 서기 622년 7월 16일을 이슬람력의 기원으로 삼는다. 이슬람교는 종교라고 하기보다는 사회조직의 원리이기도 하며 그들의 생활이며 생활의 규범이라고 말할 수 있다. 624년 바드르의 전투에서 처음으로 메카를 물리쳤으나 1년 후 메카군에 패배했을 뿐만 아니라 무하마드도 부상을 입었다. 627년 또다시 메카군의 대규모 공격이 있었으나 이를 물리쳐 기회를 잡았다. 그 후 후다이비아 조약을 맺어 평화의 기틀을 마련, 630년 마침내 메카를 점령해 모든 주민을 이슬람교로 개종시켰다.

무하마드는 온건한 성격으로 주민의 감정이 상하지 않도록 세심한 주의를 기울였고 관대한 정책을 통해서 협조를 얻었다. 정복 상대국의 국민에게도 개종을 강요하지 않았고 이러한 정책은 나중에 이슬람교의 자발적인 개종에 많은 효과가 있었다. 우리에게 흔히 이슬람교는 '한손에는 칼, 한손에는 코란'이라고 해서 무력으로 잔인하게 세계를 유린한 것처럼 알려진 것은 기독교도인 유럽인들의 입장에서 쓴 역사의 표현일 뿐이다. 힘이 생기면 힘없는 나라를 공격해 정복하는 것은 동양과 서양, 고금을 막론하고 공통적이었다. 이슬람인들은 평등원칙에 따라 오직 코란의 율법에 의해 지배되었을 뿐이다. 그 후에도 이슬람 세력은 다른 나라를 정복했을 때 이슬람교로 강제 개종을 시키지 않았고 지배지의 포로들이 개인당 얼마씩의 정해진 요금을 내면 자유를 주었다. 또 이슬람교로 개종을 하면 자국민과 동등한 자격을 주는 등 너그러운 지배를 해 이슬람에게 정복된 지역은 큰 반발 없이 전부 이슬람교도로 개종이 되었다. 한편 무하마드가 한 말을 기록해둔 것을 코란이라고 하고, 무하마드의 행동을 기록한 것을 하디스라고 하는데 이는 신자가 준수해야 하는 행동규범이 되었다.

634년 이슬람군은 동로마제국의 시리아 군단을 격파하고 다마스커스를 점령했다. 636년 헤라크레이오스 동로마제국의 황제의 군대와 요단강의 지류인 야르무크 강에서 충돌, 그 결과 동로마제국의 군대가 패배함에 따라 시리아는 이슬람권으로 넘어간다. 이후 이들은 651년에는 사산조 페르시아를 멸망시키고 메소포타미아 지역을 점령했고, 642년에는 이집트를 정복했으며, 655년에는 소아시아반도 키르키아 앞바다에서 동로마제국 해군을 격파함으로써 700년대 초의 지중해를 장악했다. 또한 697년에는 동로마 거점인 카르타고를 점령한 후 아프리카 북단을 돌아 이베리아 반도까지 진출했다. 이때가 우마이야 왕조 6대 칼리프 시대였다. 711년에는 타리크의 군대가 당시 에스파냐에 있던 서고트족을 세레스 전투에서 격파함으로써 이베리아 반도의 대부분을 장악하게 되었다. 이후 이슬람 세력은 732년 마침내 피레네 산맥을 넘어 프랑크 왕국에 물밀듯이 몰려들었다. 그러나 푸아티에 전투에서 당시 프랑크 왕국의 궁재이자 파리의 시장이었던 카를 마르텔에 의해 이슬람의 명장 압둘라만이 전사를 하면서 큰 패배를 안게 되었고, 그 후로 이들은 피레네 산맥 넘어서는 얼씬도 하지 않았다.

632년 6월8일 무하마드가 죽자 아부 바크르가 지위를 계승해 초대 칼리프가 되었고, 그 뒤로 무하마드와 본처 하디자의 딸 파티마와 결혼한(사위이자 사촌) 알리가 4대 칼리프가 되었다. 하지만 661년 무아위야가 알리를 암살하고 5대 칼리프로 즉위했다(칼리프 재위 661~680).

같은 시기 우리나라에서는 백제가 나당 연합군에게 멸망당했고, 그리고 몇 년 후 고구려 역시 멸망 당했다. 중국은 당 태종의 뒤를 이른 아들 고종의 시대로서 측천무후가 거침없이 하이킥을 하던 시절이었다.

＊ 수니파와 시아파 `지도-12 참조`

본래 칼리프는 공동체에서 선출했는데, 5대 칼리프인 무아위야가 자기의 아들을 후계자로 임명함에 따라 680년 무아위야의 아들이 6대 칼리프가 되면서 전통이 깨졌다. 이에 4대 칼리프였고 무아위야에 의해 살해된 알리의 차남 후세인이 결사반대, 추종자들이 있던 쿠파로 떠났다. 그러나 무아위야의 아들 야지드는 후세인을 카르발라(현 이라크 지역)에서 살해해버렸다. 이 카르발라 참극으로 알리의 추종 세력이 뭉치게 되면서 '시아파'라는 별개의 체계를 형성했다. 따라서 시아파에게는 카르발라가 메카보다 더 중요한 성지가 되었고 후세인 순교일을 중요한 날로 생각하게 되었다.

전 세계 약 13억 명에 달하는 이슬람교도 중 수니파가 85퍼센트이고, 시아파는 15퍼센트 정도된다(2005년 미국 CIA 자료 인용). 이란 인구 7천만 명 중 90퍼센트(6천300만 명), 이라크 인구 2천700만 명 중 60퍼센트(1천600만 명), 레바논 인구 400만 명 중 30~35퍼센트(140만 명), 바레인 인구 67만 명 중 70퍼센트(50만 명)가 시아파이지만 이를 제외하고는 대부분 수니파다.

그중 이란이 시아파의 종주국이다. 한편 이라크에서는 시아파가 60퍼센트나 되는데, 수니파인 사담 후세인이 정권을 잡고 독재를 하자 시아파의 반발이 거세게 일어나기도 했다. 이에 후세인 정권은 국내 시아파들에게 시아파의 종주국인 이웃집 이란이 지원할 것을 두려워했고, 결국 양국 사이에는 10년 이상이나 전쟁이 지속되었다. 게다가 후세인과 호메이니의 개인적인 악감정도 불화의 한몫을 했다. 오늘날 이라크에서 시아파와 수니파 간의 피비린내 나는 테러의 근본을 이해하는 데 도움이 되기를 바란다.

칼리프는 이슬람 왕국의 최고 통치자를 부르는 칭호로 황제에 해당되고, 술탄은 이슬람제국의 영토 중 각 나라를 다스리는 왕에 해당되는 것으로서 중국의 제후와 비슷하다. 술탄은 칼리프로부터 술탄의 칭호를 하사받았다. 하지만 시아파에서는 최고의 통치자를 이맘이라고 부르며 절대로 칼리프라는 말은 쓰지 않는다.

650년 이후 칼리프의 자리는 다마스쿠스의 14명의 칼리프(우마이야 왕조), 바그다드의 38명의 칼리프(아바스 왕조)에게 승계되었다. 그러나 아바스 왕조는 1250년대 전 세계를 휩쓴 몽골의 칭기즈칸에 의해 1258년에 붕괴되어 버렸다. 그리고 100년도 안 되어 몽골의 세력이 약화되자 곧 이어 오스만투르크가 나타나 1700년대까지 유럽을 괴롭혔다. 즉, 유럽은 650년경부터 무려 1천년 이상을 이슬람에게 시달렸던 것이다. 유럽 기독교인들이 이슬람교인들에 대해 반감이 깊은 이유에는 이러한 이유도 한 몫을 한다고 보아야겠다.

한편 750년 다마스쿠스에서 우마이야 왕조가 멸망하자 에스파냐의 코르도바에서 통치하던 우마이야 가(家)의 분가가 칼리프라는 칭호를 사용(755~1031)했고, 이집트에서는 자신들이 무하마드의 딸 파티마의 후손이라고 주장하며 칼리프라는 칭호를 사용, 파티마 왕조라고 자칭하기도 했다(909~1171). 또한 이집트의 맘루크 왕조(1258~1517) 역시 칼리프라는 칭호를 사용했다. 1517년 맘루크 왕조의 마지막 칼리프가 오스만투르크의 셀림 1세의 포로가 됨으로써 왕조의 막을 내린 후부터는 오스만투르크의 술탄들이 칼리프라는 칭호를 사용했다. 1924년 터키 공화국이 되면서 사용이 폐지되었다.

∗ 우마이야 왕조(661~750)

첫 번째 이슬람 칼리프 왕조다. 당시의 칼리프는 세습제가 아니고 능력 있는 사람을 선출하는 방식으로 진행되었다. 그런데 시리아의 총독이었던 무아위야가 4대 칼리프인 알리를 죽이고 스스로 1대 우마이야 칼리프 지위에 앉더니 다마스쿠스를 근거지로 시리아군을 활용, 아랍 부족들을 통합해 강력한 중앙집권제를 실시한다. 말리크 재위(685~705) 시에는 북아프리카로 서진해 에스파냐의 대부분을 차지했고 중앙아시아, 인도의 일부, 이란의 호라산, 사마르칸트, 타슈켄트 등을 정복하는 등 승승장구했으나, 717년 동로마제국의 레오 3세에게, 그리고 732년 에스파냐 북쪽 프랑크 영토로 진격했다가 푸아티에에서 프랑크군에게 패배를 당함으로써 제동이 걸렸다. 그 후 마르완 2세(재위 744~750)를 마지막으로 우마이야 왕조는 막을 내린다.

∗ 아바스 왕조(750~1250)

메소포타미아의 자브 강 전투에서 우마이야 왕조의 마지막 칼리프인 마르완 2세를 격파한 아부 알 아바스 앗 사파흐가 아바스 왕조의 첫 번째 칼리프가 된다. 바그다드에 근거지를 둔 아바스 왕조는 1258년 몽골에 의해 멸망할 때까지 500년간 존속되었다. 한편 우마이야 일족들은 대부분 살해되었는데 아브드 알 라흐만은 에스파냐로 도주해 756년 코르도바에 우마이야 왕조를 세웠다.

아바스 왕조는 초기 750~850년까지는 세력이 막강했다. 그런데 8대 칼리프인 무타심이 이슬람교도가 아닌 슬라브족, 투르크족 등의 용병을 사용해 군대에 배치하는 실수를 저질렀다. 이로 인해 자신의 요구가 관철되지 않은 것에 앙심을 품은 일부 군대 장교들이 칼리프를 암살하는 사태까지 벌어졌다. 이후 이란의 부이 왕조가 945년 바그다드에 들어와 자기의 영토에서는 자신을 유일한 통치자로 인정해줄 것을 요구하는 등 칼리프의 권위가 상실되는 상태에 이르렀다. 그 뒤로는 여기저기서 서로 독립을 선포함으로써 칼리프는 허수아비가 되고 말았다. 결국 1055년에 신흥세력으로 중앙무대에 화려하게 데뷔한 **셀주크투르크**(1037~1243)에 모든 권한을 다 **빼앗기고** 이름뿐인 지위만 남고 말았다. 이후 명맥만 유지하던 아바스 왕조는 1200년대 중반기 인류 역사상 가장 두렵고 잔인한 정복자 몽골이 튀어나오면서 셀주크투르크와 함께 멸망하고 말았다. **모든 신흥세력은 다 막강한 힘을 갖고 있으나 시간이 흐르면 힘을 잃고 새로이 일어나는 신흥세력에게 먹히는 것이 반복되고 또 반복되는 것이 역사의 순리인가** 보다. 결코 영원한 패자(覇者)는 없었다.

579 신라 26대 진평왕 즉위(재위 579~632)

24대 진흥왕의 장손이다. 이전의 신라는 삼국 중 가장 국력이 약해서 언제나 외침에 떨어야 했다. 게다가 왜국과 관계가 나빠서 수없이 많은 왜침을 받아야 했다. 550년경 진흥왕 시절 신라의 전성기를 맞았지만 그것도 잠깐, 이후로도 약체를 벗어나기 힘들었다. 때문에 중국에 많은 의존을 했다. 어떻게 보면 살기 위한 몸부림으로 이해할 수밖에 없지만 중국의 힘을 빌리지 않고 한(韓)민족끼리 해결했다면 좋았을 것을 안타깝기만하다. 아무튼 진평왕 때 중국은 수나라로 천하가 통일되었다가 이들이 고구려와의 전쟁으로 국력을 소비함에 따라 30년도 안 되어 멸망하고 대신 당나라가 등장하는 등 큰 변화를 겪던 시대였다. 따라서 신라는 중국에 간청을 해 고구려를 견제하도록 유도했다. 한편 중국에게 한 치도 양보하지 않는 고구려는 수나라, 당나라와는 같은 하늘 아래는 살 수 없는 불공대천지수(不共戴天之讐)의 사이였고, 또한 백제는 고구려와 중국이 싸우는 동안 신라를 공격하곤 했다.

587 (일) 일본의 역사 시작

일본의 역사는 500년대 말기부터 시작한다. 712년에 처음으로 편찬된 고지키에서는 기원전 7세기부터 역사가 시작되었다고는 하지만 신빙성이 없으므로 기록이 확실한 지금부터 다루겠다. 당시 왜(倭)에는 지방의 호족들이 더 큰 세력을 갖고 있었는데 그중 **소가 가문**이 천황의 왕비를 대대로 독식(獨食)할 정도의 세력을 갖고 있었다. 천황을 죽이고 살리는 일까지도 마음대로 할 정도였다. 소가 가문의 실력자 **소가 우마코**는 32대 수순 천황이 자기의 말에 따르지 않고 독자적인 주장을 하자 천황을 암살하고 30대 천황의 부인이자 자기의 딸인 스이코를 33대 천황으로 임명한다. 신하가 임금을 임명하는 형편이 되었다. **스이코 천황은 정치에 관심이 없어 자기의 조카인 쇼토쿠(聖德太子: 성덕태자)를 셋쇼(攝政: 섭정)로 임명하는데 이가 일본 국민이 존경하는 성덕태자다.**

589 (중) 수나라 중국 통일(589~618, 30년간)

수(隋)나라를 세운 양견은 섬서성 출신으로 한족이기는 했으나 선조가 외국인과 혼인을 했으므로 외국인의 피가 섞여 있었다. 북주의 세력가인 우문씨의 밑에서 군사경력을 쌓아 북제를 물리칠 때 큰 공을 세워 딸을 북주의 황태자비로 만드는 데 성공했고, 이후 사위인 선제가 젊은 나이로 죽자 자신의 어린 외손자를 정제로 즉위시켰다. 그런데 정제의 정신에 문제가 있어 외할아버지인 양견이 실권을 쥐게 되었다. 북주의 충신들이 양견을 처치하려고 했으나 역부족이었고 결국 양견은 582년 북주를 접수, 수나라를 창설했으며 589년에는 남조의 진나라를 멸망시키고 천하통일의 대업을 이뤘다. 그러나 수나라는 30년이라는 짧은 수명을 끝으로 당나라에게 바통을 넘겨준다. BC 221년에 천하를 통일한 진(秦)나라도 15년만인 BC 206년에 멸망한 예(例)가 있다. 그렇기는 해도 수의 문제 양견은 훌륭한 정치를 했고, 그래서 그의 정치를 **개황의 치**라고 부른다. 그러나 사람을 의심하고 참소를 잘 믿어 공신과 친구 중 살아남은 사람이 몇 사람 안 되었다. 또 자식들과 원수지간이 되더니 끝내 아들 양광(수양제)에게 죽임을 당한다.

수문제만이 성질이 별나서 자기를 도와준 사람들을 거의 다 제거한 것은 아니다. 한 고조(유방)도 자기를 도와 나라를 세운 고굉지신을 거의 다 숙청했고 명나라 주원장도 황제가 된 후 1차, 2차, 3차로 숙청을 감행해 일가친척까지 수만 명을 떼죽음시켰다. 인간은 고생할 때는 끈끈한 정(情)으로 이어가지만 모든 것을 달성하고 최고의 지위에 올라가면 갖게 된 것을 지키기 위해 어제의 동지를 적(敵)으로 바꾸는 것이 인지상정인 듯하다. 열매를 가꿀 때에는 도와주는 사람이 고맙지만 결실을 수확하고 나면 나누어 주는 것이 아까운 것처럼 말이다. 인간의 한계인가 보다. 한편 수문제는 아내인 독고 황후에게만은 기를 못 펴고 쩔쩔매었다고 한다. 독고 황후는 특히 여자 문제에 관해 엄격했다. 장남인 태자가 첩을 들였을 때 마침 본부인이 급사(急死)하자 태자를 폐위하고 둘째 아들 양광을 세울 정도였다. 양광이 후에 즉위하니 그 이름도 유명한 악명 높은 수 양제다. 양광은 어머니의 눈 밖에 나지 않으려고 여자 문제에 아주 깨끗한 척 처신을 했으나 제위에 오르고 난 후에는 황음무도한 본색을 드러냈다. 어머니가 죽었을 때 슬피 울다 기절을 연출하는 등 행동이 완전 배우 수준이었다.

양광이 왕자 시절 아버지 양견의 후궁인 선화부인을 흠모해 범하려다가 실패했는데, 이를 알게 된 병석(病席)의 양견이 진노해 폐위된 장남을 다시 부르려 하자 양광은 다급히 아버지를 질식사시키고 자신이 황위에 올랐다(604). 선화부인은 남조의 진(陳)나라 마지막 황제인 후주의 누이로 문제가 진나라를 쳐들어가 궁궐을 뒤지다 발견하고 후궁으로 취한 여인이었다. 그런데 결국 양광이 황제가 된 후 아버지의 후궁을 자신의 아내로 취하니 촌수를 따질 수 없게 되고 말았다. 양광, 즉 양제는 605년 수도를 장안에서 낙양으로 옮기고 남북을 연결하는 운하를 착공했는데, 이는 물자수송에 절대적인 도움을 주어 산업발전에 한 몫을 단단히 했다. 운하공사 기간만 605~611년까지 6년이었다. 그러나 양제가 이 운하에서 주로 한 일은 호프만의 뱃놀이였다.

612년 고구려 원정을 시작했다. 우문술을 총사령관으로 해 호칭 100만 대군을 동원하나 내호아가 이끄는 수군이 고구려군에게 패하고 만다. 또 장기전으로 인한 피로로 지칠 대로 지친 수나라군은 철수를 하던 중 살수에서 을지문덕 장군의 수공(水攻)에 말려 30여 만 명이 떼죽음을 당했다. 1차전은 수나라의 참패였다. 이어서 613년 2차 원정은 하는 도중 국내의 문제로 자연 중단이 되었다.

617년 수차례에 걸친 고구려 원정(그 당시 사정으로 낙양에서 고구려 평양까지의 원정은 만리타향 길이었다)과 그의 실패, 그리고 사치와 방탕에 의한 국민들의 수난으로 각처에서 반란이 일어나기 시작했다. 하남의 이밀, 하북의 두건덕, 강회의 두복위과 보공석, 태원의 당국공 이연이 군사를 일으켜 관중을 근거지로 세력을 확장했다.

590 고구려 26대 영양왕 즉위(재위 590~618)

광개토대왕, 장수왕 시절이 고구려의 최고 전성기라고 하면 영양왕 시절은 고구려의 자존심이 살아있는 마지막 시대라고 할 수 있을 것이다. 영양왕은 중국을 통일한 수나라의 수차례에 걸친 공격을 격파했고(을지문덕 장군의 살수대첩) 결국 몇 차례에 걸친 원정에 피폐해진 수나라는 건국 30년도 못 되어 당나라에게 멸망당하는 수모를 겪게 되나 고구려 또한 거대한 중국과의 싸움에서 막대한 체력의 소모를 피할 길이 없었다. 한편 담징, 법정 등 승려가 왜(倭)국으로 건너가 문화를 전달했다.

593 (일) 일본 최초의 여성 천황 33대 스이코 즉위

여성 천황인 스이코는 당시 세력가 소가 우마코의 딸이자 30대 천황의 아내였다. 우마코는 32대 수순 천황이 자신의 말을 잘 듣지 않자 암살한 후 딸인 스이코를 33대 천황으로 임명했다. 그러나 스이코는 정치에 관심이 없어 조카인 쇼토쿠(성덕)태자에게 섭정(攝政)을 맡긴다.

* 쇼토쿠 태자(593~622)

일본에 불교를 장려하고 고구려의 담징을 초청해 호류사(法隆寺)의 벽화를 그리는 등 화려한 아스카 문화의 꽃을 피우게 한 사람으로 일본인 사이에서 성군으로 추앙받고 있다. 쇼토쿠는 천황을 중심으로 한 왕권을 확립하고 관직을 재정비하고 17개조의 헌법을 발표했으며 중국을 배우기 위해 시찰단을 파견, 아스카 문화를 세우는 눈부신 활약을 한다. 그가 세운 호류사는 현존하는 최고(最古)의 목조 건물 중 하나로 손꼽힌다. 당시 신라에서는 선덕여왕이 즉위하기 직전이었으며 백제에서는 서동요의 주인공 무왕이 즉위했다.

* 한중일 삼국의 여왕

당시 600년대는 동양의 3국 한국, 중국, 일본 모두 우연하게도 여왕이 재위하던 시절이었다. 즉위년도는 다음과 같다.

593 일본 스이코 천황
632 신라 선덕여왕
647 신라 진덕여왕
690 당나라 측천무후

600

제4장
통한의 한반도 삼국통일

4-1 전체적인 설명(600~1000)

4-2 수(隋)나라와 당(唐)나라의 고구려 침공

4-3 이슬람제국의 끝없는 팽창

4-4 프랑크 왕국의 분할과 신라 말기 패권 다툼

4-5 고려의 건국, 당나라의 멸망, 송나라의 건국

연 대 로 보 는 비 교 세 계 사

1000

4-1 전체적인 설명(600~1000)

600년을 전후로 한 시대에 특기할 만한 사건은 인류의 역사를 바꾼 이슬람을 세운 무하마드가 태어나 이슬람을 전파하고 중동과 지중해 일대를 석권해 동로마제국 중심의 체제를 확 뒤바꾸어놓았다는 것이었다.

우리나라는 백제, 고구려, 신라가 주도권을 놓고 사생결단을 하고 있던 시기로 을지문덕, 연개소문, 양만춘 장군이 거대한 대국 수나라와 당나라를 상대로 한 치의 물러섬이 없이 사활을 걸고 싸우고 있었다. 또한 660년 대는 백제가 멸망하고 이어 고구려까지 멸망하던 통한의 시절이기도 했다. 신라에서는 선덕여왕, 김춘추, 김유신, 문무왕 등이 활약을 했고, 수나라는 창업한 지 30년도 안 되어 폐업신고를 해야 한 반면 수나라를 인수한 당나라는 당태종의 정관의 치를 자랑하며 전성기를 맞이했다. 그러나 당태종은 여자 하나를 잘못 선택해 측천무후에게 하마터면 당나라를 잃을 뻔했다.

일본은 600년대 초 쇼코쿠 태자가 일본을 비약적으로 발전시켰고 고구려 안시성에서 전투가 한참일 때인 645년경에는 나카노오에(후에 덴지 천황)가 나타나 외척으로 발호하던 소가 가문을 응징, 황권을 강화시키고 다이카가이신(大化改新: 대화개신)이라는 개혁을 실시했다. 그러나 기득권 세력의 반발에 부딪치게 되고 결국 672년에 진신의 난이 일어났다. 이어 나라 시대가 열렸다.

아라비아에서는 무하마드가 이슬람교를 창건해 중앙아시아, 이란, 이라크, 소아시아, 이집트, 북 아프리카, 에스파냐 지역을 휩쓸고 고색창연한 동로마제국을 끝없는 추락의 길로 안내했을 뿐만 아니라 이란의 사산조 페르시아를 멸망시키고 지중해를 이슬람의 앞바다로 바꾸어놓았다. 7

세기의 유럽은 이슬람의 세계, 아시아는 중국의 당나라 시대로 대표된다고 하면 될 것이다.

700년을 전후로 우리나라는 통일신라시대였다. 670년대 통일을 달성한 후 비교적 태평세월을 보냈으나, 700년대 후반부터 슬슬 귀족들의 주도권 다툼이 시작되어 혼란의 시기로 들어가기 시작했다. 이후 100여 년간을 싸움으로 지새우다 결국 900년대 초기에는 멸망하고 말아 주도권이고 뭐고 다 잃고 말았다. 나라가 없어졌는데 어디서 주도권을 찾겠나? 중국 역시 당나라의 명군 현종이 측천무후의 세력을 제거하고 즉위 후 훌륭한 정치를 펼쳤으나 후반에 태평시대의 후유증으로 사치와 방탕한 생활을 계속했고, 며느리였던 양귀비를 총애하면서 결과적으로 750년대의 안사의 난의 원인을 제공했다. 이 시대에는 유명한 이태백과 두보가 중국 문화의 진수를 보여준다. 일본은 700년대 초에 열렸던 나라 시대가 문을 닫고 790년경 헤이안 시대를 활짝 연다.

한편 당시 유럽의 동로마제국은 630년대에 출현한 이슬람 때문에 말할 수 없는 고생을 했다. 서쪽의 프랑크 왕국은 멜로빙거 가문이 쇠퇴하면서 카롤링거 가문으로 바통을 넘겨야 했고, 732년 피레네 산맥을 넘어 물밀듯이 밀어닥친 이슬람 세력에 프랑크의 재상 카를 마르텔이 맞서 이를 격퇴했다. 이로써 유럽은 이슬람의 세력으로부터 보호되었다. 이때 프랑크가 패했다면 지금쯤 세계는 어떻게 변했을까? 아무튼 이후 프랑크에는 샤를마뉴라는 걸출한 인물이 나타나 왕국을 통일하고 800년에 초대 신성로마제국의 황제의 지위를 얻었다. 또한 이 시기는 그동안 동로마제국의 통제를 받아왔던 로마 교황청도 이제는 더 이상 간섭을 받지 않고 독자적인 목소리를 내겠다고 동로마제국의 황제에게 도전장을 냈던 시기이도 했다. 역사적으로 볼 때 그다지 큰 새로운 사건은 없었고 무난히 넘어간 한 세기라고 볼 수 있다.

800년대에는 유럽에 프랑크 왕국을 통일한 걸출한 인물 샤를마뉴가 등장, 신성로마제국 황제의 관을 쓰고 사실상 유럽의 패자 역할을 했다. 그러나 손자 대에서 영토싸움이 시작되었다. 베르됭 조약으로 간신히 마무리되는 듯했으나 얼마 후 또다시 영토싸움으로 피투성이가 되었다. 결국은 메르센 조약으로 마무리가 되었다. 이후 각자 토지구획 정리를 하게 되었고, 이는 오늘날 프랑스와 독일, 이탈리아 국경선의 모체가 된다. 한편 700년대 중반 안사의 난으로 나라꼴이 엉망이 된 당나라는 800년대 후반 다시 황소의 난을 겪게 되면서 900년 초 침몰되고 만다. 이때 우리나라는 신라의 말기였다. 외침이 없어 나라가 좀 태평했지만 주도권을 다투는 집안싸움이 끊임없었던 100년이었다. 830년경에는 청해진에 진지를 구축한 장보고가 제해권을 잡으며 그동안 우리나라 연해안을 침범해 양민을 학살하고 납치해 외국에 노예로 팔아넘기던 왜적과 당나라 해적들을 소탕했다. 정식 국가기관이 아닌 민간인의 신분이었으니 요즈음으로 말하자면 청원 해양경찰인 셈이다. 막강한 세력으로 서해안과 남해안 해상을 호령했으나 신라의 부패한 정치인들에 휘말려 왕위 찬탈의 싸움에 끼어든 탓에 암살당하고 말았다. 이로써 신라는 모처럼 얻은 해상강국의 기회를 놓치게 되었고, 이는 900년 초 멸망으로 이어지고 말았다. 그러나 이 시기에 최치원이 활약했고, 궁예, 견훤, 왕건 등 많은 영웅들이 창업의 꿈을 품고 명멸했다. 풍수지리설의 대가 도선 선사도 이때 살았다. 그 외에 러시아는 800년대 후반에 이제 처음으로 막 태동을 했고, 영국은 전설의 왕 알프레드 대왕이 나타나 절망에 빠진 영국을 바이킹으로부터 구했다. 역사적으로 보아서는 그다지 특기할 만한 사건이 없었다.

900년대 우리나라에서는 천년 사직의 신라가 왕족들끼리 패싸움을 벌인 끝에 멸망을 앞두고 있었다. 이에 궁예, 견훤, 왕건 등이 새로운 나라를 창건하는 큰 뜻을 품고 도전했으나 궁예와 견훤은 애석하게도 꿈을 이루지 못한 채 꿈을 접어야 한 반면 왕건은 사업에 성공, 새로운 국가인 고려를 탄생시켰다. 중국은 907년 당나라가 멸망했고, 이어 약 50년간을 이민족들이 대륙에 눌러앉아 나라를 세운 5대 10국이라고 불리던 극심한 혼란기를 거쳐 960년 조광윤이 이끄는 송(宋)이 천하를 통일했다. 그런데 만주 지역과 중국의 북쪽에 모여 살고 있던 거란족은 900년대 초기 야율아보기라는 걸출한 인물이 탄생함으로써 900년대 말기부터 세력이 막강해졌다. 이어서 송나라와 고려를 침공하기 시작, 1000년대에 이르게 되면 동북 방면의 나라들은 거란에 의해 고통을 겪게 된다.

900년대 영국은 전설의 왕 알프레드가 조그마한 나라들을 최초로 통일해 나라꼴을 만들었고, 러시아도 이제 막 나라 같은 것이 태동을 하고 있었다. 이슬람제국은 막강한 세력으로서 이베리아 반도와 아프리카 일부, 이집트, 중동 등에 대제국을 건설했고, 프랑크 왕국은 동·서 프랑크로 갈림으로써 오늘날 프랑스와 독일 국경이 막 탄생을 하던 어수선하던 시절을 보냈다. 한편 일본은 헤이안 시대였다. 결론적으로 동양은 찬란한 문화와 세력을 구가한 반면 유럽은 이제 막 거름마를 하던 시절이라고 볼 수 있겠다. 유럽에서는 동로마제국만이 이슬람의 공격을 받으면서도 근근이, 유일하게 버티고 있었다.

4-2 수(隋)나라와 당(唐)나라의 고구려 침공

■■■■■■■■■■■■■■■■■■■■■■

600 백제 30대 무왕 즉위(재위 600~641)

무왕은 〈서동요〉의 주인공이기도 하다. 고구려의 남진을 막기 위해 중국의 수나라에 조공을 바쳤고, 수나라가 망하자 새로 등장한 당나라에게 조공을 바쳤다. 힘없는 나라를 다시 일으켜 보려고 노력을 한 왕으로 기억된다.

612 (중) 수나라의 1차 침공과 살수대첩, 을지문덕 장군

영양왕 23년 수나라의 113만 명의 대군이 고구려를 침공했다. 수나라는 요동성에서 고구려군의 요격으로 교착상태에 있었고 수군(水軍) 4만은 대동강을 거슬러 평양성까지 왔다가 전멸을 당했다. 이에 우문술과 우중문은 수나라군 30만으로 별동대를 조직, 거짓으로 패한 척한 을지문덕의 뒤를 쫓아 평양성까지 추격을 감행했으나 지치고 식량까지 부족해지자 퇴각을 하게 되었다. 그러나 그때부터 을지문덕군의 요격이 시작되었고, 그 결과 간신히 살수에 도착해 강을 건넜을 때는 요동까지 살아서 돌아간 수가 극소수였을 정도로 전멸을 당하고 만다. 이어 613년, 614년 재차 침입했으나 다 실패하고 말았다.

618 (중) 당(唐)나라 건국(618~907)

두 차례에 걸친 고구려 정벌에 실패한 수나라는 국력이 쇠퇴해진 데다가 수 양제의 황음무도 탓에 도처에서 반란이 일어나기 시작했다. 그중 이연이라는 자가 장안성을 점령하고 5월에 선위 형식을 빌려 황제에 오른 후 나라 이름을 당이라 했다. 그러나 아직 중국 전체가 다 통일된 것은 아니었다. 618년 수 양제는 죽었으나 아직 각 지역에는 반란 세력들이 남아있었다. 그러나 얼마 후 이연은 경쟁자들을 물리치고 천하를 통일한다. 나라를 세우는 데에는 아들 3형제 중 둘째인 이세민의 활약이 가장 컸다.

* 당 태종, 현무문의 변, 정관의 치(治)

당의 제2대 황제인 이세민(태종)은 역대 중국 황제 중 최고의 명군으로 칭송받고 있다. 그러나 우리나라와는 떼려야 뗄 수 없는 악연을 갖고 있다. 고구려를 두 차례나 침공, 성공은 못했지만 고구려의 국력을 쇠약하게 만들어 결과적으로 고구려와 백제의 멸망을 가져오게 한 사람이다. 결국 그의 아들인 3대 고종 재위 시절 고구려와 백제가 멸망했다.

당의 고조 이연에게는 세 아들이 있었는데 건성, 세민, 원길이 그들이다. 장자인 건성이 태자였으나 당나라 건국에는 차남인 진왕 이세민의 공로가 단연 으뜸이었다. 조선으로 말하자면 태조 이성계의 아들 중 방원인 셈이다. 태자인 건성은 세민이 없어져야만 두 다리를 죽 뻗고 살 것 같았다. 한편 막내인 제왕 원길도 사정은 마찬가지였다. 이들의 이해관계가 맞아 떨어지자 건성과 원길은 세민을 제거할 구체적인 작전에 돌입했다. 이에 세민도 자구책을 강구하지 않을 수 없었다. 결국 세민의 손에 건성과 원길이 살해되었고, 고조 이연이 진왕 이세민을 태자로 세운 후 곧 선양을 하니 이가 당 태종이다. 왕자들의 난을 '현무문의 변'이라고 한다. 800년 후 조선의 이성계와 아들 이방원의 경우와 너무나 닮은꼴이다. 이후 당 태종은 훌륭한 정치를 펴 중국 역사상 가장 훌륭한 치적을 이루었다 해 '정관의 치'라고 한다.

* 측천무후

산동성 출신의 어린 소녀인 무조(후에 측천무후)는 아름답다는 소문이 나서 당

태종의 부름을 받았다. 이때 태종의 나이는 40세가 넘었으니, 14세의 어린아이를 부르는 주책을 떨었다 할 수 있다. 이로 인해 50년 후에는 당나라가 망할 뻔하는 대가를 톡톡히 치르게 된다. 아무튼 태종은 무조와 한 번 관계를 가진 후 더 이상 가까이 하지는 않았고 태종이 죽자 무조는 관례상 머리를 깎고 비구니가 되었다. 당시에는 왕이 죽으면 왕을 섬기던 후궁들은 비구니가 되는 것이 관례였다. 뒤를 이어 황위에 오른 고종은 아버지인 태종이 살아 있을 시 눈여겨보았던 무조를 불러 자신의 후궁으로 삼고 소의의 직위를 주었다.

그런데 무조(이하 무후라고 한다)는 생긴 외모와는 아주 달라 거칠고 잔악하기가 그지없었다. 자기가 낳은 딸을 질식시켜 죽인 후 황후에게 뒤집어씌워 황후를 제거했고, 총비인 소숙비 역시 단계적인 술수를 써 제거했다. 훗날 이들 두 사람의 팔, 다리를 자르고 술 항아리에 던져 죽이는 잔혹함을 보였다. 목표를 위해 자신의 자식도 죽이는 여자였다. 반면 그녀의 아들은 고종의 피를 받아서인지 아주 착하고 효성이 지극했다. 또한 무후가 죽인 소숙비의 딸이 나이가 들어서 혼자 살고 있는 것이 안 되어 시집을 보내려 했을 정도로 인정도 많았다. 그러나 이에 화가 난 무후는 자기의 아들을 독살하고 만다. 그뿐이 아니었다. 무후의 친정 언니인 한국부인은 과부였는데 무후를 만나러 자주 궁궐에 드나들다 고종과 관계를 가졌다. 후에 이를 알게 된 무후는 자기 언니도 미련 없이 죽이고 말았다.

고종은 정사(政事)에 적극적인 성격이 아니었다. 그래서 황후인 무후에게 가끔씩 결재를 맡겼다. 그런데 무후는 매사에 처리가 깔끔해 차츰 일을 맡기기 시작하니 점점 정사에 참여가 깊어져 갔고, 결국 그 후 무후는 정사를 전담하기에 이르렀다. 고구려, 백제 정벌을 결정한 것도 무후의 작품이었다. 683년 고종이 죽고 일곱째 아들인 현이 즉위하니 이가 중종이다. 무후는 황태후가 되어 정사를 보았는데, 중종의 아내인 위(韋)씨는 과욕이 있는 여성으로 황후가 되자마자 친정아버지를 요직에 앉히는 코드 인사를 단행하려 했다. 이를 안 무후는 노발대발, 아예 황위를 박탈하고 여덟째 아들인 이단을 예종으로 즉위시켰다. 중종은 아내 잘못 만난 죄로 실각까지 당하고 만 것이다. 684년 중종에 이어 예종이 즉위했으나 예종 역시 실권 없는 허수아비 황제일 뿐이었다. 무후의 위력 밑에서 전전긍긍하다 690년 폐위당하고 만다. 이후 측천무후 자신이 황제가 되어 나라 이름을 당(唐)에서 주(周)로 바꾼다. 당나라가 망하고 주나라가 된 것이다. 무후는 고종이 살아있을 적에도 이미 실질적으로 20년을, 황제가 된 후 15년간을, 즉 총 40여 년을 통치했다. 혈통과 관계없이 유능한 사람을 골라서 쓰는 탁월한 통치를 했으며 자신의 핏줄인 무씨를 제쳐놓고 이씨의 혈통을 후계자로 삼는 냉철한 이성의 소유자였다.

세월이 흘러 무후가 노환으로 705년에 죽자 쫓겨났던 중종이 21년 만에 다시 황제 자리에 복귀하는 횡재를 얻었다. 그런데 오매불망(寤寐不忘) 그리워하던 황후 자리에 다시 오르게 된 위씨는 21년이란 기나긴 인동초 같은 세월을 보냈건만 제 버릇을 못 버리고 황제 의자 옆자리에 앉자마자 즉시 정치에 관여하기 시작했다. 제2의 측천무후를 꿈꾸었던 것이다. 거기에 딸 안락공주의 시아버지(사돈)인 무삼사가 자주 궁궐에 출입하다 위 황후와 불륜의 관계를 맺게 되는 기막힌 일이 벌어졌는데도 멍청한 중종은 무삼사를 신임해 정사를 같이 논하고 있었다. 한 가지를 알면 나머지도 알 수 있다고 측천무후는 중종을 한눈에 정확하게 간파 했던 것이다. 한마디로 중종은 황제의 자질이 부족한 함량미달의 사람이었다. 결국 마누라의 추문이 중종의 귀까지 들어가게 되자 중종도 조금씩 위 황후를 의심하기 시작했다. 이에 위 황후는 710년 만두 속에 독약을 넣어 남편 중종을 독살한 후 네째 아들 중무를 황제로 내세웠다. 그리고 황태후로서 섭정을 시작했다. 어느 사이 50년 전 무후의 길을 걷고 있었다. 그런데 더욱더 한심한 것은 속담처럼 "그 어머니에 그 딸"이라는 것이었다. 안락공주는 자기 어머니가 황제가 되면 자기는 차기 황제가 될 수 있다는 꿈을 꾸었고 때문에 아버지 독살에 가담한 것이었다. 이때 25세의 혈기 왕성한 청년 이융기(예종의 아들, 후에 현종)는 위씨 일당의 만행을 의분에 찬 시선으로 쏘아보고 있었다. 그는 결국 쿠데타를 단행해 위씨 일족과 안락공주를 참수하고 예종 이단에게 황위를 되찾아주었다. 그런데 예종 이단은 무후의 막내딸 태평공주의 도움을 많이 받고 있었다. 예종이 권력에 대한 욕심이 없고 점잖기만 한 사람이었던 반면 태평공주는 어머니 무후를 닮아서 영악하고 권모술수와 지략에 능했을 뿐 아니라 권력에 대한 집착도 강했다. 아무튼 예종의 즉위로 이융기와 태평공주의 한판 승부는 필연적인 것이 되었다. 그러나 712년 예종은 싸움을 중지시키기 위해 황위를 이융기에게 양위했다. 그가 당의 현종이다. 현종은 즉위했으나 이전에 상당수의 대신들이 태평공주파였기 때문에 이들이 사사건건 비토(거부권)를 놓고 정치를 왜곡시켰다. 또한 태평공주파들은 현종 암살계획까지 구상하고 있었다. 그러나 713년 현종은 태평공주파에 대한 선제공격을 감행해 이들을 일망타진, 당나라는 명실상부하게 현종의 체제로 들어갔다. 측천무후 한 사람이 뿌려놓은 씨앗을 70여 년 만에 거두는 순간이었다.

622 무하마드 메카에서 메디나로 피신(헤지라)

630 (중) 당나라 현장법사 인도 도착(당 태종 시대)

당나라를 떠나 인도의 하르샤 왕조 때인 630년에 도착, 14년간 인도를 다니며 공부한 후 644년 불상과 경전을 가지고 당나라로 돌아갔다. 삼장법사의 인도 여행길을 주제로 쓴 기행문이 《서유기》다(작자는 명나라 시대의 오승은, 1500년경).

632 신라 27대 선덕여왕 즉위(재위 632~647)

진평왕의 딸이다. 642년 백제의 의자왕에게 40여 개의 성을 빼앗기면서 김춘추의 사위 품석 및 딸 일가를 잃는 비운을 맞았다. 위기를 해결하기 위해 김춘추를 고구려에 보내 도움을 청했지만, 신라가 빼앗아간 영토를 돌려달라는 연개소문의 요구로 결렬되고 도리어 김춘추만 체포되었다. 그러나 김춘추는 기지를 발휘해 사지를 탈출하는 데 성공했다. 선덕여왕은 645년 외환(外患)을 막기 위해 황룡사에 9층탑을 착공하기도 했다.

* 김유신(595~673)

가야국 김수로왕의 12대 손이자 532년 법흥왕 19년에 신라에 투항한 구해왕의 손자이기도 하다. 당시 640년경 약체이던 신라가 백제로부터 침략을 받을 때 유일하게 승리를 거둠으로써 위치가 상승했다. 이후 계속된 승리와 고구려에 억류되어 있던 김춘추를 구출하는 데 결정적으로 공을 세움으로써 650년(진덕여왕시절)경 귀화한 외국인으로는 불가능한 신라 정권의 중추적인 인물이 되었다. 654년 진덕여왕이 자식 없이 죽었을 때에는 김춘추를 왕으로 추대하는 귀족회의에까지 영향력을 발휘할 정도의 위치에 있었다. 신분이 낮은 자신의 출세를 위해 계획적으로 김춘추를 끌어들여 여동생과 관계를 갖도록 유도, 이들을 결혼시키기 위해 일부러 불을 질러 선덕여왕의 눈에 띄게 만들었다. 연기에 놀란 선덕여왕이 "저것이 무슨 연기인가?" 하고 묻자 신하들이 "김유신이 처녀로 아이를 가진 여동생을 죽이려고 불을 지르는 것입니다"라고 했고, 이에 "누구의 아이요?" 하고 물었다. 이어서 김춘추의 얼굴이 시뻘겋게 달아오르는 것을 확인한 후 "김춘추 공의 아이요? 그러면 빨리 가서 생명을 구해야 할 것이 아니오?" 하고 재촉했다고 한다. 이로써 김유신 가문은 성골, 진골도 아닌 귀화인으로서 왕족과 혼사를 맺게 되었다.

641 백제 마지막 왕 31대 의자왕 즉위(재위 641~660)

무왕의 아들로 영웅적인 기질과 결단성을 갖춘 용감한 장부로 우애가 깊어 해동증자라는 칭호까지 얻었으나 점점 방심과 자만심으로 긴장의 끈을 놓아 말년에 사치와 향락에 빠졌고, 충신까지 살해하는 만행을 저질렀다. 결국 당나라의 힘을 빌린 신라에 의해 660년 백제는 멸망을 당하고 만다. 당시 신라는 당나라와 가까이 하는 대신 고구려와는 적대시했고, 고구려와 당나라는 견원지간이었다. 또한 신라에 철천지한이 있는 백제도 당나라와는 적대국이 되었다. 그래서 고구려가 당나라와 싸우는 동안에 신라를 공격하는 정책을 폈다. 642년 의자왕 초기 신라를 공격해 40여 개의 성을 빼앗고 김춘추의 사위 품석의 일가를 몰살시키기도 했다. 645년에는 당나라가 고구려를 공격하는 틈에 신라의 성 일곱 개를 빼앗았고, 655년에는 고구려, 말갈과 함께 신라의 30여 개 성을 공격하는 등 공세를 취했다. 그러나 말년에 왕권이 제법 강화되자 현량들을 살해하고 충신 좌평, 성충 등을 옥사시키는 등 멸망의 길로 달리기 시작했다. 한편 고구려 침공에 번번이 실패한 당나라는 우선 백제를 먼저 공격하기로 마음을 바꿨다. 이에 660년 소정방이 이끄는 당군이 금강을 거슬러 올랐고, 동시에 신라는 육로로 탄현(지금의 대전시 대덕구)을 넘어 진격해왔다. 이때 신라를 막던 장군 계백이 이끄는 5천 결사대가 황산(지금의 충남 연산)에서 5만 명의 신라군을 맞아 최후의 한 사람까지 장렬하게 전사함으로써 백제는 최후를 맞았다. 한편 계백은 적군의 손에 노예가 될 가족을 자기의 손으로 죽이고 싸움에 나서는 비장함을 보였다고 한다.

642 고구려 28대 보장왕 즉위(재위 642~668)

고구려의 마지막 왕이다. 연개소문이 27대 영류왕을 폐위시키고 세운 왕이다. 때문에 처음부터 실권은 연개소문에게 있었고 왕은 이름뿐이었다. 642년 신라가 김춘추를 보내와 화친을 요구했으나 연개소문이 한강 유역의 영토를 되돌려달라고 함에 따라 협상은 결렬되었다. 한편 당나라는 645년 당 태종이 직접 고구려를 침공했으나 안시성에서 패배를 당하고 철수한 후 작전을 바꿔 백제를 공격, 660년 백제를 멸망시켰다. 이어서 고구려는 662년 당나라 장군 방효태가 이끄는 당군을 사수(蛇水) 전투에서 전멸시키나, 665년 연개소문이 죽자 아들 삼형제가 아버지의 후계 문제로 내분을 일으켰고, 이 와중에 맏아들 남생이 나머지 동생들과의 싸움에서 따돌림을 당한 뒤 당나라로 투항, 고구려 침입의 길잡이가 된다. 결국 고구려는 자중지란으로 668년에 700년 역사를 마감하고 만다. 만주와 요동반도의 땅을 중국에 넘겨주었으니 신라가 삼국을 통일했다고는 하나 겨우 평양 이남의 땅을 갖게 된 것이었다. 결국 남의 나라 힘을 빌리면 어떤 대가를 치러야 하는지를 극명하게 보여주었다.

＊ 연개소문

할아버지, 아버지 모두 막리지인 명문 가문에서 태어났으나 천성이 잔인하고 모질다 해서 지위를 계승하지 못했다가 귀족들에게 간청해 겨우 승인을 받았다. 642년(영류왕 25년) 천리장성 축조 감독 임무를 맡았을 때 흉포하고 잔인한 연개소문을 두려워한 영류왕과 귀족들이 비밀리에 죽이려 하나 이를 먼저 알아낸 연개소문이 영류왕을 살해한 후 왕의 조카인 장을 보장왕으로 옹립하고 자신은 대막리지가 되어 실권을 휘두른다. 그러나 안시성 성주가 굴복하지 않자 안시성을 쳤으나 함락되지 않았고, 결국 성주의 지위를 인정해야만 했다.

　　당시 새로 등장한 당나라는 세력을 강화해 고창국과 돌궐을 멸망시키고 고구려를 압박해오고 있었다. 이에 고구려도 천리장성을 쌓았다. 한편 645년 당 태종이 안시성 싸움에서 패한 뒤 연개소문에게 활과 의복을 보냈는데, 그는 이를 받고도 사례를 하지 않았을 뿐 아니라 당에 사신을 보내 글을 전하기는 했지만 정중하지 않았다고 한다. 막강한 세력의 당나라에게 이렇듯 당당하게 맞선 나라는 고구려 외에는 없었다고 해도 과언은 아니다. 665년 연개소문이 죽자 장남 남생과 남건, 남산 등 아들들 사이에 불화가 일어나 고구려는 멸망의 길로 접어든다.

645 (중) 당나라의 고구려 침입, 안시성 전투

보장왕 4년 당나라 태종이 지휘하는 군대가 고구려를 침공했다. 요동에 진입한 이세적의 당군은 개모성을 함락시킨 다음 비사성을 함락시켰다. 이어서 태종의 독려를 받으며 요동성까지 함락시킨 뒤 백암성을 공격하기 시작, 6월에 백암성이 함락되자 곧바로 안시성을 공격했다. 그러나 고립된 상태에서도 안시성의 저항은 완강했다. 3개월이 지나도록 진전이 없었던 것이다. 이에 악이 난 이세적은 성이 함락되면 성 안의 남자는 전부 흙속에 파묻겠다고 공언했다. 최후에는 흙산을 높이 쌓아서 내려다보며 공격을 하려고 했으나 고구려군은 흙산마저 무너뜨렸다. 결국 당 태종은 책임자의 목을 베고 싸움을 직접 독려, 3일간 쉬지 않고 맹공을 퍼부었다. 그러나 끝내 실패하고 말았다. 성이 함락될 기미는 없고 9월이 되어 요동에는 찬바람이 불기 시작한 데다가 군량도 다하게 되자 태종은 철군을 할 수 밖에 없었다. 심지어 철수하는 과정에서 악천후를 만나 수많은 희생자를 내었다.

고구려는 수나라와의 두 번에 걸친 전쟁과 당나라와의 전쟁으로 더는 전쟁을 치를 수가 없었다. 그래서 미운 자식 떡 하나 더 주는 심정으로 당나라에 사신을 보냈다. 그러나 독이 오를 대로 오른 당 태종은 끝까지 원정을 감행했으니 마치 유일하게 당나라의 권위에 도전하는 고구려를 손봐주려고 작심을 한 것 같았다. 그러나 원정 지시 중 당 태종이 사망함으로써 고구려 원정은 자연스레 중단되고 말았다. 그러나 얼마 후 측천무후에 의해 침략이 재개되었고 결국 백제와 고구려가 멸망당하고 만다.

645 (일) 다이카가이신(大化改新)

쇼토쿠 태자가 죽고 천황보다도 더 큰 권세를 누리던 실권자 소가 우마코도 죽자 우마코의 손자인 이루카가 권력을 이어받았는데, 이루카의 전횡이 극에 달하자 사방에서 이루카를 제거하려고 한다. 당시 황태자인 **나카노오에 오우지(후에 덴지 천황)** 역시 소가 이루카를 제거할 계획을 세우게 된다. 나카노오에 황태자(626~671)는 대신 **나카토미 가마타리**(中臣鎌足)의 도움을 받아 645년 소가 이루카를 살해한 후 소가의 세력을 궁중에서 몰아냈다. 또한 삼촌을 **고토쿠 천황**으로 즉위시킨 후 자신은 후계자가 되어 당나라의 제도를 본받아 중앙집권제를 강화하는 등 개혁을 실시했다. 이를 다이카가이신(대화개신)이라고 한다. 물론 기존의 세력들은 개혁에 극심하게 반발하나 나카노오에의 힘에 눌려 참을 수밖에 없었다. 그러나 이런 불만은 훗날 진신의 난으로 이어진다. 한편 나카노오에는 소가 이루카를 제거하는 데 공을 세운 나카토미 가마타리의 공로를 치하하기 위해 **후지와라라는 성(姓)**을 하사하고 중용했다. 이것은 후지와라 가문이 소가 가문을 대신해 세력을 잡는 계기가 된다. 이후 **후지와라 가문**은 1192년 미나모토 요리토모에 의해 가마쿠라 막부가 세워지기까지 근 500년간을 세도를 누렸다. 특히 54대 천황부터 71대 천황까지 천황비의 자리를 독식했다.

647 신라 28대 진덕여왕 즉위(재위 647~654)

26대 진평왕의 아우의 딸, 그러니까 선덕여왕의 사촌이다. 648년 백제 의직 장군에 의해 11개의 성을 빼앗기나 김유신에 의해 되찾았다. 당시 신라의 군사력이 열세여서 계속 성을 빼앗겼으나 그나마 김유신의 활약에 근근이 버텨나가는 실정이었다. 김유신은 신라 사람이 아니고 법흥왕 때 병합된 금관가야의 김수로왕의 후손이었으나 많은 공을 세워 당시에는 김유신의 위세가 나날이 높아지던 시기였고 김춘추는 주로 외교에 활약을 했다. 중국에 기댈 수밖에 없었던 신라는 649년 중국 의관을 착용 , 650년 연호마저 중국 당나라 고종의 연호인 영휘를 사용하는 등 중국의 속국이나 다름없는 외교를 했다. 이는 훗날 고구려 멸망 후 당나라가 신라 땅에 계림도독부를 설치해 신라를 아예 당나라의 군현처럼 취급하게 되는 계기가 된다.

654 신라 29대 무열왕 즉위(재위 654~661)

무열왕의 이름은 김춘추로 25대 진지왕의 손자다. 비는 김유신의 여동생이다. 500년대 이후 비약적인 발전을 한 신라는 백제와 고구려의 위협으로 이에 대처하기 위해 중국에 의존할 수밖에 없었다. 당시 김춘추는 주로 외교활동을 맡았고 전투는 김유신이 맡았다. 그러다 642년 백제에 의해 딸의 전 가족이 살해되는 비운을 겪기도 한다. 648년 진덕 2년에는 당나라에 가서 군사원조의 약속을 받고 귀국했다. 654년 진덕여왕이 후사 없이 죽자 귀족들의 추대로 왕위에 오르게 되었다. 그의 재위 시절인 660년 당나라 고종이 소정방을 사령관으로 한 13만 명의 군사를 보내자 신라군 5만 명과 연합해 백제를 멸망시켰다.

655 이슬람 키르키아 해전에서 승리

이슬람이 계속 서진해 튀니지아와 키프로스를 공략하자 동로마제국은 함대를 보내 소아시아 반도 키르키아 앞바다에서 해전으로 저지하려 했다. 그러나 승리는 이슬람군에게 돌아갔고, 결국 7세기 중엽부터 동로마제국은 동부 지중해와 동방세계에 대한 지배권을 대부분 잃고 말았다.

660 백제 멸망

4-3 이슬람제국의 끝없는 팽창

■ ■

661 우마이야 왕조 설립, 아라비안나이트

다마스쿠스를 거점으로 계속 서쪽으로 진출한다. 서쪽으로는 이베리아 반도에서 동으로는 사마르칸트, 인도의 서북부까지 정복했다. 700년경에는 북 아프리카의 대서양 연안까지 세력을 뻗쳤다. 그중 5대 칼리프 하룬 알 라시드는 아라비안나이트로 우리에게 잘 알려진 인물이다. 그러나 우마이야 왕조는 불과 100년 만인 750년경 멸망하고 아바스 왕조로 이어졌다. 아바스 왕조는 수도를 다마스쿠스에서 바그다드로 옮긴다. 이후 동부 지중해 상의 섬들이 모두 이슬람 세력의 수중에 들어가게 되면서 이탈리아 반도 서쪽의 세계는 동방세계와 차단된다. 이로써 서유럽과 동방과의 무역 길이 완전히 막혔고, 결국 경제도 쇠퇴해갔다.

661 신라 30대 문무왕(661~681)

29대 무열왕의 장자로 신라 시대에서 가장 중요한 시기에 가장 큰일을 성공적으로 치러낸 신라 최고의 왕이다. 660년 백제가 멸망당한 후 복신, 도침 등이 일본에 있던 부여풍을 왕으로 옹립하여 저항하자 김유신이 주류성(부안)을 공격해 진압했다. 668년 마침내 고구려는 당군에 의해 멸망되었다. 이후 당나라는 663년 일방적으로 신라에 계림대도독부를 설치하고 문무왕을 계림 대도독에 임명했다. 이는 신라를 나라로 인정하지 않는다는 의미였다. 또한 백제 땅에 웅진도독부를 두어 직접 지배하려 들었다. 옛 고구려의 땅 역시 직접 지배하려 했으나 고구려 부흥군의 활발한 활동으로 사실상 불가능했다. 고구려 저항 세력 중 검모잠은 보장왕의 아들 안승을 왕으로 삼고 저항을 계속하기도 했다. 이에 신라는 고구려 저항 세력을 원조함으로써 당나라를 견제했다. 한편 671년 장군 죽지 등이 석성 전투에서 당군 3천500명을 죽이고 사비성을 함락시킴으로써 백제에 대한 완전한 지배권을 확보하기도 했다. 이즈음 당군과의 전투가 치열해졌는데, 675년 설인귀의 당군이 패배했고, 이근행의 20만 대군도 매초성에서 대패를 했다. 그 후 크고 작은 18회에 걸친 당나라 군대와의 싸움에서 승리를 거둠으로써 이후 육로를 통한 당나라의 침입은 불가능하게 되었다. 676년에는 바다를 통해 침입하던 설인귀의 수군을 소부리주 기벌포에서 크게 물리쳐 4천여 명을 몰살시킴으로써 재해권마저 빼앗아온다. 결국 당나라는 평양에 설치했던 안동도호부를 요동으로 옮겨야 했다. 이로써 신라는 원산만과 대동강을 잇는 이남을 차지, 비로소 빛바랜 삼국통일을 이룩하게 되었다.

668 고구려 멸망

668 (일) 덴지(天智) 천황 즉위

고토쿠 천황의 뒤를 이어 나카노오에가 즉위하니 이가 덴지(天智) 천황이다. 덴지에게는 다이카가이신 때부터 충실하게 자신을 도와준 동생 오아마(大海) 황자가 있었다. 다들 많은 실세들의 반대를 무릅쓰고 충실하게 개혁을 도와준 오아마가 황태자가 되는 것으로 알고 있었다. 그런데 덴지 천황에게는 신분이 낮은 여인에게서 낳은 오토모(大友) 황자가 있었다. 나이가 들어가며 자기 자식에 대한 애착이 강해진 덴지는 차츰 동생과 사이가 멀어졌고, 오아마도 신변에 위험을 느끼고 결국 요시노 산으로 은신하고 말았다. 671년 덴지가 죽자 다이카가이신에 반대하는 귀족들이 오토모를 고분 천황으로 추대하고 오아마를 공격하려고 함에 따라 오아마와 고분 천황의 대결은 피할 수 없게 되었다. 이 싸움에서 오아마 황자가 승리해 덴무(天武) 천황이 되고, 오토모 황자, 즉 고분 천황은 자결로 생을 마감한다. 이를 진신의 난이라고 한다. 덴무 천황이 죽은 후에는 그의 아내가 지토 천황으로 즉위한다.

672 (일) 진신의 난 발발

690 (중) 측천무후 재위 찬탈(690~705, 618년 참조)

694 (일) 수도(首都)의 변경(668년 참조)

694년 지토 천황(덴무 천황의 아내) 시대에 수도를 후지와라로 옮겼다가 710년에 헤이죠(지금의 나라)로 옮겼다. 그리고 80여 년이 지난 794년에 헤이안(지금의 교토)으로 수도를 또다시 옮겼다. 690년 후지와라 이전까지의 시대를 아스카(飛鳥) 시대라고 부르고 710~794년까지를 나라 시대라고 부른다. 또 794년부터 가마쿠라 막부가 설립되는 1192년까지를 헤이안(平安) 시대라고 한다. 헤이안은 지금의 교토로 1860년대 도쿄로 수도를 옮길 때까지 약 1천 년간 일본의 수도였다. 지금도 일본인의 정신적인 수도라고 할 수 있다. 나라의 이름을 **일본(日本)**이라고 부르기 시작한 것도 이때인 800년경부터다.

701 (중) 이백 출생(701~762)

이태백, 청련거사라고도 한다. 감숙성의 부유한 가정에서 태어났다. 소년 시절부터 탁월한 문재(文才)를 발휘해 주위를 놀라게 했다. 또 검술을 좋아하는 의협심 있는 남아였다. 정계에 투신해 관리가 될 포부를 가졌었으나 뜻을 이루지 못하고 시인으로 이름을 남겼다. 742년 조정의 부름을 받아 장안으로 올라왔다. 현종의 파격적인 대우를 받은 이백은 자기가 받은 보직이라는 것이 국정을 담당하는 관리가 아니고 연회장에서 임금에게

시를 짓는 궁정 시인이라는 것을 알게 된 후 절망에 빠져 친구들과 술을 마시며 시름을 달래는 것으로 세월을 보냈다. 한번은 현종이 급하게 이백을 부른 일이 있었는데, 이때 이백은 고주망태가 되어 있었다. 그런 이백을 등에 업고 현종에게 데려가자 현종은 술 깨는 약을 먹이고 물을 끼얹어 깨어나게 했다. 이때 이백은 대취한 김에 당시 최고 권력자인 환관 고역사에게 신발을 벗기게 하고 양귀비의 오빠인 양국충에게는 먹을 갈게 한 뒤 단번에 청평조의 가사를 써 올렸다. 이 가사는 지금까지도 중국 사람들에게 애창되는 걸작으로 손꼽히고 있다. 하지만 고역사와 양국충은 이 일로 이태백을 미워하게 되었다. 결국 고역사의 참소로 현종에게 미움을 받은 이백은 장안을 떠나 방랑의 길에 올랐다. 그리고 여행 도중 두보를 만났다. 그때 이백은 44세, 두보는 33세로 11세 차이였다. 두 사람은 형제와 같은 사이가 되어 함께 꿈같은 시간을 보냈는데, 아마도 두 사람 다 생애에 가장 행복한 시간이었을 것이다. 석별의 정을 아쉬워하며 헤어졌고, 그것이 둘 사이의 마지막 만남이었다. 이후로도 이백은 벼슬 할 생각 없이 시와 술로 여생을 보냈다. 물론 생활은 말로 할 수 없이 어려웠다.

712 (중) 당의 현종 즉위(재위 712~756, 618년 참조)

당 6대 현종은 예종의 셋째 아들로 이름은 융기였다. 청년 시절 씩씩하고 패기 넘치는 남아였는데, 위 황후가 국정을 어지럽히자 과감히 정권을 뒤엎고 아버지인 예종을 황제로 복위시켰다. 그 후 2년 뒤에 양위를 받아 6대 황제가 된다. 치세 기간 중 최대의 번영과 영화를 가져왔으나 말년에 양귀비에게 빠져 정사를 돌보지 않으면서 안록산과 사사명의 난을 당해야 했다. 이후 아들에게 황위를 넘겨주고 만다. 초기의 현종은 요숭이란 재상을 기용해 훌륭한 치적을 이루어 **개원의 치**라는 평가를 받았을 정도로 훌륭했다. 아마도 수도인 장안도 당 현종 때가 가장 번화한 때가 아닌가 싶다. 멀리 페르시아 등 아랍 국가에서도 장안을 방문했을 정도다. 그러나 50세가 넘은 740년 이후 간신 이임보, 고역사 등을 곁에 두면서 정사를 그르쳤고 말년에 며느리인 양귀비를 총애하면서부터는 아예 정사는 내팽개치고 양귀비와 환락에 빠져버렸다. 결과적으로 안록산의 난을 겪으면서 피난을 가는 등 큰 대가를 치뤄야 했다. 하지만 안록산의 난으로 인한 백성들의 희생은 그보다 컸고, 이는 훗날 황소의 난으로 연결되었다. 즉, 안록산의 난은 거함(巨艦) 당나라 호(號)의 침몰을 예고한 것과 다름없었다.

이때 750년경 불후의 시인 이백과 두보의 만남도 이루어진다.

＊ 양귀비와 안록산의 난

양귀비의 본명은 옥환으로 본래 현종의 18째 아들 수왕 이모의 아내로 현종의 며느리였다. 수왕의 비가 절세미인이라는 소문을 들은 현종은 며느리를 향연에 참석시켰다가 거기에서 양귀비에게 얼이 빠지고 말았다. 이때 현종은 56세이고 양귀비는 22세였다. 현종은 양귀비의 환심을 사기 위해 오빠인 양소를 등용하는 등 양귀비의 일가친척들을 대거 요직에 발탁했다. 그중 양소는 신임을 받아 국충이란 이름을 하사받았으므로 이후 양국충이라고도 불리게 되었다. 이후 양국충의 위세는 하늘 높은 줄 모르고 높아갔다. 한편 이임보는 자신의 세력을 장기화하기 위해 한족 출신 외에 이민족 출신의 군인을 요직에 배치했는데 그중에 안록산과 사사명이란 자들도 끼어 있었다. 이들은 돌궐족의 후예로 출세해 절도사 자리에까지 올라갔다. 그중 안록산은 자주 궁궐을 드나들며 양귀비의 총애를 받게 되었고, 양귀비의 양자가 되어 서서히 힘을 갖추게 된다. 752년 이임보가 죽고 뒤를 이어 양국충이 이임보 자리를 차지하자 양국충과 안록산의 대립은 치열해져만 갔다. 이에 755년 안록산이 군사를 일으켜 낙양을 함락시키고 장안을 향해 진군하니 현종은 양국충의 근거지인 사천으로 피신했으나 평소 양국충과 양귀비에 불만이 가득하던 친위대가 반발함에 따라 양국충과 양귀비는 죽임을 당하고 만다. 756년 현종은 황제 위를 아들에게 물려주니 그가 숙종이다. 숙종은 즉위하자마자 진영을 재정비해 안록산에게 반격을 시작했다.

한편 안록산은 반란을 일으킨 후 얼마 안 되어 당뇨병 악화로 실명하면서 매사에 신경질적이 되었다. 또 적자인 안경서를 폐하고 애첩의 아들인 안경은을 후계자로 바꾸기까지 했다. 이에 다급해진 경서는 아버지를 시해하고 자기가 아버지의 자리에 앉았으나 757년 안록산의 부하 장군이었던 사사명에게 죽임을 당하고 만다. 사사명 역시 아들인 사조의에게 살해되었다. 763년 사조의는 정부군에게 패해 9년에 걸친 안사의 난도 막을 내린다. **안록산의 난과 사사명의 난을 합쳐서 안사의 난(755~763)이라고 한다.**

712 (중) 두보(杜甫) 출생(712~770)

두보(杜甫)는 양양 태생으로 대대로 시인을 배출한 집안에서 태어났다. 이백과 함께 시성(詩聖)으로 불린다. 장안에 올라가 과거를 보았으나 낙방하고 33세에 이백과 만났다. 35세에 다시 장안에서 과거를 보았으나 또다시 낙방했다. 당시는 간신 이임보가 '훌륭한 인재가 등용되면 통치에 방해가 된다'며 응시자 전원을 낙방시키기도 했던 시절이었다. 직업이 없는 두보는 가난에 쪼들리는 생활을 해야만 했지만 이후로도 관직을 얻지는 못했다. 이런 가운데 자식을 굶겨 죽이기까지 했다. 한편 이백은 안록산의 난이 일어났을 때 영왕의 요청으로 그의 막하로 들어갔지만 영왕이 황위에 오른 숙종에 의해 반역자로 몰려 토벌됨에 따라 투옥되었다가 후에 석방되기도 한다. 반면 두보는 반란군에게 체포되었다가 장안에서 탈출, 숙종이 있는 곳으로 달려갔는데, 올곧은 성격으로 인해 곧 황제의 반감을 사게 되었고, 이내 추방되었다. 두보는 각지를 방랑하는 중에 전란과 부역에 시달리는 백성들의 고통을 직접 보고 들었다. 두보 자신도 초근목피(草根木皮)나 상수리로 허기를 달래며 살기 위해 땔감을 주으면서 분노를 삼켜야 했다. 두보는 이런 분노와 비참한 방랑 여행을 바탕으로 숱한 명작을 남겼다. 하지만 두보의 말년은 이백보다 훨씬 더 비참했다. 사천을 떠난 두보는 장강 중류 지대를 방랑하다가 호남성 악양 부근의 강에 떠 있던 낡은 배 안에서 병사(病死)했다. 이때 나이 59세였다.

이백은 1천여 수, 두보는 1천400여 수의 시를 남겼는데, 1천200여 년 전에 숨을 거뒀지만 그들은 지금도 시성(詩聖)으로서 여전히 우리의 곁에 있다.

712 (일) 고지키 편찬

고지키(古書記)는 오노 야스마로가 저술한 **일본 최고(最古)의 역사책**으로 일본의 건국신화부터 스이코 천황까지(628)의 역사가 기록되어 있다.

732 프랑크 왕국의 카를 마르텔 이슬람 군대에게 승리
(푸아티에 전투, 511년 참조)

742 신라 35대 경덕왕 즉위(재위 742~765)

이름은 김헌영으로 당나라의 문화를 수입해 신라 문화의 황금시대를 이룩하고 산업 발전에도 힘을 쏟았다. **불교 중흥에도 노력해 황룡사의 종을 주조하고 재상 김대성을 시켜 불국사를 세웠다.** 석굴암도 이때 축조되었다. 한편 경덕왕의 장모는 수로부인으로 미인으로 유명하다. 장인 김순정이 강릉태수로 부임 시 동행하던 수로부인이 절벽에 피어난 꽃을 꺾어 달라고 조르자 늙은 노인이 꽃을 꺾어주면서 헌화가를 불렀다. 수로부인은 그정도로 아름다웠고, 그로 인해 가는 곳마다 화제를 만들었다고 한다.

이런 미화가 있던 시절이기도 했지만 신라에서는 700년대 중반 혜공왕(경덕왕의 아들) 이후부터 150년간 귀족들이 서로 왕위를 노리며 싸움을 그치지 않았다. 기회만 있으면 왕을 시해하고 왕위를 찬탈하니 왕이라 하더라도 언제 왕위를 빼앗길지 모르는 판국이었다. 결국 명맥만 유지한 채 근근이 버티던 신라는 935년에 천년사직을 마감하고 말았다. 궁예, 견훤, 왕건이 그 당시 활약했다.

750 이슬람 우마이야 왕조 멸망, 아바스 왕조로 교체

751 (프) 카롤링거 왕조 탄생(751~987)

741년 카를 마르텔이 죽자 그의 아들 피핀이 궁재의 자리에 올랐다. 이때는 궁재인 카를 마르텔이 아들의 지위를 세습시킬 수 있을 정도로 국왕의 권위가 추락해 있었다. 즉, 신하가 실질적으로 나라를 다스리고 있었던 것이다. 피핀은 750년 로마 교황 자카리우스의 묵인 하에 메로빙거 가문의 마지막 왕인 힐데리히 3세를 폐위하고 사원에 유폐한 후 스스로 피핀 3세로 왕위에 올라 카롤링거 왕조를 열었다. 당시 로마 교황은 동로마제국의 황제에게 명령을 받는 입장에 있었다. 로마 교황의 입장에서도 처음에는 임명해주는 것만도 감지덕지였다. 그러나 세월이 흐르면서 점점 동로마제국의 참견과 구속이 싫어졌다. "나도 머리가 클 만큼 컸는데 이렇게 사사건건 통제를 받아야 하는 건가?" 하는 심사였을지도 모르겠다. 게다가 동로마제국과는 수천 리 길이었다. 그런 중에 동로마제국 황제가 교회의 모든 조각품을 우상이라고 지목, 몽땅 깨부수라는 명령을 내렸고, 이에 결사반대하는 로마 교황은 피핀에 기대어 동로마제국으로부터 독립을 하고자 피핀의 왕위 찬탈을 못 본 체했던 것이다. 프랑크 왕국을 내 편으로 삼아 동로마제국에 대한 방패막이로 쓰자는 계산에서였다. 동로마는 자기의 명령을 따르지 않는 로마를 로마와 지척거리에 있는 롬바르드를 시켜 공격했고, 다급해진 로마 교황은 피핀에게 도움을 청했다. 이에 피핀은 롬바르드를 물리쳐 보호자의 역할을 톡톡히 했다. 이는 동로마제국과 로마 교황이 결별하게 되는 계기가 되었고, 후에 동로마제국은 그리스 정교로, 로마는 가톨릭으로 각각 제 길을 걷게 된다.

755 (중) 안사의 난(755~763, 712년 참조)

768 (프) 샤를마뉴 즉위(재위 768~814)

카알 대제라고도 한다. 프랑크 왕국을 유럽 최강의 나라로 만들고 오늘날의 프랑스와 독일의 모체를 만들었다. 북으로는 작센족을 물리쳐 항복을 받고 그리스도교로 개종을 시키고 로마 교황을 계속적으로 괴롭혀온 롬바르드를 물리치고 빼앗은 땅의 일부를 로마 교황에게 기증했다. 이에 로마 교황 레오 3세는 800년 12월24일 샤를마뉴에게 신성로마제국 황제의 관을 바쳤다. 이로써 그때까지 미개한 민족으로만 취급받던 게르만 민족이 유럽의 역사에 주역으로 등장하는 계기가 된다.

781 (일) 50대 간무 천황 즉위(재위 781~806)

간무(桓武) 천황은 794년 수도를 나라에서 헤이안(오늘날의 교토)으로 옮겼는데, 이때부터 1192년 가마쿠라 막부가 탄생할 때까지의 약 400

년간을 헤이안 시대라고 한다. 그리고 1868년 도쿄로 바뀔 때까지 근 1천여 년을 일본 수도의 지위를 누렸다. 헤이안 시대를 귀족전성 시대 또는 섭관정치 시대라고도 부른다.

수도를 헤이안으로 옮기고 천황의 힘을 키우려 애쓰던 간무 천황이 죽고 그 뒤를 이은 51대 헤이제이(平城) 천황, 52대 사가 천황은 귀족, 호족들의 세력을 약화시키기 위해 스스로 율령을 어기는 누를 범했고, 이에 국가의 기강이 흐트러지자 도리어 귀족들의 세력이 더욱 커져만 갔다. 점점 국가의 토지는 귀족과 지방 호족들의 손에 들어갔고, 중앙정부의 힘이 미치지 못한 지방에는 저항 세력이 싹트기 시작했다. 이는 후에 가마쿠라 막부가 생기는 원인이 되기도 한다. 이런 지방 세력의 반란을 막기 위해 **반란군 토벌의 최고 책임자를 임명하는데, 이를 세이이다이 쇼군(征夷大將軍), 줄여서 쇼군이라고도 했다.**

한편 어린 천황이 즉위했을 때 누군가 대신 정사를 맡아보는 것을 섭정(攝政: 어느 나라에서나 있어왔다)이라고 하는데, **천황이 성인이 되었는데도 정권을 이양하는 대신 관백이 되어 권력을 행사를 하는 경우도 있으니 이는 통틀어서 섭관정치라 한다.** 또한 본래 섭정은 왕족이 하는 것이 통례였다. 그런데 헤이안 시대에 절대적인 권력을 지니고 있었던 후지와라 가문이 왕족을 젖히고 직접 섭정을 하는 사태가 벌어지고 만다. 후지와라 요시후사(藤原良房)가 신하로서는 처음으로 섭정을 하게 된 것이다(858). 이후 후지와라 가문은 650~1192년까지 약 500년 동안 권력을 쥐고 있었을 뿐 아니라 왕비의 자리를 독차지한다. 또한 요시후사는 황태자를 폐위하는가 하면 천황을 결정하는 등 지 멋대로 행동했다. 그의 아들 모토쓰네(藤原基經)도 마찬가지였다. 이후 후지와라 가문은 고코(光孝) 천황 때부터는 태정대신(천황의 최고위층 신하)보다도 더 높은 간바쿠(관백)가 되었고(884), 이후 약 200년간 섭정과 관백을 번갈아 해먹으며 세도를 누렸다. 헤이안 시대를 섭관시
대라고 부르는 것이 이런 이유
에서다. 아무튼 1000년경의 후
지와라 미치나가는 딸 넷을 66
대 천황부터 69대 천황의 황후
로 만들기도 했다. 관리의 임명까지 후지와라 가문에서 좌지우지했으므
로 법질서가 땅에 떨어진 것은 당연한 일이었다. 그 때문에 지방의 농민
들은 토지와 생명을 지키기 위해 스스로 무장을 하고 서로 힘을 합쳐 부시
(무사)계급으로 태어난다. 이들이 차츰 힘을 합해 세력이 커졌고, 점차 귀
족들의 눈에 띄어 중앙으로 진출하게 되었다. 이후 이들은 무시할 수 없는
세력으로 발전한다. 이때 전국에 가장 큰 세력을 가진 무사집단으로 미
나모토(源氏 : 겐지) 가문과 , 다이라(平氏 : 헤이지) 가문이 있었다.

그러나 헤이안 시대에 일본은 당나라의 문화를 받아들이고 외국 문
화를 일본식으로 발전시켰으며 한자를 개조해 일본글인 '가나'를 만들
어내기도 했다. 또 일본이 세계 최초의 장편소설이라고 자랑하는 무라
사키 시키부의 《겐지모노가타리》(源氏物語)가 쓰인 것도, 일본 고유의
노래이자 시(詩)인 '와카'(和歌)가 만들어진 것도 이 때였다. 즉, 헤이안
시대 때 일본 문화가 비약적인 발전을 했던 것이다.

연대	기간	시대 구분
794~1192	400년간	헤이안 시대
1192~1333	140년간	가마쿠라 막부 시대
1338~1573	235년간	무로마치 막부 시대
1603~1868	265년간	에도 막부 시대

800 (프) 샤를마뉴, 신성로마제국 황제로 즉위

프랑크 왕국의 왕인 샤를마뉴가 **신성로마제국의 황제까지 겸한다는 것은 유럽을 재통합한다는 의미**가 있다. 신성로마제국은 동로마제국과는 이제 완전 별개의 나라였다. 또한 이는 동로마제국의 그리스 정교와 로마의 가톨릭이 별개로 나누어졌다는 의미이기도 했다.

828 신라 장보고 청해진에 진지 구축

장보고의 본명은 궁복이다. 출신은 불분명하지만 서남해안 토호 출신일 가능성이 크다. 무예에 자질이 있어 당나라에 건너가 소장(小將)이 되었고, 당에서 귀국한 후인 828년에는 흥덕왕에게 청해진(지금의 완도)에 진수할 것을 허락받아 군사 1만 명을 모아 청해진(완도)을 건설했다. 당시 서남해안에서는 당나라 해적들이 신라인을 노략질해 노예로 팔거나 무역선을 약탈하는 경우가 허다했다. 장보고는 해적을 완전히 소탕하고 서남해안의 해상권을 장악했을 뿐만 아니라 무역을 통해 많은 재산을 모아 위세를 떨쳤다. 그 후 경제력과 무력을 바탕으로 중앙의 권력 쟁탈전에 개입하게 되었다. 836년(흥덕왕 11년) 김우징이 청해진으로 도피해 와 의탁했는데, 838년 희강왕 3년 희강왕이 살해되고 민애왕이 즉위하자 장보고는 김양과 김우징과 결탁, 김우징이 민애왕을 살해하고 신무왕으로 즉위하는 데 결정적인 역할을 했다. 그러나 846년 신무왕의 아들 문성왕 때 반란을 일으켰다가 자객에 의해 피살되었다.

836 신라 43대 희강왕 즉위(재위 836~838)

이름은 김제륭이다. 42대 흥덕왕이 죽자 다음 왕위를 놓고 균정과 제륭 간에 싸움이 벌어진다. 균정은 제륭의 큰아버지로 이는 백부와 조카의 싸움이었다. 균정을 지지한 **균정파는 김우징, 예징, 김양** 등이었고, 제륭을 지지한 **제륭파**는 김명, 이홍, 배훤백 등이었다. 이들의 싸움 중 균정이 살해되자 균정파는 청해진의 장보고에게 의탁하게 된다. 한편 승리한 제륭은 희강왕으로 즉위한 후 공로가 큰 김명을 상대등으로, 이홍을 시중으로 삼았다. 그러나 이번에는 같은 편이었던 김명과 이홍이 난을 일으켰고, 결국 희강왕은 자살로 삶을 마감한다. 남을 죽이고 왕위를 찬탈하더니 똑같은 일을 당하고 만 것이다. 이렇게 약 100여 년간은 서로가 왕이 되기 위해 왕족들을 마구 죽이니 서로 믿을 수가 없었다. 언제 어떻게 될지 모르는 형국이었다. 아무튼 이후 김명이 44대 민애왕으로 즉위하게 된다(재위 838~839). 하지만 민애왕은 청해진으로 피신해 있던 김우징 등이 장보고의 도움을 받아 공격하니 왕위에 오른 지 1년 만에 역시 살해되고, 839년 김우징이 45대 신무왕으로 즉위하지만, 김우징이 즉위 후 3개월 만에 급서함에 따라 왕위는 그의 아들 김경웅(46대 문성왕, 재위 839~857)에게 돌아갔다. 문성왕은 즉위 후 공이 있는 예징, 김양 등을 발탁하고 장보고를 장군으로 임명했다. 그러나 재위 기간 중 끊임없는 반란에 시달렸다.

843 (프) 베르됭 조약

프랑크의 위대한 왕 샤를마뉴가 죽고 아들 루트비히(루이) 1세가 뒤를 이었다. 그에게는 원래 아들이 넷 있었는데, 둘째 피핀이 일찍 사망함에 따라 장남 로타르 1세와 셋째 루트비히 2세(별명: 독일인), 그리고 두 번째 아내에게서 얻은 막내 카를 2세(별명: 대머리)가 남았다. 결국 루트비히 1세가 죽자 아들 사이에 영토 분쟁이 격화되었고, 수많은 싸움 끝에 영토의 배분이 일단락 지어진다.

장남 로타르 1세	이탈리아 지방, 스위스, 프랑스 동부의 약간, 네덜란드, 벨기에의 일부를 포함한 가늘고 긴 지역을 확보
셋째 루트비히 2세(독일인)	라인 강 동부로 지금의 독일 지역을 확보
막내 카를로스 2세(대머리)	지금의 프랑스 전역(로타르가 소유한 프랑스 일부 제외)을 확보

이로써 오늘날의 프랑스와 독일, 이탈리아의 국경선이 대충 그려지게 되었다. 이는 870년 메르센 조약으로 좀 더 확실하게 분리된다.

846 신라 장보고의 반란

문성왕 김경응이 왕위에 오르기 전 청해진에 도피생활을 하고 있을 때 경응은 장보고의 딸과 함께 살며 보위에 오르면 왕후를 약속했다. 그러나 막상 왕위에 오른 후에는 신분 문제로 귀족들이 반대함에 따라 약속을 지키지 못했다. 이에 격분한 장보고가 반란을 일으키게 된다. 당시 신라의 국력으로는 장보고를 견제할 만한 힘이 없었다. 이미 공권력이 땅에 떨어진 상태였고, 청해진의 군사력이 막강해 정부군으로서는 통제가 불가능했던 것이다. 결국 조정은 자객을 시켜 장보고를 살해한다.

4-4 프랑크 왕국의 분할과 신라 말기 패권 다툼

■ ■

870 (프) 메르센 조약 가계도-2 참조

전술한 바와 같이 프랑크 왕국은 로타르 1세, 루트비히 2세, 카를 2세, 이렇게 삼형제가 분할하여 각자의 지역을 통치했다. 그중 로타르 1세는 일찌감치 영토를 자기의 아들들에게 분배하고 자신은 수도원으로 들어가 여생을 보냈다. 한편 로타르 1세의 둘째아들 로타르 2세가 869년 후사가 없이 죽자 삼촌인 루트비히 2세와 카를 2세는 조카인 로타르 2세의 땅(로렌지방)을 서로 차지하려고 싸우게 되고, 결국 메르센 조약으로 이들은 조카의 땅을 나누어 갖는다. 이때 루트비히는 라인 강 서쪽의 광대한 땅과 프리슬란드(네덜란드) 지역을 차지한다. 이전까지는 프랑스와 독일 공통인 동·서 프랑크의 역사이지만 이후부터는 프랑스와 독일로 분리되어 각각의 독립된 역사를 이룬다. 한편 800년도 초반부터 말까지 벌어진 집안싸움은 결국 외침을 불러들였다. 북쪽에서는 지금의 덴마크, 노르웨이의 노르만족, 동쪽에서는 헝가리의 마자르족, 남쪽에서는 이슬람이 침입했던 것이다.

노르만족은 흔히 바이킹(Viking)족이라고도 불리는 민족으로 주로 해적질을 해먹고 살았는데, 흉포하고 잔인해서 게르만족도 공포에 떨었을 정도여서 게르만족은 이들을 피해 내륙지방으로 피신을 해야 했다. 특히 영국은 덴마크 바이킹족(데인족)들이 가장 즐겨 찾는 단골집이었다. 영국의 역사가 수백 년 동안 데인족의 침입과 이를 방어하는 것으로 점철되어 있을 정도다. 영국은 원래 작센 지방에 살던 앵글로색슨족이니 바이킹과 마찬가지로 모두 게르만족이다.

아무튼 900년 초 계속된 노르만족의 침략으로 시달리던 서프랑크의 왕 샤를 3세(단순왕)는 신하가 된다는 조건으로 노르만족을 세느 강 서쪽에 정착해 살도록 허용했다. 그들이 정착한 곳을 오늘날 노르망디라고 부르는데(북쪽에서 왔다고 해서 노르만이라고 불렸다) 약 150년 후인 1060년경에 노르망디공 기욤(영어로는 윌리엄)은 영국으로 쳐들어가 스스로 영국의 왕이 되었다. 이후 프랑크 왕국은 크게 동프랑크(오늘날의 독일 지역), 서프랑크(오늘날의 프랑스 지역), 이탈리아로 나누어진다. 또한 서프랑크 지역은 부르고뉴 공국, 프로방스 공국, 로타르 공국(로렌 지역), 플랑드르 공국, 노르망디 공국, 부르타뉴 공국 등 여러 개의 공국으로 나누어진다. 이들을 백작, 후작, 공작이라고 불렀고, 그들의 영지는 백작령, 공작령 등으로 불렀다.

871 (영) 알프레드 대왕 즉위(재위 871~899)

알프레드 대왕(Alfred the Great)은 데인족의 침략으로 절망에 빠진 영국을 구하고 여러 개의 작은 나라로 구성된 영국이 통일될 수 있도록 기반을 마련했다. 학문을 장려하는 등 여러 면에서 영국을 발전시켰다. 침입을 반복하던 데인족을 항복시키고 개종시킨 후 이스트 앵글리아에 정착해 살도록 했고, 이후에도 계속된 데인족의 침입을 물리쳤다. 때문에 잉글랜드의 왕들은 알프레드를 자기들의 왕으로 인정했다.

사실 800년 전후의 영국은 유럽에서도 뒤떨어진 나라였다. 한편 대륙에서는 프랑크의 샤를마뉴가 갈리아를 통일한 후 신성로마제국의 황제가 되었고, 또 그 자식들의 싸움으로 오늘날의 프랑스, 독일, 이탈리아의 국경이 그어지고 있었다. 중국에서는 측천무후가 죽고 이태백, 두보가 불후의 명작을 세상에 내놓던 시절을 지나 양귀비의 등장과 안록산의 난, 사사명의 난으로 어지러웠다가 907년 당나라가 멸망하고 말았다. 우리나라는 600년대 후반에 고구려와 백제가 멸망한 데 이어서 이 시기에는 신라도 어느덧 뉘엿뉘엿 서산으로 넘어가고 있었다. 중동에서는 이슬람이 한창 기세를 떨치던 아바스 왕조의 전성기였다. <u>지도-13 참조</u>

영국은 800년대 말 데인족의 침입으로 또다시 위험에 처하게 된다. 당시 영국은 아직 나라다운 통일국가도 아니었고, 지역별로 나누어진 지역국가 정도로서 웨식스, 서리, 켄트, 에식스, 이스트앵글리아, 노섬브리아 등 많은 지역국가들이 난립하고 있었다. 그들에게 데인족은 우리에게 있어 왜적(일본)과 같은 존재였다. 오랫동안 끊임없이 영국을 괴롭혀왔기 때문이다. 이런 때에 알프레드가 등장해 구국의 영웅이 된다. 아들 에드워드(재위 899~924)는 여동생 애설 플래드와 연합해 데인족을 격파, 영국 통일의 기틀을 마련함으로써 그의 아들 에설스탠(재위 924~939) 때 실질적으로 통일국가를 이룬다. 그러나 이는 정치적인 통일을 의미했을 뿐 오늘날과 같은 완전한 통일이 아니었다. <u>지도-14 참조</u>

이후로도 데인족의 계속된 침입으로 영국은 800~1000년까지 200년 동안 편할 날이 없었다. 그러던 중 웨식스가 차츰 두각을 나타내더니 주변의 조그만 나라들을 차례로 통일하기 시작했다. 하지만 에설레드 2세(재위 978~1016)는 데인족이 쳐들어올 때 노르망디로 도망을 가서 노르망디공의 보호를 받게 되면서 1013년 덴마크의 왕 스벤 1세가 잉글랜드의 왕이 되어 실질적으로 영국을 통치를 하게 되었다. 이후 1014년 스벤 1세가 죽고 에설레드 2세가 다시 잉글랜드로 돌아와 왕이 되었다. 그러나 1016년 에설레드 2세가 죽자 잉글랜드의 왕위는 스벤 1세의 아들인 크누트에게 돌아간다. 크누트 대왕(Cnut the Great)은 덴마크의 바이킹족이자 침략자로서 잉글랜드의 왕이 되기는 했지만 로마의 교황 및 교회와 유대를 강화해 평화를 유지하고 본거지인 덴마크와 노르웨이 왕까지 겸직해 스칸디나비아 제국을 건설했다. 이후로는 데인족의 침입이 사라짐에 따라 영국은 오랜만에 평화를 구가했다. 때문에 크누트 대왕은 영국에서 위대한 왕으로 불린다. 그의 사후 변변치 못한 아들 헤럴드와 하르데카누트가 몇 년 동안 왕위를 유지하다가 덴마크의 혈통을 이어가지 못했다. 즉, 왕위를 애설레드 2세의 아들인 에드워드(참회왕: 재위 1042~1066)에게 빼앗긴 것이다. 1066년 참회왕 에드워드가 죽고 고드윈의 아들 헤럴드가 뒤를 잇자 프랑스의 **노르망디공 기욤**은 이를 부정하고 영국으로 쳐들어와 헤이스팅스 전투에서 헤럴드를 죽이고 **스스로 영국의 왕이 되니 그가 바로 윌리엄 1세다.** 영국 역사를 새로 쓴 그는 위대한 왕으로 추앙받았다. **이제부터 진정한 영국의 역사가 시작된다.**(1066년 참조)

874 (중) 당나라 황소의 난(873~888)

18대 희종 시대 황소와 왕선지라는 소금 밀매업자가 있었는데, 이들이 함께 반란을 일으켰다. 초기 반란군은 많은 싸움에서 승리해 기세를 올렸다. 그러나 877년 정부군을 이끈 증원유가 신주 동쪽에서 왕선지의 군을 대파하고 황매에서 결정적인 승리를 한 후 왕선지를 참수했다. 그러나 약 10만의 왕선지 잔당을 이끈 상양은 황소의 군과 합류, 황소를 맹주로 추대했다. 황소의 군은 가는 곳마다 승리했다. 880년 11월 마침내 낙양까지 함락시키고 12월에는 동관을 함락, 이어서 장안으로 향했다. 이에 희종은 장안을 포기하고 서쪽으로 몽진했다. 장안으로 입성한 황소는 남아있던 당나라 황족들을 몰살시키고 나라 이름을 대제(大齊)로 했다. 나라를 세우기는 했으나 아무런 체계도 없이 싸움 끝에 세운 나라이니 체계가 잡히기 만무했다. 결국 당군에게 쫓기게 되고, 자결로 생을 마감한다(잡혀 참수 당했다는 설도 있다). 그러나 당나라는 이들에 의해 완전히 뒤흔들리게 되고, 이후 20여 년 후인 907년 멸망하고 만다.

887 신라 51대 진성여왕(재위 887~897)

경문왕의 딸로 신라 세 명의 여왕 중 마지막 여왕이다. 때는 신라의 말기로 이미 국가가 통치력을 상실한 후였다. 사방에서 도적떼가 일어났지만 이를 막을 힘이 없었다. 그러다 891년 양길의 부하 궁예가 명주(강릉)를 공격하고, 견훤이 일어나 후백제를 세웠지만 역시 막을 수 없었다. 각간 위홍과 대구화상을 시켜《삼대목》이라는 향가집을 완성시킨 것도 진성여왕이다.

한편 우리나라 역사상 모두 세 명의 여왕이 있었는데 전부 신라의 왕이었다.

재위 기간	여왕
632~647	선덕여왕
647~654	진덕여왕
887~897	진성여왕

892 후백제 창건(892~935)과 견훤

본성은 이씨로 상주(문경)에서 태어났다. 아버지 아자개는 농민 출신의 장군이었다. 당시 신라는 760년대 혜공왕 이후 왕족들의 왕위 다툼으로 황폐할 대로 황폐한 상태여서 지방 호족들이 독자 세력을 형성해 국토를 나누어 지배하고 있었다. 이때 변방 비장으로 있던 견훤은 이러한 혼란을 틈 타 892년(진성여왕 6년) 중앙정부에 반기를 들었다. 그리고 무진주(광주) 등 여러 성을 공격, 900년(효공왕 4년)에는 완산에 도읍을 정하고 후백제를 세웠다. 견훤의 후백제는 당시 가장 큰 세력이었던 궁예까지 누를 정도의 힘을 가지고 있었다. 927년 견훤은 신라의 수도 경주까지 공격해 55대 경애왕에게 스스로 자결토록 강요하고, 김부를 56대 경순왕으로(재위 927~935) 내세우기에 이른다. 그리고 신라를 구하러 온 고려의 왕건을 팔공산 전투에서 대파하기도 했다. 이 일로 왕건은 신숭겸, 김락 등을 잃고 구사일생으로 목숨만 건져 탈출해야만 했다. 그러나 판도는 929년 고창(안동) 싸움에서 고려에게 크게 패하면서 바뀌기 시작, 934년에는 웅진 이북의 30여 성이 고려에 귀순하는 등 고려에게 밀리게 된다.

견훤에게는 신검, 양검, 용검, 금강이라는 아들이 있었는데 위로 셋은 본부인의 아들이었고 막내 금강은 후처에게서 낳은 아들이었다. 그런데 견훤은 막내 금강을 총애, 금강에게 왕위를 물려주려고 했다. 이에 불만을 품은 신검이 이찬 능환과 모의해 반란을 일으켜 금강을 죽인 후 견훤을 금산사에 감금했다. 결국 견훤은 탈출에 성공해 왕건에게 의탁함으로써 문제를 야기하고 만다. 사랑하던 막내아들을 죽인 본처의 아들들이 밉다고 적국에 의탁하다니 말이다. 아무튼 이듬해 왕건은 신검의 후백제를 정벌, 견훤의 아들 삼형제를 모두 참수했다. 이에 견훤은 화병으로 죽고 만다. 본인 자신도 왕위에서 쫓겨나고 아들 셋이 몽땅 왕건에게 잡혀죽고, 나라까지 잃는 기막힌 사태에 어떻게 더 살고 싶었을까?

893 (프) **샤를 3세 즉위**(재위 893~922)

초기 프랑스의 왕으로 단순왕이라고도 한다. 911년 노르만 바이킹의 침입을 막아내지 못했다. 결국 생클레르쉬르레프트 조약을 통해 그리스도교로 개종하고 봉신이 되는 조건으로 노르만들이 정착할 수 있는 영토를 주었다. 그 지역이 오늘날 노르망디이다.

900 최치원

자는 고운(孤雲)으로 857년경 문성왕 시대에 태어난 것으로 보이며 900년 초기까지 살았던 것으로 추정된다. 경문왕 시절부터 진성여왕과 효공왕 시절까지 살았을 것이다. 당나라에 유학 가서 18세 어린 나이에 장원급제를 해 879년 고변의 밑에서 종사관으로 서기가 되어 황소의 토벌작전에 종군했다. 《계원필경》 20권과 〈격황소서〉(토 황소격문)는 명문으로 손꼽힌다. 885년 신라로 돌아와 문장가로서는 인정을 받았으나 신라의 골품제도와 국정의 문란으로 자신의 뜻을 펼치지 못해 외지의 태수로 돌았다. 890년대에는 양길 , 궁예가 반란을 일으키고 견훤이 후백제를 창건한 때였다. 이런 때에 최치원은 포부를 펼칠 수 없어 관직을 사직하고 지방을 소요하며 만년을 보냈다.

* 궁예

궁예는 어려서 승려생활을 했다. 후에 이를 청산하고 도적 기원의 부하로 들어갔으나 맞지 않아 북원의 도적 양길의 수하로 들어가 차츰 두각을 나타냈다. 895년 신라 51대 진성여왕 시절에는 송악 출신 왕건을 수하에 두고 신라의 북변을 장악했다. 901년 효공왕 시절에 나라를 세워 이름을 후고구려라고 했다가 904년 마진으로 고쳤다. 이후 궁예의 마진은 대동강까지 진출, 평양을 점령하면서 신라보다도 더 큰 나라가 된다. 911년 다시 국호를 태봉으로 고치고 자신을 '미륵불'이라고 칭했다. 그해 왕건을 시켜 금성(현 나주)을 점령했고, 서해 해상권을 장악해 견훤을 견제했다. 그런데 이후 그는 신라에서 투항한 사람들을 마구 학살했을 뿐만 아니라 자기가 한쪽 눈을 잃은 것에 대한 자격지심도 심해 차츰 거칠고 잔인한 성격으로 변모하기 시작했다. 결국 의심으로 자신의 아내까지 잔인하게 살해한 뒤 말리는 두 아들에게 "네 놈이 누구의 자식인지 모른다"는 입에 담을 수 없는 폭언을 던지고는 역시 살해했다. 궁예의 성정이 갈수록 광포해지자 918년 홍유, 배현경, 신숭겸, 복지겸 등이 왕건을 추대하고 궁예를 축출했다. 한편 궁예는 옷을 바꾸어 입고 도망치다 백성들에게 잡혀 죽었다. 비록 비참한 최후를 맞이했지만 그도 한 시대를 풍미한 영웅이었다.

907 중국 당나라 멸망, 5대 10국시대(907~960)

당나라는 618~907년까지 290년간 유지되었다. 당나라가 망한 907년부터 조광윤이 송(宋)을 건국한 960년까지의 약 50여 년간 중원에는 후량, 후당, 후진, 후한, 후주의 다섯 왕조가, 그 외에서는 오, 남당, 민, 오월, 초, 남한, 전촉, 후촉, 형남, 북한의 열 개의 나라가 세력을 다퉜다. 이를 5대 10국의 시대라 한다.

4-5 고려의 건국, 당나라의 멸망, 송나라의 건국

918 왕건의 고려 건국(918~1392, 약 500년간)

통일 신라 말기 또다시 후백제, 신라, 태봉의 3국으로 분열된 한반도를 통일하고 500년의 고려를 창건한 왕이다. 개성 부근에서 태어났는데, 아버지 왕융은 개성 인근의 호족이었다. 당시 900년경 궁예가 이끄는 태봉이 강력한 세력으로 북으로 올라오자 왕건은 궁예의 휘하에 들어가 신하가 되고 무장이 된다. 무장으로서 뛰어나 많은 전투에서 승리, 20대에 장군이 되었다. 광주, 청주, 충주를 점령한 후 서해를 이용해 나주를 점령해 제해권을 장악함으로써 당시 막강한 세력의 후백제를 포위했다. 이후에도 많은 전투에서 승리해 궁예의 신임을 받았을 뿐 아니라 훌륭한 무장들을 거느리게 되었다. 그런데 그즈음 궁예가 차츰 광포해지고 광기를 보이더니 자신의 아내와 두 아들을 타살한 것도 모자라 근거 없는 의심으로 살인을 계속하자 부하들은 반란을 일으켜 왕건을 왕으로 추대한다. 한때 후백제의 견훤과의 팔공산 전투에서 목숨을 잃을 지경에 처하기도 했지만, 이후 후백제를 멸망시키고 삼국을 통일한다. 왕이 된 왕건은 불교를 국교로 삼았다.

919 (독) 동프랑크, 하인리히 1세 작센 왕조 설립(918~1024)

911년 동프랑크(독일) 루트비히 4세와 콘트라 1세(재위 911~918)에 이어 918년 작센 지방의 하인리히 1세가 동프랑크 왕국의 왕으로 선출되었다. 하인리히 1세는 바이에른, 슈바벤, 로트링겐을 정복했고, 또한 항상 위협적인 존재였던 슬라브족을 정벌해 동프랑크를 강력한 나라로 만들었다. 이는 항상 티격태격하던 서프랑크(프랑스)와 동등한 국가적 지위를 얻게

되었다는 의미였다. 이로써 두 나라는 서로 간섭을 않기로 약속하면서 오랜 분쟁을 종식시켰다. 즉, 프랑스와 독일의 구별이 확실히 되지 않았던 시대에 프랑스와 독일을 구별할 계기를 만든 것이다. 따라서 하인리히 1세는 진정한 독일의 시조라고 보아야 할 것이다. 아들 오토 1세 역시 제후들의 인정 하에 뒤를 이어 독일의 왕이 되어 독일만의 역사를 열었다. 또한 후에 신성로마제국의 황제가 되었다. 하인리히 1세에 의해 시작된 작센 왕조는 하인리히 2세(재위 1014~1024)까지 약 100년간 지속되었다.

924 신라 55대 경애왕(924~927)

경애왕은 신라 말기 927년 포석정에서 연회를 하다가 후백제의 기습을 받아 체포되고 죽음을 강요받은 비극의 왕이다. 얼마나 방어가 허술했던지 후백제의 군사가 왕궁을 공격할 때까지도 모르고 있었다고 한다. 한편 신라의 구원 요청을 받고 달려온 고려의 왕건은 팔공산 전투에서 후백제의 견훤에게 대패, 겨우 목숨만 건져 돌아갔고, 이 전투에서 명장 신숭겸, 김락 등이 전사했다. 왕건으로서는 뼈아픈 패배였다.

935 신라 멸망

신라 56대 경순왕(김부)은 고려의 왕건에게 항복하고 935년 나라를 넘겨줬다. 이로써 1천 년 역사의 신라가 역사 속에서 사라졌다. 끝까지 항복을 거부했던 경순왕의 큰아들 마의태자는 나라가 멸망하자 금강산으로 들어가 불교에 귀의했다고 전해진다.

936 (독) 오토 1세 즉위(재위 936~973)

오토 대제는 독일 역사상 위대한 왕 중의 하나다. 아버지 하인리히 1세의 뒤를 이어 독일의 기초를 튼튼하게 다져놓았기 때문에 대제라는 칭호가 붙었다. 그동안 골칫덩어리였던 마자르족을 대패(大敗)시켜 한동안 독일 근처에 얼씬거리지 못하게 만들어놓기도 했고, 950년에는 보헤미아(지금의 체코 지역)를 정벌해 부르고뉴 지역까지 영역을 넓혔으며, 프랑스의 로렌 지역 영유권 주장을 물리치고 합병했다. 우리가 잘 아는 프랑스의 알자스, 로렌 지방은 독일과 프랑스가 서로 자기의 영토라고 주장하는 지역으로서 한쪽이 강해지면 반드시 이 지역을 빼앗아가곤 했던 문제의 땅이다. 제2차 세계대전 이후 전쟁에서 승리한 프랑스가 떼어갔지만, 이 지역의 분쟁은 이미 오토 대제 때부터 시작되었다.

이후 오토 대제는 아우크스부르크 근처의 레히펠트 전투에서 마자르족을 무찔렀고, 이로써 마자르족은 당분간 재침할 기력을 잃고 말았다. 960년에는 엘베 강, 오데르 강 중류의 슬라브족을 물리쳐 복속시켰고, 962년에는 로마 교황을 괴롭혀온 베렝가리오를 물리치고 로마에 입성, 교황 요한네스 12세로부터 신성로마제국의 황제 관을 받는다. 이후로 신성로마제국의 황제 자리는 프랑크 왕국에서 독일로 넘어갔고 이후 독일에서 오스트리아의 합스부르크가로 넘어갔다. 나폴레옹이 신성로마제국을 멸망시키는 1800년대 초반까지 신성로마제국이라는 이름뿐인 명예는 오스트리아에게 있었다.

962년 오토 대제가 신성로마제국의 황제로 즉위한 것을 독일의 제1

제국이라 하고, 1870년 프로이센의 비스마르크에 의해 통일된 독일을 제2제국이라 하며, 히틀러의 독일을 제3제국이라 한다.

949 고려 4대 광종 즉위(재위 949~975)

광종은 초기 고려의 왕권을 확립한 유능한 왕이었다. 태조 왕건의 셋째 아들로 956년 노비안검법을 실시해 호족, 공신 등이 소유하고 있던 노비들을 양민으로 만들어 그들의 세력 기반에 타격을 주고 왕권을 강화시켰다. 958년 후주(중국 5대 10국 시대)에서 귀화한 쌍기의 건의로 과거제를 실시하는 한편 왕권 강화에 반발하거나 장애가 되는 세력을 제거했다. 건국 초의 대표적인 공신 박수경, 최지몽 등을 제거하고 혜종과 정종의 아들까지도 죽이는 등 대대적인 숙청을 단행했다.

960 (중) 송나라 건국(960~1279, 320년간)

| 북송 | 960~1127 | 167년간 |
| 남송 | 1127~1279 | 152년간 |

송(宋)의 태조 조광윤은 중국 역사상 명군으로 손꼽는 사람이다. 당나라가 황소의 난 등 반란으로 망하자 900년대 초의 중국은 이민족들이 침입, 5대 10국이라는 이민족의 나라들이 장악하는데, 이들을 통일하고 정통 한(漢)민족의 나라를 세운 사람이 조광윤이다. 927년에 태어난 조광윤은 후주의 두 번째 황제인 세종의 휘하 장군으로 많은 전투에서 승리해 후주 군대의 총사령관이 되었다. 959년 세종이 죽고 7세의 어린 공제가 즉위하자 거란의 군대와 후주를 두려워하던 많은 나라들이 동시에 후주를 공격하기 시작했다. 이러한 국가적 위기에 어린아이가 황제가

된 데 불만을 가졌던 휘하 장수들이 조광윤 을 황제로 추대한다. 온화한 성격의 조광윤 은 부하들로부터 이전 황실과 측근들을 함부 로 살해하지 않겠다는 것, 노략과 약탈을 하 지 않겠다는 것을 서약 받고서야 황제를 수 락했다. 그리고 국호를 송이라 했다. 송나라 는 960년에 세워졌지만 실질적인 통일은 아  들인 태종 시절에 이루어졌다. 높은 식견과 인품을 지녔고 여간해서는 사 람을 죽이지 않는 성품으로 나라를 세우는 데 공로가 많은 부하들을 통일 후 관직에서 물러나게 했다. 이는 남은 여생을 편안하게 살라는 배려에서 행한 일이었다. 정실이나 혈연보다는 실력 있는 사람을 등용시켰고 기존 의 관리들이 다음 관리를 추천하는 것을 금지하는 대신 시험을 통해 등용 했다. 패배한 적장에게도 관대한 처분을 내렸을 뿐만 아니라 정복지의 백 성들을 함부로 살해하지 못하게 했다. 그러나 관리들의 부패와 복지부동 에는 가혹한 처벌을 내렸다. 이전의 어떤 황제보다도 인정이 많고 인품이 높았던 황제였다.

전반기의 송나라는 전반적으로 무(武)보다는 문(文)을 중요시해 빛나 는 문화의 업적을 이뤘다. 그러나 그 때문에 역대 어느 왕조보다도 군 사력이 약했고, 그로 인해 거란(요나라)과 여진(금나라)의 침략을 집요 하게 받았다. 이에 송나라는 군사력 강화보다는 적국에게 많은 공물을 바치는 것으로 문제를 해결했다. 따라서 나라는 점점 더 가난해졌고 적 국은 상대적으로 강해졌다. 한번 공물에 맛을 들인 적들은 공물이 떨어질 만하면 쳐들어와서 용돈을 타 가고는 했다. 계속된 외침과 공물의 부담, 그리고 약한 군사력으로 인해 황제 두 사람이 한꺼번에 금나라에 끌려가 는 비극까지 맞으면서 멸망하고 말았다.

한편 나라를 망하게 한 흠종의 동생이 남쪽으로 피신해 항주에서 송나라를 세웠는데, 역사에서는 **이를 남송이라고 부르고 이전의 송을 북송(北宋)이라고 부른다.** 하지만 **남송(南宋)**의 문을 연 고종도 그저 혈연에 의해 최고 경영자가 되었을 뿐 CEO 자질이 없는 사람이었다. 그러니 금나라와 화친을 해 전쟁을 피하는 데 급급했다. 목숨을 바쳐 나라를 구하려는 명장 이강, 악비, 한세충 등을 화친에 방해가 된다며 죄를 씌워 죽였고, **소흥의 강화라는** 굴욕적인 강화를 맺어야 했다. 이로써 전쟁을 피했으나 근본적으로 국방력이 빈약하니 이후로도 지속해서 금나라에게 당하기만 했다. 그러다 몽골을 통일한 칭기즈칸을 만나 꼼짝 못 하고 나라를 잃고 말았다.

송나라가 망한 데에는 문에 치우쳐서 국방력이 약했다는 것도 원인이었지만 불운(不運)도 크게 작용했다. 900년대 초반에는 야율아보기라는 걸출한 인물이 거란에서 나타나 요(遼)나라를 세우고 이후 1000년부터 약 100년간을 괴롭히더니(대조영이 세운 발해도 요나라에게 멸망을 당했다), 1100년경에는 옛 고구려 땅인 만주에 조용하게 살던 여진족에 아골타라는 걸출한 인물이 나타나 금나라를 세우고 달려든 것이다. 그나마 1100년대에는 금나라의 침략을 돈으로라도 때우면서 근근이 살아갔지만, 1200년대에 들어서면서 인류 역사상 최고의 정복자 칭기즈칸이 나타나니 더 이상 버틸 수가 없게 되었다. 결국 송나라는 1270년경 멸망하고 말았다. 강력한 힘을 가진 정복자의 나라가 하필이면 중국과 붙어 있던 나라였으니 지독히도 운이 없었다고 해야 할 것이다. 송이 저 멀리 유럽에 있었던 나라였다면 문제가 없었을 텐데….

962 (독) 오토 대제, 신성로마제국 황제로 즉위(독일 왕 겸직)

981 고려 6대 성종 즉위(재위 981~997)

987 (프) 위그 카페 즉위(재위 987~996)

987년 카롤링거 왕조의 마지막 왕 루이 5세가 사냥터에서 사고로 죽자 카롤링거가의 핏줄인 로렌의 샤를을 제치고 **로베르 가문의 위그 카페(Hugue Capet)**가 프랑스 왕위를 이어받았다. 이로써 앞으로 350년간 14명의 왕을 배출하는 낭만적인 이름의 카페 왕조(987~1328)가 시작된다. 초기 카페 왕조의 왕들은 아직 세력이 미약해 자신의 영지인 파리, 오를레앙, 일드 프랑스 지역만을 직접 통치했다. 그 외의 지역은 영주들이 독자적으로 다스렸는데 그 세력이 카페 왕조보다 더 막강했다. 그러나 봉건적 관례에 따라 왕은 상징적인 지도자로 인정받았고, 영주들은 왕에게 충성서약을 해야 했다.

993 거란족의 고려 침입, 서희 장군

고려 6대 성종(재위 981~997) 때에 소손녕이 이끄는 거란군이 고려를 침범한다. 전술한 바와 같이 900년대 초반 야율아보기가 세운 요나라는 1000년대에 들어오면서 전성기를 맞았다. 요는 그 힘으로 송나라를 끊임없이 괴롭혔고, 발해를 멸망시켰으며, 심지어 고려에까지 몰려와 행패를 부렸다. 고려가 자신들을 배척하고 송나라와 국교를 맺고 있는 것이 불만이었던 거란은 소손녕을 장수로 한 80만 대군으로 고려를 침공했다. 고려 조정에서는 거란에게 땅을 떼어주고 화친을 맺어야 한다는 의견도 많았다. 그런 때에 서희는 홀로 거란 진영에 가서 소손녕과 담판, 거란군을 철군하도록 만들었다. 그 후에도 서희는 994년부터 3년간 압록강 동쪽의 여진족을 몰아내고 강동 6주에 성을 쌓아 이 지역을 다시 우리 영토로 편입시키는 혁혁한 성과를 이루어냈다. 성종은 건강이 악화되어 재위 16년 만에 경종의 아들인 조카에게 보위를 물려주니 그가 목종이다.

6대 성종의 뒤를 이어 18세의 목종(5대 경종의 아들)이 즉위했으나 어머니인 천추태후(5대 경종의 비)가 섭정을 하면서 간부(姦夫)였던 김치양을 궁중으로 불러들여 궁중을 어지럽혔다. 또한 목종에게 후사가 없자 김치양과의 사이에서 태어난 아들을 왕으로 만들기 위해 다음 왕위 계승자인 대량원군을 강제로 출가시킨 후 사람을 시켜 죽이려고까지 했다. 그러나 목종은 대량원군을 세자로 정했고, 이에 김치양이 반역을 시도(1009)했다. 혼란은 서북면 도순검사 강조(康兆)가 목종을 폐위하고 대량원군을 현종으로 즉위시킴으로 끝이 났다. 강조는 목종을 귀양길에서 죽이고 김치양 부자를 죽이는 등 혁신을 단행했다.

✳ 천추태후

목종의 아버지인 경종에게 대종 욱의 딸 자매가 시집을 가니 경종은 언니를 헌애왕후로, 동생을 헌정왕후로 삼았다(헌애왕후의 아들이 목종이다). 경종이 죽자 갓 태어난 아들 대신 왕위는 성종(대종 욱의 아들)에게로 돌아갔다. 그러다 경종의 아들이 17세가 되었을 때 목종으로 즉위한다. 때문에 정사는 어린 왕 대신 어머니 천추태후(왕비 시절의 헌애왕후)가 섭정으로 맡아 하게 되었다.

한편 이전에도 천추태후와 김치양의 추문이 나돌아 성종이 김치양을 불러들여 볼기짝에 불이 날 정도로 때린 후 내쫓은 일이 있었다. 그런데 아들이 왕이 되자 거칠 것이 없어진 천추태후는 김치양을 다시 궁중으로 불러들여 부적절한 짓을 했다. 그런 때에 아들 목종에게 자식이 없자 김치양은 천추태후와의 사이에서 낳은 자기 자식을 다음 왕으로 만들기 위해 반란을 도모한다. 이에 목종은 서북면 도순검사 강조를 시켜 입위를 명령했다. 한편 강조는 궁궐로 들어와 목종을 폐위하고 천추태후를 내쫓은 다음 김치양까지 죽였다. 목종은 귀양길에 죽음을 당하고 대량원군이 다음 현종으로 즉위한다.

✳ 강조와 강감찬

고려의 무신이다. 강조는 전술한 바와 같이 목종을 폐위시키고 대량원군을 현종으로 즉위시킨 후 실력자가 되었다. 이어 부패를 척결하고 관제개혁을 실시했다. 다음 해인 1010년 당시 중국 송나라를 휩쓸고 다니던 거란의 2차 침입이 있자 40만 대군의 거란군과 직접 맞서 평북 선천에서 싸웠으나 패해 포로가 된다. 거란의 왕 성종은 거란의 대군과 당당히 맞서 싸운 강조에게 자기의 신하가 되기를 권했으나 이를 거절, 거란의 신하가 되겠다고 한 이현운을 심하게 꾸짖고는 무인다운 최후를 마쳤다. 거란은 1018년 다시 10만의 군사로 재차 침입했으나 이번에는 강감찬 장군에게 패하고 퇴각하다 귀주에서 거의 전멸을 당하고 말았다. 이를 구주 대첩 또는 귀주 대첩이라고도 한다.

1000

제5장
추락하는 왕권

5-1 전체적인 설명(1000~1200)

5-2 거란족의 흥기(興起)와 송(宋)나라의 쇠퇴

5-3 일본 가마쿠라 막부의 설립

5-4 십자군의 원정

5-5 플랜태저넷 왕조의 성립

1200

5-1 전체적인 설명(1000~1200)

■ ■

1000년 이전은 그래도 비교적 잠잠한 세상이었다면 이제 1000년을 지나면서 세계는 각 나라들이 들어서면서 복잡해지기 시작했다. 중세 유럽에는 가톨릭과 각 나라 국왕과의 관계를 모르면 이해하기가 어려울 정도로 교회가 중요한 세력으로 나타나기 시작했다.

이 시기 수백 년간 끊임없이 영국을 침략하던 데인족(덴마크 바이킹족)은 마침내 영국을 정복했다. 덴마크의 크누트는 영국의 왕이 되어 다스렸지만 불과 몇 십 년 후 프랑스의 노르망디 공 기욤에게 그 자리를 빼앗긴다. 기욤은 윌리엄 1세가 되어 이제부터 확실한 영국의 역사를 열었다. 한마디로 영국은 끊임없는 바이킹족의 침입으로 고통을 받다가 끝내는 바이킹족에게 정복을 당해 지배를 받게 된 것이다. 또한 프랑스의 노르망디 공이 영국의 왕이 되었으므로 프랑스 영토 내에 있는 노르망디 영토는 자연스레 영국의 영토가 되었다. 이는 300년 후에 영국과 프랑스의 최대 격전인 100년 전쟁의 원인이 된다.

11세기 중반에 출범한 셀주크투르크(이슬람 세력)는 차츰 세력을 넓혀 지금의 이란, 메소포타미아, 팔레스타인을 포함한 시리아까지 장악, 결국 가톨릭과 충돌함으로써 십자군의 원정을 일으키는 단초를 제공했다. 프랑스에서는 카롤링거 왕조가 끝나고 카페 왕조가 들어섰고, 로마 교황은 그 권위가 차츰 강해지고 정치적으로 변모했는데, 이로써 신성로마제국의 황제가 로마 교황에게 무릎을 꿇고 잘못을 비는 '카노사의 굴욕'까지 발생하기도 했다. 독일에서는 작센 왕조가 막을 내리고 잘리어 왕조가 들어섰다.

동양에서는 900년대에 세력을 키워온 거란족의 요나라가 송나라를 괴롭힌 데 이어서 우리나라의 고려 시대에 세 차례나 침입한다. 하지만 서희와 강조, 강감찬의 활약으로 고려는 요를 잘 격퇴시킨다. 반면 요나라에게 안보비용 조로 조공을 줌으로써 근근이 버티던 송나라는 왕안석을 기용해 경영혁신을 일으키고 추락한 경제를 되살리고자 안간힘을 썼다. 그러나 혁신 자체로도 험난한 길인데다가 기득권 세력이 결사적으로 반대하고 나섬에 따라 무언가 해보려던 왕안석도 쓸쓸히 퇴장하고 만다. 그럼에도 불구하고 송나라는 찬란한 문화적 업적을 남겼다. 불후의 역사서 《자치통감》(資治通鑑)을 저술한 사마광을 비롯해 소동파, 구양수 등 당·송 팔대가들이 대거 등장한다.

고려는 11대 문종이 즉위해 고려 전성기와 태평시대를 열었는데, 문종의 아들 대각국사 의천은 송나라에서 불교를 공부하고 돌아와 불교를 번창시켰다.

한편 다른 나라에 비해 아주 뒤늦은 러시아 지방에서는 러시아의 전신이라고 할 나라 비슷한 것이 출범을 시작한다. 성 블라디미르가 키에프의 대공이 되어(재위 980~1015) 주변의 지역들을 차례로 정복, 그때까지 가장 큰 영토를 갖게 된다. 그리스 정교를 받아들이고 비잔티움의 황녀 안나와 결혼해 안정을 도모하고 러시아라는 나라로 향하는 출발을 시작한다. 또 형을 물리치고 키에프의 대공이 된 야로슬라프 무드르이(재위 1019~1054)는 오늘날까지도 위용을 자랑하고 있는 웅장한 소피아 사원을 지었다. 이후의 러시아 역사는 1200년대가 지나면서 조금씩 눈에 띄게 된다.

한편 일본은 71대 고산조 천황이 등장하면서부터 수백 년간 외척으로 세도를 부려온 후지와라 가문을 요직에서 몰아내고 왕권의 강화를 꾀한다. 뒤를 이은 시라카와 천황은 어린 아들에게 천황 지위를 물려준 다음 상황(上皇)이 되어서 실질적인 천황 노릇을 하며 아들을 이름뿐인 허수

아비 천황으로 만들어놓았다. 때문에 천황파와 상황파로 갈려서 서로 다투기 시작했고, 이는 결국 내전으로 비화되고 만다. 실질적으로 미나모토 가문과 다이라 가문의 싸움이었던 내전에서 최종으로 승리한 미나모토 가문은 1192년 가마쿠라 막부를 세웠다. 이로써 일본은 무사(사무라이) 집단이 권력을 잡는 막부 시대의 막을 열게 된다.

1100년대에는 먼저 900년대에 일어나기 시작해 1000년대에 최대 전성기를 이뤘던 거란족의 요나라가 차츰 세력을 잃어가고 있었다. 그것은 그동안 구심점 없이 여기저기 흩어져 만주와 두만강 일대에 살던 여진족에 아골타라는 걸출한 인물이 나타나면서 동북방면에 검은 구름이 일기 시작했기 때문이었다. 그 후 아골타는 부족을 통일, 금이라는 나라를 세워 거란족을 내쫓고 북경 부근에 자리를 잡은 다음 본격적으로 송나라를 공략했다. 이때부터 1세기 동안 송나라는 금나라에게 시달리게 된다. 결국 왕조가 멸망하고 남쪽으로 도피한 송나라의 왕족에 의해 겨우 명맥만 유지하게 되는데, 이를 남송이라 하고 이전의 송나라를 북송이라 한다.

우리나라도 금나라에 의해 여러 차례 침략을 받았다. 당시는 고려조 16대 예종 시절로 딸을 왕비로 올린 이자겸이 외척으로 세력을 얻은 후 급기야는 인종 때 난을 일으켰다. 그만큼 왕권이 나약했다. 이후 묘청의 난이 일어났고, 이어서 함량 미달인 의종이 즉위하면서 정중부의 난, 김보당의 난, 조위총의 난 등이 일어나 문자 그대로 난리가 났다. 급기야 경주 깡패 이의민이 정권을 잡고 조정을 흔들더니 이번에는 최충헌이 나타나 이제 고려는 이름뿐인 왕을 놔두고 최씨 일파가 약 60년간을 통치하게 되는 무인(武人)정권 시대가 되었다.

이웃나라 일본 역시 무사의 세력이 차츰 두각을 나타내고 있었다. 조정은 김빠진 맥주 꼴이었다. 무사끼리의 세력 쟁탈전으로 1100년대 중반에는 호켄의 난, 헤이지의 난 등이 일어나 나라가 엉망이 되었으나 1190년 대에 미나모토 요리토모에 의해 평정이 되면서 가마쿠라 막부가 세워졌다. 일본 역시 무인정권인 막부체제로 돌입하는 세기였다.

1100년대 유럽 역사를 한마디로 요약하라면 단연코 십자군의 원정이라고 해야 할 것이다. 그리스도교를 공통분모로 하는 유럽에서 십자군으로 참전한다는 것은 명예를 말하는 것으로 이름 꽤나 날리는 왕이라면 한번 정도는 참전을 하여야 유명인사로 사교계에 명함을 내밀 수 있을 정도였다. 하지만 중동 지역에는 여전히 이슬람 왕조가 위세를 떨치고 있었기 때문에 유럽의 세력은 지중해를 넘을 수가 없었다. 영국에서는 헨리 2세가 즉위하면서 플랜태저넷 왕조가 시작되었고, 프랑스에서는 루이 7세가 노력했으나 사사건건이 훼방을 놓는 영국의 헨리 2세와 첨예하게 맞대결을 벌였다. 이들의 대결은 각각 아들로 대를 이었다. 즉, 프랑스의 카페 왕조 최대의 스타 임금 필리프 2세와 영국의 사자심왕 리처드 간의 사생결단이 벌어졌다. 독일에서는 로타르 3세가 죽고 콘라트 3세가 즉위함으로써 호엔슈타우펜 왕조가 들어섰다.

한편 중세 유럽을 지탱해준 것은 단연 가톨릭이었다. 세월을 거치며 세속화되어 부패 문제도 심각했지만 어쨌거나 그 많은 나라들이 가톨릭이란 공통분모를 가졌기 때문에 나름대로 질서를 유지했다. 로마제국이 멸망한 직후인 500년대에서 700년대까지는 게르만족이 세운 동고트, 서고트, 반달 등 수많은 작은 나라들이 그리스도교로 개종을 했다고는 하나 당시 로마 교황청에서는 이단으로 여기는 아리우스파에 속하였기에 종교적인 문제는 심각했다. 아리우스파와 아타나시우스파의 정통성 시비는 300년대부터 시작되어 서로 자기가 원조라고 주장하고 있었다. 프랑크를 통일한 클로비스가 정통파 가톨릭으로 개종하고 이후 800년 샤를마뉴가 프랑크를 재통일하고 주위의 군소 민족들을 M&A를 하고 로마 교황청의 세례를 받고 신성로마제국의 황제 관을 쓴 이후로 정통 가톨릭은 점점 자리를 확고하게 굳혀가고 있었다. 650년에서 800년에는 이슬람의 침입으로 동로마제국이 위기를 맞이한 적도 있지만 프랑크의 샤를마뉴가 든든하게 이탈리아를 보호했고, 800년 이후에는 이슬람의 세력이 한풀 꺾이면서 유럽도 안정을 되찾기 시작했다. 1000년경에는 북유럽에까지 가톨릭이 전파되어 유럽 전체가 서서히 가톨릭이란 공통점을 갖게 되었다. 다시 말하자면 로마 교황이 한마디 하면 북유럽의 영국, 덴마크, 노르웨이까지도 못들은 체하고만 있을 수는 없다는 이야기이다. 교황의 세력이 점점 강해지자 이제는 국왕과 주도권 쟁탈전을 치를 수 있을 지경에 이르렀고 1000년~1200년 사이에는 극심한 주도권 싸움이 벌어졌다. 교회, 수도원 등은 왕이나 귀족으로부터 영토를 기증받기도 했는데 점점 부동산이 늘어나기도 했지만 받을 때는 별 볼일 없는 변두리 땅이었는데 세월이 흐르고 나니 주변에 신도시 개발 소문이 흐르며 강남의 요지가 되어 교회의 재산가치도 막대해 중요한 이권이 되었다. 더욱 중요한 문제는 성직자에 대한 임명권이 국왕의 권한인가 교황의 고유권한인가 외에도 교회 영지에 대한 세금징수 문제, 재판권 관할 따위에 대한 주도권이 누구에게 있는가가 핵심이었다. 1077년에는 신성로마제국의 황제 하인리히 4세가 파문을 당한 뒤 추운 겨울에 맨발로 카노사 성 앞에 서서 교황 그레고리우스 7세에게 비는 치욕을 받았을 정도로 교황의 권위가 높았고, 1300년경 프랑스의 필리프 4세 때에는 로마 교황이 아비뇽으로 피신을 해야 할 정도로 추락한 경우도 있었다. 중세 역사를 이해하기 위해서는 국왕의 세속권력과 교황의 종교권력의 구도를 반드시 염두에 두어야 할 것이다. 중세 교회는 요즈음을 사는 우리가 생각하는 그러한 교회가 아니다. 교회는 교회 자체의 교회법을 갖고 있으며 독자적인 재판권을 행사하였고 광대한 영토를 가진 재산가였다. 일반인의 출생, 결혼, 사망 등 전부 관장해 살고 있는 동안 교회의 통제에서 자유로울 수가 없었다. 교회는 왕의 통제를 받지 않고 교황의 통제만 받겠다고 해서 교황권과 왕권과의 싸움의 역사가 중세사이기도 하다. 교회란 하나의 정치단체이고 교회 안은 치외법권 지역이고 로마 교황은 자신의 영지(교황령)를 갖고 영지 내에서는 왕권과 같은 권한을 갖고 군사  를 소유하며 전쟁에도 참가하는 등 종교의 단체라기보다는 정치적인 단체라 보아야 하겠다. 교황을 정점으로 추기경, 대주교, 주교, 교구사제 순으로 구성되었고, 교황은 추기경에 의해 선출되고 추기경은 주교 중에서 교황이 선출하며 주교는 성당 참사회에서 선출되었다. 이들 고위 성직자들의 대부분은 귀족가문의 출신이었고 교구사제나 신부 등 하위 성직자는 일반 농민이나 농노 출신으로 이들의 생활이나 지적 수준은 일반 농민들과 거의 같은 수준이었다. 고위 성직자나 수도원장은 대토지를 소유한 영주를 겸임해 성직자와 영주의 구별이 안 되었고 성직자의 삶도 세속인의 삶과 다름이 없었다. 교회가 세속권력과 결탁함으로 스스로가 세속화되었고 종교적인 소명감이 없는 사람도 성직에 임명되고 세속인과 같은 생활을 해 부정부패도 예사로웠다.

5-2 거란족의 흥기(興起)와 송(宋)나라의 쇠퇴

■ ■ ■ ■ ■ ■ ■ ■ ■ ■ ■ ■ ■ ■ ■ ■ ■ ■ ■

`1010` (고려) 거란의 2차 침입(997년 참조)

`1016` (영) 크누트, 영국의 왕이 되다(재위 1016~1035)

그동안 노르웨이와의 전쟁으로 겨를이 없던 덴마크는 노르웨이와의 전쟁이 끝나자 덴마크 왕의 아들 크누트(Cnut)는 영국을 침공하고 굴복시키고 왕이 된다. 1018년 크누트는 덴마크의 왕도 겸직하고 1028년 노르웨이마저 정복해 스칸디나비아제국을 건설하였지만 애석하게도 그에게는 자신의 뒤를 받쳐줄 만한 아들이 없었다.

`1018` (고려) 거란의 3차 침입/ 강감찬 장군의 구주대첩(귀주대첩)

1차 침입 : 993년 성종 때 침입하였으나 서희의 외교 담판으로 물러갔다.

2차 침입 : 1010년 거란은 고려가 목종을 폐위하고 현종을 세운 것에 대한 책임을 묻는다는 구실로 재침입하였으나 사실은 고려가 계속 송나라를 섬기고 거란을 멀리하는 것에 대한 보복이었다. 현종은 나주로 피신하고 강조가 크게 패해 현종이 거란에 내조하는 조건으로 화의를 하고 철군했다.

3차 침입 : 1018년 12월 고려가 약속을 지키지 않자 소배압을 대장으로 해 10만의 군사로 침입하였으나 강감찬은 곳곳에서 거란군을 격파했다. 특히 흥화진 전투에서는 강물을 막았다가 터뜨리는 전법으로 거란군을 크게 무찔렀다. 이어 자주(현 평남 자산)와 신은현(현 황해도 신계)에서 퇴각하는 거란족을 섬멸, 거란군 10만 명 중 살아 돌아간 자는 수천 명에 불과했다.

1019 (중) 사마광 출생(1019~1086)

사마광은 북송 시대의 대학자다. 왕안석의 개혁에 결사반대해 왕안석에게 결국 쓸쓸한 죽음을 맞게 한 장본인이기도 하다. 그의 불후의 역사서인 《자치통감》은 1065년부터 1084년까지 약 20년간에 걸쳐 많은 사람들이 참가해 제작한 역사서다. 주(周)나라 위렬왕 23년(BC 403) 때 진(晉)나라가 한, 위, 조의 3국으로 분열되면서 전국시대의 막이 열리던 시대부터 당나라가 망하고 5대 10국의 시대였던 후주(後周)의 세종(959)까지의 1,362년 동안의 역사 중에서 커다란 영향을 끼친 큰 사건만 발췌해 연대순으로 정리, 간단명료하게 기록한 294권의 대작이다.

1022 (중) 송나라 4대 인종 즉위(재위 1022~1063)

1046 (고려) 11대 문종 즉위(재위 1046~1083) 가계도-8 참조

현종의 셋째 아들로 문종은 고려의 전성기로 불리는 평화시대를 연 임금이다. 송나라와 국교를 열어 친선관계를 유지하는 한편 고려의 문물제도를 크게 정비해 유교, 미술, 공예 등에 이르기까지 문화 전반에 걸쳐 큰 발전을 이룩했다. 이 시기에 최충(해주 최씨)은 과거에 급제를 한 후 원로가 되었고, 그의 아들 최유선, 최유길, 그리고 최유선의 아들 등이 대대로 지위를 계승했다. 따라서 학문으로는 해주 최씨와 견줄 만한 집안이 없었다. 한편 정치권에서는 경원 이씨(이자연) 집안이 번창해 딸 셋이 문종의 왕비가 된 이후 대대로 왕실과 혼인해 외척으로 위세를 떨쳤다. 동생 이자상, 손자 이자겸, 이자량 등이 득세를 했는데, 이는 후에 이자겸의 난으로 이어진다. 이자연의 손자 이자겸은 둘째 딸을 예종의 비로, 그 아들인 인종에게는 셋째와 넷째 딸을 시집보냄으로써 권세라면 인륜도 무시하는 패륜의 단면을 보여주었다. 이런 시절에 문종의 아들 대각국사

의천은 송나라에서 불교 공부를 하고 귀국해 나랏일을 돌본다.

1050? 셀주크투르크 설립(1037?~1243)

10세기 중앙아시아와 러시아 동남부로부터 투르크 민족의 이동이 있었다. 이들 중에 셀주크라는 이름의 족장이 이끄는 유목민이 있었는데 이들은 이슬람교 수니파로 개종한 뒤 이들의 손자 때(1063)에 이란 서부와 메소포타미아를 포함하는 제국을 건설했다. 알프 아르슬란과 마리크 샤가 통치하던 때의 이들 셀주크투르크는 이란 전역, 메소포타미아, 팔레스타인, 시리아 지역까지 세력권을 확대했다. 1071년에는 알프 아르슬란이 비잔틴제국의 군대를 격파하고 로마누스 4세 디오게네스 황제를 포로로 잡는 등 막강한 세력을 과시했다. 또 1055년 셀주크투르크의 토그릴베그가 바그다드의 부와이 왕조를 침몰시킴으로써 이슬람의 재통일을 이룬 세력으로 인정받았다. 그러나 이들이 한참 세력을 확대하자 유럽은 십자군을 조직해 제1차 십자군의 원정을 벌인다. 이에 셀주크투르크는 1097년 내륙으로 쫓겨나 체면을 구기고 말았다. 1200년경에는 터키 지역을 제외하고는 모든 지역에서 힘을 잃었고, 결국 1243년 몽골이 유라시아 대륙을 휩쓸 때 몽골에 의해 멸망 당한다.

＊ 터키의 역사

터키는 아시아와 유럽을 연결하는 통로에 위치하고 있는데, 지리적으로 북쪽으로는 그리스, 러시아, 서쪽으로는 지중해, 남쪽으로는 이집트로 가는 길목인 시리아, 팔레스타인, 동으로는 아르메니아, 메소포타미아, 페르시아와 면해 있었다. 히타이트, 리디아, 메디아, 알렉산더제국, 로마제국, 비잔틴제국, 페르시아제국, 아시리아제국, 바빌론제국 등 왕년에 한 가닥 했던 나라치고 아나톨리아(지금의 터키 지역)를 밟고 지나가지 않은 나라가 없을 지경이었으니 정말로 하루도 편할 날이 없는 기구한 운명을 타고났다고 할 수 있다. 바로 동양과 서양을 이어주는 교통의 요지였기 때문이었다. 우리나라의 경우 동방의 제일 오른쪽 끝에 위치하고 있어 일부러 우리나라를 찾으려고 작심하기 전에는 찾아올 손님도 없었으니 터키에 비하면 복 받은 나라였다고 할 수 있겠다. 학창시절에 우리나라는 수없이 많은 이민족의 침입으로 편안한 날이 없었다고 배운 기억이 있는데 사실상 중국은 우리가 신하로서의 예를 갖췄을 때는 침략한 일이 거의 없다. 임진왜란 때 신하의 예로 도움을 청하자 명나라가 조선에 구원병을 보낸 것이 그 예다. 따라서 우리나라의 자존심 고구려만이 중국과 대등한 위치를 고수하자 이에 자존심을 구긴 수나라와 당나라가 침입한 기록을 빼면 큰 전쟁은 별로 없었다. 물론 그 외에 거란, 몽골, 여진족 등과 왜(일본)가 빈번하게 우리나라를 괴롭히기는 했다.

한편 터키 지역에서는 BC 1650년경 히타이트 왕국이 번성했고, BC 1100년경에는 그리스가 쳐들어와서 트로이를 함락시켰다. 또 비슷한 시기에 히타이트도 바다인으로 추정되는 민족에 의해 멸망했다. BC 9~6세기경에는 막강한 그리스가 에게 해를 넘어와 아나톨리아 지역에 그리스의 식민지 도시를 세웠고, BC 730년경에는 리디아 왕국이 있었으나 550년경 페르시아에 의해 멸망한 후 BC 350년대까지는 페르시아의 지배 속에서 지냈다. BC 330년대 이후는 그리스의 알렉산더의 지배를 받는다. BC 1세기경부터는 떠오르는 로마제국에 굴복된 후 동로마제국에 이르기까지 오랫동안 지배를 받는다. 이후에도 신흥세력인 이슬람의 지배를 받았다. 1050년경 셀주크투르크가 동로마제국을 내쫓는데 셀주크투르크도 1250년경 몽골에 의해 멸망하고 만다. 그러다 1300년 초 중앙아시아로부터 이주해 온 투르크멘이 서부 아나톨리아 지방에 이슬람 왕조를 건국한다. 이를 오스만제국이라 하는데, 이제부터 제대로 된 터키의 역사가 시작된다. 이토록 수많은 이민족에 의해 주인이 바뀐 지역이 지구상에 또 어디 있을까?

1056 (독) 하인리히 4세 즉위(재위 1056~1106)

아버지 하인리히 3세가 39세로 죽자 뒤를 이어 6세의 어린 하인리히 4세
가 즉위했다. 그런데 세상물정에 어두운 어머니 아그네스는 남편이 아들
에게 물려준 영토 바이에른, 슈바벤, 케른텐 등을 귀족들에게 나누어주는
바람에 이들의 간덩이만 키워주었다. 결국 이들은 나중에 하인리히 4세
에게 등을 돌리고 만다. 땅 잃고 지지자까지 잃고 만 것이다.

하인리히 4세는 1076년 교황 그레고리우스 7세와 성직자 임명권을 놓
고 갈등을 빚었는데, 이때 교황은 하인리히를 파문했다. 결국 1077년
하인리히는 이탈리아 북부 카노사성에 있던 교황 그레고리우스 7세의
앞에서 참회를 해 간신히 용서를 받는 치욕을 당했다. 바로 '카노사의
굴욕'이다.(1077년 참조)

1066 노르망디 공 기욤의 영국 정복(재위 1066~1087)

기욤은 1042년 노르망디 공 로베르 1세의 아들로 8세 때 아버지가 죽자
당시 프랑스 왕 앙리 1세에 의해 정식으로 노르망디 공작으로 인정받았
다. 그러나 서출에다 나이가 어렸기 때문에 주위 친척들에 의해 수많은
위기를 맞았다. 그 과정에서 후견인들이 여러 명 살해되었다. 기욤 역시
어머니의 헌신적인 보호가 없었다면 살아남을 수 없었을 것이다. 15세가
되어서야 한 고비를 넘긴 기욤은 그로부터 10년간 친척인 귀족들의 반란
을 진압하느라고 무수한 전투를 치렀다. 총명하고 빈틈이 없었으며 자제
력이 있었다.

* 윌리엄 1세(1066~1087)

영국의 왕 애설레드 2세가 아들인 에드워드와 함께 덴마크의 스벤 1세에게 쫓겨
노르망디에 망명을 와 있었을 때(871년 참조) 에드워드와 어린 기욤은 매우 가깝

게 지냈는데, 이때 에드워드의 차기 왕에 대해 언약을 받
은 듯하다. 1066년 프랑스의 노르망디 지역을 다스리던 노
르망디 공 기욤은 잉글랜드의 에드워드가 자식 없이 죽고
헤럴드가 즉위하자 에드워드 생존 시 자기에게 왕위를 약
속했었다는 것을 이유로 강력히 반발했다. 그리고 영국을
침공, 헤이스팅스 전투에서 헤럴드를 죽이고 영국의 왕위

에 오른다. 바로 **윌리엄 1세**다. 바이킹족 출신이며 프랑스 사람인 기욤이 영국
의 왕이 된 것이다. 당시 섬나라 영국은 문화적으로 유럽 본토에 비해 많이 뒤떨
어져 있었는데, 프랑스의 기욤이 영국의 왕 윌리엄이 됨으로 인해 문화적으로 프
랑스의 영향을 받게 된다.

　한편 윌리엄은 노르망디 공작이기도 했으므로 당시 프랑스의 앙리 1세의
신하였다. 따라서 영국의 왕이면서 프랑스 왕의 신하가 되는 난처한 입장이
되고 만 것이다. 결국 이는 프랑스가 영국의 정치에 참견할 수 있는 빌미를 제공
하게 되었다. 그런데 프랑스 내에 노르망디 지역의 땅은 윌리엄의 영토였으므로
영국의 영토가 되기도 했다. 이는 300년쯤 후(1337년)에 프랑스와 영국 사이에서
일어난 100년 전쟁의 원인 중 하나가 된다.

1067 (중) 송나라 6대 신종 즉위

1063년 4대 인종이 죽고 5대 영종이 즉위 4년 만에 죽으니 뒤를 이어 6대
신종이 19세의 나이로 즉위한다. 신종은 어떻게 하면 매년 지출하는 조공
비용을 줄이고 국위를 일으켜 세울까 고민해 **왕안석을 국무총리로 기용**,
개혁을 추진했으나 수구 세력의 결사적인 저항을 받았다. 반대 세력의 대
표선수는 사마광이었고 그의 지지 세력은 소동파, 구양수, 여회 등 쟁쟁
한 명사들이었다. 또한 고급 관료들과 외척, 황제의 측근 등 역시 신법으
로 재산상의 불이익을 받게 되자 심하게 반발했다. 그중에는 인종의 미망

인 황태후 고씨도 있었다. 결국 1074년 왕안석은 지방으로 좌천되고 다음 해 1075년 재등용이 되었으나 2년 전 동생을 잃은 데다 왕안석의 대표적인 지지자 여혜경이 배신해 역으로 왕안석을 참소하자 왕안석은 모든 것을 포기한 채 낙향해 쓸쓸하게 생을 보냈다. 1085년 신종이 죽고 철종이 즉위하자 황태후 고씨는 즉각 사마광을 기용해 왕안석이 16년간 쌓아 올렸던 공든 탑을 무너트렸다. 1086년 강녕에서 왕안석은 65세의 나이로 죽었다.

* 소동파(1037~1101)

소동파는 소식(蘇軾)의 호다. 사천성 출신이다. 아버지는 유명한 문장가 소순이었는데, 동생 소철과 함께 이들 부자를 3소라 불렀다. 소식은 4천여 수의 시를 남겼는데, 다른 저작까지 합하면 1만 편이 넘는다고 한다. 문장의 대가로 당시 그의 문장을 모르면 출세를 못 한다고 할 정도였다. 한유, 유정원, 구양수, 소식을 당송 4대가라고 부르며 소철, 소순, 증공, 왕안석을 합쳐 당송 8대가라고 부른다.

5-3 일본 가마쿠라 막부의 설립

1068 일본 71대 고산조 천황 즉위(재위 1068~1072)

당시 일본의 천황은 실권이 없었고 실질적으로 권세는 수백 년 동안 외척인 후지와라 가문에게 있었다. 그런데 고산조 천황은 181년 만에 나온 후지와라의 피가 섞이지 않은 천황이었다. 그는 후지와라 가문을 요직에서 몰아내고 친정을 선포했고, 1069년에는 장원 정리령을 내려 불법장원을 폐쇄시키고 국유화함으로 천황의 왕권을 강화했다.

1072 일본 시라카와 천황 즉위(재위 1072~1086)

1072년 고산조 천황이 죽자 즉위한 시라카와 천황은 1086년 7세의 어린 아들에게 천황의 자리를 물려주고 자신은 **상황(上皇)이 되어 원(院)을** 설치, 그곳에서 실질적인 전권을 행사한다. 말하자면 또 하나의 조정을 세운 것이었다. 이를 원정(院政)이라 한다. 이 원정은 고시라카와 천황 때까지 약 80년간 계속되는데, 이는 천황과 상황의 세력 다툼을 낳게 되었다. 결국 약 80년 후인 1156년 77대 고시라카와 천황 때 '호켄의 난'이 발발하게 된다.

* 호켄의 난(1156)

1086년 시라카와 천황에 의해 시작된 원정제도는 천황과 상황의 불화를 가져왔고, 결국 77대 고시라카와 천황 때 상황인 **스토쿠와의** 전쟁을 야기하고 말았다. 이러한 불화와 반목은 중앙 정부의 약화를 가져와 무사들의 집단이 무시할 수 없을 정도로 막강한 세력으로 자라났고 천황의 권위는 7호선 전철만큼이나 땅속 깊이 추락했다. 그중 가장 강력한 세력을 갖고 있던 무사로는 **미나모토 씨**

(겐지: 源氏)의 미나모토 요시토모와 다이라 씨(헤이지: 平氏)의 다이라노 기요모리가 있었는데, 고시라카와 천황과 스토쿠 상황이 대립하자 당시 실세 귀족인 후지와라 가문과 무사집단인 미나모토 가문, 다이라 가문 등이 각각 천황파와 상황파로 갈렸고, 같은 가문의 아버지와 아들, 형과 아우의 경우에도 서로 반대파가 되기도 했다. 결국의 이들의 반목으로 집단 패싸움이 시작되었고, 천황파의 승리로 끝났다. 이것이 바로 '호켄(보원: 保元)의 난'이다. 상황 편에 섰던 귀족과 무사들은 떼죽음을 당했고 스토쿠 상황 역시 유배에 처해졌다. 서로의 생각차이로 천황파인 아들이 상황파인 아버지를 살해해야만 하는 비극이 빚어졌다. 그러나 상황제도에 대한 불만으로 전쟁도 불사한 고시라카와 천황 역시 2년 뒤 자신도 아들에게 니죠 천황의 자리를 물려주고 상황이 되는 똑같은 전철을 밟았다. 남이 하면 비난 받을 짓이고 자신이 하면 나름 정당한 이유가 있다는 것일까? 그런 합리화가 인간의 한계는 아닐지….

* 헤이지의 난(1159)

결국 똑같은 사단이 일어나고야 말았다. 바로 '헤이지의 난(평치: 平治)'이 일어난 것이다. 니죠 천황과 고시라카와 상황이 대결한 것이었다. 그러나 호켄의 난이 천황과 상황의 대결에 귀족과 무사들이 끼어든 것이었다면 이번에는 무사들의 주도권 싸움에 천황과 상황이 끼어든 꼴이었다. 미나모토 가문과 다이라 가문은 어차피 둘 중 하나는 쓰러져야만 할 사이였다. 미나모토 가문은 상황을 등에 업었고 다이라 가문은 니죠 천황을 등에 업었다. 당시의 실력가들은 이들 두 파 중에 어느 하나의 파에 끼이지 않으면 안 될 형편이 되었다.

그런 때에 호켄의 난 때 다이라노 기요모리와 한패가 되어 스토쿠 상황을 물리치는 데 공을 세운 미나모토 요시토모는 논공행상에서 푸대접을 받자 앙심을 품고 다이라 가문을 제거할 결심을 해, 1159년 12월 기요모리가 수도를 비우고 참배를 떠난 기회에 쿠데타를 일으킨다. 미나모토 가문과 다이라 가문의 숙명적인 싸움 결과는 다이라 가문의 승리로 끝났고, 패전 무사인 미나모토 요시토모는 피살되었다. 또 장남은 전사하고 둘째와 배 다른 막내 요시쓰네는 유배되었다. 세력을 잡은 천황과 다이라노 기요모리는 아예 원을 폐쇄했고, 고시라카와 상황을 유배에 처했다. 이는 **일본의 역사가 귀족의 시대에서 무사들의 시대로 바뀐 것을 의미한다.** 같은 시기 고려에서도 정중부의 난이 일어나 무인의 시대가 되었다.

한편 그 후 다이라노는 자신이 무예만 뛰어난 무사 출신이라는 사실을 망각한 채 갖은 행패를 다 부렸다. 딸을 80대 다카쿠라 천황에게 시집을 보낸 뒤 아들을 낳자 사위를 폐위시키고 아예 자신의 외손자를 안토쿠 천황으로 앉혔고 자신은 태정대신이 되어 세력을 잡았다. 한마디로 눈에 보이는 것이 없었다.

* 가마쿠라 막부(1192~1332)

미나모토 요리토모(源賴朝)는 가마쿠라 막부의 창시자 (1192~1199)다. 헤이지 난 때 죽음을 당한 미나모토 요시토모의 둘째 아들로서 오랜 귀양살이 동안 아버지의 원수를 갚기 위해 절치부심하며 수련을 쌓았다. 그리고 유배지의 영주였던 호조 도키마사의 딸 마사코와 혼인을 했다.

다이라노 기요모리의 극심한 전횡이 지속되자 여기저기에서 다이라노 타파의 분위기가 무르익었고 자연히 미나모토 가문의 후계자인 미나모토 요리토모가 거론이 되기 시작했다. 이로써 요리토모는 반란군을 이끄는 지도자가 된다. 권력욕이 강하고 의심과 시기심이 많아 자기를 도와서 승리하게 만든 동생 요시쓰네마저 죽였지만 정권을 잡기 위해 그런 정도의 일은 흔히 있을 수 있는 일이었을 것이다. 1185년 안토쿠 천황과 함께 피신했던 다이라노 가문과 **단노우라**에서 벌어진 최후의 전투에서 승리를 해 안토쿠 천황이 바다로 뛰어들어 죽음으로써 다이라노 가문도 막을 내린다(단노우라 전투).

이후 미나모토 요리토모는 남아 있던 모든 정적을 물리치고 1192년 쇼군(장군)이 되어 가마쿠라에 막부를 세우고 실권을 잡았고, 천황의 조정은 그대로 교토에 이름만 가진 채 유명무실한 존재로 남게 되었다. 가마쿠라 막부(겸창막부: 鎌倉幕府)는 1332년까지 약 140년간 유지되었다. 하지만 불과 30년 뒤인 1220년경 미나모토 가문의 핏줄이 끊기면서 그때부터는 아내 마사코의 친정인 호조 가문이 모든 세력을 잡았다. 이후 호조 가문은 섭정과 관백이 되어 실제 권력을 행사하는 한편 다른 가문에서 사람을 구해 형식적으로 장군에 앉히는 등 뒤에서 조정을 해나갔다.

* 조큐의 난(1221)

미나모토 가문의 혈통이 끊어지자 가장 좋아한 사람은 말할 필요도 없이 교토 조정에 있던 천황 고토바였다. 천재일우의 기회였다. 이번에야 말로 가마쿠라 지역을 쑥대밭으로 만들기 위해 각지에 격문을 띄워 '호조 요시토키(미나모토의 자손이 끊기자 처가인 호조 가문에서 모든 세력을 잡고 있었다)를 타도하라'는 명령을 내렸다.

호조 가문에서도 그렇게 호락호락 권력을 넘겨줄 수는 없었다. 호조 요시토키는 아들인 야스토키를 대장으로 임명해 교토의 천황 군을 공격하게 했다. '조큐(승구: 承久)의 난'이 일어난 것이다. 싸움은 막부군의 승리로 끝났다. 고토바 천황은 동해 고도로 유배 가서 19년이란 긴 세월을 한스럽게 살다 죽었고 천황의 편에 섰던 무사들과 귀족들도 떼죽음을 당했다. 이제 싸움에서 승리한 호조 가문은 거칠 것이 없었다.

1077 하인리히 4세와 카노사의 굴욕

1075년 당시 성직자에 대한 임명권은 본래 황제가 갖고 있었는데, 교황 그레고리우스 7세가 임명권은 교황에게 있다고 선포하자 신성로마제국의 황제 하인리히 4세가 정면으로 거부, 1076년 하인리히 4세가 보름스에서 그레고리우스 7세를 폐위시켰다. 이에 교황은 하인리히 4세를 파문한다. 1077년 제후들이 교황의 편에 서서 2월 교황이 주재하는 아우크스부르크 회의에서 하인리히 4세를 추방키로 내정하자 하인리히 4세는 사태가 불리하게 되는 것을 눈치 채고 토스카나 백작 부인 마틸다의 카노사 성에 있는 교황을 만나러 갔다. 그리고 추운 겨울날 맨발에 얇은 겉옷만 걸친 채 사흘 동안 성 밖에서 만나주기를 바라며 서 있어야 했다. 그 결과 파문을 모면하게 된다. 조금만 더 있었다면 그대로 얼어 죽었을지도 몰랐다. 그 후 하인리히 4세는 와신상담(臥薪嘗膽), 절치부심(切齒腐心)으로 실력을 쌓았는데, 교황 편에 서서 자신을 왕따 시킨 제후들이 또다시 하인리히 4세를 제거하고 루돌프를 황제로 추대하려하자 하인리히 4세는 강력하게 맞서 제후들을 궁지로 몰아넣었다. 이에 그레고리우스 7세는 또다시 하인리히 4세를 파문시키나 하인리히 4세는 군대를 이끌고 제후들을 격파한 뒤 로마를 점령, 이번에는 그레고리우스 7세를 내쫓고 클레멘스 3세를 교황으로 세운다. 하지만 이 싸움은 당대에서 끝나지 못하고 다음 세대인 하인리히 5세 때에 이르러서야 결말이 난다.

✻ 교회의 타락과 교황의 개혁

중세 영주들의 이해관계에 의해 임명된 성직자들에게 종교적인 소명감이 있을 리가 없었다. 때문에 경건한 생활보다는 일반인과 다를 바가 없는 세속적이고 부패한 생활을 했다. 세속인과 똑같은 처자식을 거느리고 성직이 돈으로 사고 팔수 있는 상품처럼 거래되었다. 자연히 이런 세속화와 부패를 척결하려는 교황들이 나왔다. 1049~1054년 레오 9세는 성직 매매와 성직자의 결혼을 금지하는 노력을 했고 1058~1061년 니콜라우스 2세는 세속 왕이 아닌 로마 추기경 회의에서 교황을 선출하도록 규정했다. 여기에 1073~1085년 그레고리우스 7세는 교황은 세속 군주의 위에 있다는 주장을 폈다. 그 결과 카노사의 굴욕과 같은 사건이 일어난다.

이러한 열정적인 노력 덕분에 교황권은 켄티우스 3세 때 절정을 이뤘다. 그러나 1300년대의 프랑스 필리프 4세 때에는 반대로 교황권이 수난을 받고 아비뇽으로 피신을 가는 처지에 이르게 된다. 그러나 1000~1300년 사이에는 대체로 교황권이 막강해 이를 바탕으로 십자군의 원정이 이루어진다.

1087 (영) 윌리엄 2세 즉위(재위 1087~1100) 가계도-3A 참조

영국을 정복한 윌리엄 1세에게는 아들이 셋이 있었다. 윌리엄 1세는 장남 로버트에게는 노르망디를 주고 차남인 윌리엄에게 영국 왕위를 주어 **윌리엄 2세**로 즉위하게 했다. 막내 헨리에게는 재산만 물려주었다. 이에 노르망디 출신의 귀족들의 사주에 힘입은 로버트가 여러 차례 반란을 일으켰다. 하지만 패배해 목숨만 건지고 십자군 원정으로 내몰린다. 폭군이라는 말을 듣는 윌리엄 2세는 사냥터에서 신하에게 살해를 당한다.

* 헨리 1세(재위 1100~1135)

막내 동생 헨리는 절호의 기회를 틈타 헨리 1세로 왕이 된다. 이때 큰형 로버트는 십자군에 참가해 약간의 공을 세우고 귀국하던 중이라서 동생의 잔칫상에 애석하게도 참석할 수가 없었고, 결국 막내에게 모든 것을 다 빼앗기고 말았다. 헨리는 지지 세력과 함께 외교를 벌여 형에게 노르망디 영토와 막대한 연금을 주기로 하고 화해를 청했다. 그러나 로버트가 치세를 잘못한 탓에 귀족들로부터 원망을 샀고, 결국 헨리는 노르망디 귀족들에게 직접 통치 요청을 받게 된다. 헨리에게 노르망디를 공격할 수 있는 명분이 생긴 것이었다. 1106년 노르망디를 공격, 탱슈브레 전투에서 승리를 거둠으로 노르망디까지 손에 넣었다. 형인 로버트는 외딴 곳에 연금되어 여생을 쓸쓸히 보내야 했다.

그런데 1120년 헨리의 유일한 아들인 윌리엄이 난파로 생명을 잃었다. 하나밖에 없던 아들을 잃은 헨리 1세는 왕위를 넘겨 줄 후사가 없어지자 독일 황제 하인리히 5세에게 시집갔다가 **과부가 된 딸 마틸다를 귀국시켜 프랑스 앙주 공과 재혼을 시키고 자신이 죽으면 마틸다에게 왕위를 잇도록** 대신들에게 손을 썼다. 그러나 헨리 1세가 죽자 헨리의 여동생 아델라의 아들인 스티븐이 대신들에 의해 추대되어 왕위에 올라앉고 말았다. 살아있을 때는 "알겠습니다" 하고 승복하는 체했지만 죽고 나자 모르는 체한 것이다. 이로써 1135년 스티븐은 왕위에 올랐다(재위 1135~1154). 한편 마틸다는 빼앗긴 왕위를 찾으려고 부단한 노력을 하였으나 번번히 실패했다.

그런데 스티븐은 지도력이 부족해 점차 귀족들로부터 멀어져만 갔다. 그러던 중 어느 날 아들인 외스타슈가 수도원의 재물을 훔치다가 살해됨에 따라 후사가 없어진 스티븐은 더 이상 버티지 못하고 마틸다와 앙주 공 제프리 플랜태저넷 사이의 아들 헨리에게 차기 왕위 계승권을 약속한다. **헨리가 후에 스티븐의 뒤를 이어 헨리 2세로 즉위하고 아버지의 가문을 이어 영국에 플랜태저넷 (Plantagenet) 왕조를 연다.**

1095 고려 15대 숙종 즉위(재위 1095~1105) 가계도-8 참조

1094년 13대 선종이 죽자 11세의 나이에 아들이 14대 헌종으로 즉위하나 헌종은 나이도 어린 데다가 병약했고, 게다가 숙부들까지 많았다. 즉위 초 이자의가 반란을 일으킨 것을 숙부인 옹이 진압하자 헌종은 얼마 후 왕위를 숙부인 옹에게 양위했다. 이에 숙종이 즉위한다. 숙종은 11대 문종의 세째 아들이다.

1101년 해동통보를 주조하고, 1103년 여진족의 침입이 있었다. 정부에서는 윤관을 보내 막으려 했으나 패해 화약을 체결하고 돌아왔다. 이후 윤관은 전쟁에서 패한 원인을 분석하고 대책을 세워 군사를 조련해 1107년 여진족을 소탕하고 함흥평야를 점령, 그 지역에 9성을 쌓아 군사를 주둔 시켰다(예종 시대). 그러나 이것은 여진족 침입의 시초에 불과했다. 1100년대 중반부터 1200년대 초까지 중국과 고려 등 동북아시아 일대는 수십 년간 아골타가 이끄는 여진족(후에 금나라를 세움)의 등쌀에 몸살을 앓아야 하는 암울한 시기를 겪어야 했다.

5-4 십자군의 원정

■ ■

1096 십자군 창설

그리스도 교도들은 예루살렘 성지 순례를 했는데 900년대까지는 이슬람에서 방해하지 않았다. 그런데 900년대 열렬한 이슬람교도가 된 셀주크 투르크족이 1000년대에 바그다드를 점령하고 나서 성지 순례를 막기 시작했다. 이에 동로마제국의 알렉시우스 1세는 이를 공격했다가 오히려 대패하고 이슬람제국의 포로가 되자 교황 **우르바누스** 2세에게 구원을 요청한다. 한때 로마 교황에게 지시를 하던 동로마제국의 황제가 입장이 바뀌어 아쉬운 소리를 하게 된 것이었다. 우르바누스 2세는 성지를 이슬람교도로부터 탈환하는 것도 목적이지만 이 기회에 동로마제국의 구조 요청을 들어줌으로써 로마 교황청의 권위를 높일 야무진 꿈을 꾸고 있었다. 11월 교황은 **프랑스의 클레르몽에서 종교회의를 개최해 십자군 창설을 제창했다.**

십자군은 처음에는 성지순례 문제 때문에 시작됐지만 1097년부터 시작된 원정은 여기저기서 학살극을 벌이며 1099년 성공적으로 예루살렘에 입성했다. 결과적으로 이것은 십자군 원정 중 유일한 성공이 되었다. 아무튼 원정의 성격은 종교적인 열정보다는 재물에 눈이 어두워 약탈하는 것으로 흘러갔다. 예루살렘에 입성하면서 저지른 참상은 눈을 뜨고 볼 수 없는 지경이었다. 예루살렘은 이슬람교도, 유대인의 시체와 피로 강을 이루었고 살아남은 생명체는 하나도 없다 해도 과언이 아니었다. **십자군은 예루살렘을 탈환하고 그 지역에 예루살렘 왕국(트리폴리 백작 령, 안티오크 공국, 에데사 백작 령)을 세워 유럽인들이 통치하도록 하고 철군했다.**

1147년 2차 원정 때에는 독일의 콘라트 3세와 프랑스의 루이 7세가 5만의 대군으로 이슬람 군을 공격했으나 다마스쿠스에서 이슬람군에 대패하고 철수했다. 이후 이슬람은 다마스쿠스와 이집트 전체, 알레포를 점령 1187년 갈릴리 근처 하틴 전투에서 예루살렘에 주둔한 십자군을 무찌르고 대부분의 영토를 재탈환했다.

이에 교황 그레고리우스 8세는 3차 원정군을 소집했다. 1189년부터 시작된 3차 원정에는 프랑스의 필리프 2세, 영국의 사자심왕 리처드 1세, 신성로마제국의 황제 프리드리히 1세, 오스트리아의 레오폴트 5세가 참여해 당시 유럽의 올스타가 다 참전하는 초호화 드림팀을 구성해 원정을 시작했다. 그러나 프리드리히 1세는 강을 건너다 익사했고, 나머지 군대도 내분으로 중도에 다 흩어졌다. 리처드만 끝까지 싸웠으나 결국 휴전을 하고 귀국함으로써 아무것도 한 것이 없게 되었다. 한 것이 있다면 그리스도 교도들이 성지순례를 할 수 있도록 허락을 받은 것뿐이었다.

종합해보면 십자군의 원정은 한마디로 실패였다. 그러나 전 유럽이 그리스도교도의 기치 하에 단합해 이슬람교도들에게 항거할 수 있다는 힘을 보여주었다. 또 그때까지 하늘 높은 줄 모르던 고위 성직자나 교회의 권위가 원정의 실패로 추락하기 시작했고, 교회의 위신은 치명적인 손상을 입었다. 수많은 기사와 귀족들 역시 오랜 원정 끝에 생명을 잃었고, 이에 돌아보지 않은 영지의 수입이 줄어들자 귀족과 기사들의 몰락으로 이어졌다. 반면 왕권은 상대적으로 강화되었다. 한편 상업을 하는 도시 자유민과 전문직종의 시민들의 지위가 높아졌는데, 원정으로 많은 돈을 벌었기 때문이었다. 이에 국왕은 이들과 손을 잡을 필요가 있게 되었다.

기사 세력이 흔들리자 봉건제도 자체도 흔들리고 기독교의 세력도 흔들렸다. 이후 1300년대에는 백년 전쟁과 흑사병의 창궐, 1500년대에는 결국 부패한 가톨릭을 대신해 신교가 태어났으며, 1600년대 신교도들에 대한 박해는 이들로 하여금 신대륙으로 가서 미국이란 나라를 세우게 했다. 중세는 어느덧 뉘엿뉘엿 저물어가고 있었고, 역사는 근대의 태동을 알리고 있었다.

1100 영국 헨리 1세 즉위(재위 1100~1135, 1087년 참조)

1105 고려 16대 예종 즉위(재위 1105~1122)

15대 숙종의 아들로 왕비는 이자겸의 딸이다. 여진과의 싸움에서 패인이 기병이 없었던 것으로 판단해 별무반을 편성한다. 1107년 윤관은 17만 명의 군사를 동원해 여진족을 몰아내고 9성을 쌓았으나 당시 인구가 적어 함경도 지역도 지킬 수가 없어 나중에는 철수하고 만다. 당시 우리나라의 형편은 인구가 적어 압록강, 두만강 지역은 땅이 있어도 지키기가 쉽지가 않았던 것 같다. 1115년 여진족을 통일하고 새롭게 일어나는 신흥 세력인 금나라를 같이 토벌하자고 제의해온 요나라의 제의를 거절했다.

1115 여진족 금나라 설립

여진족은 오래된 민족으로 숙신, 말갈, 여진, 만주족 등의 이름으로 불려왔다. 그리고 거란족에게 오랫동안 복속해 거란의 횡포에 시달리고 있었다. 아골타(1068~1123)는 여진족 완안부의 수령으로 용감하고 강직한 사람으로 알려진 인물이다. 1114년 아골타는 여진족의 각 부족을 규합하고 즉시 군사를 일으켜 요의 동문인 영강주(길림성 동부)를 함락시켰다. 처음에는 수천 명의 적은 인원으로 시작했으나 차츰 늘어나 만여 명이 되자 요의 10만 대군을 격파했다. 다음 해 요의 천조제가 70만 대군으로 친정을 했을 때에도 여진족은 2만의 군대로 소규모 전투를 계속해서 승리했다. 결국 요는 수많은 사상자를 내고 철수해 요동 땅은 전부 아골타의 수중에 들어가 되었다. 또한 이들은 거란에게 멸망 당해 옛 고구려 땅에 남아 있던 우리나라 민족 발해의 잔류민까지 흡수했다.

1122 고려 17대 인종 즉위(재위 1122~1146)

이자겸의 난(1126) 가계도-8 참조

고려의 귀족 가문 중에는 경원 이(李)씨가 있었다. 경원 이씨는 11대 문종부터 17대 인종까지 약 80여 년간을 외척으로 강력한 세력을 가졌다. 이자겸은 이런 가문에서 태어났다. 1094년 문종의 아들 선종이 죽고 11세밖에 안된 헌종이 즉위하자 이자의는 누이동생과 선종사이에서 태어난 한산후를 왕으로 옹립하기 위해 거사를 준비했으나 왕의 숙부인 계림공에 의해 이자의 일파는 주살된다. 헌종은 다음 해에 숙부인 계림공에게 왕위를 넘겨주니 이가 15대 숙종이다. 그리고 숙종이 재위 10년 1105년에 죽자 아들이 16대 예종으로 즉위한다.

예종은 **이자겸**의 둘째 딸을 아내로 맞이해 경원 이씨와 타협하는 한편 왕권의 강화를 위해 지방의 중소세력가 출신인 한안인을 비롯한 신진관료를 발탁, 어느 정도 안정시켰다. 이후 이자겸 일파는 한안인 일파와 상호 대립하게 되었고, 1122년 예종이 죽자 자기 집에서 성장한 14세의 외손을 인종으로 즉위시키는 데 성공했다. 그런 다음 예종의 동생인 대방공과 대원공을 왕위 찬탈음모자로 무고하고 반대파인 한안인 일파를 엮어 함께 살해했다. 또한 자신의 둘째 딸을 예종에게 출가를 시킨 내력이 있었는데도 셋째, 넷째 딸은 예종의 아들인 인종에게 시집을 보내니 이모

두 사람이 한꺼번에 두 아내가 되는 어처구니없는 사태가 벌어지고 말았다. 권력이라면 인륜도 없는 세태를 보여주는 단적인 예라 할 것이다. 딸자매가 함께 임금에게 시집을 가는 경우는 동·서양에 종종 있어왔던 일이나 이모 두 사람이 함께 오는 경우는 아마도 별로 없었을 것이다. 이자겸의 횡포가 날로 심해지자 인종도 어쩔 수 없어 제거할 결심을 하게 된다. 때마침 이자겸의 아들인 이지언과 척준경의 노비 사이에 벌어진 싸움으로 둘 사이가 벌어지자 왕은 척준경에게 이자겸을 제거해줄 것을 간곡하게 부탁하고 김부식의 형인 김부일을 시켜 독촉을 하니 마침내 척준경은 이자겸을 제거했고, 이후 이자겸의 가족은 귀양을 가고 두 딸은 전부 폐비가 되고 말았다. 이자겸은 이해 12월 유배지인 영광에서 죽었다. 이후 척준경은 잠시 권력을 잡았으나 1127년 정지상 등의 탄핵을 받아 귀양가서 죽었다.

이자겸의 난은 끝이 났지만 이로 인해 많은 인명이 살상되고 궁궐이 불탔으며 귀족층의 분열, 대립이 일어나는 등 사회 자체가 흔들렸다. 이후 개경의 수구 세력 가운데 김부식 형제(경주 김씨), 경원 이씨, 외척이 된 정안 임씨, 정지상을 중심으로 한 승려 묘청, 백수환 등 서경(평양) 출신 신진관료들이 부상(浮上)했다. 그로 인해 **개성의 수구 세력과 서경 출신 간의 세력다툼에 의한 묘청의 난이 잉태되었다.**

＊ 묘청의 난(1135)

묘청은 서경(평양) 출신의 승려. 서경에 파견된 백수한과 서경 출신 문인 **정지상**의 도움으로 중앙정계에 진출한 묘청은 풍수지리설과 도참사상에 근거해 개경은 이미 기업이 쇠했으며 궁궐도 이자겸의 난으로 불타 남은 것이 없으니 왕기가 있는 서경으로 천도하는 것이 마땅하다는 **서경천도론**을 제기했다. 왕실 고문으로 추대된 묘청은 인종의 마음을 움직여 서경에 새 궁궐을 조성하기 위한 준비가 이루어지고 1129년 낙성을 보았으나 개경에 근거를 둔 문벌 귀족들의 반대로 실현을 보지 못했다. 1132년 인종의 서경 거동 도중 갑작스런 폭풍우로 수많은 인마가 살상되자 개경 세력들의 서경 천도 반대, 묘청 배척의 움직임이 거세게 일어난 것이다. 여기에 1134년 서경의 새 궁궐에 벼락이 치는 등 재난이 속출하면서 천도론은 명분을 잃게 되었다. 묘청 배척파의 선두주자인 김부식의 만류로 인종은 마침내 서경 천도를 철회했고, 이에 묘청은 1135년 국호를 대위, 연호를 천개라고 하고 서경에서 중앙정부에 반기를 들었다. 이렇게 시작된 묘청의 난은 김부식이 이끄는 관군과 1년 동안을 싸운 끝에 진압됨으로 막을 내린다. 묘청파로 알려진 사람들과 정지상이 죽음을 당한 것은 물론이다.

1126 고려 이자겸의 난(1122년 참조)

1127 (중) 북송 멸망, 남송 창건

송나라는 여진의 아골타가 금나라를 세우고 요의 100만 대군을 무찔렀다는 소식을 듣자 이 기회에 금과 연합해 지긋지긋했던 요나라를 공격하기로 하고 맹약을 맺는다. 당시 송나라는 철종이 죽고 1100년 8대 휘종이 즉위한 때였는데 휘종은 서예에는 훌륭한 자질을 가졌으나 나라를 다스리기에는 부족한 사람이었다. 재상 채경과 환관 동관 역시 재물 모으기에만 급급해 그러지 않아도 요나라, 금나라에 제공하는 세공에 허리가 휠 지경이었던 백성들은 마침내 봉기하기에 이른다. 이를 '방랍의 난'이라 한다. 조정에서는 환관 동관을 사령관으로 반란군을 진압했는데, 동관은 진압 과정에서 반란군, 양민을 가리지 않고 300만 명을 살해했다. 이때 학정에 못 이긴 뜻 있는 자들이 양산박에 모여 조정과 대항하는 것을 주제로 한 소설이 바로 《수호지》다.

한편 당시 금나라에서는 태조 아골타가 죽고 아들이 태종으로 즉위했다. 그런데 1125년 요나라의 천조제가 금나라에
체포되면서 그동안 송나라와 천조제가 내통해
금나라를 공격하려 했다는 사실이 들통이 나고
말았다. 이에 금나라가 대노, 수도인 개봉을 향해
물밀듯이 쳐들어가자 송의 휘종은 아들에게 황
제를 넘겨주고 평소 사랑하던 간신들과 그의 가
족을 챙겨 데리고 금나라의 손길이 미치지 않는 곳으로 눈썹을 휘날리며
도망을 가고 말았다. 그런데 아들인 흠종도 싸울 생각보다는 도망갈 궁리
만 하고 있었다. 흠종은 멀찌감치 도망가 있던 아버지 휘종이 타 지역에
서 새로운 나라를 세울지 모른다는 흉한 첩보가 있자 서둘러 아버지를 개
봉으로 모셔왔다. 누가 보면 천하에 둘도 없는 끔찍한 효자인 것으로 착
각할 수도 있겠다. 그런데 곧바로 금나라가 또다시 쳐들어오면서 꼼짝없
이 아버지와 아들이 커플로 붙잡혀 금나라로 끌려가게 되었고, 결국 송나
라는 멸망해버렸다. 이때 흠종의 동생 조구가 남쪽으로 도망가 항주를 수
도로 정하고 송나라라고 부르니 역사에서는 전자를 북송(北宋)이라 부르
고 후자를 남송(南宋)이라 부른다.

1135 묘청의 난(1122년 참조)

1137 (프) 루이 7세 즉위(재위 1137~1180)

루이 7세는 루이 6세의 아들로 1137년 아키텐 공작 기욤 10세의 상속녀
엘레노아와 결혼해 아키텐의 막대한 영토를 얻었다. 그 당시의 풍토는 결
혼할 신부를 보는 것이 아니고 신부가 갖고 올 재물이나 영토 등의 규모
에 따라 결혼이 결정되던 시기였다. 루이 7세 역시 결혼 혼숫감을 많이 밝
힌 왕 중 하나이다. 1147~1149년 십자군 전쟁에 참여하던 중 아내 엘레노

아의 성추문 소문에 충격을 받은 루이 7세는 아내의 부정을 이유로 1152
년 이혼을 한다.

그런데 루이 7세의 가장 큰 라이벌은 앙리(1087년 참조)였다. 앙리는
영국의 헨리 1세의 딸 마틸다와 프랑스 앙주 공의 아들로서 장차 영국의
왕위를 계승할 사람이었다. 앙리가 장차 영국의 왕이 되면 프랑스 내에
앙주 땅이 고스란히 영국의 땅이 되고 말 터였다. 여기에 하필이면 자기
와 이혼한 엘레노아와 결혼을 해서 상처를 건드리는 것도 모자라 그들의
결혼으로 엘레노아의 소유인 아키텐의 어마어마한 부동산마저 영국의 땅
이 될 지경이 되자 루이는 속이 뒤집힐 지경이었다. 결국 루이 7세의 일
생은 영국의 왕 헨리 2세와의 영토권 싸움과 헨리 2세의 아들들이 반란을
일으키도록 뒤에서 부채질하는 일로 보냈다. 그로 인해 아들 필리프 2세
때 헨리 2세의 아들 사자심왕 리처드 1세가 아버지 헨리 2세를 배반해 아
버지를 죽음에 이르게 만듦으로써 소원성취를 했다. 헨리가 불효막심한
아들을 낳았다면 루이는 정말 효자 아들을 두었던 것이다. 이것만으로도
승패는 확실해졌다 하겠다.

한편 프랑스에서 가장 오래된 **파리 대학**은 교사들의 모임에서 시작되
었는데, 1180년 루이 7세의 인가를 받아 학생을 모집하게 되었다. 교육이
수백 년 또는 천 년을 내다보는 사업이라는 것을 느끼게 하는 대목이다.
1258년 파리의 부유한 상인 소르본이 설립한 소르본 대학은 교황의 적극
적인 후원을 받아 신학을 중점적으로 연구하는 학교로 발전, 스콜라 철학
의 본산이 되었다. 아리스토텔레스의 사상은 스콜라 철학의 발전에 지대
한 영향을 끼쳤다.

1138 (독) 콘라트 3세 즉위(재위 1138~1152)

호엔슈타우펜 왕조를 연 콘라드 3세는 하인리히 4세의 손자이자 하인리

히 5세의 조카다. 1147~1149년 2차 십자군 원정에 루이 7세와 함께 참여했다.

1146 고려 18대 의종 즉위(재위 1146~1170)

의종은 17대 인종의 맏아들이었다. 놀기만 좋아해서 부모의 걱정으로 한때 대타자로 교체될 위기에 처하기도 했으나 세자의 시독인 정습명이 잘 보살필 것을 약속함에 따라 세자로 지내다가 왕이 되었다. 하지만 의종은 날이 갈수록 간신배와 어울려 노는 데에만 정신을 팔았다. 나중에는 귀찮게 구는 정습명을 멀리하고 상대를 안 하니 정습명은 울화가 치밀어 독약을 먹고 자살하고 말았다. 역시 아버지가 아들을 정확하게 판단한 것인데 공연히 정습명이 나섰다가 낭패를 당한 꼴이 되고 말았다. 자신의 잘못은 자신의 죽음으로 사죄했다지만 의종으로 인해 무수한 난을 겪고 생명을 잃은 수많은 고려 국민에 대한 사죄는 무엇으로 할 것인가? 즉, **의종 전후로 변란이라는 변란(정중부의 난, 김보당의 난, 조위총의 난 , 최충헌의 난)은 다 겪어야 했던 것도 다 의종 때문이라 하겠다.** 그 결과로 많은 왕이 신하에 의해서 임명되었다가 해고되는 신세로 전락했고, 의종은 죽음까지 당하고 만다.

* 정중부의 난(1170)/ 김보당의 난(1173)

아버지 인종 즉위 때부터 이자겸의 난과 묘청의 난으로 왕권은 실추된 반면 개경에 기반을 둔 문신세력들이 크게 득세한 시절 의종의 환락은 날로 심해져갔다. 대외적으로는 금과 남송 사이에서 미묘한 관계를 유지하고 있었는데, 여진족이 세운 금이 강성해지고 있었다. 즉, 고려의 지위가 점점 위축되고 있던 위기의 시절이었다. 그런 판국에 의종은 장단 보현원으로 놀러가기 위해 성 밖을 나서 "오늘은 모처럼 무신들도 충분히 놀 수 있도록 씨름, 권법 등의 시합을 하라"고 했고, 신이 난 군졸들은 서로 권법을 자랑하며 놀았다. 대장군 이소응이 한 젊은 군졸과 씨름을 했으나 나이 60의 노장이라서 그만 넘어가자 문신 한뢰가 씨름장으로 뛰어 내려와 "이 늙은 무인 놈아, 그래 대장군이 군졸한데 넘어가다니, 녹만 얻어먹는 좀도적이구나" 하며 뺨을 후려 갈겼다. 이에 분개한 정중부가 한뢰의 멱살을 잡고 후려갈겼다. 그리고는 칼을 뽑으려 하자 다급해진 한뢰는 벌벌 떨면서 의종에게 달려가 살려달라고 했다. 왕의 제지로 그만두기는 했지만 정중부는 부하 이고, 이의방 등 무신들을 모아 그날 밤 보현원에서 거사를 하기로 모의를 하고 문신들을 전부 몰살시켰다. 그리고 궁중으로 달려가 관리들을 모조리 닥치는 대로 죽인 후 왕과 태자를 내쫓고 의종의 동생을 명종으로 내세웠다. 이 정중부의 난에서 공을 세운 이고와 이의방은 하늘을 찌를 듯한 권력을 잡았다. 그런데 이고가 이의방을 제거하려 했다가 이의방에 의해 살해되었고, 이후 이의방은 더더욱 안하무인(眼下無人)으로 행동했고, 결국 정중부와도 사이가 벌어진다. 1174년 이의방이 딸을 강제로 명종의 태자빈으로 만든 후 더욱 방자해지자 결국 정중부의 아들 정균이 나서서 주살한다.

1173년 동북면 병마사 간의대부 김보당은 정중부 일당이 반역 행위를 했다는 명분으로 군사를 동원, 의종을 경주로 모셨으나 거병은 실패로 끝난다. 김보당은 체포를 당하고 의종은 정중부의 지시를 받은 이의민에 의해 경주에서 살해된다.

5-5 플랜태저넷 왕조의 성립

1154 (영) 헨리 2세, 플랜태저넷 왕조 열다 `가계도-3A 참조`

헨리 2세(1154~1189)는 앞서 설명한 바 있으나 독자들의 이해를 돕기 위해 간단히 되풀이 설명하기로 하자. 영국의 왕 헨리 1세에게는 아들이 하나 있었지만 일찍 사고사를 하고 말았다. 그래서 생각하다 못해 신성로마제국의 하인리히 5세에게 시집갔다가 과부가 된 딸 마틸다를 친정으로 불러들여 프랑스의 앙주 공인 제프리 플랜태저넷 백작에게 재가를 시켰다. 여기서 낳은 아들이 앙리다. 그러니 앙리는 아버지 앙주 공의 후계자이면서 헨리 1세의 유일한 외손자이므로 영국의 차기 왕위 계승자가 되었다. 그리고 헨리 1세는 죽기 전에 자기의 딸을 왕위 계승자로 잘 모시라고 신하들에게 신신당부를 하고 죽었으나 막상 죽고 나니 신하들의 태도가 변해 귀족들은 헨리 1세의 여동생 아델라의 아들인 스티븐(재위 1135~1154)을 왕으로 추대한다. 그 후 마틸다의 피나는 노력으로 아들 앙리는 1154년에 스티븐의 뒤를 이어 영국의 왕 헨리 2세로 즉위한다. 헨리 2세는 영국의 왕이자 프랑스의 노르망디 공과 앙주 공이며 프랑스 루이 7세의 신하도 되는 찝찝한 처지가 되었다. 당시 루이 7세는 아내의 부정을 이유로 이혼하게 되고, 아내 엘레노아는 당시 29세의 나이로 10년이나 연하인 방년 19세의 꽃다운 앙리에게 총각시집을 가는 영예를 얻는다. 열 살이나 나이가 많은 이혼녀가 장차 영국의 국왕이 될 숫총각 왕자와 국제결혼을 하니 완전히 국제적인 기사거리로 유럽의 관심을 끌었다.

당시 유럽 왕실의 결혼은 남녀의 나이 차이는 무시되고 누가 얼마나 많은 혼숫감을 갖고 오느냐에 따라 결혼이 결정되었다. 물론 나라의 국력에 따라 금액이 변하는 것은 말할 것도 없다. 50대의 왕이 10~20대 초반의 신부와 결혼하는 경우도 있었고, 20대의 신랑과 40대의 과부가 정략결혼을 하기도 했다. 또 결혼의 횟수는 그다지 흉이 되지도 않았다. 그러니 앙리(후에 헨리 2세) 왕자의 결혼 역시 문제 될 것이 없었다. 게다가 신부 엘레노아가 시집올 때 자기 앞으로 등기 되어 있는 프랑스 남부의 많은 땅문서까지 갖고 왔다. 이로써 영국 왕은 원래부터 갖고 있던 증조할아버지의 노르망디 땅과 아버지 앙주 백작의 앙주 영토, 그리고 아키텐 공작의 딸인 아내 엘레노아의 땅 아키텐, 가스고뉴, 브리타뉴까지 프랑스 영토 내에 어마어마한 땅을 소유하게 되었다. 그러니 프랑스의 왕 루이 7세의 속이 뒤집히지 않을 수가 없었다. 이후 대대로 프랑스의 왕들은 자국 내에 있는 영국령을 빼앗으려고 필사적인 노력을 하게 되고, 이는 200여 년 후 프랑스와 영국이 벌이는 '100년 전쟁'의 결정적인 원인이 된다.

원래 프랑스의 루이 7세가 아키텐 공작이자 푸아티에 백작인 기욤 10세의 딸인 엘레노아와 결혼한 것은 기욤의 영지가 프랑스 국왕의 영토만큼이나 컸기 때문이었다. 즉, 땅이 탐이 나서 한 정략결혼이었다. 그러나 아내의 불륜을 의심한 루이는 땅이고 뭐고 다 포기하고 이혼을 한다. 그런데 하필이면 엘레노아의 재혼 상대자가 평상시 프랑스 왕에게 사사건건 반대를 해 유감이 많은 앙주 공의 아들인 데다가 장차 영국의 왕이 될 앙리라니 루이는 거의 이성을 잃을 정도까지 분노했다. 이때부터 프랑스는 자국 내의 영토를 찾아야 했고 영국은 빼앗기지 않아야만 했다. 결국 두 나라에는 편할 날이 없었다. 영국의 왕들은 프랑스와의 싸움으로 아예 영국에서 지내는 시간보다 불란서 지사에서 거주하는 기간이 더 많은 왕이 나오는 경우도 있었다. 오늘날까지 프랑스와 영국이 강력한 라이벌 의식을 갖고 있는 것도, 유럽에서 발생하는 전쟁에 두 나라는 거의 반대편에 서게 되는 것도 모두 이를 기반으로 하고 있다. 어쩌다 동맹국으로 참전하기도 했지만 그것은 서로의 이해타산에 의해 마지못해 한 것이었다고 보는 것이 옳을 것이다. 이 점을 고려해서 오늘날의 정치, 외교 문제를 바라보면 이해되는 점이 많을 것이다.

헨리 2세는 안으로도 스코틀랜드와 아일랜드를 평정해서 영국을 반석 위에 세운 임금으로 평가 받는다. 그러나 나라 다스리는 데 신경을 쓰느라고 가정은 잘 다스리지를 못했나 보다. 아들들의 반란과 아내의 배반으로 영국의 존경받는 왕 헨리 2세는 말년에 아들 리처드에게 쫓기고, 편애했던 막내아들 존에게마저 배신을 당한 채 산속에서 홀로 쓸쓸히 죽음을 맞는 비참한 최후를 가졌다. 아내였던 엘레노아 역시 헨리가 죽을 때까지 연금 상태였었다. 가화만사성(家和萬事成) 후에 치국평천하(治國平天下)인 것을 헨리는 모르고 있었음에 틀림없다.

＊ 플랑드르(Franders)
초등학교 시절 읽은 동화 〈플란다스의 개〉에 나오는 플란다스가 바로 이 플랑드르 지역을 말한다. 지금의 프랑스 일부, 벨기에, 네덜란드의 일부를 포함하고 있는 지역으로 900년 노르만족 침입 이후 플랑드르 백작령으로 있다가 1400년경 부르고뉴 백작령으로 흡수되었다. 이곳은 모직물의 산지로 양털을 수출하는 영국에게 매우 중요한 지역이었다. 1300~1500년경 엄청난 호황으로 프랑스 왕국의 경제 규모보다 더 클 정도의 규모로 부르고뉴 공국의 자금원이었다. 따라서 이 지역에 얽힌 이해관계가 후에 100년 전쟁의 원인 중 하나가 되었다.

1156 (일) 호켄의 난(1068년 참조)
1159 (일) 헤이지의 난(1068년 참조)
1170 고려 정중부의 난(1146년 참조)
1173 김보당의 난(1146년 참조)

1170년 정중부의 난으로 의종은 쫓겨나고 의종의 동생이 명종으로 즉위한다. 1173년 동북면 병마사 김보당의 난이 평정되자 1174년 서경유수 조위총이 서경에서 군사를 일으키고 정중부와 이의방이 반역자임을 내세워 개경으로 향하자 정부에서는 윤인첨을 사령관으로 해서 진압군을 보냈으나 조위총의 군에게 패했다. 이후 관군과 반란군의 싸움은 장기전으로 갔는데 이듬해 6월 관군이 연주를 점령하자 나머지 성들의 대부분이 항복을 하였으나 평양의 조위총은 끝까지 항전했다. 조위총은 금나라에 서신을 보내 철령 이북으로부터 압록강에 이르는 40여 성을 갖고 금나라에 투항할 것을 제의했으나 금나라의 황제는 한마디로 거절했다. 1176년 유인첨과 두경승의 공격으로 마침내 서경은 함락되고 조위총은 체포되어 가족과 함께 처형 당했다. 이번 반란은 서북 지방의 정부에 대한 불만의 성격이 강했다.

＊ 경대승

조위총의 난 진압 과정에 정중부의 아들인 정균은 정적인 이의방을 살해했다. 이때부터 정적이 거의 사라진 정중부의 독점시대가 열린다. 이때 정중부는 나이 70으로 실제 권력은 정중부의 아들 정균과 사위 송유인에게 돌아갔다. 그런데 **정중부의 아들과 사위의 발호에 불만을 품고 이를 쓸어버리려는 사람이 있었으니, 바로 젊은 장군 경대승이었다.** 경대승은 부하인 허승의 도움으로 궁궐 안에서 자고 있던 정균을 죽인 후 사위 송유인도 죽인 다음 정중부를 찾았다. 눈치를 챈 정중부는 민가로 숨으려 했으나 백성들까지도 정중부를 미워해 마침내 잡혀 죽었다. 그런데 그 후 경대승은 그동안 세도를 부리던 무인들을 마구 죽여버려 무신들의 불평을 얻었다. 본래 경대승은 힘이 남보다 뛰어나게 셌고 일찍부터 큰 뜻이 있었다. 또 재물에 욕심이 없어 아버지가 남에게서 빼앗은 많은 재산을 아버지가 죽은 뒤 다 돌려주어 칭찬을 받았다. 정권을 탈취한 후에도 복고에 뜻을 두어 문신, 무신을 가리지 않고 등용시켰다. 그러나 이로 인해 특혜를 바라던 무신들의 원망을 샀다. 1183년 30세의 젊은 나이에 병사(病死)를 하고 말았지만 권력에 연연하지 않았고 재물을 탐내지 않는 바람직한 모습을 보여주었다. 이렇게 해서 지난날 1170년 정중부와 함께 무인정권에 가담했던 장수들은 10년 이상의 세월이 흐르자 거의 다 세상을 떠났고, 이의민만이 남게 되었다.

＊ 이의민의 득세와 몰락/ 최충헌의 난(1197)

이의민은 경주 사람으로 천민의 자식이었고 나쁜 일을 서슴없이 자행하는 불량배였다. 정중부의 보현원 거사 때 문신을 가장 많이 죽인 공로로 장군이 되었고 명종 3년에는 전왕 의종을 죽인 공로로 대장군이 되었다. 조위총의 난 때에도 많은 승리를 거둠에 따라 상장군이 되었다. 그러나 경대승만큼은 무서워해 경대승이 살아 있을 때에는 숨어 지냈다. 이의민의 세 아들 역시 전부 불량배 수준이었다. 그들에게 법은 없었다. 무엇이든지 하고 싶은 대로 거리낌 없이 행하는 무법자들이었다. 1196년 이의민의 아들 이지영이 최충수의 집 비둘기를 잡아가자 최충수가 노해 비둘기를 돌려달라고 했고, 이에 이지영은 하인을 시켜 최충수를 결박했다. 이런저런 망신을 당한 후 풀려난 최충수는 형인 최충헌을 찾아가 이의민을 죽일 것을 협의, 거사를 일으키고 마침내 성공한다. 이의민을 죽이고 실권을 장악한 최충헌은 명종을 폐위하고 명종의 동생을 신종으로 즉위시킨다.

1180 (프) 필리프 2세 즉위(재위 1180~1223) 지도-15 참조

필리프 2세는 루이 7세의 아들로 그동안 약했던 카페 왕조를 강한 왕조로 바꾸는 역할을 했다. 이지적이고 합리적이고 유능해 존엄왕이라는 별명을 얻었다. 1100년대 후반 영국의 헨리 2세 때 프랑스 내에 소유한 영국령은 노르망디, 멘, 앙주, 투렌, 아키텐, 브르타뉴로서 프랑스 국왕의 땅보다도 더 넓은 영지를 갖고 있었다. 그래서 이를 앙주 제국(Angevin Empire)이라고도 한다. 필리프 2세는 헨리 2세와 로마 교황 인노켄티우스 3세와의 불화와 아들들과의 불화를 이용해 영국의 영지를 되찾으려 했는데, 마침 헨리 2세가 아들과의 싸움에서 패배해 쓸쓸히 죽자 막내아들 존왕 때 영국이 프랑스 내에 보유하고 있던 많은 영토를 되찾아갔다. 재위 기간 동안 영원한 맞수 사자심왕 리처드와 치열한 대결을 벌였다. 1192년 3차 십자군 원정에는 영국의 리처드와 함께 참여하기도 했으나 중도에 귀국해 프랑스 내에 있는 영국 영토를 탈환하려 했다. 이에 급해진 리처드는 서둘러 귀국하다 앙숙인 오스트리아의 레오폴트 5세의 포로가 되어 막대한 보석금을 지불하고 풀려나는 수난을 치른다. 수단과 방법을 가리지 않고 영토 확장의 노력을 한 결과로 프랑스는 유럽에서 가장 부유하고 강력한 나라로 탈바꿈했으며 1200년대에 강대국이 되는 초석이 되었다. 영국의 용맹한 왕인 리처드(사자심왕)는 용맹하기는 삼국지에 나오는 여포와 비견할 만했지만 지략이 필리프 2세에게 항상 한 박자 늦어 내내 당하기만 했다. 거기에다 리처드의 동생 존왕은 왕으로서의 함량이 부족해 필리프는 내내 존왕의 등을 쳐서 영국령을 토해내게 했다. 오죽했으면 존왕의 별명이 실지(失地)왕 이었을까?

1185 (일) 단노우라 전투(1159년 참조)

1189 영국 리처드 1세 즉위(재위 1189~1199)

아버지 헨리 2세를 죽이고 왕위에 오른 리처드는 십자군 원정대에 수장으로 참전하는 것이 소망이었다. 그래서 1190년 성지를 향해 원정길에 올랐다. 3차 원정팀은 당시 유럽의 최강대국의 왕들이 거의 다 참여하는 올스타 팀이었다. 영국의 리처드 1세, 오스트리아의 레오폴트 5세, 신성로마제국의 황제 프리드리히 1세, 프랑스의 필리프 2세가 참전했다. 1191년 아크레의 전투에서 서전을 승리로 장식했으나 필리프 2세는 병을 핑계로 중도에서 귀국해버렸다. 한편 리처드는 겸손하지 못해 남에게 혐오감을 주고 있었는데, 하루는 누가 가장 먼저 적진지에 깃발을 꽂는지 내기를 했다. 물론 자기가 가장 먼저 적진지에 기를 꽂을 것

은 당연하다고 생각했다. 하지만 의외로 오스트리아의 공작 레오폴트가 가장 먼저 기를 꽂자 당황한 리처드는 이를 승복하지 않았고 화를 내며 깃발을 찢어 모욕을 가했고, 이를 본 각국의 지도자들은 불쾌함을 표시했다. 또 이 일로 레오폴트 5세는 분노해 본국으로 회군해버렸다. 결국 영국군만 남게 되었다. 이후 리처드는 1년이나 노력을 했지만 이슬람의 검이라는 사라딘은 용감했을 뿐만 아니라 지혜롭고 점령지의 시민들에게 인자하게 대했기 때문에 이기기가 어려웠다. 이때 필리프 2세가 리처드의 동생 존과 결탁했고, 필리프 2세가 프랑스 내의 영국 영토를 침공한다는 첩보를 입수했다. 리처드는 하루바삐 돌아가고 싶은 마음뿐이었다. 결국 1192년 사라딘과 휴전을 하고 귀국길에 올랐다. 배를 이용해 귀국하던 리처드는 운수가 없어 도중에 폭풍우를 만나 간신히 베네치아에 상륙했다. 프랑스와 오스트리아를 피해 영국으로 가기는 정말 힘들었다. 그러다 신분을 감추고 오스트리아를 통과하려 했으나 빈에서 레오폴트에게 딱 걸려 감옥 속에 갇히는 신세가 되고 말았다. 리처드에게 군기를 찢긴 생각만 하면 지금도 틀니를 갈고 있는 참이었던 레오폴트 5세로서는 장본인인 리처드가 잡혀왔다니 그야말로 호재(好材)였다. 레오폴트는 즉시 리처드를 감옥 속에 처넣고 신성로마제국의 황제 하인리히 6세에게 신병을 인도했다. 이제 리처드는 신성로마제국의 감옥을 전전하는 신세가 되고

말았다. 한편 국왕이 행불이 된 영국은 백방으로 수소문한 끝에 나이 40이 다 되어 미아가 된 왕이 신성로마제국의 감옥에 수감되어 있다는 소식을 듣고 까무러칠 지경이었다. 그런 데다가 신성로마제국은 무려 15만 마르크라는 천문학적인 몸값을 요구해서 영국인 자존심에 깊은 상처를 주었다. 신성로마제국의 하인리히 6세(아버지 프리드리히 1세는 원정 시 익사함)는 레오폴트의 보고를 이미 받았기 때문에 이 기회에 리처드의 버릇을 단단히 고치려고 15만 마르크를 지불하지 않으면 프랑스의 필리프 2세에게 신병을 인도한다고 협박을 했던 것이다. 아들 리처드를 사랑해서 남편 헨리 2세까지 배반한 엘레노아가 급전을 구해 1194년 리처드를 귀환시켰으나 전쟁과 몸값 등 엄청난 재정난과 동생 존의 반란으로 리처드의 왕권은 심하게 훼손되었다.

리처드는 돌아오자마자 괘씸한 아우 존부터 책임을 추궁하고 다시는 그런 짓을 하지 않겠다는 양해각서에 서명을 받아놓고서야 더 이상 추궁을 하지 않았다. 교활한 필리프 2세에게 놀아난 모자란 존이 한심할 따름이었다. 하지만 곰곰이 생각하면 생각할수록 필리프 2세가 괘씸했다. 같이 십자군 원정에 참전한다는 것도 그렇고 도중에 슬며시 돌아간 것도 다 사전에 계획된 짓거리였는데 그것도 눈치를 채지 못하다니…. 리처드는 곧 실지한 영토를 회복하고 필리프 2세에게 본때를 보이려고 프랑스로 향했고 1194년부터 1198년까지 프레트발 전투, 쿠르셀 전투에서 승리를 해 필리프 2세를 공포로 몰아넣었다. 싸움에서 리처드를 당할 사람이 별로 없었다. 그러나 전투 중 어디에선가 날아온 화살에 맞은 것이 악화되어 1199년 막사에서 42세의 젊은 나이로 허망하게 숨을 거둔다. 필리프 2세는 진정 운까지 따라주었다.

＊ 독일의 왕위 계승 방법 및 주변 관계

부왕이 살아 있을 때 후계자를 미리 지정해 왕이 죽으면 뒤를 잇는 것이 일반적이다. 이를 태자, 동궁, 또는 세자라고 불렀다. 그런데 미리 정하면 세자 편에 붙어서 차기 세력을 추구하는 파벌이 생기는 단점도 있었다. 청나라 같은 경우는 죽기 전까지도 후계자 책봉을 하지 않았을 정도였다.

독일은 1800년대 와서야 하나의 나라로 통일이 되었고 그전에는 영토를 소유한 제후들이 저마다 독립해 하나의 나라를 이루고 있었다. 한참 심할 때는 근 300여 개의 꼬마 나라들로 구성된 때도 있었다. 그리고 그중에 가장 큰 세력을 갖고 있는 일곱 명의 제후(선제후)가 모여서 차기 왕을 선출했다. 이들 일곱 명의 선제후들은 **트리어, 마인츠, 쾰른 대주교, 작센 공작, 라인의 팔라틴 백작, 브란덴부르크 변경백, 보헤미아 왕으로 나중에 바이에른 공, 하노버 공, 헤센카셀 공이 추가되기도 했다.** 독일 왕은 전체를 다스리는 것이 아니고 하나의 상징적인 대표였다. 또 각각의 지역은 독립된 나라나 마찬가지였다. 프랑스도 이와 비슷해 앙주나 플랑드르, 아키텐, 부르고뉴, 노르망디, 브르타뉴 등 왕의 간섭을 받지 않는 지방 귀족이 있기는 있었지만 전체를 대표하는 왕은 대대로 세습되어 왔다. 그러나 **독일은 왕의 아들이라고 해도 반드시 선제후들의 과반수 이상의 찬성이 있어야만 왕위를 이을 수 있었다.** 여기서 독일인의 국민성을 보는 것 같다.

우리나라에서는 전 왕이 죽은 다음 차기 왕이 즉위하므로 전왕이 죽은 해와 다음 왕이 즉위한 해가 일치해 역대 왕의 연대가 죽 연결되는데, 독일에서는 왕이 살아 있을 때 차기 왕을 공동 왕으로 즉위시켜 경영수업을 쌓다가 왕이 죽으면 자연스레 뒤를 잇게 했다. 때문에 전 왕이 죽은 년도와 다음 왕이 즉위한 년도가 일치하지 않는다. 그리고 독일 왕은 신성로마제국의 황제를 겸임하는 경우가 많았다. 또 독일 왕은 왕위를 몇 개씩 겸직하는 경우도 있었다. 1400년 초에 독일왕이 된 지기스문트는 독일 왕, 헝가리 왕, 보헤미아 왕, 신성로마제국 황제, 그리고 롬바르드의 왕까지 겸직해 자그마치 다섯 개의 왕위를 갖고 있었다. 우리로서는 좀 이해하기 힘든 일이지만 독일이나 오스트리아가 왜 자기 나라와 전혀 관계없는 머나먼 이탈리아 끝에 있는 시칠리아나 에스파냐의 왕위를 주장하고 전쟁을 벌이는지 이해가 되는 대목이다. 바로 독일이나 오스트리아가 신성로마제국의 황제를 겸하고 있기 때문인데, 따라서 독일이나 오스트리아에게는 이탈리아는 자기의 영토라는 의식이 밑바닥에 깔려 있었던 것이다(처음에는 독일 왕이 신성로마제국의 황제를 겸임했는데 나중에는 오스트리아로 넘어갔다). 그러나 현실적으로 남의 나라였기에 이방인의 통치를 거부하는 반란이 자주 일어나 이를 토벌하느라고 알프스를 넘어가며 생고생을 하기가 일쑤였다. 아무리 등산이 건강에 좋다고는 하지만 좀 무리였다. 게다가 지리적으로 가까운 프랑스와 아라곤(에스파냐)역시 이탈리아를 침략해 통치한 경우가 많아 아라곤과 프랑스, 오스트리아 그리고 로마 교황 간에 이해관계에 따른 싸움이 끊이지를 않았다.

독일이 이렇게 독립된 작은 지역 국가로 구성된 것은 민주적이란 장점도 있지만 통일된 큰 힘이 없이 군소국가로 존재해 1800년대 후반 비스마르크가 도이치란트제국(제2제국)을 세울 때까지 영국과 프랑스 사이에 끼어서 나라다운 나라로 대접도 받지 못하는 서러운 신세였다. 1618년부터 벌어진 30년 전쟁에서는 유럽의 나라라는 나라는 거의 다 참가해 독일을 주 전쟁터로 싸우는 통에 전쟁이 끝난 뒤 독일 인구의 30퍼센트나 줄기도 했다. 반면 오스트리아는 유럽 최고 명문가인 합스부르크 가문이 통치해왔는데, 오스트리아 왕으로서 신성로마제국의 황제도 겸임한 것 외에도 한때 오스트리아, 헝가리, 보헤미아, 네덜란드의 일부, 에스파냐, 부르고뉴 왕가를 합스부르크가가 장악하기도 했다. 이 때문에 왕이 죽고 다음 왕이 정해질 때마다 유럽의 열강들의 이해관계와 세력다툼으로 왕위계승 전쟁이 벌어진 적도 있었다. 에스파냐와 오스트리아 왕위계승 전쟁이 예다. 특히 프랑스는 북쪽으로는 네덜란드, 독일과 닿아 있고, 옆으로는 스위스, 오스트리아, 아래쪽으로는 이탈리아와, 그리고 남쪽으로는 에스파냐와 닿아 있으니 합스부르크가에 의해 포위되어 있는 형상이었다. 그러니 합스부르크가의 나라 왕위 계승이 프랑스의 안보에 지대한 영향이 있었고, 그래서 항상 가자미눈을 뜨고 쳐다보지 않을 수 없었다. 거기에다 오스트리아라고 하면 옛날부터 한 하늘 아래에서는 절대로 같이 공존할 수 없을 정도로 앙숙의 사이라 걸핏하면 묻지마 전쟁을 벌이곤 했다. 영국과 프랑스도 미워하는 사이지만 오스트리아와 프랑스 사이도 더하면 더했지 절대로 못하지는 않을 정도의 라이벌 관계였던 것이다.

영국은 사정이 좀 달랐다. 도버 해협 바다길 건너에 있어서 느긋하게 누워서 대륙에서 무슨 일이 일어나도 바다 건너 불 구경 하는 느긋한 처지였다. **영국은 유럽에 어느 한 나라가 강자로 떠오를 때는 약자 편에 서서 강자를 견제하는 기본 전략을 갖고 있어** 프랑스와 떨떠름하게 손을 잡기도 했다. 눈으로 빤히 보이는 도버 해협이지만 옛적에는 그것을 건너기가 그렇게나 어려웠던지 1580년대에는 에스파냐의 무적함대가, 1800년 초기에는 나폴레옹의 함대가, 가깝게는 1940년대의 히틀러도 결국 도버 해협을 넘지는 못했다. 도버 해협은 영국의 구세주였고 영국 해군은 역사상 패전을 한 적이 없는 무적의 해군을 자랑했다. 한마디로 종합하면 영국과 프랑스, 프랑스와 오스트리아는 강한 라이벌 의식을 갖고 있다고 하겠다.

1192 (일) 가마쿠라 막부 설립(1192~1332)

미나모토 요리토모는 가마쿠라 막부(鎌倉幕府)를 설립하고 자신이 쇼군에 오른 후 조정은 교토에 놔두고 막부의 중심은 가마쿠라로 옮겼다. 이로써 일본에는 막부의 시대가 열렸다. 그 후 **무로마치 · 도쿠가와(에도) 막부 시대를 지나 오늘날의 일본이 된다.**

막부에서의 천황은 형식적인 국가의 원수로 실권이 없는 상징적인 존재였고, 실질적인 지배는 막부에서 했다. 지금의 영국처럼 상징적인 왕이 있고 실질적인 정치는 수상이 하는 것과 같다. 그 막부를 지휘하는 사람이 쇼군이다. 현재 일본도 수상이 실질적인 정치를 한다.

1196 고려 최충헌의 무인 정권 개막(1196~1258)

최충헌은 1174년 조위총의 난에 공로가 있어 장군에 올랐다. 1196년에는 아우 최충수와 함께 이의민 일당을 몰아내고 정권을 잡았고, 이어서 명종을 폐위시키고 명종의 아우를 신종으로 즉위시켰다. 그해 아우 최충수가 딸을 신종의 태자비로 만들려고 하자 서로 갈등이 생겨 최충수를 제거했다. 1198년인 신종 1년에는 노비들의 반란(만적의 난)을 사전에 진압하기도 했다. 이후 도방을 설치해 6번으로 나누고 신변보호를 담당하게 했다. 1204년 신종이 등창으로 죽자 신종의 맏아들을 희종으로 즉위시켰다. 그러나 이렇듯 최충헌의 횡포가 자심하자 1211년 희종은 왕준명과 함께 충헌을 제거시키려 했다. 그러나 실패하고 도리어 최충헌에 의해 폐위된다. 최충헌은 명종의 아들을 강종으로 추대했고, 나이 60이 다 된 강종이 재위 2년 만에 죽자 강종의 아들을 23대 고종으로 추대했다. 1207년에는 오랫동안 정치적 동반자였던 조카 박진재를 제거하고 측근들을 숙청했고, 1217년 흥왕사 등의 승려들이 최충헌을 암살하려 하자 승려 800여 명을 죽였다. 1219년 최충헌이 죽자 아들 최우(최이)가 아버지에 뒤를 이어 최고의 집정자가 되었다.

최우는 1231년 몽골군 살례탑의 대대적인 침입이 시작되자 1232년 고종을 모시고 강화도로 천도하고 몽골군에 대한 항전의지를 굳혔다. 최우는 선정을 베풀기도 했지만 사치와 전횡이 심해 원망도 많이 받았다. 몽골과 전쟁 중인 강화도 섬 안에 사택을 초호화로 짓는 등 지탄받을 행동도 많이 했다. 기생첩(서련방)의 소생인 만전을 중이 되게 했으나 말년에 임종이 다가오자 환속시켜 최항으로 개명하게 하고 이어 권력을 세습하게 했다. 1249년 최우가 죽고 아들인 최항이 뒤를 이어 권력을 물려받았다. 최항이 승려로 있던 시절 여종과 관계해 낳은 아들인 최의를 후계자로 삼았는데, 1257년 최항이 죽자 최의가 뒤를 이어 받는다. 그러나 1년 만에 김인준, 임연, 유경 등 부하들에 의해 암살을 당한다.

1199 (영) 존왕 즉위(재위 1199~1216)

존왕은 자기를 사랑한 아버지 헨리 2세를 배반하고 형 리처드와 함께 아버지를 공격해 죽게 만든 장본인이다. 형인 리처드와 마찬가지로 프랑스의 필리프 2세보다 한 박자 뒤져 당하기만 하고 프랑스 내에 그 많던 영국 영토의 대부분을 잃어 별명이 실지(失地)왕이 되었다. 본국에서도 귀족들에게 신용을 잃은 함량 미달 왕이었다. 1190년 존의 죽은 형 제프리의 아들(존의 조카) 아서 공작을 후계자로 결정하자 존은 잉글랜드로 돌아가서 반리처드 운동을 전개했다. 리처드가 십자군 원정에서 귀국길에 체포되자 적국인 프랑스의 필리프 2세와 동맹을 맺고 잉글랜드를 장악하려 하였지만 리처드가 돌아오자 추방되었다가 나중에 용서를 받았다. 형이 죽자 뒤를 이어 즉위한다. 왕 자리가 탐이 나 적국과 내통한 자가 왕이 된 것이다. 1200년 존이 앙굴렘 가문의 이자벨과 정략결혼을 하자 앙굴렘가와 앙숙이던 뤼지냥 가문은 필리프 2세에게 호소를 하고 필리프는 이를 핑계로 존에게 소환령을 내렸으나(당시 존은 영국의 왕이기도 하지만 프랑스 왕의 신하이기도 했다) 이를 거절하자 필리프는 왕명 거역을 핑계로 프랑스 내에 있는 영국 영토를 공격했다. 1202~1206년까지 존은 프랑스 내에 있는 영국 영토의 상당 부분을 필리프에게 빼앗기면서 거의 모든 시간을 프랑스에서 싸우며 살아야 했다. 1209년 캔터베리 대주교의 임명을 둘러싸고 교황 인노켄티우스 3세와의 알력으로 파문을 당하나 1213년 교황에게 굴복해 파문에서 구제받았다. 이후 존에 대해 실망한 귀족들의 반란은 끊임없이 발생한다. 1212년 귀족

 들의 맹렬한 반대를 무릅쓰고 프랑스 원정길에 오른 존이 프랑스 원정에서 패배하고 돌아오자 귀족들의 불만이 폭발, 1215년 5월 내전으로 확대되었고 존은 목숨의 위협 속에 귀족들이 요구하는 대헌장(마그나카르타: The Great Charter)에 부들부들 떨려 글씨도 잘 안 써지는 손으로 서명할 수밖에 없었다. 그러나 조금 시간이 지나고 교황이 존의 편에 서자 용기를 얻은 존은 대헌장에 주도적으로 참여했던 귀족들을 공격해 로체스터 성을 점령, 북부의 여러 지역을 폐허로 만들었다. 그러나 귀족들이 루이 왕자(후에 루이 8세)에게 지원을 요청함에 따라 또다시 프랑스와 싸움이 시작됐고, 이 전투 중에 존은 급체에 걸려 사망한다. 이어 존의 아들이 헨리 3세로 즉위한다.

역사 속에서 영국과 프랑스의 관계를 보면 영국의 왕족들은 왕권 다툼이나 반란 등으로 생명에 위협을 받으면 항상 프랑스를 도피처로 이용했다. 그리고 귀족들도 왕에 대항해 싸우다 불리하면 프랑스로 도피했다. 프랑스가 영국을 사랑해서 그러는 것이 아니었다. 프랑스는 이들을 거의 다 받아주어 재기를 하도록 도와주었고 재정지원까지 해서 본국을 공격하도록 부추겼다. 영국의 왕비는 대대로 프랑스의 공주들을 수입해서 충당했기 때문에 어떻게 보면 프랑스가 친정집이기도 하고 처가 또는 외갓집이기도 했다. 그리고 잉글랜드와 불공대천지수인 스코틀랜드에게 재정 지원 또는 대량 살상무기 따위를 대주어 스코틀랜드와 잉글랜드의 갈등을 부추겨왔다. 스코틀랜드 역시 급하면 제일 먼저 도움을 요청하러 달려가는 곳이 프랑스였고, 프랑스는 대체적으로 군소리 없이 도와주었다. 프랑스와 영국은 영원한 라이벌이니까!

1200

연 대 로   보 는   비 교   세 계 사

제6장
유럽의 시련

6-1 전체적인 설명(1200~1400)

6-2 몽골의 세계 정복과 원나라 설립, 금의 멸망

6-3 오스만제국의 설립

6-4 무로마치 막부 설립과 백년전쟁의 발발

6-5 명나라의 건국, 티무르의 제국, 조선의 건국

1400

6-1 전체적인 설명(1200~1400)

■ ■

1200년대 이전, 로마제국이 멸망한 직후의 유럽은 프랑크 왕국과 동로마제국, 그리고 이슬람제국의 역사였다. 시간이 흘러 1100년이 지나면서 영국도 유럽의 역사의 무대 속에 뛰어들어 그동안 중부 유럽에서 주름잡던 프랑스, 독일, 오스트리아 등과 경쟁을 벌이게 된다. 화려했던 동로마제국은 겨우 희미하게만 남아 있다가 1450년경 이슬람에 의해 멸망하고 만다.

1200년대 이후의 유럽의 역사는 영국, 프랑스, 독일, 신성로마제국의 무대라고 볼 수 있다. 이 시기에 접어들었을 때 유럽은 지금까지의 그 어떤 것보다도 무서운 공포의 재앙을 맞이하게 된다. 중앙아시아의 초원으로부터 몽골이 침입한 것이었다. 거의 한 세기가 다 몽골의 침입에서 어떻게 벗어날 수 있는가를 전전긍긍하던 암울한 시기였다. 그야말로 안 당한 나라는 운이 좋았다고 말할 수밖에 없었다. 1200년 초 몽골을 통일한 칭기즈칸은 주위의 정벌에 나섰다. 가장 가까운 거리에 있었던 금나라가 첫 희생의 대상이 되었다. 그때 한참 신흥세력으로 뻗어나가던 금나라는 꽃도 피워보기 전에 몽골의 희생물이 되어 멸망을 했다. 또 몽골은 곧 고려로 창끝을 돌렸으나 동방의 조그만 나라 고려는 그렇게 만만치가 않았다. 물론 일방적으로 당하기만 한 싸움이었지만 30년간을 굴복하지 않고 끝까지 대항한 나라는 고려가 전 세계에서 유일했다. 몽골은 이어 서하를 공격한 다음 아들들을 시켜 전 세계를 상대로 정복 활동에 나섰다. 중국, 중앙아시아, 러시아, 이란, 이락의 이슬람 왕조, 팔레스타인, 유럽의 동부까지 당시의 거대한 땅 덩어리는 몽골제국의 영토로 변하고 말았다. 이슬람의 아바스 왕조와 1000년대 초기에 일어났던 셀주크도 이때 멸망을 당했고, 송나라도 1270년대에 결국 멸망했다. 그리고 그 자리에 몽골의 원나라가 들어선다. 유럽에서는 십자군의 원정이 계속되다가 1200년대가 끝나갈 무렵에야 막을 내린다. 로마 교황과 세속의 왕들과는 피나는 주도권 쟁탈전이 벌어져 몽골군이 쳐들어오는데도 싸움 하느라고 적군에 대비도 하지 못했다. 1300년대 초기에는 프랑스의 필리프 4세에 의해 로마 교황이 아비뇽으로 옮겨가는 사태가 벌어졌다.

한편 영국의 존왕은 즉위한 후 프랑스의 필리프에게 여기저기로 끌려 다니다 결국 프랑스에 있던 그 많던 영토를 잃은 것도 모자라 신하들의 반란으로 대헌장(마그나카르타)에 서명하지 않을 수 없었다. 1270년대 송나라를 멸망시킨 원나라의 쿠빌라이는 고려에 명해 선박을 건조하게 하고 여몽 연합군을 조직, 대대적으로 일본에 대해 원정을 1, 2차에 걸쳐 단행하는데 그때마다 요즈음 말하는 태풍에 걸려 두 번 다 실패를 하고 만다. 일본은 하늘이 내려준 바람이라고 해서 이를 신풍(神風: 가미가제)이라고 부른다. 이때 일본은 가마쿠라 막부의 시절이었다. 한 마디로 13세기는 몽골이 벌이는 원맨쇼의 무대였다.

당시 전 세계는 유럽과 아시아뿐으로 몽골군이 지나간 곳이면 죽음과 재밖에 남은 것이 없었다. 모든 것은 초토화되었다. 몽골은 유럽의 러시아, 헝가리, 폴란드, 이슬람제국, 중앙아시아, 중국, 고려 등까지 휩쓸었다. 난공불락의 역사 고도(古都) 바그다드(아바스 왕조)를 잿더미로 만든 것도 몽골이었다. 그때는 제발 몽골이 오지 말고 그냥 지나쳐 주기를 하늘에 비는 수밖에 없었다. 그래서 실제로 유럽에서는 몽골군의 내습이 천벌이라고 해서 신에게 용서와 가호를 빌기 위해 서로 피가 흐를 정도로 채찍질을 하며 기도하고 참회를 했다고 한다. 만약 오고타이가 죽은 후 왕위 계승싸움이 일어나 원정군이 회군하지 않았다면 아마도 남은 유럽의 세계사도 새로 써야 했을지도 모른다. 그런 때에 일본이야말로 운 좋은 나라였다. 일본을 침공할 때마다 훗날 신풍이라 불린 태풍에 몽골군이 수장되고 말았으니 말이다. 어쨌거나 몽골족을 상대로 끝까지 당당하게 맞선 왜(倭)의 용기는 가상하다 하겠다. 일본은 약 660년 뒤 1940년경 태평양에서 미군을 상대로 가미가제 작전을 또다시 써보았으나 약발이 떨어졌는지 그때는 별 영험을 볼 수 없었다.

1300년대 는 오스만제국의 출현, 백년전쟁의 발발, 유럽 흑사병의 창궐, 이탈리아에서 르네상스의 탄생, 티무르제국의 출현, 원나라의 멸망과 명나라의 설립, 일본 가마쿠라 막부의 멸망과 무로마치 막부 출현, 남북조 시대의 개막, 고려의 멸망과 조선의 건국 등이 있던 세기이다.

중세가 어느덧 뉘엿뉘엿 서산으로 넘어갈 준비를 하고 있던 때 이탈리아에서는 르네상스의 시대가 열리고 있었다. 이는 근대의 태동을 알리는 신호였다. 소아시아 지역에는 장차 유럽의 역사를 새로 쓰게 할 오스만제국이 막 태동하고 있었다. 어느 나라나 처음 탄생할 시기가 가장 강력한 법이다. 오스만제국도 마찬가지여서 1300~1400년대 오스만제국의 위력에 전 유럽이 긴장을 해야 했다. 결국 1400년 중반에는 오스만제국에 의해 고색창연했던 동로마제국이 천년사직의 문을 닫았다. 때마침 1370년경부터 나타나기 시작한 몽골족의 후예 티무르는 지금의 우즈베키스탄 지역인 사마르칸트를 거점으로 세력을 확장해 중앙아시아에서 러시아 남부까지를 정복하고 인도의 델리까지 공격해 델리를 초토화시켰다. 이에 한참 잘나가던 전성기의 오스만제국은 자기를 너무나 과신한 나머지 함부로 티무르의 영역을 건드렸다가 1400년 초 티무르의 공격을 받아 치명타를 맞았다. 티무르와 대적한 나라는 초상당하기 십상이었고 빗나가도 중상을 면키 힘들었다. 칭기즈칸이나 티무르의 후예인 몽골 사람을 만나면 항상 조심해야 하겠다.

프랑스는 필리프 4세가 로마 교황을 내쫓고 새로 교황을 임명한 후 교황청을 프랑스 아비뇽으로 옮김에 따라 로마 교황청의 권위가 추락했다. 그러나 필리프 4세의 아들 세 명이 전부 자식이 없었기 때문에 삼형제가 사이좋게 나란히 왕을 한 다음, 다음대에 필리프 4세의 동생의 아들이 필리프 6세로 즉위함으로써 카페 왕조는 막을 내리고 발루아 왕조가 문을 연다. 한편 프랑스와 영국은 여전히 자존심을 건 싸움을 이어갔다. 특히 필리프 4세의 대가 끊기자 필리프 4세의 딸 이자벨과 영국의 에드워드 2세가 결혼해 낳은 아들인 영국의 에드워드 3세가 '굳이 멀리서 왕을 찾느라 고생하지들 말고 이 몸이 프랑스 필리프 4세의 외손자니 프랑스 차기 왕의 자리를 자신에게 내놓으라'고 고함을 지르며 프랑스와 전쟁을 시작했다. 백년전쟁이 발발한 것이다. 전쟁이 시작된 지 얼마 안 되어서 1348년경 전 유럽을 공포에 떨게 한 흑사병이 창궐했다가 거의 2년 후에야 진정이 됐는데 그때는 이미 유럽 인구의 30퍼센트가 죽은 후였다. 세 명 중한 명 꼴로 죽었으니 얼마나 큰 재앙이었는지 짐작이 간다. 이때 보카치오는 흑사병을 피해 모인 남녀 10인의 입을 빌어 중세 상류사회의 모습을 신랄하게 묘사한 《데카메론》이란 책을 썼다. 이후 르네상스의 문은 활짝 열린다.

자나 깨나 지긋지긋하게 스위스를 괴롭혀오던 오스트리아는 스위스를 우습게 보다가 모르가르텐 전투와 젬파흐 전투에서 조그만 스위스에게 얻어맞아 망신을 당하고 만다. 스위스는 유럽 한복판 산악지대에 있는 조그만 나라로서 역사적으로 남의 나라를 거의 침략하지 않았지만 자기 방어 하나만큼은 확실히 했다. 지금까지도 그러한 국민성은 변함이 없는 것같다.

1250년경 세계를 공포로 몰아넣었던 몽골은 자체적인 문화가 형성되지 않았고, 체계적인 조직관리도 하지 못했다. 그러자 몽골 민족은 점령지의 종교로 개종되고 점령국의 문화 속에 흡수되면서 점차 민족성을 잃게 되었다. 그러다 1300년대 후반 그들의 나라 원나라도 멸망하고 만다. 한족의 명나라가 창건된 것이다. 기타 다른 지역의 칸국들의 사정도 대부분 비슷했다. 원나라의 철저한 참견 속에서 우울한 나날을 지내던 고려는 100년 가까이 지배를 받은 후 1300년대 후반에 가서야 몽골의 영향력에서 벗어났지만 이미 국운은 쇠퇴한 뒤였다. 마지막 희망이었던 공민왕마저 비명에 가고 얼마 후 홍건적과 왜구의 격퇴에 큰 공을 세운 이성계의 반란으로 고려는 멸망하고 만다. 충의와 절개로 겨레의 모범이 된 최영 장군과 정몽주가 살다 간 때도 바로 이때다. 이웃 일본에서는 가마쿠라 막부에서 실제로 권력을 쥐고 세력을 과시하던 호조 가문의 전횡에 분노를 느끼던 고다이고 천황이 아시카가 다카우지의 힘을 빌려 마침내 호조를 제거하고 가마쿠라 막부를 쓰러뜨렸다. 그러나 실권은 이제 아시카가 다카우지에게로 넘어가고, 다카우지는 무로마치 막부를 세운다. 이에 고다이고 천황은 교토를 탈출해 남쪽 요시노에서 새로운 조정을 세웠고, 다카우지는 교토에 고곤을 새로운 천황으로 내세웠다. 한 나라에 두 명의 천황이 존재하는 남북조시대로 접어든 것이다. 일본의 남북조시대는 약 60년이 지난 1392년에야 정리가 되었다.

6-2 몽골의 세계 정복과 원나라 설립, 금의 멸망

1200 (인) 델리 술탄국 개창(1200~1556)

1000년도가 되면서 인도 대륙은 투르크와 아랍계 이민족들의 침입에 시달리다가 마침내 그들의 지배를 받게 되었다. 그중에서도 대표적인 세력이 가즈나의 마흐무드와 구르 왕조의 무하마드다. 델리는 갠지스 강 유역과 중부, 서부 인도를 연결하는 전략적 요충지이자 아프가니스탄으로 통하는 길목이기에 여러 세력들은 델리에 왕국을 세우고 술탄(Sultan: 이슬람의 왕)임을 자처했는데 이들 이슬람 왕조를 델리 술탄국이라고 부른다. 1200년부터 무굴제국이 수립되는 1550년경까지 약 350년간 이들 술탄국들이 북 인도의 역사를 주도한다. 이들 왕조는 부침을 거듭하며 다섯의 왕조로 이어졌는데, 길어야 100년이었다. 그중 할지 왕조는 30년 만에 멸망한다.

* 술탄국 왕조

1200~1290	노예 왕조
1290~1320	할지 왕조
1320~1421	투글루크 왕조
1414~1526	사이드 왕조
1451~1526	로디 왕조
1540~1556	수르 왕조

1206 칭기즈칸 몽골 통일(1206~1227) 가계도-6 참조

1166년경 몽골의 오논 강변 한 부락에서 테무진이라는 아이가 태어났다. 이 아이가 바로 인류 역사상 가장 큰 제국을 만든 칭기즈칸이다. 1206년

테무진은 마침내 몽골을 통일하고 대(大)칸의 자리에 오르게 되어 칭기즈칸이 된다. 몽골족은 원래부터 아시아의 끝없는 초원 속에서 말을 타고 자라난 민족으로 말 타는 솜씨가 뛰어났는데, 전투 시 입는 갑옷도 매우 가벼웠다. 또 원정 시에는 이동 가능한 바퀴 달린 집과 수많은 가축을 데리고 다녔기 때문에 잠자리와 식량 보급도 매우 기동성이 있었다. 거기에 비해 유럽의 기사들은 엄청난 무게의 갑옷을 입고 전투를 했기 때문에 말이나 사람이나 다 기동력이 떨어졌다. 유럽 기사의 갑옷 무게가 70~80킬로그램이라는 자료가 있는데, 그렇다면 사람 무게까지 해서 150킬로그램이니 얼마나 둔했을 것이며, 또 말은 얼마나 쉽게 지쳤을까, 짐작이 가고도 남음이 있다.

1209년 몽골은 처음으로 가까운 서하를 공격했고 정복 후 금나라로 창끝을 돌렸다. 금나라는 만주의 여진족이 세운 나라로 막강한 세력으로 중국의 송나라를 압박해 남쪽으로 몰아내고 북경에 자리를 잡고 한참 잘나가고 있던 차에 갑자기 나타난 칭기즈칸에게 짓밟히게 된다. 1215년 금나라의 수도 북경이 몽골에게 함락되고 말았다. 테무진은 이곳에서 만난 요나라 출신의 **야율초재**를 1급 참모로 발탁, 대제국을 만드는 밑거름이 되게 한다. 몽골은 배운 것도 없고 전투력만 뛰어난 싸움꾼으로 체계적인 전술, 전략, 문화 따위가 없었다. 이런 몽골이 탁월한 식견의 야율초재를 만난 것은 그야말로 행운이었다. 1218년에는 서요(카라키타이)를 정복했는데, 그때 칭기즈칸이 보낸 대상(大商) 500명이 호라즘의 오토랄에서 전원 살해되는 일이 벌어졌다. 호라즘은 몽골을 머나먼 초원의 야만 족속이라고 완전히 무시, 이 사건을 규명하러 보낸 사신까지 감금했고, 사신들은 구사일생으로 도망쳐 왔다. 당시 세력이 강했던 호라즘이 몽골을 우습

게 보고 한 조치였다. 이후 몽골은 오토랄, 부하
라, 사마르칸트, 헤라트, 메브르를 포함 20여 개
도시를 차례로 초토화시키고 저항하는 도시는
전원 몰살을 시키며 호라즘의 수도로 향했다.
1226년 서(西)투르키스탄을 정복한 칭기즈칸
은 티베트 민족인 탕구트족이 세운 서하로 방향
을 돌려 서하의 백성들을 모조리 살해하라는 끔찍한 명령을 남기고 전투
가 끝날 즈음에 그곳에서 죽는다. 그의 매장지는 아직까지 밝혀지지 않았
다. 사후 2년간의 공백기가 있은 후 1229년 가장 유능한 아들이고 칸이 아
끼던 셋째 아들 오고타이가 뒤를 이어 대칸이 된다. 그는 아버지를 닮아
타고난 정복자였다. 1234년 금나라를 멸망시키고 남송을 공격한 후 서
아시아의 정벌을 시작한다. 1236년에는 큰형의 아들인 바투를 시켜 유
럽 원정을 시작했다. 러시아는 블라디미르 대공 유리 2세가 대적했으나
1238년 야로슬라볼에서 격파당했고, 그 뒤로 모스크바와 키에프가 1241
년 함락되면서 남부 러시아는 대부분 몽골군에 의해 완전히 점령당한다.
그 후 몽골군은 중부 유럽, 헝가리, 폴란드 방향으로 몰려갔다. 당시 유럽
은 신성로마제국의 황제들과 로마 교황들의 주도권 싸움을 100여 년 넘
게 하고 있었고 십자군의 원정으로 지쳐있어 몽골군에 대한 대비가 소홀
했었다. 바투의 몽골군이 폴란드를 지나 남부 독일 슐레지엔을 공격하
자 슐레지엔 왕 하인리히 2세는 폴란드·독일 연합군으로 대결했으나
레그니치 전투에서 몽골군에 대패했다. 이 전투에서 하인리히 2세는
장렬한 최후를 맞았다. 이후 파죽지세의 몽골군은 헝가리의 부다페스
트를 함락시킨 후 오스트리아로 향했다. 1241년 4월 폴란드, 헝가리를
동시에 공격해 유럽의 자존심인 튜튼 기사단을 괴멸시키며 유럽을 공
포의 도가니로 몰고 갔다. 그때 마침 몽골 본토로부터 오고타이의 사망

소식이 전해지자 바투는 싸움을 팽개치고 즉시 본국으로 회군한다. 오스트리아는 정말이지 행운아였다. 오스트리아는 사사건건 로마 교황을 괴롭히는 것이 일이었는데도 어떻게 주님의 은총을 받았는지 모르겠다.

평소 본국의 차기 대권을 노리고 있던 장손 바투는 작은 아버지의 아들인 사촌 구육이 대칸에 오르는 것에 결사반대였기에 전쟁이고 뭐고 다 팽개친 채 본국을 향해 말의 옆구리를 죽어라, 하고 갈겨댔다. 1241년 오고타이칸이 죽자 대칸의 자리를 놓고 치열한 암투가 벌어졌다. 1246년까지 오고타이의 미망인이 5년간 섭정을 하며 계략 끝에 아들 구육을 대칸의 자리에 앉히는 데 성공하나 구육은 2년 뒤 1248년 바투와 전투 준비 중에 사망한다. 1251년 바투와 툴루이의 자손들은 툴루이의 장남 몽케를 다음 4대 칸으로 추대했는데, 오고타이의 자손들이 무장을 하고 공격을 했다. 하지만 이를 중간에서 요격해 오고타이의 자손들 대부분이 살해되었다. 이러는 과정 중에 몽골의 세력은 약화되고 나머지 칸국들도 본국의 지시를 받지 않는 독립된 형태를 띠게 된다. 역사적으로 몽골은 100년의 단명한 제국이었다. 1400년 이전에 대부분 소멸되었다. 한편 몽케는 1258년 동생 훌라구를 보내 난공불락의 유서 깊은 고도(古都) 바그다드를 함락, 이슬람의 아바스 왕조를 멸망시키고 그곳에 일 칸국을 세운다. 그러나 1259년 송나라를 공격하던 중 몽케가 전사했고, 뒤를 이어 세력 다툼이 있은 후 몽케의 동생 쿠빌라이가 5대 대칸이 된다. 대칸은 이때가 마지막이고 그 후로는 각자 자기가 맡은 나라의 칸으로 독립, 각각의 칸국은 사실상 몽골과는 별개의 나라가 된다. 1279년 쿠빌라이가 원나라를 세우고 원나라 최초의 황제가 되지만, 1294년 쿠빌라이가 죽고 대칸의 제도도 사라지자 칸국은 각각 제 갈 길을 간다.

1260년 서 아시아를 공격하던 몽골군은 사상 처음으로 이집트의 맘루크 왕조와의 전투에서 패배하게 되고, 이후 공격을 중지한다. 칭기즈칸의 첫 아들 주치의 손자인 킵자크 칸국의 칸인 베르케가 맘루크를 지원했기 때문에 가능한 일이었다. 킵차크 칸국은 그 사이에 이슬람으로 개종되어 있었던 것이다. 몽골은 1274년과 1281년 두 차례에 걸쳐 일본을 침략했다가 두 번 다 실패했지만, 1279년에는 송나라를 멸망시켰다. 그리고 중국에 원(元)이란 나라를 세워 중국을 지배했으나 문화적인 뒷받침이 없었던 탓에 불과 90년 뒤인 1368년 멸망하고 만다. 이로써 한(漢)민족의 나라인 명(明)나라가 중국을 되찾는다.

* 칸국과 그 지역

칸국	혈통	지역
일 칸국	넷째 아들 툴루이의 자손	파키스탄에서 터키까지 이르는 지역
차카타이 칸국	둘째 아들 차카타이의 자손	이란 북부의 중앙아시아 지역
킵차크 칸국	첫째 아들 주치의 자손	러시아, 동부 유럽 볼가 강 하류, 카스피 해
원나라	넷째 아들 툴루이의 자손 (쿠빌라이)	중국 송나라를 멸하고 세운 나라(중국 본토)

1207 (프) 알비주아 십자군 전쟁 시작(1207~1229)

십자군 전쟁이 한창이던 1200년대 초기 프랑스 남부 알비 지방의 카타리파는 같은 기독교이면서 예수는 성령일 뿐 육체를 가진 적이 없다고 주장하면서 모든 가톨릭을 부정했다. 툴루즈와 카르카손, 아쟁을 중심으로 크게 세력을 확대하자 교황은 그를 이단으로 규정하고 1209년 십자군을 선포했다. 이 십자군에 적극적으로 참여한 세력은 주로 프랑스 국왕들이었는데 필리프 2세, 루이 8세, 루이 9세가 참여했다. 여기에는 부유한 프랑스 남부를 점령해 프랑스 국왕의 영토로 편입시키기 위한 속셈이 있었다. 결과적으로 알비주아군은 수만 명이 몰살되었고, 영토는 프랑스 국왕령으로 귀속되었다.

1213 고려 23대 고종 즉위(재위 1213~1259)

고종은 22대 강종의 맏아들로 아버지 강종이 재위 2년 만에 죽자 최충헌에 의해 즉위했다. 때문에 아무런 실권이 없었다. 그러나 이 기간 중 몽골의 침입과, 최충헌의 무신정권이 막을 내리는 사건이 있었다.

* 무신정권과 몽골의 침략

1217	흥왕사와 흥원사 승려들이 최충헌을 죽이려다 실패해 떼죽음을 당했다.
1219	최충헌이 죽자 아들인 최우가 실권을 물려받는다.
1231	몽골의 침략이 있어 강화도로 정부를 옮기고 28년간 항쟁을 했으나 막대한 인명과 재산의 피해를 입었다.
1238	경주 황룡사 9층탑이 불타고 대구 부인사에 보관돼 있던 현종 때의 대장경판이 소실되었다.
1237~1251	대장도감을 설치해 소실된 대장경판을 다시 조판했다.
1258	최충헌의 증손 최의가 유경, 임준, 김인준 등에 의해 살해되어 왕권은 복권이 되었으나 실권은 김인준 일파에게로 넘어갔다.
1259	태자 전(후에 원종)을 볼모로 보내고 강화의 내성, 외성을 헐어 몽골에 굴복했다. 그러나 그 후로는 몽골의 내정간섭을 받았다.

* 고려의 무인 정권 시대(1170~1270)

1170년(의종 24년) 정중부, 이고, 이의방 등 무인들이 정권을 잡은 후부터 1270(원종 11)년 최충헌의 잔존 세력이 끝나기까지 약 100년간의 시절을 말한다.

1215 (영) 존왕, 마그나카르타(Great Charter)에 서명

1216 (영) 헨리 3세 즉위(재위 1216~1272) 가계도-3A 참조

아버지인 존왕의 뒤를 이어 9세 때 즉위한 헨리 3세는 1227년부터 친정을 시작했다. 헨리는 프랑스의 공주를 아내로 맞은 뒤 프랑스인들을 정부의 요직에 대거 기용해 귀족들의 분노를 샀고, 여동생 엘리너를 프랑스 출신 총신 래스터 백작 시몽드 몽포르와 결혼시켜 또 한 번 분노를 샀다. 1254년 교황 인노켄티우스 4세와 협약을 체결, 둘째 아들 에드먼드에게 시칠리아 왕위를 주는 대가로 교황이 시칠리아를 상대로 벌이는 전쟁 비용을 지원하기로 했다가 이를 이행하지 않자 교황은 파문하겠다고 위협을 했다. 이에 헨리는 귀족들에게 재정 지원을 요청했고, 귀족들은 헨리에게 대헌장에 준한 개혁안 인준을 요구했다. 이 개혁안이 최초의 성문법이라 할 수 있는 '옥스퍼드 조례'다. 다급했던 헨리는 1261년 옥스퍼드 조례를 받아들이기로 했으나 실제로는 지키지 않았고, 급기야는 이를 무효화시켰다. 화가 잔뜩 난 귀족들은 1264년 반란을 일으켰고, 루이스 전투에서 헨리의 정부군을 물리치고 헨리와 아들 에드워드를 체포해 감금시킨다. 그런데 우습게도 반란군의 대표 주자가 헨리의 매제인 시몽드 몽포르였다. 몽포르는 주와 자치시의 대표들을 모아 오늘날의 의회와는 거리가 있지만 1265년 최초의 국회를 열었다. 이 때문에 몽포르는 '의회의 아버지'라 불리게 된다. 하지만 몽포르가 프랑스인인 데다가 혼자서 독주를 하는 것에 불만을 품은 일부 귀족들이 태자인 에드워드를 탈출시켰고, 에드워드는 군사를 동원해 이브섬 전투에서 몽포르의 군대를 물리쳤다. 그리고 몽포르는 처형시켜 아버지 헨리를 다시 왕위에 복귀시켰다. 하지만 헨리는 이미 연로했기 때문에 실질적인 정사는 에드워드가 보았다. 1272년 헨리 3세가 죽자 뒤를 이었다.

1221 (일) 조큐의 난(1068년 참조)

1226 (프) 루이 9세 즉위(재위 1226~1270)

루이 9세는 카페 왕조의 왕 중에서 인기가 있었던 왕으로 아버지 루이 8세는 유명한 필리프 2세의 아들이었다. 루이 9세 때의 영국 왕은 실지왕 존의 아들인 헨리 3세로 양국은 프랑스 내의 영국 영토 문제로 몇 번의 전투를 벌였고, 대체적으로 프랑스가 승리를 거뒀다. 한편 루이 9세와 영국의 헨리 3세는 처남매부지간이었다.

신성로마제국의 황제 프리드리히 2세는 루이 9세가 워낙 강력했기 때문에 별로 싸움을 걸지 않았다. 루이 9세는 신앙심이 깊어 교회의 보호자이며 성직자들의 벗이어서 1248년 성지 회복의 7차 십자군 원정에 나서기도 했다. 이집트를 공격했지만 전쟁이 장기전이 되면서 결국은 패하고 말았다. 이때 이집트의 포로가 되는 바람에 거액의 몸값을 지불하고 풀려나야 했다(1250년).

루이는 정의롭고 공평했으며 공직자들의 부정과 비리에 엄했다. 또한 인품 있는 사람으로 널리 알려져 외국에서도 분쟁의 조정자로 초청을 할 정도였다. 하지만 그리스도교를 지나치게 신봉한 나머지 또다시 아프리카로 이슬람교도를 정벌하러 떠났다가 결국 그곳에서 천당으로 가고 말았다. **1297년 교황 보니파키우스 8세가 루이 9세를 성인(Saint)으로 추증함에 따라 프랑스 왕으로서는 유일한 로마 가톨릭교회의 성인이 되었다.**

1200년대 스위스의 정세

1200년대 초반 당시 신성로마제국의 황제는 독일 왕을 겸하고 있는 프리드리히 2세였고, 스위스는 오스트리아의 지배를 받고 있었다. 이후 오스트리아는 스위스에게 공포정치를 가했고, 이에 스위스는 끈질긴 투쟁으로 항거했다. 우리에게 〈윌리엄 텔〉로 잘 알려진 희곡은 바로 이 시대를 배경으로 쓰인 작품이다. 이 시기 많은 스위스인들이 자유를 찾아 산악지대로 탈출해 동맹을 하는데, 이것이 바로 제1차 동맹(우리, 슈비츠, 옵발덴, 니드발덴)이다. 이후 동맹에 가입하는 주가 계속 늘어나자 당시 오스트리아 왕 레오폴트는 군대를 동원해 스위스 동맹군을 공격했다. 스위스는 1315년 모르가르텐 전투에서 크게 이기면서 네 개 주의 자유를 되찾았다. 이 영향으로 오스트리아의 지배에 불만을 갖고 있던 주변의 다른 주들도 하나둘씩 연맹에 가입하게 된다. 오스트리아가 취리히의 이탈을 막기 위해 취리히를 공격하자 동맹군은 협공으로 이를 물리치고 취리히를 구해낸다.

1231 몽골의 고려 침입

1218년 고려는 몽골에 조공을 바치기로 했지만 점점 요구하는 품목과 수량이 늘자 고려로서는 견디기가 힘들었다. 거기다 몽골은 다루하치를 보내 감독을 했는데, 이들의 폐해가 극심했다. 그런데 1224년 몽골의 사신 저고여가 공물을 싣고 몽골로 귀국하는 길에 압록강에서 도둑의 습격을 받고 목숨을 잃고 공물을 몽땅 빼앗기는 일이 발생하자 몽골은 고려의 계획적인 소행으로 판단했다. 1227년 칭기즈칸이 죽고 오고타이가 칸이 된 뒤 3년 만인 1231년 몽골은 살례탑을 사령관으로 고려를 침공했고, 그해 12월 고려는 굴복해 굴욕적인 강화를 맺었다. 하지만 몽골의 행패가 자심하자 몽골과 대항하기 위해 수도를 개경에서 강화로 옮겼다(최우 시절). 이때부터 30여 년간의 대몽골투쟁에 들어감에 따라 몽골과 30년간 항쟁하는 역사상 유래 없는 나라가 되었다. 1254~1255년의 몽골 침입은 잔인했고, 수년간의 대몽투쟁으로 삼천리강토는 피바다를 이루었다. 그러던 중 강화도에서는 최충헌의 무인 정권이 무너지자 고종은 쿠빌라이에게 태자를 보내 강화를 맺는다. 이때 몽골은 남송과의 전투 중 헌종(몽케)이 죽자 쿠빌라이가 차기 대권 싸움을 위해 본국으로 귀환하던 시기였다.

1234 몽골, 금나라 멸망시키다
1236 몽골, 유럽 원정군 출발(1236~1242, 1206년 참조)
1253 몽골의 유럽 3차 원정(1253~1260, 1206년 참조)

1254 독일, 왕위 공백 기간(1254~1273)

신성로마제국(독일)에는 콘라트 4세가 죽은 1254년부터 루돌프 1세가 즉위한 1273년까지 왕위가 비어 있던 시기가 있었다. 이 20년간을 대공위시대라고도 한다. 루돌프 1세부터 신성로마제국의 황제 위는 오스트리아의 합스부르크가로 넘어간다.

1258 고려 최충헌 시대 마감

유경, 김인준, 최은, 임연 등이 최충헌의 증손인 최의를 살해한 후 정권을 잡는다. 이로써 최충헌의 시대가 끝나고 김인준 등의 시대가 온다.

1259 고려 24대 원종 즉위(재위 1259~1274)

원종은 23대 고종의 맏아들로 1258년 강화를 청하기 위해 몽골에 갔다가 다음 해 아버지 고종이 죽자 귀국해 왕위에 올랐다. 원종은 무신정권 시대를 끝내고 왕권을 되찾기는 했지만 원나라의 힘에 의존한 결과 원나라의 간섭이 더욱더 심화되는 결과를 맞았다. 1274년 원나라는 일본 정벌을 위해 고려에게 막대한 양의 군비를 요구했고, 고려는 전함 건조, 해군 징발, 군량미 조달 등을 준비하는 등 서러움을 맛보았다.

＊ 삼별초(1270～1273)

1270년 장군 배중손, 노영희 등이 삼별초를 이끌고 원나라에 굴복하는 것에 반대해 끝까지 항거한다. 진도에 본거지를 두고 한때 상당한 세력을 떨쳐 남해, 거제, 제주 등 30여 개의 섬을 장악하고 기세를 떨쳤다. 육지까지 세력을 미쳐 장흥, 마산, 김해, 동래 등 해안 지역과 전라도까지 공격함에 따라 고려 조정은 큰 위협을 느꼈다. 1271년 고려와 몽골의 연합군은 5월에 총공세를 펴 진도를 함락하는데, 이때 배중손과 승화후 온(왕온)이 전사했다. 삼별초는 김통정을 중심으로 또다시 제주도로 거점을 옮겨 마지막 항거를 했지만, 김방경을 중심으로 한 여몽 연합군에 의해 1273년 진압되고 만다. 나라는 몽골의 힘에 굴복했지만 삼별초는 최후의 한 사람까지 몽골에 항거해 고려인의 혼을 보여주었다.

6-3 오스만제국의 설립

■ ■

1272 (영) 에드워드 1세 즉위(재위 1272~1307)

에드워드 1세는 헨리 3세의 아들로 의회를 활성화하고 많은 법령을 만들어 영국의 '유스티니아누스'라는 칭송을 받았다. 1264년 몽포르와의 전투에서 승리해 부왕 헨리 3세를 복위시킨 후 자신은 1270년 십자군 원정에 참여했는데, 1272년 귀향길에 부왕의 죽음 소식을 듣는다. 에드워드 1세는 의회의 가치에 대해 잘 이해를 하고 있었고 이를 이용하려는 합리적인 사고를 갖고 있었다. 당시 프랑스는 1270년 사망한 루이 9세의 아들 필리프 3세(재위 1270~1285)가 막 즉위했을 때였다. 에드워드 1세 말기 때의 라이벌은 필리프 4세(재위 1285~1314)로서 이때 프랑스 내의 영국령을 제법 잃었다. 1295년에는 주와 시, 그리고 하급 성직자들의 대표를 모두 소집해 의회를 열었는데, 이를 모범의회라고 한다. 한편 에드워드 1세는 군인으로서의 자질도 뛰어나 이미 몽포르와의 전투에서 승리했고, 십자군 원정에서도 실력을 보여주었다. 또 웨일즈를 진압했는데, 이로써 웨일즈는 향후 약 100년 동안 잉글랜드의 통치하에 놓인다. 스코틀랜드를 끊임없이 침공했으나 스코틀랜드의 저항도 거세어 뜻을 이루지 못한 채 정벌 중에 전장에서 사망한다.

1273 루돌프 독일 왕 즉위(재위 1273~1291)

합스부르크 가문 출신 최초의 독일 왕이다. 당시 독일은 왕위 공백기로서 혼란을 거듭하고 있었다. 보헤미아의 왕 오타카르 2세가 오스트리아, 슈티리아, 카린티아, 카르니오라를 지배하면서 점차 강력한 세력으로 떠오르자 독일의 선제후들은 서둘러 합스부르크가의 출신인 루돌프를 독일

왕으로 선출했다. 루돌프는 1276년 오타카르를 패배시키고 2년 뒤 빼앗긴 영토를 되찾으려는 오타카르를 다시 격파했는데, 이때 오타카르가 전투 중 전사한다. 루돌프는 선제후들의 동의를 얻어 자신의 아들들에게 오스트리아와 슈타이어를 주는데 이것이 후에 합스부르크 왕가의 근거지가 된다. 한편 루돌프는 자신의 아들이 다음 독일의 왕이 되기를 바랐지만 선제후들은 독일 사람이 아닌 합스부르크 왕가가 독일 왕이 되는 것에 동의하지 않았다. 그러나 얼마 후 그동안 독일이 수백 년 누려왔던 신성로마제국의 황제 자리는 합스부르크가로 아예 넘어가 버렸다.

1274 몽골, 1차 일본 원정

일본을 치고자 원나라는 막대한 전쟁 준비와 병선 제작을 고려에게 독촉, 당시 300여 척의 병선을 만드는 데 3만여 명이 넘는 인부를 동원해야 했다. 원정 준비를 마친 1274년 고려의 원종이 죽고 충렬왕이 즉위했는데, 그해 10월 원나라 도원수 홀돈, 우부원수 홍다구, 좌부원수 유복형이 원나라 군사 2만5천을 이끌고 들어왔다. 김방경이 이끄는 여몽 연합군은 합포(현 마산)에서 출발, 대마도를 소탕하고 구주로 상륙했으나 그날 밤 갑자기 폭풍우가 몰아쳤다. 그래서 다음 날 바닷가에는 부서진 배 조각과 원나라, 고려군의 시체만 둥둥 떠다녔다. 이로써 1차 원정은 실패한다.

1279 원나라 설립(1279~1368, 약 90년)
1281 원나라, 2차 일본 정벌 실패

1282 (프) 시칠리아 만종 학살 사건

시칠리아인들이 앙주 왕가 출신의 나폴리-시칠리아 왕 카를로 1세에 대

항해 반란을 일으켜 프랑스인을 대량 학살한 사건이다. 카를로의 강압
통치에 격분한 시칠리아인들이 저녁기도 시간에 무례한 행동을 한 프랑
스 군인을 살해한 것에서 시작되어 팔레르모에 살던 프랑스인 2천 명이
학살되었다. 시칠리아인들은 아라곤에 지원을 요청했고 아라곤은 곧 군
대를 트라파니에 상륙시켰다. 앙주 가문은 교황청과 이탈리아의 교황파
와 프랑스 필리프 3세의 지원을 받았으며 아라곤은 이탈리아의 황제파
의 지원을 받아 격돌했다. 결국 앙주 가문이 시칠리아를 차지하기로 하
고 화해했으나, 시칠리아인들은 아라곤의 페드로 3세의 아들인 프레테
리코 3세를 추대해 항쟁을 계속해 시칠리아는 이로써 아라곤의 오랜 지
배를 받게 된다. 여기서 프랑스의 필리프 3세는 교황 마르티누스 4세가
부추겨 싸움에 말려들게 됐고 원정 중 함대가 괴멸되어 귀로에 열병으로
죽는다.

✶ 마르코 폴로(1254~1324)

이탈리아 베네치아 출신이다. 1275년 원나라 수도에 도착해 쿠빌라이의 신임을
받아 17년간 쿠빌라이 밑에서 관리로 일했다.《동방견문록》을 써서 당시 유럽사
회에 동방을 소개했다. 이 책을 읽은 서양인들은 동양을 동경하게 되었고, 결국
《동방견문록》은 서양인들이 동쪽으로 향하는 항로 개척의 동기로 작용했다.

1285 (프) 필리프 4세 즉위(재위 1285~1314)

필리프 3세의 아들로 잘생긴 외모로 단려왕이란 별명을 얻었다. 로마 교
황 보니파키우스 8세와 심한 알력 중에 장관인 노가레를 로마로 보내 교
황을 체포했다. 다음 달 교황이 죽자 필리프 4세는 자기의 마음에 맞는 클
레멘스 5세를 교황으로 내세우고 교황청을 아비뇽으로 옮기는 등 교황의
세력을 축소시켰다. 카페 왕조를 강력한 왕조로 발전시켰다.

1300 오스만제국 설립(1300?~1922)

오스만제국(Ottoman Empire)은 터키(투르크) 민족이 세운 제국이다. 1300년경 아나톨리아(터키)에 건설되어 제1차 세계대전이 끝나는 1922년 해체되었다. 터키 공화국이 될 때까지 약 620여 년간을 지속한 나라로 인류 역사에 중요한 부분을 차지했다.

제국 건설 1기인 1300~1480년까지는 오스만제국의 끊임없는 팽창기였다. 오르한(재위 1324~1360), 무라드 1세(재위 1360~1389), 바예지드 1세(재위 1389~1402)가 통치했다. 오르한은 아나톨리아 지역 거의를 정복했고, 1350년경에는 발칸 반도로 진출했다. 1389년 무라드 1세는 코소보에서 발칸 동맹군을 격파하고 갈리폴리, 트라키아, 마케도니아, 불가리아, 세르비아를 획득했고, 바예지드 1세는 이 지역에서의 종주권을 확실히 하고 술탄이라는 칭호를 받았다. 그러나 너무나 설치다가 1370년경 신흥 세력으로 일어난 티무르의 견제를 받았다. 1402년 터키의 앙카라 부근에서 티무르에게 한동안 맥을 못 쓸 정도로 타격을 받았다. 한참 발칸반도에서 잘 나가다가 완전히 스타일 구기고 만 것이다. 몽골족의 후예인 티무르는 싸워서 진 적이 거의 없던 타고난 싸움꾼이었다. 450년경 훈족의 아틸라가 그랬고 1230~1250년의 칭기즈칸의 몽골이 그랬던 것처럼 1400년경 몽골의 후예 티무르 역시 유럽에게는 정말 무서운 적이었다. 이후 오스만제국은 메메드(무하마드 1세, 재위 1413~1421), 무라드 2세(재위 1421~1451), 메메드 2세(재위 1451~1481)를 거치면서 도나우 강 남쪽을 지배했다. 특히 메메드 2세는 1453년 1000년 역사의 동로마제국의 유서 깊은 콘스탄티노플을 함락함으로써 동로마제국을 멸망시켰다. 그리고 콘스탄티노플을 이스탄불이라고 개칭하고 새로운 수도로 삼아 유럽의 최대 도시로 만든다.

1500년대 초기 오스만제국은 또다시 팽창을 시작했다. 시리아의 소유권 문제로 이집트의 맘루크 왕조와의 일전을 벌였는데, 1517년 셀림 1세(재위 1512~1520)가 이집트 맘루크 왕조를 멸망시키고 이집트, 팔레스타인, 시리아, 알제리 등을 일거에 점령했고, 아라비아의 메카와 메디나의 보호권마저 획득하면서 이후 수니파 이슬람교도의 칼리프 지위도 겸하게 되었다. 쉴레이만 1세(재위 1520~1566) 때는 1526년 헝가리를 복속시키고 1529년에는 오스트리아의 빈을 포위 공격해 카를 5세의 신성로마제국을 괴롭히고 유럽의 정치 판도를 뒤흔들어 놓았다. 1538년에는 에스파냐, 베네치아, 로마 교황의 연합함대를 프레베자 해전에서 격파, 튀니지, 알제리를 합병, 바그다드, 바스라를 확보해 실질적으로 메소포타미아를 지배했다. 지중해, 흑해, 홍해, 페르시아 만의 제해권마저 확보해 그야말로 동양과 서양의 통로를 움켜쥐고 최전성기를 구가했다. 이는 유럽이 대양을 돌아 동양으로 가는 항로를 개척하게 되는 계기가 되었다. 결과적으로 서양의 항해술의 향상은 오스만제국의 쇠퇴를 불렀다. 1700년 이후 오스만제국의 쇠퇴는 가속되어 많은 지배지를 잃게 되었다. 1912~1913년 발칸 전쟁으로 유럽에서 쫓겨나고 제1차 대전에서 패배하면서 마지막 황제인 메메드 6세 때 제국은 해체되고, 터키 공화국이 탄생되었다.

1309 교황 아비뇽으로 피신(1309~1377)

할아버지 루이 9세 때의 십자군 전쟁으로 인한 재정 적자와 본인의 낭비벽 등으로 재정이 고갈된 필리프 4세는 많은 세금을 부과한 데 이어서 교회의 토지에도 세금을 물렸다. 또한 유대인 재산을 몰수하고 내쫓았다. 이는 교황 보니파키우스 8세와의 마찰로 이어졌다. 필리프 4세는 고문관 기욤 노가레를 교황청으로 보내 교황을 체포해 위협했고, 교황은 그 충격으로 다음 달 죽고 말았다. 후임자 역시 곧 죽음을 당했다. 필리프 4세는 이후 자신에게 우호적인 프랑스 보르도의 주교를 교황 클레멘스 5세로 세웠는데, 클레멘스 5세는 신변의 위험을 느낀 나머지 이탈리아를 떠나 안전한 프랑스의 아비뇽으로 피신했다. 이로써 교황청의 아비뇽 유수가 시작되었다.

1314 (프) 루이 10세 즉위(재위 1314~1316) 가계도-4A 참조

필리프 4세에게는 세명의 아들인 루이 10세, 필리프 5세, 샤를 4세가 있었고 딸인 이자벨라가 있었는데 불행하게도 아들 삼형제에게는 하나같이 왕위를 물려줄 아들이 없었다. 결과적으로 형제가 사이좋게 나란히 왕위에 올랐다가 막내인 샤를 4세가 죽자 직계는 끊어지고 만다. **왕위는 필리프 4세의 동생 샤를 드 발루아의 아들인 필리프 드 발루아(사촌)에게로 넘어가서 필리프 6세로 발루아 왕조를 열었다.** 한편 루이 10세의 여동생 이자벨라(필리프 4세의 딸)는 영국의 에드워드 2세에게 시집을 가 에드워드 3세를 낳았다. 말하자면 에드워드 3세는 죽은 필리프 4세의 외손자인 셈이었으니, 에드워드 3세가 프랑스의 왕위를 계승하겠다고 우기는 데에는 아주 이유가 없는 것은 아니었다. 그러나 프랑스 국민들은 영국인이 자기 나라의 왕이 된다는 데 거부감이 있었다. 결국 그런저런 이유로 사촌인 필리프 발루아가 샤를 4세를 이어 필리프 6세로 즉위했다. 이후 에드워드 3세와는 왕위계승 문제 뿐 아니라 프랑스 내의 영국 영토 탈환, 무역 문제 등으로 100년 이상을 끄는 지루한 백년전쟁으로 돌입하게 된다.

1315 모르가르텐 전투(스위스와 오스트리아의 전투)

6-4 무로마치 막부 설립과 백년전쟁의 발발

■ ■

1318 (일) 96대 고다이고 천황 즉위(재위 1318~1339)

천황 고다이고는 천황의 권위를 되찾기 위해 막부의 세력을 쓰러뜨리려
고 여러 차례 시도를 했으나 번번이 발각되어 유배를 당한다. 그러던 중
아시카가 다카우지는 고다이고와 모의, 이미 쇠약해진 호조를 무찌르고
1333년에는 가마쿠라 막부까지 무너뜨린다.

　가마쿠라 막부를 실질적으로 운영하던 호조 가문도 1300년대에 접어
들고 영향력이 쇠퇴했는데, 여기에 8세의 어린 호조 다카토키가 콧물을
흘리며 쇼군의 섭정이 되는 웃지 못할 사건이 벌어지자 점차 세력은 나가
사키 가문으로 넘어간다. 1331년 막부를 무너트리려는 천황 고다이고의
계획이 탄로가 나자 천황은 동해의 오키 제도로 추방되었다. 1333년 천
황파를 공격하라고 막부에서 보낸 아시카가 다카우지가 칼끝을 거꾸로
돌려 가마쿠라 막부를 공격하자 이에 가마쿠라 막부는 1192년 창립 이래
140년 만에 막을 내리고 말았다. 다카우지의 도움으로 추방에서 풀려나
돌아온 고다이는 공로가 있는 주위의 사람들을 무시했고, 결국 주변으로
하여금 등을 돌리게 만들었다.

* 일본의 남북조 시대(1336~1392)

1335년이 되자 고다이고 천왕과 아시카가의 사이가 점점 더 벌어지더니 급기야
치열한 전투가 있었다. 이에 고다이고는 교토를 탈출, 나라 남쪽에 있는 요시노
산지에 머물면서 자신이 정통 천황임을 내세웠다. 이를 남조라고 한다. 반면 고
다이고를 내쫓고 교토로 돌아온 아시카가는 고곤을 천황으로 옹립했으니 이를
북조라고 한다. 즉, 1336년부터 일본에는 남조와 북조, 두 개의 조정이 생긴 것이

다. 이들은 서로 자기가 정통이라고 우겨댔다.

* 무로마치(室町) 막부(1338~1573)

아시카가 다카우지는 고다이고 천황을 도와 가마쿠라 막부를 멸망시키나 천황
과의 반목으로 이번에는 천황의 군대와 대결해야 했다. 결국 전투에서 승리해 교
토를 점령하면서 새로운 무로마치 막부의 시대를 열었다.

3대 쇼군인 요시미쓰는 황실의 분열을 청산하고 갈등과 반목의 상징인 남북
조 시대의 막을 내리게 하고 몇 십 년 동안 안정을 유지시켰다. 그러나 이후 잘못
된 치세는 오닌의 난(1467~1477)으로 이어져 멸망의 길로 들어섰다. 이후 약
100년간의 전국시대를 거쳐 1573년 오다 노부나가에 의해 무로마치 막부는
멸망했고, 이후 일본의 역사는 도요토미 히데요시의 통일 완성과 도쿠가와 이
에야스의 에도 막부 설립으로 이어진다.

1327 (영) 에드워드 3세 즉위(재위 1327~1377)

에드워드 3세는 플랜태저넷 왕조를 연 헨리 2세의 사후 200여 년 사이에
훌륭한 치세를 한 왕 중의 한 명이다. 프랑스 필리프 4세의 아들 삼형제
전부가 후사 없이 죽으면서 카페 왕조의 혈통이 끊기게 되자 에드워드 3
세는 자기 어머니가 필리프 4세의 딸임을 내세워 프랑스의 왕위 계승권
을 힘차게 주장했고, 이는 결국 백년전쟁으로 이어졌다. 에드워드 3세가
백년전쟁의 문을 연 셈이다.(1337년 참조)

1340년 6월 영국의 기습으로 시작된 플랑드르의 슬뤼스 시 근처에서
벌어진 해전에서 프랑스 함대를 전멸시켰다. 1346년 16세의 어린 아들
에드워드(일명 흑태자)를 대동하고 노르망디에 상륙, 크레시에서 프랑
스의 필리프 6세에게 대승을 거뒀다(크레시 전투). 이어 칼레를 포위해
항복을 받아냈고 가스코뉴와 브르타뉴에서도 승리를 거둔다. 1348년 전

유럽을 공포의 도가니로 몰아넣은 흑사병으로 전쟁은 자연히 휴전 상태가 되었다가 다시 1356년 푸아티에에서 프랑스 왕 장 2세의 군대에게 대승을 거뒀다(푸아티에 전투). 이때 장 2세는 귀족들과 함께 흑태자 에드워드의 포로가 되어 영국으로 송환되는 치욕을 당한다. 지도-15 참조

흑태자는 에드워드 3세의 장남으로 이제 20대 중반의 젊은 나이에 탁월한 전투능력을 발휘해 많은 전투에서 혁혁한 전과를 세운다. 이 전투의 결과로 영국은 칼레 조약을 체결, 프랑스로부터 아키텐의 전부를 빼앗아 차지했다. 그러나 업무대행을 한 장 2세의 아들 샤를 5세가 착실하게 군대를 정비하고 서서히 힘을 강화한 다음 칼레 조약을 무효로 선언했다.

다시 전투는 재개되었으나 차츰 영국이 불리해져 대부분의 영토를 잃었다. 게다가 에드워드 3세가 정치에 관심을 잃고 맏아들 흑태자와 흑태자의 동생 곤트의 존에게 정치를 다 맡기자 아들끼리의 알력이 점점 더 심해지면서 프랑스 내에서의 전세는 점점 더 불리해졌다. 그러던 차에 에드워드 3세가 가장 신임하던 흑태자의 건강이 악화되더니 1376년에는 급기야 흑태자가 죽음으로써 에드워드의 3세의 일곱의 아들과 다섯의 딸들이 권력 다툼에 참여했다. 그중 곤트의 존(랭카스터 가문)과 그의 동생 에드먼드(요크 가문) 사이의 피비린내 나는 주도권 싸움은 1485년까지 계속되었다.(1422년 참조) 가계도-3B 참조

1328 (프) 필리프 6세 발루아 왕조 개막(1328~1589)

1333 (일) 가마쿠라 막부 멸망(1192~1333, 1318년 참조)

1336 (일) 남북조 시대 개막(1336~1392, 약 60년간)
고다이고 천황은 호조 가문의 전횡에 분노를 느꼈으나 힘이 약해 아시카가 다카우지의 힘을 빌려야 했고, 때문에 호조 가문을 제거하고 가마쿠라

막부를 무너뜨렸지만 실권은 다카우지에게로 넘어갔다. 고다이고 천황은 주제 파악도 못하고 지금까지 호조 가문에 억눌려 기를 펴지도 못하던 천황의 권위를 찾기 위해 사사건건 다카우지의 세력을 무시하고 자기 뜻대로 개혁을 단행했다. 이에 1336년 다카우지 군대는 아직 남아 있던 호조의 잔존 세력을 가마쿠라에서 격파한 다음 방향을 바꾸어 교토에 있는 천황의 군대를 격파, 조정에 입성했다. 이에 **고다이고 천황은 3종의 신기를 갖고 교토를 탈출해 남쪽 요시노에서 새로운 조정을 세웠고**, 다카우지는 교토에 고곤을 새로운 천황으로 세웠다. 이로써 일본에는 사상 처음으로 두 개의 조정이 생겼다. 이를 남북조 시대라고 부르는데 결국은 북조로 통일되었다.

1337 백년전쟁 발발(1337~1453, 116년 간)

백년전쟁이 일어나게 된 중요한 동기는 대체로 다음의 세 가지다.

첫째, 프랑스 카페 왕조의 마지막 왕인 샤를 4세가 아들이 없이 죽자 샤를 4세의 사촌인 발로아 백작을 필리프 6세로 프랑스 왕위에 오르게 한다. 그러나 영국의 에드워드 3세는 자기의 어머니 이자벨라가 샤를 4세의 누나로서 카페 왕조의 직계이니 차기 프랑스 왕위 계승권은 자기에게 있다고 생떼를 쓴다. 라이벌 관계에 있는 영국에게 자기 나라의 왕위를 넘겨준다는 것은 있을 수 없는 일이었다. 더구나 자기 민족이 세계 최고의 민족이라는 자존심에 불타는 프랑스인에게는 받아들이기 불가능한 조건이었다.

둘째, 1066년 프랑스 노르망디 공이 영국을 침략해 영국의 왕 윌리엄 1세가 된 탓에 노르망디 공이 소유하고 있던 프랑스 내의 노르망디 지역과 앙주 공의 앙주 땅, 그리고 1154년경 프랑스 루이 7세와 이혼하고 영국의 헨리 2세와 결혼한 프랑스인 왕비 엘레노아가 시집을 올 때 혼수로 싸들고 온 프랑스의 많은 부동산으로 인해서 프랑스 내의 영국 땅이 오히려 더 많을 지경에 이렀다. 이에 프랑스 왕들은 언제고 기회가 있으면 영국으로부터 이 땅을 되찾으려 했다.

셋째, 지금의 벨기에에 해당되는 당시 플랑드르 지방은 유명한 모직물의 생산지로 중세 유럽의 가장 부자 동네 중 하나였다. 또한 영국에게 있어 플랑드르는 양모를 사가는 매우 중요한 고객이었다. 그런데 프랑스가 플랑드르 지역에 대해 통치권을 주장하며 간섭을 하자 영국으로서는 그냥 넘길 수 없었다. 또 영국은 스코틀랜드와 전쟁 중이었는데 프랑스의 필리프 6세가 스코틀랜드에 슬쩍슬쩍 대량살상 무기와 재정을 지원함으로써 영국을 자극했다.

1337년 필리프 6세가 영국령 기옌 영지를 몰수하자 에드워드 3세와의 전투가 시작되었다. 이 전쟁은 장기전이 되어 무려 110년이나 끌게 되었다. 한때 영국의 압도적인 승리로 파리가 함락되기도 했으나 프랑스 구국의 영웅 잔 다르크가 나타나 활약을 하면서 1453년 마침내 영국군이 철수했다. 이로써 영국은 칼레를 제외한 프랑스 내의 영토를 다 잃게 되었다.

1338 (일) 무로마치 막부의 설립(1338~1573, 235년간)

1300년대 중반은 무로마치 막부의 전성기로 문화도 많은 발전을 하는데, 3대 쇼군 아시카가 요시미쓰 때 절정을 이뤘다. 이후 쇼군은 점점 권위를 잃어서 쇼군의 세력은 땅에 떨어지고 세상은 점점 다이묘들 중심으로 돌아간다. 비대해진 다이묘들의 권력 투쟁은 1400년대 중반부터 약 100년간 **전국시대(1478~1573)**를 낳았지만, 이후 오다 노부나가에 의해 사실상 통일된다.

1400~1500년대에 쇼군의 세력이 너무나 약했다. 농민들의 봉기가 무려 50여 차례나 일어났을 정도였다. 그러나 **문화적으로 괄목할 만한 성장**

을 이루었다. 다도(茶道), 꽃꽂이 등이 성행했다. 금각사와 은각사도 전부 무로마치 시대의 산물이다.

1348 유럽 흑사병 만연(1348~1350)

흑사병은 중세 유럽을 강타해서 유럽 인구의 3분의 1을 죽음으로 몰아넣은 공포의 재앙이었다. 크리미아 반도를 통해 퍼졌다는 설이 있다. 지중해를 상륙한 흑사병은 이탈리아를 휩쓸고 1348년 북아프리카, 스페인, 프랑스, 영국, 1349년 오스트리아, 헝가리, 스위스, 독일, 1350년 스칸디나비아, 발트 해 국가까지 퍼지면서 절정을 이뤘다. 1500년대에 가서야 1300년 흑사병 이전의 인구를 회복했다고 하니 가공할 만한 위력이었음에 틀림없다. 흑사병은 1350년부터 조금씩 수그러들기 시작했다.

이탈리아의 작가 보카치오(Giovanni Boccaccio)가 쓴 소설 《데카메론》은 열 명의 젊은 남녀가 흑사병을 피해 외딴 곳에 모여 열흘 동안 각자 하루에 한 개씩 이야기를 한 형식으로 모두 100개의 이야기가 실려 있다. 이들 이야기는 당시 이탈리아 사회를 풍자한 것으로 단테의 신곡과 비견할 명작이다. 1348~1351년경에 쓴 것으로 보인다.

한편 유대인들이 샘이나 우물에 독을 풀었다는 소문이 돌아 유대인의 대량학살을 불러왔다. 흥분한 유럽인들이 죄 없는 유대인을 불속에 던지거나 생매장을 했던 것이다. 이는 중세 유럽에서도 유대인을 미워했다는 증거이기도 하다. 우리나라도 1923년 일본의 관동 대지진 당시 조선인이 불을 지르고 약탈을 하고 물에 독을 풀었다는 일본의 조작 보도에 의해 약 7천 명의 조선인이 억울하게 학살을 당했다.

1350 (중) 원나라에 대한 저항 시작/ 홍건적

원나라 말기 반란은 백련교(일명 명교)에서 시작되었다. 하남의 영주 사람인 유복통은 한산동을 수령으로 추대하고 백련교를 표방, 무리를 구성해 원나라에 대한 조직적인 반란을 시작한다. 이들은 머리에 붉은 띠를 둘렀기에 홍건적이라고 불렸고 당시 고려 말기에 고려까지 쳐들어와 고려 멸망의 원인 중 하나가 되기도 했다. 홍건적이 창궐하자 때를 맞추어 서수휘, 곽자흥 등이 여기저기에서 일어나기 시작했는데, 그중 **곽자흥의 부장이었던 주원장이 원나라를 내쫓고 명나라를 세워 중국을 통일했다.**

1351 고려 31대 공민왕 즉위(재위 1351~1374)

공민왕은 충숙왕의 둘째 아들이자 충혜왕의 친동생이다. 어머니는 홍규의 딸로 명덕태후(덕비)이고, **왕비는 원나라 위왕의 딸 노국대장공주다.** 즉위 원년 이제현, 조일신을 중심으로 전면적인 인사이동을 단행한 데 이어서 몽골식 변발과 호복제도를 폐지하여 자주적 전통을 추구했다. 또 정방을 혁파, 기강을 잡고 역대 선왕 및 기자에 대한 봉사奉祀를 언급해 자주의식을 드러냈으며, 전민변정도감을 설치해 전민탈점에 대한 시정의 의지를 보였다. 그러나 공민왕의 개혁은 부원배를 중심으로 한 권문세족의 반발로 잘 이루어지지 않았다. 즉위 1년 만에 발생한 조일신의 난으로 공민왕의 입지가 약화된 반면 부원 세력이 강화되어 더 이상 개혁을 할 수 없을 정도에 이르렀다.

그러나 이때는 원나라의 세력이 약화되고 있는 시점이었다. 그래서 1356년 공민왕 5년에 반원 정책, 왕권 강화, 사회적 모순 혁파를 주 내용으로 하는 본격적인 개혁을 단행했다. 먼저 기씨 일족을 비롯한 부원 세력을 주살했고 정동행성이문소를 혁파하고 압록강 이서와 쌍성 지역을 공격했다. 또한 원의 연호의 사용도 정지했다. 관제도 문종 때의 것으로 환원했다. 하지만 이 역시 어느 정도 원의 영향권에서 탈피했다는 성과를 빼고는 실패로 돌아가고 만다. 공민왕은 재위 14년인 1365년 또다시 개혁을 단행했는데, 이번에도 권문세족들의 완강한 반대에 직면한다. 이때 등장한 인물이 신돈이었다. 권문세족들을 배제한 가운데 추진했기 때문에 어느 정도 효과를 볼 수 있었으나, 그만큼 기득권 세력의 항거는 집요했다. 결국 1371년 신돈이 제거되면서 개혁도 물거품이 되고 말았다.

한편 1359년과 1361년 홍건적의 침입으로 고려는 막대한 타격을 입었다. 1368년 명나라가 건국되고 원이 북쪽으로 쫓겨 가자 고려는 원의 연호 사용을 중지하고 명과 정식으로 국교관계를 맺었다. 이성계와 지용수를 시켜 만주 지역에 있던 원의 동녕부를 정벌했고 랴오둥의 랴오양을 공격해 성을 빼앗았다.

왕비이었던 노국공주는 남편인 공민왕에게 헌신적인 여성이었다. 왕도 비를 지극히 사랑했으나 후사가 없었다. 1365년 뒤늦게 잉태를 했으나 기쁨도 잠시, 왕비는 난산 끝에 숨을 거뒀다. 이때부터 공민왕은 정사를 돌보지 않고 죽은 왕비만 그리워하다 말년에는 궁궐 안에 미소년들을 두어 자제위(일종의 동성연애)라는 것을 만듦으로써 궁궐 내의 기강을 어지럽혔다. 급기야는 자제위의 홍윤이 왕비인 익비를 강제로 욕보여 잉태를 시키는 지경에 이르렀다. 왕은 비밀을 지키기 위해 이 일에 관련된 자를 죽이려 하나 이를 알아차린 최만생 등이 공민왕을 시해함으로써 공민왕은 사랑하던 아내 옆으로 가게 되었다.

1356 푸아티에 전투 지도-15 참조

백년전쟁 초기에 있었던 전투다. 영국 에드워드 3세와 프랑스 필리프 6세의 뒤를 이어 즉위한 장 2세와의 전투에서 프랑스 군은 참패를 당해 장 2세와 막내아들 필리프도 포로가 된다. 그로 인해 아들 샤를 5세가 포로가 된 아버지 장 2세를 대신해 섭정을 하다가 장 2세가 1364년에 영국에서 죽자 이어 프랑스의 왕으로 즉위한다. 샤를 5세는 군을 강화시키고 국력을 길러 차츰 영국군을 몰아낸다.

1358 (프) 자크리의 난 발생

샤를 5세가 아버지 장 2세를 대신해 통치하던 시절 프랑스 북부 보베지에서 일어난 농민들의 반란으로 백년전쟁 및 흑사병으로 인한 피해와 봉건영주들의 압박에 대한 분노와 절망의 표출이었다. 성난 농민은 귀족의 성과 저택을 약탈했다. 이때 마침 파리에 있던 부르주아들이 에티엔 마르셀을 리더로 해 국왕의 세금과 재정 정책에 반대해 반란을 일으켰다. 이에 자크리의 난과 마르셀의 난이 연대할 움직임을 보인 데다 이들이 영국과도 제휴하려 하자 부르주아들은 마르셀을 제거했다. 자크리의 난도 귀족들에 의해 잔혹하게 진압되었다. 이후 엄청난 보복 학살이 자행되었다.

1364 (프) 샤를 5세 즉위(재위 1364~1380)

샤를 5세(현명왕)는 아버지 장 2세가 영국에서 포로 생활을 하다 죽은 뒤 프랑스 왕위에 올랐다. 푸아티에 전투의 패배로 **브레티니 조약**을 체결, 루아르 강 남쪽에서 피레네에 이르는 남부 프랑스를 몽땅 영국에 빼앗긴 것도 모자라 장 2세의 몸값 300만 에퀴를 내야 했다. 그러나 프랑스가 몸값을 지불하지 못함에 따라 장 2세는 포로 생활을 하다 죽었다. 그 후 샤를 5세는 게스클랭 장군의 활약으로 영국으로부터 많은 영토를 되찾고 현명왕이라는 별명답게 나날이 불리해져만 가던 전쟁을 기적적으로 유리한 방향으로 전환시켰다.

6-5 명나라의 건국, 티무르의 제국, 조선의 건국

1368 (중) 명나라 건설(1368~1644)

명나라 태조 홍무제 주원장은 안휘성 봉양 출신의
가난한 집에서 태어난 탓에 어린 시절 생계를 위해
황각사에서 중이 되었다. 곽자흥이 원나라에 대항
해 일어나자 1352년 25세의 나이로 곽자흥의 부하
로 들어가 서서히 두각을 나타내기 시작, 곽자흥의
양녀인 마씨를 아내로 맞이할 정도로 신임을 받았
다. 마씨는 훗날 황후가 되는데, 중국 역사상 보기
드물게 어진 황후로 이름을 남겼다.

　주원장에게는 생사고락을 같이 한 충신들로 이선장, 왕광양, 호유용,
유기 등이 있었는데, 주원장은 역사적 인물들 중에서도 가장 혹독하게 옛
동지들을 제거했다. 때문에 이들 중 살아남은 자가 거의 없었다. 호유용
과 관련자들이 죽을 때 무려 1만5천 명이 함께 죽었을 정도였다. 주원장
은 태자가 과연 노회한 원로대신을 이길 수 있을까 싶어 원로대신들을 숙
청한 것이었다. 그런데 천벌을 받았는지 다 큰 태자가 어느 날 황천으로
가자 이번에는 손자가 나이가 너무 어리다며 세 번째 숙청에 들어갔다.
특히 건국공신 상우춘의 처남인 남옥은 원나라 멸망 시 많은 공을 세웠던
공신이었지만 세력이 커지자 관련 친인척을 포함해 무려 2만여 명과 함
께 죽임을 당했다. 힘깨나 쓸 만한 사람은 씨가 마르고 살아남은 사람들
도 도무지 지금 자기가 살아 있기나 한 건지 확인을 해야 할 판이었다.

　1398년 주원장이 71세의 나이로 황천으로 가자 뒤를 이어 손자인 주윤
문이 건문제로 즉위(당시 22세)했는데, 그는 성격이 유약했다. 그러자 이

번에는 대신들이 유약한 황제를 위해 주위의 번왕(주원장의 아들 형제들)들을 하나하나 제거하기 시작했는데, 실상 이것은 다 연(燕) 왕 주체를 죽이기 위한 사전 작업이었다. 결국 연왕은 어쩔 수 없이 군사를 일으켜 4년 동안 피비린내 나는 주도권 쟁탈전을 벌였고, **마침내 승리하여 대권을 장악하니 이가 유명한 영락제(재위 1402~1424)다.** 주원장의 인륜을 무시한 악행은 오래도 아닌 겨우 자기가 죽은 지 얼마 안 돼서 그토록 아끼던 자식 형제들이 무참히 죽어나가는 것으로 대가를 받았다.

1368 (일) 아시카가 요시미쓰와 금각사(1368~1408)

아시카가 요시미쓰는 무로마치 막부 3대 쇼군으로 무로마치 시대의 최전성기를 이룬 쇼군이다. 할아버지 다카우지 시대에 발생한 남북조 시대를 1392년에 종식시켰다. 당시 중국에 막 설립된 명나라와 합동작전을 펼쳐 골칫거리인 왜구를 무찌르고 문화의 전성기를 이뤘다. 일본이 전 세계에 자랑하는 **금각사(金閣寺, 긴카쿠지)도 이때 지어졌다.** 금각사는 금박을 입힌, 그야말로 호화스럽기 말할 수 없는 건축물이다.

명나라의 황제가 실질적인 세력가인 쇼군 요시미쓰에게 일왕이라는 칭호를 내리자 너무 기쁜 마음에 '중국에 대해 자신을 신하(臣下)'라고 해 고마움을 표시한 답서를 보내기도 했는데, 이는 지금까지 일본에서 체면 손상의 논란이 되고 있다.

1369 네덜란드/ 부르고뉴

플랑드르는 지금의 벨기에 일부, 프랑스의 일부, 네덜란드의 일부를 포함하던 공국이었다. 플랑드르의 마거릿 공주가 부르고뉴의 필리프 2세(용담왕)와 결혼함에 따라 플랑드르는 부르고뉴에 통합되어 지배를 받기 시작했다. 서양 왕족들은 딸에게도 영토를 상속했고, 또 딸이 시집을 가도 그 토지는 그대로 딸의 소유였기 때문이다. 시집갈 때 혼숫감에 나라까지 딸려가니 우리로서는 좀처럼 이해하기 힘드나 서양 사람들과 동양 사람들이 살아온 방식의 차이라 하겠다. 공주들은 거의 다 외국의 왕과 정략적인 결혼을 하던 시절로서 공주가 외국으로 시집을 가면 그 땅은 남편 나라의 영토가 되고 마는 것이다. 그러나 A나라 속에 있는 땅을 B나라 왕이 다스리게 되었으니 문제가 안 될 리가 없었다.

그 후 시간이 지나서 1467년경 부르고뉴의 필리프 3세(선량공)의 아들 용담공 샤를 대에서는 부근의 땅을 점차로 통합해 네덜란드의 대부분 지역을 지배하게 된다. 이때는 부르고뉴가 최대의 영토를 자랑하던 시기로 샤를은 이 기회에 프랑스에서 분리되어 하나의 나라로 독립을 추진하고자 했다. 이런 까닭에 부르고뉴는 영국과 신성로마제국의 황제와도 근거리 외교를 했다. 심지어 백년전쟁에서 부르고뉴는 영국의 편에 선 적도 있었다. 그런데 용담공 샤를이 스위스와의 전쟁에서 갑자기 전사를 하자 땅이 딸인 마리아에게 상속되었는데, 마리아가 1477년 오스트리아 합스부르크가의 막시밀리안 황제와 결혼함에 따라 네덜란드 지역은 마리아의 혼숫감이 되어 오스트리아의 영토가 된다. 막시밀리안 1세의 손자 카를 5세는 에스파냐에서 왕 노릇을 하고 있던 아들 펠리페 2세에게 네덜란드와 부르고뉴를 상속했고, 이후로는 에스파냐의 통치를 받게 된다(먼 훗날 1555년 때의 이야기다).

아무튼 네덜란드 지역민으로 보면 어느 날 갑자기 부르고뉴 공의 지배를 받는 것도 열 받는 일인데 또 느닷없이 오스트리아의 합스부르크가의 지배를 받더니 또다시 아무런 관계도 없던 에스파냐의 통치를 받게 되니 미쳐서 돌아버릴 지경이 되었다. 이때부터 에스파냐와의 독립투쟁으로 수많은 피를 흘리게 된다. 이는 결국 1369년에서 300년이나 후인 1648년 30년 전쟁이 끝나고 베스트팔렌 조약에서 에스파냐로부터 독립을 인정받는다.

1370년경 티무르제국 설립(1370?~1500?, 130년간)

티무르(1336~1405)는 몽골족의 일원으로 칭기즈칸이 세운 차가타이 칸국에서 성장했다. 1366년 처남인 후사인과 연합해 사마르칸트를 점령한 이리아스 호자를 물리치고 트란속사니아(지금의 우즈베키스탄)를 장악한 후 동맹자이자 처남인 후사인을 암살하고는 자신을 **몽골제국의 정통계승자이자 사마르칸트의 주권자로** 선언한다(1370년). 티무르는 자기의 이익을 위해서는 어떠한 일이든지 서슴지 않았다. 평생을 배신과 권모술수로 지내온 사람이었다. 하지만 군사작전에는 타의 추종을 불허할 정도로 신출귀몰해서 패전한 전투가 거의 없었을 정도로 훌륭한 전술가였다. 물론 전투에 승리하면 적진을 잔혹하게 학살하는 잔악한 성품의 소유자였다. 그는 죽을 때까지 30여 년을 전쟁터로 전전했다.

티무르의 근거지는 사마르칸트였다. 1380년까지 10년간 주변의 중앙아시아 지역을 전부 장악하고 그 후 러시아로 쳐들어가 모스크바를 점령했으며, 1383년에는 페르시아 정복전쟁까지 시작했다. 당시 페르시아는 몽골족의 일 칸국이 지배하고 있었지만 몽골의 쇠퇴기였기 때문에 1385년 티무르에게 함락되고 말았다. 그 후 티무르는 10여 년 동안 이라크, 아제르바이잔, 아르메니아, 메소포타미아, 그루지야 등을 정복했다. 1391년 킵차크 칸국의 토흐타미시를 패배시키고 1395년 재침한 토흐타미시를 완전하게 굴복시켰다. 다시 모스크바를 1년간 점령했고 반란을 일으킨 페르시아를 공격해 주민을 대량 학살했다. **1398년에는 인도를 침략,** 델리에 있던 술탄 마흐무드 투굴르크의 군대가 파니파트에서 패배하면서 델리는 티무르의 군사들에 의해 철저하게 파괴되었다. 이로써 델리 술탄국은 왕년의 영화를 잃고 약소국으로 전락하는 비운을 맞았다.

1399년 이집트의 맘루크 왕조 술탄과 당시 한참 잘나가던 오스만제국의 바예지드 1세가 티무르제국의 일부를 점령하자 티무르는 격노, 맘루크 왕조의 군대를 물리치고 다마스쿠스를 점령했다. 또한 기술자들을 전부 사마르칸트로 이주시켜 타격을 준 데 이어서 오스만제국까지 공격해 바그다드를 함락시키고 시민 2만 명을 전부 죽이는 한편 주요 건물을 몽땅 파괴했다. 1402년에도 아나톨리아에 침입해 오스만제국의 바예지드 1세의 군대를 격파하고 이집트의 술탄과 동로마제국의 황제로부터 항복을 받은 뒤 유유히 사마르칸트 쪽으로 사라졌다. 이 전투에서 오스만의 바예지드 1세는 티무르의 포로가 되었다가 다음 해 죽음으로써 오스만제국은 제국 자체가 흔들리는 치명타를 입었다.

티무르는 이어서 중국으로 원정을 갔는데, 1405년에 도중에 병사하고 말았다. 이때 중국은 영락제 시절로 명나라의 전성기였다. 결국 1500년대 초 티무르제국은 멸망했지만, 그의 5대 손 바부르가 카불에 자리를 잡고 인도의 델리를 점령한 후 이슬람계인 무굴제국(1526~1857)을 세웠다.

1374 고려 32대 우왕 즉위(재위 1374~1388)

우왕은 공민왕이 신돈의 처소를 드나들 때 신돈의 소개로 내연의 관계을 맺었던 반야와의 사이에서 낳은 아들이다. 이름은 불교식으로 모니노다. 공민왕이 죽기 전에 이인임에게 반야와의 사이에 아들이 있다는 사실을 털어놓았고, 공민왕이 죽자 이인임의 추대로 왕위에 올랐다. 그때 우왕 나이 10세였다. 그러나 차츰 사냥이나 악동들과 어울리면서 신망을 잃었다. 당시 중국은 원나라를 내쫓고 명나라가 막 세워진 때였다. 1388년 명나라에서 철령위 설치를 통보해 오자 옛 고구려의 영토를 되찾으려는 최영의 주장에 따라 요동정벌을 단행했다. 그러나 명나라를 치는 데 반대했던 이성계가 위화도에서 군대를 돌려 수도인 개경으로 쳐들어와서는 정권을 접수하고 최영 장군을 처형했다. 우왕은 강화도

로 유배되었다가 강릉으로 옮겼고, 이후 이성계의 지시로 아들 창왕과 함
께 참수되었다.

1377 (영) 리처드 2세 즉위(재위 1377~1399)

영국에서는 에드워드 3세가 죽자 리처드 2세가 10세의 어린 나이로 즉위했
다. 리처드 2세는 에드워드 3세의 아들인 흑태자의 아들로서 에드워드 3세
의 손자다. 즉위 초 너무 어렸기 때문에 섭정인 숙부 곤트 공작의 뜻에 나라
가 좌우되었다. 1381년에는 와트 타일러의 난이 일어나 위기를 맞기도 했
지만 무사히 넘겼다. 1389년에서야 독자적인 통치를 할 것을 선언한다.

한편 곤트 공작의 동생 글로스터 백작 토머스가 이끄는 반대파가 11인
위원회를 만들어 국왕의 활동을 감시하자 궁지에 몰린 리처드 2세는 청
원파라 불린 이들 다섯 명의 지도자에게 굴복해야만 했다. 그때부터 보복
할 기회를 노린 리처드 2세는 1397년 마침내 청원파의 대부분을 처형해
제거했다. 물론 토머스도 처형되었다. 곤트 공작의 아들 볼링브룩이 이에
대해 강력히 항의를 하자 그 역시 추방했다. 1399년에는 곤트 공작 사후
공작의 아들인 볼링브룩에게 넘어갈 랭커스터 가문의 막대한 영지를 몰
수해버렸다. 그러나 5월 아일랜드로 떠난 사이에 볼링브룩의 반란으로 9
월 30일 폐위되었다. 리처드 2세는 감금된 지 4개월 만에 죽었는데, 스스
로 굶어 죽은 것으로 추정된다.

1380 (프) 샤를 6세 즉위(재위 1380~1422)

샤를 6세(광인왕)는 샤를 5세의 아들로 12세 때 왕이 되었으나 삼촌들이
섭정을 해 1388년이 되어서야 친정을 할 수 있었다. 부르고뉴 공작과 오
를레앙 공작의 권력 다툼으로 오를레앙 공작이 살해되자 부르고뉴는 적
국인 영국의 헨리 5세와 손잡고 프랑스를 공격하는 데 앞장 섰다. 1392년

24세의 샤를 6세에게 정신이상이 발병하자 오를레앙 가문과 부르고뉴 가문의 정권 쟁탈전이 벌어졌다.

한편 영국의 헨리 5세는 프랑스의 내분을 틈타 프랑스로 쳐들어왔는데, 1415년 **아쟁쿠르 전투에서 영국은 그때까지 유럽 역사상 가장 큰 승리를 거두며 일약 유럽의 강국으로 떠오른다. 이 전투에서의 프랑스 측 전사자만 1만 명이 넘었다.** 전쟁에서 진 프랑스는 1420년 트루아 조약으로 헨리 5세에게 샤를 6세의 딸을 시집보낸 후 그 사이에서 낳은 아들로 하여금 차기 프랑스의 왕위에 오르게 한다는 굴욕적인 조약에 서명을 해야 했다. 샤를 6세의 아들이자 왕세자(후에 샤를 7세)는 하루아침에 왕세자의 자리에서 쫓겨난 것이다. 하지만 그는 1422년 헨리 5세와 샤를 6세가 나란히 죽은 후에 복권되었다. 이로써 루아르 강 북쪽은 영국의 통치를 받고 남부 프랑스는 왕세자 샤를의 통치를 받는다.

1381 (영) 와트 타일러의 난

와트 타일러의 난(Wat Tyler's Rebellion)은 흑태자의 아들로 어린 나이에 즉위한 리처드 2세가 즉위한 지 3년 만에 발생한 농민반란이다. 당시는 곤트 공작이 섭정을 하고 있었는데 계속된 프랑스와의 전쟁과 흑사병으로 수많은 사람이 죽어 인력이 모자랐을 뿐만 아니라 재정까지 고갈된 상태였다. 때문에 농민들의 불만이 거의 폭발 직전에 있었다. 그런 상황에서 새로운 세금이 부과되고 임금까지 동결되자 마침내 폭발, 와트 타일러가 이끄는 켄트인들이 런던으로 들어가 플랑드르 상인들을 학살하고 곤트 공작의 집을 파괴한 데 이어서 대주교 사이먼과 재무장관을 참수하기에 이른다. 이에 어린 리처드는 반란자의 주모자들을 안심시킨 후 급습해 처형했다. 나머지 군중도 설득해 해산시켰으나 약속한 것은 하나도 지키지 않았다. **우리나라의 중종 · 명종 시절(1500년대 후반) 임꺽정이나**

장길산과 비슷한 심정이리라. 프랑스에서도 거의 같은 시기에 자크리의 난(1358년)이 똑같은 이유로 일어난다.

한편 흑사병과 백년전쟁으로 살기가 힘들어진 세상을 배경으로 한 민담의 주인공이 바로 '로빈 훗'이다.

1387 교회의 대분열(1387~1417)

역대 프랑스 왕들은 교황과 밀월관계를 유지했다. 프랑스 왕은 왕의 권위를 높이기 위해 교황의 지지가 필요했고, 신성로마제국의 압박을 받는 교황은 프랑스 왕의 보호가 필요했다. 윈윈 전략이 맞아 떨어진 관계였던 것이다. 그런데 1300년경 필리프 4세가 교황 보니파키우스 8세를 옥박질러 죽게 만드는 사건이 일어났다. 필리프 4세는 자기 마음에 드는 클레멘스 5세를 교황으로 선출했고, 클레멘스 5세는 프랑스 출신의 추기경을 대거 발탁함으로써 프랑스 출신 교황이 계속 선출될 수 있는 발판을 만들었다. 하지만 계속된 필리프 4세의 압박으로 필리프에 유리한 발표를 할 수밖에 없는 처지에 놓이게 되었다. 결국 로마의 추기경들에게 위협을 느낀 클레멘스 5세는 교황청을 아예 프랑스의 아비뇽으로 옮겨버렸다. 이를 아비뇽 유수(1309~1377, 약 70년간)라고 한다.

그 후 그레고리우스 11세(1370~1378)는 프랑스 출신의 추기경들의 반대를 뿌리치고 교황권을 로마로 되돌려준 후 교황청을 로마로 복귀시켰다. 또한 1378년 후임으로 우르바누스 6세를 임명해서 아비뇽 교황청 시대는 끝나는 듯 보였다. 그러나 프랑스 출신 추기경들이 로마를 떠나 프랑스로 돌아가더니 프랑스 출신인 클레멘스 7세를 대립교황으로 선출했다. 이때부터 로마와 아비뇽에 각각 교황이 존재하는 교회의 대분열(1378~1417)이 시작되었다. 이는 교회를 피폐시켰다. 프랑스는 클레멘스를 인정했고 영국은 우르바누스를 교황으로 인정했다. 또 유럽의 나라들은 어느 교황을 지지해야 할지 몰라 갈팡질팡하기도 했다. 이 문제는 백년전쟁을 오래 끌게 한 원인이 되기도 했다. 1417년 새 교황 마르틴 5세를 선출함으로 끝이 났다

1392 조선왕조 건립(1392~1910, 약 500년간)

이성계는 영흥 출신으로 고려 말기의 뛰어난 무장이었다. 많은 전투를 승리로 이끌어 자신의 입지를 굳히고 조선을 건국한다. 고려 말기는 중국에서 원나라가 멸망을 하고 홍건적이 일어나 극심한 피해를 주던 시기였다. 홍건적은 고려에까지 쳐들어와 엄청난 피해를 주었고 엎친 데 덮친 격으로 왜구들의 창궐도 극심했다. 그것이 결국 고려를 멍들게 했고 멸망의 주요 원인이 되기도 했다. 이성계는 뛰어난 무장으로 수많은 전투에 참가해 혁혁한 공을 세워 기울어가는 고려를 받친 충신이기도 했다. 하지만 결국은 고려를 무너뜨리고 조선의 시조가 된다. 그러나 이성계는 조선을 세우기 위해 고려와 전쟁을 한 것이 아니었다. 그저 고려 정권을 그대로 인수받았다. 주인과 나라 이름만 바뀐 셈이라 하겠다.

고려의 왕세자 석이 명나라를 다녀오자 영접을 나간 이성계는 모처럼의 한가한 시간에 사냥을 즐기다 낙마해 중태에 빠진다. 고려의 충신 정몽주는 이 기회에 이성계를 제거하기 위해 이성계의 병문안을 핑계로 찾아가지만 기회를 얻지 못한 채 포기하고 돌아오다 선죽교에서 방원의 사주를 받은 조영규에 의해 한 많은 생을 마감한다. 이성계의 아들 방원이 정몽주의

심중을 떠보기 위해 '이런들 어떠리 저런들 어떠리'로 시작되는 〈하여가〉를 부르자 정몽주는 '이 몸이 죽고 죽어 일백 번 고쳐 죽어'로 시작되는 〈단심가〉를 불러 자신의 붉은 마음을 보여주었다는 일화는 유명하다.

이성계는 본부인 한씨에게서 다섯 아들을, 두 번째 부인 강씨에게서 두 아들을 얻었는데 강씨는 자기의 소생인 일곱째 아들 방석을 세자로 만들기 위해 정도전, 남은 등을 부추기는 한편 이성계를 설득해 마침내 방석을 세자로 만드는 데 성공한다. 이는 후에 왕자의 난의 구실이 되었다. 결국 강씨는 아들 둘을 몽땅 잃어 게고 구럭이고 다 물에 쓸려 보내고 만다. 강씨의 무덤은 경기도 구리시의 건원릉(동구릉) 내에 있다.

* 이성계와 조선 건국의 과정

1361	박의의 반란 평정, 홍건적에게 함락된 개경 탈환.
1362	원나라 나하추가 수만 명으로 침입하자 이를 대파.
1364	최유가 기황후의 사주로 덕흥군을 왕으로 세워 군사 1만과 함께 침입하자 최영과 함께 이를 섬멸.
1370	고려를 위협하던 김백안 대파.
1372	왜구들의 침입을 수차례 대파.
1380	1377년 왜구들이 상주, 경산, 함양을 차례로 함락시키자 왜장 아지발도와 왜구를 섬멸.
1382	길주에서 여진족 호바루 궤멸.
1388	명나라의 철령위 설치 통보에 최영, 명나라 요동반도 공격을 명령한다. 이에 불복한 이성계는 조민수를 설득, 위화도에서 회군해 우왕을 폐위시키고 창왕을 세운 뒤 최영을 죽이고 실권 차지.
1392	고려 마지막 왕 공양왕을 폐위시킨 후 조선 건국.

✳ 제1차 왕자의 난

이성계가 새로운 나라를 세우는 데 가장 큰 공을 세운 야심만만한 방원(다섯째)은 '세자는 자신이나 적어도 큰 형님이 되어야 한다'고 생각했는데, 뒤늦게 들어온 나이 어린 강씨의 소생 방석이 세자가 된 데 불만이 컸다. 나이도 어린 사람이 중전이라고 앉아서 어머니 행세하는 것만도 못 봐주겠는데, 아버지를 따라 숱한 전쟁터를 누비며 수없이 많은 죽을 고비를 넘기고 정몽주까지 암살하는 등 어려운 일을 도맡아 아버지를 왕으로 만든 자기들을 밀어내고 아무것도 한 일이 없는 어린아이에게 차기 대권을 주다니 말이 안 됐다. 그리고 방석이가 다음 왕이 되면 앙큼한 강씨가 전처의 아들들을 그냥 놔둘 리 만무했다. 이건 중대한 문제였다. 더구나 정도전, 남은 같이 머리를 비상하게 돌리는 공신들이 강씨와 공모를 해서 전처의 아들인 자신들을 살해하려는 눈치까지 있었다. 이건 생사가 달린 일이었다.

이방원은 모사였던 하륜의 작전 계획에 따라 서울 주둔군 이안군의 지휘관 이숙번의 도움을 받아 정도전과 남은을 일거에 척살한 다음 이복동생 방번과 방석마저 죽였다. 이에 이성계는 둘째 아들에게 왕위를 넘겨주고 삶의 의욕을 잃은 채 함흥으로 갔다. 첫째 아들 방우는 이성계가 반역을 해 고려를 멸망시키자 소리 없이 사라져 다시는 나타나지 않았기에 둘째에게 물려준 것이었다. 그러나 둘째인 방과도 정치 따위에는 아무 관심도 없는 선비였다. 결국 1년 뒤 막내 방원에게 왕위를 넘겨주고 미련 없이 떠난다.

✳ 제2차 왕자의 난

애당초 정종은 왕위에는 관심도 없었다. 아버지 태조의 명으로 마음에도 없는 2대 왕위에 오르게 된 것뿐이었다. 하지만 넷째인 방간에게는 야심이 있었다. 결국 방간과 방원은 대결을 벌였고, 승리는 방원에게 돌아갔다. 형인 정종은 또다시 형제간에 피를 흘려서는 안 된다 싶어서 방간을 귀양 보내고 왕위를 방원에게 넘겨준다.

1350 러시아의 몽골 지배 탈피

1000년경 키에프의 대공이 된 성 블라디미르(재위 980~1015)는 주변 나라들을 차례로 정복해 큰 영토를 얻었다. 그리스 정교를 받아들이고 동로마제국의 황녀 안나와 결혼해 안정을 도모하고 러시아라는 나라로 향하는 출발을 했다. 러시아 역사의 출발은 상당히 늦었다.

야로슬라프 무드르(재위 1019~1054)는 형인 스파토폴크가 착한 동생 둘을 죽이고 왕위에 오르자 형과 싸워 물리치고 키에프의 대공이 되었다. 오늘날까지 위용을 자랑하고 있는 웅장한 소피아 사원을 지었다. 당시 러시아는 아들들에게 영지를 나누어 주는 것이 전통이었다.

그런데 1223년 몽골군의 일부가 그루지야를 지나 카스피 해 북부를 지나고 러시아 근처까지 도달해 폴로베츠인을 공격했다. **키에프 군과 폴로베츠인의 연합군은 칼가 강에서 몽골군과 부딪쳤다가 전멸을 당하고 만다(칼가 강의 전투).**

1227년 칭기즈칸 사후에도 몽골은 그의 후손 바투를 필두로 볼가 강에 근거를 두고 라쟌 공국의 수도로 몰려들었다. 1237년 라쟌의 군인과 국민들은 최후의 한 사람까지 싸워 비록 몰살을 당했지만 당당한 기백을 보였다.

역사적으로 러시아는 독일, 스웨덴과는 오래 전부터 줄곧 싸우던 나라였다. 1240년경 알렉산더 노브고로드는 스웨덴과 독일의 침략을 물리치고 몽골과의 관계도 원만히 했다. 모스크바는 아들 다니엘 치세 때부터 성장하기 시작해서 1300년대 그의 아들 유리(재위 1318~1325) 때에 성장을 거듭, **이반 1세(재위 1325~1340) 때에는 모스크바가 러시아의 중심지가 되었다.**

몽골은 한때 전 세계를 정복하고 지배했지만, 불과 100여 년이 지나면서 쇠퇴하기 시작했다. 문화적으로 뒷받침이 되지 않은 데다가 거리상 지나치게 멀리 떨어진 여러 개의 나라를 다스리고 있었던 탓이었다. 원나라도 100년 후인 1368년에 멸망하고 명나라에게 넘겨주었고, 나머지 칸국들도 피지배 계층의 문화에 동화되어 현지인화되고 있었을 뿐만 아니라 그 세력 역시 많이 약화되어 갔다. 1350년 이후의 킵차크 칸국은 당시 뻗어 오르는 신흥세력인 티무르에게 공격을 받아 가쁜 숨을 몰아쉬었고, 1380년경의 킵차크 칸국은 러시아의 반란에 직면했다.

러시아 드미트리 돈스코이(재위 1357~1389)는 킵차크 칸국과 타타르 연합군을 맞아 대승을 거둠으로써 사실상으로는 몽골의 지배 하에서 벗어났다. 이제 모스크바는 러시아를 대표하는 공국의 위치로 올라섰고, 모스크바가 강력한 세력으로 부상하자 러시아는 부근의 공국(公國)들에게 견제를 받기 시작했다. 살기 위해서는 어쩔 수 없는 일이었다.

한편 이런 상황에서도 킵차크 칸국은 왕년에 러시아를 지배하던 꿈에서 깨어나지를 못한 채 기회만 있으면 러시아 부근에 와서 행패를 부리다 가곤 했다.

제7장
문화의 새바람

7-1 전체적인 설명(1400~1600)

7-2 조선의 건국과 르네상스 시대의 만개

7-3 비잔틴제국의 멸망과 백년전쟁의 종료

7-4 일본 전국시대와 영국 튜더 왕조의 개막

7-5 종교개혁과 합스부르크가의 팽창

7-6 조선의 시련, 임진왜란

7-1 전체적인 설명(1400~1600)

■ ■

1400년대 유럽에서는 유럽의 두 주인공 영국과 프랑스의 백년전쟁이 가장 큰 이슈였다. 초기에는 영국의 우세로 프랑스가 많은 영토를 잃었으나 1370년경 샤를 5세의 선방으로 차츰 프랑스가 회복을 했다. 1420년경 영국의 헨리 5세 때 아쟁쿠르 전투에서 영국이 사상 최대의 승리를 거두면서 프랑스는 참담한 상태에 빠진다. 다음 프랑스 왕위는 영국의 왕자에게 내주어야 할 굴욕적인 조약까지 맺었다. 영국과 싸울 구심점마저 잃은 데다가 부르고뉴까지 적국인 영국과 협조함에 따라 최악의 상태에 이른다. 그런데 그때 프랑스 구국의 성 처녀 잔 다르크가 나타나 기적 같은 승리를 이루어낸다. 1453년 길고도 지루했던 백년전쟁은 막을 내린다.

전쟁이 끝나자 영국에서는 이제부터 왕족끼리 두 패로 나뉘어져 장미전쟁이라는 본격적인 집안싸움을 벌였다. 30년이란 세월을 대권 다툼으로 보낸 뒤인 1485년에야 장미전쟁을 끝냈다. 이 전쟁에 승리한 헨리 튜더는 영국에 튜더 왕조를 열었다.

소아시아 터키 지역에는 오스만제국이 전성기를 구가하며 일대를 호령했는데 때마침 중앙아시아의 사마르칸트에서 일어난 티무르가 세력을 확장해 두 제국은 어차피 한번은 승부를 봐야 할 처지였다. 1402년 터키의 앙카라 부근에서 크게 맞붙었는데 결과는 티무르의 승리였다. 이때 오스만제국은 얼마동안은 병상에 누워 있어야 할 정도로 치명타를 받는 망신을 당했다. 또한 티무르는 인도의 델리까지 가서 한바탕 뒤집어놓고 (1399년) 다음 목표인 중국으로 향하던 중 병사病死하고 만다. 그때 중국은 명나라 최전성기인 영락제의 시대였는데 둘이 한판 붙었으면 아마도 세계사를 약간 고쳐 써야 하지 않았을까 생각한다. 영락제는 뻗어 나오는 힘을 주체 못해서 정화에게 대군단을 이끌고 멀리 아라비아를 지나 아프리카까지 위용을 과시하고 오게 했다. 오스만제국은 한동안 정신을 못 차리다가 얼마 후 1453년 천년의 역사를 자랑하는 동로마제국의 콘스탄티노플을 함락해 유서 깊은 동로마제국을 멸망시켰다. 이때 이탈리아를 중심으로 르네상스는 꽃을 피우기 시작한다.

역시 문화, 예술이라면 이탈리아가 최첨단인가 보다. 단테, 페트라르카, 보카치오, 초서, 마키아벨리, 토머스 모어, 에라스무스, 미켈란젤로, 레오나르도 다빈치 등 기라성 같은 거장들이 이 시대를 전후로 활동했다. 에스파냐에는 700년경부터 이슬람의 세력이 눌러앉아 근 700년을 버티고 있었는데 1490년경까지 남아 버티고 있던 그라나다를 멸망시킴으로써 이베리아 반도 내에 있던 사라센인들은 퇴직금도 못 받고 쫓겨나고 말았다.

그런데 이 시기 동양인에게 큰 불행이 시작되고 있었다. 사실상 1500년 이전의 세계는 동양인의 무대였다. 모든 무서운 정복자는 알렉산더를 빼놓고는 거의가 다 동양에서 온 정복자였다. BC 550년경의 페르시아제국부터 시작해서 400년경 훈족, 650년경의 이슬람, 1000년경의 셀주크투르크, 1200년경의 몽골, 1300년경의 오스만제국과 티무르제국 등 동양의 침입이 있었다. 이에 반해 유럽인들은 비좁은 유럽 안에서만 생활을 했지 유럽 밖으로 나갈 생각은 엄두도 내지를 못했다. 유럽 밖으로 나가 정복 활동을 한 나라는 BC 330년경의 알렉산더제국이 유일했다. 로마가 있기는 있었지만 대부분 유럽 부근에서 놀다 말았고 가끔씩 조용할 때 터키나 시리아쪽으로 한 발씩 내놓았다가 거두어들이곤 했다. 그런데 1400년대 말부터 유럽인들은 항로를 개척했다. 유럽 밖의 세계를 인식하게 된 것이다. 1492년 콜럼버스의 아메리카 대륙 발견을 필두로 희망봉의 발견, 인도의 바닷길 발견이 이어졌고, 마젤란의 세계일주로 지구가 둥글다는 것이 확인되었다. 이때부터 유럽은 해군의 중요성을 인식, 함대를 만들고 함포를 개발해 제해권을 잡고 지구 전체를 정복하기 시작했다.

이 시절 우리나라는 조선조 초기로 우리의 희망인 세종대왕이 한글을 만들었다. 또한 과학 연구에 힘을 기울였을 뿐만 아니라 훌륭한 학자들을 양성했다. 만약 우리가 이후로 계속 과학에 힘을 기울였다면 서양보다도 더욱 빨랐을 수도 있었을 것이다. 이후 조선은 단종이 삼촌인 세조에게 죽음을 당했고 사육신이 끝까지 절개를 지키던 시기를 지나 이시애의 난, 이징옥의 난을 만났다. 또 성종의 아들인 연산군이 어머니의 원수를 갚는 다고 수많은 사람들을 죽이다가 스스로를 망치고 말았다. 이웃 일본은 무로마치 막부 시대였다. 점점 나라가 어지러워져 오닌의 난으로 위기를 만났고 이때부터 힘 있는 지방 영주(다이묘)들의 힘겨루기가 시작되는 전국시대(1478~1573)로 들어갔다.

1500년대 인류의 역사 중에서 동양이나 서양을 막론하고 전 인류가 무서운 소용돌이 속에서 몸부림치던 격동의 시절이었다. 1500년 초 동 유럽에서는 러시아가 통일국가로 발돋움을 시작하고 있었다. 중세까지 아무에게도 주목받지 못하고 광활한 넓은 땅에 옹기종기 모여 살던 약소 민족들이 몽골인들의 지배에서 벗어나 서서히 힘을 합쳤다. 이반 3세(재위 1462~1505)는 여러 개의 지역으로 나뉘어 있던 제후국들을 통합하고 몽골이 세운 킵차크 칸국의 종속에서 벗어나 러시아 제국의 기틀을 세웠다. 유럽에서는 1350년경 공포의 흑사병이 끝난 뒤 백년전쟁이란 커다란 변화를 거쳤다. 영국에서는 왕족끼리의 피비린내 나는 정권쟁탈전인 장미 전쟁을 치르고 나서야 서서히 안정을 찾기 시작했다. 유명한 헨리 8세가 나타나 여섯 번 결혼하고 그중 두 명의 아내를 처형하는 등 온갖 화제를 뿌린 것도 이때다. 피의 메리라고 불리운 메리 여왕과 당시 세계 최강이라던 에스파냐의 무적함대를 침몰시킴으로써 영국을 일약 유럽 최고의 국가로 발돋움시킨 엘리자베스 여왕 1세가 등장한 때도 바로 이때다. 신성로마제국과 프랑스는 이탈리아를 놓고 삼각관계의 피나는 싸움을 했고 이탈리아에서는 르네상스가 만개해 전 유럽으로 전파되었다. 레오나르도 다 빈치, 미켈란젤로, 마키아벨리, 에라스무스, 토마스 모어, 세르반테스 등 수많은 문학자, 예술가 등이 활약을 한 시기이기도 하다. 이 시기 마르틴 루터는 가톨릭의 부패를 고발하고 종교개혁을 주장해 인류역사의 새로운 장을 열었고, 갈릴레오는 지구가 천체의 중심이 아니고 태양을 돈다는 지동설을 주장해 가톨릭에 의해 목숨을 잃을 뻔했지만 천체물리학의 새로운 장을 열었다. 배를 타고 지구를 한 바퀴 도는 마젤란의 항해와 콜럼버스, 바스코 다 가마 등의 항해로 이제 유럽인들은 바다의 중요성을 알게 되었다. 이후 배를 타고 전 세계를 누비면서 힘없는 나라를 정복해 식민지로 삼는 풍토가 생겨났는데, 신대륙을 발견해 미국이라는 나라가 탄생되는 기원을 마련하기도 했다.

소아시아에서는 15세기 중반 오스만투르크가 동로마제국을 멸망시키고 확고하게 세력을 떨쳤고, 인도에는 무굴제국이 설립되었다. 이 시기 중국은 명나라의 전성기 영락제의 시대가 지나고 얼마 후였다. 일본은 100년의 전국시대를 마감하고 일본을 통일한 도요토미 히데요시가 남는 힘을 조선으로 뻗쳤다(임진왜란). 조선은 연산군, 중종, 선조의 시절로 율곡 이이와 허균, 이항복, 유성룡, 이순신 장군, 서경덕, 황진이, 임꺽정 등 수없이 많은 인재들이 활약하던 격동의 시기였다.

인류의 역사 가운데 일찍이 이렇게 정신없이 돌아가던 시기는 없었을 것이다. 이때 유럽은 총기를 개발하고 전함을 개발해 지구를 돌면서 신대륙을 개척하고 함포의 사정거리를 늘리려고 혈안이 되어가던 시대였던 것이다. 반면 우리나라는 연산군이 어머니 원수 갚는다고 갑자사화를 일으키는 등의 악정을 하다가 중종반정으로 폐위되었고, 중종은 무고한 조광조를 죽이기 위해 기묘사화를 일으켰다. 게다가 임꺽정 같은 도적이 활보하기도 했다. 여기에 문정왕후는 친정 동생 윤원형과 함께 을사사화를 일으켜 정적들을 제거했다. 조선시대의 4대 사화는 전부 이 시대에 집중되어 있다. 한편 선조는 일본의 실정을 알아보라고 관리들을 일본에 파견했지만 도요토미 히데요시는 체구가 작고 원숭이 같은 것이 조금도 걱정할 바가 안 된다는 엉터리 첩보나 받아야 했다. 결국 1500년대 말에는 포르투갈 원산지의 조총을 앞세운 왜에 의해 삼천리금수강산이 피바다를 이루게 된다. 그나마 다행인 것은 당시 조총의 성능이 한번 쏘고 나면 한참 후에야 다시 쏠 수가 있었다는 것이다. 만약에 조총의 성능이 조금만 더 우수했다면 조선군이 아무리 용감하고 애국심에 불탔다고 하더라도 활과 창으로만 왜적을 물리치기에는 엄청난 희생이 뒤따랐을 것이다. 예나 지금이나 전쟁은 무기의 성능으로 승패가 결정되는 것이다. 당시 이순신이 이끄는 조선 해군이 10분의 1도 안 되는 함정으로 일본 해군을 격멸하고 제해권을 잡을 수 있었던 것은 뛰어난 전술과 강인한 훈련도 있었지만 결정적인 것은 조선 전함의 함포에 있었다. 일본의 함정에는 조총이 주력이었는데 조선의 함정에는 포가 있으니 일본은 속수무책일 수밖에 없었다. 일찍이 포를 연구해서 실전 배치를 한 이순신이 새삼 존경스러운 대목이다. 한쪽은 사정거리가 1만 킬로미터가 넘는 미사일로 무장이 되어 있는데 다른 한쪽은 300킬로미터라면 결과는 싸우나 마나 아닐까?

서양과 동양의 무역은 이미 기원전까지 거슬러 올라서 육로를 통해 실시되어 왔다. 유럽에서는 중국, 인도까지 가서 당시 소중하게 여긴 차와 향신료를 얻었는데, 그들은 지중해와 소아시아를 거쳐 멀리 사마르칸트, 박트리아, 인도, 중국으로 가는, 수천 년 전부터 사용하던 길을 이용했다. 그러나 1400년 이후 이슬람제국에 의해 완전히 길이 막혀버렸다. 이는 결과적으로 유럽의 많은 나라들이 육지 대신 해로를 통해 동양으로 가는 길을 개척하는 촉진제가 되었다. 유럽은 지리적으로 대서양과 지중해로 둘러싸인 지역이라 일찍부터 항해술이 발달되어 있었다. 그리스는 일찌감치 BC 500년경 에게 해와 지중해를 무대로 페르시아와 살라미스 해전을 치렀고, 로마도 기원 전 200년경 지중해에서 카르타고와 생사를 건 포에니 전쟁을 치렀다. 에스파냐와 포르투갈은 다투어 꿈의 보물창고인 인도와 중국을 향해 항로를 개척했고, 1490년대 말부터 결과가 하나둘씩 나타나기 시작했다.

1492년 중남미에 도착한 콜럼버스는 그곳이 인도인 줄 알고 '서인도제도'라고 명명했고, 1499년 포르투갈의 바스코 다 가마는 아프리카의 희망봉을 돌아 인도로 가는 항로를 개척했다. 같은 시기 이탈리아의 아메리고 베스푸치는 남미대륙을 발견했다. 1490년대부터 1500년대 중반기에 마젤란 등 많은 사람들에 의해 지구의 신비는 서서히 열려갔던 것이다. 유럽인은 바다가 얼마나 중요한지를 깨닫기 시작했다. 바다를 제패해야 할 필요성이 생긴 것이다. 그런데 그러기 위해서는 강한 해군력이 필요했고, 강한 해군력을 확보하려면 신형함대가 필요했다. 누가 더 함포의 유효 사거리가 길고 정확한지가 해전의 승패를 좌우한다는 것을 불행하게도 동양인보다 무려 300년 먼저 깨달은 것이다. 결국 그들은 그런 필요에 따라 함포와 총기 개발에 박차를 가했고, 이는 1800년대에 들어서면서 동양이 차례로 서양에게 굴욕적인 지배를 당하는 결과로 이어졌다.

먼저 해군의 필요성을 깨달은 포르투갈과 에스파냐가 해양강국으로서 세계의 바다를 휘젓고 다녔다. 그들은 지구를 둘로 나누어 오른쪽은 포르투갈이 왼쪽은 에스파냐가 차지하기로 약속을 하는 등 자기들 마음대로 자기들의 관할권을 정했다. 그때까지만 해도 유럽의 절대적인 강자 영국과 프랑스는 미처 바다의 중요성을 깨닫지 못했었다. 영국, 프랑스, 오스트리아 등은 유럽 내륙 안에서만 싸우기도 벅찬 입장이었기 때문에 바다쪽에는 신경을 거의 쓰지 못했다. 그러나 선발주자 포르투갈과 에스파냐가 새로운 대륙을 발견하고 보는 곳마다 자기네 깃발을 꼽고 보물들을 무진장으로 쓸어 오자 생각이 바뀌기 시작했다. 그러나 이미 에스파냐는 무적함대를 갖추고 세계의 바다를 지배하고 있었다. 이때 영국은 엘리자베스 1세의 시대였는데 엘리자베스 1세는 '제해권을 잡지 않으면 국가의 미래는 없다'고 판단, 해군력을 길렀다. 그리고 에스파냐에 원한을 가진 네덜란드와 연합해 마침내 1588년 숙적 에스파냐의 무적함대를 격침시킨다. 이후부터 영국과 네덜란드 해군의 거침없는 하이킥이 시작되었다.

동양의 경우 중국은 자신이 너무나 큰 땅덩어리를 차지하고 있는 데다가 바다 건너가서 싸울 상대도 없어 해군력이 필요 없었고, 우리나라는 4천 년 동안 남의 나라를 침략해본 적이 없는 인류역사상 희귀한 민족이었으며, 일본도 역사적으로 남의 나라의 외침을 받아본 적이 없는 나라이다 보니 해군이 그다지 필요하지 않았다. 같은 시대 서양에서 장거리 함포를 실전 배치하고 대량살상 무기를 개발하고 대서양을 건너 신대륙으로 가는 전함을 만들고 있었지만 동양에서는 전혀 준비가 없었던 것이다.

1500~1600년대 유럽은 부패한 가톨릭에 반대해 일어난 종교개혁과 기득권을 잃지 않으려는 반종교개혁 세력과의 피비린내 나는 전쟁의 200년이라 해도 과언이 아니다. 독일에서는 마르틴 루터가, 스위스의 제노바를 중심으로는 칼뱅이 개혁을 외쳤다. 이들 신교는 주로 북부 유럽으로 퍼져나갔다. 특히 프랑스에서는 루터파보다 칼뱅주의가 더욱 호응을 얻었는데, 칼뱅주의는 중산 부르주아 계급(의사, 교수, 법관 등)과 하위 성직자들에 영향을 주었을 뿐만 아니라 왕족이나 귀족들에게까지 파고들었다. 프랑스에서는 이들 신교도들을 위그노라고 불렀는데, 위그노들은 군주제도를 부정하고 공화정의 경향을 가졌기 때문에 군주들의 탄압을 받았다. 1530~1540년 프랑수아 1세 때부터 아들 앙리 2세 때에는 특별재판소를

설치해 종교개혁주의자를 처형하기도 했다. 또 앙리 2세의 아들 샤를 9세 때에는 바르톨로메오의 학살이 일어났다. 결혼식장에 하객으로 참석했던 2천500여 명의 위그노들이 가톨릭교도에 의해 떼죽음을 당한 것이다. 결국 이는 위그노 전쟁으로 이어져 살육이 수십 년간 계속되었다. 1600년대 초 앙리 4세의 낭트 칙령으로 신교도가 허용되었으나 그 뒤로도 한참 동안 박해가 뒤따랐다. 국왕인 앙리 4세마저도 가톨릭 광신도에 의해 암살을 당하고 말았을 정도였다. 1618~1648년 30년 동안에는 신교파와 구교파로 나뉘어 30년 전쟁을 벌였다. 한편 1700년대 루이 14세는 신교를 대대적으로 탄압했다. 그 결과 수많은 프로테스탄트들이 종교의 자유를 택해 북구 네덜란드, 덴마크, 독일, 영국 등으로 피신을 했다. 결국 이들이 신대륙으로 건너가 오늘날의 미국의 조상이 된다. 당시 종교개혁으로 위기의식을 느낀 교황은 예술로 가톨릭의 영광을 재현하기 위해 화려하고 장엄한 형태로 종교를 찬양하는 종교예술을 발전시켰다. 이를 바로크 양식이라 한다.

1487년 바르톨로뮤 디아스가 희망봉을 발견함으로써 유럽인들의 식민지 침략의 막은 열렸다. 1498년 바스코 다 가마가 인도의 캘리컷에 도착한 것이 유럽인이 대서양을 돌아 인도에 도착한 첫 케이스다. 1510년 포르투갈은 인도의 서부 항구인 고아에 거점을 마련하고 인도 내륙으로 진출을 시도했고 스리랑카와 수마트라에까지 거점을 마련해 무역을 추진했으나 1580년 무적함대를 앞세워 제해권을 장악한 에스파냐에게 패해 눈물을 흘리며 인도에서 철수해야 했다. 이후 네덜란드, 영국, 프랑스가 다투어 인도를 먹으려고 달려들었다. 무적함대를 자랑하던 에스파냐도 1588년 영국, 네덜란드 연합함대에 격침되어 눈물 젖은 빵을 씹으며 인도에서 철수해야 했고, 어제 연합국이었던 영국과 네덜란드도 오늘 인도를 앞에 놓고 적국이 되고 말았다. 1650년대에 영국과 네덜란드는 해전을 벌였고, 그 결과 네덜란드가 목발을 짚고 절뚝거리며 인도를 떠나야 했다 (영란 전쟁). 이제 영국과 프랑스 둘이 남아서 최후의 진검승부를 가려야 할 때가 왔다. 결국 영국은 1757년 유럽에서 7년전쟁(Seven Year's War) 을, 그리고 인도 플라시 전투에서 승리함으로써 인도를 혼자 여유롭게 약 탈을 할 수 있게 되었다.

7-2 조선의 건국과 르네상스 시대의 만개

1400 조선 3대 태종 즉위(재위 1400~1418)

왕이 된 방원은 함흥으로 떠나 다시는 안 돌아올 것 같은 아버지(1392 참조)를 모셔 오기 위해 사신을 보내지만 이성계는 오는 족족 사신을 활로 쏘아 죽였다. 이 때문에 한번 가면 다시는 돌아오지 못하는 것을 두고 함흥차사(咸興差使)라고 하게 되었다. 결국 무학대사의 설득으로 한양으로 돌아오지만 분이 덜 풀린 이성계는 아들을 환영파티 석상에서 활로 쏘아 죽이려고 했다. 그러나 방원의 부인 민씨가 기둥을 일부러 아름드리 나무들로 만들었기 때문에 이방원은 기둥 뒤에 숨어 천하의 명궁 이성계의 활을 피할 수 있었다고 한다. 이렇듯 방원이 왕이 되기까지는 야심만만한 아내 민씨의 도움이 컸다. 그러나 처가식구들이 세력을 갖는 것을 경계한 방원은 결국 처가의 처남들을 모두 다 죽이는 비정함을 보였다. 한편 태종 방원은 장남인 양녕대군을 놔두고 셋째 아들인 충녕대군을 세종으로 즉위시킴으로써 결과적으로 조선 역대에 가장 훌륭한 명군을 탄생시켰다. 태종 방원은 아들 세종의 장인인 심온을 아무런 죄가 없었음에도 불구하고 외척 세력을 견제한다는 이유로 죄를 조작, 병권남용이라는 죄를 씌워 처형하는 등 냉정함과 이성적인 판단의 소유자였다. 자신의 처가인 민씨 가문이 점점 세력이 커지자, 그리고 장남인 양녕대군을 지지하면서 민씨 가문 주위로 세가 결집하자 태종은 장인과 처남들을 전부 죽이고 만다. 자신의 처갓집과 아들의 처갓집도 폐가를 만들어놓았던 것이다. 건국 초기 나라의 안위를 위한다는 명분 아래 개인적인 친분은 뒷전으로 민 것이라 할 수 있다. 태종의 능은 서울 서초구 내곡동에 있는 헌릉이다.

(중) 명나라 영락제 즉위(재위 1402~1424)

영락제는 명나라 태조 주원장의 26명의 아들 중 넷째로 이름은 주체다.

1398년 홍무제가 죽고 어린 손자 건문제가 즉위하자 제일 먼저 번왕들에게서 권력을 빼앗았다. 번왕들이 하나하나 투옥되거나 살해되고 추방되자 연왕도 반란을 결심, 1399년 거사를 시작했고, 전투는 1402년까지 이어졌다. 마침내 1402년 수도인 남경을 함락한 연왕은 3대 영락제로 즉위, 건문제의 가족과 일가친척 등 수천 명을 죽였다. 《영락대전》이라는 기념비적인 문헌집 발간을 추진했는데, 1만1천여 권이 넘는 이 전집에는 영원히 사라졌을 작품들이 많이 보존되어있다. 1405~1433년 환관 정화를 함대 사령관으로 임명, 대규모의 함대를 이끌고 페르시아 만과 홍해, 아프리카 동해안까지 방문해 영락제의 종주권을 인정하고 공물을 바치도록 유도했다. 이때 정화 함대의 규모는 함대 62척, 병사 약 3만 명에 이르렀다. 영락제는 티베트, 네팔, 아프가니스탄, 러시아의 투르키스탄까지에도 관리들을 파견했고 일본의 무로마치 막부의 아시카가 요시미쓰에게 왕이라는 칭호도 수여하기도 했다. 영락제의 외국원정은 정복의 뜻이 아니고 단순히 명예를 위한 것으로 보인다. 그 머나먼 나라에 명나라의 세력이 미칠 수도 없었기 때문이다. 실제로도 국위를 떨치는 것으로 만족해야 했다. 그러나 안남(베트남)에 대한 군사 침략만은 실패하고 만다. 1406년 안남을 정복하고 중국의 일개 성으로 편입했으나 1418년부터 일어난 본격적인 안남의 저항으로 중국의 지위가 위태로워졌다. 그래서 마침내 1428년 안남에 대한 통치를 포기하고 말았다. 베트남이 작지만 얼마나 매운 나라라는 것을 미처 몰랐을 것이다. 그 뒤로 1950년경 프랑스도, 1970년경 미국도 베트남에게 고배를 들고 말았으니 말이다.

한편 북쪽 몽골족에 대해 항상 불안해 했던 영락제는 수도를 남경에서 북경으로 옮겨 본격적으로 북방에 대비하고 여러 차례 몽골 원정을 실

시했다. 그러다 1424년 원정 중도에 64세로 세상을 떠났다. 영락제는 명대 초기 명나라를 반석 위에 올려놓는 데 기여한 명군으로 평가된다.

1413 (영) 헨리 5세 즉위(재위 1413~1422)

헨리 5세는 백년전쟁 중 가장 큰 승리를 거둠으로써 영국의 국위를 크게 선양했다. 알 수 없는 병으로 세상을 떠난 아버지 헨리 4세 생존 시 부왕과 사사건건 마찰을 빚었던 헨리 5세는 집권 초기 귀족들의 반란을 모조리 진압했고, 프랑스에게는 1360년 체결된 칼레 조약을 들먹이며 프랑스 내의 영국 영지를 모조리 내놓으라고 주장했다. 샤를 6세가 이를 거부하자 마침내 전쟁이 시작되었는데, **1415년 아쟁쿠르 전투에서 프랑스에게 대승을 거둠으로써 유럽의 최강자로 부상했다.** 신성로마제국과 동맹을 맺어 지기스문트 황제의 예방을 받고, 마르티누스 5세를 교황으로 선출시키는 등 세력을 과시하기도 했다.

계속된 영국군의 승리로 프랑스는 1420년 **트루아 조약**을 맺어 헨리 5세와 샤를 6세의 딸 캐서린을 결혼시켜야 했고, 심지어 그들 사이에서 태어난 아들로 하여금 차기 프랑스의 왕으로 삼는다는 굴욕적인 문서에 서명을 하지 않을 수 없었다. 그러나 1422년 헨리 5세가 발진티푸스로 갑자기 사망하면서 사태는 엉뚱한 국면으로 접어든다.

1418 조선 4대 세종대왕 즉위(재위 1418~1450)

3대 태종의 셋째 왕자였다. 조선 초기 나라를 안정시키고 조선 왕조가 500년을 이어갈 수 있도록 훌륭한 정치를 편 조선조 최고의 스타 임금이다. 특별한 일이 없는 한 큰 아들이 세자가 되는 것이 당연한 관례였으나 태종은 셋째의 자질을 인정, 형인 양녕과 효령을 제치고 막내 충녕을 세자로 삼았다. 세종은 황희, 맹사성, 변계량, 유관 등 훌륭한 대신들에게 도움을 받았고, 1420년에는 집현전을 설치해 젊고 유능한 학자를 양성했다. 성삼문, 신숙주, 박팽년, 하위지, 최만리 등 쟁쟁한 학자가 될 그릇들을 키웠다. 하루는 밤늦게까지 공부를 하던 젊은이가 책을 보다 잠이 들자 세종은 자신의 웃옷을 벗어 입혀주기도 했다. **세종의 업적 중 단연 최고는 우리의 고유 언어인 한글의 창제다.** 또한 그의 시절 〈월인천강지곡〉, 〈용비어천가〉, 《농사직설》, 《고려사》, 《치평요람》, 《팔도지리지》, 《석보상절》, 《의방유취》 등 보석과 같은 책들이 쏟아져 나왔다. 박연으로 하여금 아악을 정리하게 한 것도, 과학의 발전에 심혈을 기울여 장영실로 하여금 해시계, 물시계, 측우기 등을 만들게 한 것도 모두 세종의 업적이다. 또한 해가 없는 날이나 밤에도 시간을 알 수 있도록 물시계를 만들기도 했다. 인쇄술을 발전시켰고 화포의 주조기술, 화약제조 기술도 발전시켰다. **한편 고려 말부터 골칫거리였던 여진족과 왜에 대한 정벌을 단행, 최윤덕과 김종서를 보내 두만강, 압록강 유역의 여진족을 몰아내고 4군 6진을 설치한 뒤 남쪽 백성들을 이주시켜 살게 했다.** 1418년에는 세종 원년 상왕이었던 태종의 명에 의해 그동안 수없이 우리나라를 괴롭혀 왔던 왜구의 본거지인 대마도를 정벌했다. **1419년 이종무를 시켜 대마도를 정벌, 왜구들의 근거지를 소탕하고 1423년 삼포를 개방해 유화책도 병행했다.** 전함 227척, 병사 1만8천 명으로 대마도를 급습해 왜구의 배 130척과 가구 2천 호를 불태웠으며, 붙잡혀 와 있던 중국인 수백 명을 구출하는 전과를 올렸다. 왜구가 잘못을 인정하고 철군할 것을 애걸함에 따라 철군했다. 그 후로는 왜국의 침입이 조금은 줄었다. 그러나 그것도 그때뿐, 1510년경 중종 시절 삼포왜란을 시작으로 또다시 왜의 침입은 시작되었고, 마침내 1592년 임진왜란이 발생했다.

1422 **(영) 헨리 6세 즉위(재위 1422~1461, 1470~1471)**

헨리 6세는 백년전쟁 말기의 영국 왕으로 프랑스에 패함으로써 프랑스 내에 있던 영국의 영토를 모두 다 잃었다. 게다가 영국 내에서는 장미전쟁을 일으킨 무능한 왕이다.

1300년대 중반 영국의 유명한 에드워드 3세에게는 많은 아들들이 있었는데 장남은 흑태자 에드워드이고, **셋째가 곤트의 존, 넷째가 에드먼드**였다. **곤트의 존이 랭커스터 가문이고 에드먼드의 자손이 요크 가문이**다. 랭커스터 가문의 왕들은 주로 헨리 4세, 헨리 5세 , 헨리 6세로 헨리 시리즈였고, 요크 가문은 에드워드와 리처드였다.

전술한 바와 같이 헨리 5세는 유능한 왕으로서 프랑스와의 아쟁쿠르 전투에서 사상 유래 없는 승리를 거뒀고, 샤를 6세의 딸과 결혼해 낳은 자신의 자식이 차기 프랑스 왕이 되게 하는 트루아 조약을 맺었다. 그런데 공교롭게도 헨리 5세와 샤를 6세가 거의 비슷한 시기에 죽음으로써 어린 아기 헨리 6세가 프랑스의 왕위를 차지할 판이 되었다. 이에 프랑스에서는 헨리 6세를 옹립하려는 파와 샤를 6세의 아들 샤를 7세를 옹립하려는 파로 나뉘어 치열한 암투를 벌였다. 결국 오를레앙 가문이 샤를 태자를 샤를 7세로 선포하고 트루아 조약을 무효화시켰고, 이에 영국은 부르고뉴 가문과 결탁해 오를레앙을 공격했다. 지도-15 참조

프랑스는 거듭된 패전에 사기가 떨어졌고, 샤를 7세 주변에는 영국과 내통하는 귀족들이 생기기도 했다. 그러다 1428년 영국의 총공세가 시작되었다. 이때 17세의 잔 다르크가 샤를 7세를 설득, 군 지휘권을 받고 오를레앙 성주 뒤노아 백작과 합심해 크고 작은 전투에서 영국군을 물리쳐 갔다. 이로써 백년전쟁도 끝이 보이기 시작했다.

그런데 1453~1454년 헨리 6세가 정신이상 증세를 보이기 시작했고, 결국 요크경 리처드가 호국경이 되어 섭정을 하게 되었는데, 이는 요크가가

왕위를 노리는 계기가 되고 말았다. 1455년 정신병에서 회복한 헨리 6세가 왕비 마거릿과 함께 일파의 세력을 회복시키려 하니 요크가와의 대결이 불가피하게 되었다. 헨리 4세부터 5세, 6세로 이어지며 어느 정도 확고하게 왕권을 굳혔던 랭커스터가가 헨리 6세의 무능으로 요크가에게 도전을 받은 셈이다. 랭커스터 가문의 문장이 붉은 장미이고 요크 가문의 문장이 백장미였기에 이를 장미전쟁이라 부른다. 결국 1471년 투크스베리 전투에서 헨리 6세의 아내 마거릿과 아들 에드워드의 군대를 물리치고 요크가의 에드워드가 에드워드 4세로 즉위했고, 헨리 6세와 아들 에드워드는 죽임을 당했다.

그러나 에드워드 4세가 1483년 죽고 어린 아들이 에드워드 5세로 즉위하자 삼촌 리처드가 조카 에드워드 5세를 죽이고 리처드 3세로 왕위에 오르면서 또다시 랭커스터 가문과의 싸움이 시작되었다. 그리고 1485년 보즈워스 평원의 전투에서 랭커스터 가문의 헨리 튜더가 리처드 3세를 죽이고 승리함으로써 30년의 긴 장미전쟁이 막을 내린다. 헨리 튜더는 요크가의 엘리자베스를 아내로 맞아 양가가 화합을 도모했고 헨리 7세로 즉위해 튜더 왕조를 열었다. 집안싸움인 장미전쟁은 외국과의 전쟁보다도 더 잔인했다고 한다. 우리가 잘 아는 윌리엄 셰익스피어의 〈로미오와 줄리엣〉이 장미전쟁을 배경으로 한 소설이다.

1422 (프) 샤를 7세 즉위(재위 1422~1461)

아버지 샤를 6세가 정신이상으로 중요한 때마다 발작을 일으키는 데다가 영국의 헨리 5세와의 아쟁쿠르 전투에서 대패해 트루아 조약이 체결되자 샤를 6세의 아들 샤를은 졸지에 왕세자 자리에서 해직을 당했다. 이에 그는 파리를 떠나 오를레앙 가문의 지원을 받아 임시정부를 세웠다. 그러던 차에 어린 아기인 헨리 6세가 프랑스 왕으로 발표되었고, 영국은 이 기회에 아예 프랑스를 제압하기 위해 맹렬한 공격을 시작했다. 이때 성(聖)처녀 잔 다르크가 나타나(1428) 프랑스를 위기에서 구했다. 샤를은 이후 노르망디, 보르도, 카스티용에서 승리해 1453년 영국군을 프랑스에서 완전히 도버해협 밖으로 내몰아 백년전쟁을 끝냈다. 그때까지 프랑스 귀족들은 서로의 이해관계에 의해 나뉘어 싸웠다. 심지어 부르고뉴는 영국 편에 서서 프랑스에 총부리를 겨누기도 했다. 잔 다르크도 부르고뉴에 포로로 잡혔다가 영국군에 넘겨져 화형을 당해 죽었다. 샤를 7세는 쓰러져 가던 조국 프랑스를 기적과 같이 일으키고 전쟁을 승리로 이끈 승리왕에 틀림없다.

1433 르네상스 개막

르네상스(Renaissance)의 시작은 명확하지는 않지만 이탈리아에서 시작되어 북부 유럽으로 전파된 것만큼은 확실하다. 1200년대에 이미 태동을 시작해 1400년대 중반 이후 상승세를 탔다. 문화의 암흑기라고 불리는 중세에는 인간의 존엄성(Humanism)이 무시되었다. 오로지 종교(가톨릭)적인 것이 중심이었다. 그림을 그려도 신(神)에 관한 것, 신을 찬양하는 것이었다. 성모마리아상이라던가 성경의 구절에서 따온 것이 주류를 이뤘다. 그러다가 1400~1500년으로 오면서 신대륙의 발견, 지동설의 확인, 봉건제도의 몰락, 상업의 성장(자본주의의 대두), 종이와 인쇄술의 발전, 항해술의 발전 따위가 세상을 변하게 했다. 전통적 종교 교리가 강요한 정신의 억압상태에서 인간을 해방시키고 자유로운 탐구와 비판력을 자극했다. 인간의 사고와 창의력, 인간 내면적인 점, 인간 자체에 대한 관점 등 인간 중심의 가치관으로 변화하기 시작했다. 그래서 르네상스를 인본주의 또는 인문주의라고도 부른다. 특히 인쇄술의 발달로 과거에 일일이 손으로 써야만 했던 책을 다량으로 출판·보급할 수 있게 됨에 따라 급속하게 문화가 발달할 수 있었다.

7-3 비잔틴제국의 멸망과 백년전쟁의 종료

■ ■

1449 (일) 무로마치 막부 아시카가 요시마사 즉위(재위 1449~1477)

3대 쇼군 요시미쓰를 전성기로 해서 그 후 내리막길을 걷던 무로마치 막
부의 8대 쇼군인 요시마사는 후사가 없어 동생인 요시미에게 후사를 약
속했다. 그런데 뒤늦게 1465년에 아들을 낳자 아내 도미코는 자기가 낳은
아들에게 물려줄 것을 요구했다. 요시마사가 지금까지 있었던 일을 없었
던 것으로 하자고 날벼락 같은 선언을 했고, 이로 인해 이제까지 꿈에 부
풀어 있던 동생 요시미 지지 세력들과 현직 쇼군의 지지 세력 간의 싸움
이 벌어졌다. 바로 오닌(應人)의 난(1467~1477)이다. 하지만 실상은 쇼
군은 무시된 채 세력을 갖고 있는 무사, 즉 영주(다이묘)들끼리의 주도권
쟁탈전이었다. 이들은 동군과 서군으로 나뉘어 싸웠는데, 전국의 다이묘
중에서 무려 40여 영주와 군대 약 30만 명이 차기 대권을 놓고 11년간을
싸웠다. 이로써 교토는 완전 초토화되었고 문화재는 대부분 소실되었다.
싫든 좋든 어느 한편에 가담을 해야만 되는 처지에 놓였으니 정의(正義)
니 옳고 그름이니 따위는 생각할 겨를도 없었다. 싸움은 요시미 지지 세
력이 승리를 했다. 그러나 오닌의 난은 무사들끼리의 세력 쟁탈전으로서
이로써 일본의 역사는 전국시대로 이어졌으니, 결과적으로 무로마치 막
부의 종말을 예고한 것이 되고 말았다.

✳ 일본의 전국시대(1478~1573)

이제까지 일본에서의 각 지역(國)의 영주들은 조정에 의해 통제를 받는 봉신으
로서 각자의 자기 지역을 다스리는 공무원이었는데, 오닌의 난 이후 힘센 자가
힘없는 자를 집어삼키는, '죽느냐 살아남느냐'의 전국시대(戰國時代)로 접어든

다. 조정은 허수아비에 불과했고 일본은 각 지방의 영주들의 세상이었다. 그런 중에도 쇼군인 요시마사는 찬란한 문화를 꽃피웠다. 다도(茶道), 예술가, 도예가, 배우 등을 후원해서 그의 시대를 일본 예술사에서 가장 위대한 시대로 손꼽는다. 하지만 영주들의 주도권 다툼으로 100여 년을 전쟁으로 지새우던 전국시대의 문을 열었다. 일본은 1573년 오다 노부나가에 의해 사실상 통일된다. 이 당시의 이야기를 흥미진진(興味津津)하게 엮은 소설이 《대망》(大望), 또는 《덕천가강》(德川家康)이다.

1450 조선 5대 문종 즉위(재위 1450~1452)

세종은 문종이 된 장자 말고도 수양, 안평, 광평, 금성, 등 여러 명의 아들이 있었다. 그런데 장자인 문종은 어려서부터 병약해서 즉위한 지 2년만에 죽고 말았다. 이에 12세의 어린 아들이 단종으로 즉위했다. 그러나 호랑이 같은 숙부들이 떼를 지어 왕위를 탐내니 이때부터 비극은 이미 예고되어 있었다. 문종의 능은 경기도 양주군의 현릉이다.

1450 독일 마인츠의 구텐베르크 인쇄기 발명

인쇄기는 인류 역사상 커다란 영향을 끼친 위대한 발명품이다. 1470년경 최초의 인쇄소가 설립되었다.

1452 조선 6대 단종 즉위(재위 1452~1455)

단종은 문종의 아들로 12세에 즉위했다. 1453년 한명회, 권람 등의 도움을 받은 수양대군이 황보인, 김종서 등을 살해하고 실권을 잡은 뒤로 어린 단종은 이름뿐인 왕이 되었다. 결국 정인지, 한명회 등의 무서운 눈초리에 더 이상 왕위에 있을 수 없었던 단종은 숙부인 수양대군에게 왕위를 내주고 물러났다. 그러나 1456년 성삼문, 박팽년, 이개, 김문기, 하위지,

유성원(1977년 국사편찬위원회는 유응부 대신 김문기로 사육신 명단을 수정) 등에 의한 '단종 복위 사건'이 발생함에 따라 노산군으로 강등되어 영월로 유배되었다가 끝내 살해되었다. 물론 사육신도 전부 참변을 당했다. 단종은 강원도 영월의 장릉에 묻혔다

1453 **동로마제국, 오스만에게 멸망**

1453 **백년전쟁 종식(1422년 참조)**

1453 **조선, 이징옥의 난. 계유정난 발생(1455년 참조)**

1455 **조선 7대 세조 즉위(재위 1455~1468)**

세조는 세종의 둘째 아들이자 문종의 동생, 단종의 숙부다. 병약한 형 문종이 재위 2년 만에 죽고 12세의 어린 조카가 단종으로 즉위한다. 문종이 죽으면서 황보인, 김종서에게 어린 단종의 후사를 부탁함에 따라 실권이 의정부 대신에게 돌아갔는데, 이들은 왕족인 대군들을 초기부터 강력하게 통제, 대군들의 불만을 샀다. 그중 수양대군의 불만이 가장 심했다. 수양대군은 권람, 한명회 등을 참모로 삼아 가장 경계해야 할 김종서를 척살한 데 이어 살생부에 의해 황보인, 정분, 조극관, 이양 등 많은 대신들을 제거했다. 강력한 잠재적인 라이벌인 동생 안평대군에게도 죄를 씌워 사사했다. 단종은 더 이상 왕위에 있기가 두려워 삼촌인 수양대군에게 양위하니 그가 세조다. 세조는 금성대군의 단종 복위 사건이 발생하자 노산군으로 강등되어 유배되어 있던 단종을 사사한다. 이에 관련되어 많은 관리들이 죽었다. 세조의 능은 경기도 남양주시 진접읍 부평리의 광릉으로 아내인 정희왕후와 같이 묻혀 있다.

* 김종서(1390~1453)와 계유정난(1453)

김종서는 조선조 세종 시대에 활약을 한 문신이자 무인이다. 지략이 뛰어나고 강직해 타인에 모범이 되었다. 북방의 여진족을 물리치고 4군(여연, 자성, 무창, 우예군)과 6진(종성, 회령, 경원, 경흥, 온성, 부령)을 개척해 오늘날 우리나라의 영토를 확장시켰다. 고구려가 멸망한 후 우리나라는 만주 영토를 다 잃고, 지금의 우리나라 국경인 압록강과 두만강보다도 훨씬 아래인 평양 근처까지로 줄어들었다. 고려 시절에 서희가 북진해 강동6주에 성을 쌓아 영토를 개척했으나 고려인들이 그곳에 가서 살지를 못 했기 때문에 여진족에게 다시 돌려주어야만 했다. 그만큼 오늘날의 평안도와 함경도 지역은 당시 인구 자체도 적었을 뿐만 아니라 관리를 할 형편도 못 되었다. 그러다가 김종서에 의해 비로소 우리나라의 영토가 확실하게 정착되었다. 문종이 임종 시 어린 단종을 김종서에게 부탁한 것도 그의 충성심과 강직함을 믿기 때문이었다. 그로서는 호시탐탐 왕위를 노리는 대군들을 견제해 선왕의 유지를 받드는 것이 자기의 의무라고 생각했을 것이다. 수양대군으로 보면 김종서가 가장 큰 적일 수밖에 없었다. 1453년 수양은 직접 김종서의 집으로 찾아가 김종서를 철퇴로 척살하고 그길로 대신들 중 죽여야 할 사람과 살릴 사람을 구별해 제거하는데, 이를 계유정난이라 한다. 이렇듯 세조는 인간적인 면에서는 어린 조카를 죽이고 왕이 됐다는 윤리적인 문제가 있지만 사회, 경제적인 면으로 많은 치적을 남겨 조선 왕조의 임금 중에는 치적이 크다.

* 이징옥의 난(1453)

이징옥은 세종 시절에 활약한 무신으로 무용이 출중해 호랑이를 산 채로 잡았다는 일화가 있을 정도의 장사였다. 용감하고 위엄이 있어 여진족까지 무서워했다고 한다. 김종서를 따라 여진족을 격퇴했으며 이후 북방의 여진족을 방어하는 데 큰 공을 세웠다. 1434년 김종서와 함께 경원진, 영북진을 설치하고 20여 년간 북방경비를 담당하면서 4군 6진의 개척에 기여했고, 그 공로로 함길도 절제사가 되었다. 청백리로 알려졌으나 김종서를 척살한 수양대군이 그를 두려워해 비밀리에 파직을 시킨 후 서울로 불러들여 죽이려 하자 이에 격분한 이징옥이 반란을 일으켜 스스로를 대금황제라고 칭했다. 그러나 관군과의 싸움에서 패해 아들 삼형제와 함께 죽음을 맞았다. 가만히 있는 사람을 반란을 하게 만들고 반란을 일으켰다고 죽인 셈이다.

1455 (영) 장미전쟁 (1455~1485, 1422년 참조)

1456 사육신의 단종 복위 사건

세조 2년 명나라에서 조선의 왕과 왕비의 책봉식을 위해 사신이 오는 것을 이용해 성삼문, 하위지, 유성원, 김문기, 이개, 박팽년 등이 세조를 죽이고 단종을 복위시키려다 김질의 배반으로 사전에 계획이 누설되어 전부 참형을 당한다. 이에 반해 세조의 밑에서는 봉직하는 것이 부끄럽다고 해 관직을 버리고 초야에 묻혀 생을 보낸 생육신도 있었는데, 김시습, 원호, 이맹전, 조려, 성담수, 남효온이 그들이다.

1461 (영) 에드워드 4세 즉위(재위 1461~1483, 1422년 참조) 가계도-3B 참조

1461 (프) 루이 11세 즉위(재위 1461~1483) 지도-15 참조

백년전쟁의 영웅인 아버지 샤를 7세(승리왕)에게서 왕위를 빨리 물려받기 위해 1440년 17세의 어린 나이에 반란을 일으켰다가 실패했지만 아버지에게 용서를 받았으니, 루이 11세는 매우 조숙한 아이였나 보다. 1451년 아버지 샤를 7세의 명을 어기고 사보이 왕가와 비밀협정을 맺어 사보이 공작의 딸 샤를로트와 무허가 결혼을 했다. 이후 아버지 샤를 7세의 불벼락을 피해 부르고뉴 공작 선량공 필리프에게 도망가서 망명생활을 한다. 필리프는 별명 그대로 선량한 마음으로 왕세자 루이를 돌봐주었으나 교활하고 간사한 성격의 루이는 부르고뉴 왕가의 내막을 속속들이 파악한 다음 훗날 부르고뉴를 공격, 부르고뉴 해체 작업을 실시한다. 아버지 샤를 7세는 아들 루이의 성품을 잘 알아서 장차 부르고뉴가 아들 루이 때문에 고생이 많을 것이라는 예언을 하기도 했다. 현명한 샤를 7세다운 직감이다.

당시 부르고뉴는 프랑스에서 최대의 영지와 세력을 갖고 있던 지방이었다. 문화는 오히려 국왕이 있는 파리보다도 더 화려했다. 국왕과는 사사건건 맞서는 가장 다루기 힘든 공국(公國)이었다. 루이 11세는 어떠한 방법을 써서라도 부르고뉴의 세력을 약화시키기 위해 머리를 데굴데굴 굴렸는데, 드디어 때는 왔다. 1477년 부르고뉴공(필리프의 아들 용담공 샤를)이 스위스와의 전쟁 중 사망하고 딸 마리 부르고뉴가 상속을 이어받자 20세의 처녀 마리를 7세였던 자신의 아들 샤를과 결혼시켜 부르고뉴를 먹으려 했으나 실패하고 말았다. 마리가 자신의 영지를 갖고 오스트리아 왕이며 신성로마제국의 황제인 막시밀리안에게로 시집을 가버리고 만 것이다. 닭 쫓던 개 지붕 쳐다보는 격이 된 루이는 이를 갈았다. 미련을 못 버리던 중 또다시 절호의 기회가 찾아왔다. 1482년 마리가 한창 젊은 나이에 죽은 것이다. 그러자 루이는 그녀의 어린 딸 마거릿과 아들 샤를을 약혼시켜 그녀의 지참금 명목으로 프랑슈콩테와 아르투아를 차지해버렸다. 7세의 나이에 20세의 처녀와 결혼할 뻔한 샤를이 이번에는 12살의 나이에 어린 애기와 결혼을 하니 아무리 정략적인 결혼이라고는 하나 좀 심한 것이 아닐까 싶다. 아무튼 루이 11세는 신앙심이 깊고 총명하고 공부도 많이 했으나 왕권과 영토 확장이라면 무슨 일이라도 했던 왕이자 권모술수에 능한 교활한 외교가였다. 그러나 프랑스 국민이 볼 때에는 훌륭한 통치자였을 것이다.

* 프랑스와 로마 교황과의 관계

프랑스와 로마 교황이 있는 이탈리아는 알프스 산맥을 경계로 접해 있는 이웃으로 프랑스 입장에서는 교황의 지지를 얻으면 왕의 권위를 높일 수 있었고 교황 입장에서는 프랑스의 지원을 받으면 신성로마제국의 세력을 견제할 수 있었다. 1300년경 한때는 필리프 4세가 교황 보니파키우스 8세를 끌어내리고 클레멘스 5세를 교황으로 앉히기도 했고, 그 때문에 교황청이 프랑스 아비뇽으로 옮기는 사태도 있었다.

1377년에는 교황청이 로마로 돌아가고 우르바누스 6세가 교황으로 선출되었다. 그러나 프랑스파 추기경들은 여기에 불만을 품고 아비뇽으로 돌아가 새로이 클레멘스 7세(1378~1417)를 선출함으로써 아비뇽과 로마 두 곳에 교황이 있는 사태가 벌어졌다. 1417년 마르틴 5세 때 사태가 끝이 나기는 했으나 이때는 이미 교황의 권위가 끝없이 추락한 뒤였다.

1462 (러) 이반 3세 즉위(재위 1462~1505)

1480년 이반 3세는 몽골군과 폴란드군의 연합군과 싸워 물리침으로써 완전하게 몽골의 지배에서 벗어났다. 스스로를 차르(황제)라고 했다. 아들 바실리 3세는 부근의 작은 공국들을 차례로 병합해 러시아를 통일시켰다.

1467 이시애의 난(세조 13년)
1467 (일) 오닌의 난(1467~1477, 1449년 참조)

1468 조선 8대 예종 즉위(재위 1468~1469)

예종은 세조의 둘째 아들로 즉위한 지 1년 만에 병사했다. 때문에 첫째 아들의 아들인 원손(元孫) 질산군이 9대 성종으로 즉위했다. 세조는 어린 조카를 죽이고 왕이 된 탓에 하늘의 재앙을 받은 것인지 흉몽에 시달렸다고 한다. 게다가 첫째 아들은 세자 시절 어린 나이에 죽었고 대신 왕위에 오른 둘째 아들 역시 왕이 된 지 1년 만에 죽었다. 예종 즉위 초 정권을 차지하고 있던 한명회, 정인지, 신숙주, 구치관 등 수구파들은 세조 말기 이시애의 난을 평정할 때 공이 컸던 신흥세력이 날로 커지는 것을 두려워해 이들을 제거하려 노렸다. 그러다 예종이 즉위하자 유자광을 시켜 역모사건을 조작, 신흥세력을 전부 제거했다.

＊ 남이 장군

청년 장군 남이는 권람의 사위였다. 또한 그의 어머니는 태종의 4녀인 정선공주로서(즉, 태종의 외손자) 세조에게 총애를 받았다. 이시애의 난 평정과 여진 토벌에 공을 세워 27세의 나이로 병조판서(국방부 장관)에 올랐다. 그러나 수구파들이 이시애 난에 공을 세운 신세력인 구성군, 강순 등을 제거할 때 해직되었고, 예종이 즉위 후 모략의 대가인 유자광이 역모를 꾀했다는 무고를 하여 27세의 아까운 나이에 옥사했다.

1469 조선 9대 성종 즉위(재위 1469~1494)

성종은 세조의 첫째 아들(후에 덕종으로 추존)의 아들이다. 형인 월산대군이 있었으나 병약해 동생인 잘산군이 13세의 나이로 즉위한 것이었다. 하지만 나이가 어려 할머니인 세조 비 정희대비가 7년간 수렴청정을 한 후에야 친정을 한다. 비(妃)는 한명회의 딸인 공혜왕후였으나 후사가 없었고, 이후 숙의 윤씨를 계비로 맞아 아들을 낳으니 그가

바로 유명한 연산군이다. 윤씨는 성격이 날카로워서 왕인 성종에게도 직선적인 언행으로 무안을 주었다고 한다. 그 당시 궁궐의 법도로 있을 수

없는 일이었다. 어쩌다 윤씨에게 가는 날이면 티격태격 말싸움이 자주 벌어지니 자연히 성종은 윤씨를 멀리하게 되었다. 그러던 어느 날 윤씨는 왕의 팔을 뿌리치다 왕의 얼굴에 손톱자국을 내고 말았다. 결국 이 일로 폐비가 되어 사가로 쫓겨 가게 된다(1479년). 윤씨는 사가에서 근신하며 왕이 다시 불러주기만을 기다리고 있었으나, 성종이 폐비 윤씨가 어떻게 지내는지 알아보고 오라는 명을 받은 궁중 나인이 '윤씨가 왕을 원망만 하고 있다'고 거짓 보고를 아룀에 따라 사약이 떨어져 생을 마감한다(1482년). 윤씨는 피를 토하며 죽으면서 "장차 나의 아들이 왕이 되면 어머니의 한을 풀어 달라"는 말을 친정어머니에게 남겼고, 이 일은 훗날 **갑자사화**라는 피 비린내 나는 재앙의 불씨가 되었다. 집안문제에 아무 관계도 없는 대신들이 숱하게 죽어나간 것이다.

성종은 신진 사림세력을 등용해 수구 훈신세력을 견제하려 했다. 이에 김종직, 김굉필, 정여창, 김일손, 유호인 등이 진출한다. 성종 시절에 《동국통감》, 《동국여지승람》, 《동문선》 등이 편찬되었고, 나라의 기강이 되었던 《경국대전》도 이때 완성되었다. 성종의 왕릉은 서울시 강남구 삼성동에 있는 선릉이다.

1476 용담공 샤를, 스위스 침공

지난번 프랑스와 스위스 동맹군에게 패해 영토를 잃은 부르고뉴의 샤를(용담공 샤를 혹은 카를이라고도 함)은 프랑스와 불가침조약을 맺은 뒤 마음 놓고 스위스를 침공했으나(1476~1477) 세 번의 큰 전투에서 패하고 자신마저 전사하고 만다. 그랑송 전투, 무르텐 전투, 낭시 전투 세 번의 전투에서 스위스 동맹군이 전승했다.

1477 부르고뉴와 루이 11세(1461년 참조)

부르고뉴의 용담공 샤를이 스위스와의 전투에서 전사하자 프랑스의 루이 11세는 부르고뉴 상속녀 무남독녀인 마리와 자신의 아들 샤를을 결혼시켜 부르고뉴를 얻으려 했으나 마리는 신성로마제국의 막시밀리안 1세에게 시집을 가버렸다. 따라서 부르고뉴뿐만 아니라 부르고뉴의 식민지였던 네덜란드 역시 마리의 혼수로 따라가 오스트리아의 지배를 받게 되었다. 이후에도 루이 11세는 부르고뉴 해체 작업을 시작해 최대한 부르고뉴의 영토를 차지하려고 애를 썼으나, 마리와 결혼한 막시밀리안 대공은 이를 지켜냈다. 프랑스에게 부르고뉴는 프랑스 내에 가장 큰 지역으로서 문화 및 경제 등 완전히 프랑스의 강남권이었다. 그러니 이곳을 오스트리아에게 넘겨준다는 것은 있을 수 없는 악몽이었다. 프랑스 국운을 걸고 막아야 할 형편이었다. 결국 1482년 아라스 조약에 의해 루이 11세는 부르고뉴, 피카르디, 불로네에 대한 통치권을 장악하고는 어린 아들(장래 샤를 8세)을 막시밀리안과 마리 사이에서의 딸 마거릿과 약혼시켜 프랑슈콩테와 아르투아를 차지했다. 그러나 이 혼약이 파혼되었을 때 프랑슈콩테와 아르투아는 오스트리아에 되돌려주었다.

　아무튼 오스트리아의 합스부르크가는 신성로마제국, 오스트리아, 부르고뉴의 일부, 네덜란드, 에스파냐, 나폴리와 시칠리 왕국까지 통합하여 커다란 영토를 차지했다. 그러다 1555년 막시밀리안의 손자 신성로마제국의 카를 5세는 에스파냐의 왕인 아들 펠리페 2세에게 네덜란드와 밀라노 공작령, 나폴리와 시칠리 왕국을 상속했다. 그러니 네덜란드로서는 어느 날 에스파냐가 갑자기 뛰어나와 자기네를 통치한다고 날치니 억울해서 미쳐 돌아버릴 지경이 되었다.

7-4 일본 전국시대와 영국 튜더 왕조의 개막

1478 (일) 전국시대 개막(1478~1573)

오닌의 난이 끝난 1478년부터 오다 노부나가가 사실상 일본을 통일한 1573년까지 약 100년간을 전국시대(戰國時代)라고 본다. 이때 쇼군은 유명무실한 존재였다. 한마디로 전국시대는 각 지방마다 지방을 다스리는 다이묘들이 서로 상대편을 제압하고자 하는 약육강식의 시대였다. 누구나 힘센 자가 이기는 시대였다. 이 시기 각 지방에서 나타나 무력으로 집권을 하고 스스로를 다이묘(大名)라고 부르는 호족을 센고쿠 다이묘(戰國大名)이라고 부른다. 그중에서도 가장 강력한 자가 오다 노부나가였다. 그는 전국통일을 목전에 둔채 교토의 혼노지(本能寺)에 진을 치고 있었다. 하지만 주력부대를 출병시키고 본영이 비어 있는 틈을 타서 부하인 아케치 미츠히데가 반란을 일으킴으로써 생을 마감하고 만다. 노부나가로서는 너무나 아쉬운 순간이었을 것이다. 일세를 풍미하는 풍운아로 그 어려운 천하통일을 목전에 두고 그것도 부하의 손에 죽었으니 말이다. 지금도 내부에 배신자가 있다거나 가까운 데 위험이 도사리고 있다, 혹은 등잔 밑이 어둡다는 뜻으로 '적은 혼노지에 있다'는 말을 쓰기도 한다. 아무튼 이때를 놓치지 않은 도요토미 히데요시(豊臣秀吉)가 반란을 일으킨 미츠히데를 죽이고 1590년 주인의 자리를 차지, 경쟁자들을 물리친 후 천하의 주인이 된다. 1592년 전국을 통일하고 남아도는 힘을 발산할 곳을 찾은 곳이 바로 이웃나라인 조선이었다. 그리해 **임진왜란**이 일어난다. 7년 동안 지속된 전쟁은 1598년 히데요시가 죽음으로써 끝이 난다. 조선 말기 1880년대에도 그랬듯 일본은 힘이 남을 때 가장 먼저 생각하는 것이 우리나라 침략이었다. 항상 경계해야 할 나라다.

1479 에스파냐 왕국 설립

아라곤의 왕 페르디난도와 카스티아의 여왕 이사벨라가 결혼해 두 나라를 통합한 에스파냐 왕국을 세운다. 이로써 오늘날의 에스파냐가 설립된다.

1483 (영) 리처드 3세 즉위(재위 1483~1485, 1422년 참조)

리처드 3세는 어린 조카 에드워드 5세를 죽이고 왕위를 찬탈했기 때문에 처음부터 도덕적인 결함이 붙어 다녔다. 때문에 사람들은 프랑스에 망명가 있던 랭카스터가의 헨리 튜더에게 지지를 보냈다. 결국 1485년 8월 7일 헨리 튜더는 군대를 이끌고 리처드 3세의 군대와 보스워스 평야에서 맞붙는다. 랭카스터 가문과 요크 가문과의 최후의 일전에서 헨리 튜더가 승리함으로써 30년을 끌어온 잔혹한 장미전쟁이 막을 내린다. 이 전투에서 리처드는 최후까지 싸우다 전사했고, 헨리 튜더는 헨리 7세로 튜더 왕조를 활짝 열었다. 이후 1600년까지 헨리 8세, 엘리자베스 1세 등 약 120년간의 치세로 영국은 대영제국, 해가 지지 않는 나라의 기틀을 마련한다.

1485 (영) 헨리 7세 즉위(재위 1485~1509)/ 튜더 왕조 시작(1485~1603)

지루하고 잔인했던 장미전쟁을 승리로 끝낸 헨리 튜더가 헨리 7세로 영국의 왕이 되고 튜더 왕조를 열었다. 그리고 요크가의 엘리자베스를 아내로 맞이해 요크가와의 화해를 이룩한다. 백년전쟁이 끝나고 연이어 30년간의 장미전쟁이 끝났을 때에는 귀족들의 얼추 반이 초상 내지는 중상을 당해 힘을 잃은 상태였고, 반면 왕은 절대적인 힘을 갖게 되었다. 헨리 7

세 이후 헨리 8세, 엘리자베스 여왕 등 씩씩한 왕들이 나타나 영국을 세계 1류 국가의 반열에 올려 세우는 기초를 다졌다.

랭카스터 가문의 헨리 튜더가 즉위한 후 그의 자손으로 다섯 명의 왕이 재위한 기간인 약 120년간을 튜더(Tudor) 왕조라고 한다. 엘리자베스 여왕이 죽은 후에는 제임스 1세의 스튜어트 왕조가 뒤를 이었다.

가계도-3C 참조

1486 신성로마제국 막시밀리안 1세 즉위(재위 1486~1519) 지도-15 참조

막시밀리안 1세는 프리드리히 3세의 아들로 합스부르크가를 1500년대 유럽 최고의 지배세력으로 만들었다. 오스트리아 대공, 독일 왕, 신성로마제국 황제 등 세 개의 명함을 갖고 다녔다. 앞서 언급한 바와 같이 1477년 프랑스 최대의 세력인 부르고뉴 샤를의 딸 마리와 정략결혼을 해 프랑스 내의 영토와 당시 부르고뉴 가문이 지배하고 있던 네덜란드의 영토를 챙겼다. 1496년에는 아들 필리프 1세를 에스파냐 공주 후아나와 결혼시키고 딸 마거릿을 에스파냐의 왕자와 결혼시킴으로써 겹사돈을 맺어 에스파냐 왕위 계승 청약 영순위 통장을 거머쥐었다. 1490년에는 헝가리를 무찌르고 아버지가 잃었던 오스트리아 영토를 되찾았고, 1493년에는 남동부에 있던 투르크인들을 몰아내는 등 수단과 방법을 가리지 않고 영토 확장을 해 합스부르크가를 평범한 가문에서 일약 스타 가문으로 일으켰다. 1495~1496년 나폴리를 점령하고 있던 프랑스를 몰아내기 위해 프랑스의 샤를 8세와 전쟁을 했으나 별 소득이 없었다.

한편 오스트리아는 국경을 맞대고 있던 작은 나라 스위스를 오랜 기간 끊임없이 괴롭혔다. 때문에 스위스는 오스트리아라면 이를 갈며 미워할 수밖에 없었다. 스위스의 역사는 오스트리아로부터 독립을 하려는 투쟁의 역사라고 해도 과언이 아니다. 우리가 잘 아는 '윌리엄 텔'의 이야기도 이를 배경으로 한 것이다. 작고 매운 고추인 스위스는 역사적으로 타국과의 전쟁에서 거의 져본 적이 없었다. 남의 나라를 넘본 일도 거의 없었지만 자기의 독립에 관해서는 목숨을 걸고 대드는 무서운 나라였다. 1499년 스위스 연맹군은 오스트리아의 막시밀리안의 군대에 맞서 승리했다. 이로써 유럽에서 막강한 세력을 뽐내던 거인 막시밀리안은 꼬마한테 맞아 쌍코피가 터지는 봉변을 당하고 말았다. 창피스러워서 어디다 말도 못 할 일이었다.

당시 신성로마제국의 황제를 겸하고 있던 **합스부르크가의 오스트리아가 네덜란드, 프랑스 내의 부르고뉴 지역, 독일, 헝가리, 보헤미아 등을 지배하는 등 대제국을 이룩**했기에 지금까지 유럽의 종주국이라고 자처한 프랑스는 눈에 햇불을 켜고 노려보고 있었다. 자연히 주인이 확실치 않고 이 나라 저 나라가 와서 자기 것이라고 우기던 이탈리아 땅을 놓고 합스부르크가와 프랑스는 주도권 쟁탈전을 벌이게 되었다. 막시밀리안은 재위 내내 프랑스의 **샤를 8세, 루이 12세, 프랑수아 1세**가 벌이는 계투작전에 맞서야 했다. 한때 프랑수아 1세는 막시밀리안의 전쟁포로가 되어 몸값을 물고 풀려나기도 했다. 동부에서는 오스만제국의 침략을 격퇴시켰고, 헝가리와 보헤미아를 합병시켰다. 또 결혼을 통해 에스파냐를 동맹국으로 삼고, 역시 결혼을 통해 부르고뉴와 네덜란드를 합병함으로써 사실상 **프랑스를 합스부르크가의 포위망 속에 갇힌 꼴로 만들었다.** 지도책을 펴놓고 봤을 때 프랑스와 국경선을 맞대고 있는 나라는 거의 다 합스부르크가의 영토가 된 것이다. 이로써 프랑스와 오스트리아의 관계가 험악해졌다. 먼 훗날 1806년 나폴레옹 때 오스트리아는 프랑스에게 정복되어 신성로마제국까지 멸망하는 수모를 당한다.

희망봉 발견

포르투갈의 항해가 **바르톨로뮤 디아스**는 희망봉을 처음으로 발견해 아프리카를 돌아 인도로 갈 수 있는 길을 열었다. 그러나 그는 1500년경 브라질을 발견한 카브랄(Cabral)의 함대와 함께하던 중 해상에서 실종되었다.

1492 **에스파냐의 그라나다 멸망**

에스파냐는 이베리아 반도 내에 남아 있던 이슬람교도 최후의 국가인 그라나다를 공격, 이베리아 반도에서 이들을 내쫓고 800년 만에 에스파냐를 통일한다. 그라나다에는 사라센인들이 무어 왕조 때 세운 유명한 알람브라 궁전이 있다. 왜 서양에 동양의 궁전이 있는지에 대한 해답이 되겠다.

1492 **콜럼버스, 신대륙 발견**

콜럼버스는 1445년 이태리 제네바 출신으로 에스파냐 아사벨 공주의 지원으로 1492년 10월 12일 **산타마리아호**(號), 핀타호, 니나호를 이끌고 포르투갈의 리스본 항구를 떠나 70일 만에 신대륙에 도착했다. 그가 도착한 곳은 오늘날의 쿠바, 아이티, 중남미 바하마 군도로서 그는 그곳을 산살바도르(성스러운 구제자)라고 명명했다. 그런데 그는 그곳이 인도라고 생각했다. 그래서 서인도제도라고 명명했다. 1500년 그곳을 재탐험한 아메리고 베스푸치에 의해 그곳이 인도가 아니란 것이 서서히 밝혀졌으며 이후 그의 이름을 따서 아메리카라고 명명되었다. 콜럼버스는 죽을 때까지 자기가 발견한 곳이 인도인 것으로 착각했다고 한다.

1494 **연산군 즉위(재위 1494~1506)**

연산군은 성종의 큰 아들로 재위 기간 중 무오사화, 갑자사화를 일으켰다. 조선조 폭군으로 500년이 지난 지금까지 불명예스럽게 이름이 전해지고 있다. 비는 신승선의 딸이었다. 세자 시절 허침, 조지서, 서거정 등에게 학문을 배웠고, 즉위 초 국방을 위해 많은 노력을 했다. 그러나 어린 나이에 어머니를 잃으며 성격에 이상이 생겼는지 1498년 무오사화, 1504년 갑자사화를 일으켰다. 또 어머니의 불행한 죽음에 격분한 나머지 이성을 잃어 패륜행위를 일삼았다. 큰어머니(월산대군의 아내)를 강제로 추행해 목숨을 끊게 하고, 잘생긴 여자라면 누구이건 상관없이 강제로 추행을 했다고 한다. 결국 신하들의 반정으로 폐위되고 귀양지에서 사망했다. 하지만 실제 사화는 기득권층인 훈구파가 새로이 떠오르는 사림파를 제거하기 위해 왕을 이용한 것이었다. 연산군의 묘는 서울시 도봉구 방학동에 있다.

1494 토르데시야스 조약

당시 해양강국으로 전 세계를 휘젓고 다니던 포르투갈과 에스파냐는 점령지에서 서로가 부딪치지 않기 위해 로마 교황 알렉산더 6세의 중재로 서경 48~49도에 해당되는 가상선의 동쪽은 포르투갈이, 서쪽은 에스파냐가 권리를 갖기로 멋대로 결정한다. 물론 유럽의 나라들은 당연히 인정하지 않았다. 당시 강력한 해군력을 갖고 있던 두 나라가 제멋대로 한 결정으로 오만의 극치였다. 이를 토르데시야스 조약이라고 한다. 이들 국가는 닥치는 대로 약탈, 살인 등 인류로서는 해서는 안 될 만행을 저질렀다. 그로 인해 1500~1600년대 남미 대륙 원주민 5천만 명이 죽었다. 특히 에스파냐의 코르테스는 멕시코의 아즈텍 문명을, 피사로는 페루의 잉카 문명을 멸망시키는 만행을 저질렀다.

1497 바스코 다 가마, 희망봉 경유하는 인도 항로 개척

바스코 다 가마가 개척한 항로는 유럽에서 희망봉을 거쳐 아시아로 가는 바닷길로서 포르투갈이 강대국이 되는 데 큰 공헌을 했다. 1497년 7월 8일 리스본을 출발한 그는 다음 해 5월 인도의 서쪽 캘리컷에 도착했다. 다시 포르투갈로 되돌아왔다가 1502년 세 번째 항해를 시작, 인도의 고아에 도착했다. 그런 다음 경쟁자인 아랍의 배가 오기를 기다리고 있다가 아랍인들의 배를 습격, 배를 불태워 승객 수백 명을 죽였다. 후에 인도 총독으로 임명되어 그곳에서 죽었다.

1498 무오사화와 유자광

유자광은 훈구파의 중심인물로 연산군 4년에 무오사화(戊午士禍)를 일으켜 사림파를 제거하고 세력을 잡았다. 유자광은 애초에 미관말직에 있었는데, 이시애의 난에 약간의 공이 있어 출세하기 시작했다. 예종이 즉위했을 때는 남이, 강순 등을 무고해 죽이고 무령군으로 출세했다. 성종 시절 임사홍, 박효원 등과 파당을 만드는 등 횡포가 심하다 해서 탄핵을 받아 동래로 유배되었으나 4년 후 특사로 사면, 복권이 되었다. 권모술수, 아첨, 배신, 무고 등 인간으로 하지 말아야 할 행동을 주로 하다 갔다. 한번은 함양에 놀러갔다가 정자에 현판을 써서 달아놓았는데, 공교롭게도 사림파의 거두이자 대학자인 김종직이 다음 함양 군수로 부임했다가 이를 알고 현판을 떼어버리고 아예 불태워버렸다. 이에 유자광은 김종직에게 앙심을 품었다. 한편 이극돈은 전라 감사로 있을 때 국상이 났는데도 기생과 놀았다는 사실을 김일손이 사초에 일일이 기록한 것을 두고 김일손에게 앙심을 품었다. 이래저래 훈구파들은 사림파에게 원한을 품게 되었다.

　신진 사림파가 출세를 시작한 것은 성종 때부터였다. 조선 창설 이후 각종 사건에서 공훈이 있어서 출세를 한 사람들이 훈구파인데, 이들은 하는 일도 없이 대물림으로 나라에서 주는 녹을 타먹었고, 횡포 또한 심했다. 게다가 사건 때마다 논공행상에서 1등 공신, 2~3등 공신 등이 수십 명씩 나왔는데, 이것이 세월이 흐르자 그 수가 엄청나게 되었고, 이들이 연금을 타먹고는 것도 모자라 자식 대에까지 권력이 연결되었다. 이에 성종은 학자 출신의 정통파 관리를 등용해 훈구파들의 견제를 시도했다. 바로 이들을 사림파라고 부른다. 그중의 대표적인 리더가 김종직이었다. 김종직의 아버지는 김숙자이었는데 김숙자의 스승이 야은 길재였다. 김종직은 임금의 신임이 두터워 제자 김일손, 김굉필, 정여창 등 당당한 학자들을 배출해 영남 선비들의 세력을 형성해갔다. 이들은 훈구파들의 비위나 불합리한 관습을 날카롭게 꼬집고, 하는 일도 없으면서 과거의 공적을 가지고 놀고먹거나, 한번 공적에 기록되면 대를 이어가며 연금을 받아먹는 일을 규탄하고 혜택을 축소시키도록 건의했다. 훈구파들은 이제 위기를 느끼지 않을 수 없었지만 성종 재위 시절에는 사림파 제거가 먹혀들지를 않았다. 그러나 애석하게도 성종이 30대 후반의 나이로 죽고 연산군이 즉위하자 곧 사림파 제거 작전이 시작되었다.

김종직의 〈조의제문〉을 김일손이 사초에 실었던 일이 있었는데 〈성종실록〉의 편찬이 시작되자 당상관으로 임명된 이극돈이 이 사실을 알게되었다. 〈조의제문〉은 BC 200년경 초나라의 항우가 한나라의 유방과 천하를 놓고 다툴 시절 초나라의 황제로 세워놓은 로봇 황제 의제(義帝)가 필요가 없어지자 항우가 부하를 시켜 시해한 것에 대한 글로, 항우는 세조를, 의제는 단종을 빗대어 쓴 조문(弔文)이었다. 이극돈은 조의제문이 세조의 즉위를 비방하는 것이라고 유자광에게 알려주었다. 한 건 크게 잡은 유자광은 노사신, 한치형, 유필상, 신수근 등 훈구파와 합세해 연산군에게 김종직과 김일손이 대역무도한 짓을 했다고 보고했고, 학자라면 이유 없이 미웠던 연산군은 이들을 대역 죄인으로 규정, 맞장구를 쳤다. 이미 죽은 김종직은 무덤에서 끌려나와 시신이 훼손되는 부관참시를 당했고 많은 아까운 서적들이 불탔다. 김일손, 이목, 허반, 권오복, 권경유 등도 처형을 당했고 홍한, 정여창, 이주, 김굉필, 이계맹, 강흔 등은 귀양을 가야 했다. 이로써 사림파들은 치명타를 맞고 재기불능의 상태에 빠지고 말았다. 반면 무오사화의 주인공 유자광은 권력의 정상에 오르면서 승승장구했다. 심지어 성희안, 박원종의 쿠데타로 연산군이 쫓겨나고 중종이 즉위할 때 재빨리 성희안에게 연을 대어 중종반정의 정국공신 1등으로 무령부원군에 봉해지기도 했다. 연산군 시절에 승승장구하던 유자광이 연산 정부를 무너트린 신정부에서도 잘나가다니! 역시 유자광이었다. 그러나 이듬해 거듭된 탄핵으로 결국 귀양을 갔고, 그곳에서 눈이 멀더니 이내 죽고 말았다.

1500 포르투갈의 카브랄, 브라질 발견

1504 갑자사화와 임사홍

연산군 시절 아주 간교한 자가 있었는데 이름은 임사홍이라 했다. 종친인 보성군의 사위였고, 그의 아들 광재는 예종의 사위, 숭재는 성종의 사위였다. 성종이 탐탁지 않아 해서 쓰여지지 않다가 연산 때에 와서 빛을 보았다. 임사홍은 연산군의 처남인 신수근과 함께 연산군 어머니 폐비 윤씨에 대해 상세하게 연산에게 고해 생모가 죽게 된 내막을 전부 알게 했다. 이로 인해 갑자사화가 일어났다. 윤필상, 한명회, 정창손, 어세겸, 심회, 이파, 이극균, 정인지, 김승정, 이세좌, 권주 등이 전부 극형을 당했는데, 이미 죽은 이들은 무덤에서 꺼내어져 부관참시를 당하니 세상이 온통 핏빛으로 물들었다. 한편 간교하고 권력만 뒤쫓다 덧없는 삶을 살아간 임사홍도 중종반정이 일어나 연군이 내쫓기자 아버지와 함께 처형을 당했다.

또 부관참시까지 당하고 재산도 몰수되었다.

갑자사화 이후 연산은 술과 여자 속에 싸여 지내면서 신하들을 국문하거나 함부로 죽이고 귀양을 보내니 기강은 무너졌고, 대신들은 불안 속에 살게 되었다. 또 윤씨의 어머니(연산의 외할머니)가 연산에게 윤씨가 정소용과 엄 귀인 때문에 죽게 되었다고 고하자 연산은 술이 취해 몽롱한 상태에서 두 후궁을 불러 직접 몽둥이로 타살했다. 또한 이를 나무라는 친할머니 인수대비의 앞가슴을 머리로 들이받았다. 이 일로 기절까지 한 인수대비는 얼마 후 죽고 말았다. 인수대비로 볼 때 연산은 친손자였지만, 며느리인 윤씨가 미우니 그의 아들인 손자도 그렇게 미웠나 보다. 궁궐의 법도와 기강을 지키기 위해 노력한 큰 어른이기는 했지만 너무나 차고 냉정한 성품 때문에 정이 없었다.

1506 중종반정과 조선 11대 중종 즉위(재위 1506~1544)

경기 관찰사 박원종, 사림의 성희안, 유순정 등이 반정을 일으켜 진성대군(성종의 아들이며 연산군의 이복동생)을 중종으로 추대한다. 그러나 부인 신씨는 신수근의 딸로 장인 신씨가 연산군의 처남이었고 반정에 반대했다는 이유로 폐비가 되어 사가로 내쫓긴다. 그러자 반정공신들은 다투어 자기의 가까운 사람을 새 왕의 왕비로 만들어 권력을 유지하기 위해 너나 할 것 없이 왕비를 추천하니 졸지에 후궁 풍년이 들었다. 정비(正妃)는 가장 공이 큰 박원종이 추천한 윤여필의 딸(장경왕후)로 결정되었고 그 밖에 추천된 인물들은 각각 후궁자리 하나씩을 차지했다. 중종은 처음에는 반정공신의 등쌀에 공신들의 눈치를 보며 정사를 보았다. 그러다 10여 년이란 세월이 흐르고 반정공신들도 하나 둘 세상을 떠나게 되면서 비로소 소신대로 일할 수 있었다.

1519 기묘사화와 조광조

중종은 조광조를 경연관으로 뽑아 절대적인 신임을 보냈고, 조광조는 감격해 정의사회 구현, 올바른 사회 실현 등 어디서 많이 들어본 듯한 원리원칙에 입각한 도의(道義)정치를 하기 위한 정책을 펴나갔다. 현량과를 신설해 덕망 높은 선비를 뽑아 국정을 보게 하는 등 말하자면 이상국가(理想國家)를 실현하고자 했다. 때마침 형조판서(법무장관) 자리가 비어 남곤 일파는 심정을 추천했는데, 이조판서인 이장곤은 이를 거부했다. 백방으로 로비를 벌여 심정을 형조판서에 가까스로 앉히는 데 성공하기는 했지만, 이를 뒤늦게 안 조광조가 형조판서에 심정 같은 사람이 앉는다는 것은 불가능하다고 강력히 주장함에 따라 결국 탈락되고 말았다. 청문회도 못 거쳐보고 탈락된 심정은 조광조에 대한 원한이 뼛속까지 사무쳤다. 이러자 남곤과 심정 일파들은 조광조 일파를 제거할 모략을 연구개발(R & D) 했다. 당시 중종의 총애를 받는 후궁 홍빈은 반정공신 홍경주의 딸이었다. 심정과 남곤은 홍경주를 끌어들여 홍빈을 시켜 궁의 후원 나뭇잎에 꿀로 주초위왕(走肖爲王, 조씨가 왕이 된다는 뜻)이라는 글씨를 쓰게 한다. 나중에 벌레들이 꿀 묻은 곳을 파먹게 되면 나뭇잎에 그 글자가 새겨질 터였다. 당시 서양에서는 아직 개발되지 않은, 조선에서 처음으로 개발한 최신 공법이었다. 그 시절 서양에서는 아메리카를 발견, 새로운 항로 개척 등 지구가 둥글다는 것을 확인하면서 세계를 무대로 함대와 장거리 함포를 개발하고 있던 시기였다.

아무튼 1519년 조광조는 반정공신 중에 많은 사람들이 불필요하게 공신으로 인정되어 아무런 공이 없이 백성이 낸 세금만 축내고 있으니 이를 삭제해야 한다고 강력히 주장함으로써 중종을 난처하게 만들었다. 자기를 임금에 앉혀준 사람이 훈구파들인데 이들에게서 특권을 빼앗는 것은 곤란했기 때문이다. 여기에 훈구파들은 더 이상 참고 있다가는 안 되겠다는 위기의식을 느끼고 조광조 일파가 붕당을 만들어 국정을 어지럽히고 있으며, 장차 임금이 되려는 꿈을 꾸고 있다고 무고한다. 그러면서 '주초위왕'이라는 글자가 새겨진 나뭇잎을 내보였다. 결국 중종은 조광조 일파를 모조리 제거한다. 조광조, 김정, 기준 등은 죽였고 박훈, 김안국, 이자, 홍언필, 김구, 김식 등은 유배를 보냈다. 사림파들은 치명타를 맞고 간신히 살아남은 사람들은 정계에서 은퇴하고 향리로 내려가 성리학을 연구하며 후진양성으로 시간을 보냈다. **이를 기묘사화(己卯士禍)라고 한다.**

1509 (영) 헨리 8세 즉위(재위 1509~1547)

헨리 8세는 16세기 전 유럽을 통해 가장 많은 화제와 스캔들을 뿌렸다. 정식 결혼만 여섯 번 했고, 그중 두 명을 처형했다. 또 앤(영화 〈천일의 앤〉의 주인공)과 결혼하기 위해 중세 유럽의 종교인 가톨릭을 거부함으로써 교황과 결별, 새로운 종교를 만들었다. 그래서 오늘날까지도 헨리 8세를 주제로 한 영화나 소설책 등이 나오고 있다.

헨리 8세는 헨리 7세의 둘째 아들로 18세에 즉위했다. 훤칠한 키에 춤과 사냥에 능하고 운동선수였던 헨리 8세는 당시 유럽 왕국 여성들의 선망의 대상이었다. 당시 유럽의 최강국이었던 아라곤(에스파냐)의 공주 캐서린과 정략결혼을 한 형 아더가 결혼한 지 1년도 못 된 1502년 갑자기 죽자 헨리는 졸지에 세자로 진급이 되고 형수와 결혼을 해야 하는 운명에 처했다. 당시 유럽 최고의 강국인 에스파냐의 후광을 얻기 위해는 어쩔 수 없이 형수 캐서린과 정략결혼을 해야만 한다고 대신들이 우겨댔다. 자기 같은 조건이라면 유럽의 최고 가는 왕녀를 고를 수도 있는데 인물도 받쳐주지도 않고 게다가 형수에, 과부에게 총각장가를 들다니 이건 밑져도 한참 밑지는 장사였다. "정말 왕 노릇 힘들어 못 하겠다." 처음부터 단추가 잘못 끼어진 것이어서 그랬는지 캐서린은 계속 유산을 했고 낳은 아이들도 얼마 안 되어 죽어버렸다. 결국 혈육이라고는 메리(후에 메리 1세: 별명 '피의 메리') 하나뿐이었다. 그때까지 영국에서는 한 번도 여왕이 없었다. 반란의 위협이 상존한 분위기에서 정통의 왕자가 절실하게 필요했던 헨리는 항상 병치레를 하는 아내와 점점 멀어져만 갔다. 그때 마침 시녀인 앤 불린과 가까워지면서 캐서린과의 이혼문제를 검토하기 시작했다. 당시 교황은 율리우스 2세로 평소 자기의 명령에 잘 따르지 않는 베네치아를 손봐주기 위해 신성로마제국의 막시밀리안, 프랑스의 루이 12세, 아라곤의 페르디난도와 동맹을 맺고 베네치아를 정벌했으나 프랑스가 동맹을 어기고 베네치아에 영향력을 행사하자 이번에는 교황과 프랑스가 전쟁에 돌입했다. 영국은 이 전쟁과 아무 관계도 없었다. 그런데 교황과의 관계가 원만했던 헨리는 의원들의 반대를 뿌리치고 프랑스와의 전쟁을 고집했고, 결국 전통적으로 프랑스의 지원을 받던 스코틀랜드(프랑스는 잉글랜드와 앙숙이었던 스코틀랜드를 항상 지원해왔다)와의 전쟁이 벌어졌다. 다행스럽게도 1513년 스코틀랜드와의 전쟁에서 승리해 일단 국민들에게 체면은 세웠다. 원래 헨리는 독실한 가톨릭 신자였고 교황으로부터 가톨릭의 수호자라는 칭호를 받을 정도로 교황과 밀월관계에 있었다. 그런데 1529년 영국의 지성 토머스 모어 경을 대법관에 임명한 헨리 8세는 모어가 '보수 신앙을 고집하고 헨리가 본처 캐서린과 이혼하고 앤과 결혼하기 위해 로마 교황과 결별하고 새로 만든 영국 국교회의 수장이 되려 하는 는 것'에 대해 반대를 하자 있지도 않은 반역의 혐의를 씌워 모어를 처형했다. 토머스 모어는 《우신예찬》의 저자 에라스무스와 깊은 친교를 맺었고 유토피아라는 이상형의 국가에 대해 저작을 했으며 양심과 정의에 입각해 헨리를 위해 최선을 다 한 영국의 지성이었다. 그가 처형을 당하자 유럽이 경악했고 에라스무스는 "토머스 모어는 눈(雪)보다도 순결한 영혼을 가진 사람이었다. 영국은 과거에도,

그리고 이후에도 그와 같은 천재성을 다시는 발견할 수 없을 것이다"라고 애도했다.

한편 1527년 헨리는 교황인 클레멘스 7세에게 캐서린과의 이혼승인을 요청했으나 거절당했다. 당시 신성로마제국의 황제 막시밀리안 1세가 죽으면서 에스파냐, 부르고뉴, 네덜란드, 오스트리아의 전 영토를 물려 받은 손자 카를 5세는 대제국을 건설하고 있었다. 때문에 유럽에서 카를 5세와 맞설 수 있는 나라는 프랑스 정도가 유일한 실정이었다. 그런데 헨리 8세의 아내 캐서린이 바로 카를 5세의 이모였다. 카를 5세의 도움이 간절한 교황으로서는 이혼을 승인할 수 없었던 것이다. 그러자 헨리 8세는 로마 교황과 결별, 앤 불린과 1533년 결혼을 강행했다. 그러나 앤과의 결혼에서도 딸 엘리자베스만을 낳고 더 이상 아들이 없자 헨리는 또다시 앤에게 이혼을 요구했다. 이혼은 엘리자베스가 공주에서 시녀의 딸로 전락한다는 의미였다. 딸의 왕위계승권을 빼앗기기 싫었던 앤은 이를 끝까지 거부했고, 결국 앤은 있지도 않은 간통죄를 뒤집어쓰고 사형에 처해진다. 세 번째 아내인 제인 시모어에게서 드디어 바라고 바라던 아들 에드워드를 얻었지만 이번에는 제인이 출산 후 곧 세상을 떠나는 바람에 홀아비 신세가 되고 말았다. 회심의 네 번째 아내는 클레브스 공작의 누이 앤이었는데 마음에 들지를 않아서 곧 이혼했다. 어느덧 유럽에서 가장 나이 많은 늙은이 왕이 된 헨리는 20세의 젊은 피를 수혈받기 위해서 멋쟁이 캐서린 하워드와 결혼을 했다. 하지만 왕이 너무 늙어서 그랬는지 캐서린은 왕비의 체면에 외간 남자와 간통을 했고, 그것이 드러나 그만 처형을 당하고 말았다. 헨리 8세는 마지막 여섯 번째로 조용하고 순종적인 캐서린 파와 결혼해 쓸쓸한 노년을 달래다 죽었다. 캐서린 파는 헨리가 원한 대로 순종적이고 헌신적인 여성이었지만, 헨리가 죽자 지체 없이 다른 곳으로 재가하고 말았다. 그동안 물심(物心)양면으로 수고가 많았으니까.

7-5 종교개혁과 합스부르크가의 팽창

1513 교황 레오 10세(1513~1521)와 면죄부

피렌체 공국을 지배하던 메디치 가문의 수장이자 역대 로마 교황 중 가장 사치스런 교황이었던 레오 10세는 교황권을 유럽의 중요한 정치세력으로 만들었던 장본인이다. 성 베드로 성당을 초호화판으로 건설하려다 재정이 부족해 면죄부를 만들어 강제로 할당 판매했고, 교황청의 예산도 사치스런 생활로 탕진했다. 면죄부 판매를 반박하는 루터를 파문하기도 했다. 한마디로 종교개혁을 대수롭지 않게 생각했다.

1515 (프) 프랑수아 1세 즉위(재위 1515~1547)

루이 12세의 조카이자 사위인 앙굴렘의 프랑수아 1세는 발루아 왕조 중 앙굴렘 출신의 최초 왕이다. 프랑스인에게는 위대한 왕으로 기억되고 있다. 루이 12세가 1498년 왕위에 올랐을 때 추정계승자가 되었다. 1515년 이탈리아를 침략해 마리냥 전투에서 밀라노를 점령한 후 교황과 협상해 볼로냐 협약을 맺었다. 이탈리아 침공 시 교황 레오 10세와 스포르차 공작의 연합군에게 승리했다. 문화를 숭상한 프랑수아 1세는 레오나르도 다 빈치와 다른 예술가들에게 연금을 지불하기도 했다. 헨리 8세로부터 투르네를 돌려받았다. 1519년 막시밀리안 황제 사망 시 그의 손자 카를 5세가 황제의 후보가 되었는데, 카를이 황제가 되면 오스트리아, 부르고뉴, 에스파냐에 의해 프랑스가 포위되었기 때문에 프랑수아 1세는 이를 막기 위해 노력했다. 그러나 결국 허사였다. 한편 1523년 부르봉의 샤를 공작령을 국왕의 영토로 귀속시키려 하자 샤를은 국왕을 등지고 신성로마제국의 카를 5세에 가담해 프로방스 지역을 침범했으나 실패하고 도주했다.

1525년 프랑수아 1세는 카를 5세를 공격했다가 파비아 전투에서 패배하면서 포로의 신세가 되고 말았다. 카를 5세는 이탈리아의 포기와 함께 프랑스 영토의 3분의 1, 부르봉 샤를의 영토를 돌려줄 것을 요구했다. 프랑수아 1세는 감옥에 있을망정 영토는 줄 수 없다면서 왕의 직위를 아들인 앙리 2세에게 넘겨줘 버렸다. 하지만 프랑스의 신하들은 굴욕적인 마드리드 조약을 체결할 수밖에 없었다. 병중의 프랑수아 1세는 카를 5세의 누나이자 포르투갈 왕비였다가 과부가 된 엘레노아와 결혼하는 조건으로 이탈리아를 포기하고, 두 아들을 인질로 보내는 조건으로 석방되었다. 두 아들은 200만 에퀴를 지불하고서 4년 만에 데려올 수 있었다.

이후 프랑수아 1세는 신성로마제국에 대한 원한을 갚기 위해 신교도는 물론 이슬람교도와도 손을 잡았다. 그러나 이로 인해 가톨릭교도의 프랑스 국민에게 원성을 받게 되었고, 할 수 없이 1533년 이탈리아의 가톨릭 가문인 메디치 가문의 카트린 드 메디시스를 아들 앙리 2세의 아내로 받아들였다. 그런데 이것은 후에 위그노 전쟁의 원인이 되고말았다. 당시 19세로 황제가 된 카를 5세는 나이답지 않게 대왕국의 건설을 꿈꾸고 있었고, 또 그만큼 능력이 있었다. 때문에 프랑수아 1세와는 가는 곳마다 부딪쳤다. 이 둘은 근 30년간을 전쟁을 하며 지낸 영원한 맞수였다. 여기에 또 하나의 맞수이자 친구가 있었으니 바로 영국의 헨리 8세였다. 이들의 시절에 우리나라에서는 연산군이 악정을 펼치다 결국 폐위되고 중종이 즉위했고, 인도에서는 무굴제국이 설립되었다. 이웃 중국은 명나라 시절이었고 일본은 무로마치 막부의 시절로 전국시대가 한창 진행 중이었다.

1517 마르틴 루터의 종교개혁

당시 가톨릭교회는 상당히 부패되고 완전히 세속화되어 있었다. 로마의 교황 레오 10세는 성 베드로성당을 초호화판으로 건설하다 보니 많은 재정이 부족했고, 이에 면죄부를 만들어 판매하고 이를 강매했다. 본래 루터는 독실한 가톨릭 신자로써 충실한 신부로 일하고 있었다. 그러나 1517년 면죄부 등에 반발, 95개 조항의 반박문을 비텐베르크 교회 앞에 걸어놓음으로써 교황청과 본격적인 논쟁에 들어간다. 1521년 레오 10세는 루터를 파문했는데, 이는 그때까지 품고 있던 루터의 가톨릭에 대한 존경심에 깊은 상처를 준다. 당시 신성로마제국의 황제 카를 5세는 루터에게 신변보호를 약속하고 보름스 의회에 출두시켜 심문을 한다. 하지만 회의의 결론은 "루터는 이단이고 법의 보호를 받을 수 없다"였고 그의 저서는 금서로 취급되었다. 루터는 1546년에 죽었지만, 그의 종교개혁 운동은 칼뱅과 츠빙글리에게 영향을 주었고, 그로 인해 유럽에 신교가 일어나는 계기가 작용한다. 결국 구교와 신교의 갈등은 100년 후 30년전쟁이란 종교전쟁으로 이어진다. 더불어 이 갈등은 영국의 청교도와 미국으로 건너간 이들에 의해 오늘날의 신교도 형성으로 이어졌다. 인류사상 매우 중요한 의미를 갖는다.

* **종교개혁가들의 생몰 비교**

1483~1546	마르틴 루터(Martin Luther)
1484~1531	울리히 츠빙글리(Ulich Zwingli)
1509~1564	장 칼뱅(Jean Calvin)

1519 기묘사화 발생(1506년 참조)

1519 (오) 카를 5세(1519~1556)

카를 5세는 독일 왕, 신성로마제국 황제, 에스파냐 왕, 오스트리아 대공을 겸했다. 가계도-5 참조 막시밀리안 1세의 손자로 할아버지가 죽자 뒤를 이어 독일 왕이 되고 다음해 신성로마제국의 황제가 되었다. 할아버지의 훌륭한 치세에 힘입어 **카를 5세는 에스파냐, 오스트리아, 네덜란드, 나폴리 왕국, 헝가리, 보헤미아, 아메리카의 에스파냐령을 포함한 대제국을 이뤘다.** 같은 시기 위대한 왕이라는 칭호를 받는 프랑스의 프랑수아 1세와는 가는 곳마다 마주치면서 재위 기간 내내 프랑스와 싸워야 했다. 오스만제국의 쉴레이만 대제가 헝가리를 위협, 헝가리의 왕 러요시 2세가 1526년 모하치 전투에서 전사하자 카를 5세의 동생 페르디난트가 뒤를 이어 헝가리, 보헤미아의 왕이 된다.

1521년 교황 레오 10세가 루터를 파문하자 카를 5세는 보름스 회의에 루터를 출석시켜 주장을 듣는다(보름스 칙령 발표). **1525년 파비아 전투에서는 프랑스 군대를 물리치고 프랑수아 1세를 포로로 잡았다.**

한편 카를 5세 재위 시절 토마스 뮌처가 소 농민과 하인들을 주축으로 귀족사회로부터의 해방, 인간의 평등 등을 주장하며 반란을 이끌었다. 하지만 이들은 결국 무력으로 진압되고 뮌처는 처형되었다. 프랑스와 영국에서도 비슷한 농민의 봉기가 있었는데 프랑스와 영국은 1300년대에 발생했었다. **1532년 쉴레이만 군대와의 전투에서 패한다.** 1542년 아들인 펠리페 2세에게 밀라노를 선물로 주자 평소 밀라노에 잔뜩 눈독을 들여왔던 프랑수아는 또다시 전쟁을 선포했으나 큰 전투는 없었다. 1554년 영국의 메리 여왕과 아들 펠리페 2세를 결혼시켜 영국에 대한 지배권을 챙기려 했으나 영국은 펠리페의 영국 왕위계승을 거부하여 작전은 실패로 돌아간다. 1555년에는 아우크스부르크 종교회의에서 제후들이 자기 지방의 종교를 선택하고, 주민들은 제후가 선택한 종교를 따른다는 내용이 결정되었다. 아들 펠리페 2세에게는 에스파냐와 에스파냐령을, 동생인 페르디난트 1세에게는 신성로마제국의 황제 위를 나누어주어 신성로마제국의 비대를 걱정하던 주변국과의 마찰을 어느 정도 해소시킨 후 수도원에서 말년을 보냈다.

1522 마젤란의 세계 일주

마젤란(1480~1521)은 포르투갈 태생으로 에스파냐로 귀화한 인물이다. 에스파냐의 카를 5세의 명을 받아 세계일주의 모험에 나섰다. 1519년 9월 20일 다섯 척의 배와 270명의 선원으로 출발, 브라질을 지나 남아메리카 해안을 따라 항해해 태평양을 처음으로 만났다. 이곳을 마젤란 해협이라고 부른다. 이어 칠레, 페루 해안을 따라 북상해 필리핀을 거쳐 지금의 인도네시아 티모르 앞바다를 거친 다음 아프리카 남단 희망봉을 돌아 1522년 에스파냐로 귀환했다. 지구가 둥근 것을 처음 항해로 증명해낸 것이었다. 마젤란은 필리핀에서 원주민과의 마찰로 전투 중 사망했고, 그의 선단은 부하인 엘카노가 인솔했는데 생존자는 21명뿐이었다.

1525 파비아 전투

이탈리아 지배권을 놓고 신성로마제국의 카를 5세와 프랑스의 프랑수아 1세가 벌인 전투다. 이 대결에서 카를 5세의 에스파냐 군대(당시 카를 5세는 신성로마제국의 황제이자 에스파냐의 왕을 겸직하고 있었다)는 프랑스 군대를 대파, 프랑스 군 3만 명이 전사하고 프랑수아 1세도 포로가 된다. 이후 에스파냐가 이탈리아에서 주도권을 잡게 된다.

1526 인도 무굴제국 설립(1526~1857)

1398년 몽골인의 피를 받은 티무르는 인도의 델리까지 침략해 막대한 타격을 입혔다. 약 100년 후인 1500년경 티무르의 5대손인 바부르가 수많은 시련을 이겨내고 인도에 이슬람 국가인 무굴제국을 세웠다. 그의 후손들도 유능해서 1600년대 말까지 제국이 비교적 잘 유지되었다. 그러나 무하마드 샤(재위 1719~1748) 때부터 혼란해지더니 1803년 영국의 지배를 받게 된다. 무굴제국의 마지막 황제 바하두르 샤 2세(재위 1837~1857)가 황제로 있기는 했지만 이름뿐인 황제로 사실상 무굴제국은 1700년대 후반기에 멸망했다고 보는 것이 옳을 것이다.

* 악바르 대제(1556~1605)

무굴제국의 가장 위대한 술탄이다. 무굴제국을 창설한 바부르의 손자로 무굴제국을 대제국의 위치로 끌어올렸다. 뛰어난 군사 작전 능력, 인간적인 흡수력, 이민족 · 이교도에 대한 온건정책으로 전성기를 열었다. 아버지 후마윤은 한참 잘나가다가 실수를 해 수르 왕조의 셰르 샤에게 패전한 뒤 생명에 위협을 느껴 인도를 떠났지만, 동생들의 배신으로 모진 고통을 당해야 했다. 따라서 악바르는 삼촌의 손에서 위태롭게 자라다 1556년 아버지 후마윤이 갑자기 죽으면서 술탄에 올랐다. 강력한 라이벌인 수르 왕조의 장군 헤무의 군대가 무굴의 군대를 연파하면서 델리로 다가오자 1556년 파니파트에서 무굴의 악바르군은 모든 것을 걸고 한판의 승부를 벌였는데, 총리 바이람 칸의 선전으로 무굴이 승리했다(2차 파니파트 전투). 이로써 무굴제국은 위기를 넘기고 대제국의 위치를 확고히 했다. 그러나 온갖 충성을 다 한 바이람 칸은 세력을 다투는 경쟁자들의 시기를 받은 데다가 바이람 칸의 힘에 두려움을 느낀 악바르에 의해 직위를 박탈당하고 내쫓겼다. 결국 외로운 귀양길에서 반대파에 의해 죽음을 당했다. 이후 악바르의 정복 활동이 시작되었다. 먼저 말와를 함락시키고, 끈질기기로 유명한 라지푸트족을 정복한 후 족장의 딸을 아내로 맞이하고 필요한 사람을 요직에 앉히는 등 유화정책으로 라지푸트족의 지지를 얻어냈다. 이후 대부분의 인도를 평정했고 이제는 남쪽 지역까지 통일했다. 그러나 아들 셀림의 반란으로 많은 고통을 받았고 이어 곧 병사했다.

1533 (러) 이반 4세 즉위(재위 1533~1584) `가계도-7A 참조`

러시아의 역사를 공부하려는 사람이면 이반 4세(뇌제)를 몰라서는 안 된다. 바실리 3세의 아들로 3세에 모스크바 대공위에 올랐다. 1547년에는 러시아 전체의 차르로 공식 선포된 최초의 황제다. 나이가 어려 어머니 엘레나의 섭정을 받았는데 이때 엘레나는 친정의 그린스키 가문의 귀족들을 대거 요직에 앉혀 이반 4세의 아버지 쪽 가문과의 치열한 세력다툼이 벌어졌다. 1538년 어머니 엘레나가 누군가의 손에 암살을 당하면서 진흙탕 싸움은 더욱더 치열해졌다. 이반이 이러한 환경 속에서 자란 탓인지 오늘날의 사가(史家)들도 도저히 갈피를 잡을 수 없다고 평한다. 17세가 되어서야 친정을 하게 된 이반 4세는 타타르족 잔당을 물리치고 볼가 강 전역, 남쪽으로는 카스피 해에 이르는 지역까지 영토를 넓혔고, 오스만제국의 침입을 막는 데 노력했다.

하지만 그는 자기 마음에 안 들거나 자기에게 함부로 한 신하의 혀를 자르는 등 비상식적인 행동을 했다. 도대체 예상이 안 되는 사람이었다. 언제 어떻게 나올지 몰라 신하들은 공포에 떨어야 했고 전전긍긍하며 불안 속에 살아야 했다. '오프리치니나'라는 제도를 만들어 귀족과 농민들의 재산을 빼앗고 반항하는 자는 무조건 죽였다. 이 제도를 폐지하자는 청원이 올라오자 청원에 관련된 사람 200여 명을 처형하기도 했다. 그러니 숨죽이고 조용히 있는 길이 사는 길이었다. 이반 4세에게는 여섯 명의 공식적인 황후가 있었는데 세 명은 중도에 세상을 떠났고, 두 명은 수

녀원으로 보내졌으며, 한 명만이 무사히 살아남았다. 그러나 그가 이룩한 업적은 대단한 것이었다. 그의 업적은 이후 표트르 대제에게로 계승된다.

1545 조선 13대 명종 즉위(재위 1545~1567)/ 을사사화/ 임꺽정

명종은 중종의 둘째 아들이었다. 어머니는 중종의 계비인 문정왕후다. 중종이 죽자 중종과 장경왕후(윤임의 동생) 사이에서 태어난 장남이 인종으로 즉위, 인종의 외삼촌 윤임(대윤)이 형조판서에 올라 소윤파인 윤원형과 윤원로 일파를 파직시켰다. 그러나 불행하게도 인종이 재위 8개월 만에 죽음으로써 왕위는 문정왕후의 자식인 환에게로 돌아갔다. 이때 그의 나이 12세였다. 윤임으로서는 마른하늘에 날 벼락이었다. 게다가 어머니 문정왕후가 섭정을 하면서 세상은 문정왕후와 그의 친정 형제들의 차지가 되고 말았다. 그의 일파인 임백령, 정순붕, 허자 등이 요직에 버티고 앉아서 대윤파를 거세할 준비를 착착 진행해 나갔다. 이제 있지도 않은 일을 조작해 우기는 일만 남았다. 소윤파들은 윤임이 봉성군을 옹립하려 했다고 억지를 써서 윤임과 그의 아들 삼형제, 그리고 봉성군과 계림군에 유관까지 죽였다. 또 이언적, 노수신 등은 유배를 보냈다. 그 외에 관련되는 자와 반대하는 자들을 모조리 죽이거나 귀양을 보내니 100여 명에 달하는 사람들이 죽음을 당했다고 한다. 이로써 대윤파를 모조리 제거했다. 원래 윤임은 자기의 누이동생을 중종의 계비로 모셨다가 인종을 낳고 곧 죽자 자기의 세력을 오래 누리기 위해서 윤씨 문중에서 힘없고 탈 없을 것 같은 몰락한 집안을 물색했고, 당시 양반이면서도 끼니도 잇기 힘들었던 윤지임을 찾아냈다. 그런 다음 그의 딸을 기초교육만 간단히 시킨 후 중종의 계비로 만들었다. 물론 얌전하고 무지렁이 같아 보였던 처녀(후에 문정왕후)가 공수 8단인 줄은 꿈에도 몰랐다. 결국 자업자득인 셈이다. 윤임의 말로는 너무나 불쌍했다.

한편 명종 시대에는 국가의 기강이 해이해지고 관리의 부패가 심해 임
꺽정 같은 화적이 나타나기도 했다. 임꺽정은 1560년경 세력이 절정에 달
해 관군까지도 격파하는 등 정부를 곤경에 몰아넣었다. 그러나 동료의 배
반으로 남치근에 의해 토벌되어 처형되었다.

1547 (영) 에드워드 6세 즉위(재위 1547~1553) 가계도-3C 참조

동화책 〈거지와 왕자〉의 주인공이기도 하다. 헨리 8세와 세 번째 아내인
제인 시모어 사이에서 태어나 10세에 즉위했다. 실권은 노섬벌랜드 공작
존 더들리가 차지해버렸다. 1553년 폐결핵 증상이 나타나고 왕위 계승자
도 없는 상태에서 사망하자 당시 권력을 잡고 있던 더들리는 죽기 직전의
에드워드로부터 자신의 며느리인 제인 그레이를 차기 왕으로 한다는 승
낙을 받았으나, 사람들은 헨리 8세의 딸이며 에드워드 6세의 누나인 메리
가 여왕이 되기를 희망했다. 결국 **제인 그레이(레이디 제인)**는 8일 만에
여왕 직을 내놓았고, 처형대의 이슬이 되었다. 아름답고 똑똑하고 나무랄
데 없던 젊은 여인이 시아버지(더들리)의 야욕으로 죄 없이 죽은 것을 많
은 영국인들이 안타까워했다. 오로지 8일간 여왕 의자에 앉아 본 것뿐인
데…. 그나마 공식적으로 인정도 못 받았다.

1547 (프) 앙리 2세(1547~1559) 가계도-4B 참조

앙리 2세는 프랑수아 1세의 아들이다. 독실한 가톨릭 신자로 신교도들을
철저하게 탄압했는데, 이단을 재판한다면서 화형재판소를 설치하기도 했
다. 아버지의 뜻에 따라 이탈리아 메디치 가문의 카트린 드 메디시스와
결혼했으나 외모가 따라주지 않은 탓에 카트린은 앙리 2세의 사랑을 받
지 못했다. 그렇지만 아들은 쑥쑥 네 명이나 낳았다. 그중 세 명이 차기
왕이 되는 통에 자신의 위치 하나는 확고하게 보장해놓았다 할 수 있다.

선왕들이 이탈리아에 대한 미련을 버리지 못하고 전쟁을 계속하는 통에 경제가 말이 아니었는데, 앙리 2세는 애당초 이탈리아에 대한 미련을 버리고 가까운 라인 강 유역과 로렌 지방을 귀속시키는 데 전력을 했다. 이를 위해 스코틀랜드의 도움을 얻으려고 스코틀랜드의 여왕인 메리 스튜어트와 아들 프랑수아 2세를 결혼시켰다.

한편 신성로마제국의 황제이자 에스파냐 왕인 카를 5세가 죽고 카를 5세의 아들 펠리페 2세가 에스파냐의 왕으로 즉위하자 앙리 2세는 1559년 에스파냐와 적대관계를 해소했다. 이탈리아에 대한 모든 권리를 포기하는 대신 메츠와 투르, 베르됭 지역을 확보하고 사실상 오늘날의 프랑스 영토를 확실히 하는 초석을 다졌다. 아무리 좋은 땅이라도 남의 나라를 거쳐 머나먼 곳에 있으면 언젠가는 잃게 되거나 말썽의 소지가 있을 터지만 내 땅 바로 옆이니 훨씬 더 안전하고 효과적인 선택이었다 하겠다. 정말 앙리 2세는 현명한 선택을 한 것이다. 앙리는 이번에는 당시 유럽의 강자인 에스파냐의 펠리페 2세의 지원을 받기 위해 딸 엘리자베스와 결혼을 추진하나 불행하게도 결혼식 날 마상시합 도중 부상을 입고 며칠 후 사망했다.

당시 유명한 예언가 노스트라다무스는 앙리 2세가 사고로 죽게 될 것을 예언했다는 말이 있으나 필자도 아주 오래된 어떤 책에서 우연히 본 정도다. 우연하게도 조선시대의 예언가 토정 이지함(《토정비결》의 저자)과 격암 남사고도 비슷한 시대에 살다 갔다.

1553 (영) 메리 여왕 즉위(재위 1553~1558) 가계도-3C 참조

메리는 헨리 8세가 첫 번째 아내인 아라곤의 캐서린과의 사이에서 낳은 유일한 혈육이다. 헨리 8세는 아들이 없다는 이유로 캐서린과 이혼했기 때문에 자라는 동안 메리는 공주가 아닌 사생아 취급을 당해야 했다. 헨

리 8세가 두 번째로 결혼한 앤은 어린 딸 엘리자베스가 있는 앞에서 메리를 하녀 취급해 마음의 상처를 받기도 했다. 아버지로부터 많은 위협을 받아서 처형의 두려움 속에서 떨었으나 꿋꿋하게 자라 37세의 중년 여성으로 이복동생인 에드워드 6세의 뒤를 이어 잉글랜드의 첫 번째 여왕이 된다. 가톨릭의 나라인 에스파냐 어머니의 영향을 받아 가톨릭 신자였던 메리는 가톨릭 국가로 환원시키려 했다. 그러나 아버지인 헨리 8세 때 가톨릭 수도원 정리로 토지와 재산을 얻은 신흥 귀족들의 반대에 부딪쳤다. 이에 메리는 자신의 뜻을 강행, 성공회나 청교도들을 탄압했다. 이때 이단자로 몰린 신교도들이 무수히 처형되었기 때문에 메리는 '피의 메리'(Blood Mary)라고도 불린다. 국민과 의원들의 반대도 무릅쓰고 카를 5세의 아들이자 11세 연하인 에스파냐의 펠리페 2세와 결혼을 강행해 에스파냐와 동맹을 맺고는 프랑스를 공격했다가 프랑스에 남아 있던 유일한 영지인 칼레마저 빼앗기고 만다. 1558년 암으로 재위 5년 만에 세상을 떠나주는 바람에 신교도 신자들은 황천길 문턱까지 거의 갔다가 돌아올 수 있었다.

1555 (독) 아우크스부르크 종교회의

구교와 신교가 공존할 수 있도록 결정한 종교회의로서 신성로마제국의 황제 카를 5세가 프로테스탄트(신교도) 문제로 개최했다. 이 회의를 통해 신교가 종교로 당당하게 인정받았다. 또한 영주가 한 교파를 선택하면 그 시민들은 의무적으로 그 교파를 따라야 했다. 단, 다른 교파를 따르는 사람은 재산을 처분하고 그 교파를 인정하는 영지로 옮겨갈 수 있었다. 그러나 그들이 인정한 종교는 가톨릭과 루터교만이었다. 다른 종교는 일체 인정하지 않았다.

1556 인도 무굴제국 악바르 즉위(재위 1556~1605, 1526년 참조)

1556 에스파냐 펠리페 2세 즉위(재위 1556~1598)

펠리페 2세는 에스파냐를 전 세계의 강국으로 만든 왕이다. 그의 아버지인 신성로마제국의 황제 카를 5세는 네덜란드와 에스파냐, 그리고 에스파냐령 식민지들을 아들인 펠리페 2세에게 물려주었다. 막대한 영토를 물려받은 펠리페 2세는 1554년 영국의 여왕 메리와 정략결혼을 해 영국의 공동 통치자가 되었으나 메리가 5년 만에 죽고 영국이 거부함에 따라 영국의 왕위는 빼앗기고 만다.

당시 일찌감치 해외로 눈을 돌린 에스파냐는 해외에서 쏟아져 들어오는 무진장한 보물과 재물로 막강한 국력을 과시했고 무적함대라는 거대한 함대를 건조해 전 세계의 바다를 지배했다. 영국은 엘리자베스 여왕의 시대였는데 에스파냐의 눈부신 발전에 속이 타들어갈 지경이었다. 그러나 문제는 해군에 있었다. 해군력이 약세인 영국으로는 구경만 할 수밖에 없었다. 이로써 영국은 해군력을 강화하기 시작했고 에스파냐라면 자다가도 벌떡 일어나 이를 가는 네덜란드와 연합해 1588년 에스파냐와 운명의 해전을 벌였다. 그 결과 **에스파냐의 무적함대(Armada)는 네덜란드와 영국의 연합함대에 크게 패해 제해권을 잃고 만다.** 1556년부터 시작된 네덜란드의 독립운동도 막지 못해 결국 80년 후 베스트팔렌 조약으로 네덜란드의 독립을 인정해야 했다.

펠리페 2세는 아내였던 영국의 메리 여왕이 1558년 죽자 아내의 무덤의 흙이 아직 조금 덜 말랐을 바로 다음 해인 1559년 프랑스 앙리 2세의 딸 엘리자베스와 세 번째 결혼을 해서 30년간을 끌어온 에스파냐프랑스의 전쟁을 카토캉브레지 평화조약으로 끝냈다. 그리고 엘리자베스가 1568년 딸 둘만 남기고 죽자 펠리페 2세는 이번에도 기다렸다는 듯이 신성로마제국의 막시밀리안 2세의 딸 안나와 네 번째 결혼을 한다. 그러나 안나도 유일한 아들(훗날 펠리페 3세)만을 남긴 채 10년 만에 죽고 말았다. 펠리페 2세와 결혼한 여자들이 하나같이 10년을 못 넘기고 세상을 떠난 것이다.

에스파냐는 펠리페 2세 때 유럽의 강자로 전성기를 이뤘다. 1571년 오스만제국과 레판토 해전에서 승리해 오스만제국의 침략을 막았고, 1580년 포르투갈을 합병해 유럽의 국가들로부터 경계의 대상이 되었다. 그래서 유럽의 어느 한 나라가 힘이 세어지는 것을 전통적으로 견제해왔던 영국은 당시 에스파냐의 통치하에서 신음하던 네덜란드의 독립운동을 지원했다. 펠리페 2세는 에스파냐 국민의 입장에서 볼 때 위대한 왕이었으나 네덜란드 국민이 볼 때는 완전 웬수 덩어리였다.

1558 (영) 엘리자베스 1세 즉위(재위 1558~1603) 가계도-3C 참조

엘리자베스 1세는 영국을 최고의 국가로 변화시키는 기틀을 마련한 위대한 여왕이다. 헨리 8세와 두 번째 아내 앤 불린 사이의 딸로 이복언니 메리의 뒤를 이어 25세 때 즉위했다. 언니 메리가 여왕으로 있을 때에는 목숨을 유지하기 위해 가톨릭으로 개종한 것처럼 가장하지 않을 수 없었다. 반란 사건에 연루되어 목숨을 잃을 뻔도 했고 1554년 토머스 와이엇의 반란 당시에도 런던탑에 갇혔지만 죽음은 간신히 면했다. 다행이 언니인 메리 1세가 일찌감치 죽어주는 통에 팔자가 피게 되었다. 엘리자베스 1세는 즉위하자 곧 윌리엄 세실을 국무장관으로 임명했는데, 그는 40여 년 동안 훌륭히 여왕을 보좌했다.

1568년 스코틀랜드의 여왕이었던 메리
스튜어트(메리 1세와는 동명이인)가 잉글
랜드로 몸을 피해오자 엘리자베스의 왕
권에 큰 변화가 불가피해졌다.(메리 스튜
어트에 대해서는 1587년 참조) 메리 스튜
어트는 헨리 8세의 여동생 마거릿이 스코틀랜드 제임스 4세와 결혼해 낳
은 제임스 5세의 딸로 헨리 8세의 외손녀였다. 그러니 메리와 그녀의 아
들 제임스 6세는 튜더가의 유일한 가까운 핏줄인 셈이었다. 따라서 엘리
자베스 여왕이 자식이 없으니 죽게 되면 자연히 이들 두 명이 왕위 계승
자가 되었다. 메리는 스코틀랜드에서 쫓겨 와 엘리자베스에게 더부살이
를 하는 입장이면서도 주제넘게 엘리자베스 1세의 왕위를 탐내기 시작했
다. 1571년 메리와 결혼하려는 생각을 품었던 노퍽 공작이 에스파냐의 힘
을 빌려 메리를 여왕으로 추대하려 추진했으나 사전에 발각되었다. 이에
노퍽 공작은 처형되고 메리는 감금되었다. 그런데 1572년 프랑스에서 바
르톨로메오의 학살사건이 발생해 신교도 2천500명이 학살을 당했다. 반
면 신교도가 뿌리를 내리고 있는 잉글랜드에서는 가톨릭에 대한 탄압이
더욱더 심해졌다. 이에 교황 피우스 5세는 엘리자베스 1세를 파문했고,
1580년 교황 그레고리우스 13세는 엘리자베스 1세의 암살을 승인했다.
그러나 1586년 배빙턴이 중심이 되어 엘리자베스 1세를 암살하고 메리를
구출하려는 배빙턴 음모가 드러났는데, 여기에 또다시 메리가 연관되었
고, 결국 메리는 사형선고를 받고 형장의 이슬로 사라진다.

　당시 유럽에는 에스파냐가 무적함대를 앞세워 세계 최고의 강자로 군
림하고 있었다. 에스파냐는 일찍이 바다의 중요성을 깨닫고 신대륙을 개
척해 막대한 부를 쌓고 있었으나 영국은 도처에서 에스파냐 해군의 공격
으로 어디 한군데 발을 붙일 수 없는 형편이었다. 엘리자베스 1세는 에스

파냐를 꺾지 않고는 더 이상 영국의 앞날은 없다는 데 결론을 내고 드레이크 경을 부사령관으로 해 에스파냐 공격을 명했다. 드레이크는 오랫동안 해적질을 한 실전 경험을 살려 엘리자베스 1세의 명령을 훌륭하게 수행했다. 산티아고, 콜롬비아의 카르타헤나, 플로리다, 산토도밍고 등을 점령해 에스파냐에게 치명적인 타격을 입혔다. 이제 남은 것은 에스파냐와 영국의 일전뿐이었다. 평소 에스파냐라고 하면 이를 갈고 있던 네덜란드와 연합한 영국함대는 1588년 포르투갈의 리스본을 떠난 무적함대가 도버해협을 건너가기 위해 칼레에 집결해 있는 것을 화공을 사용해 불태워버렸다. 한때 유럽을 떨게 했던 무적함대도 바다위의 잿더미로 화했고, 남은 배는 본국으로 귀환 도중 폭풍우를 만나 그나마 반 토막이 되고 말았다. 이로써 에스파냐는 제해권을 잃고 처제의 나라인 영국에게 눈물 젖은 꿀단지를 넘겨주어야 했다.

1560 (프) 샤를 9세 즉위(재위 1560~1574)

앙리 2세가 마상시합에서 다쳐 급서하자 장남인 프랑수아 2세가 즉위했으나 그도 1년을 못 채우고 죽는 바람에 프랑수아 2세의 동생이 샤를 9세로 즉위했다. 하지만 당시 10세였기 때문에 어머니인 카트린이 섭정했다. 카트린은 이탈리아의 메디치 가문의 여자였는데, 메디치 가문은 수많은 로마 교황을 배출한 골수 가톨릭 가문이었다. 평소 프랑스의 신교도(위그노)를 증오해서 바르톨로메오 축일을 기해 프로테스탄트(신교도) 2천500명을 학살해버렸다. 샤를 9세는 24세의 젊은 나이에 결핵으로 죽었다.

＊ 종교전쟁(16~17C)

1500~1600년대에 종교문제, 즉 신교도(프로테스턴트, 퓨리턴, 위그노, 청교도

등은 다 같은 의미)와 구교도 간의 대립으로 유럽에서 일어났던 일련의 전쟁을 종교전쟁이라 한다. 대표적인 것으로 세 건이 있다.

독일 지역이 주로 루터파라고 하면 프랑스 지역은 칼뱅파였다. 그동안 기득권을 갖고 있던 가톨릭교도들이 위그노, 즉 신교도들을 용납할 수는 없었다. 그래서 도처에서 싸움이 있었는데, 파리 지역에서는 위그노가 금지되었고 노르망디 지역에서는 가톨릭교가 금지되었다. 당시 샤를 9세의 어머니인 카트린은 광신도인 기즈 공과 주도, 딸 마거릿과 위그노 신자인 나바라 왕 앙리의 결혼식에 하객으로 참석한 위그노 2천500여 명을 살해했다. 이 학살은 리옹, 오를레앙으로 확대되어 위그노 왕족과 지도자들 대부분이 살해되었다. 이러한 살육전은 1598년 앙리 4세의 낭트칙령으로 신교를 믿는 것이 허용됨으로 막을 내린다. 그러나 앙리 4세도 가톨릭 광신도의 손에 살해당했다.

* **대표적인 3대 종교전쟁**

1562~1598	프랑스의 위그노 전쟁
1568~1648	네덜란드 독립전쟁
1618~1648	30년 전쟁

7-6 조선의 시련, 임진왜란

■ ■

1567 조선 14대 선조 즉위(재위 1567~1608)

선조는 중종의 일곱째 아들인 덕흥군의 셋째 아들이다. 주자학을 장려해
사림을 널리 등용함으로써 이황, 이이, 성혼 등 대유학자들이 이 시기에
탄생했다. 중종 때의 기묘사화 시 화를 당한 조광조와 그의 일파를 복권
했고, 을사사화로 귀양 가 있던 노수신, 유희춘을 석방했으며, 훈구세력
인 남곤, 윤원형 등의 관작을 삭훈했다. 또 현량과를 다시 설치하는 등 올
바른 정치를 하려고 힘을 썼다.

　중종, 명종, 선조, 광해군, 인조로 이어지는 약 150년 (1500~1650)은 조
선 시대 중 가장 많은 사건과 기라성 같은 인물들이 명멸하던 시대였다.
민족의 영웅 이순신 장군을 비롯해 서경덕, 황진이, 유학의 거두 율곡 이
이, 퇴계 이황,《토정비결》의 이지함,《격암유록》의 남사고, 유성룡, 오성
과 한음의 이항복, 이덕형, 권율 장군,〈송강가사〉의 정철, 임진왜란, 병
자호란, 임꺽정 등 그 어떤 시기보다도 많은 인물이 있었고 많은 사건들
이 있던 시기였다. 아마도 시대가 영웅을 낳는다는 말이 있듯이 임진란과
병자호란이 영웅들을 탄생시켰나 보다. 그리고 당파싸움이 본격적인 궤
도에 올라서는 시기이기도 했다. 사람들의 생각에 따라 같은 생각을 하는
사람끼리 모이는 것은 동서고금을 막론하고 어디에나 있었던 일이므로
꼭 조선만이 잘못된 것이라고는 할 수 없다. 어찌 보면 자연스럽고 정상
적이라고 할 수 있다. 오늘날의 야당이니 여당이니 하는 것과 무엇이 다
를까? 당시의 조선 사람들은 당파싸움은 해도 조국을 위해서라면 목숨도
불사하는 선비 정신을 가졌으니 어쩌면 그것을 더 높이 사야 할 것 같다.
그러나 세월이 흐르면서 본래 의도는 변질되었다. 처음에는 같은 생각을

하는 사람들끼리 모인 파당이었지만 나중에는 파당이 모여서 서로 다른 파당을 때려잡는 데에만 열을 올렸으니, 철학은 필요 없게 되었고 파당이 정한 목표에 무조건 따라야 하는 처지가 되었다.

＊ 당파 싸움

김효원은 김종직의 제자였는데 윤원형과 동서지간이었기 때문에 윤원형의 집안을 드나들었고, 성격이 강직하고 청빈한 심의겸은 김효원이 저런 시정잡배의 집에 드나드는 것을 보고 못마땅해 했다. 사실 김효원은 권력에 아부하는 사람은 아니었는데 심의겸이 오해를 한 것이었다. 그러던 차에 이조정랑에 추천된 김효원을 이조 참의였던 심의겸이 일언지하에 거절해버림으로써 김효원에게 치욕을 안겼다. 사태가 심각해지자 이율곡이 나서서 심의겸을 설득, 김효원을 이조정랑에 앉혔다. 김효원이 물러난 뒤 다음 이조정랑에 심의겸이 동생 심충겸을 추천하자 이번에는 김효원 일파들이 외척이 등장하는 것은 옳지 않다면서 반대했다. 이로 인해 두 사람 사이에는 깊은 골이 패였다. 그런데 심의겸의 집은 서쪽에 있었고, 김효원의 집은 동쪽에 있어 자연스레 심의겸 일파는 서인이 되었고 김효원 일파는 동인이 되었다.

동·인의 대표적인 인물들을 보면 다음과 같다.

동인	유성룡, 이산해, 우성전, 이발, 허협 등
서인	박순, 김계희, 홍성민, 이해수, 윤두수, 정철 등

1583년과 1587년 여진족의 니탕개, 니응개가 쳐들어 왔지만 이순신, 이경록이 물리쳤고, 나아가 이일을 시켜 여진의 근거지를 소탕하게 했다. 이때가 좋은 시절이었다. 불과 50년 후 여진이 엄청난 세력으로 성장해 급기야 명나라를 멸망시키고 청나라로 등장, 조선에 병자호란의 참화를 입히니 말이다.

1589년 정여립의 사건에 연루되어 동인은 몰락하고 서인이 득세한다. 그런데 1591년 서인의 정철이 세자 책봉 문제로 파직될 때 강경론자는 북인, 온건론자는 남인으로 핵분열까지 하게 되었다.

1590년 일본에서는 1467년 오닌의 난부터 시작된 약 100년간의 전국시대를 끝내고 도요토미 히데요시가 일본을 통일하자 남는 힘을 조선 정벌 방향으로 발산하려 하고 있었다. 조선에서는 정사 황윤길과 부사 김성일을 일본으로 보내 정세를 알아보려 했는데, 다녀온 두 사람의 보고는 정 반대였다. 동인인 황윤길은 일본이 많은 병선을 준비하고 있는 것으로 보아 머지않아 조선의 침략이 있을 것 같다고 했고, 서인 김성일은 전혀 염려할 것이 없다고 했다. 선조는 김성일의 말이 더 믿음직스러웠나 보다. 이율곡이 1581년 병조판서 시절 10만의 군사를 양성해 전쟁에 대비할 것을 주장했지만 선조는 이 제안도 받아들이지 않았다. 이런 때에 토정 이지함은 동해바다에 떠밀려 오는 나무 조각을 보고 머지않아 일본이 조선을 침략할 것을 예언했다. 한편 이율곡은 당파를 막기 위해 동, 서에 화해를 요구했으나 동, 서 양측으로부터 모두 비난을 받은 데다가 선조가 후궁에 빠지자 사직하고 강릉으로 내려갔다. 1578년(선조 11년) 다시 조정에 불려온 이율곡은 당파싸움으로 한 달 만에 또다시 낙향하고 만다. 선조는 다시 이율곡을 불렀으나 이번에는 오지는 않고 대신 상소문을 써서 올렸다. 그 뒤 다시 조정에 나온 이율곡은 경연석상에서 "전하, 10년을 넘기지 못해 큰 화가 있을 것이오니 10만 병력을 길러 두시옵소서"라고 했으나 "나라가 태평하온데 양병을 한다는 것은 병(兵)을 키우는 것이 아니라 화(禍)를 키우는 것"이라는 반대에 부딪쳤다. 항상 정답만 선택한다는 것은 불가능하지만 정답을 많이 고르는 사람이 결과적으로 유능한 사람인 것이다. 하지만 선조는 족집게로 집듯이 틀린 것만 선택했고, 그 결과 임진왜란을 당해 참담한 결과를 얻었다. 임진왜란이 끝나자 조정은 그동안 오래 쉬어서 미안하다는 듯이 또다시 당파싸움을 하기 시작했다. 전쟁에 큰 공을 세운 남인의 유성룡은 북인의 김신국, 남이공에 의해 밀려났고 북인은 다시 소북, 대북으로 나뉘었다가 결국 소북이 득세한다. 그동안 정실에서는 후사가 없었고 후궁인 공빈 김씨의 몸에서 임해군과 광해군이 있었는데, 뒤늦게 정실 인목왕후에게서 영창대군을 얻었다. 이로써 차기 왕위를 놓고 한바탕의 결전은 불가피하게 되었다. 소북인 영의정 유영경 일파는 영창대군을, 대북인 이이첨과 정인홍 등은 광해군을 주장했는데, 선조가 죽고 광해가 왕위에 오르니 대북이 득세했다. 이제 소북이 몰락하는 것은 시간문제였다. 선조의 능은 경기도 양주군에 있는 목릉이다.

1572 (프) 바르톨로메오 축일의 대학살(1560년 참조)
1573 (일) 무로마치 막부 멸망

1574 (프) 앙리 3세 즉위(재위 1574~1589)

샤를 9세가 24세의 나이로 요절하자 동생인 나바라의 앙리가 앙리 3세로 즉위했다. 위그노 신자인 앙리 3세가 위그노에게 유화정책을 펴자 과격파 가톨릭 신자인 앙리 드 기즈 공은 이를 맹렬히 반대했지만 앙리 3세의 동생 프랑수아가 독실한 가톨릭 신자이므로 뒤를 이을 것이라 생각하고 앙리 3세가 죽을 때를 기다리며 묵묵히 참고 있었다. 그런데 프랑수아가 1584년 죽어버리면서 다음 왕위 계승자가 위그노인 나바라의 엔리케가 되었다. 사태가 심각하다고 생각한 기즈 공은 마침내 반란을 일으켰다. 한때 앙리 3세를 파리에서 쫓아내기도 했지만 결국 앙리 3세에 의해 죽음을 당하고 만다. 그리고 앙리 3세 역시 가톨릭 광신자에 의해 암살을 당한다. 앙리 3세는 임종 시 나바라의 엔리케에게 다음 왕위를 물려주면서 가톨릭으로 개종할 것을 주문했다.

1587 (영) 메리 스튜어트 처형

메리 스튜어트(스코틀랜드 여왕)처럼 팔자가 세고 한 많게 살다 죽어간 여인도 흔치 않을 것이다. 태어날 때 아버지가 죽고, 결혼하니 남편이 죽고, 마지막에는 아들에게조차 배반을 당하더니 끝내 한 많은 생을 참수형으로 마감했다. 헨리 7세에게는 아들 헨리 8세와 딸 마거릿이 있었다. 마거릿은 스코틀랜드 왕 제임스 4세에게 시집을 가서 제임스 5세를 낳았는데, 제임스 5세의 딸이 바로 메리 스튜어트다. 메리는 태어날 때 아버지 제임스 5세가 죽었기 때문에 어린 나이에 스코틀랜드의 여왕이 되어 어머니 고향인 프랑스에서 성장했다. 큰 키에 날씬한 몸매, 금발에 호박색 눈을 가진 뛰어난 미모의 소유자였고 음악, 시에 능했으며 4개국어를 구사하는 메리는 프랑스 사교계의 꽃이었다. 앙리 2세와 카트린 드 메디시스 사이에서 태어난 프랑수아 왕자와 1558년 결혼했는데, 다음 해 앙리 2세가 급서함에 함에 따라 남편이 프랑수아 2세로 즉위했다. 이때까지만 해도 메리의 인생은 화려하기만 했다. 스코틀랜드의 여왕이자 프랑스의 왕비였으니 말이다. 그러나 메리보다 나이가 어렸던 프랑수아 2세가 즉위 다음 해 세상을 떠나면서 메리는 18세의 나이에 과부가 되고 말았다. 이제 프랑스와는 별 볼일이 없어진 메리는 별을 보기 위해 고국인 스코틀랜드로 돌아와서 1561년 사촌인 단리 경과 결혼을 했다. 하지만 결혼생활이 순탄치 못해서 메리가 리치오를 총애하자 남편인 단리는 둘 사이를 의심, 리치오를 살해해 메리의 원한을 샀다. 이때 아들 제임스를 낳았으나 둘 사이는 점점 멀어져만 갔다. 그때 메리가 보스웰 백작과 간통하고 남편인 단리를 살해하려 했다는 소문이 돌았으나 증거는 없었다. 그런데 1567년 단리가 집에서 폭사하는 사건이 벌어지고, 3개월 후에 보스웰 백작과 결혼함으로써 국민들에게 의심받을 짓을 한 셈이 되고 말았다. 결국 메리는 반란으로 체포되어 감금되고 아들 제임스에게 왕위를 넘겨야 했다. 이후 메리는 탈출해서 엘리자베스 1세에게로 피신했으나 간교한 엘리자베스 1세는 여러 가지 이유를 내세워 메리를 18년 동안 자신의 통제 하에 억류해놓음으로써 꽃 같은 시절을 유폐생활로 흘려보내야 했다. 그리고 끝내 두 번의 반란 사건에 연루되어 결국 참수되었다. 메리의 아들이자 스코틀랜드의 왕이었던 제임스 6세는 엘리자베스 1세 사후(死後)에 자기가 잉글랜드의 왕이 될 것을 고려, 공연히 엘리자베스 1세의 심기를 건들지 않기 위해 자기 어머니를 구하려 들지 않았고, 결국 희망대로 제임스 6세는 엘리자베스 1세가 죽은 후 잉글랜드의 왕으로 추대되어 영국의 제임스 1세로 즉위했다. 하지만 그는 재위 내내 국회와 대립했고, 심지어 아들 찰스 1세는 1649년 영국 사상 처음으로 신하에 의해 처형당하는 왕이 되었다. 자기 아들도 어머니처럼 참수 당하니 어찌 우연이라고만 할 수 있을까?

1588 에스파냐 무적함대 괴멸(1588년 참조)

1589 (프) 앙리 4세 즉위(재위 1589~1610)

앙리 3세는 임종 시 위그노인 나바라의 왕 엔리케 3세를 자신의 후계자로 지목하고 가톨릭으로 개종하라는 유서를 남겼다. 이로써 **프랑스 왕위는 부르봉가(家)로 넘어가게 되었다.** 앙리 4세는 유언대로 1593년 가톨릭으로 개종했지만, 1598년 낭트 칙령을 발표해 위그노에게도 취업할 권리와 일정한 지역에서 자유로이 예배를 볼 수 있는 권리를 부여했다. 이로써 위그노 전쟁을 종식시켰다. 앙리 4세는 1600년 토스카나 공주 마리 드 메디시스와 결혼해 그 사이에서 루이 13세를 낳았다. 한편 앙리 4세의 보좌관이었던 쉴리는 훌륭한 정치를 한 명재상이었다. 1610년 마차를 타고 가다 한 가톨릭 광신자의 습격을 받아 사망했는데, 그는 프랑스에서 샤를마뉴와 성 루이 왕, 잔 다르크와 함께 프랑스의 위대한 지도자 중의 한 사람으로 숭배되고 있다. 단 하나의 흠이 있다면 치마만 둘렀다면 정신을 잃는 나쁜 버릇이 있었다는 것. 실제로 죽기 2년 전인 55세의 나이에 15세의 샤를로트에게 빠져서 원조교제를 했다.

1590 (일) 도요토미 히데요시, 일본 통일

1592 임진왜란 발발(1592~1598.11.26)

섬나라 일본을 통일한 히데요시는 남는 군사력을 조선 및 명나라 침략하는 것으로 발산하고자 했다. 일본의 국력을 너무나 과대평가 한 나머지 조선과 명나라까지도 정벌이 가능하다고 판단을 하고 있었다. 4월 12일 왜는 15만 8천 명의 대군으로 조선 침략을 시작했다. 부산성 성주는 정발로 최후까지 싸우다 장렬한 전사를 한다. 부산성을 손쉽게 함락시킨 왜군은 곧바로 동래성으로 새까맣게 몰려들었다. 당시 동래성의 성주는 송상현으로 왜군(倭軍)이 "싸우고 싶으면 싸우고 싸우기를 원하지 않으면 길을 빌려다오" 하고 써서 깃발을 보이자 송부사는 "죽기는 쉬워도 길을 빌려주기는 어렵다"라고 써서 결전의지를 확실하게 보였다. 전투는 곧바로 시작되었다. 차츰 적군에 의해 성이 부서지고 적군이 몰아닥치자 송상현은 아버지에게 마지막 글을 남기고는 최후까지 싸워 목숨을 조국에 바쳤다. 여기 그가 남긴 마지막 글을 보자!

외로운 성에는 달빛마저 흐렸는데
옆의 고을들은 잠자고 있네.
임금과 신하의 의리는 무겁고
부모와 자식 간의 은정은 너무나 가볍구나.

다급해진 조정에서는 이일을 순번사로 임명해 고니시 유키나가가 양산, 대구, 새재의 길로 가는 것을 막게 했으나 이들은 변변한 싸움 한번 못하고 전멸했다. 이일이란 자는 앞서 1587년 여진족이 쳐들어 왔을 때 이순신의 공로가 크면 자신에게 불리할 것을 염려해 이순신을 무고, 죄를 주려고까지 했던 자였다. 이후 선조는 신립을 도 순무사로 임명해 유성룡이 모집한 정에 군사와 충청도 관하에서 모집한 8천 명의 군사로 충주에 도달하게 했으나 싸우기도 전에 이일이 패배해 목숨만 살아 돌아오니 신립은 진퇴에 망설일 수밖에 없었다. 이때 종사관 김여물은 마음이 급해 신립에게 새재의 좁고 높은 곳에서 적을 막아내면 8천의 군사로 능히 수만의 군사를 막을 수 있으니 빨리 문경으로 가서 새재를 막자고 졸라댔으나, 신립은 이를 무시하고 충주의 탄금대 달래강을 뒤로 해 배수진을 치고 적군을 맞이했다. 적은 총을 갖고 있고 아군은 칼로 대항하는 데다가 병력의 수도 비교가 안 되었다. 이런 때에는 당연히 험준한 지형지물을 이용한 좁은 지역에서 기습전을 주로 했어야 했다. 그러나 넓은 강 앞의 평지에 진을 펼쳤으니 그것도 뒤는 배수진이니 결국 전원 장렬히 전사해야 했다. 그래도 신립은 끝까지 싸우다 전사하는 떳떳한 죽음을 택했다. 여기서도 이일은 쥐XX처럼 어느 사이에 빠져나갔다. 한편 경상우수사의 본영인 거제도에 있던 원균은 왜군이 몰려오자 변변히 싸워보지도 못 하고 함선을 거의 다 잃음으로써 경상도 해역의 제해권을 빼앗기고 말았다. 이제 왜가 경상도 지역을 마음대로 제집 드나들듯 했다. 왜는 거리낌 없이 바다에서 활개를

치며 다녔고, 조선은 무방비 상태인 것으로 생각하고 방심하게 되었다. 그런 때에 5월 7일 옥포에서 왜선 50척이 있다는 정보가 입수되었다. 이순신은 첫 해전에서 이들 왜선 40척을 침몰시켜 조선의 첫 승리를 알렸다.

하지만 육지에서는 선조가 평양성마저 포기한 채 영변을 향하고 있었고, 이덕형은 명나라에 구원을 청하러 갔으며, 좌의정 윤두수는 도원수 김명원과 순찰사 이원익과 함께 평양성을 지키다 패해 평양성도 왜에게 떨어지고 만다. 반면 이순신은 임진왜란의 3대 대첩 중 하나인 한산대첩을 성공리에 마쳤다. 12월 25일 명나라 이여송 제독이 4만3천 명의 병사들을 이끌고 압록강을 건넜고, 28일에는 안주에 이르러 평양성을 공격할 준비를 했다. 그리고 1월 8일 조선군과 명군의 평양성 공격이 시작되었다. 이때 명나라 군에는 대포가 있었다. 일본군의 화살이나 총의 사거리 밖에서 대포로 공격을 하니 평양성이 무너지기 시작했다. 왜군은 당일로 후퇴해 내성으로 쫓기어 들어갔다. 고니시 유키나가는 전의를 잃고 어떻게 하면 평양성을 무사히 빠져 나갈 수 있을까만을 연구해야 했다. 그러던 차에 어떻게 하면 자국의 군사를 적게 희생시키고 전투에 승리할 수 있을까를 고민하고 있던 이여송이 사람을 보내 '항복하면 더 이상 공격을 하지 않고 후하게 대해주겠다'고 하니 이거야말로 울고 싶은데 뺨 때려준 격이 됐다. 고니시 유키나가는 당장 평양성에서 "철수할 터이니 퇴로를 막지만 말아달라"고 했고, 이여송은 "매복한 군사는 전부 철수시킨 후 퇴각 중인 왜군을 공격하지 말라"는 명령을 내렸다. 이에 퇴각하는 왜군들을 섬멸하기 위해 매복을 하고 기다리던 조선군은 힘없는 국가의 서러움을 씹으며 철수할 수밖에 없었다. 자국의 국방을 남의 나라에게 맡기거나 도움을 받는다는 것이 얼마나 서러운 것인지 우리는 역사를 통해 배울 수 있다. 이여송은 손쉽게 평양성을 탈환한 후 왜병을 업신여기게 되었다. 결국 파죽지세로 임진강을 건너 벽제관까지 함부로 가다가 왜병의 매복에 걸려 구사일생으로 목숨만 건져야 했다. 이후 그는 개성에 눌러 앉아서 꿈쩍을 하지 않았다. 한편 전라감사 권율 장군은 수원의 독산성 전투에서 왜군을 크게 물리쳤는데, 명군이 임진강을 넘었다는 소식을 듣자 한양 탈환을 위해 행주산성에 5천 명의 병사로 진을 쳤다.

＊ 행주대첩

권율은 행주산성에 진을 친 첫날 명군이 임진강을 넘어 퇴각했다는 소식을 듣고 망연자실했다. 소수의 병력으로나마 명군과 합동작전을 하려고 달려왔는데 명군이 퇴각하고 말았으니 이제는 얼마 안 되는 병력으로 일본의 주력군과 마주치는 최악의 상황이 되고 말았다. 권율은 지형을 살핀 후 지형이 수비하기는 좋으니 절망하지 말고 싸울 준비를 하라고 명했다. 권율이 행주산성에서 진을 쳤다는 소식을 들은 왜는 그동안 곳곳에서 패해 떨어진 사기를 만회할 수 있는 좋은 기회로 보고 병력을 총동원해 조그만 행주산성으로 몰려들었다. 새까맣게 몰려드는 왜병을 상대해 목숨 건 싸움은 시작되었다. 부녀자들은 행주치마에 돌을 날라 아군을 도왔다. 그 결과 수적인 우세를 믿고 계속적인 파상공격을 되풀이하던 왜는 장군만 세 명이 전사하고 두 명이 중상을 입었으며, 그 외에도 수만 명의 사상자가 나왔다. 지형지물이 얼마나 중요한지를 말해준다 하겠다. 왜병은 더 이상 희생해야 할 요지(要地)도 아닌 행주산성에서 퇴각하고 말았다. 권율의 행주산성 전투는 김시민 장군의 진주성 싸움과 이순신 장군의 한산대첩과 함께 임진왜란의 3대 대첩 중 하나로 영원히 기억된다.

한편 왜는 서울에 진을 치고 있었는데 식량창고가 용산에 있었다. 유성룡은 결사대를 조직해 식량창고에 있던 양식을 다 태워버렸다. 왜로서는 식량이 떨어지기 전에 퇴각해야 했지만, 곳곳에 조선군이 매복하고 있을 것은 뻔해 있을 수도 퇴각할 수도 없는 진땀이 나는 상황에 처하고 말았다. 왜장 가토 기요마사는 이여송에게 협상을 요청했고, 명나라에서는 심유경이란 자를 보내 협상을 시작했다. 본시 남의 나라에 와서 목숨을 바쳐 싸울 이유가 없는 명군은 왜군만 쫓아내면 공을 세우는데 왜 목숨을 건 싸움을 하겠는가? 권율은 왜군이 서울을 빠져나가 한강을 건넜다는 소식에 발을 구르며 추격을 하려 했으나 이여송은 일체 추격을 못 하게 했다. 얼마 안 있어 이여송과 심유경이 본국으로 돌아가자 선조는 권율을 도원수에 이순신을 삼도 수군통제사에 임명하고 전투를 독려했다. 선조가 서울로 돌아온 것은 10월 1일이었다.

한편 유생 조헌은 옥천에서 의병을 일으켜 청주에서 왜병을 크게 무찔렀고 금산 전투에서 700의사와 함께 장렬한 전사를 했다. 홍의장군 곽재우는 의령, 창령 등지에서 왜병을 무찔렀다. 김시민은 진주성에서 왜병을 크게 무찔렀다. 강화를 추진하던 심유경은 히데요시의 요구 조건을 거짓으로 명나라 황제인 신종에게 보고했는데, 이로 인해 회담은 결렬되고 왜의 2차 침입이 시작된다.

1597 정유재란

재침한 왜는 이순신이 있는 한 제해권을 확보하지 못할 것을 염려, 이순신을 모함해 감옥 속에 있게 한 후 원균을 공격해 조선의 수군을 재기 불능한 상태로 만들었다. 이 전투에서 원균 또한 전사했다. 그동안 이순신이 쌓아놓은 공든 탑이 전부 다 무너져버리고 만 것이다. 또다시 형세가 다급해지자 명나라는 형개를 총독으로 양호, 마귀 등을 보내 조선을 도왔다. 왜군은 9월에는 남원, 전주를 함락하고 공주, 직산까지 진출했으나 소사평 전투에서 연합군에 패하면서 일단 진격을 멈췄다. 선조는 그해 7월 감옥에서 풀려난 이순신에게 삼도수군통제사라는 이름뿐인 거창한 명함을 건네주고 또다시 싸울 것을 주문했다. 부임하고 보니 병선 12척과 흩어진 수군 몇이 있을 뿐이었다. 하지만 이순신은 명량에서 적선 30척을 격파하고 진린이 이끄는 명나라 수군과 연합해 순천과 완도의 왜군을 대파했다. 이후 조명 연합군이 바다와 육지에서 총공격을 감행하자 왜군은 전체적으로 밀리기 시작했다. 그런 차에 1598년 8월 히데요시가 사망하자 왜군으로서는 돌아갈 일이 걱정이었었다.  이순신이 바닷길을 봉쇄해 육지로 갈 수도 바다로 갈 수도 없는 심각한 상태에 빠진 것이다. 이순신은 노량 앞바다에 총퇴각하는 왜선 300척을 맞이해 200척을 바다 속으로 수장시키는 대승리를 거뒀다. 그러나 전투 중에 우리의 영웅 이순신은 적탄에 전사한다(1598년 11월 8일). 아마 이순신 장군이 적탄에 맞지 않고 큰 공을 세우며 개선을 했다면 그 뒤는 어떤 일이 있었을까? 어쩌면 일부러 적탄에 몸을 내맡긴 것은 아닐까? 역사적으로도 훌륭한 명장들이 적군과의 싸움에서 전사하는 경우보다는 자기 나라의 소인배들에 의해 죽는 경우가 더 많았으니까.

연 대 로 보 는 비 교 세 계 사

제8장
세상을 바꾼 혁명

8-1 전체적인 설명(1600~1800)

8-2 청(淸)나라의 신흥과 신대륙의 개척

8-3 30년전쟁의 종료와 네덜란드의 몰락

8-4 러시아와 프로이센의 유럽 무대 등장

8-5 유럽의 패권 다툼과 해외로 전쟁 확대

8-6 미국의 독립과 나폴레옹의 등장

8-1 전체적인 설명(1600~1800)

■ ■

1600년 이전까지를 중세라고 한다면 이제부터는 본격적인 근세로 들어가는 시기라고 해도 될 것 같다. 1500년대부터 전 세계를 바닷길을 이용해 길을 나선 유럽은 1600년대부터 신대륙에 정착을 시작한다. 가톨릭교도들에 의한 신교도 박해로 이제 박해가 없는 땅, 자유가 있는 땅, 아무도 괴롭히지 않는 미지의 신대륙을 향해 많은 사람들이 건너가기 시작한 것이다. 1620년 메이플라워호를 타고 첫 번째 이민은 시작되었다. 그리고 불과 150년 후에 미국이라는 나라를 세워 독립 국가를 이룩한다.

한편 영국에서는 영국의 위대한 여왕 엘리자베스 1세가 죽고 제임스 1세가 스튜어트 왕조를 열었다. 그러나 스튜어트 왕조는 불과 100여 년의 짧은 기간을 끝으로 1714년 하노버 왕조(조지 1세)로 넘어간다. 무적함대를 격파한 이후의 영국은 거침없이 전 세계를 누볐다. 가장 급한 목표는 향신료의 나라 인도였다. 중국은 워낙이 멀어 쉽지가 않았기 때문이었다. 1600년 초 동인도회사라는 것을 세우고 본격적인 착취에 들어갔다. 그러자 네덜란드, 프랑스도 1~2년 차이로 동인도회사를 차려 완전 동인도회사 체인점이 되었다. 그러나 여기저기서 자꾸 마주치니 아무래도 누군가는 쓰러져야 할 운명이었다. 1588년 에스파냐의 무적함대를 깨트릴 때만 해도 형님, 아우님 하면서 사이가 좋았던 영국과 네덜란드였지만 이제 결실을 나눌 때가 되니 '저게 먼저 없어져 주었으면 얼마나 환상적일까' 하는 생각은 서로가 마찬가지였다. 1600년대 중반부터 영국과 네덜란드는 해상에서 운명을 건 승부를 벌이는데 최후의 승리는 영국의 몫이었다. 그렇게 네덜란드가 조용히 물러나자 남은 것은 자나 깨나 영원한 라이벌 프랑스뿐이었다. 그러나 서로 너무나 잘 아는 상대였으므로 잽만 날릴 뿐 어쩌지는 못했다. 시간을 끌고 끌더니 결국 1700년대 중반에 들어 7년전쟁으로 승부를 겨뤘다. 이번에도 영국의 승리였다. 프랑스는 인도를 비롯해서 전 세계의 식민지 대부분을 영국에 넘겨주어야 했다. 한편 17세기 중반 영국은 찰스 1세의 국회와의 알력으로 왕과 국회가 싸우는 청교도혁명 끝에 왕이 신하들에 의해 처형당하는 진기록을 세웠다. 그 뒤로도 종교적인 갈등으로 제임스 2세가 왕위에서 내쫓기는 명예혁명이 일어났다.

러시아는 지금까지 남의 눈에 잘 띄지도 않았고 무시당하는 후진국이었는데, 1600년대 초 로마노프 왕조가 문을 열고 1680년대에는 러시아 최고의 황제인 표트르 1세(피터 대제라고도 함)가 혜성과 같이 나타나면서 유럽에서 무시할 수 없는 나라가 되었다. 1350년대부터 1500년대까지 유럽을 끈질기게 괴롭혀오던 오스만제국도 1600년대에 들어와서는 어느 정도 잠잠해졌다. 1600년대의 프랑스는 루이 13세와 우리가 너무나도 잘 아는 루이 14세가 집권했다.

1100년경 금나라를 세워 중국과 조선 일대를 괴롭혔던 여진족은 한동안 뜸하더니 1600년에 들면서 이번에는 누르하치라는 대물이 나타나 후금을 세우고 나중에 청나라로 이름을 고쳤다. 이후 명나라를 멸망시킨 것도 모자라 조선에 쳐들어와 병자호란, 정묘호란을 통해 기어이 인조를 윽박질러 항복을 받아가고야 말았다. 임진왜란이 끝난 지 불과 몇 십 년도 안 돼서 터진 외환이었다. 임진왜란 때 그토록 고생을 했으면 자주국방을 좀 강화시키지 무엇을 하고 있었을까? 30년이면 국방력을 강화하기에 그렇게 짧은 기간도 아닌데, 뒤늦은 감이 없지는 않지만 효종은 청나라 오랑캐와 공존할 수는 없다고 북벌을 계획하고 양병을 하기도 했다. 그러나 재위 10년 만에 죽음으로 그가 추진했던 북벌계획은 막을 내린다.

당시 청나라에는 강희제라는 명군이 나타나 이후 약 100년간의 전성기를 연다. 일본에서는 도요토미 히데요시가 죽은 후 도요토미 파와 도쿠가와 파의 운명을 건 전투가 벌어진다. 일본 역사상 최대의 전투라고 일컬어지는 세키가하라 전투에서 도쿠가와의 편이 승리함으로써 에도에 덕천 막부(에도 막부, 江戶 막부)를 세운다.

1700년대가 되자 중세는 완전히 지나가고 근대로 접어든다. 옛날처럼 전쟁에서 무거운 갑옷을 입고 창, 칼을 휘두르던 시절은 갔다. 이제는 총과 대포를 앞세우고 싸우는 시대가 도래했다. 하루가 다르게 무기도 개선되었다. 또한 사람의 손으로 만들던 것을 기계가 대신하는 산업혁명의 시대가 도래했다. 최초 영국에서 시작된 산업혁명은 정말 인류의 생활양식을 확 바꾸어놓은 문자 그대로 혁명이었다. 영국은 윌리엄 3세가 죽고 처제인 앤이 여왕으로 즉위했으나, 왕위를 물려줄 후사가 없자 독일 하노버에 있던 조지를 영국의 조지 1세로 수입해 하노버 왕조를 연다. 남의 나라에서 왕을 수입해 쓰는 것이 벌써 두 번째였다. 왕비는 주로 불란서 공주를 수입했다. 그러니 영국 왕실은 프랑스 왕실의 핏줄과 이미 섞일 대로 섞였고, 심지어 프랑스 핏줄의 지분율이 더 많아진 형국이 되었다.

중세까지의 유럽 역사는 사실상 영국과 프랑스, 오스트리아(신성로마제국)가 주연이었고 나머지 국가는 조연이었다. 1700년대 초기에 터진 에스파냐 왕위계승 전쟁에서 프랑스 편과 반프랑스 연합이 대전을 벌였는데, 13년이라는 지루한 전쟁 끝에 패한 프랑스와 에스파냐는 막대한 해외 식민지를 잃었고, 영국은 많은 이익을 얻었다. 이 시기 영국의 왕은 상징적인 군주가 되고 정치는 수상이 책임지고 수행하는 길로 접어들었다. 월풀, 윌리엄 피트와 같은 수상이 나오면서 본격적으로 수상책임제로 들어섰다. 토리당과 휘그당으로 대표되는 양당정치가 선을 보인 것도 바로 1700년대다.

1740년에는 신성로마제국의 카를 6세가 죽으면서 딸인 마리아 테레지아에게 왕위를 물려주기 위해 무리하다가 오스트리아 왕위계승 전쟁이 일어났다. 1757년에 시작된 7년전쟁은 사실상 영국과 프랑스의 주도권 싸움이었으나 전투가 양국(兩國)의 식민지까지 확대되었다. 이제 싸움은 유럽에서만 하는 것이 아니고 지구 어디서라도 한다는 것을 보여주었다. 7년전쟁에서 승리한 영국은 마지막 남은 영원한 적수 프랑스의 자존심을 무참히 짓밟았고, 숱한 해외 식민지는 영국의 차지가 되었다. 그러나 1770년경부터 시작된 아메리카의 독립전쟁에서 이제 갓 태어난 애기 미국에 패함으로써 1783년 아메리카의 독립을 인정해야 했다. 이는 콧대 높은 영국의 자존심에 상처를 주었고, 영국의 조지 3세는 완전히 체면을 구겼다. 이는 1620년 메이플라워호로 시작해서 약 160년 만에 미국이라는 새로운 나라가 탄생한 순간이기도 했다. 1789년 미국에서는 초대 워싱턴 대통령이 탄생했다. 반면 프랑스는 루이 14세, 15세, 16세로 이어지는 100년이었다. 영국의 영원한 라이벌이었지만 항상 딱 한 박자 늦어서 손해를 많이 보아온 프랑스는 그 많던 해외 식민지를 거의 다 잃었다. 또 미국의 독립전쟁 때에는 영국이 싫다는 이유로 무리를 해가며 무료 자원봉사를 해 미국의 뒤를 보아주었다. 그러다 1789년 혁명을 맞이한다. 루이 14세부터 계속된 사치와 방탕으로 국고를 탕진하고 이번에는 미국으로 막대한 재정지원을 해 결국 혁명을 부른 것이었다. 루이 16세는 프랑스 국왕으로는 처음으로 단두대의 이슬로 사라졌다. 그러나 곧 유럽 최고의 영웅인 나폴레옹이 등장하면서 1800년 초 프랑스는 새로운 국면을 맞게 된다. 프랑스는 역사상 처음으로 유럽 전체를 석권하게 되는 것이다.

1700년대에는 지금까지 별로 두각을 나타내지 못하던 독일 지방의 프로이센이 나라를 선포하고 훌륭한 군주들이 배출되어 급속도로 발전한다. 프로이센의 프리드리히 2세는 프로이센을 강력한 국가로 탈바꿈시키더니 약 100년 후에는 프랑스에게 항복을 받아냈다. 물론 그때만 해도 제

1차 세계대전과, 제2차 세계대전을 일으키게 될 줄은 아무도 몰랐을 것이다. 또 하나의 후진국 러시아도 1700년이 되면서 등장한 표트르 1세(피터대제)가 기초를 보강했다. 그리고 예카테리나 2세 때에는 더욱더 팽창해 유럽 열강들의 주목을 받기 시작한다. 신성로마제국은 예전과 같지 않았다. 근력이 떨어져 힘을 쓰지 못하더니 급기야 1800년경에 나폴레옹에게 멸망당하면서 사라지고 만다.

중국 청나라는 1670년대부터 시작된 전성기가 1700년대 중반에서 끝이 났다. 종반에는 백련교의 난이 일어나더니 1800년대 중반에 들어서면서는 유럽 열강들의 먹잇감으로 전락되고 만다. 조선은 숙종부터 영조, 정조로 이어지는 100년이었다. 당파싸움은 극에 달해 상대편들을 아주 죽여 없애야만 직성이 풀렸고, 상대편이 몰락하면 자기편이 다시 분열을 해서 싸웠다. 마치 세포분열 같았다. 그 과정에서 장희빈 사건, 영조가 아들인 사도세자를 뒤주에 가두어 죽이는 불상사가 나고야 말았다. 영조와 정조는 당파싸움을 축소시키려고 노력을 했지만 허사로 돌아가고 말았다. 파벌끼리는 무슨 원수가 졌는지 같은 하늘아래서 공존이 안 되는 모양이었다.

8-2 청(淸)나라의 신흥과 신대륙의 개척

■ ■

1600초 청나라의 신흥

임진왜란으로 조선에 출병해 왜군과의 싸움에 정신이 없었을 때 명나라
는 만력제 20년이었는데, 명에게는 만주 지역에서 일어나 착착 세력을 불
려나가는 여진족을 감시할 여력이 없었다. 여진족의 영웅으로 금나라를
세운 아골타가 활약하던 시절로부터 500년이 지나자 또다시 여진족에는
걸출한 인물 누르하치가 나타나 여진족을 통일하고 동북아에 새로운 먹
구름을 드리운다. 여진족은 멀리 진나라 시절에는 숙신이라 불렸고 수 ·
당나라 시절에는 말갈이라 불렀다. 이후 여진이라고 불리다 명나라 후기
에는 만주족이라 불렀다. 1616년 누르하치는 요령성 신빈현에서 왕위에
오르고 나라 이름을 금이라 했다. 역사에서는 이를 후금이라고 한다. 1617
년 후금은 명나라에 선전포고를 하고 무순을 공격, 함락시키는데, 무순성
의 함락에 경악한 명나라 조정은 양호를 사령관으로 토벌을 명했다. 두송,
왕선, 마림, 유정 등 쟁쟁한 장군들로 올스타 팀을 구성했다. 이때는 조선
광해군 11년이었는데, 광해는 약소국의 서러움을 가슴속에 품고 양다리
외교를 해서 강홍립에게 1만5천의 군사를 주면서 사정에 따라 처신하라
고 했고, 강홍립은 형세를 보아 금나라에 항복했다. 얼마 전 임진왜란 때
에는 자기 나라 사정도 좋지 않은데 그래도 동맹국이라고 원군을 보내주
어 왜군들을 쫓아냈으니 우리나라로서 미안한 일임은 틀림없었다. 그러
나 외교라는 것은 의리 때문에 한 나라의 운명을 걸 수는 없는 것이다. 이
미 대세는 청나라 쪽으로 기울고 있었고 명나라는 멸망의 길을 가고 있었
다. 어떻게 보면 광해의 훌륭한 실리 외교라 할 수 있다. 앞서 언급한 바
와 같이 명나라에서는 화려한 호화 군단을 구성해 금나라 토벌단을 보냈

다. 그러나 살이호의 대전에서 두송과 유정은 전사하고 마림은 도망을 치는 등 참담한 패배를 하고 말았다. 물론 비록 크게 패전을 했으나 중국은 워낙 거대해 그 정도로는 약간의 손실을 본 정도였다. 이후에도 만회할 수 있는 기회가 여러 차례 주어졌다. 하지만 그때마다 중앙 조정의 부패한 관리들 때문에 명장(名將)들이 안타까운 죽음을 당하면서 명나라는 멸망의 길로 치달았다. 이제 후금은 요동 일대를 전부 장악하고 중국 중심을 향해 전진했다. 요동에는 중국으로 들어가는 마지막 관문으로 산해관이란 난공불락의 성이 있었는데, 그 옆 영원성에는 원숭환이란 장군이 지키고 있었다. 승승장구하던 누르하치는 산해관을 향해 쏟아져 들어가서는 영원성으로 새까맣게 달려들었다. 이때 영원성의 포르투갈 원산지 수입 명품 대포에서 불을 뿜었다. 후금의 군사들은 대패하고 누르하치는 시름시름 앓다가 진중에서 병사하고 만다. 뒤를 이어 1626년 여덟째 아들인 홍타이지가 즉위한다. 이가 청나라를 세운 태종으로 다음 해인 1627년 조선을 침략했다. 정묘호란을 일으킨 것이다. 아무튼 명나라를 정벌하기 위해서는 반드시 거쳐 가야만 하는 전략적인 거점인 산해관에 원숭환이 버티고 있는 한 갈 길이 요원하기만 했다. 어떻게 해서든지 원숭환을 제거해야만 했다. 하지만 전투로써는 이길 수 없었다. 방법은 한 가지, 적군의 탐관오리에게 뇌물을 주어 적장을 소환시키는 것뿐이었다. 홍타이지는 원숭환이 후금과 대치하고 있으면서 극비리에 후금과 내통하고 있다는 소문을 퍼뜨렸다. 이에 1630년 숭정제는 소문을 믿고 원숭환을 소환, 저잣거리에서 책형에 처해버렸다. 이에 장수들은 언제 자기도 저렇게 억울하게 죽을지 모른다면서 군사들을 데리고 청나라로 투항해버렸다. 명나라로서는 국 쏟아 열 받는데 발까지 3도 화상을 입은 꼴이 되고 말았다. 명은 원숭환의 후임으로 손승종을 임명했다. 이제 명나라와 청나라의 운명을 건 대회전이 시작되었다. 명나라에서도 알아주는 기라성 같은 장군이 여덟 명이나 출전했고 청나라에서는 홍타이지가 직접 출전하기 위해 수천 리 길을 달려왔다. 명나라 장수들은 견고한 성을 굳게 지키며 지친 청나라를 불시에 공격하기 위해 일체 대응을 하지 않고 시간을 끌었다. 그런데 조정에서는 군사비의 지출을 절약하기 위해 감독관을 파견해 계속 독전을 재촉했다. 결국 독전에 쫓겨 마음에 내키지 않는 공격을 하다 명군은 대패했고, 명나라는 2년 후 1644년 멸망하고 말았다. 벼룩 잡으려고 초가삼간 다 태운다더니, 군비 아끼려다 나라 망친 꼴이 되고 말았다.

1600 (일) 세키가하라 전투

도요토미 히데요시가 죽자 전국의 다이묘들은 히데요시를 따르는 파와 도쿠가와를 따르는 파로 나뉘어 사활을 건, 일본 역사상 가장 큰 전투를 벌였다. 이 전투에서 도쿠가와 이에야스파가 승리한다. 이후 일본은 도쿠가와 이에야스의 세상이 된다. 서군은 이시다 미쓰나리가 이끌고 동군은 이에야스가 직접 이끌었다.

1600 (영) 동인도회사 설립
1602 네덜란드, 동인도회사 설립

1603 (일) 에도 막부 설립(1603~1868)

세키가하라 전투에서 승리한 이에야스는 에도(江戸)에 막부를 세운다(에도막부江戸幕府, 덕천막부라고도 한다). 에도는 지금의 도쿄이며 막부의 근거지이지만 천황이 있는 조정의 수도는 어디까지나 교토였다. 이에야스는 다이묘들을 세 등급으로 나누어 차등 대접을 했다.

가장 믿을 수 있는 신반 다이묘는 에도와 가까운 자리에 영지를 주고, 다음 후다이 다이묘에게는 영지를 주었으며, 믿음이 잘 가지를 않는 도자마 다이묘에게는 에도에서 가장 멀리 떨어진 변두리에 영지를 주어 혹시 반란을 일으켜도 대비할 수 있는 시간을 가질 수 있게 했다. 물론 논공행상에서도 차등을 두어야 하는 것은 당연한 것이다. 1850년대 막부에 대해 반기를 든 지역들이 주로 도사, 죠슈, 사쓰마 등 전부 에도에서 멀리 떨어진 도자마 다이묘들이 다스리던 지역인 것도 다 이런 이유라 할 수 있다. 이에야스는 2년 뒤인 1605년 아들에게 쇼군 자리를 주고 자기는 오고쇼(大御所)라는 직위에 올라 실질적인 권력 행사를 했다. 천황 위에 상황(上皇)과 같은 직위라고 보면 된다. 오늘날 왕회장이라고나 할까?

* 이에야스 시절 다이묘의 등급

신반 다이묘	가장 신임하는 다이묘로 도쿠가와의 일족.
후다이 다이묘	전부터 도쿠가와를 따르던 다이묘.
도자마 다이묘	전에는 히데요시를 따랐으나 전투 후 도쿠가와를 따른 다이묘.

1603 (영) 제임스 1세(1603~1625)

제임스 1세는 스코틀랜드 여왕 메리 스튜어트의 아들로 엘리자베스 1세의 뒤를 이어 즉위했다. 원래 스코틀랜드의 왕이었으므로 영국과 스코틀랜드의 왕을 겸직했다. 에스파냐와 가까운 정책을 펴 월터 롤리 경이 에스파냐와 불화하자 처형했고, 아들 찰스의 신부를 에스파냐에서 고르려 해 귀족들의 불만을 샀다. 당시 영국의 신흥 세력가들은 대부분 신교파들이었으므로 골수 가톨릭의 나라인 에스파냐 여자가 차기 왕비가 되는 것에 반대했던 것이다. 이는 불과 50년 전 피의 메리 여왕시절에 신교도들이 당했던 기억이 아직도 생생했기 때문이기도 했다. 결과적으로 제임스 재위 시절 청교도들이 종교적인 박해를 피해 메이플라워호를 타고 신대륙으로 떠났고, 이는 오늘날의 미국이 탄생하는 계기 중 하나가 된다.

1604 (프) 인도에 동인도회사 설립

1608 조선 15대 광해군 즉위(재위 1608~1623)

광해군은 선조의 둘째 아들이자 후궁 공빈 김씨의 아들 중 둘째다. 장남 임해군은 광포하다는 이유로 차남인 광해군이 세자가 되었다. 1606년 뒤늦게 정비인 인목왕후의 몸에서 원자인 영창대군이 태어나자 세자 문제로 당파싸움은 심해졌는데, 소북에서는 영창대군을 추대하고 대북에서는 광해군을 추대했다. 광해군은 이미 오래전 세자로 책봉된 바 있고 1592년 임진왜란을 치르고 많은 공로를 세웠다. 그런데 이제 와서 영창대군을 미는 것은 원자라는 이유가 있겠으나 옳다고는 할 수 없다고 본다. 광해군은 한양이 수복된 뒤 군무사의 업무를 주관했고 전란복구 작업에 과감한 조치를 취하고 대동법을 제정했다. 또한 그의 업적 중 가장 큰 업적은 당시 명나라를 위협하며 새롭게 일어나는 청나라(여진족)와 조선이 섬기고 있던 명나라 사이에서 줄타기 외교를 해 나라에 재앙을 피하게 한 것이라 할 수 있다. 현실적으로 힘이 없는 약소국으로 명나라와 청나라 사이에 끼어서 어느 편을 들 수도 없는 입장이었다. 광해군은 사태의 추이를 보아 승리하는 나라 편을 들라는 명령을 내린다. 외교라는 것은 자국의 이익을 위하는 것이지 의리를 따지는 것이 아니다. 한마디로 비정한 것이다. 당시 조선은 중국과 군신관계로 조선이 세워질 때 조선이란 국호까지 명나라에 승인을 받아야 하는 형편이어서 명나라를 버리고 청나라 편에 선다는 것에 대해 많은 대신들이 반대할 수밖에 없었다. 그런 상황에서 광해군은 청나라를 선택해 수많은 인명을 구했다. 후금의 세력이 강해지자 대포를 주조하고 정충신을 임명해 국방을 강화했다. 또한 강홍립과 김경서에게 1만5천의 군사를 주어 명나라로 보내면서 기회를 보아 거취를 선택할 것을 명했고, 강홍립 등은 청나라에 투항해 청나라의 침입을 막아 냈다. 광해군은 비록 당쟁에 휘말려 군이라는 불명예스런 칭호로 불리고 있지만 그의 치세는 다른 왕들에게 비해 손색이 없다고 하겠다. 광해군이 즉위하자 광해군 즉위에 앞장선 대북의 시대가 활짝 열린 반면 소북은 완전히 몰락하고 만다. 대북은 다음 타자로 광해군의 형인 임해군을 처치해야 한다고 주장해 귀양을 보냈다가 결국 죽이고 만다. 그리고도 직성이 다 안 풀렸는지 대북은 마지막 세력을 굳히려는 듯 박응서, 서양갑, 심우영 등이 영창대군을 추대해 역모를 꾸몄다고 모함, 어린아이인 영창대군을 강화도로 귀양 보내어 그곳에서 죽게 했다. 또한 영창의 외할아버지인 김제남을 죽인 다음 영창대군의 생모인 인목대비를 삭호한 후에 서궁에 유폐시켰다. 대북은 하늘 높은 줄 모르고 영원히 권세를 놓지 않기 위해 갖은 만행을 다 저질렀다. 그러니 서인인 김유, 이귀, 김자점 등은 고양이 앞에 쥐 신세로 언제 죽게 될지 모르는 판이었다. 그러나 대북파에 휘둘려 친형, 이복동생을 죽이고 계모까지 유폐한 행위는 잘못된 행동이라 하겠다. 결국 광해군은 대북파에게 한이 맺힌 서인들의 반정에 의해 강화도, 제주 등으로 유배되어 떠돌다 생을 마감하고, 군(君)이라는 칭호로 역사에 남는 불명예스런 임금이 되고 말았다. 그의 묘는 경기도 남양주시 진건면에 있다.

1610 (프) 루이 13세 즉위(재위 1610~1643)

루이 13세는 리슐리외를 총리로 임명해 프랑스를 유럽의 강국으로 올려놓았다. 훌륭한 아버지 앙리 4세의 뒤를 이어 프랑스를 반석 위에 올려놓았다. 오스트리아의 안 도트리슈와의 사이에서 낳은 아들이 그 이름도 유명한 태양왕 루이 14세다. 1618~1648년은 30년전쟁이 한창이던 시절로 오스트리아는 전쟁의 중심에 서 있었다. 오스트리아가 강력한 경쟁자가 되자 프랑스는 오스트리아의 반대편으로 서는 정책을 썼다. 원래부터 프랑스와 오스트리아가 좋은 사이가 아니라는 것은 그동안 여러 차례 언급한 바 있다.

1613 (러) 로마노프 왕조 설립(1613~1917, 약 300년간)

한때 폴란드가 모스크바를 점령하고 폴란드의 왕자를 모스크바의 주인 자리에 앉히는 사태까지 벌어지자 조국을 사랑하는 국민들은 구국의 염원으로 단합, 드미트리 포자르스키를 국민군 사령관으로 임명해 폴란드와 스웨덴의 군대를 내쫓고 1613년 16세의 소년 미하일 로마노프를 러시아의 차르로 추대해 혼란기를 마무리한다. 이후 러시아에는 로마노프 왕조의 시대가 열린다.

1618 유럽 30년전쟁 발발(1618~1648)

1517년 루터가 비텐베르크 성문에 95개 항의 반박문을 걸어놓은 지 약 100년 후 보헤미아의 프라하에서 신교와 구교도들 간에 충돌로 30년전쟁의 막이 오른다. 신교도는 프리드리히 5세를 황제로 옹립하고 페르디난트 2세의 황제군과 빌라호라 전투에서 맞붙었으나 황제군에게 대패, 프리드리히가 네덜란드로 피신하면서 5년간의 싸움이 마무리된다. 이 1차전은 페르디난트의 승리로 끝났으나 이때부터 주위 국가들이 싸움에 개입하면서 유럽 전체의 싸움터가 되고 말았다. 덴마크는 독일 북부지역의 요지를 노리고 싸움판에 끼어들었다가 크게 패하면서 유럽의 강국에서 약체국으로 전락하고 말았다. 스웨덴도 이 통에 먹을 것이 없을까 하고 깊숙이 개입했고, 폴란드도 스웨덴과 발트 해 연안의 요충지 확보를 위한 싸움을 벌였다. 한편으로는 종교적인, 한편으로는 정치적인 이해타산으로 이전투구(泥田鬪狗)를 벌인 것이 바로 30년전쟁이었다. 크게 보면 신교도와 구교도들 간의 대립이었는데, 가톨릭은 합스부르크가(오스트리아), 에스파냐, 이탈리아가 주로 이끌었다. 반가톨릭 세력은 스웨덴, 네덜란드, 영국, 독일의 프로테스탄트 도시들 외에도 가톨릭 국가이지만 합스부르크가가 잘되는 것을 원치 않았던 프랑스도 신교도 편에 참여했다. 페르디난트 2세의 재위 기간인 1619~1637년 내내인 30년 동안 전쟁이 지속되었다. 1637년 즉위한 페르디난트 3세 때인 1648년 베스트팔렌 조약이 타결됨으로써 전쟁은 끝이 나는데, 대체로 신교도 측의 승리였다.

✳ 1648 베스트팔렌 조약

베스트팔렌 조약으로 가톨릭, 루터교, 칼뱅교가 다 같이 인정되었다. 또한 페르디난트 2세에 의해 무효화되었던 1555년의 아우크스부르크 화약의 유효를 선언했다. 한편 스웨덴은 서 포메라니아와 비스마르 항구를 얻고 발트 해를 장악하게 되었으며, 프랑스는 100년 전에 얻은 알자스, 메츠, 베르됭의 소유권을 재확인했다. 네덜란드와 스위스는 에스파냐와 오스트리아로부터 각각 독립되었음을 인정받아 결과적으로 오스트리아는 크게 세력을 잃고 말았다. 이제까지 유럽이 로마 가톨릭의 독무대였다면 이 조약으로 그런 의미가 상실되고 말았다. 유럽에 가톨릭과 신교가 공존하게 되었다는 중요한 의미가 있다.

1620 메이플라워호 첫 이민 지도-16 참조

청교도(Protestant) 신자들은 종교의 자유를 찾아 메이플라워(May Flower)호를 타고 신대륙으로 건너간다. 이들은 버지니아를 향해 갔지만 중간에 풍랑을 만나 북부, 지금의 매사추세츠의 보스턴에 도착했는데, 그들은 출발한 항구 영국의 플리머스(Plymouth)의 이름을 따서 그곳을 플리머스라고 했다(102명). 이들을 미국의 시조(始祖)라고 해서 'Father of America', 혹은 'Pilgrim Father'라고 부른다.

1623 인조반정과 조선 16대 인조 즉위(재위 1623~1649)

인조는 선조의 손자이자 광해군 이복동생의 아들이다. 서인(西人) 김유, 이귀, 이괄, 최명길 등의 쿠데타가 성공하자 서인들에 의해 왕위에 올랐다. **친명배금 정책을 실시해 금나라의 반감을 샀고, 결국 정묘호란과 병자호란을 당했다. 이로 인해 삼천리금수강산이 전화에 휩싸였고, 인조는 치욕의 항복을 해야만 했다.** 서인들의 인조반정에 의해 왕위에 오른 만큼 세상은 서인들의 것이었다. 우선 광해군 시절 서인들을 철저하게 괴롭혀왔던 대북파인 이이첨, 정인홍 등 수십 명을 처형해 불귀의 객으로 만들었다. 이후 쫓겨났던 서인과 남인의 사람들은 정계로 화려하게 V자를 그리며 컴백했는데, 서인 계의 정엽, 오윤겸, 이정구, 김상헌 등과 남인 계의 이원익, 정경세, 이수광 등이 그들이다.

＊ 1627 정묘호란

정묘호란은 인조 5년 약 2개월간 지속되었던 청나라와 조선 간의 전쟁이다. 광해군 시절에는 친청 정책을 유지해 그런 대로 지나갔는데 인조가 들어서면서 서인과 인조는 친명배청 정책으로 돌아섰다. 이때는 누르하치가 죽고 태종이 즉위한 후였는데, 원래부터 태종은 조선에 대해 감정이 좋지 않았다. 그런 데다가 새로 즉위한 인조가 친명 정책을 쓰며 청나라의 후방을 교란시키는 모문룡을 뒤에서 도와주고 이괄의 난에서 패배한 이괄의 잔당들이 조선을 공격할 것을 사주하자 마침내 3만의 군사로 조선을 침공했다. 그러나 계속 남진하다가는 후방이 끊겨 고립될 수도 있었고, 더구나 명나라와 싸우는 시점에 정예부대를 조선에 묶어둘 수가 없다는 판단 아래 청나라는 적당한 선에서 타협을 하고 신속하게 철군했다. 조건은 '청나라와 조선은 형제의 맹약을 맺을 것', '압록강을 경계로 서로 침범하지 않을 것', '명과의 관계는 현재와 같이 지속할 것' 등이었다. 여러 가지로 그렇게 나쁜 조건은 아니었다. 그러나 1632년 청이 형제관계에서 군신관계로 바꿀 것을 요구하자 조선에서는 형제관계도 기분 더러운데 군신관계까지 하라니 이제는 더 이상 참을 수 없다는 분위기가 팽배해지면서 배청으로 방향을 돌렸다. 이에 1636년 청나라가 또다시 침략을 하니 이를 병자호란이라 한다.

* 1636 병자호란

1636년 후금은 국호를 청으로 바꾸고 조선과의 관계를 형제에서 군신관계로 바꿀 것을 계속 요구해왔다. 거기에다 엄청난 조공물을 요구해 더 이상 참을 수 없게 된 조선은 나중에 삼수갑산을 갈지언정 이를 거절한다. 청 태종은 10만의 군사를 이끌고 재침했고, 조선 땅은 또다시 전화에 휩싸인다. 인조는 남한산성으로 피신해 청나라에 항거했으나 이미 강화도가 함락되어 세자빈궁과 두 대군이 다 포로가 되었고, 후방에서 원군이 와주기를 기대했으나 대부분 중간에서 퇴각을 해 항복할 수밖에 없는 지경에 이르렀다. 결국 삼전도에서 인조는 청 태종에게 무릎을 꿇고 항복을 해야 했다. 이어 소현세자와 봉림대군, 그리고 대신들의 아들들, 척화파의 대표 홍익한, 오달제, 윤집(삼학사)이 청나라로 끌려갔다. 삼학사들은 청나라 태종의 회유를 물리치고 장렬한 죽음을 맞이했다. 비록 당파싸움은 했을지언정 나라 밖에서만은 조국의 명예에 한 점 부끄러움 없는 꿋꿋한 기개를 보였다.

1624 이괄의 난

영변에 있던 평안 병사 이괄은 인조반정시 공이 있었으나 생각했던 것보다 낮게 평가되자 인조 2년에 반란을 일으켰다. 이괄의 반란군은 한때 한양까지 점령했다. 때문에 인조는 공주로 피난을 가야 했다. 그러나 장만, 정충신 등이 관군을 이끌고 이내 한양을 수복했고, 이괄은 부하에게 피살된다.

1624 네덜란드, 중국(대만) 점령

1625 (영) 찰스 1세 즉위(재위 1625~1649)

제임스 1세의 아들로 권위적이고 의회를 무시하고 계속 독선적인 치세를 한 찰스 1세는 청교도 혁명에 의해 결국 왕으로서 신하에게 처형당하는 첫 번째 임금이 된다. 프랑스에서는 약 150년 후 혁명을 거쳐 루이 16세가 1793년에 처형당한다.

찰스 1세에게 강력한 영향력을 행사하던 버킹검 공작에 대한 불신이 팽배해 있었기에 청교도들이 장악하고 있는 하원과 심한 마찰이 있었다. 1628년 의회는 버킹검 공작의 해임을 요구했으나 찰스는 고위 공직자로서 그런 정도의 흠집도 없는 사람이 이 세상에 어디 있겠느냐고 감싸주었다. 하지만 버킹검 공작은 암살을 당했고, **찰스 1세는 국회에서 제시한 권리청원(Petition of Right)에 서명할 수밖에 없었다.** 그 후 찰스 1세는 11년 동안 단 한 번도 의회를 열지 않았다. 그러다 1640년 스코틀랜드와의 전쟁 비용을 충당하기 위해 의회를 소집했는데, 의회는 전쟁에 반대하고 또다시 찰스에 대한 비난만을 일삼자 찰스 1세는 의회를 해산해버렸다. 그러나 결국은 3년에 한 번씩 의회를 개최하고 위원회의 동의 없이 의회를 해산할 수 없다는 데 동의하고 자신의 훌륭한 참모였던 스트래퍼드가 처형되는 것을 보고만 있을 수밖에 없었다. 가톨릭교도인 프랑스 출신의 왕비가 탄핵되는 것을 막기 위해 상원의원 한 명과 하원의원 다섯 명을 반역죄로 체포할 것을 명한 후 직접 체포에 나섰고, 이에 의원들은 의사당을 빠져나가 잠적했다. 이제 왕당파와 의회파의 충돌은 시간 문제였다. 1645년 토머스 페어팩스와 그의 부관 올리버 크롬웰이 그의 잘 훈련된 신형군으로 네이즈비 전투에서 찰스 1세의 왕당파군을 격파했다. 계속된 패전으로 찰스 1세는 스코틀랜드의 서약파 진지로 보호를 요청했으나 서약파는 찰스 1세의 신병을 의회파에게 넘기고 철수해버렸다. 그 후 찰스 1세는 1648년 8월 또다시 자신을 지지하는 스코틀랜드 군대를 동원해 대항했으나 프레스턴 전투에서 패함으로써 2차 내란의 막을 내렸다. 찰스 1세는 수많은 사람을 죽음으로 몰아넣은 원흉으로 지목받아 반역죄로 재판에 회부되어 1649년 1월 30일 처형당했다.

그 후 크롬웰은 아일랜드에서 가톨릭파와 왕당파의 반란을 진압했고, 1650년에는 스코틀랜드의 반란을 분쇄했다. 또 1651년에는 찰스 1세의 아들인 찰스 2세의 공격을 9월3일 우스터에서 완전히 격파했다. 이후 찰스 2세가 국외로 탈출함으로 내란은 끝이 났다. 이를 **청교도 혁명** (1642~1651)이라 한다.

＊ 올리버 크롬웰(1599~1658)

영국의 정치가이자 탁월한 군인이었던 올리버 크롬웰(Oliver Cromwell)은 찰스 1세의 왕당파에 맞서 의회파의 승리로 청교도 혁명을 종식시키고 찰스 1세를 처형했다. 1649년 이후 왕을 없애고 자신이 호국경(Lord Protector)이 되어 독재를 하면서 **강력한 통치**로 영국을 유럽의 **강국으로 이끌었다.** 영국과 함께 해양 강국으로 떠오른 네덜란드 해군을 격파(영란전쟁)하기도 했다.

1627 **정묘호란(인조 4년)**
1628 **(영) 찰스 1세 권리 청원에 서명**
1636 **병자호란(1623년 참조)**

8-3 30년전쟁의 종료와 네덜란드의 몰락

1640 (독) 프리드리히 빌헬름 즉위(재위 1640~1688)

프리드리히 빌헬름은 브란덴부르크 선제후로 어린 시절 30년 전쟁 속에서 성장했다. 1700년대 프로이센이 유럽의 강국으로 발돋움하도록 기초를 세웠다. 아들인 프리드리히 1세에게 유능한 군대와 국가 조직을 넘겨주어 이후 강국(프로이센)으로 발전하게 했다. 말하자면 자기 대에 열매를 바라지 않고 계속 물을 주고 잘 가꾸어 다음 대에서 좋은 열매를 맺도록 한 왕이다. 프로이센은 우리가 흔히 프러시아라고 하는데, 이후 차츰 세력을 확대하더니 1870년 빌헬름 1세 때 비스마르크의 활약에 힘입어 독일을 전체를 통일, 독일제국을 만든다.

1642 (영) 청교도 혁명(1642~1651, 1625년 참조)

1643 (프) 태양왕 루이 14세 즉위(재위 1643~1715)

루이 14세는 프랑스 역사상 가장 강력한 왕의 권리를 누린 왕으로 영국의 헨리 8세와 비슷한 경우라 하겠다. 루이 13세가 죽자 5세의 어린 나이에 왕으로 즉위했다. 리슐리외의 후임이었던 마자랭에게 보좌를 받았다. 마자랭은 선임자인 리슐리외의 정책을 이어받아 왕권을 강화하고 국가를 부강하게 했을 뿐만 아니라 30년 전쟁을 끝내고 1648년 베스트팔렌 조약으로 알자스 지방을 얻어 프랑스에 항상 위협적인 존재인 오스트리아의 합스부르크가가 힘을 못 쓰게 망가트려놓

는 최대의 성과를 이뤘다. 그러나 이렇듯 마자랭이 외교적으로 훌륭한 성과를 거두었음에도 불구하고 이탈리아의 귀족과 오스트리아의 왕비가 프랑스를 지배하고 있다는 불만이 있었고, 고등법원의 법관들과 시민들 역시 마자랭의 독주에 불만을 가지고 있었다. 그러던 차에 이들이 고등법원의 권리를 요구하자 정부는 이들을 체포해버렸고, 결국 시민들은 난을 일으켰다. 루이 14세는 상황이 다급해지자 피신을 해야 했으나 1649년 왕당파 콩데 공에 의해 반란군이 진압되면서 섭정과 고등법원 사이에 강화조약이 체결되었다. 이를 **전기 프롱드의 난**이라 한다. 한편 난을 진압한 콩데 공의 세력이 커지자 이를 제거하려 했는데, 그 과정에서 콩데가 반란을 일으켰다. 이를 **콩데의 프롱드 난**이라 한다. 아무튼 루이 14세는 1652년에야 파리로 돌아올 수 있었다.

루이 14세는 왕권강화를 위해서는 지방 영주들의 세력을 무력화시켜야 함을 깨달았다. 이에 지방 귀족들을 중앙 귀족으로 흡수, 베르사유 궁 주위로 불러들여 연금을 주고 매일 연회를 베풀어 대접하자 귀족들은 루이 14세의 푸들이 되고 말았다. 그러자니 자연 경비가 문제가 되었다. 재무장관으로 **콜베르**를 기용, 수출을 장려하고 지출을 억제한 후 동인도회사를 통해 무역을 증진하고 식민지 획득을 추진하는 등 부국강병에 힘써 국부를 크게 증진시켰다. 그러나 루이 14세의 끝없는 낭비와 사치, 매일 벌어지는 향연 등으로 콜베르가 돈을 벌어들이면 루이 14세는 신나게 쓰는 구조가 되고 말았다. 게다가 루이는 끝없이 전쟁을 벌였다. 1667년과 1672년에는 네덜란드를 공격했지만 네덜란드의 오렌지 공 윌리엄의 강력한 저항과 오스트리아, 에스파냐, 프로이센 등의 강력한 견제로 별 소득이 없었다. 1688~1697년까지는 아우크스부르크 전쟁을 벌였으나 이번에도 영국,

네덜란드, 오스트리아가 연합해 견제로 본전도 다 못 건졌다(레이스웨이크 조약). 그러다가 1701~1714년 에스파냐 왕위계승 전쟁에 참여했다가 영국에게 해외 식민지를 빼앗기는 등 치명적인 타격을 받는다.(1701년 참조) 1713년 위트레흐트 조약으로 루이 14세의 손자 필리프 5세는 에스파냐의 왕위만 갖게 되었을 뿐 프랑스의 해외 식민지의 상당 부분을 영국이 차지해버렸다. 여기에 영국은 제해권마저 차지함으로써 이제 떠오르는 태양이 된다. 한편 신교도를 미워해 할아버지 앙리 4세가 생명을 희생해가면서 만들어놓은 낭트 칙령을 루이 14세가 일방적으로 폐기하고 무자비하게 박해를 가하자 많은 신교도들이 프랑스를 떠났다.

수많은 전쟁과 사치스러운 연회로 해외에서 들어오는 무진장한 수입도 탕진한 것도 모자라 해외 식민지마저 영국에 죄다 빼앗기고 빚더미 위에 올라앉은 상태에서 루이 14세는 국민들의 조소를 받으며 생을 마감했다.

1644 청나라 건국과 명나라 멸망

1644년 오삼계의 반역으로 힘 안 들이고 손쉽게 명나라를 멸망시킨 청나라는 북경에 수도를 정하고 아예 중원에 눌러앉아 청나라가 중국의 정통 왕조라고 우겨댔다. 4대 강희제는 1666년 명나라의 황족이 남쪽으로 도망가서 세운 남명(南明)마저 멸망시키더니 삼번의 난을 평정하고 러시아와 네르친스크 조약을 체결해 국경을 정비했다. 또 외몽고를 병합했고 대만에 남아 있던 반청세력인 정성공의 세력을 토벌해 중국을 완전하게 장악했다. 강희제의 뒤를 이은 황제까지 약 100년간 청나라는 전성기를 구가했다(1670~1770년). 청나라는 몽골과 달리 청나라를 중국의 정통국가로 선포하고 한족을 관리로 임용하고 한자를 공용어로 사용하는 등 친화정책(親華政策)을 핌에 따라 스스로 한족에 녹아드는 결과를 가져왔다.

＊ 강희제 즉위(재위 1661~1722)

청나라 4대 황제 강희제는 아버지 순치제가 23세에 천연두로 죽으면서 7세의 나이로 즉위했다. 강희제의 나이가 어려 처음에는 선제의 공신 네 사람이 실권을 갖고 있었고, 1669년이 돼서야 이들을 제거하고 실제로 권력을 행사했다. 이후 강희제는 타고난 건강과 빼어난 무술, 결단력 있는 유능한 통치자로의 면모를 가진 제왕으로 청나라 초기에 청나라를 반석에 올려놓았다. 한 사람의 힘이 이렇게 거대한 나라를 움직일 수 있다는 것이 놀랍기만 하다.

만주족이 명나라를 정복할 때 한족이면서도 청나라를 도와 공을 세운 오삼계, 상가회, 정정명 등이 공로를 인정받아 왕에 책봉, 수도를 방위하는 번왕의 역할과 함께 많은 자율권을 가졌다. 이렇듯 이들 번왕들이 사실상 치외법권의 혜택을 누리면서 중앙정부의 안전에 위협이 되자 강희제는 이들을 제거할 생각을 하게 되었다. 그런데 이들이 왕위를 세습하는 과정에서 정부의 반대를 받자 반란을 일으킨다. 바로 **삼번의 난**이다. 강희제는 이들을 차례차례로 제거, 1681년경 난을 평정하고 안정을 찾는다. 내부의 골치 아픈 문제를 해결한 강희제는 이제 나라밖 문제에 신경을 써서 러시아, 몽골, 티베트, 신장 등의 문제에 힘을 쏟았다.

한편 1000년대에 들어와서야 겨우 나라의 형태를 갖춘 러시아는 1600년대까지는 유럽에서 주로 뛰어놀다가 1700년경 피터 대제 때부터 슬슬 극동지방에 와서 아는 척하고 얼굴을 들이밀기 시작했다. 침략을 시작한 것이다. 1685년 청나라는 계속 중국의 영토를 침범하던 러시아를 공격, 이로 인해 많은 러시아 군이 전사했다. 이후 청과 러시아는 네르친스크 조약(1689)을 맺어 마무리를 지었다. 1696년 강희제는 직접 고비사막을 넘어 외몽골을 공격해 청나라의 영토로 편입시켰고, 1720년에는 티베트로 군대를 보내 티베트마저 청나라의 영토로 편입시킴으로써 청나라의 위세를 떨쳤다.

강희제는 문화에도 많은 치적을 보였다. 유명한 《강희자전》을 편찬하는 등 60년간의 치세에 많은 것을 이뤘다. 아들 옹정제 또한 훌륭하게 치세를 해 전성시대를 이끌어낸다. 이후 건륭제의 선치로 전성시대가 계속되었으나 건륭제 말기 간신에게 정사를 맡긴 탓에 조정이 부패하더니 급기야 1796년 백련교의 난이 일어났다. 이어서 1840년 아편 전쟁의 패배, 1851년 태평천국의 난, 1856년 애로호 사건으로 영국과 프랑스의 공격에 무력함을 드러냈다. 1864년 태평천국의 난을 진압했으나 이미 중국은 힘없는 종이 호랑이라는 것이 증명되었다. 서양의 열강들은 다투어 먼저 본 사람이 임자라는 듯이 중국을 먹으려고 아귀다툼을 했다. 그러던 차에 청일전쟁에서 조그만 섬나라 일본에게 패배함에 따라 거대한 중국은 망신살이 뻗치게 되었다. 1900년에 일어난 의화단의 사건으로 유럽의 열강들이 북경까지 침입할 지경이 되었다. 이후 1911년에 신해혁명이 일어나더니 그 다음 해 청나라는 막을 내렸다.

1648 30년전쟁 종결/ 베스트팔렌 조약 체결(1618년 참조)

1651 (영) 항해조례 발표

네덜란드가 전 세계를 누비며 무역을 하고 식민지를 늘리는 등 눈부신 발전을 하며 여기저기서 영국과 부딪치게 되자 크롬웰은 항해조례(Navigation Act)를 발표해 네덜란드의 무역을 봉쇄했다. 네덜란드와 한판 붙자는 것이었다. 이로써 영국과 네덜란드는 한판 승부를 벌이지 않을 수 없게 되었다.

1652 영란전쟁 발발

영란전쟁(Anglo-Dutch War)은 1600년대~1700년대까지 영국과 네덜란드 사이에 있었던 네 차례의 전쟁을 말한다. 1588년 영국과 연합해 무적함대를 무찌른 네덜란드는 이때부터 불과 30~40년 사이에 유럽 최고의 부국으로 성장했다. 전 세계를 누비며 오스트레일리아와 뉴질랜드를 발견했고, 자바와 인도네시아를 식민지로 삼았다. 오늘날의 뉴욕을 먼저 차지하고 이름을 뉴암스테르담이라고 명명한 것도 네덜란드였다. 뉴질랜드라는 이름도 네덜란드의 질랜드 지역과 비슷한 지형이라고 해서 명명된 것이었다. 그러나 이를 그냥 보고만 있을 영국이 아니었다. 조그마한 네덜란드가 전 세계를 휩쓸고 다니는 것이 눈엣가시 같았던 영국은 드디어 1653년 네덜란드와 제해권을 놓고 한판 진검승부를 벌였다. 이 싸움에서 승리한 영국은 해가 지지 않는 나라에 한 발짝 다가가게 된 반면 네덜란드는 목발을 짚고 절뚝거리며 퇴장해야 했다. 정말로 비정한 세상이었다. '국가 간에는 영원한 우방도 영원한 적도 없다'는 명언이 생각난다. 1588년 같이 힘을 합쳐 에스파냐의 무적함대를 물리칠 때가 엊그제 같았는데 말이다. 아무튼 1664년 영국은 네덜란드가 차지하고 있던 뉴암스테르담을 빼앗고 뉴욕(New York)이라고 개명했다.

1654 네덜란드의 뉴욕 구입

네덜란드 총독 미뉴에트는 맨해튼족(Manhattan) 원주민에게서 60굴덴(금 0.7킬로그램의 값=24달러)으로 맨해튼 섬을 구입하고 뉴 암스테르담이라고 이름을 지었다. 후에 네덜란드와의 전쟁에서 승리한 영국은 1664년 이 섬을 빼앗고 당시의 황태자인 요크 경의 이름을 따서 뉴욕이라고 고쳤다. 지금은 뉴욕을 얼마나 주면 살 수 있을까?

1660 (영) 찰스 2세 즉위(재위 1660~1685)

찰스 1세의 아들로 1648년 아버지 찰스 1세가 탄핵을 받아 처형될 위기에 처하자 아버지를 구하기 위해 많은 노력을 했으나 실패하고 1650년에는 스코틀랜드 왕으로 영국 탈환을 시도했으나 노련한 크롬웰에게 말려 패한 후 목숨만 건져 프랑스로 망명을 했다. 1660년 크롬웰이 죽은 후에 야 다음 왕으로 추대되어 찰스 2세로 즉위한다. 10년의 망명생활은 비참 했으며 어느 나라도 그를 망명한 왕자로 대접해 주지를 않았고 항상 신변에 위협이 뒤따랐다. 즉위 후 아버지 찰스 1세를 처형한 올리버 크롬웰에 대한 원한으로 무덤에서 시체를 꺼내어 부관참시를 하고 목은 자기가 죽을 때까지 걸어놓도록 했다. 항해조례는 그가 한 몇 안 되는 실적이었고, 1664년 네덜란드의 뉴암스테르담을 빼앗아 오늘날의 뉴욕을 차지한 것도 그의 실적이다. 1667년 영란전쟁의 2차 전쟁에서 패해 인기가 하종가를 쳤으며 찰스는 후사가 없어 자연히 동생 제임스가 다음 왕위계승자가 되었는데 제임스가 가톨릭교도니 프로테스탄트 일색인 영국 권력가들은 제임스가 다음 왕위에 오르는 날에는 옛날 헨리 8세와 그의 딸 피의 메리 시절 프로테스탄트들이 당했던 상황이 되풀이 되지 않을까 악몽에 시달려 걱정이 이만저만이 아니었다. 이는 결국 몇 년 후 명예혁명의 원인이 된다.

1661 강희제 즉위(재위 1661~1722, 1644년 참조)

1667 불란전쟁(1차)
1652년 영국과의 전쟁에서 패배한 네덜란드가 힘을 잃자 프랑스의 루이 14세는 그 기회를 이용해 남부 네덜란드를 공격한다.

1672 불란전쟁(2차)
프랑스의 루이 14세는 영국의 찰스 2세와 연합해 얼마 전 영란전쟁에서 패배해 기진맥진한 네덜란드를 공격한다. 당시 네덜란드의 총 사령관은 빌렘으로 어머니는 영국 찰스 1세의 딸로 찰스 2세와는 남매간이다. 그러니 빌렘에게는 찰스 2세가 외삼촌이다. 외삼촌이 조카를 공격하는 셈이다. 그러나 빌렘은 탁월한 전술로 전쟁을 수행했고 외교적인 노력을 해결국 루이 14세의 프랑스를 격퇴시켰으나 이때는 강적 영국, 프랑스와의 전쟁으로 기진맥진한 상태로 해외의 많은 금쪽같은 식민지를 영국과 프랑스에게 빼앗길 수밖에 없었다. 국가와 국가 사이의 이해관계는 이렇게 비정한 것이다. 영국과의 전쟁에 패전해 깁스를 하고 병상에 누워 있는 네덜란드를 대국인 프랑스의 루이 14세는 그 틈에 공격하고 외삼촌인 찰스 2세는 병상의 조카를 공격해 프랑스와 나누어 갖는 것을 보면서 여러 가지를 배우게 된다.

1674 조선 19대 숙종 즉위(재위 1674~1720)와 장희빈

숙종은 현종의 아들로 비로는 인경왕후, **인현왕후**, 인원왕후가 있었다. 우리에게는 **장희빈**으로 잘 알려진 임금이다. 그동안 일부지역에 국한되어 실시되어 오던 대동법을 전국적으로 실시하고 양전사업을 확대해 국가 재정 수입의 안정을 꾀했고, 호패법 실시와 상평통보의 주조와 통용을 실시했으며, 1712년 북한산성을 대대적으로 개축해 남한산성과 함께 서울 수비의 양대 거점으로 삼았다. 내버려둔 압록강 주변의 무창, 자성의 2진을 개척, 옛 영토의 회복운동을 꾀하기도 했다. 또한 청나라와 협상해 백두산 정상에 정계비를 세우게 함으로써 국경선을 확정지었다.

숙종 초기에는 남인이 주도했으나 남인이 탁남, 청남으로 갈라지면서 탁남인 허적을 중심으로 하는 일파가 주도권을 잡는다. 그러다 1680년 탁남 허적의 서자 허견이 역모를 했다고 해서 남인이 축출되고 서인이 등용되었지만 1689년 장희빈이 낳은 왕자의 세자 책봉에 반대하면서 숙종의 미움을 산 탓에 다시 남인에게 주도권을 빼앗기고 만다(서인: 반장희빈,

남인: 장희빈). 남인은 실권을 잡자 인현왕후를 폐위시킨 후 서인이 인현왕후 복위를 도모했다고 고변을 해 옥사를 일으키기도 한다. 그러나 인현왕후 폐한 것을 후회한 숙종은 도리어 서인을 등용시키고 남인을 다시 내쫓았다. 그 뒤 서인은 자기들끼리 노론과 소론으로 갈라져 각축전을 벌였다. 그러던 중 숙종은 노론의 주장을 받아들여 장희빈을 사사하고 장희빈 및 남인에 동정적이었던 남구만, 최석정도 몰락시킨다.

숙종과 경종의 약 50년간(1674~1724)은 당파싸움으로 보낸 시간이었다 해도 과언이 아니다. 숙종이 죽으면서 희빈 장씨의 아들이 경종으로 즉위했으나 후사가 없어 숙빈 최씨의 아들 연잉군(경종의 배다른 동생이며 후에 영조가 됨)이 세자가 된다. 후에 영조는 자신이 정궁의 몸에서 나온 자식이 아니고 후궁의 몸에서 나온 것에 대해 몹시 열등감을 느꼈다고 한다. 숙종의 능은 경기도 고양시에 있는 서오릉에 있는 명릉이다.

1680 (일) 5대 쇼군 쓰나요시 즉위(겐로쿠 시대 개막)

덕천막부의 5대 장군 쓰나요시가 통치하던 1688년부터 1704년까지의 약 **16년간 일본은 산업이 융성하고 경제가 발전해 특수를 누렸다. 이를 겐로쿠 시대(元祿時代)라고 한다.** 지금도 아주 경기가 좋은 것을 '겐로쿠 시대 이후 최대의 호황'이라고 표현한다.

8-4 러시아와 프로이센의 유럽 무대 등장

■ ■

1682 (러) 표트르 1세 즉위(재위 1682~1725) 가계도-7B 참조

표트르 1세는 러시아의 뛰어난 통치자로 러시아를 유럽의 강호로 만들고 이후 중요한 외교전에서 러시아를 무시할 수 없게 만들었다. 피터 대제라고도 한다. 당시 러시아는 커다란 땅덩어리를 가지고 있었지만 바다로 나가는 길은 거의 다 막혀 있어 흑해, 발트 해, 카스피 해 등 바다로 진출할 길을 확보하는 것이 가장 시급한 일이었다(1695~1696). 그래서 투르크와 전쟁을 일으켜 돈 강에 함대를 건설하고 아조프 해를 확보했는데, 이렇게 되자 유럽의 열강들이 일제히 러시아를 경계하기 시작했다. 당시 프랑스에서는 루이 14세가 큰소리치고 있었고, 영국에서는 명예혁명으로 아내의 아버지인 제임스 2세를 내쫓고 영국의 왕이 된 윌리엄 3세가 활약하고 있었다. 우리나라는 숙종의 재위 시절이었고, 중국은 청나라의 스타 황제 강희제가 청나라를 전성시대로 만들던 때였다.

1697년 표트르 1세는 직접 사절단을 이끌고 유럽의 여러 나라를 다니며 조선, 군사, 대포제조법 등 여러 가지 기술을 직접 배웠다. 그러다 1년여 견학을 다니던 중 모스크바에서 또다시 근위대의 반란이 일어남에 따라 급히 귀국, 반란 관련자를 모조리 처형했다. 또한 아들 알렉세이가 반란에 참여한 것이 밝혀지자 아들마저 처형해 주위의 간담을 써늘하게 만들었다. 1700년에는 당시 유럽의 강호로 인정받고 있던 스웨덴과 발트 해 진출을 위해 한판 승부를 벌였는데, 스웨덴을 가볍게 보고 달려든 탓에 대패를 당하고 만다(나르바 전투). 그러나 이후 20년을 끈 스웨덴과의 전쟁에서 마침내 승리(1722)함에 따라 발트 해 동부지역을 확보했다. 이로써 스웨덴은 강국이라는 명함마저 빼앗기고 말았다. 원로원은 이 공로를

인정해 표트르 1세를 러시아 전체의 황제로 추대
했다.

표트르 1세는 1703년 네바 강변에 **상트페테르
부르크**를 건설해 수도로 삼았다(1924년 레닌이
죽자 한때 레닌그라드로 불리기도 했다). 1710
년에는 오스만과의 전쟁에 패해 포로가 되는 수
모를 겪으면서 아조프 해와 흑해 함대를 오스만
에게 넘겨주고 말았다. 당시 유럽에서는 전 열강들이 에스파냐 왕위계승
전쟁에 정신이 없었는데, 표트르 1세는 농민 출신의 **예카테리나**라는 여
성과 동거하다 1712년 정식으로 결혼하고 황후로 삼았다. 그러나 둘 사이
에는 아들이 없었다. 안나와 엘리자베타라는 딸만 둘 있었다. 유일한 아
들이었던 알렉세이는 반역에 관련되었다가 고문을 받고 처형당했다. 표
트르 1세가 1725년 53세로 병사하자 아내인 예카테리나가 황제로 선출되
었다.

1685 청나라, 러시아 군사 섬멸

러시아는 전통적으로 유럽의 국가였다. 그러다가 1600년대가 되면서 차
츰 극동지역에 상통을 비치기 시작했다. 시기적으로 명나라가 멸망하고
청나라가 들어서던 때로 삼번의 난이 일어나는 등 아직 안정이 안 되었을
때였다. 이 틈에 러시아는 중국 국경을 침입해 살인, 약탈 등을 자행했다.
1682년 삼번의 난을 평정해 안정을 되찾은 강희제는 이번에는 번번이 국
경에서 노략질을 일삼는 러시아군을 1685년에 섬멸하고 이어서 1689년
에 러시아와 **네르친스크 조약**을 맺어 국경문제를 매듭지었다. 당시 러시
아의 황제는 표트르 1세였다.

1685 (영) 제임스 2세 즉위(재위 1685~1688)와 명예혁명

찰스 1세의 둘째 아들이자 찰스 2세의 동생이었던 제임스 2세는 가톨릭을 우대함에 따라 국회와 갈등을 빚었다. 이에 국회는 네덜란드 총독 빌렘에게 시집간 메리를 여왕으로 추대할 것을 추진했다. 당시 네덜란드는 베스트팔렌 조약으로 신교를 인정받았으나 가톨릭교도인 프랑스, 에스파냐, 오스트리아로부터 심한 압박을 받고 있었는데, 영국까지 가톨릭인 제임스 2세가 집권하게 되자 빌렘으로서는 장인의 나라이지만 영국을 묵과할 수 없었다. 결국 적국으로 선포했다. 이에 힘입은 국회파들은 빌렘에게 자기 나라에 쳐들어와달라는 괴상망측한 초청장을 보내고, 이에 메리와 빌렘은 네덜란드 군대를 이끌고 아버지의 나라이자 장인의 나라인 영국으로 칼을 겨누고 돌진한다. 당시 영국의 하원은 청교도들이 대부분 차지하고 있었는데 제임스가 가톨릭교도인 데다가 두 번째 왕비 역시 가톨릭교도가 되면서 자연스럽게 가톨릭 신자들이 군 장교와 요직을 차지함에 따라 의회와 알력을 빚었다. 그나마 제임스에게는 자식이 없었기 때문에 다음 왕위가 신교도인 메리에 돌아갈 것이라고 기대하며 제임스가 죽기만을 오매불망(寤寐不忘) 기다리고 있었는데, 뒤늦게 54세의 제임스가 아들을 낳자 절망한 귀족들은 서둘러 메리를 왕으로 초청하게 된 것이었다. 제임스는 전투를 하려 했으나 일부 프로테스탄트 장교들이 조국을 배반하고 적군으로 투항함에 따라 전의를 상실했다. 결국 제임스 2세는 전투를 포기하고 프랑스로 망명, 결과적으로 전투 없이 나라를 딸과 사위에게 넘겨주고 만다. 이를 명예혁명이라고 한다.

1688 명예혁명(Glorious Revolution)

1689 (영) 메리 2세, 윌리엄 3세 공동 즉위(재위 1689~1702) 가계도-3D 참조

메리와 윌리엄은 같은 할아버지(찰스 1세)의 자손이니 사촌 간이다. 윌리엄은 네덜란드의 오라녜 주의 총독으로 뛰어난 군인이었다. 영국의 찰스 2세와 프랑스 루이 14세가 네덜란드를 침공했을 때 네덜란드 총사령관으로 임명된 윌리엄은 탁월한 작전을 펼쳐 최대 강국인 두 나라의 공격을 방어, 네덜란드를 지켰다. 1677년 영국 왕위계승 1순위인 메리와 결혼해 주위의 관심을 모았다. 앞서 설명한 바와 같이 명예혁명을 통해 메리와 함께 영국의 공동 왕이 되었다. 한편 1690년 프랑스에 망명해 있던 제임스 2세는 프랑스의 지원을 받아 영국을 침공했지만 윌리엄에게 보인 강 전투에서 패하고 만다. 이후 제임스 2세는 더는 무력도발은 하지 못했다.

1700년 에스파냐 카를로스 2세가 죽자 루이 14세가 손자의 에스파냐 왕위를 주장함에 따라 에스파냐 왕위계승 전쟁이 일어난다. 이로써 유럽은 무려 14년간 전화 속에 휩싸이게 된다. 1701년 프랑스에 망명해 있던 제임스 2세가 죽자 루이 14세는 제임스의 아들을 영국의 왕으로 선포, 영국인의 반프랑스 정서에 불을 질렀다. 역시 영국과 프랑스는 영원한 맞수였다. 윌리엄은 1702년 병사했으나 죽기 전에 전쟁을 예상하고 영국과 네덜란드에 상비군을 훈련시켜 죽은 뒤를 준비했다. 본격적인 전쟁은 뒤를 이은 메리의 동생 앤 여왕이 맡아서 처리했다.

한편 **윌리엄 3세는 권리장전(Bill of Rights)에** 서명했는데 이로써 사실상의 모든 권한이 국회로 넘어가고 만다. 이후 영국의 왕은 형식적인 국가의 원수가 되었다. 오늘날의 민주주의로 향한 첫 발을 내딛는 순간이었다.

1701 프리드리히 1세 즉위(프로이센 왕, 재위 1701~1713)

프리드리히 빌헬름(1640~1688)이 죽고 아들인 프리드리히가 프리드리히 3세로 브란덴부르크 선제후가 되며 ,1701년에는 프로이센의 초대 왕 프리드리히 1세로 즉위한다. 프리드리히 1세는 당시 프랑스의 루이14세에 대항해 대 프랑스 동맹을 구축하고 네덜란드를 돕기 위해 동맹군을 파견하기도 했다. 에스파냐 왕위계승 전쟁에도 루이 14세를 견제하기 위해 오스트리아와 긴밀히 협조하기도 해 두 나라사이는 매우 가까웠다.

1701 에스파냐 왕위계승 전쟁(1701~1714)

유럽사에서 상당히 중요한 전쟁이다. 당시 에스파냐는 오래전부터 합스부르크가의 영토로 인정받아 왔다. 그런데 에스파냐의 왕 **카를로스 2세**(재위 1665~1700)가 죽으면서 왕위를 선왕 **펠리페 4세의 증손인 펠리페 5세에게** 물려주라고 유언을 했다. 그런데 펠리페 5세는 앙주 공작으로 **프랑스 루이 14세의 손자**였다. 카를로스 2세의 에스파냐 영토는 에스파냐 본토 말고도 에스파냐령 네덜란드, 에스파냐령 해외 식민지, 이탈리아에 있는 에스파냐령 등 엄청나서 열강들의 초미의 관심사가 되고 있었다. 특히 프랑스로서는 서쪽으로는 에스파냐, 동쪽은 오스트리아, 남쪽은 이탈리아 등 사방이 합스부르크제국의 영토로 포위되어 있는 형국이었기 때문에 에스파냐 왕위는 안보와 직결된 문제였다. 그래서 어떻게 해서라도 손자인 펠리페 5세를 에스파냐 왕으로 만들어야만 했는데, 마침 카를로스 2세의 유언이 있자 강력히 밀어붙이려고 마음을 먹었다. 그러나 영국이나 네덜란드, 오스트리아 등 반프랑스 국가들로서는 루이 14세의 손자가 에스파냐 왕이 되었다가는 이베리아 반도에서부터 프랑스까지 전체가 프랑스의 영향권으로 들어가는 것은 물론이고 에스파냐령인 네덜란드 외에도 많은 식민지까지 프랑스의 영향을 받게 될 판이었다. 한마디로 그건 안 될 말이었다. 결국 프랑스와 반프랑스파 사이에 전쟁이 일어났다.

　반프랑스 연합은 합스부르크가의 카를 6세를 에스파냐 왕으로 밀었다. 카를 6세는 현직 신성로마제국 요제프 황제의 동생이었는데, 카를 6

세가 에스파냐를 갖게 되면 자연스레
합스부르크가의 영토가 오스트리아 쪽
과 에스파냐 쪽으로 나누어지기 때문
에 자연 세력이 약화되고, 또 프랑스도
견제할 수 있어 금상첨화(錦上添花)였

다. 그러나 1711년 신성로마제국의 요제프 황제가 갑자기 사망하고 카를
6세가 황제가 됨에 따라 사태가 급변했다. 만약 신성로마제국의 황제가
된 카를 6세가 에스파냐까지 갖게 되면 합스부르크가가 또다시 한 사람
앞으로 합쳐지게 되었기 때문이었다. 이것은 더 큰일이었다. 결국 반프랑
스 연합은 입장을 급선회, 1713년 에스파냐는 펠리페 5세에게 주되 에스
파냐 본토만 갖고 해외 식민지는 포기할 것, 그리고 전쟁에서 계속 밀리
던 프랑스 해외의 식민지를 영국에게 할애하는 조건으로 **위트레흐트 조
약**을 체결한다. 이로써 영국은 호박이 덩굴째 굴러 들어오게 되었다.

1702 (영) 앤 여왕 즉위(재위 1702~1714) 가계도-3D 참조

앤은 명예혁명으로 망명한 제임스 2세의 둘째 딸이다. 언니인 메리와 형
부 윌리엄 3세의 뒤를 이어 즉위했다. 즉위 후 바로 에스파냐 왕위계승 전
쟁을 치른다. 전쟁은 말버러 공작의 주도하에 치러졌다. 재위 중 가장 큰
업적은 스코틀랜드와 잉글랜드를 통합법(Act of Union)에 의해 통합하기
로 합의한 것이다.

앤 여왕의 시대는 한마디로 휘그당과 토리당의 싸움 시절이었다. 그러
나 이것은 근대 국회의 야당과 여당의 정책싸움의 첫 발자국이라 할 수
있다. 이제 국왕의 통치시대는 가고 국회가 통치하는 시대가 오고 있음을
알리는 것이었다.

앤 여왕이 후사가 없어 스튜어트 가문이 끊기게 되자 다음 왕조는 하노

버 왕조로 넘어가는 왕위계승법(Act of Settlement)에 서명했다. 앤 여왕이 죽자 독일에 있던 하노버 공이 조지 1세로 즉위, 하노버 왕조를 열었다.

1705 **요제프 1세 신성로마 황제(1705~1711, 1701년 참조)**

1711 **신성로마제국 카를 6세 황제 즉위(재위 1711~1740)** 가계도-5 참조

프랑스의 루이 14세와 15세, 영국의 조지 1세와 2세의 시절, 레오폴트 1세의 둘째 아들로 형인 요제프 1세의 뒤를 이어 황제가 된다. 1700년 에스파냐의 카를로스 2세가 죽자 열강들은 에스파냐의 왕위를 카를 6세가 갖는 것에 동의했는데, 1711년 요제프 1세가 갑자기 죽고 카를 6세가 뒤를 이어 신성로마제국의 황제가 되자 입장을 바꾸고 만다. 카를 6세가 신성로마제국의 황제와 에스파냐 왕위를 함께 차지하면 합스부르크가의 세력이 커지기 때문이었다. 이에 불안했던 열강들의 반대로 에스파냐의 왕위는 무산되고 말았다.

카를 6세는 외아들이 일찍 죽자 아들이 없을 경우 외딸인 마리아 테레지아가 자기의 모든 것을 물려받을 수 있도록 주위 국가들의 동의를 억지로 구했다. 그러나 그가 죽자 왕위계승 문제로 전쟁이 일어난다.

1712 **장 자크 루소 출생(1712~1778)**

1714 **(영) 조지 1세 즉위(재위 1714~1727)** 가계도-3D 참조

앤 여왕이 후사 없이 죽자 왕위계승법에 의해 독일에 있는 하노버 공을 영국 왕으로 수입해 조지 1세로 추대한다. 지난번에는 윌리엄 3세를 네덜란드에서 수입을 했는데 이번에는 독일로 수입선 다변화를 꾀했나 보다.

당시 왕족들이 다른 나라의 왕족들과 국제결혼을 자주 해 본질적으로 친척이었기 때문에 자기 나라에서 왕통이 끊기게 되면 다른 나라에 이민을 간 왕족을 불러다 왕으로 앉히는 것이 관례였다.

유럽은 서로 정략적인 결혼을 해 영토를 챙기거나 사돈 나라의 후광을 입는 경우가 허다했다. 그래서 자기 나라의 좋은 처녀들을 놔두고 남의 나라의 왕녀들을 왕비나 세자빈으로 수입을 했다. 영국의 왕비는 아예 프랑스와 수의계약을 했는지 대대로 프랑스 공주들을 수입해 충당했다. 그러니 영국 왕실의 핏줄은 프랑스와 반씩 섞였다고 해도 과언이 아니다. 프랑스는 주로 오스트리아(신성로마제국)의 공주들을 수입했다. 한편 영국의 공주들은 주로 독일, 오스트리아, 네덜란드, 말하자면 북구 쪽으로 많이 수출되었는데, 그러다 왕통이 끊기게 되면 시집간 딸의 아들(외손자)을 역수입해 영국 왕으로 추대하곤 했다. 1150년경 헨리 2세도 헨리 1세의 딸 마틸다와 프랑스 앙주 공작과의 사이에서 낳은 아들이었고, 1603년에 즉위한 제임스 1세도 스코틀랜드에서 수입했으며, 1688년에 즉위한 윌리엄 3세도 네덜란드 수입산이었다. 또 조지 1세도 1600년 초 영국의 왕이었던 제임스 1세의 외손녀 소피아와 독일 하노버 선제후 에른스트 아우구스트가 결혼해 낳은 아들이었다. 아무튼 1603년 제임스 1세부터 시작된 스튜어트 왕조는 111년 만에 막을 내리고, 하노버 왕조가 시작된다. 그는 1682년 조피와 결혼했으나 부정하다는 이유로 아내를 평생 동안(32년간)을 유폐 상태에서 살다 죽게 했으면서도 정작 자신은 탐욕스러운 독일인 두 명의 정부(情婦)와 스캔들을 일으켜 비난을 받았다.

1715 (프) 루이 15세 즉위(재위 1715~1774)

루이 14세가 1643년부터 세기(世紀)를 바꾸어가며 무려 72년이나 왕을 하고 77세의 나이로 죽었는데, 그때는 이미 이제나 저제나 아버지가 왕위를 물려주기를 기다리다 지친 아들에 손자까지 죽어버린 후였다. 때문에 증손자인 부르고뉴 공 루이가 5세의 나이로 왕위에 올랐다. 루이 15세도 60년이나 왕을 했는데 무책임한 통치로 결국 프랑스 혁명의 원인 중 하나가 되었다. 루이 15세의 섭정은 오를레앙 공 필리프 2세였는데, 그는 사치와 향락, 파티, 방탕으로 100여 명의 애첩을 두고 궁정을 환락의 장소로 전락시켰다. 루이14세가 하는 것을 보고 자라서 그런가 보다. 역시 가정교육의 중요함을 알 수 있다.

프랑스는 1733~1738년 폴란드 왕위계승 전쟁으로 로렌 지방을 합병했지만, 1740년 오스트리아 왕위계승 전쟁에 끼어들어서는 8년간의 전쟁 끝에 얻은 것이 아무것도 없었다. 1748 10월 체결된 엑스라샤펠 조약으로 마리아 테레지아의 오스트리아 상속권과 프로이센의 슐레지엔 영유권을 인정해야만 했고, 더불어 해외 식민지를 영국에 양보해야 하는 수모를 겪었다.

당시 오스트리아 왕위계승 전쟁은 단순히 왕위계승의 의미만 있는 것이 아니었다. 어느 한 나라가 세력이 강해지면 유럽의 판도에 변화가 왔기 때문에 서로 견제해야 했는데, 오스트리아 왕위계승 전쟁은 유럽의 최강자인 3국의 이해관계가 얽히고설켜 있었다. 왕위계승은 이유 중 하나에 불과했을 뿐 그 이면에는 막강한 군사력을 가진 프랑스와 영국이 새로 속속들이 발견되고 있는 지구상의 여러 나라를 누가 먼저, 하나라도 더 많이 차지하느냐를 가지고 곳곳에서 싸움을 벌이고 있었던 상황이 있었다.

1748년 오스트리아 왕위계승 전쟁에서 슐레지엔을 얻은 프로이센이 점차 강국으로 떠오르자 프랑스는 무언지 막연한 불안을 느끼기 시작했다. 프로이센에 슐레지엔을 빼앗긴 오스트리아도 억울함과 부끄러움이 뒤범벅이 된 채로 복수할 기회만을 노리고 있었다. 우습게도 이번에는 프랑스와 오스트리아가 손을 잡아 프로이센을 견제했고, 그러고도 무언가 불안해 새로운 신흥세력으로 떠오른 러시아까지 끌어들여 세 방향에서 프로이센을 압박하기 시작했다. 그러자 이번에는 영국이 프랑스를 견제하기 위해 프로이센을 지원하고 나섰다. 이렇게 해서 유럽은 또다시 전쟁 속에 빠져들게 된다. 바로 7년전쟁(Seven Year's War 1756~1763)이다. 이는 유럽 역사에서 매우 중요한 사건이다. 유럽에서 왕위계승 전쟁을 치르고 있는 순간에도 영국과 프랑스는 북미와 기타 해외 지역에서 식민지 쟁탈을 놓고 치열한 전쟁을 벌이고 있었다. **이렇듯 이 시기 유럽에서는 윌리엄 왕 전쟁**(King William's War, 1689~1697), **앤 여왕 전쟁**(Queen Ann's War, 1702~1713), **조지 왕 전쟁**(King George's War, 1744~1748) 등 전쟁이 계속해 벌어졌다.

아무튼 7년전쟁에서 패배한 프랑스는 그 많던 식민지를 영국에 거의 다 빼앗기게 되었고, 반면 영국은 거칠 것이 없게 되었다. 그런데 아메리카 대륙에서는 미국이 영국을 상대로 독립전쟁을 일으키자 영국과 라이벌 관계에 있는 프랑스는 없는 돈에 무리를 해가며 자원봉사로 미국을 돕다가 급기야는 경제 파탄에 이르게 되었다. 이는 결국 프랑스 혁명으로 이어진다. 속내는 어쨌거나 프랑스는 미국을 많이 도왔기에 미국은 프랑스와는 대체로 좋은 사이를 지금까지 유지해왔다. 자유의 여신상도 프랑스가 1880년경 미국에 선물한 것이다. 미국은 영국의 지배에서 벗어나기 위해 전쟁까지 치르며 독립하기는 했지만, 원래 근본이 영국이므로 팔이 안으로 굽는 것처럼 자기네끼리는 말다툼을 벌이더라도 제3자가 끼어들면 대체로 한편이 된다는 것을 역사가 보여주고 있다.

1720 조선 20대 경종 즉위(재위 1720~1724)

숙종과 희빈 장씨 사이에서 태어난 아들이다. 재위기간 중 소론이 전권을 장악하고 치열한 당파싸움의 소용돌이 속에서 병약하고 자식도 없었다.

서인들은 노론과 소론으로 갈라져 패싸움으로 날을 지새웠고 김창집, 이이명, 조태채, 이건명 등 노론 4대신을 모조리 죽이고 소론이 정권을 잡았다. 경종은 병약해 재위 4년 만에 죽음으로써 숙빈 최씨에게서 태어난 경종의 이복동생 연잉군이 영조로 뒤를 잇는다. 소론은 과연 얼마나 오랫동안 좋은 시절을 누릴 수 있을지 다음을 기다리시라.

1724 조선 21대 영조 즉위(재위 1724~1776)와 탕평책

영조는 재위 52년 83세로 죽는다. 숙종의 서자로 어머니는 숙빈 최씨다. 경종 말년 노론의 4대신 김창집, 이이명, 조태채, 이건명이 다 죽고 소론이 집권을 한다. 영조는 세자 시절 소론에 의해 목숨이 위태로웠으나 노론편인 숙종의 계비 인원왕후(인현왕후가 죽은 뒤 이어 계비가 된 사람)의 강력한 비호로 왕위에 오를 수 있었다. 당연 영조는 즉위 초, 소론의 김일정, 목호룡 등을 죽이고 소론 4대신들도 다 내쫓은 다음 파당을 만들어 단체행동을 하면 해고를 하는 등의 탕평책을 쓰기 시작했다. 영조는 마음에 들지 않으면 아들까지 죽이는 그러한 무서운 사람이었다. 그러나 선조 이후 내려온 전통이 그리 쉽사리 뿌리 뽑히지가 않았다. 노론의 대표 민진원과 소론의 대표 이광좌를 불러 영수회담까지 가져가며 화해할 것을 주문했으나 막무가내였다. 그 무서운 영조도 할 말이 없을 지경이었다. 나중에는 양당 의원들을 골고루 내각에 기용하는 정책을 써서 약간의 효과를 보기도 했다. 하지만 1728년 이인좌의 난에 소론이 관련되는 일이 벌어졌다. 전 같으면 소론은 참화를 면키 어려웠겠지만 영조는 탕평책을 의식해 입각자 명단에 소론을 적게 올리고 노론의 비율을 높이는 등의 유화정책을 썼다.

영조의 세자는 효장세자였으나 일찍 죽었고 둘째는 장헌세자(사도세자)였다. 장헌세자는 겉으로는 노론의 세력에 눌려 지내고 있었지만 속으로는 소론의 견해가 옳다는 생각을 하고 있었다.
이에 장차 장헌세자가 왕이 되면 노론의 몰락을
가져올 수 있다고 본 노론은 세자를 제거할 기회
를 노리던 중 세자가 학문을 게을리 할 뿐 아니
라 궁인을 죽이고 여승을 희롱하고 왕 몰래 관서
지방까지 놀러가서 화류계 여인과 접촉하고 데
리고 와서 숨겨놓고 만난다고 영조에게 고변한
다(나경언의 고변 사건). 1762년 영조는 세자에게 자결할 것을 명하는데
세자가 거부를 하자 쌀뒤주 속에 넣어 가두고 굶겨 죽였다. 한창 젊은 나
이 27세였다. 당파싸움의 틈바구니 속에서 세자가 비명횡사를 한 셈이다.
후에 영조는 이를 후회하고 죽은 아들에게 사도라는 시호를 주었으며, 사
도제자의 아들을 이미 죽은 장남 효장세자의 양아들로 삼아 세자로 임명
했다.

영조는 노비제도 해체에 중요한 단서가 되는 법을 만들었고, 사회의 진
출이 불가능했던 서자 출신을 관리로 등용할 수 있는 기반을 마련했으며,
첩의 자손의 상속권을 인정했다. 균역법을 실시해 세금을 공평하게 하도
록 노력했다. 또한 행형제도를 개선해 가혹한 형벌을 완화, 낙형(烙刑)과
난장형을 금했고, 죄인의 가족을 잡아 가두는 법도 폐지했으며, 노비에
대한 상전의 사형(私刑)을 금지시키는 등 제도 개선에 노력을 많이 했다.
한편 영조 때 1763년 통신사 조엄이 고구마를 전래했다. 영조의 능은 경
기도 양주에 있는 원릉이다

1727 (영) 조지 2세 즉위(재위 1727~1760)

조지 1세의 아들로 왕세자 시절 부왕 조지 1세와 심한 알력을 초래해 부
왕 반대파의 온상 역할을 했다. 좀 부족했던 조지 1세의 반대파였기 때문

에 국민들의 기대를 받았다. 아버지 시대의 명재상이었던 월폴을 기용, 대부분의 권한을 위임했기 때문에 실질적으로 월폴이 정치를 했다. 아버지와 했던 것처럼 아들인 프레드릭과 사사건건 마찰을 빚어 프레드릭 역시 반정부 지도자들의 온상이 되었다. 아버지가 할아버지한테 하는 행동을 보고 자랐으니 아들을 나무랄 핑계도 없었다. 자코바이트(프랑스로 망명 가 있던 제임스 2세의 추종자)와 관계를 갖고 있던 토리당은 왕세자 주변에 몰려들었지만 1751년 세자가 세상을 떠남으로써 갈등이 해소되어 버린다. 젠킨스 귀 사건으로 월폴이 사임을 하고 물러나자 왕의 권위도 서서히 허물어져 갔다. 1740년 벌어진 오스트리아 왕위계승 전쟁에서 1743년 영국군, 하노버 공군, 오스트리아 연합군을 직접 이끌고 참전 포화 속에서 진두지휘를 해 인기가 반짝했으나 그것도 잠시였다. 반대파 세력이 부상하면서 당시 수상이었던 뉴캐슬을 사임시키고 반대파인 윌리엄 피트를 등용할 수밖에 없었다. 이후 조지 2세는 정치에는 거의 무관심으로 일관하다가 1760년 세상을 떠났다. 수상 윌리엄 피트는 프랑스와 치른 7년전쟁을 승리로 이끌어 명성을 떨쳤다.

8-5 유럽의 패권 다툼과 해외로 전쟁 확대

■ ■

1740 오스트리아 왕위계승 전쟁 [가계도-5 참조]

신성로마제국의 황제 레오폴트 1세(재위 1658~1705)가 죽은 후 장남 요제프 1세(재위 1705~1711)가 즉위하나 불과 6년 만에 죽으면서 차남 카를 6세(재위 1711~1740)가 신성 황제로 즉위한다. 카를 6세는 1740년 죽었는데, 아들이 없자 죽기 전 딸 마리아 테레지아에게 모든 것을 상속하고자 1711년 국사조칙이라는 것을 만들어 주위의 제후들을 어렵게 설득해 상속에 동의를 받았다. 그러나 1740년 막상 죽자 여자에게는 왕위를 계승시키지 않는다는 게르만 민족의 법에 따라 여러 명의 제후들이 이를 인정하지 않았다. 더구나 마리아의 오스트리아 왕위 상속을 인정하지 않은 프로이센이 오스트리아 최대의 요지인 슐레지엔을 점령하면서 오스트리아와 전쟁을 시작한다. 이에 유럽의 열강들은 오스트리아 편과 반오스트리아 편으로 나뉘어 떼 전쟁을 한다. 바로 **오스트리아 왕위계승 전쟁(War of the Austrian Succession)**이다.

오스트리아와 사이가 좋지 않은 프랑스는 당연히 반오스트리아 편인 에스파냐, 작센, 프로이센과 연합했다. 오스트리아 편은 영국, 하노버, 헤센, 사보이 왕국이었다. 프랑스가 프로이센, 작센 등과 연합해 오스트리아를 물리치고 세력을 잡으면 영국으로서는 식민지 무역에 치명적인 타격을 받을 수밖에 없었기 때문에 프랑스의 준동을 결사적으로 막고 나섰다. 그중에서도 마리아 테레지아의 계승을 강력히 반대한 바이에른의 카를 알브레히트는 자신을 신성로마제국의 카를 7세로 선포했으나 불과 5년 만에 죽고 만다. 이후 아들인 요제프는 빼앗긴 바이에른 영토를 반환받는 조건으로 테레지아의 상속권과 테레지아의 남편 스테판을 신성로마제국 황제로 인정하는 데 합의한다. 신성로마제국의 확장을 두려워한 프로이센의 프리드리히 2세는 1745년 2차 슐레지엔 전쟁을 일으키지만 오스트리아와의 12월 드레스덴 조약으로 슐레지엔 점령을 인정받자 전쟁을 끝낸다. 프랑스는 퐁트누아 전투의 승리로 오스트리아 령 네덜란드를 양도 받았다. 오스트리아 왕위계승 전쟁은 1748년에 종료되었다.

1740 (독) 프리드리히 2세 즉위(재위 1740~1786)

프리드리히 대왕이라고도 불린다. 프리드리히 빌헬름 1세의 아들로 탁월한 실력으로 프로이센의 영토를 확장시켜 프로이센을 유럽의 군사대국으로 만들었다. 또한 독일 통일에 주도적인 역할을 한다. 나폴레옹과 함께 유럽역사의 위대한 지도자로 인정받고 있다. 종교, 교육, 예술, 국가조직, 정치, 헌법 등 많은 분야에서 혁신을 가져왔다. 나폴레옹과 히틀러도 그의 무덤에 참배했을 정도다.

　1740년 오스트리아의 슐레지엔을 점령해 오스트리아 왕위계승 전쟁을 주도하면서 1748년 슐레지엔 영유권을 공식으로 인정받았다. 1756년 7년 전쟁이 시작되면서 오스트리아, 프랑스, 러시아, 스웨덴을 상대로 힘겨운 싸움을 했으나 악조건 속에서도 탁월한 용병술과 강한 전투력으로 전쟁을 이끌었다. 그런데 오스트리아의 동맹국인 러시아의 엘리자베타 여왕이 죽고 표트르 3세가 즉위해 친프로이센으로 돌아서자 전쟁의 양상이 바뀌었다. 어렸을 때 독일에서 자란 표트르 3세가 프리드리히 2세를 존경했는데, 1762년 표트르 3세가 즉위하자 러시아는 오스트리아와의 동맹을 파기하고 프로이센 편으로 가담하고 만 것이다. 결국 프로이센과 영국 진영이 승리해 유럽의 최강자 대열에 합류하게 된다. 프리드리히 2세는 검소해 사치할 줄을 몰랐던, 그리고 국민을 위해 노력한 훌륭한 군주였다. 그의 재위 시절 영국의 국왕은 조지 2세와 3세였고, 프랑스의 국왕은 루이 15세와 16세였다. 그리고 중국은 청나라의 전성기가 지나서 서서히 쇠퇴기로 접어들기 시작한 건륭제의 시대였고 조선은 영조 시대였다.

1745 프란츠 1세 신성로마제국 황제 즉위(재위 1745~1765)

1736년 로렌의 프란츠 스테판은 마리아 테레지아와 연애결혼을 했다. 그런데 프란츠가 합스부르크가의 상속녀와 결혼해 합스부르크가의 사람이될 경우 프랑스는 로렌 지방을 잃게 되었기 때문에 결사반대를 외치는 이들도 있었다. 이에 프란츠는 대대로 물려오던 로렌 공작령을 포기하고 카를 6세의 딸이자 사랑하는 마리아 테레지아와 결혼, 아내인 테레지아의 상속권 덕분에 신성로마제국의 황제가 된다. 물론 선제후들과 관련국 간의 이해관계로 **오스트리아 왕위계승 전쟁을 치른 후에야 겨우 황제위에 오를 수 있었다.** 신부가 시집을 온 것이 아니고 신랑이 데릴사위로 장가든 모양이 되고 말았다.

1754 프렌치-인디언 전쟁(1754~1763) 지도-16 참조

프렌치-인디언 전쟁(French and Indian War)은 프랑스와 영국이 전 세계에 걸쳐 9년 동안 벌인 전쟁 중에서 아메리카를 무대로 한 전쟁이었다. 보통 7년전쟁에 포함시킨다. 당시 전 세계의 실질적인 실력자였던 두 나라가 해외의 영토 지배권을 둘러싸고 벌였던 세 차례 전쟁은 다음과 같다.

1689~1697	윌리엄 왕 전쟁(King William's War)
1702~1713	앤 여왕 전쟁(Queen Ann's War)
1740~1748	조지 왕 전쟁(King George's War)

조지 왕의 전쟁이 끝나고 1749년 뉴 프랑스(북 아메리카의 프랑스 영토)의 총독은 영국인들의 정착지를 애팔래치아 산맥 동쪽으로 국한시킬 목적으로 그 지역의 모든 영국인들에게 추방령을 내렸다. 1754년 봄 프랑스군은 오하이오 강 여러 지류에서 버지니아군을 몰아냈고 이에 조지워싱턴 대령의 영국군이 응전해 전투가 벌어졌다. 워싱턴 부대는 펜실베이니아 주의 니세서티 요새에서 포위되어 항복했다. 그러나 정작 싸움은 이렇게 국지전이 아니었다. 두 나라 중 어느 쪽이든 지배권을 갖고 있는 곳이라면 어디를 막론하고 양국의 전투가 벌어졌다. 당시 신대륙에서는 프랑스의 육군이 월등 우세해서 개전 후 4년간 영국군과 아메리카 식민지군은 치명적인 패배를 계속해야 했다. 그러다 1757년경 윌리엄 피트(조지 2세 시대)는 적극적으로 전투를 지원, 서서히 전세를 역전시키더니 결국 승리를 이끌었다. 이는 당시 영국이 재정 및 산업자원, 식량공급, 군 장비에서 우세했던 반면 프랑스는 전국적 파산과 경제가 마비상태로 향하고 있었던 데 원인이 있었다. 결국 시간이 흐르면서 지원이 부족한 프랑스군은 서서히 무너졌다. 1759년 영국은 에이브러햄 전투에서 결정적인 승리를 거뒀고, 퀘벡에서도 프랑스군의 항복을 받았다(퀘벡 전투). 프랑스는 다음 해 몬트리올과 캐나다의 전 지역에서도 패배하면서 1763년 파리조약에 따라 북미 지역 모든 기득권을 영국에 넘겨주어야 했다.

1756 7년전쟁 발발(1756~1763, 1715년 참조)

7년전쟁(Seven Year's War)은 당시 유럽에서 벌어진 전쟁 중에서 매우 중요한 의미를 갖고 있는 전쟁으로 유럽의 열강이라는 명함 비슷한 것을 갖고 다니는 나라는 모두 참여했다. 몇 년 전 오스트리아 왕위계승 전쟁에서 독일 동부의 요지 슐레지엔 지방을 빼앗긴 오스트리아가 그 땅을 회복하려고 **프랑스, 작센, 스웨덴, 러시아와 연합**해 프로이센을 압박하자 프로이센은 영국, 하노버, 헤센–카셀, 브라운 슈바이크와 연합했다. 이로 인해 독일은 100여 년 전 30년전쟁 때처럼 유럽의 전쟁터가 되었다. 이 전쟁 역시 영국과 프랑스의 주도권 쟁탈전이었고 나머지 국가는 각자 이해에 따라 싸우는 조연에 불과했다. 그래서 전쟁은 유럽뿐만 아니고 식민지가 있는 북아메리카와 인도까지 확대되었다. 전 세계의 전쟁이 되었던 것이다. 그중 북미에서의 전쟁을 프렌치-인디언 전쟁이라고 부른다. **이제부터는 전쟁이라는 개념이 한 나라와 다른 한 나라가 서로 싸우는 것이 아니고 이해관계가 얽히면 서로 연합해 싸우는 패싸움이 된다.** 또한 전 세계가 무대가 되었다. 이것이 이전과는 달라진 전쟁의 양상이었다. 제1·2차 세계대전을 치르면서 재차 확인된다.)

이기고 지기를 반복하는 7년 동안의 수많은 전투 결과 1761년경에는 서로 지쳐 있었다. 프로이센은 초인적인 힘으로 전투를 계속했으나 이제는 더 이상 버틸 힘도 없는 거의 절망적인 상태였다. 그때 러시아의 엘리자베타의 뒤를 이어 표트르 3세가 즉위하면서 러시아는 입장을 바꿔 프리드리히 2세와 강화를 맺고 오스트리아군을 슐레지엔에서 몰아내는 데 협력했다. 프리드리히로서는 죽음 직전에 구세주를 만난 격이었다. 얼마 후 표트르 3세는 아내 예카테리나에게 암살되었지만 뒤를 이은 예카테리나도 프로이센에게는 대항하지 않았다. 한편 **북미 지역 전투에서 패한 프랑스가 1763년 2월 파리조약으로 영국에게 북아메리카와 인도를 헌납함에 따라 영국은 해외 식민지 경영에서 선두주자가 되었다.** 또 지금까지 변방의 국가로 인식되어 왔던 러시아는 새로이 열강 대열의 말석(末席)이나마 차지하게 되었다. 프로이센의 프리드리히 2세 역시 슐레지엔에 대해 영유권을 확보하고 강대국으로서의 지위를 획득했다.

1750년 이후의 인도 정세

인도의 후추와 향신료는 유럽인들에게는 매운 중요한 식품이었다. 1498년 인도로 가는 항로를 개척한 유럽은 다투어 인도로 향했는데, 우수한 신무기와 장거리 함포를 장착한 함정을 개발한 유럽 해군과 아랍의 고물 함정과의 싸움은 계란으로 바위치기였다. 따라서 이후 상권은 아랍인에게서 유럽의 상인에게로 넘어갔다. 1757년 7년전쟁과 인도에서 벌어진 전투에서 프랑스에 승리한 영국으로서는 이제 남의 눈치를 살필 필요도 없이 인도 전역에 대한 침략을 노골화했다. 그로 인해 인도는 바람 앞 등불의 처지가 되고 말았다. 외적의 침입을 맞이하면서도 내부는 세력 다툼으로 정신이 없었다. 일부는 영국과 내통해 자국에다 대포를 들이대는 등 난맥상을 보였다. 결국 인도는 1800년대에 들어서면서 영국의 지배를 받기 시작했다. 영국이 인도를 지배하기 시작하자 착취와 악정에 항거하는 반란이 일어나는데 대표적인 것이 세포이 항쟁이었다. 다음 해 캠벨이 지휘하는 영국과 네팔의 연합군에 속수무책으로 당했다. 하지만 이후 영국은 인도에 대해 유화정책으로 바꾸어 지금까지 심하게 착취했던 동인도회사의 좌판을 거둬 본국으로 철수시켜 버리고 영국 정부가 직접 인도를 통치했다. 이때 인도인들은 독립의 아버지이며 국부(國父)로 추앙받는 간디를 민족의 지도자로 맞이하면서 새로운 희망을 갖게 된다 (1800년대 말의 이야기임).

영국이 제1차 세계대전 시 협력하는 대가로 인도인들에게 자치를 약속을 했으나 이 약속이 지켜지지 않자 간디는 범국민적 반영운동을 전개했다. 간디의 무저항 비폭력주의는 전 인도에 반향을 불러 일으켰다. 1947년 인도에는 인도 공화국과 파키스탄 공화국이 동시에 설립되었다. 결과적으로 두 개의 나라로 분열된 것이다. 초대 인도 공화국의 총리에는 네루가 선출되었다. 이후 오늘날까지 인도와 파키스탄은 끝없는 갈등과 테러로 얼룩지고 있다. 영국이 저지른 상처가 아직도 아물지 않고 있는 것이다.

* 간디(1869~1948)

간디(Mahatma Gandhi)는 인도의 위대한 민족주의 지도자이며 정신적인 지주로 지금도 인도의 아버지로 추앙받고 있는 인물이다. 학교 시절 성적이 좋지 않아서 대학을 겨우 갈 수 있었다. 어려운 살림에도 영국으로 유학을 가 법학을 공부하고 1891년 인도로 돌아왔다. 그러나 직장을 구할 길이 없다가 노력 끝에 법무사 일을 맡았는데 영국인 관리와의 불화로 그나마 그만두고 남아프리카공화국의 인도인 회사에 취직이 되어 그곳으로 갔다. 그리고 그곳에서 인도인들이 얼마나 비참한 대접을 받고 있는지를 알게 되면서 인권운동을 시작했다. 1914년 인도로 돌아왔다. 1919년 민중탄압법이 제정되자 **사티아그라하(진실에의 헌신) 투쟁을 시작했는데**, 이 투쟁 중에 400여 명에 달하는 인도인이 영국군에 살해를 당했다. 이후 여러 차례의 투옥을 당하며 영국에 대해 반영투쟁을 했다. 그리고 마침내 1947년 인도는 영국으로부터 독립을 하게 된다. 그러나 간디는 1948년 1월 30일 힌두교 광신자에 의해 암살을 당한다.

1760 (영) 조지 3세 즉위(재위 1760~1820)

조지 3세는 북아메리카에서 미국을 잃은 왕으로 기록되었다. 조지 2세의 손자다. 아버지가 젊었을 때 사망함에 따라 할아버지인 조지 2세의 뒤를 이어 22세에 즉위했다. 7년전쟁의 종료로 최강국으로 부상한 영국의 왕이었지만 무능했다. 식민지인 아메리카를 규제하기 위한 많은 규제법을 제정해 아메리카와 반목을 하면서 1775년 미국과 전쟁을 시작했다. 그러나 끝내는 식민지와의 전쟁에서 패해 북아메리카를 잃고 만다. 1793년부터는 프랑스 혁명군과의 전쟁을 치르는 데 수상인 (소)피트가 훌륭하게 대처해나갔다. 선천적인 유전병을 앓아 말년에는 병고에 시달렸기 때문에 1811년부터는 아들인 프레더릭(조지 4세)이 섭정을 했다.

1762 (러) 표트르 3세 즉위(재위 1762~1762) 가계도-7B 참조

표트르 대제와 예카테리나 1세 사이의 딸 엘리자베타가 황제가 되자 독일 홀스타인 공국으로 시집간 동생 안나의 아들 표트르를 차기 후계자로 지명해 러시아로 데려온다. 어려서부터 독일 궁중에서 자란 표트르는 러시아 습관에 서툴렀을 뿐만 아니라 프로이센의 프리드리히 2세(프리드리히 대왕)를 열렬하게 존경했다. 때문에 그는 황제가 되자 독일 방식을 강요했고, 그로 인해 러시아인들의 원망을 샀다. 1745년 17세의 독일 여성 조피 프리드리히 아우구스테와 결혼을 하고 이름을 예카테리나 알렉세예브나로 바꿨다. 당시 유럽은 7년전쟁이 한창이었던 시절로 프로이센은 프랑스, 오스트리아, 작센, 스웨덴, 러시아와 싸우다 지쳐 몰리는 위태로운 상황이었다. 이때 엘리자베타가 죽고 프로이센을 지지하는 표트르 3세가 즉위하면서 프로이센의 프리드리히 2세는 죽기 직전에 기사회생한다. 표트르 3세가 적국인 프로이센을 도와 동맹국인 오스트리아에 총부리를 들이대는 배신을 했던 것이다. 프로이센으로서는 다행이었지만 러시아인들의 표트르 3세에 대한 원망은 심해졌다.

한편 표트르 3세는 아내인 예카테리나와 처음부터 사이가 좋지 않았다. 황실 근위대에 대해 해체 위협까지 해 관계가 악화된 데다가 아내인 예카테리나와의 이혼설이 떠돌았다. 그러자 황후 예카테리나는 정부(情夫)였던 오를로프와 근위대와 힘을 합쳐 표트르 3세를 몰아내고 스스로 예카테리나 2세로 황제 자리에 오른다. 표트르 3세는 쫓겨난 지 8일 만에 살해당하고 만다.

1762 (러) 예카테리나 2세 즉위(재위 1762~1796)

표트르 3세의 아내였던 예카테리나는 정부(情夫)와 결탁해 남편을 황제에서 폐위시키고 제위를 찬탈했다. 63세로 죽을 때까지 공식적인 정부만 12명이었다고 한다. 하지만 러시아의 영토를 넓히고 러시아를 외교 무대에서 무시할수 없는 강국의 반열에 들게 한 유능한 황제였다. 1764년에는 정부 중 한 명인 포니아토프스키를 폴란드의 왕으로 앉혔고, 1768년에는 러시아의 숙적인 오스만과 전쟁을 벌였다. 러시아에게 바다로 나갈 수 있는 교두보를 확보하는 것은 오랜 숙원이었다. 1774년 투르크와의 전투에서 크게 승리한 포툠킨은 예카테리나 2세의 연인이 되면서 하급귀족에서 일약 스타로 뛰어오르기도 했다. 1783년 오스만의 영토인 크림반도를 빼앗아 러시아의 영토로 병합하면서 흑해로 진출할 수 있는 길을 열자 프로이센, 영국 등 기존의 열강들의 경계를 받기 시작했다.

예카테리나 2세는 1789년 프랑스에서 혁명이 터지면서 루이 16세가 처형을 당하고 나폴레옹이 등장해 전 유럽을 석권하기 시작하던 시기에 살았으나 운 좋게 1796년에 죽음으로써 나폴레옹에게 수모를 당하지는 않았다. 잘되는 사람은 시기도 알맞게 죽나 보다. 하지만 똑똑치 못한 아들 파벨을 싫어해 손자인 알렉산드로에게 제위를 물려주고 싶어 했지만 나이가 너무나 어려서 결국 제위는 파벨에게 넘어갔다. 한편 이 시기 폴란드는 오스트리아, 프로이센, 러시아가 나누어 점령함으로써 나라가 없어지는 불운을 겪기도 했다.

1765 (영) 산업혁명(Industrial Revolution) 시작

1765 요제프 2세, 신성로마제국 황제 즉위(재위 1765~1790)

요제프 2세는 마리아 테레지아와 프란츠 1세와의 아들이다. 1765년부터 어머니와 공동통치를 시작했으나 어머니와 심한 불화를 겪었다. 폐위의 말까지 나왔을 정도였다. 1780년에 단독통치를 시작, 교육제도를 정비하고 빈 대학교에 최고의 학자를 초청했다. 행정과 사법을 분리하고 빈에 유럽 최고 시설의 병원을 설립했으며, 농노제 폐지, 종교적인 평등 선포, 언론의 자유 허용, 유대인의 해방을 추진했다. 또한 빈 시립극장을 국립극장으로 승격시켜 예술 활동의 전성기를 이루게 했으며 배우에게 극장경영권을 주어 예술로도 돈을 벌 수 있다는 개념을 심어주었다. 700여 개의 수도원을 해체해 많은 수도사들을 환속시키기도 했다. 200년 전으로는 상상도 할 수 없으리만치 민주주의적이고 혁신적인 사고를 가졌던 황제였다. 그러나 외교에 있어서 실패를 거듭해 보유했던 속국령들을 많이 잃었다. 그에 대한 평가는 '한 세기를 앞질러 태어난 인물'이다. 이후 동생인 레오폴트 2세(재위 1790~1792)가 재위 2년 만에 죽자 아들인 프란츠 2세(1792~1806)가 황제로 즉위했다. 그러나 프란츠 2세 때 나폴레옹에게 패해 오스트리아가 프랑스의 지배를 받게 되면서 신성로마제국은 해체되고 만다. 결국 프란츠 2세는 신성로마제국의 황제위를 잃고 오스트리아의 황제로만 남게 되었다.

8-6 미국의 독립과 나폴레옹의 등장

1770 (미) 독립투쟁 시작

미국(United States of America)이 영국에 대해 독립투쟁을 시작하자 프랑스는 라파예트 장군을 보내어 미국을 도왔다. 당시 프랑스는 루이 14세, 15세, 16세의 사치와 향락으로 궁정은 극도의 풍기 문란과 경제 파탄의 상황이었다. 그럼에도 불구하고 막대한 비용을 들여 미국을 도운 것이었다.

1760년대 7년전쟁도 끝이 나면서 영국은 북아메리카 식민지를 하나의 독립된 국가로 보지를 않고 영국의 식민 지역으로 간주하고 있었고, 북아메리카 주민들 역시 자신의 나라를 영국으로 생각하고 독립을 하겠다는 생각을 하지는 않았다. 그러나 점차 북아메리카에서 벌어진 프랑스와의 전투와 식민지 통치 및 주둔군 등에 많은 경비가 지출됨에 따라 영국은 세수를 증가시킬 필요를 절실하게 느꼈다. 결국 **통화조례(Currency Act), 사탕조례(Sugar Act), 인지조례(Stamp Act) 등을 제정해 세금을 부과하면서** 식민지 주민들의 불만을 샀다. 심지어 이에 대항하는 조직을 만들기 시작했다. 그러던 중 영국은 1776년 **타운센드 법**을 제정, 북아메리카 주둔군 유지비를 식민지가 지불하게 하고 수입품에 대해서도 관세를 부과함에 따라 식민 지역에서는 강력한 반발과 함께 영국 제품에 대한 불매운동 등이 벌어진다. 결국 얼마 후 이 법안은 폐기되었다.

✻ 보스턴 학살 사건(Boston Massacre)

타운센드 법으로 식민 지역의 대대적인 항의와 시위가 심각해지자 영국은 보스턴에 군인을 주둔시켰다. 3월 5일 군중들과 영국 군대가 길에서 마주쳤는데, 시위대가 때마침 내리는 눈을 뭉쳐 영국군에게 던지자 영국군은 이에 발포로 응대, 네 명의 사망자를 낳았다. 이로써 식민지 시민들의 분노는 더욱 커져갔다. 결국 타운센드 법은 폐기되었으나 식민지에 과세한다는 정책만은 변함이 없어서 차(茶)에 대한 과세는 계속되었다.

* 보스턴 차 사건(Boston Tea Party)

영국은 동인도회사의 경영난이 심각해지자 이에 대한 대책으로 동인도회사가 수입해 쌓아두었던 영국 내의 차를 미국에 판매하기로 결정했다. 미국에 싼값으로, 중간상인을 거치지 않고 직접 공급하기로 한 것이다. 그러자 그동안 차를 원산지에서 밀수해서 미국에 팔던 밀수업자들이 인디언으로 분장하고 보스턴에 정박 중이던 영국 배에서 차를 바다로 던져버렸다. 이에 격분한 영국 의회는 1774년 손해배상을 요구하며 보스턴 항구를 봉쇄하는 법안(보스턴 항구 조례), 살인을 하더라도 영국 법으로 재판 받도록 하는 법안, 미국인의 거주지를 오하이오 계곡으로 제한하는 법안 등을 잇달아 발표했고, 식민 지역에서는 이에 대한 대책을 논의하기 위해 9월 5일 조지아 주를 제외한 모든 주가 필라델피아에 모여 **제1차 대륙회의(Continental Congress)**를 열었다. 이에 영국군은 사령관 토머스 게이지의 지휘로 콩코드에서 미국의 민병대와 충돌하나 패배, 망신만 당하고 만다. 1775년 5월 10일 제2차 대륙회의가 열리는데, 여기에서 조지 워싱턴 장군을 사령관으로 임명, 본격적으로 독립전쟁에 돌입한다.

* 미국의 독립선언(1776년 7월 4일) 지도-16 참조

1776년 7월 4일 **토머스 제퍼슨**의 주도로 5인 위원회가 제정한 독립선언서를 발표한다. 이날이 미국의 독립기념일이다. 5인 위원은 토머스 제퍼슨, 벤저민 프랭클린, 존 애덤스, 로버트 리빙스턴, 로저 셔먼 이다.
독립전쟁의 과정을 요약하면 다음과 같다.

1776. 12 .24	워싱턴이 이끄는 미국군, 델라웨어 강 건너 트렌턴 요새에서 영국군에게 대승.
1777.9.19	새러토가 전투에서 미국군 대승.
1781.10.9	요크타운에서 영국군이 항복(사실상 미국 승리로 전쟁 종결).
1783.9.3	파리조약에 의해 미국, 정식으로 독립.

이때 프랑스에서는 대혁명이 일어나기 직전이었고 영국에서는 애덤 스미스가 국부론을 펴냈다. 또 독일의 지성인 칸트가《순수이성비판》을 발표하던 시기였다. 우리나라는 조선의 영조가 오랫동안 통치한 후 죽고 손자 정조가 무언가를 보여주려고 노력하던 시기였다.

1774 (프) 루이 16세 즉위(재위 1774~1793)

루이 16세는 할아버지 루이 15세가 죽자 15세의 나이로 즉위했다. 그보다 먼저인 1770년에 신성로마제국의 황제인 프란츠 1세와 마리아 테레지아 사이의 딸인 마리 앙투아네트와 결혼했다. 1789년 프랑스 혁명을 맞고 1793년 프랑스 사상 처음으로 국민에 의해 처형당했다. 철없는 왕비 마리는 파리의 시민들이 빵이 없어 울부짖는 것을 몰랐고 궁정의 온갖 사치와 음모의 주인공이었다. 또한 루이 16세는 당시의 급변하는 세상사에 따를 만한 자질을 갖추지 못한 무능한, 마음씨만 착한 아저씨였다. 때문에 동생 샤를(후에 샤를 10세)을 중심으로 하는 골수 귀족 옹호파들이 날뛰는 것을 그대로 내버려두어 귀족과 고위 성직자들의 특권을 남용하는 정책이 채택되도록 해 국민들의 분노를 샀다. 1789년 성난 파리 시민들에 의해 바스티유 감옥이 점령당하면서 혁명이 시작되었다. 그리고 그해 10월 파리 시민들이 베르사유 궁전으로 난입하자 루이 16세의 가족은 거처를 옮겨야 했다. 1791년 6월에는 프랑스를 탈출해 처가인 오스트리아로 가려 했다가 중도에서 체포되고 말았다. 그로 인해 왕가는 국민의 존경을 잃고 말았다. 상황이 이렇게 되자 루이 16세는 오스트리아가 쳐들어와서 일가를 구해주기를 바라 전쟁을 부추겼다. 결국 1792년 4월 전쟁이 일어났다. 그러자 왕비가 오스트리아를 위해 반역행위를 했다는 소문이 나돌고, 11월에는 증거가 발견됨에 따라 다음 해인 1793년 루이 16세는 프랑스 역사상 처음으로 처형당하는 왕이 되었다. 왕비인 마리 앙투아네트 역시 같은 해 처형당했다. 영국에서는 1649년 찰스 1세가 올리버 크롬웰에 의해 처형당한 바 있다.

1776 미국 독립 선언(1770년 참조)

1777 조선 22대 정조 즉위(재위 1777~1800)

정조는 영조의 손자이자 사도세자의 아들이다. 어머니는 영의정 홍봉한의 딸인 혜경궁 홍씨다. 혜경궁 홍씨가 만년에 집필한 《한중록》은 당시 궁중 당파싸움의 내막과 자신의 친정이 몰락하게 된 억울함, 남편의 죽음에 관한 내용 등을 상세하게 실어 국문학상 귀중한 자료로 평가 받고 있다. 물론 홍씨 가문의 입장에서 썼기에 편파적인 내용도 있을 수 있어서 역사적 사료로서보다는 국문학적인 가치가 높다 하겠다. 정조는 즉위 후 외척인 홍인한과 아버지의 죽음을 사주한 숙의 문씨를 원흉으로 보아 죽이고, 자신을 끈질기게 괴롭혔던 화환옹주를 사가로 내쫓았다. 세자 시절부터 자신을 도와준 홍국영을 중용해 모든 정사를 맡겼지만 차츰 그의 세력이 커지자 1779년 내보낸다. 할아버지인 영조를 따라 탕평책을 쓰고 규장각을 만들어 많은 책을 수집했으며 활자에 관심이 많아 많은 활자를 만들었다. 재위 24년 동안 학문과 함께했다고 해도 과언이 아니다. 중국에서 보내온 수많은 서적을 보관했으며, 강화도에 외규장각을 신축했다. 이가환, 정약용, 이덕무, 유득공, 박제가, 서이수 등 재주 있는 학자와 인사들을 등용하고 수많은 책들을 편찬케 했다. 재위 시절 천주교가 확산됐으나 문제 삼지 않았다.

1783 미국 독립 승인(파리 조약)

1789 프랑스 대혁명 발생(7월 14일)

혁명 발생 당시 프랑스는 여전히 봉건사회의 잔재가 남아 있어서 국민들을 억압했다. 몇 안 되는 고위 성직자와 혈통귀족들은 부의 3분의 1을 차지하면서도 세금을 내지 않은 반면 국민들은 궁정의 사치 향락과 지속적인 전쟁에 대한 경제적인 부담까지 져야 했다. 결국 빵 폭동과 조세에 반대하는 폭동이 일어났다. 그러나 귀족들은 이것에 대해 아직도 어떤 사태에 직면해 있는지 천지분간을 못 하고 강압적인 태도로 일관했다. 프랑스는 제1신분인 성직자, 제2신분인 귀족, 제3신분인 국민으로 나누어져 있었는데, 제3신분이란 타고난 귀족은 아니지만 법률가, 변호사, 의사, 사업가 등 전문 직종에 종사하면서 경제적으로 성공한 신흥귀족인 사람들이었다. 이들은 나머지 서민들을 조리 있게 설득, 선동해나갔다.

✳ 테니스 코트의 서약

5월 1일 베르사유에서 삼부회가 소집되었지만 제1신분과 제2신분은 서로 힘을 합쳐서 제3신분이 주장하는 것을 부결시켰다. 제3신분은 제3신분의 숫자도 늘여 달라는 것과 신분별로 표결을 할 경우 제1·2신분이 반대를 하면 제3신분의 의견은 언제나 부결되므로 신분별로 표결을 하지 말고 숫자로 표결할 것을 주장했으나 제1·2신분이 그것을 받아줄 리가 없었던 것이다. 결국 6월 17일 제3신분

대표는 신분제의회를 탈퇴하고 새로운 국민의회를 구성했다. 이에 루이 16세는 그들의 장소를 폐쇄했고, 그들은 테니스 코트로 몰려가서 새로운 헌법을 제정하겠다는 서약을 했다. 이어서 루이 16세가 국민의회를 공격하기 위해 군대를 소집한다는 소식을 들은 시민들은 자치위원회를 구성, 민병대(후에 국민방위대)를 조직한 후 무기를 탈취하기 위해 7월 14일 바스티유 감옥을 습격해 수비대원을 살해한다.

* 프랑스 혁명 기념일, 7월 14일

1790년 국민의회는 평소 하는 일도 없이 국민의 세금이나 축내고 있다고 본 교회의 재산을 몰수하고 수도원을 해체했다. 그런데 다음 해인 1791년 6월 20일 국왕 루이 16세 일가가 오스트리아로 탈출하려다가 체포되는 사건이 발생하자 국민들의 눈에는 나라의 왕이 국민의 어버이가 아니고 국민의 반대자로 비쳐졌다. 설상가상으로 오스트리아가 만약 프랑스가 루이 16세를 비롯한 귀족들을 살상하면 프랑스를 공격하겠다는 것을 내용으로 하는 팔니츠 선언을 함으로써 국민들의 감정을 극에 달하게 했다.

1791년 9월 군주제가 폐지되고 의회주의와 입헌군주제가 채택되었는데, 10월에 소집된 입법회의는 중도파와 온건파인 지롱드파, 그리고 급진파인 자코뱅파의 세 파벌로 구성되었다. 온건파인 지롱드파를 이끄는 지도자는 브리소로 1792년 초 많은 지지를 받았는데, 이들은 오스트리아를 상대로 전쟁을 선포한다. 하지만 1792년 8월 10일 루이 16세가 거주하던 튈르리 궁전 습격에 반대를 함에 따라 지롱드파는 인기를 잃고 급진 과격파인 자코뱅파가 서서히 주도권을 잡기 시작했다. 자코뱅파는 로베스피에르가 이끌었다. 1792년 12월 루이 16세에 대한 재판이 진행되었는데, 지롱드당의 일부가 처형에 반대하자 과격 자코뱅당은 이를 강력하게 비난했다. 로베스피에르 역시 강력하게 처형을 주장했다. 결국 1792년 초 한때 많은 지지를 받던 브리소의 지롱드파는 불과 1년 만인 93년 6월 자코뱅파에 의해 체포령이 떨어졌고, 10월
브리소를 비롯해서 많은 핵심인물들이 단
두대에서 이슬로 사라졌다. 이들을 처형한
로베스피에르는 93년 초 루이를 처형할 때
만 해도 인기 절정이었다. 그러나 브리소
가 죽은 지 불과 1년 후 1794년 10월에 환호하는 군중 앞에서 단두대의 이슬로 사
라졌다. 인생무상(人生無常)이라 하겠다.

　이 시기 혁명을 급진적으로 이끌어 간 계층은 상퀼로트로 불리던 소상인이나
소생산자들 출신으로 붉은색의 모자를 쓰고 긴 창을 들고 긴 바지를 입고 다녔
다. 이후 혁명을 상징하는 표시가 됐다. 1793년 5월 급진적인 상퀼로트들이 국민
공회를 습격해 지롱드파를 숙청했다. 이로 인해 자코뱅파가 세력을 잡았다. 로
베스피에르는 비상시국을 선포하고 공포정치를 시작함과 동시에 전 국민에게
전시준비 태세를 갖추도록 했다. 또한 10월 혁명정부가 선언되면서 왕비를 비롯
해 반혁명의 혐의가 있는 이들은 변명 한마디 못 하고 칼을 받아야 했다. 마리 앙
투아네트 역시 이때 단두대로 가야만 했다. 그러나 극단적인 공포정치는 자코뱅
파에서도 온건파와 급진파로 갈라지게 만들었다. 온건파의 지도자는 당통이고
급진파는 에베르가 이끌었는데, 두 사람 다 로베스피에르를 비난하다 로베스피
에르에 의해 처형을 당한다. 장본인인 로베스피에르 역시 불과 몇 달 후인 1794
년 10월 처형을 당한다. 1795년에는 새 헌법이 제정되어 양원제, 행정부, 선거제
가 규정되었다. 그러나 이후에도 극심한 혼란은 끝이 없었지만 로베스피에르를
처형시킨 테르미도르파의 의원들에게는 이를 해결할 능력이 없었다. 프랑스 시
민들은 이념도 신념도 없이 군중심리로 갈팡질팡했다. 나폴레옹이란 구심점을
만나야 할 시기가 무르익은 것이었다. 이제 막 유럽 전투에서 두각을 나타내기
시작한 보나파르트 나폴레옹은 안정을 열망하는 국민 앞에 시간도 알맞게 나타
나 잘 익은 과일을 주워 담기만 하면 되는 것이었다.

1793 (프) 루이 16세 처형

1793 프랑스 혁명군 네덜란드 점령

1799 나폴레옹, 국가원수로 등극(집권 1799~1814)

나폴레옹(Napoleon Bonaparte)은 유럽 역사상 가장 위대한 영웅 중의 한 사람이라 할 수 있다. 그의 집권은 15년이란 짧은 시간으로 막을 내렸지만 1800년 당시 러시아와 영국만을 제외하고 전 유럽을 석권했다. 그는 단순한 정복자가 아니었다. 탁월한 군인이었으며 전략가였고, 정치가, 외교가이기도 했다. 《나폴레옹 법전》으로 유명하다. 1769년 코르시카 섬에서 태어났으며 30세의 젊은 나이에 국가의 원수가 되었다. 35세에 황제가 되어 당시 유럽의 패자가 된다. 그러나 45세의 나이에 황제에서 물러나 외딴 섬에 유배되어 쓸쓸한 삶을 살다 52세의 나이로 대서양의 고도(孤島) 세인트헬레나 섬에서 죽는다. 그의 이름은 아직도 전 세계에서 가장 많이 불리고 있는 사람 중에 하나다.

1769년 코르시카에서 출생해 그 후 육군 사관학교를 졸업했고, 포병 소위로 임관했다. 1797년 오스트리아와의 전투에서 승리해 네덜란드 남부를 할양받는 공을 세웠고, 약 5년에 걸친 대외 원정에서 대부분 승리해 절망적이던 프랑스 국민들에게 자존심을 세워주었다. 이로써 나폴레옹은 일약 스타가 된다. 1798년 몰타, 알렉산드리아를 거쳐 나일 강 삼각주까지 승승장구하던 나폴레옹은 8월 나일 강 해전에서 넬슨에게 패해 이집트에서 갇히는 신세가 됨으로써 나폴레옹의 군대도 패배할 수 있다는 것을 보여준다. 이에 희망을 되찾은 영국, 오스트리아, 러시아, 투르크는 새로운 동맹을 맺었다. 나폴레옹의 악몽은 여기서부터 시작된다. 역시 영국은 프랑스의 천적이었다. 1804년 《나폴레옹 법전》을 공포했는데, 이는 개인의 자유, 노동의 자유, 양심의 자유, 법 앞에서의 평등, 토지재산에 관한 법 등이 실려 그 당시의 세태로서는 획기적인 법으로 평가받는다. 1800년대에 들어와서는 프랑스에 말대꾸하는 나라는 영국밖에 없었다. 영국과 프랑스 사이에 저 바다만 없었다면 아마도 영국이 그렇게 말대꾸하기가 쉽지는 않았을 것이다. 당시 영국은 다른 나라보다 앞서 산업혁명이 진행되어 무기의 현대화가 프랑스보다 훨씬 앞섰기에 해군력만큼은 프랑스가 도저히 영국을 따라갈 수가 없었다. 1802년 영국도 아미앵 조약을 맺음으로써 프랑스에게 사실상 굴복할 수밖에 없었지만, 프랑스의 일방적인 독주에 분개한 나머지 1803년 프랑스에 선전포고를 했다. 1805년 10월 프랑스 해군은 에스파냐와 연합함대를 구성해 영국과 트라팔가르 해전에서 맞붙었으나 영국의 넬슨 제독의 해군에게 패배하고 말았다. 이로써 프랑스는 두 번 다시 영국을 넘볼 생각을 못 했다. 해전에서는 비록 영국에 패전을 당했지만 비슷한 시기에 육지에서는 울름 전투에서 오스트리아를 격파하고 11월 수도 빈에 입성했다. 다음 달인 12월에는 오스트리아와 러시아의 연합군을 아우스터리츠 전투에서 완전히 괴멸시켜 1천 년 역사를 자랑하는 신성로마제국도 영원히 사라지게 만들었다. 당시 신성로마제국의 황제는 프란츠 2세였다. 1806년 7월에는 라인연방을 만들어 서부 독일을 프랑스 보호령으로 만들었고, 10월에는 예나와 아우어슈테트에서 프로이센을 격파했으며, 1807년 6월에는 프리슬란트에서 러시아마저 패배시킴으로써 유럽에서는 더 이상 나서는 나라가 없을 지경을 만들었다. 한편 나폴레옹이 영국에 타격을 주기 위해 생각해 낸 것이 바로 **대륙봉쇄령**이었다. 모든 나라는 영국과 일체의 무역을 하지 말 것과 영국이나 영국의 식민지에서 만든 상품은 대륙으로 들어올 수 없는 것을 내용으로 하고 있었다.

제9장
비극의 시작

9-1 전체적인 설명(1800~1900)

9-2 미국의 끝없는 팽창과 나폴레옹의 몰락

9-3 영국의 끝없는 팽창과 중국의 몰락

9-4 독일의 통일(제2제국)과 군사 대국화

9-5 일본의 승승장구와 조선의 몰락

9-1 전체적인 설명(1800~1900)

1800년대를 막 들어섰을 때 톱뉴스는 단연 나폴레옹이다. 동양은 비교적 태평성대였고, 유럽은 각 나라의 왕들이 나폴레옹의 처분만 기다리고 있던 고난의 시대였다. 하지만 국민들은 입장이 달랐다. 프랑스의 혁명정신이 몰려들어 영주의 재판권, 경찰권, 사냥, 어업권 등이 사라지고 수도원이 해체되는 등 봉건사회에서 근대사회로 옮겨가고 있었다. 특히 《나폴레옹 법전》(Code Napoleon)은 봉건귀족의 특권을 완전히 폐지하고 시민에게도 동등한 기회를 제공했다. 또한 프랑스의 혁명은 독일과 유럽 전역에 자유, 평등, 박애의 혁명정신을 심어주었다. 나폴레옹이 몰락한 1815년이 되어서야 유럽의 나라들은 정상을 되찾기 시작했다.

이런 시대에 마음껏 큰 뜻을 펴고 국력을 팽창한 복 받은 나라가 바로 미국이다. 미국에게 있어 이때는 주변의 힘없는 멕시코를 비롯해 가도 가도 지평선이 보이는 끝없는 임자 없는 땅을 마구 거두어들이는 팽창의 시기였다. 나폴레옹으로부터 남한의 22배에 해당하는 루이지애나를 구입하고 힘없는 멕시코를 두들겨서 텍사스 외에도 약 130만 제곱킬로미터의 땅을 빼앗았으며, 에스파냐로부터는 오리건, 플로리다 등을 획득해 캐나다를 제외한 북미 대륙의 거의 다를 차지했다. 먼로 대통령이 남·북미 대륙은 미국의 세력권이니 유럽 열강은 손을 떼라고 큰소리를 쳤을 정도다. 하지만 급격한 개발로 인해 원주민 인디언은 자기가 살던 정든 땅을 빼앗긴 채 끝없이 쫓겨 가야만 했다. 1830년대 잭슨 대통령이 인디언 추방령을 발표함에 따라 인디언들은 수천 킬로미터를 걸어서 이주해야 했고, 그 과정에서 체로키족 4천여 명이 길에서 죽어갔다. 또한 흑인노예를 가장 많이 부린 나라 역시 미국이었다. 그나마 1860년대 당선된 링컨이 노예해방을 성공시킴으로써 죄를 덜 짓게 되었다. 하지만 이로 인해 1861년 남북전쟁이 벌어졌다. 한편 미국은 러시아로부터 알래스카를 헐값에 매입하는 횡재를 하기도 했다. 아마도 이 시기는 미국이 세계의 최대강국이 되는 기초를 만든 100년이라고 봐야 할 것이다.

나폴레옹이 사라지자 유럽 국가들은 프로이센이 강력해지기를 원하지 않았음에도 불구하고 프랑스와 러시아의 팽창을 저지할 완충지대를 찾다보니 결과적으로 라인란트 지역과 작센 등을 프로이센이 차지하게 되었다. 그로 인해 프로이센이 최대의 수혜국이 되고 말았다. 프로이센은 횡재를 하고 상대적으로 오스트리아는 작아지고 말았던 것이다. 이때를 전후로 경제학자, 음악가, 철학자, 문학가, 화가 등 걸출한 인물들이 나타났다.

1750~1850년 100년 동안 유럽의 인구는 배가 되었는데, 1850~1900년 약 50년간 50퍼센트가 급증하자 영국의 맬서스는 인구가 증가하는 속도를 식량이 증가하는 속도가 따라가지 못해 위기를 맞는다는 이론을 주장하기도 했다. 인구의 증가는 대도시를 출현시켰다.

영국에서 최초로 개발된 증기기관은 산업시대를 여는 장이 되었다. 인간에 의해 개발된 최초의 동력이었다. 이제 석탄은 인류에게 없어서는 안 될 자원이 되었다. 따라서 석탄이 무진장한 독일은 상대적으로 유리한 위치에 서게 되었다. 1848년 프랑스, 독일, 오스트리아에서는 동시에 혁명이 일어나면서 군주제가 사라지고 공화제로 가게 된다.

프랑스는 다시 왕정으로 복귀되었다. 그러나 그 옛날 화려했던 추억을 못 버린 샤를 10세와 루이 필리프는 정신을 못 차리고 그동안 귀족들의 해외 도피생활에 대한 천문학적인 보상금을 주는 정신 나간 법안이나 통과시키다 결국 또다시 혁명을 맞아 눈썹을 그을리며 해외로 도망을 가야 했다.

한편 1700년대 중반 즉위했던 프로이센의 프리드리히 2세가 강대국으로 가는 기초를 다진 지 약 100년 후인 1860년대에 즉위한 빌헬름 1세는 비스마르크라는 걸출한 재상을 기용해 프로이센을 군사강국으로 만들었다. 오스트리아를 공격해 굴복시켰고, 프랑스를 공격해 1871년 항복을 받아냈다. 이때 베르사유 궁전에서 독일제국을 선포해 자칭 세계 최고의 민족이라는 프랑스에 굴욕을 안겨 열강들을 경악하게 만들었다. 이후 프랑스는 루이 나폴레옹을 퇴위시키고 완전히 공화체제로 바꾼다.

영국은 역시 프랑스의 천적이었다. 나폴레옹을 트라팔가르 해전에서 꺾고 워털루 전투에서 또다시 꺾음으로써 프랑스를 완전히 굴복시켰다. 영국은 막강한 해군력을 동원해 해외 식민지 개척에 나서 가장 큰 인도를 손아귀에 넣었다. 따라서 빅토리아 여왕은 인도의 황제가 되었다. 그러고 나서 더 멀리 중국에 손을 뻗쳐 억지로 아편전쟁을 조작해냈다. 이 과정에서 청나라가 종이 호랑이라는 것을 깨달은 영국은 아예 청나라를 집어삼키기 위해 갖은 머리를 다 쥐어짰다. 1837년에 즉위한 영국의 빅토리아 여왕 시대의 정치는 수상이 했다. 대신 왕은 대외적으로 상징적인 국가의 원수였다. 따라서 여왕은 전쟁터에서 후송된 군인들 병문안을 간다든가 자선바자회를 여는 등 이미지 관리를 주로 했다. 특히 남의 나라 침략을 일삼던 영국은 전쟁이 하도 많아 쏟아져 들어오는 부상 군인도 많았다. 1850년대에 벌어진 크리미아 전쟁에서도 수많은 사상자가 생겼는데, 이때 간호하러 나서서 활약했던 이가 바로 나이팅게일이다.

청나라는 세상이 어떻게 돌아가는 줄도 모르고 안주하고 있다가 1838년에 한반도 크기밖에 안 되는 영국에게 아편전쟁으로 그로기 상태가 되도록 두들겨 맞고 나서야 바깥세상을 알게 되었다. 하지만 때마침 일어난 홍수전의 태평천국의 난으로 청나라는 이제 다시는 일어설 수 없을 정도로 타격을 받았다. 이후 청나라가 종이 호랑이라는 것을 알게 된 열강들은 커다란 식칼을 들고 다투어 달려들어 청나라를 무참히 도륙했다. 이때 서태후가 등장한다. 의화단 사건이 일어나자 청나라에게는 이제 멸망의 시간만 남게 되었다.

　일본은 덕천막부 말기로 쇼군의 힘은 이미 없어져 무늬만 쇼군인 상태였다. 1854년 미국의 페리 제독이 개항을 요구해 문을 연 일본은 그래도 미국이 신사적으로 대해줌으로써 재빨리 사태를 수습하고 서양의 문물을 순식간에 모방, 불과 20년 후인 1875년에 신함정 운요호를 이끌고 힘만 생기면 가장 먼저 생각하는 조선을 찾아왔다. 그리고 20년 전 자기네가 미국에 당했던 대로 조선에다 분풀이를 했다. 하지만 일본은 분풀이만 하고 간 것이 아니었다. 300년 전 임진왜란 때처럼 이번에도 조선을 먹겠다는 작심을 하고 달려들었다. 그리고 이후 청일전쟁, 러일전쟁 등을 일으켜 승리함으로써 소원대로 조선을 삼켰다. 조선은 정조가 죽고 순조가 즉위해 헌종, 철종, 고종으로 이어지던 시대였는데, 크게 보면 외척들의 세도정치와 파당싸움으로 나라를 잃고 마는 지경에 이르렀다 할 수 있다.

9-2 미국의 끝없는 팽창과 나폴레옹의 몰락

■■■■■■■■■■■■■■■■■■■■■■■■■■■■■■■■

1800 조선 23대 순조 즉위(재위 1800~1834)

순조는 정조의 둘째 아들로 11세에 즉위해 영조의 계비인 정순왕후의 섭정을 받아야 했다. 비는 김조순의 딸 순원왕후이다. 정순왕후는 사도세자의 폐위를 주장하던 김구주를 비롯한 벽파의 일족이있다. 따라서 정조가 죽자 정조 때의 집권세력인 시파의 숙청에 주력했다. 반대파를 제거하기 위해 천주교 탄압을 가장, 남인과 시파의 주요 인물들을 몰아죽였다(신유사옥). 이때 이가환, 이승훈, 정약종 등이 처형당했고, 정약용, 채제공은 유배를 갔다. 1815년과 1827년에도 많은 천주교인들이 처형되었다. 이후 권력이 순조의 외척인 안동 김씨 일파로 넘어가면서 조정은 안동 김씨의 판이 되었다. 이들이 국권을 마음대로 농락한 탓에 관직에 나가려면 안동 김씨 일가에 줄을 대는 것이 길이라는 말이 나올 정도였다. 김조순을 비롯해 김이익, 김이도, 김이교, 김문순, 김희순, 김명순, 김달순 등 김씨의 친정식구들이 있는 대로 튀어나와 정부의 요직을 거의 독점하면서 인사권을 장악했다. 때문에 부정부패가 자심했고 탐관오리의 수탈이나 토호의 세금 전가가 백성들에게 집중되면서 급기야 **홍경래의 난**을 초래하고 말았다. 이외에도 크고 작은 농민봉기나 반란이 끊임없이 이어졌다.

영조 52년과 정조 24년, 합계 76년 동안은 외침이 거의 없었던 조선의 마지막 태평성대였다. 물론 두 임금 모두가 나라를 위해 많은 노력을 한 덕택이었다. 그러나 순조 때부터는 외척의 발호가 위험한 수준으로 치달았다. 순조는 뒤늦게 처가 세력을 견제하기 위해 세자빈을 풍양 조씨인 조만영의 딸로 간택한 후 효명세자에게 대리청정을 시켜 안동 김씨를 멀리했다. 그러나 1830년 효명세자가 젊은 나이에 요절을 하자 안동 김씨가 반격을 시작, 견제 세력들을 유배시키고 만다. 결국 그 후로는 안동 김씨와 풍양 조씨가 합세해 정국을 어지럽혔다.

* 홍경래의 난

순조 5년, 대왕대비인 정순왕후 김씨가 좀 늦은 감이 있으나 죽자 순조 생모의 반남 박씨와 왕비의 안동 김씨가 다정하게 세력을 잡았다. 두 가문이 아니거나 가문과 연결이 없으면 출세조차 어려울 정도로 어지러운 세상이 되었다. 그런데 원래 조선 초기부터 서북방 즉 평안도 지방의 사람들은 여간해서 관리로 채용되지 않았다. 그런 것이 불만으로 표출된 사건이 홍경래의 난이다.

1811년 이런 상황에서 평안도 지방에서 일어난 홍경래는 우군칙, 이희저, 김창지, 김사용, 홍총각 등을 참모로 해 중앙정부의 무능함에 반기를 들고 청천강 이북을 장악했다. 그러나 조직적이지 못했던 이들은 진격 목표를 두고 의견이 갈려 중요한 시기에 4일을 허비하는 실수를 범했다. 그 사이 관군이 증강되고 정예군이 도착하는 등 타이밍을 놓친 반란군은 안주에서 대패했고, 정주에서 또다시 일전을 벌였지만 역시 패했다. 이 싸움에서 홍경래는 전사하고 나머지 참모들은 잡혀서 참형을 당했다.

1801 (러) 알렉산드르 1세 즉위(재위 1801~1825)

나폴레옹이 한참 유럽을 뒤흔들던 시대에 즉위한 알렉산드르 1세는 나폴레옹의 유럽 정복에 맞서 1805년 동맹을 결성했다. 오스트리아와 러시아의 연합군은 **아우스터리츠에서 나폴레옹의 프랑스군과 대결을 벌이지만 참패를 당했다.** 1806년에는 프로이센군이 예나와 아우어슈테트에서 나폴레옹에게 참패를 당하자 프로이센을 돕기 위해 프랑스군과 **프리들란트에서 한판을 벌였다가 패해 망신을 당했다.** 그러나 이후 나폴레

옹과 우호조약을 맺어 동반자로 변신했고, 나폴레옹은 그에 대한 보답으로 러시아가 스웨덴과 투르크로 진출하는 것을 못 본 체했다. 그러나 1812년 나폴레옹은 45만 대군을 동원해 러시아를 침공했다. 나폴레옹의 군대는 모스크바로 입성하기 전 보로디노에서 쌍방의 10만이 넘는 인명이 살상을 당하는 퍼비린내 나는 전투 끝에 승리를 거두기는 했지만, 러시아군보다도 더 많은 사상자를 냈다. 상처뿐인 영광이었다. 또 모스크바에 입성했으나 모스크바는 대화재와 초토화 작전으로 풀뿌리 하나 없는 폐허로 변해 있었다. **결국 러시아의 명장 쿠투조프에게 당해 살아온 사람이 거의 없을 정도로 뼈아픈 패배를 당하고 만다. 이는 나폴레옹의 몰락을 가져온다.** 싸워서 진 적이 거의 없는 작전의 귀재 나폴레옹도 결국 패배할 수 있다는 것을 보여주었다. 톨스토이의 불후의 명작 《전쟁과 평화》는 이 전쟁을 배경으로 하고 있다.

1813년 10월 라이프치히 전투에서 연합군은 프랑스군을 격파해 쐐기를 박았으며 1814년 3월 파리에 입성, 알렉산드르 1세는 본인이 원한 대로 가장 강력한 군주이자 유럽의 지도자급으로 부상하게 되었다.

1803 (미) 루이지애나를 프랑스로부터 매입 지도-17 참조

원래부터 프랑스에 호의적이던 제퍼슨은 나폴레옹에게 미국으로서는 꼭 필요한 뉴올리언스를 구입하겠다고 제의를 했다. 이에 나폴레옹은 211만 제곱킬로미터에 달하는 루이지애나까지 살 의향이 없는지를 물어왔다. 이에 미국은 우리나라(남한)의 20배가 되는 미국 중부 지역을 단돈 1천 500만 달러에 구입한다. 원래 에스파냐 땅이었는데 나폴레옹이 에스파냐와의 전쟁에서 승리하면서 이곳 식민지 땅도 빼앗고 지명도 프랑스식으로 뉴오를레앙이라고 명명했었다. 지명은 나중에 영어식으로 고쳐 뉴올리언스로 바뀌었다. 루이지애나도 프랑스의 왕 루이의 이름을 따서 명명한 것이다.

1805 (영) 트라팔가르 해전 승리

유일하게 프랑스에게 굴복하지 않고 버티고 있던 영국에게 응징할 필요가 있다고 생각한 나폴레옹은 한때 무적함대로 세계를 제패한 경력이 있는 에스파냐와 연합함대를 구성, 영국을 침공할 준비를 했다. 이에 영국은 넬슨을 함대 사령관으로 임명해 프랑스—에스파냐 연합함대와 맞붙는다. 넬슨은 트라팔가르 해전에서 승리함으로써 영국을 지켰다. 비록 넬슨은 교전 중 사망하지만 구국의 영웅이 되었다.

1806 신성로마제국 멸망(800~1806)

오스트리아는 혁명세력이 확산되는 것을 두려워한 러시아와 연합해 프랑스와 대결을 했다. 그러나 나폴레옹이 이끄는 프랑스군은 오스트리아-러시아 연합군을 아우스테를리츠(Austerlitz)에서 격파하고 수도 빈을 점령, 800년부터 1천 년간을 유지해온 신성로마제국을 해체해버린다. 그리고 동생을 오스트리아 왕으로 임명한다.

이에 불안을 느낀 프로이센은 작센과 연합해 프랑스와 대결했지만, 나폴레옹은 예나, 아우어슈테트 전투에서 프로이센-작센 동맹군을 격파하고 그해 10월 베를린을 점령했다. 나폴레옹은 프로이센이 또다시 세력을 키우지 못하도록 라인 강 유역 16주를 떼어내 라인동맹을 만들어 프랑스와 프로이센 사이에 완충지대를 만든다. 이로서 프로이센은 전쟁에 패배해 국토의 절반을 잃는 수모를 당한다.

1809 (미) 4대 메디슨 대통령 취임(재임 1809~1817)

1812년 당시 유럽에서 영국은 프랑스의 나폴레옹과 한창 전쟁 중이었다. 미국이 영국의 적국인 프랑스에 물자를 공급해주자 영국과 미국 사이에 전쟁이 일어난다(1812~1814). 이 전쟁을 미스터 메디슨의 전쟁(Mr. Madison's War)이라고도 한다. 전쟁 초기 미국은 캐나다에 주둔한 영국군이 소수이므로 손쉽게 승리할 것으로 예상했으나, 1814년 나폴레옹이 패망하자 영국은 유럽 주둔 영국군을 미국 전쟁에 투입해 메릴랜드에 상륙, 수도 워싱턴을 유린하고 대통령 관저에 불을 질러버린다. 한편 이때 관저를 다시 수리해 흰색 페인트를 칠함으로써 'White House', 즉 백악관이라는 별명이 붙었다.

큰 이슈도 없이 지루하게 끌던 전쟁은 1815년 겐트 평화조약으로 끝을 맺는다. 하지만 당시 통신망이 지금과 같지 않아 아직 전쟁이 끝난 것을 모른 채 영국군과 앤드류 잭슨 장군이 이끄는 미국군이 뉴올리언스에서 격돌했는데, 그 결과는 영국군의 참패였다. 이 일로 잭슨 장군은 하루아침에 영웅이 되어 얼마 후 7대 대통령까지 된다.

1811 홍경래의 난

1812 (프) 나폴레옹의 러시아 원정

나폴레옹은 1812년 6월 말 45만 명의 군대를 동원해 알렉산드르 1세의 러시아를 침공하기 시작했다. 9월에 모스크바에 도착했으나 러시아는 모든 집과 건물, 심지어 공장의 기계와 집기까지 프랑스군이 사용할 수 있는 것은 모조리 태우거나 파괴해놓고 퇴각한 상태였다. 이제는 식량과 추위와 싸워야 할 시간이 되었다. 후퇴하는 프랑스군은 굶어 죽고 얼어 죽고 러시아군의 습격을 받아 죽었다. 살아 돌아온 군인이 1만 명 정도였다고 한다. 45만 명이나 되는 꽃 같은 젊은이가 수천 리 떨어진 남의 나라의 산과 들에서 죽어 누었다니 얼마나 안타까운 일인가? 이것을 주제로 해 만든 교향곡이 차이콥스키의 〈1812년 서곡〉이다.

1813 (프) 라이프치히 전투

그동안 나폴레옹의 프랑스군에게 도처에서 패배해 기를 죽이고 살던 러시아, 오스트리아, 프로이센, 스웨덴 등과 영국이 연합, 러시아에서 치명적인 참패를 당하고 돌아온 프랑스군과 운명의 결전을 벌였다. 독일의 라이프치히에서 18만5천 명의 프랑스군과 32만 명의 연합군이 벌인 결전은 10월 16일부터 19일까지 사흘에 걸쳐 벌어졌고, 연합군의 승리로 끝이 났다. 이후 나폴레옹은 엘바 섬으로 보내졌다. 그래도 각국은 나폴레옹에게 깍듯이 예우해 호위병과 연금을 지급했다.

1814 (프) 루이 18세 즉위(재위 1814~1824)

루이 18세는 루이 16세의 동생이다. 나폴레옹이 러시아 원정에 실패하고 연합군들과 대결한 라이프치히 전투에서 패한 뒤 3월 퇴위되어 엘바 섬으로 귀양을 가자 루이 18세는 국민의 환영을 받으며 파리로 입성했다. 그는 입헌군주제의 군주로 즉위해 양원제, 종교의 자유, 모든 시민들의 헌법상 권리를 보장한다는 입헌군주제를 공식적으로 천명했다. 그러나 망명에서 귀국한 귀족들과 극우 왕당파들이 과거의 특권을 요구하며 백색 테러를 감행했다. 그중에서도 주동자 급이 루이 18세의 동생 샤를(후에 샤를 10세)이었다. 1815년 선거를 통해 대거 국회로 진출한 과거의 귀족들은 늙은 루이 18세를 무력화시킨 후 정계를 주무르며 출판과 개인의 자유를 제한하는 법을 비롯한 새로운 선거법을 제정해 극우 왕당파가 의회를 장악하게 꾸몄다. 그 결과 1824년 루이 18세의 동생 샤를이 샤를 10

세로 즉위한다.

1815 (프) 워털루 전투

1815년 3월 1일 나폴레옹은 엘바
섬을 탈출, 프랑스의 영화제로 유
명한 칸에 상륙했고, 이어서 3월
20일에는 파리에 도착했다. 그리
고 파리 시민들의 환영을 받으며
다시 권좌에 앉았다. 유럽의 나라들은 경악했는데, 제일 먼저 천적 영국
이 나섰다. 영국은 1808년 에스파냐와 포르투갈이 반란을 일으켰을 때 연
합군으로 나폴레옹의 군대를 처음으로 무찌른 경력이 있는 웰링턴 장군
을 선발투수로 마운트에 세웠다. 6월 18일 영국의 웰링턴 장군이 이끄는
영국군은 프로이센군과 연합해 지금의 벨기에 지방인 워털루(Waterloo)
에서 나폴레옹이 이끄는 프랑스군과 격돌했다.

이 전투에서 패배한 나폴레옹은 이번에는 정말로 머나먼 남쪽나라인
아프리카의 고도(孤島) 세인트헬레나로 보내졌다. 그리고 위대한 영웅은
이곳에서 불과 6년 만인 1821년, 52세의 나이로 세상을 떠났다. 그는 "내
유골을 센 강변에 묻어 사랑하는 프랑스 국민과 같이 있게 해달라"고 유
언했다.

1823 (미) 먼로주의 발표

그동안 여러 차례의 승리로 기가 오른 미국은 아예 '남북 아메리카 대륙
은 미국의 세력권이니 유럽의 나라들이 일체 참견을 하지 말라'는 경고의
메시지를 보낸다. 그것이 바로 **먼로주의**(Monroe Doctrin)다.

1824 (프) 샤를 10세 즉위(재위 1824~1830)

루이 18세의 동생 샤를이 샤를 10세로 즉위했다. 그는 극단적인 왕권 신수설의 신봉자로 한 200년쯤 전에 태어났으면 적당할 사람이었는데, 뒤늦게 잘못 빠져나온 것 같았다. 망명했던 귀족들에게 보상금으로 10억 프랑이나 지급했고, 성직자에게는 종전의 권한을 부활시켰다. 또한 왕권 불경죄를 만들어 최고 사형을 내렸다. 그동안 자유를 찾느라고 얼마나 많은 사람들이 고귀한 생명을 바쳤는지 전혀 모르는 사람 같았다. 급기야 1830년 7월 또다시 혁명은 일어나고 진압이 불가능하자 영국으로 도망을 가고 말았다. 불과 6년 동안 집권한 단명한 왕이다.

1825 (미) 6대 존 퀸시 애덤스 대통령 취임(재임 1825~1829)

2대 대통령 존 애덤스의 아들로 재임 기간 중 이룩한 업적은 오리건, 워싱턴, 플로리다를 에스파냐로부터 획득한 일이다.

1829 (미) 7대 앤드류 잭슨 대통령 취임(재임 1829~1837)

1814년 뉴올리언스의 전투에서 영국에게 대승을 거둔 후광으로 6대 대통령 애덤스에 이어 7대 대통령이 된다. 하지만 그는 1830년 원주민 인디언 추방령을 내려 삶의 터전을 빼앗고 보호구역(Indian Reservation)으로 내몰아 수많은 목숨을 앗아간 대통령이기도 하다. 특히 체로키족은 수천 킬로미터를 걸어가는 동안 약 4천 명이나 되는 동족을 잃어야 했다. 그래서 이 길을 눈물의 길(Trail of Tears)이라고 한다.

1830 (프) 루이 필리프 즉위(재위 1830~1848)

루이 필리프는 프랑스 전통귀족이었으나 1789년에는 혁명정부를 지지하는 진보적인 귀족편에 섰고, 자코뱅파에 가담하기도 했다. 오스트리아로

망명을 했다가 루이 18세의 통치기에 귀국했다. 국민의 7월혁명으로 힘 들이지 않고, 그리고 주로 고급 부르주아에 의해 추대되었지만 루이 필리프는 귀족으로서의 자만심만은 버릴 수가 없었다. 보수주의자 기조를 기용해 의회를 탄압하는 등 또다시 과거로 돌아가려고 노력했다. 1848년 2월 프랑스 시민들은 또다시 혁명을 일으켰고 루이 필리프는 샤를 10세에 이어 두 번째로 쫓겨나고 말았다.

그리고 4월 사회주의자들이 국회에 난입해 임시정부 수립을 선포하고, 6월 또다시 시위를 벌이자 정부는 군대를 동원해 3천 명 이상을 사살하고 1만2천 명을 체포하여 해외 감옥에 보내는 등 잔인하게 진압했다. 처음부터 사회주의자들을 탄압했던 것이다. 이후 새로운 헌법에 의해 농민도 투표권을 얻으면서 새로운 대통령에 나폴레옹의 조카인 루이 보나파르트가 선출되었다.

1830년의 7월혁명과 1848년의 2월 혁명, 그리고 이로 인한 왕의 추방 사태는 과거와 같은 군주독재는 더 이상 설 자리가 없다는 것을 확실하게 보여준 사건이라 하겠다. 이로써 프랑스에는 더 이상 왕이 없게 된다. 대신 프랑스는 선거에 의한 대통령이 정치를 하는 국가가 되었다.

1830 벨기에, 네덜란드로부터 분리

네덜란드 남부 가톨릭 지역이 종교적인 갈등으로 결국 벨기에로 독립한다. 이로부터 네덜란드와 벨기에는 별개의 나라로서 각자의 갈 길을 간다.

1834 조선 24대 헌종 즉위(재위 1834~1849)

정조의 아들 순조는 김조순의 딸을 왕비로 맞았다. 이에 외척인 안동 김씨의 세도가 당당해지면서 조정은 아버지 정조의 비인 반남 박씨와 안동 김씨, 두 가문의 시대가 되었다. 순조는 아들 세자의 빈으로 풍양 조씨인 조만영을 딸을 맞이하고 1830년 대리청정을 시켰으나 불행히도 세자가 젊은 나이에 죽고 만다. 여기에 4년 후인 1834년 순조마저 죽자 손자인 헌종이 8세의 어린 나이로 왕위에 오르게 된다. 순조의 미망인 순원왕후가 섭정을 했으나 순조가 헌종의 책임을 맡긴 조인영도 적극 정치에 참여, 풍양 조씨와 안동 김씨 간에 세력다툼이 벌어졌다. 말로만 순원왕후의 섭정이지 실제로는 안동 김씨 천하였다. 풍양 조씨도 몇 명 있어 구색은 갖추었지만 얼마 안 있어 조씨가 몰락을 하면서 이후는 안동 김씨들만 들끓었다. 그런데 한참 젊은 20대의 헌종에게 후사가 없었다. 이대로 죽으면 왕손이 끊길 지경이었다. 결국 헌종은 후사 없이 죽고 말았다. 궁중에는 남자라고는 거의 없고 젊은 청상과부댁들만 모여 있었다. 당시 왕족은 조금만 똑똑하다 싶으면 안동 김씨의 손에 언제 죽을지 모르는 살벌한 시대였다.

9-3 영국의 끝없는 팽창과 중국의 몰락

■ ■

1837 (영) 빅토리아 여왕 즉위(재위 1837~1901)

빅토리아 여왕 때의 영국은 아프리카, 아시아 등 세계를 휩쓸며 정복해 명실상부 해가 지지 않는 나라였다. 이 시기 영국의 왕은 거의 정치에 관여하지 않았다. 모든 국사는 내각과 국회의 책임 하에 행하는 것이 이미 정착된 상태로서 왕은 상징적인 군주일 뿐이었다. 당시 남의 나라를 수없이 침략하다 보니 자국의 군인들이 많이 부상을 당해 후송되는 경우가 많았는데, 빅토리아 여왕은 부상당한 군인들이 있는 병원으로 가서 보살피는 행동을 보여 국민들에게 존경을 받았다. 재위 시절 크리미아 전쟁(1853~1856)이 일어났으나 승리했다. **벤저민 디즈레일리를 수상으로 기용해 수에즈 운하의 주식 반을 사들였고**, 러시아의 남진을 막아 키프로스 섬을 얻었다. 1839년에는 아편전쟁을 일으켜 힘없는 청나라를 착취하기 시작했다. 1900년에는 남아프리카공화국에서 벌어진 보어 전쟁(1899~1902)에서 승리했는데, 이 전쟁에서의 승리로 영국은 남아프리카공화국의 금광을 손에 넣었다. 하지만 이로 인해 2만 명이 넘는 보어인(남아프리카에 살고 있던 네덜란드계 백인들)이 영국의 수용소에서 죽어갔다. 영국의 역사상 가장 긴 기간 통치한 빅토리아 여왕은 군림하는 여왕이 아니고 다정한 어머니의 상징으로 인기를 한 몸에 받은 여왕이었다.

1839 (중) 아편전쟁(1839~1842)

영국과 청나라와의 무역은 1689년경에 최초로 시작되었다. 그 이전에도 시도한 바는 있었지만 당시 서슬이 퍼렇던 포르투갈의 견제로 포기해야만 했다. 1715년 들어서 영국은 본격적으로 무역을 시도했는데, 날이 갈

수록 대청 무역역조현상이 심화되었
다. 이에 생각해낸 것이 아편을 팔아
청나라 사람들을 아편쟁이로 만들자는
것이었다. 이로 인해 1800년 초기 수입
량이 5천 상자였던 것이 1830년대 말기에는 2만 상자가 넘게 되었다. 이
처럼 아편중독이 심각한 상태에 이르자 당시 황제인 도광제는 강직한 관
리인 임칙서를 총독에 임명해 철퇴를 가하도록 했다. 임칙서는 그동안의
탐관오리들과는 달라서 원리원칙에 의해 아편 2만 상자를 몰수해 불태우
니 영국은 억울해서 까무러칠 지경이었다. 무역역조란 수출보다 수입이
많아서 생기는 것이다. 따라서 수출을 늘리든지 수입을 줄이든지 해서 해
결책을 찾아야 하는 것이다. 그러한 노력은 하지 않고 마약을 팔아서 돈
을 벌겠다는 영국의 발상은 인류을 저버린 행태라 할 수 있다. 자기 나라
의 국민들에게는 절대로 아편을 팔지 않았을 것이니 말이다. 그러나 임칙
서의 행동은 결과적으로 영국에게 중국원정을 결정하게 만들었다. 이로
써 인도, 벵골, 실론에 주둔하고 있던 영국군 약 4천 명이 군함 9척과 함께
청나라로 향하게 된다.

한편 중국은 한(漢)족이 가장 우수한 민족이라는 중화사상(中華思想)
에 빠져 있었다. 그래서 자기 이외의 민족은 다 오랑캐였다. **동서남북의**
이민족을 각각 동이(東夷), 서융(西戎), 남만(南蠻), 북적(北狄)이라고
부르며 자만심 속에서 살았다. 1800년대 중반의 청나라 역시 서양의
과학무기에는 뒤떨어져 있는 약체국가라는 사실을 망각하고 있었다.
아편전쟁은 수억의 인구와 대륙과 맞먹는 크기의 중국이 고작 영국군 수
천 명과 배 9척과 부딪친 사건이었었다. 하지만 여기에서 패함으로써 중
국은 영국이 내미는 요구조건을 들어주어야 하는 수모를 겪어야만 했다.
또한 이 사건은 중국이 종이 호랑이라는 사실을 열강에 알리는 계기가 되

었다. 1842년 청나라와 영국의 남경조약으로 아편전쟁은 일단락되었다.

남경조약의 대표적인 내용은 다음과 같다.

1. 홍콩의 할양.
2. 전비(戰費), 아편 배상금, 공행의 부채의 합계 2천1백만 달러 지불.
(이하 조항 생략)

이후 미국, 프랑스, 스웨덴, 노르웨이, 러시아 등 유럽의 열강들이 다투어 청나라와 조약을 체결해 청나라로 들어온다.

1846 미-멕시코 전쟁(1846~1848) 지도-17 참조

1836년부터 1847년까지를 **미국의 팽창시대**라고 부른다. 11대 대통령 포크의 시대에 절정을 이뤘다. 이때는 영토를 넓히기 위해서 무슨 행동이든지 하던 **무법의 시대**이기도 했다. **포크 대통령은 미국이 영토를 넓혀가는 것이 신의 섭리라는 뜻의 '명백(明白)한 운명(運命)'(Manifest Destiny)이라는 이론을 전개하며 우선 멕시코 영토이었던 텍사스를 힘으로 빼앗아 멕시코인들의 분노를 샀다.** 다음 해 포크는 테일러 장군을 시켜 멕시코를 침공하되 멕시코를 자극해 멕시코가 먼저 공격을 하도록 유도하라고 지시했다. 결국 참지 못한 멕시코가 국경을 넘어오는 미군 몇 명을 사살하면서 전면전으로 확대되었다. 애당초 미국의 상대가 될 수 없었던 멕시코는 2년 만에 항복을 하고 **'과달루페 이달고 조약'**(The Treaty of Guadalupe Hidalgo)을 맺어 뉴멕시코, 유타, 네바다, 애리조나, 캘리포니아, 텍사스, 서부 플로리다의 영토를 강제로 빼앗기고 말았다. 그 넓이는 무려 130만 제곱킬로미터로 남한의 약 13배에 해당된다.

1848 (프) 나폴레옹 3세 즉위(재위 1848~1870)

루이 필리프를 내쫓은 프랑스 국민은 선거에 의해 나폴레옹의 조카인 루이 보나파르트를 대통령으로 선출했다. 40여 년 전 나폴레옹의 시절이 그리웠던 것 같다. 아무튼 그는 반자유주의 정책을 폈다. 출판과 집회의 자유를 통제하고 보통선거제를 제한선거제로 바꾸더니 4년 단임제로 중임이 불가능한 대통령의 임기를 바꾸기 위해 1850년 친위 쿠데타를 일으켜 황제와 같은 대통령을 만들었다. 1852년에는 제정을 선포하고 나폴레옹 3세로 황제에 올랐다. 1853년 러시아와의 크림 전쟁에서 승리를 이끌어낸 맥마흔은 영웅이 되어 프랑스 국민들을 환호케 했다. 하지만 나폴레옹 3세는 노동자와 빈민을 위한 정책, 노동자의 파업권 인정, 금융제도 개선, 철도부설 등 많은 일을 했음에도 후반기에 경제, 외교정책의 실패하면서 서서히 국민의 지지를 잃어갔다.

그동안 수백 년을 프랑스, 영국, 오스트리아 등의 견제로 여러 개의 작은 지역으로 나뉘어져 힘을 못 쓰고 서러움을 당했던 독일은 1700년 이후 프로이센의 프리드리히 1세부터 프리드리히 2세를 거쳐 1800년대 중반 빌헬름 1세 때 비스마르크라는 재상을 내세워 유럽의 군사 강국으로 자랐지만, 주위의 국가들은 아직 그것을 모르고 있었다. 프로이센은 차츰 주위의 작은 나라들을 통합해 오늘날 독일의 모양새를 갖추어나갔다. 1870년 빌헬름 1세와 비스마르크는 나폴레옹 3세의 무례함을 이유로 7월 19일 전쟁을 선포하고 파죽지세로 몰아쳐 9월에는 스당 전투에서 승리, 나폴레옹 3세를 포로로 붙잡았다. 프랑스의 패전과 나폴레옹 3세의 생포 소식에 놀란 프랑스 의회는 제정폐지를 선언하고 공화국을 선포했다. 이에 1870~1871년까지 프로이센은 파리를 포위했고, 그 결과 프랑스 시민들은 개나 쥐, 심지어 동물원의 짐승들까지 잡아먹어야 했다. 1871년 프랑스는 마침내 항복하고 프로이센은 베르사유 궁전에서 독일제국을 선포했다. 이를 독일의 제2제국이라 한다. 베르사유 조약에서 알자스, 로렌 지방을 독일에 넘겨주고 50억 프랑의 보상금까지 주게 되자 파리 시민들은 분노했다. 파리 시민들이 정부에 대해 무장 반란을 일으킬 것을 우려한 임시정부의 티에르는 그동안 독일군과 대항하던 당시 시민들에게 지급되었던 무기를 회수하려 했다. 그러나 시민들은 파리 코뮌을 결성해 임시정부에게 대항했다. 이를 진압하는 과정에서 2만3천 명의 파리 시민이 목숨을 잃었고 4만여 명의 시민이 감옥소로 보내졌다. 이를 파리코뮌(Commune de Paris)이라고 한다.

1848 독일 베를린 혁명 발생

1849 조선 25대 철종 즉위(재위 1849~1863)

철종은 우리에게 강화도령으로 더 친근한 왕이다. 이름은 이원범이다. 헌종이 후사 없이 갑자기 죽자 순종 비 순원왕후 김씨의 명으로 궁으로 불려가 철종으로 즉위한다. 철종의 조부 은언군은 정조의 동생이었는데 역적으로 몰려 죽으면서 역적의 자손이었던 아버지 상계군을 비롯해 첫째, 둘째 형까지 죽음을 당했다. 그러나 운이 좋은 건지 나쁜 건지는 몰라도 이원범만 천애의 고아로 19살이 될 때까지 글도 모른 채 강화도 섬 안에서 농사를 지으며 겨우 목숨을 유지하고 있었다. 그러니 이원범으로서는 졸지에 임금에 당첨이 되고 마는 초유의 사태를 맞은 것이었다. 처음에는 임금이 무언지를 몰라서 모시러 갔던 사람들이 한참을 설명했다는 일화가 있었다. 조선조에서는 역모 사건이 터질 때마다 왕손들이 덩달아 죽어나갔다. 그 바람에 왕손은 거의 희귀동물이 되고 말았다. 특히 안동 김씨 일가는 왕손 중 똑똑하다고 생각되는 사람은 대부분 죽여 없앴다. 아무튼 철종은 순원왕후의 수렴청정을 받았다. 1851년에는 김조순의 7촌 조카 김문근의 딸을 왕후로 맞이했다. 여전히 김씨의 세도정치는 힘차게 진행되었다. 세도정치하에서 정치는 부패할 대로 부패했다. 김문근의 조카 김병학, 김병국, 김병기, 김문기의 아들 등이 요직에 앉아 있어 다른 사람들은 얼씬도 못하는 처지였다.

한편 홍선군(대원군)의 아버지는 남연군이었는데, 남연군은 인조 때 갈라진 능창대군의 손이었다. 홍선군에게는 명복이라는 아들이 있었다. 홍선군은 운수 없게 안동 김가들에게 주목을 받았다가는 초상을 치를 수도 있었기 때문에 일부러 동네 불량배들과 어울리면서 남의 잔칫집에 가서 음식이나 얻어먹는 등 왕손의 자존심과 수치심이 없는 행동을 해 안동 김가들의 조소를 받았지만 대신 그들의 표적에서 벗어날 수 있었다. 물론 한편으로는 암암리에 익종(순조의 아들로 일찍 죽은 세자)의 비인 조 대비에 접근해 철종의 후계자로 내락을 받는 등 치밀한 물밑외교를 펼치고 있었다. 만약 철종에게 후사가 없으면 다음 왕위 지명권은 조 대비에게 있기 때문이었다. 철종이 강화도에서 궁궐로 처음 들어왔을 때에는 19세의 건장한 청년이었으나 정권을 김씨들이 쥐어 잡고 있는 동안 궁녀들의 꽃밭에서만 정신없이 뛰어놀다 보니 건강은 날로 쇠약해졌다. 게다가 아들도 없어 왕통이 끊길 판이었다. 결국 철종은 즉위한 지 14년 만에 갑자기 죽었고, 준비된 수순에 의해 고종이 즉위한다.

1851 (중) 태평천국의 난(1851~1864)

1840년경 아편전쟁으로 청나라 정부의 무력함이 드러나자 서양의 열강들은 다투어 항구를 개방시켰다. 여기에 정부의 공권력마저 말기증상을 보이자 민간에서 반란이 일어나기 시작했다.

광동시 화현 출신인 홍수전은 태평천국이란 이름을 내걸고 1월 11일 군사를 일으켰는데, 1864년 7월 태평천국의 수도 남경이 함락될 때까지 무려 13년 동안 중국은 전화에 휩싸이면서 청나라의 마지막을 재촉했다.

커쟈(客家)족은 대부분 소작인으로 부업으로 숯쟁이, 탄광노동, 고용노동을 했던 한족 사회에서 소외되고 척박한 땅에 분산되어 사는 사람들이었다. 그래서 응집력이 없었다. 그런데 홍수전은 이러한 커쟈들을 무력집단으로 형성, '배상제회'(拜上帝會)라는 그리스도교 비밀결사대를 조직했다. 이들의 움직임은 단순한 농민운동이 아닌 청조의 타도와 새 왕조를 건설하려는 혁명성을 띤 운동이었다.

1853 (일) 미국 페리 제독, 일본의 개방 요구

1853 (러) 크림 전쟁 발발(1853~1856)

크림 전쟁(Crimean War)은 중동을 둘러싸고 열강들의 세력 다툼으로 발생한 전쟁이다. 러시아는 오스만제국, 영국, 프랑스, 오스트리아와 싸웠다. 마치 혼자서 유럽의 열강을 상대로 싸우는 꼴이었다. 앞서 설명한 바와 같이 1500년대까지도 몽골의 지배를 받았고, 어디에 붙어 있는지도 잘모르는 약소국 취급을 받던 러시아가 1600년대와 1700년대를 지나면서 서서히 부상, 주위의 경계를 받더니 이제는 아예 흑해를 삼키고 지중해로 진출을 할 야욕을 노골적으로 나타내며 오스만투르크를 공격한 것이었다. 이에 영국, 프랑스, 오스트리아 등 유럽에서 한 가닥 한다는 나라들이 긴장하지 않을 수 없었다. 1853년 러시아가 오스만제국의 루마니아를 공격해 점령하자 러시아의 남하정책과 팽창을 우려하던 프랑스와 영국이 그토록 미워하던 오스만제국을 돕겠다는 자원봉사를 하고 나섰다. 러시아의 흑해 함대가 오스만 함대를 격파시키자 영·프의 함대가 1854년 9월 흑해로 진입, 크리미아 반도에 상륙해 러시아의 함대 집결지 세바스토폴을 포위하고 맹포격을 퍼부었다. 근 1년 동안 포격을 맞는 동안 사령관이 전사하면서까지 버티던 러시아는 결국 모든 장비와 함대를 폭파시키고 남은 병력을 이끌고 퇴각하고 말았다. 전쟁은 수많은 전사자를 내서 쌍방이 25만 명이나 희생되었다. 연합국 측도 엄청난 사상자가 나왔다. 그런데 전투보다는 질병으로 인한 사망자가 더 많았다.

아무튼 1856년 3월 파리에서 프랑스, 영국, 사르데냐피에몬테, 오스만제국의 연합군과 러시아가 파리 조약을 체결, 러시아는 오스만제국의 독립과 영토 보전을 보장하는 것 외에도 일부 영토를 할애해야 했다. 또한 이 조약으로 흑해는 중립영해가 되었다. 1855년 니콜라이의 뒤를 이어 러시아의 황제가 된 알렉산드르 2세는 이 전쟁을 통해 유럽강국들에 비해 러시아의 열세를 통감해야 했다.

1854 일본의 개방(가나가와 조약)

1853년 미국이 개항을 요구하자 일본도 생각할 여유가 필요했다. 결국 개항을 다음 해로 미룬다. 반갑지도 않은 미국은 고지식하게도 약속대로 다음 해 정초부터 일본에 나타나 군함을 앞세우고 위협을 하니 일본은 할 수 없이 개항에 동의한다. 이어 영국, 러시아, 네덜란드와도 조약을 체결하게 된다. 이로부터 **막부를 중심으로 하는 개국파와 천황을 중심으로 하는 반개국파인 조이파 사이에 대결이 시작된다.**

1855 (러) 알렉산드르 2세 즉위(재위 1855~1881)

아버지 니콜라이 1세가 크림 전쟁이 한창이던 1855년에 죽자 뒤를 이은 알렉산드르 2세가 전쟁을 수행했다. 종전 후 러시아가 얼마나 후진국인가를 깨달은 그는 근대화 작업에 박차를 가해 많은 개혁을 이루었고, 국민의 편에서도 개선을 많이 했다. 1861년 농노제를 폐지한 것은 최대의 업적이다. 1864년 만인에게 평등한 법의 원칙을 선포하고, 계급차별 종식, 사법부독립, 재판공개, 배심원제도, 변호사협회 설립, 징병제도 공평화, 복무기간단축 등 혁신을 해나갔다. 물론 오늘날에 비하면 부족하지만 당시로서는 획기적이었다. 크림 전쟁의 패배로 영토의 일부를 잃고 흑해 함대도 잃었으나, 1870년에 조약을 파기하고 다시 흑해 함대를 재건, 1877년 불가리아를 오스만제국으로부터 독립시켰다. 그로 인해 오늘날에도 알렉산드르 2세는 불가리아의 건국의 아버지로 추앙받고 있다. 우리나라로 보아서는 그리 달갑지는 않지만 극동지방으로 세력을 확장시켜 헤이룽 강에서 태평양으로 이르는 지역을 중국으로부터 확보하고 사할린을 획득, 블라디보스토크에 해군기지를 설립한 것은 그의 업적 중 하나다. 그러나 그의 뼈아픈 실수는 알래스카를 720만 달러로 미국에다 세일해 판 것이다. 1881년 폭탄테러에 치명상을 입고 숨졌다. 훌륭한 치세를 한 황제로 보아야 할 것이다.

1856 (중) 애로호 전쟁 발발(1856~1858)

2차 아편전쟁이라고도 하는 이 사건은 우연히 일어난 것이 아니다. 1차 아편전쟁의 승리로 중국으로 하여금 자신들의 요구를 다 들어주었음에도 불구하고 중국에 대한 무역이 신통치 않자 영국은 일부러 구실을 만들어 분쟁을 일으켰다. 한 건 올리려고 작심한 영국은 막무가내로 또다시 전쟁을 결정했고, 프랑스는 이 절호의 기회에 합석하기 위해 프랑스 신부가 살해되었다는 구실로 참전한다. 12월 영국와 프랑스는 5천600명의 연합군을 구성해 중국을 공격했다. 영국이 이렇게 선수를 치자 미국과 러시아가 다급히 자기도 한몫 달라고 끼어들었다. 영국 군함 10척, 프랑스 6척이었던 데 반해 러시아는 1척을 끼워 간신히 체면치레를 했다. 하지만 미국은 알몸으로 끼었다. 전투는 예상대로 일방적으로 끝났고, 1858년 6월 중국은 영국-프랑스와 굴욕적인 톈진조약을 맺어야만 했다.

1857 인도 무굴제국 영국에게 멸망, 영국의 직접 통치 시작

1859 북경조약

2차 아편전쟁(애로호 전쟁)은 톈진조약으로 끝난 줄 알았는데 다음 해인 1859년에 영국과 프랑스의 함대가 또다시 톈진 앞바다에 나타났다. 톈진조약의 비준서를 교환한다는 것이 명목이었는데 이들은 천진 앞바다에 청나라의 포대가 설치되어 있다느니, 이것은 적대행위라느니 하며 일부러 싸움을 걸었다. 결국 청나라로 하여금 싸우게 만들더니 다음 해인 1860년 영국 군함 73척, 프랑스 군함 33척이 새까맣게 몰려와서 청나라 톈진 진지를 쑥대밭으로 만들어버렸다. 그러고는 기존의 톈진조약에다 몇 가지 조항을 더 추가한 북경조약을 맺고 돌아갔다. 이때 영국은 홍콩 대안의 주룽 반도를 강제로 빼앗았다. 청나라는 억울하고 원통했지만 아무런 대책이 없었다. 확실한 것은 나에게 적을 물리칠 힘이 없다는 것이었다.

1860 미국 16대 링컨 대통령 취임(재임 1861~1865)

링컨은 미국인들로부터 가장 존경받는 대통령 중의 한 사람이다. 링컨이 당선되자 노예제도 폐지에 반발하는 남부의 사우스캐롤라이나를 선두로 미시시피, 루이지애나, 앨라배마, 조지

아, 플로리다, 텍사스가 연방 탈퇴를 선언했다. 이에 미국은 두 개의 나라로 갈라질 위기에 처했다. 링컨으로서는 남부가 연방에서 탈퇴함으로써 나라가 각각의 공화국으로 분열되는 것만은 양보할 수 없었다. 그래서 남부 지역과의 전쟁이 시작된다. 1863년 7월 게티즈버그 전투에서의 승리로 북부는 결정적인 승기를 잡는다. 그리고 그곳에서 한 링컨의 연설은 지금까지도 인류에 회자되고 있다. "Government of the people, by the people, for the people"(국민의, 국민에 의한, 국민을 위한 정부)가 그것이다. 1865년 북부의 승리로 전투는 끝나고, 그 결과 노예가 해방된다. 링컨은 연극을 보러 포드극장에 갔다가 배우에 의해 살해된다. 남북전쟁을 배경으로 쓴 명작이 마거릿 미첼의 《바람과 함께 사라지다》다.

한편 북부의 사령관은 그랜트 장군이었고 남군의 사령관은 리 장군이었다. 그랜트 장군은 남북전쟁의 승리를 이끈 후광으로 18대 대통령에 당선된다.

9-4 독일의 통일(제2제국)과 군사 대국화

■ ■

1861 (독) 빌헬름 1세 즉위(재위 1861~1888)

비스마르크를 재상으로 등용해 독일제국을 일으킨 빌헬름 1세는 1870년
보불전쟁에서 승리하면서 프랑스 파리를 점령, 베르사유 궁전에서 독일제
국(제2제국) 황제를 선포했다. 독일을 유럽의 최강국으로 만든 지도자다.

＊ 슐레스비히–홀스타인 문제와 프로이센과 오스트리아 전쟁

1864년 슐레스비히와 홀스타인 공작령은 독일과 덴마크를 연결하는 지점에 위
치하고 있었다. 그런데 새로 왕이 된 덴마크의 크리스티안 9세가 두 공국을 덴
마크에 병합시키려 추진하자 프로이센과 오스트리아는 연합해 덴마크와 승부
를 벌인다. 덴마크는 적수가 되지를 못하고 한 방에 가고 말았다. 1865년 가슈타
인 협정으로 슐레스비히는 프로이센의, 홀스타인은 오스트리아의 영토가 되었
는데, 문제는 홀스타인이 프로이센 영토의 한 가운데 위치하고 있다는 것이었다.
분란의 씨앗을 안고 있는 셈이었다. 비스마르크는 오스트리아와의 일전을 예상
하고 준비했다. 그런데 가장 큰 문제는 오스트리아보다도 프랑스의 태도였다.
프랑스의 나폴레옹 3세는 프로이센과 오스트리아가 싸우는 틈을 타서 이득을 얻
으려고 두 나라의 불화만을 기대하고 있었다. 얼마 후 비스마르크가 오스트리아
를 완전히 배제한 채 북부는 프로이센(베를린)이, 남부는 바이에른(뮌헨)이 주도
권을 행사하는 연방국 창설을 제안하자 오스트리아가 발끈하고 일어섰다. 오스
트리아의 프란츠 요제프 1세가 전쟁을 선포한 것이다. **결국 1866년 프로이센과
오스트리아 사이에 전쟁이 터지고 말았다.** 비스마르크는 전쟁을 예상하고 오랫
동안 전쟁준비를 해온 반면 오스트리아는 구식소총을 그대로 사용하고 있었다.
즉, 화력 면에서 차이가 있었기 때문에 싸움은 이미 끝난 것이나 다름없었다. 그

런데도 오스트리아의 장교들은 평화시대를 구가하며 말쑥하게 다린 멋진 군복을 입고 파티에서 요한 스트라우스의 왈츠에 따라 비엔나 숲을 빙글빙글 돌고만 있으니 전쟁도 하기 전에 머리가 돌 지경이었다. 전쟁이 발발한 후 7월 쾨니히 그레츠 근처의 자도바에서 프로이센은 오스트리아군을 격파, 4만5천 명의 사상자를 내게 했다. 8월 평화협정에서 오스트리아 주도의 독일연방은 해체되었고 프로이센 주도의 북부 독일연방이 결성되었다. 또 프로이센은 슐레스비히, 홀스타인, 하노버, 헤센, 나사우, 프랑크푸르트를 합병했다.

1870 프로이센과 프랑스 사이에 전쟁 발발(보불 전쟁)

이번에도 잘 훈련된 프로이센군은 압도적인 화력으로 프랑스를 공격해 파리를 함락시키고 베르사유 궁전에서 프랑스의 항복을 받았다. 그리고 그동안 주었다 뺏었다를 반복했던 알자스, 로렌 지방을 되찾아갔다.

1888년 빌헬름 1세의 뒤를 이어 즉위한 빌헬름 2세는 비스마르크를 해임하고 해외 식민지 개척에 적극적으로 나서 1897년 터키, 메소포타미아 지역으로 영향력을 확장시키려 했다. 그러자 이것이 영국과 러시아를 자극했다. 결국 1904년 이미 해외식민지에 대해 기득권을 갖고 있는 영국과 프랑스가 화친 조약을 맺고, 1907년에는 영국과 러시아가 협약을 맺었다. 그로 인해 프로이센의 빌헬름 2세는 여기저기 기웃거리기만 했지 얻은 것은 없었다. 독일은 뒤늦게 해외식민지 쟁탈전에 끼어든 것이었다. 그러나 이미 프랑스와 영국 등이 한바탕 휩쓸고 지나간 다음이었다. 한편 아프리카 지역으로 독일 기업들이 파고들자 영국과 프랑스도 가만히 보고만 있지를 않았다. 결국 독일은 1905년 모로코에 집적거렸다가 별로 얻은 것도 없이 프랑스의 기득권만 인정해주는 결과를 낳고 말았다. 당시 러시아는 범슬라브주의를 주장하며 발칸반도 쪽으로 세력을 뻗치고 있었고 오스트리아는 보스니아 지역을 합병했기 때문에 오스트리아와 러시아가 언제 한판 붙을지 모를 상태였다. 이런 상황에서 독일의 오스트리아로의 밀착은 러시아와 적대관계가 되는 것을 의미했다. 빌헬름 2세가 해군력을 증강시키자 대서양의 제해권을 잡고 있던 영국이 눈에 쌍심지를 돋우며 노려보았으나 빌헬름 2세는 모르는 척 이를 무시하고 하던 일을 계속했다. 그러던 중 1914년 6월 오스트리아 페르디난트 황태자 부처가 사라예보에서 세르비아계 청년에게 암살을 당하자 오스트리아가 세르비아를 향해 포문을 열었다. 제1차 세계대전의 문이 열린 것이었다.

* 비스마르크(1815~1898)

비스마르크(Otto von Bismark)는 1815년 4월 나폴레옹이 엘바 섬을 탈출해 전 유럽을 경악시키던 시절 독일 프로이센의 지주귀족(융커)의 자식으로 태어났다. 1835년 베를린 대학에서 법학을 전공해 판사로서 공직을 시작했다. 1851년 36세에 프랑크푸르트에서 공직 생활을 다시 시작한 후 약 40년간을 유럽을 움직이는 인물로 살다가 생애를 마감했다. 그는 러시아와 가까이하는 정책을 취했고, 프로이센 대표로 프랑크푸르트 의회에 참석했으며, 프로이센을 오스트리아와 대등한  위치로 끌어올렸다. 1866년 오스트리아와의 전쟁에서 오스트리아와 그의 연방국을 격파하고 프로이센에 합병, 또는 북부독일연방에 가입시켜 사실상 통합독일의 종주국 위치에 서게 했다. 이후 오스트리아는 독일연방에서 제외되면서 독일과는 별 볼일이 없어졌다. 러시아의 알렉산드르 2세와 친분을 쌓아 러시아와 우호적인 관계를 유지함으로써 동부 유럽에 대해 안심한 상태에서 서부 유럽으로 진출할 기회를 잡았다. 1862년 총리에 임명되어 전권을 장악했는데, 당시 빌헬름 1세는 비스마르크에게 소신껏 일할 수 있도록 권한을 위임했다.

1863 조선 26대 고종 즉위(재위 1863~1907)

젊은 나이의 철종이 갑자기 세상을 떠나자 다음 왕의 지목권은 가장 어른인 조 대비에게 있었다. 조 대비가 흥선군의 둘째 아들인 명복에게 교지를 내리자 안동 김씨들은 극구 반대를 하고 나섰다. 그러나 이미 때는 늦은 뒤였다. 미리 차기 왕위 후보를 결정하지 못한 것이 안동 김씨들의 결정적인 실수였다. 더구나 조 대비는 풍양 조씨로 안동 김씨 세력에 감정이 좋을 일이 없어서 그동안 죽어지내던 터였다.

왕이 된 흥선군의 둘째 아들은 이름은 희, 아명은 명복이었다. 아버지는 흥선대원군 이하응이고, 어머니는 민씨다. 비는 민치록의 딸(후에 명성황후)이다. **대원군은 순조와 헌종, 철종을 보면서 외척의 발호가 얼마나 무섭고 폐해가 큰지를 잘 알았다. 때문에 이번에는 절대로 그러한 전철을 밟지 않으려고 양반집 가문 중에서 힘없고 뒤탈이 없을 만한 집안의 규수를 선택하고자 심사숙고했다. 그렇게 해서 간택된 처녀가 바로 민비였다.** 그런데 장고(長考) 끝에 악수(惡手)를 둔다고, 권력에 대한 욕심과 정권욕이라면 누구에게도 지지 않을 정치 9단의 처녀를 며느리로 간택한 꼴이 되고 말았다. 이후부터 며느리와 시아버지의 목숨 건 싸움이 시작된다. 5급은 한 시간을 생각하고 두어도 5급이니까! 지난번 중종 때 윤임이 윤지임의 딸(후에 문정왕후)을 잘못 추천해 결국 죽던 짝이 나고 말았다. 이제 세상은 반암 박씨, 풍양 조씨, 안동 김씨는 저리 가라이고 여흥 민씨 판으로 변하고 말았다. 민비와 대원군은 이후 1895년 을미사변으로 민비가 죽을 때까지 20년을 우열을 가리기 힘들 만큼 명승부를 펼치며 손에 땀을 쥐게 했다.

즉위 초 대원군은 어린 고종을 대신해 섭정을 한다. **임진왜란 때 소실**

474

된 경복궁의 중건을 대대적으로 실시해 오늘날의 경복궁을 만들었다. 또 영의정으로 후덕한 조두순을 기용해 원만한 정치를 펴고 당쟁의 근원지인 서원을 대부분 철폐했다. 이렇듯 과감한 개혁정치를 실시했으나 대외적으로 문호를 개방하지 않는 쇄국정책을 써서 결과적으로 강대국의 희생물이 되고 말았다. 천주교를 강력하게 탄압했다. 이때 조선에 와 있던 프랑스 신부들과 조선 신도들을 희생시켜 프랑스 침입을 불러들였다.

옛말에 10년 세도 없다더니 1873년 10년 만에 대원군이 실각을 하자 이번에는 민씨파가 세력을 잡기 시작했다. 이유원, 박규수, 조영하, 김병국, 민승호, 민경호 등이 그들이다. 민비는 쇄국으로 닫혀 있던 문을 열고 서양의 문물을 받아들이자는 견해를 갖고 있었다. 일본은 1854년 미국의 무력시위에 어쩔 수 없이 나라를 개방했지만, 불과 20여 년 만에 강력한 신무기로 무장해 이번에는 역으로 조선에 와서 행패를 부리기 시작했다. 그들은 1875년 운요호를 몰고 강화도 초지진을 거슬러 올라 조선의 포대를 초토화시키고 상륙한 후 약탈을 자행했다. 다음 해 조선은 일본과 굴욕적인 조약을 맺었다.

* **한말의 사건 요약**

1873 최익현의 탄핵으로 10년 만에 대원군 하야. 왕비(민씨) 측으로 세력 이동.

1875 일본 군함 운요호 포격사건 발생.

1876 일본에 개항.

1880 개화정책 실행. 신사유람단 일본에 파견. 신식군인 별기군을 창설.

1882 임오군란 발생. 대원군 납치사건

1884 갑신정변 발생.

1894 갑오개혁(갑오경장), 동학혁명, 청일전쟁 발발.

1895 을미사변(민비 시해 사건).

1896 아관파천(러시아에 의해 고종 납치).

1897 대한제국으로 국호 고침. 광무연호 사용.

1904 러일전쟁 발발

1905 을사조약

1907 고종 강제 퇴위

1910 한일 합병

1919 고종 서거. 3.1 운동

1863 일본의 개국 배경

사쓰마 번의 다이묘 행차 시 말에 탄 채로 행차를 지켜보던 영국의 상인
들을 사무라이들이 무엄하다는 이유로 죽인 사건이 발생한다. 이로 인해
사쓰마와 영국이 전쟁을 치르게 된다. 서양의 현대식 무기의 위력을 모
르고 우습게보고 있던 사쓰마 번은 이때 영국의 현대식 무기에 초토화되
고 나서야 외국 문명의 필요성을 깨닫게 되고, 개국반대파에서 개국찬성
파로 바뀌게 된다. 그러나 지금까지 개국반대파였던 사쓰마는 갑자기 개
국파로 바꾸려니 남 보기가 쑥스러워서 대놓고 말은 못하고 애매하게 막
부타도를 외치며 표정관리를 했다. 한편 아직도 이를 깨닫지 못하고 있던
조슈 번은 8월 18일 시모노세키(下關)에 정박 중이던 미국 상선, 프랑스
선박, 네덜란드 군함에 차례로 포를 쏘았다. 결국 이에 대한 보복으로 미
국, 영국, 프랑스, 네덜란드가 연합, 군함 17척으로 조슈를 공격함으로써
포대를 모두 파괴해버리는 등 완전 초토화를 시켰다. 그제야 현대식 무기
의 위력을 알게 된 조슈는 외국의 문명을 배워야 한다는 자각과 함께 사
쓰마 번처럼 급속히 개화파로 변신한다.

　그런데 조슈가 제멋대로 외국 배에 포격을 가하는 전쟁 행위를 하자 막

부는 군대를 동원해 조슈를 공격을 한다. 그렇지 않아도 서양의 연합군에 의해 얼추 반쯤은 죽도록 피해를 입은 조슈에게는 힘이 없었다. 결국 막부에게 굴복하고 만다. 한편 막부는 더 나아가 개국반대파(막부를 부정하고 천황을 받드는 파)들을 대거 숙청하는데, 이때 개국반대파들이 대거 살해되었고, 겨우 살아남은 이들은 다른 지역이나 해외로 도피한다. 그러자 막부에 힘없이 항복한 것과 개국반대파를 숙청한 것에 대해 조슈 내부에 거센 저항이 일어났고, 이로 인해 일어난 내부 싸움에서 개국반대파인 손노 조이파가 승리를 한다. 그러자 막부는 2차 정벌에 나섰다. 그러나 당시 덕천막부는 이미 모든 힘을 잃은 상태로서 막부의 명령에 따르지 않는 지방의 다이묘들이 곳곳에서 나오던 시기였다. 이때 도사 출신인 사카모토 료마가 조슈와 사쓰마 번과 협력해 막부군에 대항하도록 중계역할을 성공시켰다. 그에 따라 1866년 조슈는 막부군과의 싸움에서 승리를 거둔다. 일개 번에게 패배한 막부는 사실상 사형선고를 받은 것이나 다름없었다. 이제 막부는 멸망의 때만 남은 것이었다. 1868년 마침내 15대 쇼군 요시노부는 명치 천황에게 모든 권한을 넘긴다. 이로써 덕천막부는 265년 만에 문을 닫는다(1603~1868).

1865 (미) 남북전쟁 종료(1861~1865)

1866 병인양요

조선 고종 시절에 대원군은 천주교에 대한 탄압령을 내려 프랑스 신부 9명과 천주교 신자 8천 명을 죽였다. 이에 청나라에 주둔하던 프랑스 로즈 제독이 전함 3척으로 강화도에 왔다가 열세를 느껴 후퇴, 다시 7척으로 증원해 강화도를 점령하고는 서적 등을 약탈했다. 그러나 문수산성에서 한성근에게 패해 후퇴하고, 다시 정족산성을 공격했다가 매복

사수들에게 저격을 당해 패하고 만다. 프랑스군은 더 이상 싸움이 어렵다고 판단, 전 함대를 이끌고 중국으로 돌아갔다.

1866 에디슨, 전기 발명과 에디슨 전기회사 설립

Edison General Electric Light Company로 오늘날 'G.E'다.

1866 (일) 명치 천황 즉위

8월 즉위식을 한 메이지 천황은 연호를 명치(明治)로 바꾸고 수도를 교토에서 에도로 천도했다. 또한 지명도 에도에서 도쿄(東京)로 개명한다. 이로써 일본은 오래간만에 천황이 실질적인 통치자가 되는 것이다.

1867 (미) 러시아로부터 알래스카 구입

링컨 대통령이 죽은 후 부통령이었던 앤드루 존슨이 대통령에 취임한다. 그는 임기 때 러시아로부터 160만 제곱킬로미터(남한의 약 16배)에 달하는 알래스카를 720만 달러에 구입했다. 러시아의 알렉산드르 2세 시기였다.

1868 명치유신

명치유신(明治維新)은 1868년 덕천막부가 폐지되고 그때부터 새로운 혁신을 일으킨 운동 전반을 말한다. 이때부터 일본은 불과 30년 만에 세계의 열강과 어깨를 나란히 할 만큼 비약적으로 발전, 1894년과 1904년 각각 청나라와 러시아를 물리침으로써 열강들을 경악케 했다. 1875년에는 조선에 와서 운요호 사건을 일으킴으로써 1853년 미국의 페리 제독에게 당한 분풀이를 불과 20년 만에 조선에게 했다.

1870 보불전쟁(1870~1871)

빌헬름 1세의 프로이센과 나폴레옹 3세의 프랑스 사이에 일어난 전쟁이다.(1861년 참조) 비스마르크가 이끄는 프로이센은 프랑스를 격파하고 파리에 입성 베르사유 궁전에서 프랑스의 항복을 받고 프랑스가 빼앗아 간 알자스 지방을 되찾아왔다. 그러나 1918년 제1차 세계대전에 프랑스가 승리함으로써 이를 다시 빼앗아간다.

1871 신미양요

1866년 미국의 상선 제너럴셔먼호는 제멋대로 남의 나라에 와서 노략질을 하고 측량을 하며 돌아다니다 평양 근해에서 좌초되었다. 이에 분개한 주민들이 제너럴셔먼호를 불태워버린다. 그러나 1865년에야 끝난 남북전쟁 뒤치다꺼리로 정신이 없던 미국은 얼추 국내 사정을 정리하고 난 뒤인 1871년(고종 8년)에야 강화도로 쳐들어왔다. 북경에 있던 공사 로우는 아시아 함대사령관 로저스와 상의해 군함 5척에 1천200명의 미군을 싣고 남양 앞바다에 도착, 조선 정부에 통상할 것을 요구했다. 그러나 조선은 이를 즉시 거절했다. 이에 미군함대가 강화도 광성진 앞으로 들어섰고, 곧바로 양국의 포격전이 시작되었다. 이때의 교전으로 조선 측에서는 어재연, 어재순, 이현학 , 김현경, 박치성이 전사했고, 미군도 측에서도 몇 명이 전사했다. 다음 날 이염이 초지진을 야습, 미국 선박을 기습하자 미군은 더 이상의 전투는 무모하다고 판단, 곧바로 물러갔다. 그러나 이것은 그들이 전쟁에 패해 물러간 것은 니었다. 완강하게 저항하는 조선을 위협하려면 지금의 병력으로는 불가능하다는 판단 아래 후일을 기약하고 일단 청나라에 있는 근거지로 되돌아간 것이었다.

9-5 일본의 승승장구와 조선의 몰락

■ ■

1871 일본, 젊은이 50명의 해외연수(2년간)

일본이 해외로 파견했던 젊은이들은 선진국의 제도와 공업 등을 배워 와 그 뒤 일본을 세계적인 강국이 되게 한다. 이들이 유럽의 강국인 프로이센, 프랑스 등을 견학했고, 돌아와서는 유럽 강국들의 선진제도와 기술을 펼쳤다. 그러자 일본은 얼마 안 되어 강력한 국가로 탈바꿈을 하게 된다. 힘이 축적되자 자연스레 나오는 것은 조선정벌론이었다. 일본의 바로 옆에 위치하고 중국 대륙으로 가는 통로인 조선의 침략은 언제나 영순위의 과제였다. 이러한 정한론(征韓論)의 선두주자로는 사이고 다카모리, 요시다 쇼인, 후쿠자와 유키치, 이토 히로부미 등이 있었다. 요시다 쇼인은 이토 히로부미를 길러낸 일본의 정신적인 지도자였고, 후쿠자와 유키치는 일본의 1만 엔짜리 화폐에 몽타주를 올린 인물이다.

우리로서는 달갑지 않겠지만 이러한 일본을 나쁘다고만 할 수는 없다. 인류 역사를 돌이켜보면 힘이 생겼을 때 영토를 넓히고 이웃나라를 침범하는 전쟁의 역사였다. 우리 스스로 힘을 길러 그러한 침략을 받지 않도록 사전에 대비하지 못한 것을 반성하고, 대비하는 것이 올바른 길일 것이다. 영원한 우방도 영원한 적도 없으니 말이다.

1871 이탈리아 통일

475년 서로마제국이 멸망한 뒤 이탈리아는 여러 지역 국가로 쪼개져 힘을 못 쓰고 있었다. 한때는 프랑스가, 한때는 합스부르크가, 또 한때는 아라곤의 지배를 받기도 했다. 그러나 1800년대에 들어온 후 이탈리아 북부 피에몬테의 에마누엘레 2세가 등장하면서 그에 의해 이탈리아 대부분이 통일된다. 그리고 1866년 베네치아, 1870년 로마 교황령을 병합하면서 이탈리아가 탄생된다.

1875 운요호 사건과 강화도 조약

1882 임오군란과 제물포 조약

당시 조선은 신사유람단을 편성해 일본의 문물을 견학하고 청나라에 가서는 신식무기의 제조법과 사용법 등을 배우는 등 서양의 문물을 배우기 위한 개혁을 하고 있었다. 그러나 급진적으로 개혁을 서두르다 보니 자연히 수구파와 개혁파와의 대립이 생겼다. 그런 와중에 13개월이나 지급이 밀려 있던 구식 군인에게 쌀 배급을 시작했는데, 관리들이 이를 중간에서 착복하면서 모래와 겨가 섞인 쌀을, 그나마 모자라게 지급받게 되었다. 그러자 신식 군대와 차별대우 받는 것도 서러운데, 하는 마음이 터져 나오면서 배급관리를 구타하는 사건이 발생했다. 이에 선혜청 당상 민겸호가 난동자를 체포하자 군인들은 민겸호의 집을 파괴한 뒤 대원군에게 가서 사정을 호소했다. 대원군은 겉으로는 진정시키는 척하면서 사실상 이들을 지휘했다. 이제 군인들은 난병이 되어 무기고를 습격해 무기를 탈취하고, 의금부를 습격해 죄수를 석방하고, 민태호의 집을 습격했다. 또 신식 부대인 별기군의 교관이었던 일본인을 살해했을 뿐만 아니라 궁전에까지 침입해 민겸호와 김보현을 죽이고 민비마저 죽이려 했다. 다급해진 민비는 변장을 하고 궁궐을 탈출했다. 이후 고종은 대원군을 불렀고, 이로써 대원군은 다시 세력을 잡게 되었다. 그러나 이대로 물러설 민비가 아니었다. 민비파는 청국에 도움을 요청했다. 그러지 않아도 그동안 일본에 밀린 것을 만회할 기회만 노리던 청은 즉시 정여창, 마진충, 오장경을 군대와 함께 파견, 군영을 방문한 대원군을 체포해 청국으로 압송하고 그 일파를 처형했다. 한마디로 남의 나라에서 아무 거리낌 없이 제 마음대로 행동했던 것이다. 이 통에 충주로 피신해 있던 민비가 되돌아와 다시 정권을 잡게 되었다. 이로 인해 지금까지 친일본 성향의 민비파가 친청국파로 돌변했다. 이들 친청국파를 사대당이라 했다. 반면 일본의 명치유신을 본받아 하루속히 개화를 하자는 파를 개화당 또는 독립당이라고 했다. 개화당의 대표는 박영효, 김옥균, 서재필 , 홍영식 등이었고, 사대당의 대표는 민영익, 민승호, 김홍집, 어윤중 등이었다. 한편 피해를 본 일본은 군함 4척과 군인을 파견해 무력시위를 하니 힘이 없는 조선으로서는 일본이 요구하는 대로 들어줄 수밖에 없었다. 이래서 체결된 것이 제물포조약이다.

1884 갑신정변과 한성조약/ 톈진조약

임오군란을 계기로 청국과 일본의 세력이 대립하게 되자 지금까지 대원군의 쇄국정책에 맞서오던 **민비 일파는 거꾸로 청국의 힘을 빌려 대원군을 제거한 뒤 청국에 기대는 보수세력으로 변했다.** 이에 개화당은 고종 21년 일본군의 힘을 빌려 정변을 일으켜 혁신정부를 세우기로 하고 우정국(체신부) 개국식에 참석할 고위관료 중 반대파를 암살하는 거사를 계획한다. 결국 개화당은 민병익에게 중상을 입히고 민영목, 조영하, 민태균, 한규직, 이조연, 윤태중을 죽인 후 그들의 정부를 수립했다고 발표했으나, 청국의 위안스카이(袁世凱)가 청군 1천500명을 이끌고 궁중을 포위, 일본군을 격퇴시키고 고종을 빼앗으니 전세는 역전된다. 여기에 조선군대와 군중들의 습격으로 일본인들은 살해되고, **박영효, 김옥균, 서재필 등 개화당은 겨우 목숨만 건져 일본으로 망명했다. 그래서 이를 3일천하라고도 부른다.** 정변 후 일본은 한성 조약을 맺고 손해배상을 받아냈다. 또한 이토 히로부미는 청국의 이홍장과 만나서 조선에 파병할 때는 서로가 통고하기로 하는 텐진조약을 맺는다.

* 김옥균(1851~1894)

김옥균(金玉均)은 조선 말기 고종 때의 급진 개화파의 지도자로서 갑신정변을 주도했다. 조선 사회를 근대화 시키기 위해 정치세력을 확보하고 군사력을 양성하는 동시 〈한성순보〉의 간행을 주장했다. 또한 공업 건설, 선진과학기술의 도입 등 그 외에도 수많은 근대화를 추 진했던 선각자였다. 일본의 명치유신을 본 따 조선에서 도 그러한 근대화를 추진하려 했으나 당시 실세인 민씨 정권과 청의 방해로 개화정책의 추진은 험난하기만 했다. 당시 청은 3천에 달하 는 군 병력을 1882년 임오군란이 진압된 후에도 철군하지를 않은 채 대원군을 납 치해 청나라로 압송시킴으로써 민씨 정권이 수립되게 한 뒤 뒤에서 사사건건 참 견을 하고 있었다. 결국 김옥균은 1884년 12월 4일 유태준, 한규직, 민태호, 민영 목 등 민씨 일파의 대신들을 제거하고 정권을 잡는 것과 동시에 청과의 관계를 단절하고 근대적 국가를 수립하는 것을 목표로 갑신정변을 일으켰다. 그러나 6 일 오후 무력 개입을 시작한 청군에 의해 외곽의 조선군이 격파되자 일본군은 맥 없이 도망을 가버리고 만다. 그 바람에 갑신정변은 3일 만에 막을 내리고 말았 다. 이후 김옥균은 일본으로 망명을 해 10여 년의 도피생활을 했는데, 일본의 냉담한 반응과 푸대접에 실망, 청의 이홍장을 만나러 상해로 건너간다. 그러나 갑신정변 때 많은 민씨들이 참변을 당한 것에 한을 품고 있던 민씨들이 보낸 자 객 홍종우에게 살해되어 한 많은 생애를 마감한다.

1884 프랑스, 베트남 지배 시작

1880년 대 후반기 조선의 정세

텐진조약에 의해 청나라와 일본의 군대가 조선에서 철수하자 이번에는 러시아가 군침을 흘리면서 조선을 기웃거리기 시작했다. **청나라가 내정 간섭을 심하게 하자 이에 염증을 느끼던 고종과 민비가 러시아와 가까워지기 시작한 것이었다.** 러시아의 베베르(Karl Ivanovich Veber) 공사는 외교관답게 능수능란한 솜씨로 민비의 비위를 맞추니 민비는 차츰 러시아의 팬으로 변해갔다. 당시 러시아는 알렉산드르 3세의 시절로 극동으로 계속 세력을 뻗고 있었다.

함경도 경흥이 러시아에게 개방된 데 이어서 러시아가 위산에 저탄장을 설치하는 등 조선에 대한 개입을 노골화하자 세계 곳곳에서 러시아의 팽창정책을 따라다니며 방해를 하던 영국은 청나라의 양해 하에 거문도를 마음대로 점령, 군사기지를 건설하고 포대를 설치했다. 그야말로 조선은 그들의 안중에도 없었다. 자기들 마음대로 남의 나라에 들어와 제멋대로 행동을 했을 뿐이었다. 그러나 영국의 기지 건설에 놀란 러시아가 '영국이 철수하지 않으면 러시아도 조선을 점령하겠다'고 해 결국 두 나라는 모두 조선에서 철수한다는 약속을 하고 1887년 철수했다. 영국, 일본, 청국, 러시아 들은 남의 나라에 자기 마음대로 기지를 설치했다가 철수했을 뿐만 아니라 조선을 놓고 흥정을 했던 것이다. 조선으로서는 나라의 주권을 완전히 무시당한 것이었다.

1894 동학혁명

1860년 철종 11년 경주 사람 최재우는 서양에서 들어온 서학(西學)에 대립되는 민족 고유의 종교를 제창해 동학(東學)이라 하고, 유교·불교·선교의 교리를 토대로 인내천사상을 전개했다. 그러나 그는 1863년 철종 14년 혹세무민했다는 죄로 처형당했다. 동학은 2대 교주 최시형에 의해 교세가 확장되었다. 3대 교주는 손병 희다.

1894년 고종 31년 조선 후기 정치의 부패, 탐관오리의 행패, 외국 세력의 침투로 이중고, 삼중고를 겪던 민중은 외국의 침략을 불리치고 정부의 개혁을 요구하는 막연한 욕구를 갖게 되었다. 때마침 전라도 고부 군수 조병갑의 가렴주구에 참다못한 군중이 관아를 습격해 봉기를 시작한다. 정부는 안핵사 이용태를 보내 진압하려 했으나 이용태가 농민을 동학도로 몰아 탄압하자 분개한 농민들이 전봉준을 총대장으로, 김개남과 손화중을 지도자로 삼아 정부에서 파견한 진압군을 대파했고, 5월 31일에는 전주까지 점령했다. 이에 정부는 다급한 나머지 자국 내의 일을 스스로 해결하지 못하고 청국의 힘을 빌려 해결하려는 실수를 범하고 만다. 6월 8일 아산만에 상륙한 청군은 곧장 서울로 진격해 궁궐을 접수했고, 그로 인해 7월 26일 청일전쟁이 벌어진다. 애당초 청군과 전쟁을 치를 각오를 하고 있던 일본이 먼저 청국을 공격하자 청군은 막대한 타격을 받는다.

반란은 전국으로 확대되었다. 전봉준과 손병희가 이끄는 동학군은 논산을 거쳐 공주에서 관군과 일본군의 합동군과 충돌했으나 막강한 화력을 보유한 일본군의 적수가 되지 못했다. 결국 일본군에 의해 아름답던 조선의 산하는 농민들의 피로 물들었다(30~40만 명 사상). 이어서 전봉준이 내부의 배신으로 12월 28일 체포되어 서울로 압송 처형당하자 동학군은 뿔뿔이 흩어져 버렸다.

비록 실패하고 말았지만 동학혁명은 커다란 영향을 끼쳤다. 양반들에 대항하는 개혁정신과 외국의 침략에 정면으로 항쟁한 반침략성을 내포했다는 점, 그리고 위정자들의 반성을 촉구했다는 점에서 역사적 의의를 갖는다. 그러나 결과적으로 청국과 일본의 전쟁을 야기했다.

1894 청일전쟁(1894~1895)

10년 전 갑신정변 시 청국에 의해 조선 침략의 호기를 놓친 후 호시탐탐 기회를 노리던 일본은 1894년 6월 갑자기 조선의 궁궐에 침입해 민씨 정권을 제거하고 대원군을 옹립해 새 정부를 수립하는 한편 청에 대해 도발을 했다. 일본은 이때 이미 청국과의 일전을 불사하려는 각오를 하고 있었다. 때문에 선수를 쳐서 청군을 공격했다. 7월 25일 남양만 풍도 앞바다에서 함포 사격을 받은 청군은 900여 명을 잃었고, 이어 성환 전투와 평양 전투에서도 패하고 만다. 이렇게 승기(勝氣)를 잡은 일본은 내친김에 여순까지 공격해 승리, 웨이하이(威海)의 청국 북양함대를 괴멸시켰다. 이로써 청국의 무력함이 여실히 증명됨과 함께 일본의 실력이 만만치 않다는 것을 보여주었다. 이에 열강들이 놀랐으나 아직은 "어쩌다 한번 운이 좋았겠지"하며 애써 인정하지 않으려 들었다.

청군이 진 것은 용감성에 있어서 일본군보다 못해서가 아니었다. 일본은 명치유신 이래 외국의 문명을 받아들이고 산업을 발전시켜 군사무기와 전함이 최신형인 반면 청국의 전함은 일본의 전함보다 고물(故物)이었기 때문이었다. 처음부터 상대가 되지를 못 했다. 청군이 이홍장에게 보낸 내부 문건에 이미 이런 점이 지적되어 있다. 청나라는 힘의 열세를 인정하고 1895년 이홍장이 일본으로 건너가 이토 히로부미와 시모노세키조약을 맺는다. 이로써 중국은 일본에게 랴오둥 반도(요동반도), 대만, 팽호열도 등을 빼앗기는 굴욕의 세월을 맞게 되었다. 반면 일본은 이제 조선에 대해 막강한 영향력을 갖게 되었다.

그러나 시모노세키조약이 체결되자 러시아, 독일, 프랑스, 영국 등이 일본의 독식을 그냥 보고만 있지는 않았다. 이들은 일본에게 청나라로부터 할양받은 영토를 토해놓으라고 강제로 인공호흡을 시키는 등 압력을 행사했다. 여러 나라를 상대로 힘이 부친다고 판단한 일본은 분루를 삼키며 산둥 반도를 토해내고 말았다. 청나라는 3국의 간섭으로 산둥 반도를 잃지는 않았지만 스스로의 힘으로 얻은 것이 아닌 남의 힘으로 이루어진 것이었기에 결국 또다시 잃고 만다.

1894 갑오개혁

갑오개혁(甲午改革)은 갑오경장이라고도 한다. 동학혁명을 핑계로 인천에 상륙한 일군(日軍)은 서울로 진격해 조선 궁궐을 점령하고 민비를 중심으로 한 수구파(친청파)를 몰아낸 후 대원군을 입궐시켜 정권을 맡긴다. 이로써 조정에는 다시 친일파인 김홍집 내각이 구성되는데, 이들은 청나라와 관계를 끊을 것과 관제의 개혁을 실시할 것을 요구한다. 그래서 새 내각은 갑신정변으로 쫓겨났던 박영효, 서광범 등을 귀국시켜 개혁을 단행하려 했으나 내각자체의 무력함과 승리한 일본의 지나친 간섭, 을미사변을 계기로 일본에 대한 국민의 반일감정으로 별로 효과를 보지 못하고 막을 내린다.

1895 을미사변

청일전쟁에서 이긴 일본이 막강한 세력을 행사하려 했다가 3국간섭으로 인해 산둥 반도를 돌려주자 이번에는 러시아가 본격적으로 남하하기 시작한다. 러시아 공사 베베르는 정치적 수완을 발휘해 민비의 환심을 사는 등의 궁중을 무대로 한 외교에 어느 정도 성공을 거둔다. 그러자 조정은 또다시 친일파와 친러파의 각축장이 되고 말았다. 이완용, 민영환, 윤치호 등 정동파들은 민비를 앞세워 친러·친미 정책을 폈다. 그래서 일본군 장교가 훈련시키던 훈련대를 해산하고 미군 장교가 훈련시킨 시위대로 교체했고, 친일계인 어윤중, 김가진을 면직시키고 친러계 이범진을 등용시켜 배일정책을 더욱 더 강화시킨다. 이에 위기를 느낀 일본은 조선에서 러시아 세력을 몰아내기 위해서는 어떠한 방법을 써서라도 민비를 제거하지 않으면 안 되겠다고 결정, 군벌인 미우라를 주한공사로 임명하고 대원군의 협조를 얻어 김홍집, 어윤중, 김윤식을 중심으로 내각을 구성했다. 그런 다음 일본 낭인들을 고용해 왕궁을 호위하던 시위대들을 습격, 제압하고 고종에게 왕비의 폐출조서에 서명하도록 강요했다. 고종이 완강하게 거부하자 낭인들은 세자에게 칼을 휘두르는 등 만행을 저지른 것도 모자라 민비를 살해하고 증거를 은폐하기 위해 전각에 불까지 질렀다. 이른바 을미사변(민비 시해 사건)이 일어난 것이다(민비는 후에 명성황후로 추존된다). 물론 일본은 민비 시해에 일인들은 전혀 관계가 없으며 민비를 알지도 못 할 뿐만 아니라 지금까지 만나본 일도 없다는 등 천하가 다 아는 거짓을 발표했다. 그러나 만행을 목격한 외국인들에 의해 진상이 폭로되자 난처해진 일본인들은 사건 관련자들을 체포, 일본으로 압송한다는 구실 하에 일본으로 보냈고, 이후 명확한 증거가 입증되지 않아서 처벌할 수 없다는 명목으로 전원 석방했다.

1895 (러) 니콜라이 2세 즉위(재위 1895~1917, 1917년 참조)

러시아의 로마노프 왕조 마지막 황제인 니콜라이 2세는 러시아 혁명으로 인해 폐위되었고, 그로부터 얼마 후 레닌의 지시로 일가족 모두가 암살을 당한 비운의 황제다.

1905년 러일 전쟁에서 패배하자 그동안 쌓였던 불만이 터져 나와 1월 22일 군중들이 황제가 있는 동궁(東宮)으로 몰려갔다. 이에 황제의 군대가 군중들을 향해 발포, 1천 여 명이 사망하고 4천 여 명이 다치는 일이 벌어졌다(피의 일요일). 하지만 니콜라이 2세는 사태가 얼마나 심각하게 돌아가는지 모른 채 무력으로 탄압만 했다. 결국 1917년 10월 혁명으로 러시아 권력을 장악한 볼셰비키는 다음 해에 니콜라이 2세의 가족 전원을 살해한다. 이로써 로마노프 왕조의 러시아는 막을 내린다. 이후 러시아는 소비에트 사회주의 연방공화국(소련; U.S.S.R)이라는 새로운 간판을 내걸고 사업을 시작했다.

1896 아관파천(俄館播遷)

민비를 살해한 을미사변을 계기로 조선 국민의 대일 감정이 극도로 악화되자 러시아의 베베르 공사는 공사관을 보호한다는 구실로 러시아 군인 100명을 서울로 데려왔다. 한편 을미

사변으로 민비가 살해되자 왕비가 없는 고종은 자연스레 지밀상궁인 엄상궁의 보필을 받았다. 그런데 고종은 언제 자기도 일본산 자객들에 의해 해를 입을지 모른다는 불안감을 가지고 있었다. 이에 친러파인 이범진, 이윤용, 이완용 등이 엄 상궁에게 거액의 뇌물을 주면서 고종을 러시아 공사관으로 모시고 가도록 부추겼다. 고종은 엄 상궁의 감언이설에 궁궐을 나와 러시아 공사관까지 걸어 들어갔다. 이후 러시아 공사는 아무도 고종을 만나지 못하게 했다. 그 때문에 고종은 유폐생활이나 다름없는 생활을 했다. 그러니 하루아침에 권력은 친러파의 손으로 넘어간다. **친일파인 김홍집과 정병하는 경복궁 앞에서 군중들에 의해 무참히 살해되었다. 또 어윤중은 용인서 살해되고 유길준, 이범래 등은 일본으로 망명했다.** 이때부터 러시아는 우리나라 내정에 강한 영향력을 행사, 고문들을 모두 러시아인으로 바꾸는데, 특히 **탁지부 고문 알렉세예프(K. Alexeev)는 마치 재무부 장관인 양 행세를 하며 조선의 여러 이권을 서구 열강**

에게 마구 팔아넘기고 소개료를 챙겼다. 재주는 일본이 부리고 돈은 러시아가 챙긴 셈이라 하겠다.

고종은 유폐생활 375일 만에 1897년 2월 20일 덕수궁으로 돌아왔다. 그리고 그해 10월 연호를 광무로 고치고 대한제국의 황제에 즉위한다.

1898 미-에스파냐 전쟁

미국 25대 대통령 매킨리는 미국의 제국주의 대명사로 불린다. 1895년 쿠바가 에스파냐로부터 독립을 요구한 것을 계기로 전쟁이 발발했을 때 미국은 처음에는 개입을 안 하려고 했다. 그런데 쿠바에 정박 중이던 미국 전함 메인호가 폭파되는 사건이 발생하자 에스파냐의 행위로 간주하고 에스파냐를 공격, 먼로주의를 내세우며 에스파냐를 쿠바에서 내쫓는다. 이 전투의 승리로 미국은 **에스파냐의 식민지였던 필리핀, 괌, 사모아, 푸에르토리코를 에스파냐로부터 빼앗았다.** 에스파냐에게 권리금 2천만 달러를 주고 양도받는 형식을 취했다.

1900

연 대 로 보 는 비 교 세 계 사

1994

제10장
가공할 위력의 세계대전

10-1 전체적인 설명(1900~1994)

10-2 청나라의 멸망과 중화민국 수립

10-3 제1차 세계대전 발생

10-4 제2차 세계대전 발생

10-5 지구상의 유일한 분단국 대한민국

10-1 전체적인 설명(1900~1994)

■ ■

1900년대에는 뒤늦게 산업혁명이 시작되고 자본주의가 발달되기 시작한 독일 및 그 밖의 나라들이 국내 잉여자본을 새롭게 투자할 해외 식민지가 필요해서 눈을 부릅뜨고 지구 곳곳을 찾아 헤맸다. 그러나 이미 영국, 프랑스, 네덜란드, 에스파냐, 포르투갈 등이 시식을 하고 나서 트림을 하는 중이었다. 그러니 뒤늦게 침략 대열에 참여하는 나라들과 이미 먼저 선점을 한 나라들 사이에 분쟁이 벌어질 것은 필연적인 것이었다. 그래서 발생한 것이 제1·2차 세계대전이다. 20세기 하면 떠오르는 것 역시 제1·2차 세계대전이다.

우습게도 숙적인 영국과 프랑스가 친구가 되게 만든 것은 독일이었다. 비스마르크의 주도로 도이치공화국으로 통일을 한 뒤 유럽의 균형 자체를 뒤흔들 정도로 급격하게 성장한 독일을 지켜보는 이웃나라 프랑스는 알 수 없는 불안감에 휩싸였다. 지금까지 손해 본 일이 없이 똑똑하게 살아온 영국도 똑같은 생각을 했다. 그래서 둘이서는 어쩔 수 없이 악수를 했다. 그러고도 불안해서 마음에 별로 내키지도 않는 러시아와도 악수를 한다.

비스마르크의 첫 번째 목표는 프랑스를 고립시키는 것이었다. 그래서 프랑스와는 앙숙인 오스트리아와 이탈리아를 규합해 3국 동맹을 맺었다. 후에 이탈리아는 동맹에서 탈퇴하고 전쟁 시에는 터키(오스만)가 동맹국으로 참전하지만, 오스트리아와 독일은 전쟁이 발발 시 서로를 돕기로 굳센 언약을 했다. 그러던 중 1914년 오스트리아 황태자가 사라예보를 방문했다가 세르비아계 청년에게 암살을 당하는 사태가 벌어지자 오스트리아가 세르비아를 향해 포문을 열었다. 제1차 세계대전의 문이 열린 것이다.

전쟁은 1918년 연합국의 승리로 끝이 났다. 그 결과 독일은 영토의 일부를 잃은 데다가 엄청난 배상금까지 물어야 했다. 때문에 거의 절망 상태에 빠졌다. 여기에 프랑스는 배상금을 제때에 갚지 않는다면서 군대를 동원, 루르 지역을 점령했다. 전승국으로서의 앙갚음을 톡톡히 해댔다.

독일은 대통령 에버트의 헌신적인 노력으로 안정을 되찾기 시작한다. 그러나 1929년 선진국을 강타한 경제공황은 희망을 찾고 일어나려고 하는 독일을 또다시 절망에 빠지게 했다. 이런 기회에 편승한 나치라는 정당이 등장해 절박한 독일 국민들을 선동했다. 나치는 이후 정권을 잡았고, 나치의 수장 히틀러는 자신을 국민의 우상으로 만들면서 무서운 독재정치를 펼치기 시작했다. 그리고 독일을 군사강국으로 재편한 뒤 불과 10여 년 만에 제2차 세계대전을 일으킨다.

1900~1950년의 약 50년간은 신무기를 앞세운 유럽 국가들이 아시아와 아프리카의 힘없는 국가를 도마 위에 올려놓고 서로 자기가 먹겠다며 피투성이가 되도록 칼부림을 했다. 도마 위에 놓여서 이 꼴을 바라보고 있는 약소국들의 심정은 어땠을까? 이 시기는 전 인류가 죽고 죽이는 광란의 시기였다. 우리나라도 예외는 아니어서 일본에 의해 나라를 빼앗겼다. 일본은 조선 민족의 모든 재물을 강제로 빼앗았고, 언어까지 말살하기 위해 일본어를 강제로 쓰게 했다. 언어를 빼앗는다는 것은 민족을 없애서 일본인으로 만들겠다는 뜻이다. 조선도 같은 일본인이니 똑같은 대우를 해주겠다고 우기며 일본군에 편입시켜 전쟁터로 내몰았고 조선의 딸들을 일본군의 성노예로 강제로 차출, 위안부로 내몰았다. 그러나 일본은 아직까지도 그런 사실이 없다고 우기기도 있다. 심지어 전혀 모르는 일이라거나 워낙 오래된 일이라 기억이 안 난다고도 한다.

아무튼 단 6년간의 제2차 세계대전 사망자만 3천500만~6천만 명 발생한 것으로 추산된다. 부상자는 통계조차 낼 수 없었다. 동유럽의 사망자가 특히 많아서 폴란드는 5분의 1이, 유고슬라비아와 소련은 10분의 1이 사망했다. 또 약 600만 명의 유대인이 학살당했는데, 그중 절반이 폴란드에 있던 유대인이었다. 독일 역시 치명적인 손실을 입었다. 전쟁 비용은 1천 조 달러에 달한다는 통계가 있기는 하지만 누가 그것을 확실하게 알겠는가? 날이 갈수록 전쟁은 짧은 기간에 엄청난 사상자와 비용이 드는 것만은 확실해졌다.

일본은 청일전쟁과 러일전쟁에서의 승리로 확실하게 조선에 대한 기득권을 인정받았다. 그러고도 욕심은 끝이 없어 만주사변을 일으키더니 나중에는 중일전쟁을 일으켜 중국을 침략했다. 심지어 동남아시아 지역을 대부분 점령했다. 그러나 그곳은 이미 거의가 유럽 열강들의 식민지였었다. 미국은 일본이 유럽 동료국가들의 식민지들을 먹어치우자 일본에 강력히 항의, 대책으로 일본에 석유공급을 끊었다. 석유가 없으면 전쟁은 할 수가 없다는 계산에서였다. 이에 일본은 미국을 공격하기로 결심, 선전포고도 없이 진주만을 공격함으로써 태평양 전쟁을 시작했다. 결국 일본은 1945년 인류 역사상 처음으로 핵폭탄을 맞고 항복을 했고, 그 결과 전쟁이 막을 내렸고 조선도 해방을 맞이했다.

중국은 일본과의 전쟁도 전쟁이지만 공산당과의 싸움도 치열했다. 장제스(蔣介石)가 이끄는 군대는 공산당을 더욱더 심각한 위협으로 간주하고 공산당 소탕에 주력을 했지만, 결국 1949년 모택동이 이끄는 공산군에 패배하고 대만으로 탈출했다. 그 후 중국은 공산화가 되고 만다.

제1차 세계대전 중 러시아에서는 혁명이 일어났다. 볼셰비키가 권력을 잡으면서 제정 러시아는 멸망하고 소련이 설립되었고, 니콜라이 2세는 살해되고 말았다. 얼마 후 레닌이 죽고 스탈린이 권력을 잡은 소련은 제2차 세계대전의 승전국이 되면서 미국과 함께 2대 강국으로 부상한다.

제2차 세계대전이 끝난 후 전 세계의 약소국들은 대부분 독립을 찾게 되고 오늘날과 비슷한 모양을 갖추게 된다.

미국은 1 · 2차 양 대전을 통해 엄청난 물자를 공급, 두 번의 전쟁을 승리로 이끌면서 세계 최대의 강국으로 부상했다. 그 결과 오늘날까지 패권을 굳세게 쥐고 있다. 절대로 놓을 기세가 아니다. 한편 1945년 일본의 패망으로 독립을 얻게 된 한국은 이후 북쪽은 소련이, 남쪽은 미국이 진주하면서 남북으로 분단되는 비극을 만난다. 이후 1949년 미국이 태평양 방위선에서 한국을 제외하고 철수하자 1950년 소련의 사주를 받은 북한은 6월 25일 남침을 강행, 또다시 신생 한국의 산하는 피로 물들게 된다. 유엔군의 상륙으로 북한군을 물리치고 압록강까지 올라가 드디어 통일을 하려는 순간도 있었다. 그러나 그때 중공군이 국경을 넘어 물밀듯이 쳐내려왔다. 전세는 역전되어 유엔군과 한국군은 서울 이남까지 후퇴를 해 다시 방어선을 구축한다. 1953년 휴전이 성립되어 오늘날의 휴전선이 그어졌다. 그리고 60년을 분단된 채로 지내야 했다.

1990년경 구소련이 해체됨으로써 유일한 경쟁자가 없어진 미국은 교만해졌다. 시장(市場)은 경쟁업체가 있어야지 한 업체가 독점을 하면 소비자가 피해를 보게 되어 있다는 시장원리를 통감하게 했다. 결과적으로 세계 곳곳에서 테러를 당하더니 급기야 뉴욕의 무역센터가 폭파되는 테러를 당하고 말았다. 테러 그 자체는 폭력으로 자제해야 하겠지만 왜 자신이 테러의 목표가 되는가를 냉정하게 생각해보고 근본적인 해결의 노력이 필요한 것이다.

1990년 동독과 서독이 통일됨으로써 이제 지구상에서 분단국가로 남아 있는 나라는 대한민국밖에 없게 되었다.

10-2 청나라의 멸망과 중화민국 수립

1900 (중) 의화단 사건과 신축조약

1856년 톈진 조약으로 마지못해 천주교를 승인하기는 했으나 일반국민들은 부모의 제사를 거부하고 남녀가 같이 있는 것 등에 정서적으로 거부감을 갖고 있었다. 게다가 구미 열강들이 약소국을 침략할 때 제일 먼저 종교를 앞세우고 들어와 자기네 문화를 강요하는 것에 분노를 느끼고 있었다.

의화단은 백련교 계통의 비밀결사대로 서양 외국인과 천주교도를 몰아내자는 슬로건을 내세우고 서양 선교사를 살해하기 시작했다. 이들이 톈진을 점령해 교회와 열강들의 중국 주재기관들을 파괴하고 거류민을 살해했다. 그러자 영, 프, 미, 독 4개국은 난동을 진압하지 못하면 자국의 군대를 파견해 진압하겠다고 청나라 조정을 윽박질렀다. 조정에서는 진압군을 파견했으나 정부군마저 격파되고 만다. 이후 의화단은 서양인들과 관계있는 기관은 닥치는 대로 때려 부셨다. 그런 와중에 **서태후와 측근들은 의화단을 이용해 서양의 세력을 견제해야겠다는 어리석은 생각을 했다.** 그로 인해 1900년 6월 의화단은 초청되어 보무도 당당하게 베이징에 입성했다. 어제까지 불법폭도였던 이들이 오늘은 양이배척의 선봉장으로서의 정규군이 되어 시민들의 열렬한 환영을 받으며 시가지를 행진했다. 참으로 세상팔자 시간문제였다. 이들은 베이징의 외국인들에 대해 무자비한 테러를 시작했다. 그러나 이들은 근본적으로 오합지졸이었다. 군사적 질서가 없어 효과적인 공격을 퍼지 못했고, 시간만 지체했다. 한편 열강은 사태가 심각해지자 본국에서 군대를 파견할 시간도 없어 가장 가까운 일본군을 주축으로 한 2만여 명의 병력과 군함 수십 척으로 베이징을 향해 진격했다.

의화단은 장장 55일간이나 공격했음에도 불구하고 외국인 거주지를 점령하지 못했고, 그러는 사이 연합군의 공격을 받고 패주한다. 영국, 프랑스, 러시아, 이탈리아, 일본, 오스트리아, 미국의 연합군이 베이징에 입성하자 베이징은 열강 군대의 약탈장이 되고 말았다. 이때 수많은 진귀한 유적과 보물들이 파괴, 또는 약탈되었다. 중국인의 목숨 역시 보장되지 않았다. 서태후는 변장을 하고 광서제와 함께 자금성을 탈출해 서안으로 대피했다. 결국 1901년 청나라는 이홍장을 내세워 연합국 대표와 신축조약(辛丑條約)이라는 굴욕적인 조약을 맺어야만 했다.

✳ 서태후

청나라 9대 함풍제(재위 1850~1861)의 후실로 망해 가는 청나라를 1860~1908년까지 약 40여 년 동안 철권통치한 중국 역사상 가장 강력한 여성 지도자다. 원래 함풍제 시절에는 서열이 보잘것없는 후궁이었다. 그러나 주색을 가까이 해 평소에도 허약했던 함풍제가 젊은 나이에 죽었는데, 대를 이을 자식도 거의 없었다. 유일하게 서태후가 낳은 아들 재순이 있을 뿐이었다. 결국 함풍제가 죽자 6세의 재순이 황위에 오르니 그가 바로 동치제(재위 1861~1875)다. 함풍제의 정비인 자안황태후와 함풍제의 동생인 공친왕과 함께 서태후는 어린 동치제의 섭정이 되어 세력을 잡는다. 처음에는 여러 가지 개혁을 단행하고 중흥을 위해 많은 노력을 하는 등 치적을 쌓는다. 그런데 동치제 역시 무절제한 생활로 재위 14년 만에 죽음에 따라 3세의 어린 아기인 조카를 양자로 삼아 즉위시키니 이가 광서제(재위 1875~1908)이다. 이런저런 이유로 서태후는 또다시 섭정을 하게 되어 결국 50년 가까이 권좌에 앉아 있게 된다. 1881년 자안황태후가 죽자 서태후는 1884년 공친왕을 제거하고 권력을 독점했다.(이후는 1900년 참조)

1904 러일전쟁(1904~1905)

의화단 사건이 끝나고 배상조건이 마무리되었는데도 러시아는 청나라에서의 철군을 거부하면서 별도의 협상을 주장하며 생떼를 썼다. 청나라가 이를 단호히 거부하자 러시아는 조선 영토인 용암포에 자기 마음대로 군영을 세우고 조선 남쪽 마산포에 기지를 건설한다. 일본은 청일전쟁을 치러가면서 조선을 삼키려고 지금까지 갖은 공을 들여왔는데 아무런 노력도 하지 않은 러시아가 가로채려 하는 것이 아닌가 싶어 눈에 하이-빔(High-beam)을 켜며 지켜봤다. 당시 일본은 군함을 비롯해 모든 군사장비가 최신형으로 보강되는 등 10여 년 전 청일전쟁 시절과는 비교가 되지 않을 정도로 강력했다.

러시아의 남진정책과 일본의 북진정책은 아관파천을 계기로 더욱 격화되어 갔다. 당시의 니콜라이 2세 대관식에 참석한 일본은 38도선을 경계로 러시아와 일본이 조선을 나누어 갖자고 제의를 했으나 러시아는 이를 거부했다. 결국 사사건건 이해관계가 엇갈리자 일본은 러시아를 상대로 한판의 승부를 결심하게 된다. 2월 8일 인천 부근에서 러시아의 군함을 공격함으로써 러일전쟁의 막이 오른다. 전투는 예상 외로 일본에 유리하게 진행되었다. 결국 한양(서울)에 주재했던 러시아 공사는 인천을 통해 해외로 탈출하고 그 밖의 러시아인들은 다 같이 조선을 탈출했다. 2월 13일 5만 명의 일군이 한양에 진주하자 지금까지의 친러파들은 하루아침에 친일파로 바뀌어 진고개로 모여드는 염량세태를 연출했다. 일본은 2월 8일 여순항을 기습 공격, 전함 2척과 순양함 1척을 격침시키고 인천항에 정박 중이던 러시아 군함을 격침했다. 그런 다음 조선에다가는 '일본군에 적극 협력하고 전략상 필요한 지점은 언제든지 사용할 수 있다'는 말도 안 되는 한일의정서를 강제로 체결하게 했다.

일본은 5월 초 압록강을 건너 구연성과 봉황성을 함락시킨 후 요양으로 진격하더니 8월 28일부터 일본군 13만과 러시아 군 22만 명이 격돌하는 봉천 대회전에 돌입한다. 이때 일본은 결정적인 승리를 거둔다. 그리고 그 여세를 몰아 다음 해 1월 여순항마저 함락시킴으로써 승기를 잡았다. 이에 당황한 러시아는 로제스트벤스키 제독이 이끄는 발틱 함대를 출병시킨다. 발틱 함대는 사상 최장의 항해를 하며 5월경 대한해협을 지나게 되었다. 그때 발틱 함대는 일본의 도고 제독이 이끄는 함대의 공격을 받고 전멸, 대한해협의 깊은 바다 속으로 사라져 갔다. 이로써 사실상 러시아는 일본에게 패배를 하고 말았다. 미국의 중재로 포츠머스 강화조약을 맺고 러일전쟁은 막을 내린다. 그 결과 더 이상 조선합병에 시비를 거는 나라는 없게 되었다. 구미의 열강들도 일본을 동등한 반열에 올려 세웠다. 한마디로 러일전쟁으로 일본은 국력을 유감없이 발휘했던 것이다. 이후 일본의 조선 침략은 거칠 것이 없었다. 일본은 곧바로 조선이 을사조약을 체결하게 만들었다.

1905 을사조약

청국과 러시아를 무너트린 일본은 이제 거칠 것 없이 조선을 합병하려고 친일단체인 일진회를 포섭, 보호조약의 필요성을 여론화시켰다. 그리고 군대로 궁궐을 포위한 채 황제와 대신들을 위협하여 강제로 을사조약을 맺어 조선의 외교권을 빼앗는다. 내용은 다음과 같다.

1. 일본 외무성이 조선의 외국에 대한 관계 및 사무를 지휘한다.
2. 차후 조선 정부는 일본 정부를 거치지 않고 어떠한 국제적 조약을 체결할 수 없다.
3. 조선 황제 밑에 1명의 통감을 두어 조선의 외교에 관한 사무를 관리한다.

* 을사 5적

을사조약에 찬성한 대신들로 이지용, 이근택, 이하영, 이완용, 권중현을 말한다.

1905 가츠라-태프트 밀약

가츠라-태프트 밀약은 일본과 미국 사이의 비밀 협상이다. 1905년 7월 29
일 일본 총리 가츠라 다로와 미국의 루스벨트 대통령의 특사인 육군 장
관 태프트 사이에 맺어진 비밀협약으로 극비에 붙였기에 세상에 알려지
지 않았다가 후에 알려졌다. 1905년 러일전쟁에서 승리한 일본의 국력은
세계적으로 인정받게 되었다. 당시 미국은 '아메리카 대륙은 미국의 세력
권이니 미국 이외의 나라는 남·북미 지역에 얼씬도 하지 말라'는 먼로주
의(Monroe Doctrine)를 내세워 쿠바에서 에스파냐를 내쫓더니 에스파냐
가 차지하고 있던 태평양의 필리핀까지 차지했다. 일본으로서는 태평양
건너 미국이 바로 옆의 필리핀까지 와서 활보하는 것이 몹시 불안했다.
거리로 보나 무엇으로 보나 당연히 일본이 뛰어놀 앞마당이지 엉클 샘(미
국)이 와서 뛰어놀 무대는 아니라고 생각했다. 이에 미국은 태프트(후에
대통령이 됨)를 보내 **미국의 대필리핀 권리와 일본의 대조선 권리를 상
호 교환 조건으로 승인했다.** 그 내용은 다음과 같다.

1. 미국과 같은 친일본 국가가 필리핀을 통치하는 것이 일본에 대해 유
   리하므로 일본은 필리핀에 대해 어떠한 침략적 의도를 갖지 않는다.
2. 극동의 평화 유지를 위해서는 일본, 미국, 영국 정부의 상호 양해를
   달성하는 것이 최선의 길인 동시에 유일한 수단이다.
3. 미국은 일본이 조선에서 보호권을 갖는 것이 러일 전쟁의 논리적 귀
   결이며 극동의 평화에 직접적으로 공헌할 것으로 인정한다.

이 비밀협정은 20세기 초 미국의 동아시아 대륙 정책의 기본 방향에서 나온 것으로서 여기에서 미국의 루스벨트 대통령은 "1900년 이래 조선은 자치할 능력이 없으나 미국은 조선에 대해 책임을 져서는 안 된다. 대신 일본이 조선을 지배해 조선인에게 불가능했던 법과 질서를 유지하고 능률 있게 통치한다면 만인을 위해 보다 좋은 것이라고 확신한다"고 피력하고 일본의 조선 지배를 승인했다. 이를 통해 일본은 조선에 대해 확실하게 지배권을 획득, 을사조약을 힘차게 강행했는데, 미국은 이를 적극적으로 지지했다.

1905 모로코 위기

모로코를 지배하려는 프랑스와 프랑스의 세력을 억제하려는 독일 사이에서 발생한 두 번의 국제적 위기 상황(1905~1906, 1911)을 말한다.

영국이 이집트를 집어삼키는 조건으로 프랑스와 에스파냐가 모로코를 분할하기로 비밀조약이 체결되었으나 독일의 빌헬름 2세가 강력히 반발하자 할 수 없이 독일의 이익을 인정했다. 이에 1911년 모로코 주민들이 반란을 일으켰고, 독일은 아가디르 항구에 전함을 파견함으로써 대응한다. 물론 이것은 프랑스를 위협하기 위한 것이었다. 사태는 전쟁 발발 직전까지 갔다. 그러나 협상을 통해 모로코는 프랑스의 보호령이 되고, 그대신 독일은 프랑스령 콩고 영토의 일부를 할애 받았다.

1907 이준 열사 헤이그 특사 사건

1909 안중근, 이토 히로부미 사살

초대 조선통감 이토 히로부미(이등박문)는 일본 정계의 거물인 동시에 정계를 이끌고 있는 정치가로서 일본 국민에게는 그야말로 영웅이었다. 당시 이토 히로부미는 일본과 러시아 사이의 만주 문제로 러시아 대표 코코프체프와 만주 하얼빈에서 회담을 하기로 되어 있었다. 이에 안중근 의사(1879~1910)는 이토를 살해하기 위해 하얼빈 역에서 대기하고 있다가 기차에서 내리는 이토 히로부미를 사살한다. 안중근 의사는 그 즉시 체포되어 1910년 31세의 아까운 나이에 여순 감옥에서 서거했다. 그는 일본인에 의해서 재판을 받을 때 "이토 히로부미가 대한의 독립주권을 침탈한 원흉이며 동양평화의 교란자이므로 대한 의용군 사령의 자격으로 총살한 것이지 안중근 개인의 자격으로 사살(射殺)한 것은 아니다"라며 거사 동기를 밝혔다. 그리고 이토 히로부미의 죄상 15가지를 밝히는 등 끝까지 차분하고 냉정한 자세를 잃지 않았다.

1910 8월 29일 한일합병 국치일(國恥日)

한일합방으로 조선은 나라를 일본에게 빼앗기고 만다. 이후 36년이란 긴 세월을 일제의 치하에서 혹독한 시련을 겪는다.

* 한일합병 이후 해방까지의 간략한 설명

초대 총독 데라우치는 군인 출신답게 군인과 경찰을 동원해 무서운 통치를 하기 시작했다. 집회를 금지하고 언론기관을 통폐합해 입을 막았고 서당에서 공부하는 것까지 통제했다. 이는 장래까지 위협하는 것이었다. 일본은 한국을 대륙으로 진출하는 데 필요한 통로이며 보급품을 수송하는 전진기지로 생각하고 있었다. 1919년에 일어난 3·1 독립운동에 놀란 일본은 철권통치를 조금 완화시켰다.

1919년 4월 상해에 대한민국 임시정부가 세워졌다. 초대 의장 이동녕, 국무총리 이승만을 비롯해 내무부에 안창호, 외무부에 김규식, 법무부에 이시영, 재무부에 최재형, 국방부에 이동휘, 교통부에 문창범 등이 포진했다.

1920년에는 독립군 역사상에 길이 빛날 청산리 전투가 있었고, 1926년에는 임시정부의 대통령제가 폐지되고 주석제로 변경, 국무위원 주석에 김구, 부주석에 김규식이 임명되었다. 1929년 광주에서는 광주 학생운동이 있었다. 1932년에는 윤봉길, 이봉창 의사가 일본인 고위간부와 천황에게 폭탄을 투척하는 의거가 있었다. 그러나 일본의 극심한 탄압으로 임시정부도 장소를 옮길 수밖에 없었다.

일본은 이후 중국을 침략했고, 1939년에 제2차 세계대전이 일어나자 1941년에는 하와이 진주만을 습격해 미국과 전쟁을 시작했다. 그러다 태평양 전쟁에서 차츰 미국에 밀리자 이제는 '조선도 일본의 국민'이라고 생떼를 썼다. 아예 우리나라의 언어를 말살시킴으로써 일본인에 녹아들게 해 조선 민족을 없애려고까지 했다. 이름도 창씨개명이라고 해 일본식 이름으로 바꾸게 했다. 뿐만 아니라 조선의 젊은이들을 일본인들의 전쟁터로 끌고 가 명분 없는 죽음을 강요했다. 조선의 처녀들도 일본인들에게 강제로 전쟁터로 끌려가 일본군인의 위안부로서 몸을 더럽혀야 했고, 태평양의 고도에서 조국에 있는 가족들을 그리워하며 어린 나이에 죽어가야만 했다. 그런데도 일본은 아직도 정신을 차리지 못해서 "그런 일이 없었다. 전혀 기억이 나지 않는다"라는 말로 그 자체를 부인하고 있다. 또한 조선의 많은 젊은이들은 일본으로 끌려가 광산에 투입되기도 했다. 끌려간 조선인들은 탈출을 막는다는 명분 아래 발에 족쇄를 채운 채 일해야 했다. 인간이라기보다는 일하는 생명체라고 보는 것이 옳을 것이다. 그곳에서 조선의 젊은이들은 "어머니, 보고 싶어요"라는 글을 광산 벽에다 쓰며 꽃 같은 나이에 젊음을 피워보지도 못 하고 쓰러져 갔다. 그들은 바로 우리들의 아버지, 할아버지, 그리고 형제들이었다.

1911 청나라 멸망(1644~1911, 267년간)과 쑨원의 신해혁명(1911~1912)

신해혁명(辛亥革命)은 쑨원(孫文, 1866~1925)의 중심으로 일어난 이민족인 청나라 정권을 무너트리고 한(漢)민족의 공화정을 수립하자는 혁명운동이다. 오늘날 중국인들은 최초 봉기가 일어난 10월 10일을 쌍십절이라 해 중요한 경축일로 여기고 있다. 쑨원은 오늘날도 중국의 국부로 추앙받고 있다.

삼민주의를 기본으로 한 쑨원의 혁명은 초기에는 계속된 실패로 지지부진했다. 10월 10일 우창(武昌) 봉기의 시작 후 우한 3진을 점령함으로써 혁명의 불을 당긴 쑨원은 국호를 중화민국으로 정했다. 다급해진 청조는 실각시켰던 위안스카이(원세개)를 다시 불러 혁명 진압에 나서게 했고, 그로 인해 혁명군은 심한 타격을 입었다. 임시 대총통으로 선출하겠다는 혁명군 측의 결의가 있는 데다가 군이 승산도 불투명한 내전을 확대해 청나라를 보위할 이유가 없다고 판단을 한 위안스카이는 혁명군과 협상으로 가닥을 잡았다. 결국 위안스카이는 청나라 정부에 압력을 가해 1912년 2월 마지막 황제인 푸이(溥儀)를 퇴위시킴으로써 청나라의 문을 닫게 만들었다. 이후 쑨원은 대총통의 직위에서 물러나고 위안스카이가 임시 총통이 된다. 그러나 위안스카이가 모든 정권을 장악함으로써 애초의 혁명파는 정권 장악에 실패하고 만다. 게다가 혁명의 목표인 개혁도 진행되지 않게 되었다. 때문에 일부에서는 신해혁명을 실패한 혁명으로 보기도 한다. 그러나 신해혁명이 혁명의 기폭제 역할을 한 것은 분명하다 하겠다.

1912 중화민국 수립과 이후의 중국

쑨원은 1912년 1월 1일을 중화민국 원년으로 정했다. 중국이 분열되면 안 된다는 신념 아래 위안스카이가 청나라 황제를 퇴위시키고 정통 한(漢)민족의 국가를 세운다는 조건으로 쑨원은 총통의 자리를 위안스카이에게 제안했고, 위안스카이는 이를 받아들였다. 그 결과 1644년에 세워진 청나라는 약 270년 만에 멸망하고 만다. 그런데 위안스카이는 조국보다는 자신의 영달만을 생각하는 사람으로 황제를 꿈꾸고 있었다. 1916년 결국 억지를 부려 황제에 오르기는 했지만 주변의 강력한
반발로 위태로워지자 이내 황제위를 포기해야 했다.
그리고 가장 믿었던 부하의 배반에 충격을 받아 화
병으로 부끄러운 삶을 마감한다. 다음 해인 1917년
에는 망한 청조를 다시 부활시키려는 운동이 있었으
나 바로 실패했다. 이후 중국은 여기서기에서 무력
을 보유한 군벌들이 등장함으로써 군벌할거 시대에 돌입한다. 옛날 전국
시대 제후들의 세력 다툼으로 생각하면 딱 맞다.

제1차 세계대전이 발발하자 일본은 이를 기회로 독일이 차지하고 있던
산둥 반도를 먹어치운 후 군벌 세력 중 돤치루이(段棋瑞)에게 자금을 대
어주는 대신 뒤에서 조종, 중국에 교두보를 설치했다. 제1차 세계대전이
끝나자 유럽의 열강들은 중국에서 이권을 차지하기 위해 혈안이 되었다.
1925년 쑨원이 죽자 국민당은 광동에 국민정부를 수립, 다음 해부터 중국
을 통일하기 위해 북진을 시작해 상하이와 난징(南京)을 점령한 후 난징
정부를 수립했다. 이때부터 모택동이 이끄는 공산당과의 싸움이 시작되
었다. 1928년 만주 군벌인 장쭤린(張作霖)이 일본군에 의해 폭살을 당하
고 만주까지 국민군의 수중에 들어감에 따라 통일이 이루어지는 듯했다.
그러나 1931년 일본은 만주사변을 일으켜 만주를 점령한 후 청나라의 마
지막 황제였던 부의를 만주제국의 황제로 내세워 뒤에서 인형극을 했다.

장제스는 오로지 공산주의자의 소탕에 힘을 기울였는데, 1936년 장쭤
린의 아우 장쉐량(張學良)을 격려차 방문했다가 거꾸로 장쉐량에 의해 억
류되는 사태가 발생했다. 장쉐량의 주장은 "지금은 공산당과 싸우는 것
보다 일본군을 격퇴시키는 것이 더 중요하다"는 것이었다. 장제스는 이
에 동의하고 2차 국공합작을 통해 일본에 대항했다.

1937년 제2차 세계대전이 일어나기 직전 일본은 전격적으로 중국을

공격하고 중일전쟁을 일으켰고, 12월에는 난징에서 대학살을 저질렀다. 1941년에는 하와이 진주만을 습격해 정박 중이던 미국 함정에 치명타를 주었다. 시작은 제법 괜찮았다 할 수 있다. 그러나 이후 막강한 자금과 인원, 장비로 맞서는 미국에게 밀리기 시작했다. 1942년부터는 태평양의 여러 섬에서 패배하기 시작해 전선은 마침내 일본 본토 방향으로 좁혀졌다. 결국 1945년 미국에게 항복을 했다. 중국에서도 연전연승, 그야말로 무인지경을 가듯 선전을 했으나 가도 가도 끝이 없는 지평선의 나라인 중국 안에서 식량은 떨어지고 보급은 끊기면서 승리를 하는 것인지 아니면 깊은 산속에 고립이 된 것인지도 모르는 지경이 되었다. 애당초 면적 37.7만 제곱킬로미터밖에 안 되는 일본이 만주, 중국 대륙, 북아메리카 대륙의 미국을 상대로 해 싸우겠다는 것이 무슨 객기(客氣)였는지 모르겠다. 초기에는 그런대로 중국을 지나 싱가포르, 말레이시아, 인도네시아, 타일랜드, 미얀마까지 전선을 확장했지만 시간이 갈수록 전선을 유지하기가 힘들어졌다.

1945년 제2차 세계대전이 끝나자 국공합작도 끝나면서 중국 공산당과 국민정부와의 싸움이 치열해졌다. 그러다 1949년 10월 모택동을 주석으로 하는 중화인민공화국이 수립되면서 장제스의 국민정부는 대만으로 탈출, 이로써 중국은 두 개의 국가로 나뉘게 되었다. 1971년까지는 대만의 장제스 정부가 중국을 대표했으나 1971년 본토의 중화인민공화국이 중국의 대표로 인정받았다.

1913 (미) 28대 대통령 윌슨 취임(재임 1913~1921)

민족자결주의를 주창하고 국제연맹의 설립을 제안했다. 제1차 세계대전을 승리로 이끈 미국 대통령이다.

10-3 제1차 세계대전 발생

■ ■

19세기 제국주의(Imperialism)의 등장

1800년대 유럽과 미국을 중심으로 산업혁명이 진행되고 산업화와 자본주의가 급격히 발달되면서 유럽 각국은 국내의 잉여 제품을 내다 팔아야 할 해외의 시장이 필요했고, 원자재를 싸게 공급 받을 수 있는 곳이 절실하게 요구되었다. 바로 식민지가 필요해진 것이었다. 때문에 유럽의 산업화된 선진국들은 다투어 신무기를 앞세워 전 세계를 무대로 식민지 쟁탈전을 벌였다. 먼저 본 나라가 임자가 되는 식이었다. 뒤늦게 뛰어든 나라들은 이미 먼저 앞서 간 나라와 먹이를 놓고 서로 으르렁거렸다. 그야말로 약육강식의 시대가 된 것이었다. 불행하게도 산업화가 안 되어 맨주먹뿐이었던 아프리카와 아시아, 남아메리카 지역은 사나운 이리 떼들에게 이리저리 찢기는 고깃덩어리에 불과했다. 이때를 제국주의의 시대라고 한다. 미국은 1780년경 영국으로부터 독립을 하고 1860년경 남북전쟁을 마친 후 여유를 갖게 되면서 뒤늦게 식민지 쟁탈전에 합류했다.

1914 제1차 세계대전 발발(1914~1918)

1870년 보불전쟁에서 프로이센(이하 독일)에게 패해 자존심에 깊은 상처를 입은 프랑스는 독일의 위험성을 누구보다도 잘 알고 있었다. 게다가 바로 이웃나라로서 가장 먼저 당할 수 있는 지리적 위치에 있어 독일이라면 매우 민감하게 신경을 곤두세웠다. 어느 한 나라가 강력해지는 것을 원하지 않는 섬나라 영국도 비스마르크의 독일을 불안한 눈초리로 바라보고 있었다. 독일 역시 유럽에서 가장 껄끄러운 존재가 프랑스였기에 프랑스의 고립화를 추진했다. 이에 **독일은 오스트리아–헝가리제국과 오스만제**

국(터키)과 동맹을 맺었다. 이러한 독일의 위협은 라이벌 간인 프랑스와 영국이 손을 맞잡게 만들었고, 그러고도 무언가 찜찜했던 두 나라는 이번에는 러시아까지 끌어들여 3국협상을 맺었다. 어쨌거나 독일은 결코 만만치 않은 상대였다. 무언가 꼭 저지르고야 말 것 같은 기분 나쁜 존재였다.

1910년경 제1차 세계대전이 일어나기 직전 유럽에서는 이미 동맹국과 연합국 사이에 무언의 대치 상태가 벌어지고 있었다. 제1차 세계대전이 발발한 뒤에 연합국은 더 늘어나서 영국, 프랑스, 러시아 외에도 이탈리아, 일본, 세르비아, 루마니아, 중국, 1917년에는 미국까지 연합국으로 참전했다. 1918년 말 동맹국의 패배로 제1차 세계대전은 막을 내리고 오스트리아-헝가리제국, 오스만제국은 해체가 된다. 한편 러시아는 볼셰비키 혁명이 일어남으로써 공산화가 되었다. 역사적으로 유럽의 열강들이 유럽을 무대로 해 싸운 적은 수없이 많이 있었으나 인명이나 재산상의 피해가 그리 크지는 않았다. 그러나 제1차 세계대전은 현대의 전쟁이 짧은 시간에 얼마나 많은 인명을 살상하는지, 그리고 얼마나 천문학적인 재정이 소모되는지를 일깨워주었다. 과거 30년, 100년 동안이나 전쟁을 한 것과 비교도 되지 않는 단 4년 동안의 전쟁이었지만 지금까지 있었던 어떤 전쟁보다 더 많은 인명과 재산의 피해가 있었던 것이다.

전쟁은 1914년에 발발했다. 1914년 6월 28일 사라예보를 순방 중이었던 오스트리아 황태자 페르디난트 대공 부처(夫妻)가 세르비아계의 청년에 의해 암살을 당했다. 이에 오스트리아가 세르비아에게 받아들이기 어려운 굴욕적인 조건을 내걸었는데, 세르비아가 이를 거부하자 오스트리아는 즉시 베오그라드에 포격을 시작했다. 그러자 러시아가 즉시 세르비아를 거들어 오스트리아를 상대로 동원령을 내렸고, 오스트리아의 동맹국인 독일이 러시아에게 선전포고를 했다. 또 러시아의 동맹국인 프랑스도 독일에게 선전포고를 했고, 영국도 독일에 선전포고를 했다. 그 외에도 일본, 투르크, 불가리아, 이탈리아, 루마니아까지 전쟁에 뛰어들면서 세계적인 난투극이 벌어지고 말았다. 나중에는 미국과 중국까지 참전하면서 그야말로 지구의 전쟁이 되고 말았다. 독일과 프랑스의 1차 마른전투는 쌍방에서 200만의 병력이 투입된 최대의 격전이었다. 프랑스는 1차에서 패함에 따라 수도를 보르도로 옮기고 파리 포위 공격에 대비했다. 그러나 독일과 프랑스의 전투는 이후 1917년까지 서로 참호전으로 진행되면서 장기전이 되고 말았다.

세르비아는 오스트리아의 공격을 잘 막아내면서 선전했다. 한편 러시아와 투르크는 카프카스에서 맞붙었는데, 러시아의 승리로 끝나면서 전투는 러시아에 유리하게 진행되었다. 연합국은 오스트리아-헝가리의 영토 일부분을 할양하는 조건으로 이탈리아를 꾀어냈고, 이에 이탈리아는 오스트리아에게 선전포고를 하고 카도르나 장군을 내세워 공격을 했으나 50만의 사상자만 내고 한 일이 없었다. 전쟁은 여기저기에서 일진일퇴를 거듭하면서 무려 3년이나 끌었다. 그러던 차에 1917년 미국이 독일의 경고를 무시하고 계속 연합국에 물자를 대어주자 독일은 미국의 무역선을 침몰시킨다. 이에 화가 난 미국이 4월 6일 참전한다. 미국의 참전은 독일로서는 재앙이었다. 그러지 않아도 힘에 버거워 겨우겨우 버티는 중이었는데 미국이 막대한 물자와 인원으로 연합국의 뒤를 댄다는 것은 이제 독일의 패배는 시간문제가 되었다는 의미였다. 그때 시간도 알맞게 러시아에 혁명이 일어나면서 러시아가 전쟁을 중단하고 동맹국과 휴전을 맺었다. 때문에 사색이 되어가던 독일에 겨우 핏기가 돌았다. 한편 프랑스는 베르됭 전투와 캉브레 전투에서 승기를 잡아 1916년 빼앗겼던 영토를 되찾았다. 중국은 연합국이 승리했을 경우 일본이 떡을 혼자 차지할 것을 우려해 형식적으로 독일에게 선전포고를 한 것이지 전쟁에 한 것은 없었다.

마침내 전쟁은 연합국의 승리로 끝나고 패전국인 오스트리아-헝가리제국은 해체되어 헝가리, 체코슬로바키아, 폴란드, 오스트리아로 각각 독립하게 되었다. 오스만제국도 해체되어 각각 제 갈 길로 가게 되었다. 독일의 빌헬름 2세는 황제 칭호를 박탈당하면서 군주국에의 종말을 고했다. 그리고 한(恨) 많은 알자스, 로렌 지방은 또다시 프랑스에 되돌려주어야 했다.

제1차 세계대전으로 연합국은 500만의 전사자를 포함해 2천200만 명의 사상자를 냈고, 동맹국은 330만의 전사자를 포함해 1천500만 명의 사상자를 냈다. 민간인 사망자는 군인보다 더 많아서 1천300만으로 추산하고 있다. 과거의 전쟁에서는 거의 군인들만 죽었지만, 현대전에서는 민간인 사망이 훨씬 더 많아지고 있다.

1914 파나마 운하 개통

1917 영국, 이스라엘 건국 지지

1917 러시아 혁명

인류 역사상의 사건 중 가장 큰 영향을 끼친 사회주의 혁명이 바로 러시아 혁명이다. 3월에 일어난 혁명은 차르 체제를 붕괴시켰다. 수도 페트로그라드(상트페테르부르크)에서 식량 부족을 견디다 못해 일으킨 시민 봉기에는 군대까지 참여했다. 니콜라이 2세는 3월 15일 퇴위를 선언할 수밖에 없었다. 이로써 300년 이상 지속되어온 로마노프 왕조가 종식을 고하게 되었다. 6월 16일 소집된 1차 러시아 소비에트 대회에서는 **사회혁명당, 멘셰비키, 볼셰비키**의 순서로 의석을 차지했다. 9월에는 볼셰비키가 사회혁명당과 멘셰비키를 제압하고 다수파로 올라섰다. 11월 7일 볼셰비키와 좌익 사회주의 혁명당원들이 쿠데타를 성공시키자 저항운동을 전개하려던 케렌스키는 국외로 망명을 간다. 이후 레닌이 의장직에 취임했다.

* 레닌(1870~1924)

레닌(Vladimir Illich Lenin)은 러시아의
급진적 마르크스주의자다. 러시아 공산
당을 창설해 혁명을 지도했고 소련 최
초의 국가원수가 되었다. **마르크스 이
후 최고의 혁명사상가인 동시에 역사
상 가장 뛰어난 혁명지도자로 인정받고 있다.** 모스크바와 페테르부르크 사이의
심비르스크에서 교장선생인 아버지와 의사의 딸인 어머니 사이에서 태어났다.
작은 키에 20대에 이미 대머리가 된 외모나 학교 성적은 뛰어나 늘 수석 부근
에서 놀았다. 형인 알렉산더가 알렉산드르 2세의 암살에 주동자로 처형되었다.
1888년 마르크스의 자본론을 읽고 본격적으로 연구했다. 1900년 독일 뮌헨에서
마르크스주의 신문 이스크라를 창간하는데 이때 트로츠키를 만나 협조를 받았
으나 곧 트로츠키는 레닌이 일인 독재주의를 지향한다고 비난하고 결별을 했다.
사민당은 볼셰비키와 멘셰비키로 갈라졌다. **트로츠키는 레닌을 비난할 수 있는
유일한 사람이었다.** 잘못이라고 생각하면 잘못을 지적하는 성격으로 몇 번의 비
난이 있었지만 이후 평생 레닌을 보좌하며 신의를 지키며 살았다. 1907년 레닌은
다시 망명에 들어갔고 1917년이 돼서야 돌아올 수 있었다. 7월 임시정부의 대대
적인 볼셰비키 검거가 시작되자 핀란드로 도피한다. 11월 볼셰비키는 임시정부
를 타도하고 레닌이 권력을 장악한다. 1918년~1920년 제국 출신 장군들이 지
휘하는 반 소비에트군대(백군)와 적군(볼셰비키)의 내전은 시작되고 최종적으
로 **트로츠키가 지휘하는 적군이 승리해** 내전은 끝났다. 레닌은 정권을 잡은 지
얼마 안 된 1924년 사망한다.

* 트로츠키(1879~1940)

트로츠키(Leon Trotsky)는 러시아 공산주의 온건파 이론혁명가다. 1917년 10월 혁명의 지도자로서 소련시대 외무 및 군사 인민위원을 지냈다. 레닌이 죽었을 때 차기 대권주자였으나 스탈린에게 권력을 빼앗기고 추방당했다(1929). 추방지에서 반스탈린 운동을 하다가 스탈린의 사주로 암살당했다.

1917년 5월 멘셰비키의 지도자가 되었으나 7월 케렌스키가 이끄는 임시정부의 일제 검거 때 체포되었다가 9월에 풀려났다. 그 후 볼셰비키 당에 정식으로 입당하고 중앙위원회 위원으로 선출된다. 10월 혁명이 성공하고 레닌이 혁명의 주도권을 잡자 케렌스키가 황제에 충성하는 군인들을 이끌고 공격했다. 이에 트로츠키는 군대를 지휘해 케렌스키를 물리침으로써 레닌을 위기에서 도왔다. 1918년부터 벌어진 구황제에 충성하는 백군과의 내전에서 승리를 한 후 군사 인민위원직을 맡으면서 레닌의 후계자 위치를 확실하게 굳혔다. 뛰어난 지식인으로 온건한 사회주의자였다. 행정적 · 지적 면에서는 레닌보다 우수했으나 정치 공작이나 권모술수, 장악력 등에서 레닌에 뒤졌다. 수차례 레닌을 위기에서 구해주어 레닌도 그를 자신의 후계자로 지목했다. 그러나 그의 뛰어남이 재능이 없는 인물들을 적으로 만들었다. 게다가 올바르고 곧은길로만 가려 하는 성격의 소유자였기 때문에 스탈린처럼 처세와 술수에 능한 인물에게 밀려날 수밖에 없었다.

* 스탈린(1926~1953)

스탈린(Joseph Stalin)은 1879년 그루지야 고리시에서 가난한 구두 수선공의 아들로 태어났다. 트로츠키와는 동갑이다. 술주정꾼 아버지한테 구타를 당하면서 자랐으나 어머니의 따스한 사랑을 받으며 위안을 받을 수 있었다. 1924년 레닌이 죽은 후 교묘한 술책으로 경쟁자들을 물리치고 1926년경 유일한 권력자로 등장했다. 농업을 강제로 집단화했다. 수천 만 명의 생명을 죽이면서 자신의 권력을 유지했다. 소련을 낙후된 2류 국가에서 공업 선진 국가로 탈바꿈시켰고, 제2차 세계대전이 끝났을 때에는 미국 다음의 강자로 우뚝 서게 했으며, 최초로 인공위성을 발사하고 대륙간 탄도미사일을 개발해 자유세계 선진국들을 경악케 만들었다. 평생을 음모와 배신 속에서 살며 자신을 위해 모든 것을 바친 추종자들도 비밀을 유지하기 위해 가차 없이 죽여 없애는 등 만행을 저질렀으나 본인도 생명에 위협을 느끼며 살아야 했다. 그만큼 사생활은 역시 베일에 싸여 있다. 결국 측근에 의해 의문의 죽음을 당했다는 추측이 있다.

1917 **미국의 제1차 세계대전 참전**
1918 **제1차 세계대전의 종식(11월 11일)**

1918 **민족자결주의 선언**

미국의 28대 대통령 우드로 윌슨은 민족자결주의(Self Determination)를 제창해 '국가는 자신의 정치 · 경제 · 사회 · 문화 제도를 자유로이 선택할 권리를 가지고, 어느 민족이라도 독자적인 국가를 세우거나 기존 국가와 연합하는 것을 자유로이 결정할 권리를 가진다'고 주장했다. 이는 당시 강대국의 지배를 받던 전 세계의 수많은 약소민족들에게 커다란 희망과 용기를 주었다. 우리나라(조선)도 이를 통해 독립운동의 계기를 마련했고, 이는 3 · 1 운동으로 발전했다. 그러나 민족자결주의는 원칙만 고상한 주장이었을 뿐 실제로는 **제1차 세계대전 후 패전국인 오스트리아-헝가리제국, 그리고 오스만제국을 해체하기 위한 근거 서류였다.** 전승국인 일본이나 미국 자신의 이해관계가 걸려 있는 조선, 필리핀에게는 해당되지 않았다.

1919 3·1 운동

제1차 세계대전이 끝난 1918년 미국의 윌슨 대통령이 민족 자결주의를 제창하자 여기에 고무된 일본의 조선 유학생들과 지식층들이 독립선언을 하기에 이른다. 이광수가 기초한 독립선언서를 인쇄해 일본 동경의 조선 기독교청년회관(YMCA)에 모여 2월 8일 선언서를 낭독했다. 이어 조선에 서는 3월 1일 손병희를 대표로 민족대표 33인이 명월관에서 독립선언문 을 낭독하는 것으로 거사가 시작되어 전국적으로 퍼져나갔다. 일본의 무 력진압으로 많은 사상자를 내고 실패했지만 한민족의 자주의식과 독립의 식을 세계만방에 알렸고 일본은 조선의 민족정신을 무력의 탄압만으로는 누를 수 없다고 인식하고 무단통치를 다소 완화했다.

1920 청산리 전투의 승리(김좌진 장군, 이범석 장군)
1921 중국 공산당 발족
1921 아일랜드, 영국으로부터 독립 선포
1922 이탈리아, 무솔리니 파시스트 정권 수립
1923 오스만제국 해체와 터키 공화국 설립

1923 (일) 관동 대지진과 조선인 학살

9월 1일 일본 도쿄에서 대지진이 발생한다. 일본은 한국인의 독립운동과 일본인 사회주의 운동에 대한 탄압의 구실을 찾던 중 호기로 생각하고 지 진으로 흥분되어 있는 도쿄 시민들에게 '한국인이 방화, 약탈 등 폭동을 하고 있다'는 유언비어를 경찰을 통해 퍼뜨린다. 이에 격분한 도쿄 시민 들은 한국인을 무자비하게 살해한다. 덩달아 사회주의자들도 대량 학살 을 면치 못했다. 이때 희생된 이들은 약 7천 명으로 추산된다. 비슷한 예 로 1350년경 유럽에 흑사병이 창궐하자 유대인들이 우물에 독을 풀었다는 등 유언비어가 퍼짐으로써 많은 유대인들이 억울하게 생매장을 당하는 등 죽음을 당했다.

1926 사우디아라비아 왕국 건립
1928 (중) 장쭤린 폭사

1929 경제공황 발생

경제공황(Great Depression)이 발생하던 시기의 미국 대통령은 후버였다. 그는 어려운 시기에 맡아서 제대로 대처를 하지 못했기 때문에 단임으로 끝내고 1932년 루스벨트에게 넘겨주고 만다. 루스벨트는 뉴딜(New Deal) 정책을 수립해 돌파구 마련을 추진한다. 뉴딜 정책은 처음에 상당한 효과를 발휘했다. 그러다 1937년 다시 최악의 상태로 치닫는

다. 이때 제2차 세계대전이 발발, 미국은 또다시 대량생산의 길이 열림으로써 실업이 해소되는 등 그동안의 많은 문제점이 단번에 해결되었다. 운이 따라주었다 하겠다.

1929 광주 학생사건 발생

10-4 제2차 세계대전 발생

1931 만주사변(9.18 사건)/ 대장정/ 시안사건

조선을 집어삼킨 일본은 이제 중국의 영토를 탐내기 시작했다. 아마도 1592년 도요토미 히데요시가 못다 이룬 꿈을 300여 년이 지난 이제 와서라도 반드시 이루어야겠다는 심산이 아니었을까 싶다. 그런데 **중국 침략의 교두보인 만주를 반드시 확보해야 조선을 통해 병참선을 유지할 수 있었다.** 어떠한 구실을 만들어서라도 전쟁을 시작해야 했던 일본은 결국 자작극을 벌였다. 일본 관동군 참모 이타카키를 시켜 만주철도를 폭파시킨 후 중국군의 도발행위라고 생떼를 쓴 것이다. 그리고 이를 빌미로 **만주 전역에서 선전포고도 없이 중국군을 공격, 만주사변을 일으킨다.** 짧은 시간 내에 만주 전역을 장악한 일본은 청나라 마지막 황제인 푸이를 만주국의 황제로 앉히고 괴뢰정부를 세운다.

1932년경 전쟁에 소극적이었던 수상 이누카이가 관저에서 청년장교들에게 암살당하자 군 출신인 사이토 마코토가 수상에 임명되었다. 1933년경 일본은 만주의 전 지역을 삼키고 이에 항의하는 국제연맹을 탈퇴했다. 1936년에는 군비축소회의에서도 탈퇴했다. 이미 일본은 전쟁을 향해 미쳐 날뛰고 있었다. 군부는 전쟁에 반대하는 사람은 수상이라도 암살을 마다하지 않았다. 무서운 시대였다.

1932년 일본이 만주 지역을 거의 다 장악했는데도 난징 정부의 장제스는 일본에 공격하지 말 것을 명하고 사건을 국제연맹에 위임하여 국민들의 분노를 샀다. 1월 일본은 상하이를 공격했는데, 상하이의 수비를 맡은 차이팅카이(蔡廷鍇)의 선전으로 일본군은 많은 사상자를 내야만 했다. 그 후 일본은 3만의 증원군을 파견, 마침내 상하이를 점령했다. 국제연맹에서 만주를 열국에 의한 공동관리 자치지역으로
선포하고 일본에게 철수를 권했다. 그러자 일본
은 1933년 3월 27일 국제연맹을 탈퇴해버렸다.

한편 공산당은 중화소비에트 공화국을 선포
했다. 장제스는 이제 공산당 토벌에 전력, 4·5
차 토벌을 실시했다. 1933년 8월 100만 명의 군
대를 동원하고 독일인 군사고문을 기용해 공산
군을 맹공격해 승리가 눈앞에 보이는 순간 차이팅카이의 반란으로 토벌
은 미루어지고 말았다. 이후 또다시 토벌이 시작되자 홍군(공산군)은 서
금을 탈출했다. 10만의 홍군은 쓸쓸한 가을바람을 헤치며 1만2천 킬로미
터의 대장정에 올랐다. 그리고 3년간의 장정을 끝으로 홍군은 합류한다.

1936년 12월 장제스는 홍군 토벌 작전을 독려차 시안 동쪽의 호청지에
머물다가 새벽에 나타난 군인들에 의해 체포되어 시안으로 호송되었다.
부하인 장쉐량이 사령관인 장제스를 체포한 것이었다. 장쉐량은 장제스
에게 공산당과 화해하고 일본을 물리치자고 호소했다. 공산당보다 일본
과의 싸움이 먼저라는 것이었다. 저우언라이(周恩來)와 쑹메이링(宋美
齡), 그리고 그녀의 오빠 쑹쯔원(宋子文)의 끈질긴 설득에 장제스도 동의,
난징으로 귀환했다(시안 사건).

다음 해인 1937년 7월 마침내 일본은 중일 전쟁을 개시했다. 개전 1개
월 만에 베이징과 톈진을 돌파하고 12월에는 난징을 함락했으나 사실상
인력과 물자가 불충분한 데다가 끝없이 넓은 지역의 배후에 꾸준히 항일
부대들이 나타남에 따라 날이 갈수록 수세에 몰렸다. 국공합작이 효과를
보아 일본을 몰아붙이고 공산 세력이 강화되자 장제스는 공산 팔로군의
후방을 공격, 이로써 내분이 일어나기 시작했다. 1941년 국공의 최대 충
돌은 환난(皖南)사변이었는데, 여기에서 공산당은 1만 명이 전사하는 타

격을 입었다. 1946년 공산당은 국민당에게 패했으나 국민군의 부패와 기강해이, 경제난으로 인한 물가상승 등 여러 이유로 국민들이 국민당을 거부하는 기운이 일어나자 이에 기운을 얻어 1947년 린뱌오(林彪)를 사령관으로 해 국민군을 섬멸하고, 창춘(장춘), 지린(길림), 선양(심양)까지 포위했다. 이에 반해 국민군은 패배를 계속했다. 1948년 11월에서 1949년 1월까지 지속된 화이허(淮河) 대전에서 쌍방에서 각각 100만 명이 투입되는 내전 이래 최대의 격전이 벌어진다. 이 전투에서 공산군이 최후의 승리자가 된다. 1949년 말 장제스가 이끄는 국민당 정부는 대만으로 철수하고 중국 본토에는 베이징을 수도로 중화인민공화국이 선포된다.

1933 (독) 히틀러, 정권 장악

히틀러(Adolf Hitler, 1889~1945)는 1889년 오스트리아에서 태어났다. 1933년 8월 독일의 총리 겸 총통으로 세력을 잡고 1인 독재체제를 구축, 국민을 제2차 세계대전으로 이끌었다. 그로 인해 많은 국가들이 전쟁에 내몰렸고, 수많은 사람들이 죽음을 당해야 했다. 1945년 아내와 함께 자살함으로 일생을 끝마쳤다. 학교 시절 학업성적은 최하위어서 중학교도 졸업하지 못했다. 화가가 되기 위해 시험을 치르기도 했지만 두 번 다 낙방을 해 결국 꿈을 접고 말았다. 젊은 시절 그는 부모의 유산과 나중에는 숙모의 유산을 물려받아 그럭저럭 살았다. 생활은 건실했고 검소한 편이었다고 한다. 그가 우리에게 알려준 좋은 점이 있다면 학업 성적이 부진한 젊은이들도 결코 실망하거나 좌절하지 말라는 것일 게다.

그는 뛰어난 웅변술로 청중을 매료시키는 등 선동의 귀재였다. 그가 얼마나 뛰어난 웅변술과 청중을 움직이는 힘을 갖고 있는지는 그를 설명할 때마다 따라 다니는 수식어로 알 수 있다. 그는 독일인의 단결, 연합국의 횡포에 대한 독일 국민의 해방, 독일인의 희망 등 국민에게 희망을 주는 연설을 했다.

히틀러는 1921년 7월 나치당의 총서기가 되면서 실권을 장악하게 되자 자기 개인에 대한 신격화를 시작했다. 1930년 9월 총선에서 히틀러의 나치당은 제2당으로 부상, 군대와 독일의 지배 세력, 금융 자본가들로부터 지지를 얻어냈다. 1933년 나치당은 44퍼센트의 득표를 해 7월 군부의 지지를 바탕으로 1당 독재의 체제를 확립했다. 그러고는 걷잡을 수 없는 길로 치닫는다. 1934년 힌덴부르크 대통령이 죽자 대통령제를 폐지하고 본인이 총통이 되었다. 이로써 명실공히 히틀러가 지배하는 독일제국이 되었다. 대중적으로도 인기가 올라서 독일 국민들은 히틀러를 보며 열광했다. 그러나 언론·집회의 자유는 사라졌을 뿐만 아니라 조국을 위해 개인은 희생을 강요당해야 했다. 또한 반대자는 소리 없이 사라져 갔다. 1933년 국제연맹을 탈퇴, 베르사유체제를 거부, 그리고 징병제를 실시해 군사 대국의 길을 연 다음 라인란트 지역에 재무장을 실시했다. 1938년 오스트리아를 침공해 합병하자 히틀러는 국민적 영웅이 되었다. 이에 전쟁에 반대하는 인사들을 내쫓고 자신이 직접 국방부 장관이 되어 군부를 장악한다. 1939년 폴란드를 침공하면서 제2차 세계대전의 막을 올렸다. 1945년 4월 29일 에바 브라운과 결혼식을 올리고 다음 날 아내와 함께 동반자살을 함으로써 생을 마감했다.

1933 (미) 32대 프랭클린 루스벨트 대통령 취임(재임 1933~1945)

프랭클린 루스벨트는 미국 역사상 처음이자 마지막으로 4선에 선출된 대통령이다. 재임 기간 중 경제공황을 맞아 **뉴딜 정책**을 썼고, 이어서 **제2차 세계대전을 맞아 연합군을 승리로** 이끌었다. 1945년 4선에 당선되었으나 뇌일혈로 쓰러져 사망했다. 이후 미국은 대통령을 세 번 이상 할 수 없도록 헌법을 고쳤다.

1934 히틀러, 제3제국 선포

이로써 독일은 전쟁을 향해 내닫게 된다.

* 독일 제국의 역사

제1제국	오토 1세의 신성로마제국(962)
제2제국	빌헬름 1세의 도이치제국(1871)
제3제국	히틀러의 도이치제국(1934년)

1936 에스파냐 내전(1936~1939)

에스파냐 제2공화국의 인민전선(공화파) 정부에 대항해 군부를 주축으로 한 국가주의자들이 일으킨 군사 반란을 에스파냐 내전이라고 한다. 공화파는 유럽 각국과 미국에서 온 지원병부대인 국제여단과 소련의 지원을 받았고, 프랑코 장군이 이끄는 반란군(국가주의자)은 이탈리아 파시스트와 나치 독일의 지원을 받았다. **1939년 프랑코 총통이 이끈 국가주의자들이 승리했다.** 프랑코 총통은 1975년 죽을 때까지 총통으로서 에스파냐를 집권했다.

1937 중일전쟁/ 시안(西安) 사건/ 난징 대학살(1931년 참조)

장제스의 휘하에 있던 장쉐량이 자신을 격려차 방문한 장제스를 체포하는 사건이 발생한다. 이때 장쉐량은 '지금은 공산당보다는 일본의 침입을 막는 것이 중요하다'고 역설, 결국 장제스는 공산당과 힘을 합쳐 일본과 싸우는 데 합의한다. 이를 국공합작이라 한다. 7월 7일 일본은 베이징 교외의 노구교(다리 이름)에서 일어난 사소한 사건을 구실로 중국의 전 국토에 대해 전면전을 감행, 8월에는 베이징과 텐진 이북을 점령했다. 이에 대해 중국은 국민군과 공산군이 힘을 합해 일본군과 싸우는 모습을 보여 주었다. 그러나 12월 13일 상해 전선이 무너지면서 난징이 함락되고 만다. 이때 일군은 30만 명의 난징 시민을 학살하는 '난징대학살'을 자행한다.

1939 제2차 세계대전 발발(1939~1945)

9월 1일 독일의 폴란드 침공과 함께 6년 간의 긴 전쟁으로 5천600만 명의 사망자를 낳은 인류 최대 비극의 문은 열린다. 유럽 열강들의 자기네끼리 하는 주도권 싸움이었다. 단지 동양에서는 일본만이 이 통에 열강들이 동남아시아에 갖고 있던 식민지를 빼앗으려고 혈안이 되어있었다. 미국은 애당초 남의 싸움에 끼어들지 않으려고 처음에는 발을 빼고 전쟁 통에 물건이나 팔아 경제공황으로 치명타를 맞은 경제를 살리는 데 주력을 했다. 그러나 1941년 일본의 진주만공습으로 전쟁에 개입을 하고 만다. 독일은 1940년 5월 중립국인 벨기에, 룩셈부르크, 네덜란드를 침략하고 프랑스로 밀려 내려갔다. 파리 함락은 시간문제였다. 제1차 세계대전에서 혼이 난 프랑스가 독일의 공격을 예상하고 구축한 난공불락의 마지노요새는 독일이 벨기에를 통해 우회 공격하는 바람에 후에 관관명소로밖에 쓸 수가 없었다. 프랑스의 페탱은 파리의 파괴를 막기 위해 보르도로 철수해 휴전을 제휴했다. 6월 22일 휴전이 체결되어 프랑스는 독일점령지와 비시에 자리 잡은 임시정부의 통제를 받는 남부 자유지구로 나누어졌다. 1943년 비시정부가 국민에게 신뢰를 잃자 드골은 영국에 임시정부를 조직하고 수반이 되었다. 1943년 6월 독일은 러시아를 침공한다. 150개 사단 약 300만 명의 병력에 탱크 3천 대 대포 7천 문, 항공기 2천5백 대로 구성된 인류역사상 최대의 장비와 인원이었다. 그러나 히틀러 역시 130년 전 나폴레옹의 수순을 밟고 있었다. 당시 영국과 프랑스는 절망적인 상태였는데 독일이 러시아로 엄청난 병력을 이동하는 바람에 재기할 수 있는 절호의 기회를 잡았다. 러시아와의 전쟁에서 패배한 독일은 이제 무너지기 시작했다. 1943년 7월 이탈리아 무솔리니 체포, 9월 이탈리아 항복, 1944년 6월 연합군 불란서 노르망디 해안 상륙, 10월 독일 로멜원수 처형. 1945년 4월30일 히틀러 자살, 5월4일 독일 항복, 5월 8일 유럽 전쟁 종결, 8월 15일 일본 항복으로 대단원의 막은 내린다.

1941 일본, 진주만 공격

일본은 1938년에 이미 중국 대륙 전체를 집어삼킬 야욕을 갖고 계속 중국 공격을 하고 있었다. 그러던 1939년 독일이 계속 승승장구하자 일본은 독일과 동맹을 맺었다. 그리고 독일과 이탈리아와의 싸움으로 다른 곳에 신경을 쓸 겨를이 없던 영국, 프랑스, 네덜란드 등 연합국 소유의 아시아 지역 식민지, 홍콩(영), 싱가포르(영), 인도네시아(네), 말레시아(영), 필리핀(미), 베트남(프) 등을 하나씩 먹어 들어갔다.

미국은 일본이 적국인 독일과 동맹을 맺고 더구나 미국의 오랜 친구의 나라 영국과 프랑스의 식민지를 공격하자 고철, 기름 등의 일본으로의 물자 수출을 중단한다. 특히 기름 공급 중단은 기름 한 방울 나지 않는 일본으로서는 치명적이었다. 이에 일본은 미국과의 전쟁을 결심, 10월 17일 도조 히데키의 전쟁내각이 출범한 후 12월 8일 선전포고도 없이 기습적으로 진주만을 폭격해 항구에 정박 중이던 미국 함대에 치명적인 타격을 주어 기선을 제압한다. 그러나 그것도 잠시 막대한 잠재력을 갖고 있던 미국에게 일본은 시간이 흐를수록 불리해져만 갔다. 아무튼 진주만 폭격으로 미국도 태평양 전쟁에 참전하게 된다. 다음 해인 1942년 일본은 하와이 부근 미드웨이 해전에서 미국의 니미츠 제독이 이끄는 해군에 대패하는데, 이때 일본이 자랑하는 당시 세계 최대 항공모함인 4만2천 톤급의 아카키, 소오류, 가가 등 항공모함 3척 외에 수많은 함정과 전투기들이 대평양의 깊은 물에 주인과 함께 수장되었다. 이때부터 일본은 태평양의 제해권을 잃게 됨으로써 바다 곳곳에서 군인들을 운반하던 수송선이 미군 잠수함에 의해 격침되어 싸워보지도 못 하고 바다 속에 수장되었다. 점차 전쟁은 기울어져만 갔다.

1942 일본, 미드웨이 해전에서 미국 해군에 참패(제해권 상실)

1943 독일, 러시아 침공

6월 22일 독일은 러시아와의 불가침조약을 파기하고 150개 사단 약 300만 명을 투입, 러시아를 침략한다. 제2차 세계대전의 전사자 5천만 명 중 2천만 명이 이 전투에서 사망했는데, 특히 무기가 열세였던 소련군이 많이 죽었다. 독일군 역시 살아 돌아온 사람이 거의 없었다. 포로로 잡힌 군인만 20만 명에 달했다. 민스크 전투, 키예프 전투, 모스크바 전투, 스탈린그라드 전투가 있었다. 그중 스탈린그라드 전투에서는 약 1천만 명의 전사자가 났다. 스탈린이 사망한 후에는 볼고그라드라고 이름을 바꾼다.

1943 이탈리아 항복
1943 일본, 태평양 과달카날 전투에서 패배

1943 카이로 회담

카이로 회담(Cairo Conference)은 1943년 11월 22일 미국, 영국, 중국 3국이 모여 제2차 세계대전 이후 처음으로 연합국 주도로 열린 '일본의 영토에 관해 협의'한 모임이다. 여기서 미·영·중 3국은 일본에 대해 제1차 세계대전 이후 일본이 침략한 모든 영토를 반환한다는 결정을 했다. 결과적으로 조선의 독립에 관해 국제적으로 보장을 받은 회담이었다.

1944 6월 유럽 연합군 노르망디 상륙과 파리 탈환
1945 5월 히틀러 자살과 독일 패망

1945 얄타 회담 (2월 4일~11일)

얄타 회담(Yalta Conference)은 2월 우크라이나 크림 반도의 얄타에서 루스벨트, 처칠, 스탈린이 모여 독일 패망 이후에 대한 대책을 논의한 회담이다. 독일에 관해서는 미국, 영국, 프랑스, 소련 등 4개국이 나누어 분할 점령하기로 결정했다. 또 독일의 군수산업을 폐쇄 또는 몰수하고 주요 전범들은 재판에 회부하는 데 합의했다.

특히 소련은 독일 항복 후 '2~3개월 내 대일전에 참여하고 그 대가로 소련에 러일전쟁에서 잃은 영토를 반환한다'는 것 등의 특혜를 입었다. 당시 일본을 과대평가한 미국은 소련의 대일전을 적극 요청했기 때문인데, 그 결과 소련은 이미 기진맥진해 거죽만 남은 일본을 힘 안 들이고 물리침으로써 이득을 챙길 수 있었다. 실제로 소련이 참전한 지 5일 만에 일본은 항복하고 말았다.

* 포츠담 선언

독일이 항복한 후 전후 독일에 대한 처리 방법을 협의한 회담이 바로 포츠담 회담(Potsdam Declaration)이다. 영국의 처칠, 미국의 트루먼, 소련의 스탈린이 참석했다. 패전국 독일의 통치 방법, 폴란드 서부 국경, 오스트리아 점령 등 유럽에서 소련의 역할 외에도 배상금, 일본과의 전쟁에 대해 논의했다. 얄타 회담에서는 독일을 4개 지구로 설정해 소련, 영국, 프랑스, 미국이 각각 나누어 관할하기로 했다. 베를린, 빈, 오스트리아 역시 4개 점령지구로 나누어졌다. 독일과 폴란드의 국경은 오데르 강과 나이세 강으로 결정되었고, 또 동프로이센의 일부가 폴란드로 귀속되었다. 이로써 이 지역에 살고 있던 수백만의 독일인들이 이주를 해야만 했다. 한편 일본에게는 무조건 항복할 것과 포츠담 선언을 수락할 것을 요구했으나 일본이 이를 받아들이지를 않자 미국은 일본에 원자폭탄을 사용할 것을 결심한다.

* 투르먼 독트린

제2차 세계대전이 끝나고 소련이 주변 국가들을 차례로 공산화해가자 미국은 어떻게 해서라도 공산화의 확산을 막아야겠다는 결심을 한다. 이에 미국은 투르먼 독트린(Truman Doctrine)을 발표, 당시 **공산주의 폭동으로** 위협을 받고 있던 그리스 정부와 지중해에서 소련의 팽창으로 압력을 받고 있던 터키에 대해 즉각적인 경제 · 군사 원조를 제공할 것을 선언한다.

* 마셜플랜

미국 국무장관 마셜은 제2차 세계대전 직후 '동 · 서 유럽의 경제와 정치적인 안정은 소련의 공산화를 막는 길'이라는 판단 아래 전후(戰後) 유럽에 경제 원조를 시작했다. 이에 대항하여 소련은 이러한 마셜플랜(Marshall Plan)이 동유럽에까지 확산되는 것을 차단하기 위해 코민포름(Cominform)을 결성했다.

✱ 대한한국, 38선으로 남 · 북 분단

8월 15일 일본의 항복으로 해방이 되었다. 그러나 북위 38도선을 경계로 북쪽에는 소련군이 진주하고 남쪽에는 미군이 들어와서 군정을 하게 되면서 민족의 비극이 시작된다.

12월 15일 모스크바에서는 미국, 영국, 소련의 3상회의가 열렸다. 패전국 일본에 대한 대책 중에 한국에 대해 미, 영, 중, 소의 신탁통치와 이를 추진하기 위한 미 · 소공동위원회를 개최하는 것이 결정되었다. 이에 민족주의 진영에서는 반대를 하고 좌익계열에서도 처음에는 반대했다가 태도를 돌변, 찬성으로 돌아서면서 좌익과 우익의 치열한 대결 양상이 벌어졌다. 결국 1948년 5월 10일 남한에서만 198명의 국회의원을 뽑는 선거를 실시하고 헌법을 제정해 7월 17일에 공포했다. 7월 1일에는 국호를 대한민국으로 하고 대통령에 이승만, 부통령에 이시영을 선출, 8월 15일에는 '대한민국 건국'을 전 세계에 공포했으며, 12월 9일 UN 총회가 대한민국을 승인함으로써 공인된 국가로 되었다.

그러나 그 해 10월 제주도, 여수, 순천에서 좌익계 군인의 반란사건이 일어나 많은 사람이 희생되었고, 반란이 진압된 후에도 보복이 자행되면서 수많은 억울한 양민의 죽음이 발생되었다. 또 여운형, 장덕수, 김구 등이 정략에 의해 살해되는 등 가슴 아픈 일이 일어났다.

1945 (미) 33대 트루먼 대통령 취임(재임 1945~1953)

루스벨트 대통령이 급서함에 따라 부통령이었던 트루먼이 자동으로 대통령직을 승계했다. 역대 부통령에서 대통령이 된 경우 대체로 업무수행 능력이 빈약했으나 트루먼은 이런 염려를 불식시키고 많은 업적을 쌓은 유능한 대통령으로 인식되고 있다.

제2차 세계대전이 끝나고 전 세계가 공산화되고 있는 와중에 트루먼 독트린을 발표해 공산주의와 맞서 싸웠고, 마셜플랜으로 유럽과 중동, 터키 등이 공산화되는 것을 막았으며,
한국전쟁이 터졌을 때에는 신속하
게 미군을 투입함으로써 한국의 공
산화를 막았다. NATO를 발족시켜
소련의 군사력에 대응했다. 극동사

령관 맥아더가 중공을 공격할 것을 강력히 주장하며 대통령에게 불만을
표시하자 맥아더의 즉각 해임을 결정하기도 했다. 이에 제2차 세계대전
의 영웅 맥아더는 국민의 열광적인 환영을 받으며 미국으로 귀환했는데,
그가 정들었던 군복을 벗으면서 한 말 "노병은 죽지 않는다. 다만 사라질
뿐이다."는 아직까지도 우리들에게 회자되고 있다.

1946 베트남, 대(對)프랑스 독립전쟁 시작

1947 인도, 파키스탄 분열

1948 1차 중동전쟁 발발

1948 베를린 봉쇄령

6월 24일 소련은 베를린 봉쇄령을 발동, 서독에서 베를린으로 가는 길을
막는 동시에 베를린 시 외곽을 철조망으로 둘러싸서 베를린을 동과 서로
갈라놓았다. 1961년에는 베를린에 장벽을 쌓아 동과 서를 완전히 막아놓
았다.

1949 중국, 공산당에 의해 통일(장제스 정부는 대만으로 옮김)

1949 NATO 창설

북대서양조약기구라고도 하는 나토(NATO)는 제2차 세계대전 이후 동

유럽에 주둔한 소련군의 군사적 위협에 대비하기 위해 1949년 미국의 주도로 창설되었다. 프랑스는 1966년 탈퇴했고 서독은 1955년에 가입했다. 유럽의 자유진영 국가들은 전후에 대폭적으로 군대를 감축해 군사력이 약화되어 있었다. 반면 소련은 동부유럽 국가들을 점령하는 등 군사 강국으로 부상했다. 실질적으로 공산진영의 군대에 비해 자유진영의 군사력은 열세에 있었다. 소련은 동부유럽에 철의 장막(Iron Curtain)을 치고 민주주의 세력을 억압하는 동시에 대규모의 소련군을 주둔시켜 서부유럽을 긴장시켰다.

이에 미국은 자유진영의 공산화를 막기 위해 마셜플랜으로 원조를 개시했고 나토를 창설했다. 서독의 나토 회원국 참여는 서독의 재무장으로 주변국에 불안과 주저를 주었지만 소련의 팽창에 맞서기 위해는 서독의 군사력 강화가 필요하다는 데 인식을 같이한 결과 결국 1955년 서독은 회원국으로 가입, 나토 상비군의 대부분이 서독에 주둔하게 된다. 여기에 대해 소련은 동유럽 국가들과 바르샤바 조약기구를 창설해 나토에 대응했다.

이런 때에 프랑스 드골은 나토에서의 미국의 우월적인 태도와 강요에 불만을 갖고 나토에서 탈퇴를 했다. 수적으로 바르샤바 조약군에 월등히 약세였던 나토군은 우수한 첨단무기로 열세를 만회했다. 80년대에는 약 30만 명의 미군이 서부유럽에 배치되었고 중거리 핵미사일 퍼싱-2를 배치해 장거리 핵 운반 폭격기 백파이어로 대응한 소련과 첨예하게 대립, 냉전이 심화되었다. 80년대 말 고르바초프의 글라스노스트와 페레스트로이카 정책, 1990년 독일의 재통일 등으로 나토의 존재 이유가 퇴색했다.

1949 독일, 아데나워 수상 취임(재임 1949~1963)

아데나워(Konrad Adenauer)는 제2차 세계대전 직후 참담했던 독일을

다시 일으켜 세운 존경받는 수상이다. 1933년 나치
가 집권했을 때에는 공직을 상실, 1944년에는 강제 수
용소로 송치된 일도 있다. 전쟁이 끝나고 **기독교 민주**
당연합을 창설하는 데 중요한 역할을 한 그는 나중
에 당수가 되었다.

　서방 연합국들은 그들이 점령하고 있던 세 개 지역
에 연방 형태의 정부조직을 마련하고 아데나워를 임시의회 의장으로 해
독일연방공화국 수립을 위한 임시 헌법을 마련했다. 이에 1949년 아데나
워는 초대 총리로 당선되었고, 그의 기민당(기독교 민주당연합)은 기사당
(기독교 사회연합)과 연합을 했다. 유럽의 중심부에 공산세력이 침투하
는 것은 위협이라고 본 아데나워는 NATO 결성에 적극적이었고, 프랑스
와의 화해에도 노력했다. 1955년 서독은 나토에 정식으로 가입했다. 한편
아데나워는 에르하르트를 경제장관으로 임명해 **라인 강의 기적을** 일으
켰으나 에르하르트와의 불화는 점점 깊어갔다. 1963년 독일·프랑스 상
호협력조약을 드골과 체결한 뒤 총리직을 사임하고 물러났다. 다음은 경
제장관 에르하르트가 총리에 선출되었다.

10-5 지구상의 유일한 분단국 대한민국

1950 한국전쟁 발발(6·25 전쟁)

1948년 9월 조선민주주의인민공화국이 세워진 후 남한을 침공할 준비를 진행하고 있었던 북한은 그 와중에도 제주도, 여수, 순천의 반란 사건을 뒤에서 조정했다. 1950년 초 미국 국무장관 애치슨(Dean Acheson)에 의해 '극동방위선에서 한국이 제외'된 애치슨라인이 발표되자 소련과 북한은 이에 더욱더 고무되었다. 그동안 북한은 소련과 중국의 원조를 받아 20만의 군대와 T-34 소련제 전차 242대, 항공기 200여 대를 보유한 반면 남한은 전투기가 한 대도 없는 지경이었다. 한마디로 북한과 비교할 수준이 못 되었다. 거기다 미군이 1949년 6월 완전히 철군함에 따라 남한은 이제 무방비 상태가 되었다.

1950년 6월 25일 북한군은 전격적으로 남한을 기습 공격했다. 미국은 신속하게 UN에 상정해 북한군을 격퇴하기 위해 원조를 제공한다는 결의안을 통과시켰고, 미국 대통령 트루먼은 6월 30일 UN 최고사령관 맥아더에게 지상군 및 해·공군을 사용해도 좋다는 명령을 하달했다. 7월 7일 마침내 UN에서 유엔군 파견이 통과되어 정식으로 투입이 가능하게 되었다.

6월 25일 이후 남한은 계속적으로 밀리고 있었다. 8월경에는 낙동강을 경계로 간신히 방어선을 구축하는 데 그쳤으나 9월 15일 맥아더의 지휘하에 1개 군단이 투입된 인천상륙작전이 성공을 거둔다. 이에 김일성은 2만여 명의 병력으로 최후까지 저항토록 명령을 내렸으나 28일에는 대부분이 섬멸되어 서울에서 퇴각하고 만다. 10월 7일 UN에서 38선 이북으로 진격을 승인하자 국군은 11월 25일 북한 지역을 거의 다 장악하여 통일을 눈앞에 두게 되었다. 그런데 이때 중공군이 50만의 병력으로 아무런 예고 없이 비밀리에 공격, 유엔군은 막대한 피해를 보고 1월 4일 결국 또다시 서울을 빼앗기는 아픔을 맛보아야 했다. 그러나 길어진 병참선과 미 공군의 계속된 공습으로 중공군 또한 막대한 타격을 입어 1월 말에는 서울을 재탈환하기에 이르렀다. 이후 53년 7월 27일 휴전협정이 발효되면서 남·북한은 휴전에 들어갔다.

한국전쟁은 제1차 세계대전에 사용한 전비와 맞먹는 비용을 사용했고 450만 명의 사상자를 냈다. UN군 측(한국군 포함) 사망자는 약 33만이며 공산군(중공군 포함) 측은 정확한 통계는 아니지만 약 180만에 이르는 것으로 보고 있다.

1954 베트남 독립투쟁(1954~1975)

불굴의 투지로 절대로 남에게 정복을 당하지 않는 용감한 민족이 베트남 민족이다. 과거 프랑스의 식민지였던 베트남에 대해 프랑스는 제2차 세계대전이 끝난 지 10년이 흘렀는데도 아직까지 미련을 놓지 못하고 있었다. 이에 베트남 독립동맹의 지도자 호치민은 독립을 정식 선언하고 1946년부터 프랑스군과 독립전쟁을 벌여, 결국 프랑스는 1954년 디엔비엔푸 전투에서 참패를 당하고 철수하게 된다. 그러나 베트남은 제네바 협정에 의해 북위 17도선을 경계로 공산화 베트남(이하 월맹)과 비공산화 베트남(이하 월남)으로 나뉘게 되었다. 당시 미국의 국무장관이었던 덜레스는 골패짝 쓰러지듯 차례차례 공산화 되어 나가는 인도차이나 반도(도미노 이론)의 공산화를 막기 위해 미국 정부에 경제 및 군사지원을 요청한다. 당시 케네디 대통령은 군사고문단을 파견해 월남을 도왔는데, 처음에 900명 선이었던 숫자가 2년 후인 1962년에는 1만 명이 넘게 되었다.

그러나 무능한 지도자인 고딘디엠은 거센 저항을 받았고, 부패한 탓에 더이상 국민의 지지를 받지 못한 채 1963년 11월 군사 쿠데타를 야기, 암살되고 말았다. 이후 월맹의 공격이 점점 심해지자 미국은 미군을 증강시켰고, 그로 인해 1968년 무려 50만 명이 참전하는 등 수렁에 빠지게 되었다. 그러고도 월남은 너무나 부패하고 무능해 더 이상 월맹 정규군을 당할 수가 없었다.

미국 내에서도 미군의 전사자가 자꾸 늘어가고 무엇을 위해 전쟁을 치르는지에 대해서도 의문이 생김으로써 차츰 전쟁에 반대하는 분위기로 돌아갔다. 그러다 존슨에 이어 미국 대통령으로 취임한 닉슨이 미군을 지속적으로 철군시키기 시작한다. 1971년 말 미군은 16만 명으로 감축되었고, 1973년 파리 평화협상이 이루어짐에 따라 1973년 말 미군은 거의가 철수되었다. 1975년 4월 월맹 정규군과 베트콩의 총공세가 시작됨에 따라 결국 월남은 월맹의 손으로 넘어가고 만다. 한편 한참 전쟁이 가열되던 1965년부터 대한민국도 파병해 미군을 도왔다(1965~1974).

1955 바르샤바 조약기구 창설

미국이 1949년 유럽의 공산화를 막기 위해 NATO를 창설하자 이에 맞서 소련은 소련의 위성국가를 모아 바르샤바 조약기구(Warsaw Treaty Organization)를 창설한다.

1956 이집트, 수에즈 운하 국유화

이집트의 나세르 대통령이 수에즈 운하를 국유화하자 프랑스, 영국, 이스라엘이 공모해 11월에 운하 지역을 점령하기 시작했다. 그러나 UN의 반대, 소련의 개입 경고로 철수해야만 했다. 이로써 나세르는 영웅이 되었다. 반면 영국과 프랑스는 중동 지역에서 행사하던 그들의 영향력을 거의 다 잃었다.

1956 2차 중동 전쟁 발발

1960 4 · 19 혁명

이승만 정권의 독재와 부패에 더 이상 참을 수가 없자 학생들이 중심이
되어 혁명을 일으킨다. 많은 꽃다운 젊은이들이 조국의 민주화와 자유를
위해 목숨을 바쳤다. 이들의 고귀한 희생위에 오늘날 우리나라의 민주주
의가 뿌리를 내릴 수 있게 되었다.

1960 (미) 35대 케네디 대통령 취임(재임 1961~1963)

1961년 쿠바의 친소련 카스트로 정권을 붕괴시키려고 쿠바 망명자들을
훈련시킨 후 침공했으나 전원 사살 또는 체포됨으로서 망신을 당했다.
1962년 소련이 쿠바에 미사일 기지를 건설하고 있는 것이 포착되었다. 케
네디는 소련과의 전쟁을 불사하고 강경책을 써서 결국 소련을 굴복시킴
으로써 미국의 자존심을 세웠다. 차기 대통령 선거의 일환으로 텍사스에
유세를 위해 갔다가 댈러스의 시민인 오즈월드에게 암살당했다.

1960 프랑스의 핵실험

1961 5 · 16 군사 쿠데타 발생

일제(日帝)로부터 해방된 지 불과 15년, 지금까지 민주주의라는 경험도
전무한 데다가 6 · 25 전쟁을 막 치르고 난 한국은 모든 것이 혼란하기만
했다. 그러나 그것은 이제 막 자유를 찾은 신생국가가 거쳐 가야만 할 필
수과정이기도 했다. 이런 때 육군 소장이었던 박정희는 쿠데타를 일으켜

장면 정부를 무너뜨리고 정권을 잡는다. 이후 한국은 군사정권이 독재정치를 했고, 이에 반대하는 사람은 무자비하게 체포, 고문, 살해되는 등 민주화는 반대의 길을 걷게 된다. 그러나 한편으로는 당시의 혼란과 무질서를 빠른 시간 내에 수습하고 국력을 한데로 모아 한국을 경이적인 속도로 발전하게 한 것에는 긍정적인 측면도 많아 그에 대한 평가는 오늘날까지도 여러 갈래로 갈린다. 가난과 굶주림 속에서 모든 자유를 주었다고 과연 민주주의라 할 수 있을까? 아마도 진정한 민주주의는 경제력이 뒷받침되어야 찾을 수 있는 것이 아닐까? 가난한 나라가 민주주의만 선진화된 적은 없었던 것 같다.

1962 쿠바 사태 발생(1960년 참조)

1963 (미) 마르틴 루터 킹 목사, 링컨 기념관 연설

미국의 흑인 민권운동가 마르틴 루터 킹 목사가 링컨 기념관에서 유명한 연설을 했다. 그는 1950년대 중반부터 1968년 암살당할 때까지 미국의 민권운동을 이끌었다. 간디의 비폭력철학과 현대 프로테스탄트 신학자들의 사상을 접한 그는 흑인들의 비폭력적인 투쟁을 주도하기 위해 그리스도교 지도자회의를 조직해 전국적으로 유명해졌다. 1964년 노벨평화상을 수상했고 1986년 미국 의회는 그를 기리기 위해 1월 셋째 주 월요일을 국경일로 지정했다.

1964 중국의 핵실험

1964 베트남전쟁 확전

1963년 남베트남에서 일어난 쿠데타로 무능한 고딘디엠이 살해되었다.

그리고는 점점 더 월맹군의 공격이 치열해지자 미국은 대대적인 폭격을 할 필요를 느끼던 중 통킹 만에 정박 중인 미 구축함 매독스호에 월맹군 초계정이 사격을 했다는 확실치 않은 구실로 미국 의회는 대통령에게 베트남 전쟁에 전면적으로 개입해도 좋다는 권한을 준다. 이로써 미국의 전면적 개입이 시작되었다. 이후 우리나라도 월남전에 참전해 꽃다운 젊은 이들이 조국의 발전을 위해 고귀한 생명을 이역만리에 바치게 된다. 오늘날 우리가 이처럼 잘 살게 된 것도 20대의 꽃과 같은 나이에 고귀한 생명을 타국 땅에 바친 이들이 있었기에 가능했다.

1967 3차 중동전쟁 발발

1969 (미) 37대 닉슨 대통령 취임(재임1969~1974)

닉슨 독트린을 발표해 국제분쟁에 더 이상 개입하지 않겠음을 천명하고 소련과 화해무드를 조성했다. 또한 중국을 방문(핑퐁 외교)한 미국의 첫 번째 대통령이 되었다.

베트남과 전쟁을 종결시키려고 노력해 1975년에 전쟁을 종료시킨다. 1973년 재선에 당선되었으나 상대편 진영의 도청사건(워터게이트 사건)에 연루되어 결국 사임하고 말았다. 현직 대통령이 연루된 사건을 끝까지 추적한 검찰이나 현직 대통령의 전화 도청사건 하나로 대통령직을 사임시킬 수 있는 준엄한 국민들로 구성된 나라이기에 전 세계를 이끌 수 있는가 보다.

1971 중공, UN 대표권 획득

1972 닉슨의 중국 방문(미국 대통령으로 첫 중국 방문)과 워터게이트 사
건 폭로

1973 4차 중동전쟁 발발/ 1차 유류파동(Oil shock)

1974 인도 핵실험/ 프랑스 지스카르 데스탱 대통령 취임

1975 베트남전쟁 종료

1976 레바논 내전 발생/ 아르헨티나 페론 정부 붕괴

1978 이란 팔레비 정권 붕괴

1978 2차 유류파동 발생

1978 중동평화협정 조인

이집트의 사다트 대통령, 이스라엘 베긴 수상은 미국의 카터 대통령의 중
재로 미국의 캠프 데이비드 별장에서 중동평화협정에 서명을 한다.

1979 대통령 박정희 서거(10월 26일)

박정희는 헌법을 뜯어고쳐(3선 개헌) 세 번이나 대통령에 당선되었고, 그
후에는 장기집권을 하기 위해 '10월 유신'이라는 또 다른 무리수를 두었
다. 그러나 이것은 불행의 전주곡이었다. 결국 자신의 최측근이었던 중앙
정보부장 김재규에 의해 살해되어 생을 마감한다(재임 1961~1979). 이에
1979년 12월 12일 당시 보안사령관이었던 전두환은 상관인 참모총장 정
승화 대장을 불법 구금한 후 군사 쿠데타를 일으킴으로써 또다시 군사정
권 시대로 시곗바늘을 되돌려놓고 말았다. 1945년 일제의 압제에서 벗어
나 새로운 정부를 세운 지 불과 30여 년 만에 민주주의를 가지려는 희망
은 과한 바람이었을까?

1979 이란, 미국 대사관 직원 인질 사건 발생

그동안 미국은 미국의 꼭두각시 팔레비를 이란의 왕으로 앉혀놓고 뒤에서 조정해왔다. 그러나 78년 대규모의 시위, 파업, 시민반란 등으로 사태가 심상치 않게 돌아가자 위기를 느낀 팔레비는 1979년 1월 16일 미국으로 망명해버린다. 그러자 2월 1일 테헤란에 도착해 혁명·종교 지도자로 추대된 호메이니가 11월 4일 미국 대사관을 점령, 미국 외교관을 1년 이상 인질로 잡아두었다. 1981년 카터에 이어 대통령에 취임한 레이건 때 인질을 석방함으로써 사건은 끝이 난다.

1979 소련, 아프가니스탄 침공

1978년 4월 좌익 장교들이 중도파 아프가니스탄 정부를 전복시킴에 따라 발발했다. 지지기반이 약했던 새 정부는 소련과 친밀한 유대관계를 만들어가면서 무자비하게 반대파를 숙청했다. 이에 독실한 이슬람교도들과 많은 반공주의 대중들이 폭동을 일으키자 자극을 받은 소련은 1979년 12월 아프가니스탄을 침공한다. 반군인 무자히딘(투쟁자들) 세력을 분쇄하기 위해 소련은 마을을 폭격하고 식량을 불태우고 가축을 도살했다. 이로 인해 주민들의 대량탈주가 시작되어 1982년까지 약 500만에 가까운 주민들이 이웃의 파키스탄과 이란으로 탈출, 난민촌에 머물게 되는 비극이 일어났다. 1989년 소련의 고르바초프 대통령 때에 와서야 소련군이 철수했다. 1992년 4월 공산주의자 무하마드 나지불라 대통령을 축출하고 이슬람 공화국을 선포했다.

아프가니스탄은 인구 2천775만 명(2002년 기준), 면적 65만2천 제곱킬로미터(남한의 약 6.5배)에 달하는데, 역사적으로 정복자들이 거쳐 가는 길목인 중앙아시아에 위치한 탓에 수많은 정복자의 침략을 받아왔으나 불굴의 투지로 투쟁해 오늘날에 이르렀다. 정말 조용하게 살고 싶어도 남들이 편안하게 뇌두지를 않는 지역에 위치한 셈이다.

1992년 나지불라의 공산정권을 물리치고 라바니가 2년간의 임기로 집권했으나 임기가 끝나도 정권을 놓지 않았다. 정국이 혼미를 거듭하던 중 북부와 파키스탄 서부에서 이슬람 율법을 공부하던 학생들이 1994년 탈레반을 결성, 라비니 정권과 무장투쟁을 계속했다. 1996년 수도 카불을 점령하고 라비니를 축출하는 데 성공했다. 그러나 탈레반 정권은 극단적인 원리주의를 표방하며 현실에 맞지 않게 가혹한 통치를 하고 심지어는 2001년 3월 문화유산인 바미안 석불을 폭발시키는 행동을 해 비난을 받았다. 2001년 9월 미국의 무역센터 폭발사건의 배후자로 추정되는 오사마 빈 라덴이라는 근본주의자의 인도를 요구하는 미국의 제의를 탈레반 정권에서 거절하자 미국은 아프간 공격을 시작해 탈레반 정권을 무너뜨리고 카르자이를 수반으로 하는 과도 내각을 구성했다. 국민의 4분의 3을 차지하는 수니파와 4분의 1인 시아파의 반목으로 이란은 시아파를 지원하고 사우디아라비아는 반시아파를 지원하는 등 외부 세력의 개입으로 정국의 안정은 험난하기만 하다.

1980 미국 40대 대통령 레이건

레이건은 강한 미국을 보여준다는 신념 아래 소련을 악의 집결지(Focus of evils in the modern world)라고 불러 소련과 관계를 악화시켰다. 또한 군비를 지금까지의 2배로 증강시킴으로써 많은 나라의 반발을 불러일으켰다. 그로 인해 중동의 미국 대사관이 폭파되는 일을 겪어야 했다.

✳ 이란, 콘트라 스캔들 발생

미국의 국가안전보장회의(National Security Council/ NSC)가 의회에 의해 금지되어 있는 비밀무기를 이라크와 전쟁 중인 이란에 판매한 것이 폭로되었다. 시아파

테러 집단에 의해 레바논에 억류 중이었던 다수의 미국인의 석방을 조건으로 전차의 대공 미사일을 이란에 판매했던 것이다. NSC는 이란이 무기대금으로 지불한 4천800만 달러 중 일부를 니카라과 반군인 콘트라에게 주었는데, 당시 반군은 미국의 지원을 받아 산디니스타 정권을 전복하기 위해 싸우고 있었다. 1986년 이러한 사실이 폭로되어 레이건 대통령뿐만 아니라 미국의 신용이 실추되었다. 미국은 자기 나라의 이익을 위해서는 남의 나라에 비밀리에 개입해 반란을 사주하는 일도 서슴지 않고 자행하는 나라임이 입증되었기 때문이다.

＊ 이란 · 이라크 전쟁 발발(1980~1990)

이란 · 이라크 전쟁을 이해하려면 이슬람의 수니파와 시아파에 관한 내용을 알아야 할 것이다.(570년 무하마드 참조) 후세인(수니파)과 호메이니(시아파)는 서로 파가 달랐다. 후세인은 호메이니가 주도하는 시아파 혁명의 영향이 자국 내 시아파에게 미칠 것을 두려워해 이란을 공격했고, 호메이니도 과거 개인적인 사무친 원한이 겹쳐서 전쟁을 계속했다. 사무친 원한이란 다음과 같다.

이라크의 후세인은 과거 호메이니가 이라크에 망명 와 있는 것을 내쫓았다. 미국의 사주를 받은 팔레비가 이란의 주인이라고 버티고 앉아 있으니 호메이니는 자기 나라가 있어도 입국이 불가능했고 할 수 없이 객지에서 떠도는 신세가 된 서러운 시절에 그래도 같은 이슬람 국가라는 대승적 차원에서 이라크의 후세인에게 찾아가 당분간 머물 것을 부탁했던 것이었는데, 후세인은 자국의 시아파에게 끼칠 영향력을 생각해 호메이니를 거부한 것이었다. 아무튼 10년간의 긴 전쟁으로 양국은 경제적인 한계에 도달, 더 이상 전쟁을 할 수가 없는 지경에 이르렀다. 이슬람 국가들의 대부분을 차지하는 수니파의 후세인은 사우디아라비아와 그 밖의 많은 이슬람 국가에서 지원을 받고 있었고 뿐만 아니라 미국과 소련의 지원도 슬쩍슬쩍 받고 있었지만, 시아파 이란의 호메이니는 홀로 외로이 싸워야 했다. 왕년의 바빌로니아제국과 페르시아제국의 자존심을 건 현대판 전쟁이었다 하겠다. 결국은 휴전으로 끝을 맺었다.

1981 이집트 사다트 대통령 암살

1970년 나세르 대통령이 사망하자 뒤를 이어 사다트가 취임했다. 제2차 세계대전 중 독일의 도움을 받아 영국을 이집트에서 몰아내려는 비밀활동을 하기도 했던 사다트는 나세르가 대통령이 되는 데 도움을 주었을 뿐만 아니라 부통령도 역임했다. 이스라엘과 대치하는 데 소련의 도움이 소극적이라는 이유로 소련의 고문단을 추방하고, 1972년 시리아와 연합해 이스라엘을 침공, 이스라엘이 점령하고 있던 시나이 반도의 공격에 성공해 약간의 위신을 세웠다. 아랍권과 소련의 반대에도 불구하고 이스라엘과 평화조약을 맺고 반대세력을 탄압했다. 결국 1981년 10월 아랍-이스라엘 전쟁기념식에서 사열을 하던 중 회교 극단주의자들에 의해 암살을 당했다 (재임 1971~1981). 1978년 이스라엘 베긴 수상과 함께 노벨평화상을 수상했다.

1981 (프) 미테랑 대통령 취임 (1981~1993)
1982 포클랜드 영유권 다툼으로 영국, 아르헨티나 전쟁

1983 KAL기 격추

대한한공의 여객기가 조종사의 실수로 소련의 영공을 지나게 되었는데 소련이 이를 격추함으로써 탑승객 전원이 사망하는 사건이 벌어졌다. 당시 미국은 아프가니스탄 사태, 모스크바 올림픽 불참, 레이건 대통령의 '소련, 악의 집결지' 발언 등 자신들의 힘이 무엇인지 한번 보여주겠다는 집념으로 일관하는 통에 전 세계적으로 반미 감정이 격화되던 시기였다. 중동 각지에서 미국 대사관이 폭파되었고, 소련과도 최악의 상태였다.

1985 소련 공산당 총서기장 고르바초프 취임(재임 1985~1991)

고르바초프(Mikhail Gorbachov)는 1922년 스탈린에 의해 만들어진 **소비에트 사회주의 연방공화국(소련: Union of Soviet Socialist Republics, U.S.S.R)을 종식시켰고, 동독과 서독을 통일시켰으며, 위성국가들에게 스스로 정치적으로 독립을 할 수 있는 계기를 마련해준** 인물이다. 1990년에 노벨평화상을 수상했다.

글라스노스트(개방) 정책으로 언론 등 보도에 자유를 주었고, 독제체제와 결별을 하게 했다. 또 페레스트로이카(개혁) 정책은 민주화의 시작이었다. 복수 후보자 · 비밀투표 · 시장경제의 요소를 도입하여 국가의 지시에 따라 움직이던 기업을 스스로 경영하게 만들었고, 소규모의 사유경영도 인정하는 천지개벽을 일으켰으나, 국가경제 통제권을 잃지 않으려는 기득권층의 반발 또한 거셌다. 고르바초프는 1987년 중거리 핵전력 협상에 서명했고, 1978년 점령했던 아프가니스탄에서 9년 만에 소련군을 철수시켰으며, 1989~1990년 사이 냉전을 끝내고 유럽의 정치 판도를 바꾼 장본인이다. 또한 동독, 폴란드, 체코, 헝가리에 민주정부가 들어서는 것과 1990년 동독과 서독의 통일을 수락했으며, 통일된 독일이 북대서양 조약기구인 NATO에 남는 것도 인정했다. 그해 노벨평화상을 수상했다.

1990년 소련의 대통령으로 선출되었고 공산당 일당 독재를 폐지하고 복수정당체제를 준비했다. 그러나 경제적인 면에서는 별다른 진전이 없이 혼란만 가중되고 있었다. 1991년 보수파에 의해 8월 19일 쿠데타가 일어나면서 고르바초프는 연금 상태에 놓이게 되었고, 사퇴 압력을 받는다. 그러나 1991년 5월 러시아공화국 대통령에 당선된 보리스 옐친(Boris

Nikolaevich Yeltsin)을 비롯한 개혁파 인사들의 노력으로 쿠데타는 3일 만에 실패로 끝나고, 고르바초프는 소련의 대통령직에 복귀할 수 있었다. 이후 그는 공산당의 활동을 전면 정지시킴으로써 소련 공산당을 마침내 해체시킨다. 그 때문에 상대적으로 옐친의 위상이 높아졌다. 어떻게 해서라도 소련을 유지시키려던 고르바초프의 노력은 1992년 1월 1일부터 독립국가연합을 발족시킨다는 협정 안에 11개국이 서명함으로써 물거품이 되었다. 이것을 추진한 인물은 옐친과 우크라이나 대통령 및 벨로루시 최고회의 의장이었다. 결국 12월 25일 고르바초프의 사임연설이 발표되면서 소련이라는 나라는 역사의 뒤안길로 사라졌다. 이후 1922년 스탈린에 의해 강제로 구성되어 69년간을 지속해왔던 소련은 독립국가연합(C.S.I)으로 대체되었다. 그러나 구소련의 해체로 유일한 경쟁자가 없어진 미국은 이때부터 우세한 군사력을 바탕으로 오만한 국가로 치달리게 된다. 또한 미국은 이스라엘을 편드는 정책을 폄으로써 이슬람권의 공분을 사서 테러의 공포에서 벗어나지를 못 하게 되었다.

1987 6·29 선언

전두환 정권은 마침내 대통령 직선제로 개헌하기로 발표한다.

1990 이라크 후세인 쿠웨이트 침공(The Persian Gulf War)

1990 동·서독 통일(10월 3일), 이제 지구상에서 분단국은 한국만 남다

1992 보스니아 내전 발발

1992 소비에트 사회주의 연방공화국(소련) 해체와 독립국가연합 발족

1994 김일성 사망

연 대 로 보 는 비 교 세 계 사

부록 1 | 지도

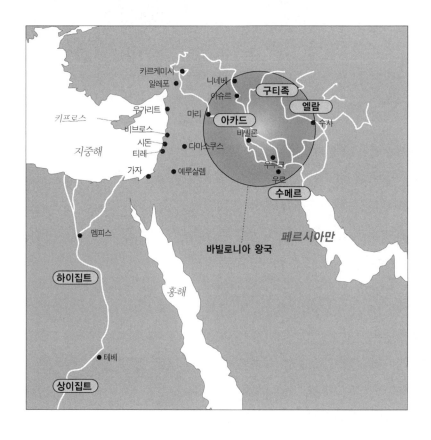

지도-1
BC 3000~2000,
고대 바빌로니아 지역
(고대 메소포타미아 문명)

카르케미시
알레포
니네베
아슈르
구티족
우가리트
엘람
키프로스
마리
아카드
비브로스
바빌론
수사
지중해
시돈
다마스쿠스
티레
우루크
가자
예루살렘
우르
수메르
페르시아만
멤피스
바빌로니아 왕국
하이집트
홍해
테베
상이집트

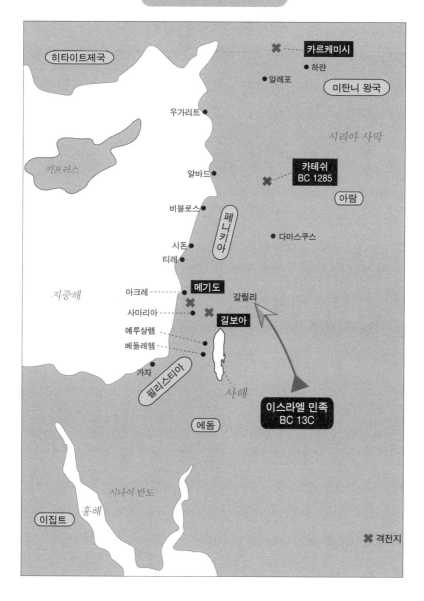

지도-2
BC 1500~1000,
고대 팔레스타인 지역

히타이트제국

카르케미시

하란

알레포

미탄니 왕국

우가리트

시리아 사막

키프러스

알바드

카테쉬
BC 1285

비블로스

페니키아

아람

시돈

다마스쿠스

티레

지중해

아크레

메기도

갈릴리

사마리아

길보아

예루살렘

베들레헴

가자

팔레스티아

사해

에돔

이스라엘 민족
BC 13C

시나이 반도

홍해

이집트

✖ 격전지

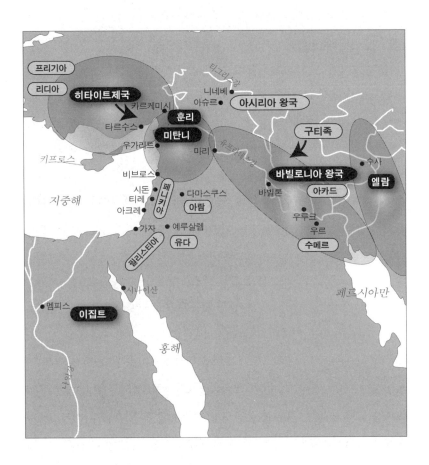

지도-3
BC 1300~600,
바빌로니아 및 팔레스타인 지역

프리기아
리디아
히타이트제국
카르케미시
타르수스
훈리
미탄니
우가리트
마리
키프로스
비브로스
페니키아
시돈
티레
다마스쿠스
아크레
아람
가자
에루살렘
팔레스티아
유다
지중해
티그리스강
니네베
아슈르
아시리아 왕국
구티족
수사
바빌로니아 왕국
엘람
바빌론
아카드
우루크
우르
수메르
페르시아만
시나이산
멤피스
이집트
홍해
나일강

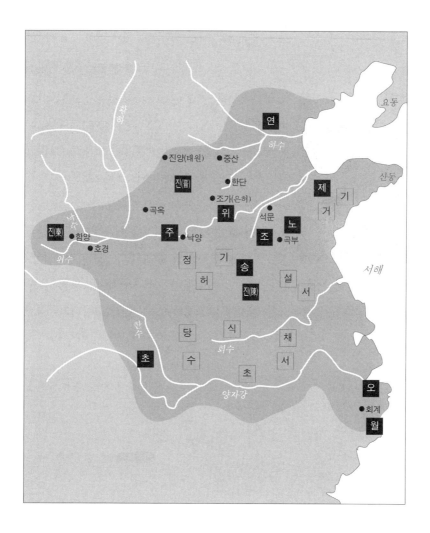

지도-4
BC 770~403,
중국 춘추시대

연

진양(태원) 중산

진(晉) 한단

조가(은허)

곡옥 위

진(秦) 주 낙양
함양
호경

위수

정 기 송

허 진(陳)

당 식

초 수 채

회수 서

초

양자강

요동

산동

제 기

거

노

조 곡부

설

서해

오 회계

월

547

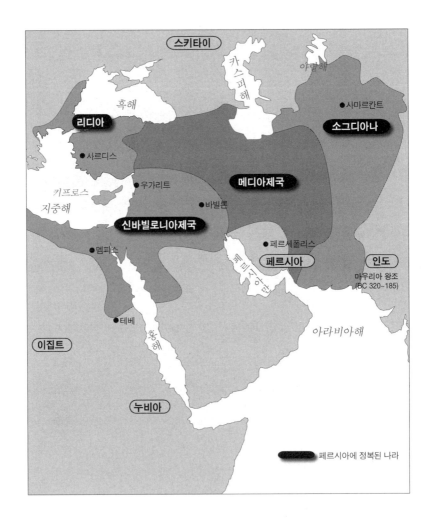

지도-5
BC 600~500,
페르시아제국

스키타이

카스피해

야말해

흑해

리디아

●사마르칸트

소그디아나

●사르디스

키프로스

●우가리트

메디아제국

지중해

●바빌론

신바빌로니아제국

●멤피스

●페르세폴리스

페르시아

인도

마우리아 왕조
(BC 320~185)

●테베

홍해

아라비아해

이집트

누비아

페르시아에 정복된 나라

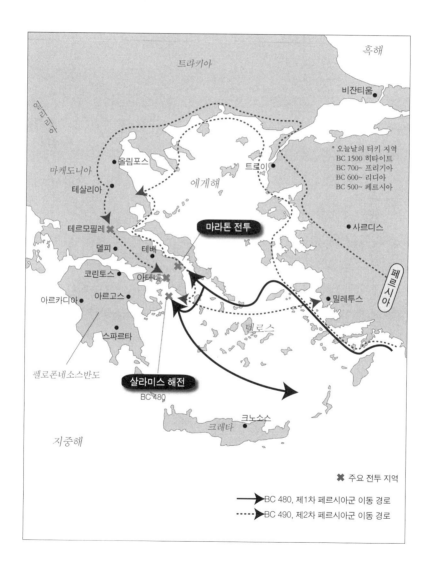

지도-6
BC 500년경,
그리스 · 페르시아 전쟁

흑해

트라키아

비잔티움

엘리스폰

올림포스

마케도니아

테살리아

에게해

트로이

* 오늘날의 터키 지역
BC 1500 히타이트
BC 700~ 프리기아
BC 600~ 리디아
BC 500~ 페르시아

사르디스

테르모필레 ✖

마라톤 전투

델피
테베

코린토스
아테네 ✖

아르카디아
아르고스 ✖

밀레투스

스파르타

델로스

페르시아

펠로폰네소스반도

살라미스 해전
BC 480

지중해

크레타
크노소스

✖ 주요 전투 지역

▶ BC 480, 제1차 페르시아군 이동 경로

▶ BC 490, 제2차 페르시아군 이동 경로

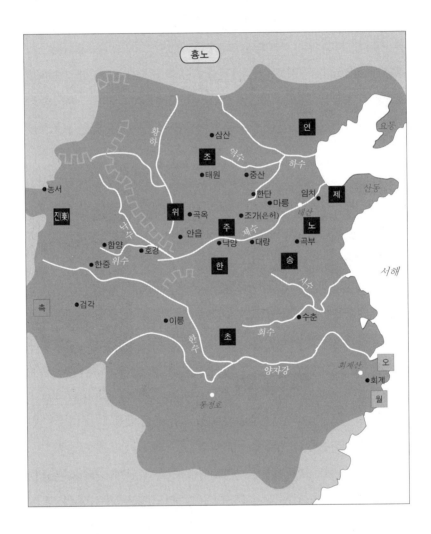

지도-7
BC 400~200,
중국 전국시대

흉노

연

요동

삼산

조

역수

하수

산동

태원

중산

한단

마릉

임치

제

농서

위

곡옥

조가(은허)

태산

노

진(秦)

낙수

안읍

주

제수

대량

곡부

함양

호경

낙양

송

한중 위수

한

사수

서해

촉

검각

이릉

수춘

초

회수

양자강

회계산

오

동정호

한수

회계

월

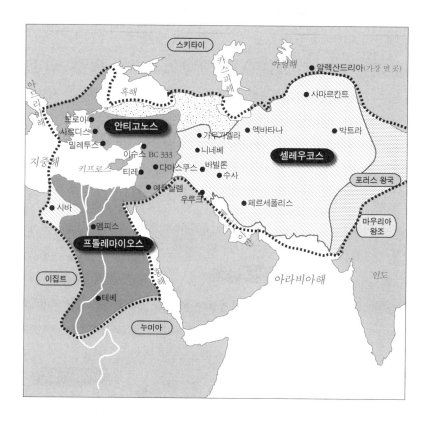

지도-8
BC 330~320년경,
알렉산드로스 제국의 팽창

스키타이

카스피해

아랄해

알렉산드리아(가장 먼 곳)

사마르칸트

흑해

아드리아해

트로이
사르디스
밀레투스

안티고노스

가우가멜라
니네베

엑바타나

박트라

셀레우코스

지중해

이수스 BC 333

키프로스

티레

다마스쿠스
바빌론
수사

페르세폴리스

포러스 왕국

예루살렘

우루크

마우리아
왕조

시바

멤피스

프톨레마이오스

아라비아해

인도

이집트

홍해

테베

누미아

551

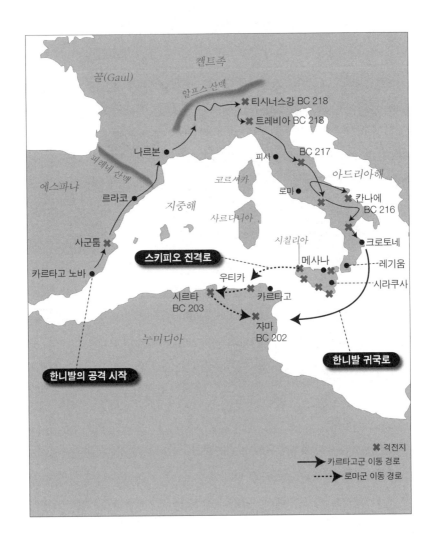

지도-9
BC 218~201,
제2차 포에니 전쟁
(로마 vs 카르타고)

캔트족

골(Gaul)

알프스 산맥

티시너스강 BC 218

트레비아 BC 218

나르본

피레네 산맥

BC 217

피사

에스파냐

코르쎄카

아드리아해

르라코

지중해

로마

칸나에
BC 216

사르다니아

시군툼

스키피오 진격로

시칠리아

크로토네

카르타고 노바

우티카

메사나

레기움

시르타
BC 203

카르타고

시라쿠사

자마
BC 202

누미디아

한니발 귀국로

한니발의 공격 시작

✖ 격전지

──▶ 카르타고군 이동 경로

┄┄▶ 로마군 이동 경로

552

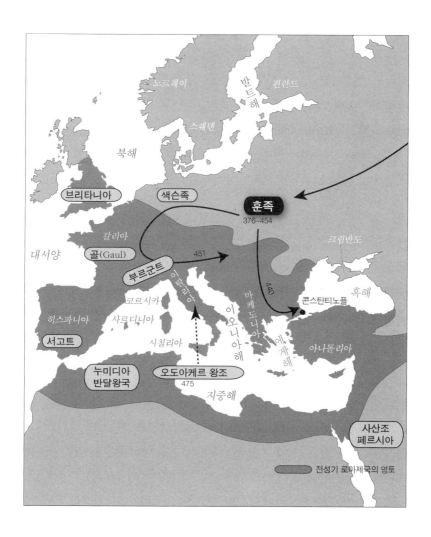

지도-10
100~400, 로마제국 전성기
475~550, 서로마제국 멸망

노르웨이
발트해
핀란드
스웨덴
북해
브리타니아
색슨족
훈족
376~454
갈리아
크림반도
대서양
골(Gaul)
451
부르군트
이탈리아
440
마케도니아
콘스탄티노플
흑해
히스파니아
코르시카
사르디니아
이오니아해
에게해
아나톨리아
서고트
시칠리아
누미디아
반달왕국
오도아케르 왕조
475
지중해
사산조
페르시아
전성기 로마제국의 영토

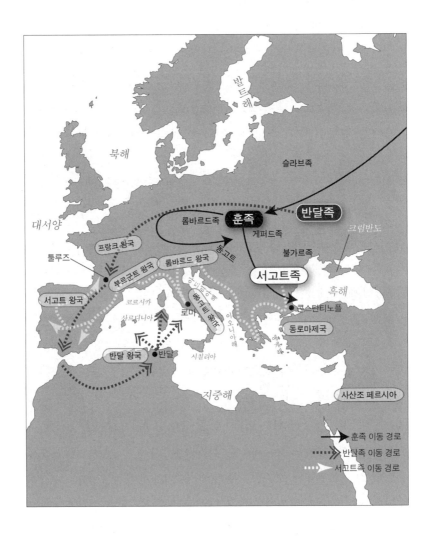

지도-11
370~550,
게르만족, 훈족의 이동

발트해
슬라브족
북해
대서양
반달족
롬바르드족
훈족
크림반도
게피드족
동고트
프랑크 왕국
불가르족
톨루즈
롬바르드 왕국
부르군트 왕국
서고트족
서고트 왕국
코르시카
흑해
동고트 왕국
콘스탄티노플
로마
사르디니아
동로마제국
반달 왕국
반달
시칠리아
지중해
사산조 페르시아

훈족 이동 경로
반달족 이동 경로
서고트족 이동 경로

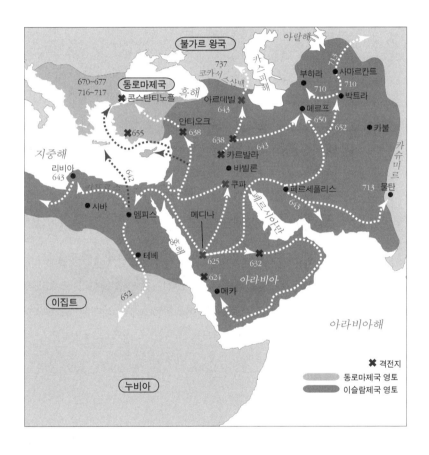

지도-12
632~750,
이슬람제국의 팽창
(아프리카 북단, 에스파냐까지 점령)

불가르 왕국

아랄해

동로마제국

카스피해

737
코카서스산맥

부하라 · 사마르칸트

713

670~677
716~717
콘스탄티노플 흑해

아르데빌
643

710

710
박트라

안티오크
638

메르프

650

652

카불

638

643

지중해

리비아
643

655

642

카르발라

바빌론

쿠파

페르세폴리스

713
물탄

카슈미르

시바

멤피스

메디나

아라비아반도

643

메카

테베
홍해

625

632

624

아라비아

이집트

652

아라비아해

✖ 격전지
동로마제국 영토
이슬람제국 영토

누비아

555

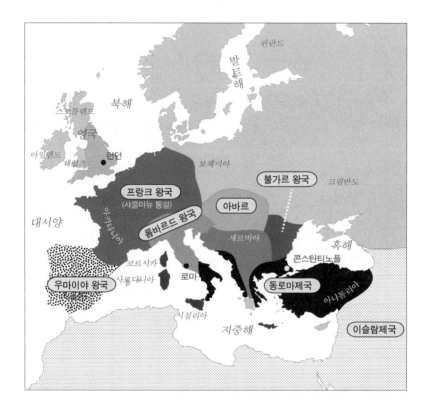

지도-13
800년경,
유럽

핀란드

발트해

북해

스코틀랜드

영국

아일랜드

웨일즈

런던

보헤미아

불가르 왕국

크림반도

프랑크 왕국
(샤를마뉴 통일)

아바르

대서양

아키타니아

롬바르드 왕국

세르비아

흑해

콘스탄티노플

코르시카

우마이야 왕국

사르디니아

로마

동로마제국

아나톨리아

시칠리아

지중해

이슬람제국

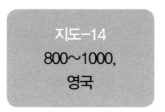

지도-14
800~1000,
영국

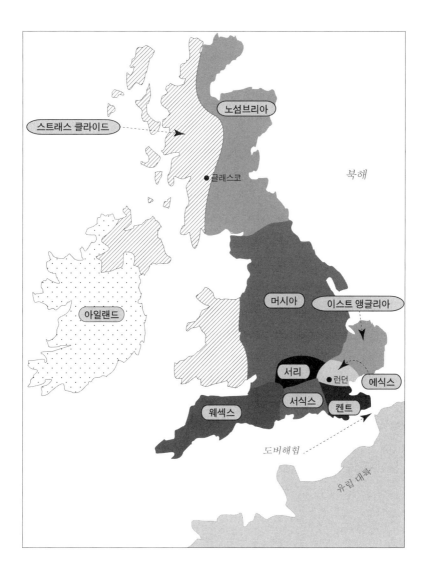

스트래스 클라이드

노섬브리아

북해

●클래스코

아일랜드

머시아

이스트 앵글리아

서리

●런던

에식스

서식스

켄트

웨섹스

도버해협

유럽 대륙

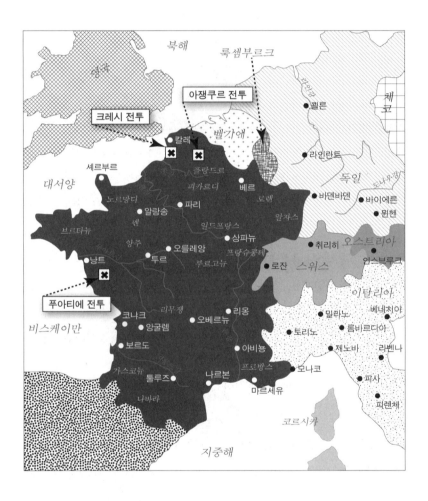

지도-15
1200년경,
프랑스 지역

북해

룩셈부르크

쾰른

아쟁쿠르 전투

크레시 전투

칼레

벨기애

라인란트

세르부르

플랑드르

피카르디

베르

로렌

독일

드나우강

대서양

노르망디

알랑송

파리

바덴바덴

바이에른

뮌헨

렌

일드프랑스

알자스

브르타뉴

앙주

오를레앙

상파뉴

취리히

오스트리아

낭트

투르

부르고뉴

프랑슈콩테

로잔

스위스

인스브루크

푸아티에 전투

리무쟁

리옹

이탈리아

코냑

오베르뉴

밀라노

베네치아

비스케이만

앙굴렘

토리노

롬바르디아

보르도

아비뇽

제노바

라벤나

가스코뉴

툴루즈

나르본

프로방스

모나코

피사

나바라

마르세유

피렌체

코르시카

지중해

룩셈부르크

체코

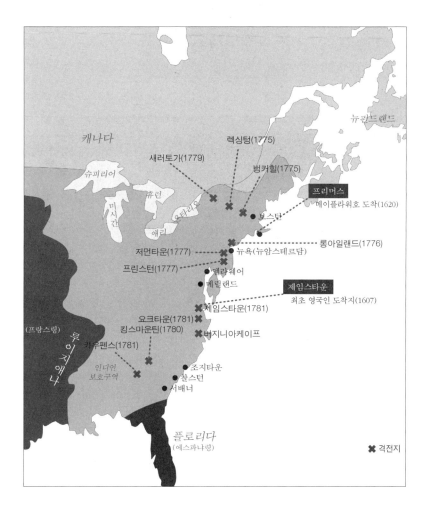

지도-16
1600~1800,
미국

뉴펀드랜드

캐나다

렉싱턴(1775)

새러토가(1779)

슈피리어

벙커힐(1775)

휴런

미시간

온타리오

프리머스
메이플라워호 도착(1620)

애리

보스턴

저먼타운(1777)

롱아일랜드(1776)

뉴욕(뉴암스테르담)

프린스턴(1777)

델라웨어

메릴랜드

제임스타운
최초 영국인 도착지(1607)

제임스타운(1781)

요크타운(1781)

(프랑스령)

킹스마운틴(1780)

버지니아케이프

루이지애나

카우펜스(1781)

인디언
보호구역

조지타운

찰스턴

서배너

플로리다
(에스파냐령)

✖ 격전지

지도-17
미국의 영토 확장

시애틀

루이지애나

프랑스로부터 구입
1803

샌프란시스코
네바다
유타
콜로라도
LA
애리조나
뉴멕시코
텍사스
멕시코로부터 합병

멕시코

최초의 이민 지역

대서양

Supplements

연대로 보는 비교 세계사 | 부록 2 | 가계도

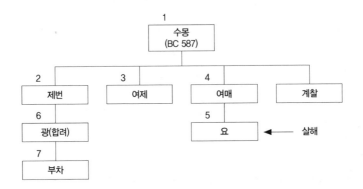

가계도-1A
오(吳)나라 왕조
(BC 500년경)

1
수몽
(BC 587)

2 제번
3 여제
4 여매
계찰

6 광(합려)

5 요 ← 살해

7 부차

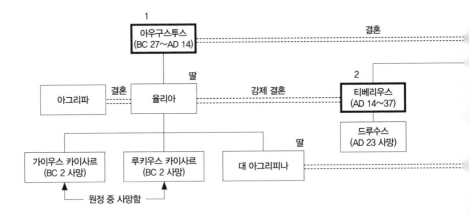

가계도-1B
로마 초대황제 아우구스투스 가계도

1
아우구스투스
(BC 27~AD 14)
결혼

딸
아그리파 결혼 율리아 강제 결혼
2
티베리우스
(AD 14~37)

드루수스
(AD 23 사망)

딸
가이우스 카이사르
(BC 2 사망)
루키우스 카이사르
(BC 2 사망)
대 아그리피나

원정 중 사망함

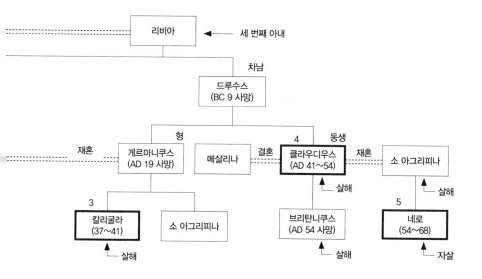

리비아 ← 세 번째 아내

차남

드루수스
(BC 9 사망)

형   4   동생

재혼   결혼

게르마니쿠스   메살리나   클라우디우스   재혼   소 아그리피나
(AD 19 사망)   (AD 41~54)

↑ 살해

↑ 살해

3   5

칼리굴라   소 아그리피나   브리탄니쿠스   네로
(37~41)   (AD 54 사망)   (54~68)

↑ 살해   ↑ 살해   ↑ 자살

563

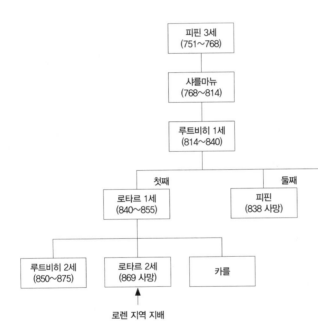

가계도-2
프랑크 왕국(프랑스, 독일)
(751~900년경)

피핀 3세
(751~768)

샤를마뉴
(768~814)

루트비히 1세
(814~840)

첫째

로타르 1세
(840~855)

둘째

피핀
(838 사망)

루트비히 2세
(850~875)

로타르 2세
(869 사망)

카를

로렌 지역 지배

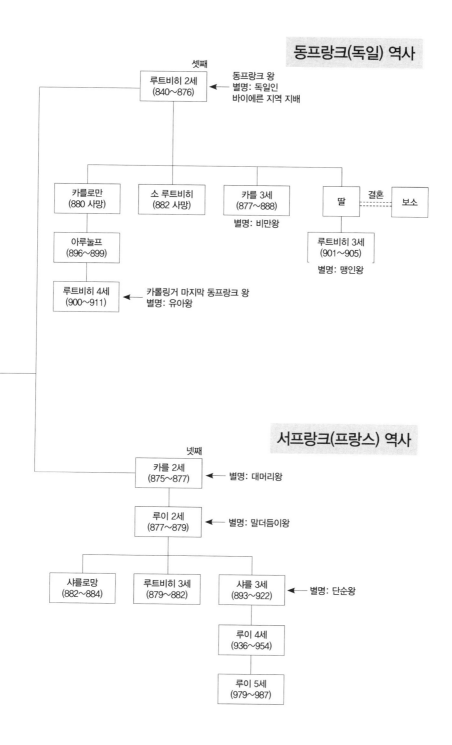

동프랑크(독일) 역사

셋째

루트비히 2세
(840~876)

동프랑크 왕
별명: 독일인
바이에른 지역 지배

카를로만
(880 사망)

소 루트비히
(882 사망)

카를 3세
(877~888)

별명: 비만왕

딸 ---- 결혼 ---- 보소

루트비히 3세
(901~905)

별명: 맹인왕

아루눌프
(896~899)

루트비히 4세
(900~911)

카롤링거 마지막 동프랑크 왕
별명: 유아왕

서프랑크(프랑스) 역사

넷째

카를 2세
(875~877)

별명: 대머리왕

루이 2세
(877~879)

별명: 말더듬이왕

샤를로망
(882~884)

루트비히 3세
(879~882)

샤를 3세
(893~922)

별명: 단순왕

루이 4세
(936~954)

루이 5세
(979~987)

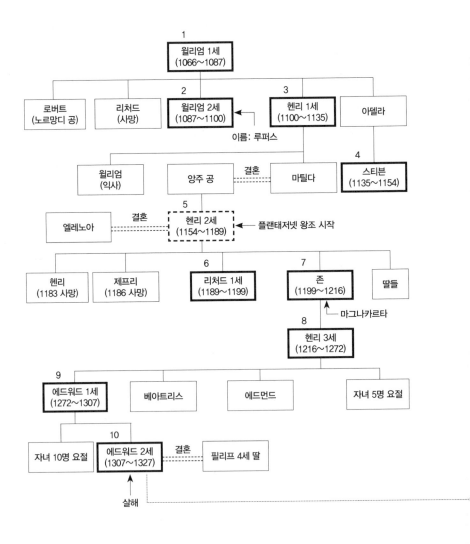

가계도-3A
영국 왕조
(1066~1327)

1 윌리엄 1세 (1066~1087)

로버트 (노르망디 공)

리처드 (사망)

2 윌리엄 2세 (1087~1100)
이름: 루퍼스

3 헨리 1세 (1100~1135)

아델라

윌리엄 (익사)

양주 공 ----결혼---- 마틸다

4 스티븐 (1135~1154)

엘레노아 ----결혼---- 5 헨리 2세 (1154~1189) ◄ 플랜태저넷 왕조 시작

헨리 (1183 사망)

제프리 (1186 사망)

6 리처드 1세 (1189~1199)

7 존 (1199~1216) ◄ 마그나카르타

딸들

8 헨리 3세 (1216~1272)

9 에드워드 1세 (1272~1307)

베아트리스

에드먼드

자녀 5명 요절

자녀 10명 요절

10 에드워드 2세 (1307~1327) ----결혼---- 필리프 4세 딸

살해

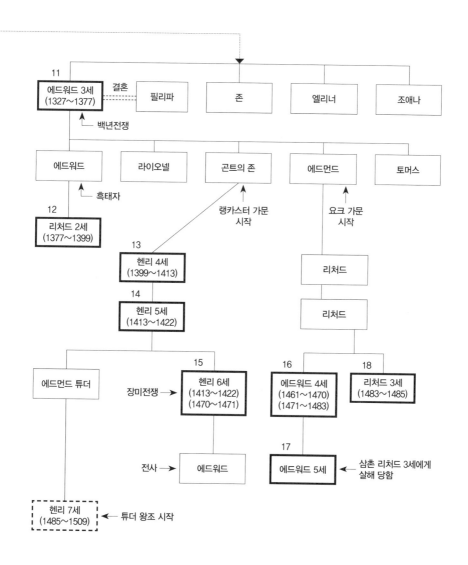

가계도-3B
영국 왕조
(1327~1485)

11
에드워드 3세 ---결혼--- 필리파   존   엘리너   조애나
(1327~1377)
↑ 백년전쟁

에드워드   라이오넬   곤트의 존   에드먼드   토머스
↑ 흑태자   ↑   ↑
12   랭카스터 가문   요크 가문
리처드 2세   시작   시작
(1377~1399)
                13   리처드
                헨리 4세
                (1399~1413)   리처드
                14
                헨리 5세
                (1413~1422)

에드먼드 튜더   15   16   18
          장미전쟁 → 헨리 6세   에드워드 4세   리처드 3세
                    (1413~1422)   (1461~1470)   (1483~1485)
                    (1470~1471)   (1471~1483)

          전사 → 에드워드   17
                                    에드워드 5세 ← 삼촌 리처드 3세에게
                                                살해 당함
헨리 7세 ← 튜더 왕조 시작
(1485~1509)

567

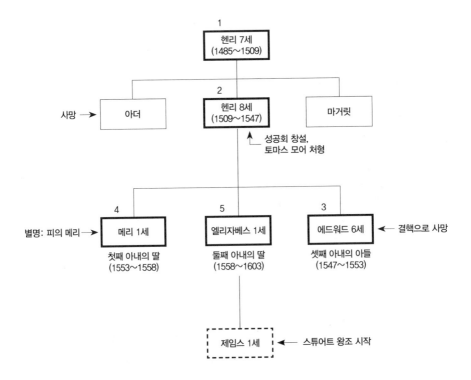

영국 튜더 왕조
(1485~1603)

1
헨리 7세
(1485~1509)

2
헨리 8세
(1509~1547)

사망 → 아더

마거릿

↑ 성공회 창설,
토마스 모어 처형

4
메리 1세

별명: 피의 메리 →

첫째 아내의 딸
(1553~1558)

5
엘리자베스 1세

둘째 아내의 딸
(1558~1603)

3
에드워드 6세 ← 결핵으로 사망

셋째 아내의 아들
(1547~1553)

제임스 1세 ← 스튜어트 왕조 시작

엘리자베스 1세가 죽으면서 튜더 왕조는 끊어지고
스코틀랜드의 제임스 6세가 영국 왕위를 물려받음으로써
스튜어트 왕조가 열린다.

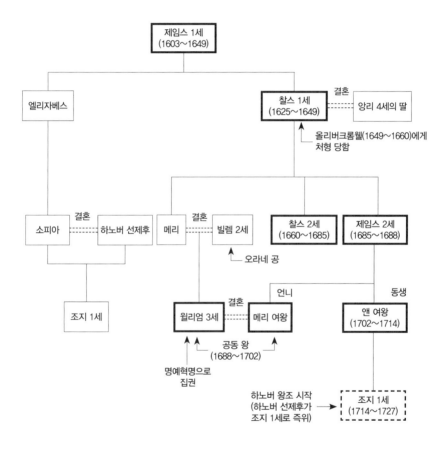

가계도-3D
영국 스튜어트 왕조
(1603~1714)

제임스 1세
(1603~1649)

엘리자베스

찰스 1세
(1625~1649)

결혼

앙리 4세의 딸

올리버크롬웰(1649~1660)에게
처형 당함

소피아

결혼

하노버 선제후

메리

결혼

빌렘 2세

찰스 2세
(1660~1685)

제임스 2세
(1685~1688)

오라네 공

조지 1세

윌리엄 3세

결혼

메리 여왕

언니

동생

앤 여왕
(1702~1714)

명예혁명으로
집권

공동 왕
(1688~1702)

하노버 왕조 시작
(하노버 선제후가
조지 1세로 즉위)

조지 1세
(1714~1727)

가계도-4A
프랑스 카페 왕조 마지막 왕

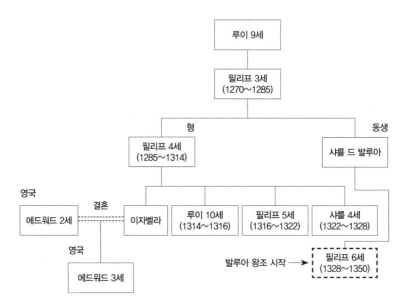

필리프 4세의 아들들은 전부 아들이 없어
샤를 4세가 죽자 카페 왕조는 대가 끊기고
왕위는 발루아 가문의 필리프 6세에게 넘어갔다.
에드워드 3세는 자신의 어머니가 필리프 4세의 딸이니
자기에게 왕위계승권이 있다고 주장했다.

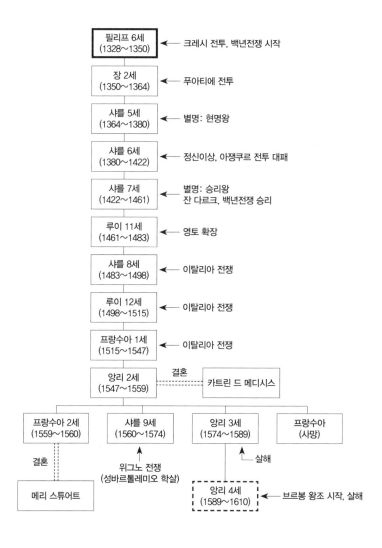

**가계도-4B
프랑스 발루아 왕조
(1323~1589)**

필리프 6세 (1328~1350)	◄— 크레시 전투, 백년전쟁 시작
장 2세 (1350~1364)	◄— 푸아티에 전투
샤를 5세 (1364~1380)	◄— 별명: 현명왕
샤를 6세 (1380~1422)	◄— 정신이상, 아쟁쿠르 전투 대패
샤를 7세 (1422~1461)	◄— 별명: 승리왕 / 잔 다르크, 백년전쟁 승리
루이 11세 (1461~1483)	◄— 영토 확장
샤를 8세 (1483~1498)	◄— 이탈리아 전쟁
루이 12세 (1498~1515)	◄— 이탈리아 전쟁
프랑수아 1세 (1515~1547)	◄— 이탈리아 전쟁

앙리 2세 (1547~1559) ----결혼---- 카트린 드 메디시스

프랑수아 2세 (1559~1560)   샤를 9세 (1560~1574)   앙리 3세 (1574~1589)   프랑수아 (사망)

프랑수아 2세 ----결혼---- 메리 스튜어트

샤를 9세: 위그노 전쟁 (성바르톨레미오 학살)

앙리 3세: ↑ 살해

앙리 4세 (1589~1610) ◄— 브르봉 왕조 시작, 살해

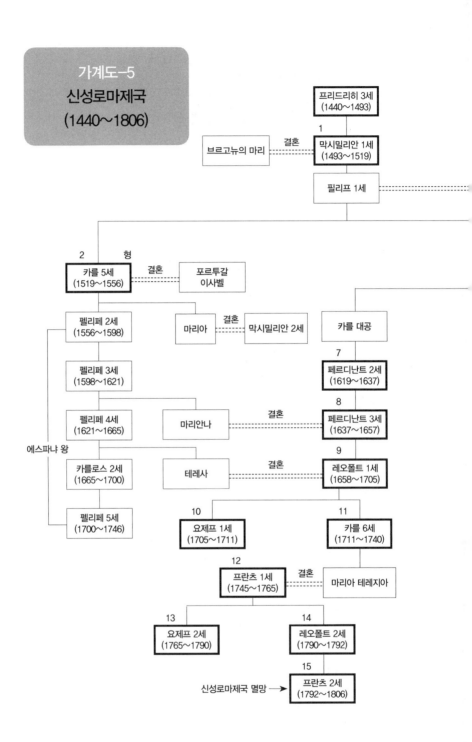

가계도-5
신성로마제국
(1440~1806)

프리드리히 3세
(1440~1493)

1

브르고뉴의 마리 ---결혼--- 막시밀리안 1세
(1493~1519)

필리프 1세

2 형

카를 5세
(1519~1556) ---결혼--- 포르투갈
이사벨

펠리페 2세
(1556~1598)

마리아 ---결혼--- 막시밀리안 2세

카를 대공

7

페르디난트 2세
(1619~1637)

펠리페 3세
(1598~1621)

8

펠리페 4세
(1621~1665)

마리안나 ---결혼--- 페르디난트 3세
(1637~1657)

9

에스파냐 왕

카를로스 2세
(1665~1700)

테레사 ---결혼--- 레오폴트 1세
(1658~1705)

펠리페 5세
(1700~1746)

10

요제프 1세
(1705~1711)

11

카를 6세
(1711~1740)

12

프란츠 1세
(1745~1765) ---결혼--- 마리아 테레지아

13

요제프 2세
(1765~1790)

14

레오폴트 2세
(1790~1792)

15

신성로마제국 멸망 → 프란츠 2세
(1792~1806)

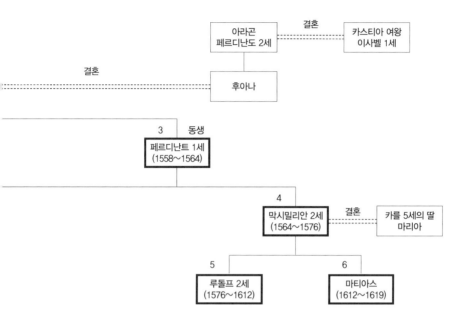

아라곤
페르디난도 2세 ---- 결혼 ---- 카스티아 여왕
이사벨 1세

결혼 ---- 후아나

3 동생
페르디난트 1세
(1558~1564)

4
막시밀리안 2세
(1564~1576) ---- 결혼 ---- 카를 5세의 딸
마리아

5
루돌프 2세
(1576~1612)

6
마티아스
(1612~1619)

1700: 에스파냐 왕위계승 전쟁
1740: 오스트리아 왕위계승 전쟁
1754: 7년전쟁(French-Indian war)

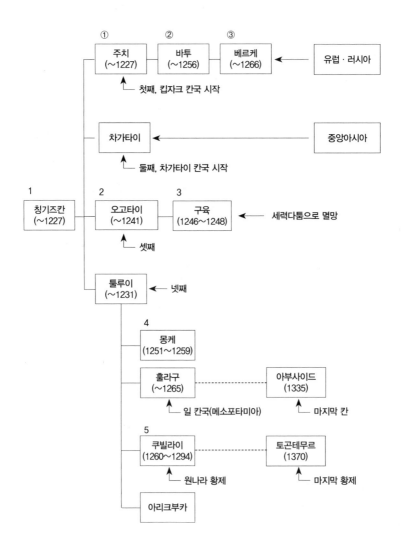

가계도-6
몽골제국
(1200~1500)

① 주치 (~1227) ② 바투 (~1256) ③ 베르케 (~1266) ← 유럽 · 러시아

— 첫째, 킵자크 칸국 시작

차가타이 ← 중앙아시아

— 둘째, 차가타이 칸국 시작

1 칭기즈칸 (~1227)

2 오고타이 (~1241) 3 구육 (1246~1248) ← 세력다툼으로 멸망

— 셋째

툴루이 (~1231) ← 넷째

4 몽케 (1251~1259)

홀라구 (~1265) ----- 아부사이드 (1335)

— 일 칸국(메소포타미아)   — 마지막 칸

5 쿠빌라이 (1260~1294) ----- 토곤테무르 (1370)

— 원나라 황제   — 마지막 황제

아리크부카

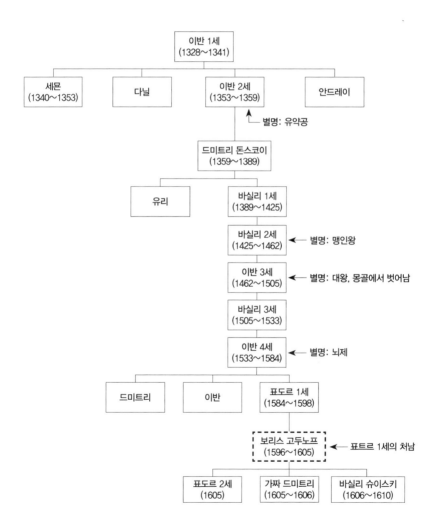

가계도-7A
러시아 왕조
(1328~1610)

이반 1세
(1328~1341)

세묜
(1340~1353)

다닐

이반 2세
(1353~1359)

별명: 유약공

안드레이

드미트리 돈스코이
(1359~1389)

유리

바실리 1세
(1389~1425)

바실리 2세
(1425~1462) ← 별명: 맹인왕

이반 3세
(1462~1505) ← 별명: 대왕, 몽골에서 벗어남

바실리 3세
(1505~1533)

이반 4세
(1533~1584) ← 별명: 뇌제

드미트리

이반

표도르 1세
(1584~1598)

보리스 고두노프
(1596~1605) ← 표트르 1세의 처남

표도르 2세
(1605)

가짜 드미트리
(1605~1606)

바실리 슈이스키
(1606~1610)

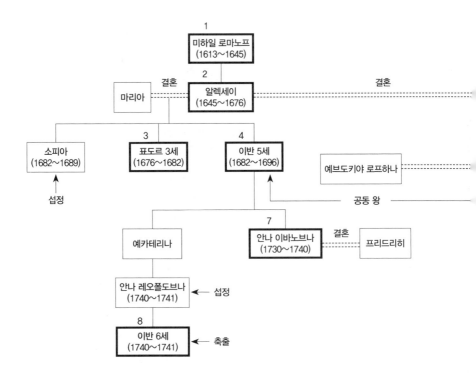

가계도-7B
러시아 로마노프 왕조

1
미하일 로마노프
(1613~1645)

2
결혼   알렉세이   결혼
마리아   (1645~1676)

소피아   3   4
(1682~1689)   표도르 3세   이반 5세
   (1676~1682)   (1682~1696)   예브도키야 로프하나
섭정
   공동 왕

7
예카테리나   안나 이바노브나   결혼   프리드리히
   (1730~1740)

안나 레오폴도브나   ← 섭정
(1740~1741)

8
이반 6세   ← 축출
(1740~1741)

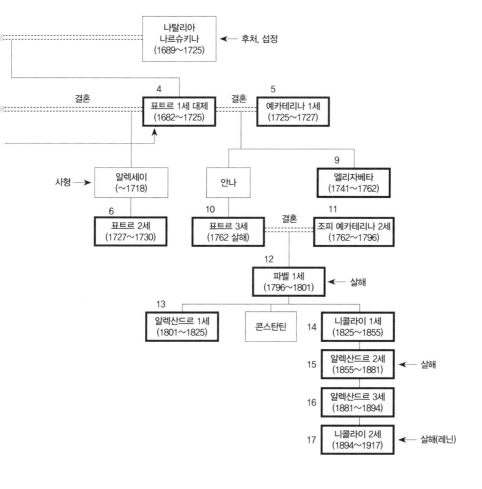

나탈리아
나르슈키나
(1689~1725) ◀— 후처, 섭정

결혼

4
표트르 1세 대제
(1682~1725)

결혼

5
예카테리나 1세
(1725~1727)

사형 ◀—
알렉세이
(~1718)

안나

9
엘리자베타
(1741~1762)

6
표트르 2세
(1727~1730)

10
표트르 3세
(1762 살해)

결혼

11
조피 예카테리나 2세
(1762~1796)

12
파벨 1세
(1796~1801) ◀— 살해

13
알렉산드르 1세
(1801~1825)

콘스탄틴

14
니콜라이 1세
(1825~1855)

15
알렉산드르 2세
(1855~1881) ◀— 살해

16
알렉산드르 3세
(1881~1894)

17
니콜라이 2세
(1894~1917) ◀— 살해(레닌)

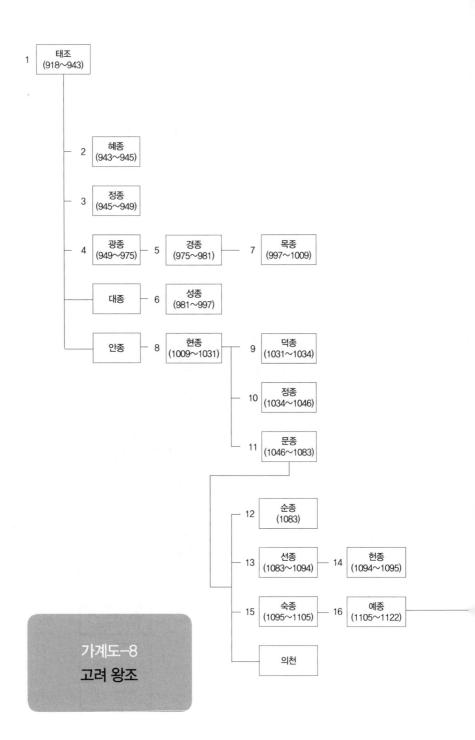

	태조 (918~943)

2 혜종
(943~945)

3 정종
(945~949)

4 광종
(949~975) — 5 경종
(975~981) — 7 목종
(997~1009)

대종 — 6 성종
(981~997)

안종 — 8 현종
(1009~1031) — 9 덕종
(1031~1034)

10 정종
(1034~1046)

11 문종
(1046~1083)

12 순종
(1083)

13 선종
(1083~1094) — 14 헌종
(1094~1095)

15 숙종
(1095~1105) — 16 예종
(1105~1122)

의천

가계도-8
고려 왕조

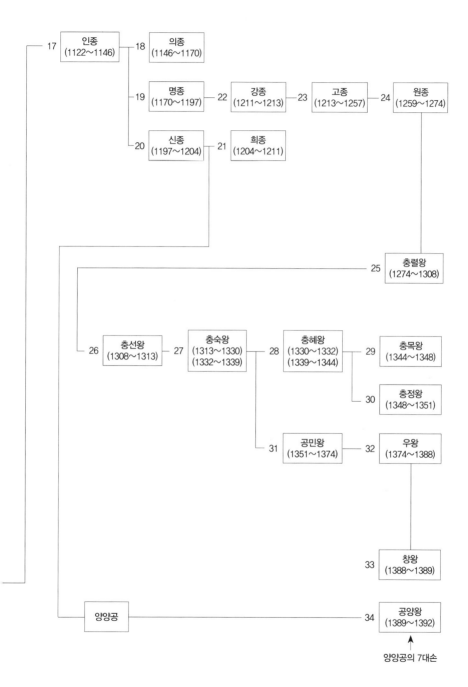

17

인종
(1122~1146)

18 의종
(1146~1170)

19 명종
(1170~1197)

22 강종
(1211~1213)

23 고종
(1213~1257)

24 원종
(1259~1274)

20 신종
(1197~1204)

21 희종
(1204~1211)

25 충렬왕
(1274~1308)

26 충선왕
(1308~1313)

27 충숙왕
(1313~1330)
(1332~1339)

28 충혜왕
(1330~1332)
(1339~1344)

29 충목왕
(1344~1348)

30 충정왕
(1348~1351)

31 공민왕
(1351~1374)

32 우왕
(1374~1388)

33 창왕
(1388~1389)

양양공

34 공양왕
(1389~1392)

양양공의 7대손

579